シークレット・ドクトリン

科学、宗教、哲学の統合

『真実に勝る宗教はない』

第Ⅱ巻　第1部

人類発生論

H・P・ブラヴァツキー　著

翻訳者　忠源(ちゅうげん)

竜王文庫

△
この作品を
あらゆる国の
あらゆる人種の中の
あらゆる真の神智学徒［秘教科学者］達に私は捧げるつもりだ
それは、彼らのために世に出され、彼らのために記された

目　　次

第 II 巻

緒　言 ……………………………………………11
　太古のスタンザと先史時代の４大陸について ……16
　不滅の聖なる大地 ………………………………17
　ヒュペルボレアス人［極北の常春の国の住人］……17
　レムリア …………………………………………18
　アトランティス …………………………………19
　極地の熱帯 ………………………………………22

第 II 巻　──　第１部

人類発生論 ……………………………………25

ジャーンの書からのスタンザ ……………………27

スタンザ I　感覚を持つ生命の始まり …………33
　人間、即ち第三ロゴス …………………………37
　人類の天界の支配者達 …………………………40
　親星と姉妹惑星 …………………………………46
　三種の光 …………………………………………52
　創造の数 …………………………………………54
　天界に於ける最初の戦い ………………………62

大洪水以前の２人の天文学者 ……………………65

スタンザ II　支援を受けぬ自然神は失敗する …70
　深淵の怪物達 ……………………………………72
　「二重性を持つ竜」………………………………76
　秘教的な聖典に於ける神々の天地創造 ………77
　炎の存在とは何者か ……………………………84
バラモン僧の年代紀 ………………………………87
　決して死ぬことのない人種 ……………………89
　宇宙進化論、一つの知性的計画 ………………97

1

スタンザ III　人間創造の試み ･････････････････････99
　　様々な階級の創造主達 ･･･････････････････102
　　人間、即ち動物の姿をした神 ･･･････････････106
　　「火」、「閃光」、そして「炎」･････････････････109

スタンザ IV　第1人種の創造 ･･･････････････････113
　　化身する神々の正体と特徴について ･････････115
　　神々とデーモン達からなるピトリ達 ･････････116
　　プロメテウスが象徴するもの ･･･････････････124
　　トール神の金槌 ･･･････････････････････････130
　　神への反逆者達 ･･･････････････････････････135
　　人間の天なる父、太陽 ･････････････････････137

スタンザ V　第2人種の進化 ･････････････････････143
　　チラムの秘密の技 ･････････････････････････148
　　諸人種の成長 ･････････････････････････････152
　　レダ、カストール、そしてポルックス ･･･････159
　　両性具有者エホバ ･････････････････････････163
　　ユダヤ人の神の御名 ･･･････････････････････164

スタンザ VI　「滲出生」の者達の進化 ･････････････172
　　雌雄同体による繁殖 ･･･････････････････････174
　　穢れなき第3人種 ･････････････････････････177
　複数の大洪水と複数のノアに関する幾つかの話 ････181
　　様々な大洪水 ･････････････････････････････182
　　箱船の象徴 ･･･････････････････････････････188
　本当に人間は1,800万年前に存在し得たのか？ ････195
　　自然発生 ･････････････････････････････････198
　　プラーナ[古潭・神話]伝承の伝える太陽系 ･････203
　　炭酸の海洋 ･･･････････････････････････････210

スタンザ VII　半神から最初の人間人種への降臨 ･･････212
　　モナッドと環 ･････････････････････････････220

ある暗示的な説明 ・・・・・・・・・・・・・・・・・・・・・225
　　　聖者 ── 催眠術をかけられた ・・・・・・・・・・・229
　　　滲出生と両性具有者達 ・・・・・・・・・・・・・・・・・232

スタンザVIII　哺乳類動物の進化 ── 最初の堕落 ・・・・・236
　　　太古の動物学 ・・・・・・・・・・・・・・・・・・・・・・240
　　　精神のない人間の罪 ・・・・・・・・・・・・・・・・・241

　　　前述に対し如何なる反論があるのだろうか ・・・・・・・・242

スタンザIX　人類の最終的な進化 ・・・・・・・・・・・・・・・250
　　　中国の毛深い人間達 ・・・・・・・・・・・・・・・・・256
　　　性の分離 ・・・・・・・・・・・・・・・・・・・・・・・・258
　　　初期の言語 ・・・・・・・・・・・・・・・・・・・・・・259

　　　複数のエデン、蛇達、そして竜達 ・・・・・・・・・・・264
　　　エデンの園は専門大学 ・・・・・・・・・・・・・・・266
　　　空を飛ぶラクダ ・・・・・・・・・・・・・・・・・・・268
　　　マギ術の二種類の学校 ・・・・・・・・・・・・・・・277
　　　飛翔する竜 ・・・・・・・・・・・・・・・・・・・・・286

　　　「神の息子達」と「聖なる島」 ・・・・・・・・・・・・288
　　　アトランティスのマギ術師達 ・・・・・・・・・・・・291

スタンザX　第4人種の歴史 ・・・・・・・・・・・・・・・・・298
　　　幻影の中の密儀 ・・・・・・・・・・・・・・・・・・・300
　　　悪魔サタン神話 ・・・・・・・・・・・・・・・・・・・306
　　　マハースラとサタン ・・・・・・・・・・・・・・・・311
　　　人間、神の青白き影 ・・・・・・・・・・・・・・・・319
　　　ヴァシシュタの呪い ・・・・・・・・・・・・・・・・325

　　　プラーナ伝承と創世記の太古の教え ・・・・・・・・・330
　　　虫から人間へ ・・・・・・・・・・・・・・・・・・・・334
　　　人間と動物の胚の同一性 ・・・・・・・・・・・・・・339

初期人種の俯瞰 ・・・・・・・・・・・・・・・344
　　　自然発生的な「堕落」 ・・・・・・・・・・・・349
　　　クロノス神の象徴学 ・・・・・・・・・・・・・351

スタンザⅩ　つづき ・・・・・・・・・・・・・・・・・356
　　　黄金の世代 ・・・・・・・・・・・・・・・・・358
　　　悪魔デヴィルの外見は人間的 ・・・・・・・・・359

巨人達は空想か？ ・・・・・・・・・・・・・・・・・363
　　　7人の穢れ無き若者達 ・・・・・・・・・・・・369
　　　チベットの鬼母リリス神 ・・・・・・・・・・・373
　　　全く人間とは呼べない諸人種の人々 ・・・・・・375

「第三の目」を持つ諸人種 ・・・・・・・・・・・・・379
　　　秘教科学の生理学 ・・・・・・・・・・・・・・386
　　　視力の進化 ・・・・・・・・・・・・・・・・・388
　　　第三の目は今では一つの内分泌腺に ・・・・・・394

人類の初期のマヌ達 ・・・・・・・・・・・・・・・・402
　　　初期の4人種 ・・・・・・・・・・・・・・・・409
　　　「魚」の秘教的意味 ・・・・・・・・・・・・・410

スタンザⅩⅠ　第4及び第5人種の文明と滅亡 ・・・・・414
　　　人間の退化 ・・・・・・・・・・・・・・・・・418
　　　今では海の底のアトランティス ・・・・・・・・426
　　　気候の変化 ・・・・・・・・・・・・・・・・・431
　　　象徴の読み方 ・・・・・・・・・・・・・・・・438
　　　大洪水以前の仏陀方 ・・・・・・・・・・・・・443

巨人達の目撃者としての、
一つ目の巨人キュクロプスの遺跡群と巨大な巌石群 ・・446
　　　生き、話し、そして動く岩石達 ・・・・・・・・447
　　　人間となるには神を必要とする ・・・・・・・・458

スタンザ XII 第5人種とその天界の指導者達 ･･････････460
　　　天文学上の竜 ･････････････････････････462
　　　異なった象徴のもとでの蛇と竜 ･････････････464
　　　星と宇宙の象形文字 ････････････････････466
　　　我々の神なる指導者達 ･･･････････････････480
　　　サタン神話の起源 ･･････････････････････499
　　　ノアはカベイリの一人であって、
　　　　それ故、彼は悪魔デーモンの一人であらねばならぬ ･･515
　　　極地と水没した諸大陸にまつわる
　　　　　　　　最古のペルシャの諸伝承 ････････520
　　　ギリシャとプラーナの伝承に基づく西洋の説明 ･････531
　　　哲学的観点から見た「呪い」 ･････････････････542

スタンザ XII の偈文に関する註解書からの追補的な諸断篇 ･･560
　　　アトランティスに関する最古の記録 ･･････････562
　　　アトランティスの滅亡 ･･････････････････564
　　　人種、亜人種、そして民族 ･･･････････････574

　　結　び ･･･････････････････････････････578

第Ⅱ巻 ―― 第2部
世界-宗教にまつわる古代の象徴
あらゆる聖典で立証される秘教的教義 ････････････････[449]

XVI.　　アダム-アダミ ･････････････････････････[452]
　　　カバラ的な4人のアダム達 ････････････････[457]

XVII.　　「至聖所」、その荒廃 ･･･････････････････[459]
　　　キリスト教の象徴的意味 ･･･････････････････[463]
　　　「四つの顔」を持つブラフマー ･･････････････[465]
　　　古今のエホバ ･･････････････････････････[469]

XVIII.	「堕天使」の神話についてとその多様な外見	[475]
	邪悪な霊、その正体は？	[475]
	闇の神々に由来する光の神々	[483]
	「天の戦い」の多様な意味	[492]

XIX.	プレローマはサタンの巣窟か？	[506]
	エホバの人格霊	[509]
	大いなる神秘	[512]
	ロゴス神とサタンは同じ	[515]

XX.	プロメテウスはティターン神	[519]
	彼の起源は太古のインドに	[519]
	彼が与える福音	[523]

| XXI. | エノイキオン-ヘノク | [529] |

XXII.	神秘的名前イアオとエホバの象徴的意味	[536]
	十字架と円	[545]
	十字架の物質への降下	[553]

XXIII.	グノーシス主義の文学作品に見られるウパニシャッド	[563]
	もはや時間が存在しない時	[565]
	神的な自我の叡智	[566]

XXIV.	十字架とピタゴラス学派の 10	[573]
	ポセイドンの 5 人の聖職者	[577]
	数字 6 の神秘	[583]
	十字架とキリスト教徒の再考察	[587]

XXIII.	七つからなるものに関する密儀	[590]
	セプタパルナ[七重性]	[590]
	四角形と七角形の関係	[598]
	ヴェーダの中の七元素	[605]
	大衆的作品の七重性	[611]
	天文学、科学、そしてマギ術での 7	[618]
	エジプト学者達のいう七つの魂	[630]

第Ⅱ巻 ── 第3部
補遺
科学とシークレット・ドクトリンの対照

Ⅰ. 古代、或いは現代の人類進化論？ .... [645]
　　　　秘教科学と現代の学説 .... [649]
　　　　科学はすべての疑問に沈黙する .... [653]
Ⅱ. 人類の祖先は科学によって提唱されている .... [656]
　　　　多様な生殖の生態 .... [659]
　　　　欠落した類人猿人類 .... [669]
　　　　原形質的な魂群と意識的な神経-細胞 .... [670]
　　　　我々の「父祖的-深海生命」の諸原子 .... [674]
　　　　─────
Ⅲ. 人間と類人猿の化石と遺物 .... [675]
　　　　ダーウィン主義者にとっての克服不能な困難さ .... [677]
　　　　「痕跡器官」に関する論争 .... [683]
　　　　胚の「発生過程の概略」 .... [684]
　　　　頭蓋骨の形跡 .... [687]
Ⅳ. 地質諸時代と人種の諸周期と人類の古さの期間 .... [690]
　　　　サイスによる年代学の素描 .... [691]
　　　　(a) 天体の年齢に関する考察 .... [694]
　　　　熟達者-天文学者 .... [698]
　　　　(b) 諸惑星とその大半の連鎖について .... [699]
　　　　意識の幾つかの状態 .... [701]
　　　　聖書に記述された諸世界 .... [703]
　　　　─────
　　　　(c) 秘教的な地質年代学 .... [709]
　　　　生命の並行論 .... [711]
　　　　対照された２つの科学 .... [713]
　　　　旧石器時代的な[動物画家]ランドシーア .... [721]
　　　　アストラル人間 ── そのまとめ .... [728]
　　　　カバリスト達と科学 .... [730]
　　　　─────
Ⅴ. 生物の進化と創造の中心 .... [731]

	ディヤーニ・チョーハン方とこれらの諸中心 ・・・・・・・・[732]
	(a) 哺乳類の起源と進化 ・・・・・・・・・・・・・・・・・・・・・・・・・・・[734]
	(b) ヨーロッパの旧石器時代の諸人種
	── 何処に、そしてどの様に分布したのか ・・・・・・[738]

VI. 巨人達、数々の文明、そして歴史に痕跡を残す沈んだ大陸 ・・・[742]
  不思議な国家 ・・・・・・・・・・・・・・・・・・・・・・・・・・・・・・・・・・・[743]
  七つの安息日 ・・・・・・・・・・・・・・・・・・・・・・・・・・・・・・・・・・[747]
  「黙示録」と「シークレット・ドクトリン」 ・・・・・・・・・・・・[748]
  ドルイド教の諸々の石 ・・・・・・・・・・・・・・・・・・・・・・・・・・・[752]
  巨人族 ・・[755]
  ゾロアスター教の七つの大地 ・・・・・・・・・・・・・・・・・・・・・[759]
 (a) 聖なる島々に関する記述 ・・・・・・・・・・・・・・・・・・・・・・・・[760]
  アトランティスの遺産 ・・・・・・・・・・・・・・・・・・・・・・・・・・・[763]
  神の育んだ大地 ・・・・・・・・・・・・・・・・・・・・・・・・・・・・・・・・[765]
  諸々の御名の力 ・・・・・・・・・・・・・・・・・・・・・・・・・・・・・・・・[767]
  コエラスとテラの息子達 ・・・・・・・・・・・・・・・・・・・・・・・・・[769]
  南北のアトランティス ・・・・・・・・・・・・・・・・・・・・・・・・・・・[770]
  ニオベとその子供達 ・・・・・・・・・・・・・・・・・・・・・・・・・・・・[771]
  時の諸周期 ・・・・・・・・・・・・・・・・・・・・・・・・・・・・・・・・・・・・[773]
  幽閉中のティターン ・・・・・・・・・・・・・・・・・・・・・・・・・・・・・[776]

VII. 幾つかの沈んだ大陸の存在を示す科学的且つ地質年代的証拠・・[778]
  地質学による秘教科学の立証 ・・・・・・・・・・・・・・・・・・・・・[779]
  植物に関する証拠 ・・・・・・・・・・・・・・・・・・・・・・・・・・・・・・[781]
  民俗学に必要なアトランティス ・・・・・・・・・・・・・・・・・・・[783]
  正義の女神アストライアは自らの頭上に注ぐ ・・・・・・・・[785]
  南-海諸島の交流 ・・・・・・・・・・・・・・・・・・・・・・・・・・・・・・・[788]
  言語に関する証拠 ・・・・・・・・・・・・・・・・・・・・・・・・・・・・・・[790]
  ラゴンはメーソンの象徴を説明する ・・・・・・・・・・・・・・・[795]
  真実に相応しい前奏曲の終局 ・・・・・・・・・・・・・・・・・・・・[798]

  [ ]内の数字は英語原書の頁数

「わたしの教えは、わたし自身の教えではなく、
　　　わたしを使わされた方の教えである」

　　　　　　―― ヨハネ John による福音書
　　　　　　　　　　　　　　　7 章 16 節

表記の凡例

1. 引用文、文字等のイタリック文字による強調。
secret doctrine ---> **シークレット・ドクトリン**（太字明朝）
2. 大文字による強調、但し固有名詞は除く。
Secret Doctrine ---> 〈シークレット・ドクトリン〉
3. イタリックと大文字による強調。
Secret Doctrine ---> 〈シークレット・ドクトリン〉
4. 全て大文字による強調。
SECRET DOCTRINE ---> 〈シークレット・ドクトリン〉（ゴシック文字）
5. 全て大文字で先頭文字のフォントポイントによる強調。
SECRET DOCTRINE ---> 《シークレット・ドクトリン》
6. 文字全体のフォントポイントで強調。
SECRET DOCTRINE ---> 《シークレット・ドクトリン》
7. （　）内の文は、著者ブラヴァツキーのもので、［　］の中の文章は読者の便宜を図るための訳者補註です。文の流れで読みやすいように、言葉の前後に配置した。Secret Doctrine［秘密の教え］、［秘密の教え］Secret Doctrine、等のように。
8. 訳がハッキリしない箇所については、原文を併記した。特にラテン語、ヘブライ語、サンスクリット語など。また、英語についても博学と見聞のため、参考までに単語を併記しているものがある。
9. 数字の表記については半角数字を用い、強調数字については、1.～6.に準じて表記している。
10. 「Occult」、或いは「Occult Science」という単語は全て「秘教科学」と訳した。
11. 『　』括弧は、おもに『Secret Doctrine』等、書籍名であることを強調するのに用いている。
12. 人名、書籍名、地名、各種言語のカタカナ表記については、表記の一例に過ぎないとお考え下さい。ネイティヴの方の発音を正しく表記するのは無理だと感じました。

諸　言

古代のスタンザと先史時代の四大陸について

"Facies totius Universi, quamvis infinitis modis variet, Manet tamen semper eadem."　——　SPINOZA.
「全世界の姿は、無限に変化するものであるけれども、常に同じままである」。——　スピノザ。

　この〈書〉、第2巻で、更に〈註解集〉を伴う数々のスタンザは、〈第1巻宇宙発生論〉のスタンザと全く同じ〈古代の諸々の記録〉から引用されている。可能な限り逐語的な翻訳がなされたが、しかしスタンザの一部は解説なしに理解するには朧気すぎた。それ故、〈第1巻〉でなされたように、それらは最初そのまま全文で伝えられる一方で、それらの〈註解集〉を一行づつ取り上げる時は、括弧の中に加えられた言葉によって、〈註解〉のより完全な説明を知見して、それらをより明白にする試みがなされている。

　人類の進化に関して、シークレット・ドクトリンは三つの新提案を当然のこととするが、その提案は、今流布している宗教的教義と同じく現代科学と直に対峙する。その教えは、(a)我々の天体上で七つの異なる地域の七つの人類群の同時的な進化、(b)**アストラル体の誕生は肉体に先立つ**、即ち前者は後者の雛形であり、そして、(c)かの人間は、この〈環〉では、動物界の総ての哺乳類に —— 人類に似たものも含めて —— 先立ち誕生していた、である。(註1)

(註1)　創世記2章19節を参照。アダムは7節で形作られ、19節で、「**大地から〈主なる神〉は野のあらゆる獣と空のあらゆる鳥を形造り、アダムがそれらを何と呼ぶかを見るためにアダムのもとへつれてきた**」と語られている。このように人間は動物より**前に**造られた。というのも、第1章で言及された動物は黄道帯十二宮図のことで、一方人間、「**男性と女性**」は、**人間ではなく**、〈万軍〉のセフィロト、即ち「彼（〈神〉）の姿に、そして後には彼に似せて造られた」〈軍勢〉や〈天使群〉である。アダムは人間で、それらに似せて造られてはいないし、また聖書でそのように断言されている者でもない。更に〈第2〉のアダムは、秘教的に7人の人間もしくは七つの集団を意味する7組のものよりなる。というのも第1のアダム —— カドモン The Kadmon —— は、**10**の〈セフィロト〉を綜合したものだから。これらについては、上方の三つ組みは未来の「〈三位一体〉」として〈祖型の諸世界〉に残り、一方で下方の七つのセフィロトは顕現した

我々〈地球〉の七つの地域で同時的に生まれた太古の〈人間達〉について述べているのは『シークレット・ドクトリン』だけではない。ヘルメスの『聖なるポイマンドレス Pymander [人間の精神的指導者を意味する]』に、我々は、〈自然〉と「〈天人〉」、言葉の集合的な意味としての、即ち〈創造的な霊群〉から展開した同じ〈7人〉の太古人(註2)を認める。そしてバビロニアの〈創造伝説〉が刻まれているカルディア石版(ジョージ・スミスによる蒐集)の諸石片に、また**クタ Cutha** 石版の最初の文節に、「(〈7人〉の)偉大な神々が創造した」真っ黒な顔(黒いイボだらけの容貌)を持つ7人の人間が記述されている。また、16行から18行で説明されるように ―― 「〈地球〉の中央で彼らは成長し大きくなった …… 〈7人〉の王達で、同じ一族の兄弟達である」。これらはカバラで引き合いにされるエドムの〈7人の王〉のことである。最初の人種は、**不完全**で、「調和」(性別)が現れる以前の生れであったし、それ故滅ぼされた。(『光の書ゾハル Zhor』、『奥義書セフィラ・ゼニオウタ Siphrah Dzeniouta』、『小聖句集イドラ・ズータ Idrah Suta』の2928、『カバラ』、205頁)「〈7人の王〉は、兄弟で、出現して子供をもうけたが、6,000という数は彼らの国民の数である(『ヒッベルト講演会集』[1847年設立のヒッベルト財団による神学関連の出版物の著者による講演会]、372頁)。神ネルガス(死の神)は彼らを滅ぼした」。「どの様な方法で滅ぼしたのか？」「それまで存在しなかった均衡(或いは調和)のとれた者

物質世界を創造する。そして**この七周期が第2のアダム**である。創世記とそれに基づいて作られた密儀はエジプトに由来した。創世記第1章の「〈神〉」はロゴス神であり、第2章の「〈主なる神〉」は〈創造神的〉な**エロヒム** ―― より低級な諸勢力である。

(註2)　斯くの如くポイマンドレスは語りき ――「これは今日まで隠された秘密である。天人(エロヒム、或いはディヤーニ達)を伴う〈自然〉は、自然の7人の〈統治者達〉に従って驚くべきもの …… すべてが男性且つ女性(〈両性具有者〉)である〈7人の〉**人間** …… を生みだした」。――(第II巻29節)―― 或いは人を構想し創造した**ピトリ達**とエロヒムの七つの〈**軍勢**〉を。このことはまったく明白で、しかも我らが現代の神学者達の解釈を見れば、人間が知性的で博識であると想像していた！　オックスフォードのオリエル単科大学のジョン・デーヴィッド・チャンバースによって編纂された、『ヘルメス・トリスメギストス、キリスト教(？)新プラトン主義者の神学的且つ哲学的な作品集』の中で、翻訳者は、「これらの**7人の人間**が誰のために意図されたのか？」と訝っている。彼は、人間の原型(創世記第1章のアダム・カドモン)が男性且つ女性であったように、7人が創世記(9頁)で名付けられたイスラエルの連続する祖先達を象徴すると結論づけることにより、その難題を解決している …… 難題を解決する際の神学らしい方法の一つである。

等をもたらすことによって」(『奥義書ゼニオウタ』)。彼らは人種として彼ら自身の子孫(滲出生による者)に吸収されることによって「滅亡」した。即ち、性のない人種が(潜在的にだが)両性保有者に生まれ変わった。後者は〈男女両性具有者〉として、そして再度、性を持つ者、後の第3〈人種〉として(更なる解説のため以下を参照)。数々の石版の破損がより僅かであったならば、たとえ詳細に関してではないとしても、少なくとも基本的な事実について、それらが古代の記録や誤訳で著しく損なわれたヘルメス文献に伝えられているものと一語一語全く同じ説明を含むことに気づくことだろう。

　これらの教えの超自然的な外見は、寓意的ではあるけれども、近年の科学的仮説と同様、聖書(註3)の死語となっている記述とまさに向き合って対峙し、そして感情的な否定を喚起することはほぼ間違いない。〈秘教科学者達〉は、それでも、単純にそれらが最も論理的で、そして個々の難題を解決することから、〈秘教的な哲学〉の伝承が正しいことの一例に違いないと認識している。加えて我々は、その数々の石版で7人の初期の人間、或いはその名前の真の意味が、カバラを通して突きとめられたアダム達に言及しているカルディア-アッシリアの説明文と同じく、エジプトの『トートの書』、『死者の書』、さらに7人のマヌに関するヒンドゥのプラーナ[古潭・神説]伝承を手にしている。サモトラケ人の密儀について熟知している者等は、ありふれたカベイリ Kabiri という名が、「〈聖なる諸々の火〉」を意味し、その火が、「カベル Kabir が生まれた〈聖なる〉レムノス Lemnos 島」(火山の神ヴァルカンを祀った島)であるエレクトリア Electria (或いはサモトラケ)島の七地域で創始されたこともまた想い出すだろう。

　ギリシャの叙情詩人ピンドロス Pindar によれば(『哲学』参照、ミラー編、98頁)、このカベル Kabir は、その名がアダマス Adamas で、レムノス島の伝承では、地球の御胸の奥底から生まれた原初人間の一つの雛形であった。彼は世代順では最初の男性達の〈祖型〉で、7人の原住民の祖先達、或いは人類の創始者達の1人であった。(前掲書108頁)サモトラケ島が、フェニキア人によって、彼らの以前には〈東方〉から来た謎のペラスギ人

(註3)　〈創造〉、〈堕落〉、〈大洪水〉、そして更にバベルの〈塔〉の伝説に対する寓話的な記述を与えるカルディアの諸石版が、「モーセの時代以前」に刻まれたと今では断言されている時に(G・スミスの『カルディアの創世記物語 Chaldean Account of Genesis』、86頁参照)、〈モーセの五書[旧約聖書の創世記、出エジプト記、レビ記、民数記、申命記]〉がどうして**啓示**と呼びえるのか？　それは単に同じ物語の形を変えたものに過ぎない。

Pelasgianによって植民地化されていたことをこの事実と結びつける時、もし人が、フェニキア人、カルディア人、イスラエル人の**神秘的な**神々の正体をもまた同時に想い出すならば、ノアの時代に於ける大洪水の混乱した説明がどうして起こったかを明らかすることは容易であろう。ユダヤ人達は、エジプト人を通じてそれらを持ち込んだモーセから創造に関する彼らの初期の概念を手に入れ、創世記と最初の〈宇宙発生〉伝承を ── これらがエズラ Ezra と他の者達によって書き直された時に ── カルディア-アッカディア人の記録をもとに編纂した事は近年明らかになっている。それ故、またその中に、アダム、アドミ Admi、アダミ Adami (註4) という名前のもとの意味だけでなく、肉体的に〈母なる大地〉から生まれた7人のアダム、或いは根本人類と霊的且つ星辰的な先祖達の**神聖な火**の創造を見いだすためには、此処彼処に散在しているバビロニアとアッシリアの楔形文字で書かれたものと他の碑文を調査することで十分である。秘教的教えに無知なアッシリア学者達が、創世記や聖書に同じものを見つけるために払うものより多くの注意を、バビロニアの円筒碑文で神秘的な且つ絶えず繰り返される聖数7に払うことはほとんど期待出来ない。それでも、諸断片のひどく破損した状態にも関わらず、それらが『ポイマンドレス』やカバラの『封印された神秘の書』に認められると同じくらい明らかに、星辰霊の数と人間的な子孫となる彼らの七つの集団がそこに存在する。後者の中でアダム・カドモンは〈セフィロトの**木**〉、また同様に〈〈善悪〉に関する〈知識〉の〈木〉でもある。そしてその「〈木〉」は、「その周りに七柱を持つ」、或いは宮殿を、と32節に伝えるが、それは我が〈地球〉に於ける七つの惑星から構成される天球に働く七つの創造的〈天使群〉である。アダム・カドモンは**集団の名前**であると同時に、人間アダムの名前でもある。ジョージ・スミスは自著『カルディア人の創世記』で言っている ──

「初期人類にまつわるこれらの伝説で使われているアダムという言葉は、明らかに**相応しい名前ではないが、只、人類に対する用語としてのみ使われているだけである**。アダムは創世記では正式の名前として現れるが、確かに幾つかの文節ではアッシリア人の言葉と全く同じ意味で使われている」と。(86頁)

更に、カルディアだけでなく聖書の大洪水(キセトラス Xisuthres とノアの物語)は、ヴァイヴァスヴァタ・マヌ Vaivaswata Manu にまつわるインドの寓話に記された世界的な大洪水と同じくアトランティスの大洪水にも

(註4)　この本の第2部、「アダム―アダミ Adam-Adami」の章を参照。

基づいている。それらはサモトラケ島の**秘教的な密儀に基づいた大衆的な寓話**である。もしもより古い時代のカルディア人達がプラーナの諸伝承に封じ込められた秘教的な真実を知っていたとしても、他の諸国家は只そのサモトラケ人の神秘だけを認め、それを寓話化したに過ぎない。彼らはそれを自らの天文学的な、そして人類学的、より正確には男根崇拝の概念にあわせて脚色した。サモトラケ島は、国を沈めその最高峰の頂きに届いた古代の大洪水で有名であったことが**歴史上知られている**が、その出来事はアルゴノート達[黄金の羊毛を求め、アルゴー船に乗ってコルキス国へ渡った勇者達]Argonauts の時代以前に起こった。それは、その時まで湖と思われていた黒海 Euxine の海水によってまさに突然氾濫が起こった。(註5) しかしヘブライ人は、更に、彼らの寓話に基づく他の伝説を保持していた。即ち「大洪水」で、それは現在のゴビ砂漠を、**最も最近では**およそ 1 万から 1 万 2 千年前に海に変え、そして多くのノア達とその家族達をその周囲の山脈へと押し流した。バビロニアの諸記録は 20 万点もの損傷した断片(**コーユンジク** Koujunjik の墳墓だけでレヤードの発掘によって収集された 2 万点を越える碑文)の中から僅かしか修復されていないため、此処で引用される諸々の証拠は比較上不十分である。それでもそれらに拠れば、それらが我々の教えのほぼ全てを、正確には少なくとも三つを裏付けている。それらは ――

(1) 最初に生殖に堕ち入ったかの人種は、彼らが**アダミ**または浅黒い〈人種〉と呼ぶ黒〈人種〉(*Zalmat Gaguadi*) であって、そしてかの**サルク** *Sarku* または光の〈人種〉は結果的に長期間清浄さを保持した。

(2) かのバビロニア人達は、((〈エーテル的〉な**ピトリ達の幽複体を持つ**)〈神々〉の人種が〈降臨〉する際に、**二つの主要な**〈**人種**〉がこれら二人種に先行していたと認識していた。これは H・ローリンソン卿の持論である。これらの「〈人種〉」は我々のいう第 2、第 3〈根本人種〉である。

(3) いわゆるこれら七柱の〈神々〉は、それぞれの神が**人間**、或いは人間の集団を創造したが、「**幽閉され、化身させられた神々**」であった。これらの神々は順に、**ジィ** Zi 神、(高潔な生活、清浄の〈指導者〉) **ジク** Zku 神、

(註5) プリニウス Pliny[古代ローマの博物学者、政治家、軍人で自然界を網羅する百科全書『博物誌』の著者]4, c.12、ストラボン Strabo[古代ローマ時代のギリシア系の地理学者・歴史家・哲学者。全 17 巻から成る『地理書』の著者]10、ヘロドトス Herodotus7, c.108、パウサニアス Pausanias[2 世紀ギリシアの旅行家、地理学者で『ギリシア案内記』の著者]7, c.4 等を参照。

「死の神々からの〈救い主〉」で(後に)幽閉された(高貴な王冠の)**ミルク** *Mirku* 神、「手で作られた浅黒い〈人種〉」の創物主で「神々の中でも賢明な」**リブズ** *Libzu* 神、**ニッシ** *Nissi* 神 …… そして**スハブ** *Suhhab* 神で、更に**ヒア** *Hea* 或いは**サ神** *Sa* で、それらを統合して、堕天の際にはオアンネス *Oannes* －ドラゴンと同一となる叡智と深淵 *Deep* の神となり、そして(集団として)デミウルゴ或いは〈創物主〉と呼ばれた。(カルディアの創世記物語、82 頁を参照)

　バビロニアの石版の断片には、いわば二つの「〈創造〉」が存在し、これに忠実な**創世記**で、人はその最初の二つの章にエロヒムとエホバの創造として区別されているのを認める。彼らの正しい序列は、それにも関わらず、それらの、或いは他の如何なる公の記録にも保持されていない。さてこれらの「〈創造〉」は秘教科学の教えによれば、父祖達(ピトリ達、或いはエロヒム)による最初の 7 人の**人間**の形成について個々に言及している。そして降臨後の人類集団の形成についてもである。

　我々が推し進めてきたように、科学の光と聖書も含めてあらゆる古代国家の諸聖典から引用されたものの比較の中で検証されるだろう。話題を変えて、先史〈人種〉にまつわる〈人類発生論〉に向かう前に、我々**アダム**の〈人種〉に先立ち巨人の 4〈人種〉が誕生し、生き、滅んだ諸大陸に名付けられた名称について要約することは有益であろう。彼らの古代及び秘教的な名称は多種にのぼり、そしてその年代記や聖典で彼らに言及する諸々の国家の言語は多様であった。例えば『ヴェンディダード *Vendidad*［ゾロアスター教の聖典集アヴェスタの一部で悪魔払いの定式文句集］』で、本来のゾロアスター(註6)が生まれたアエリヤーナ・ヴァエゴ［アーリヤ人揺籃の地］*Airyanem Vaêgo*(『創造の起源 *Bund.*［バンダヒシュ *Bundahish* の省略形でゾロアスター教の古い神話集］』、79、12 を参照)として言及されるものは、プラーナ文学では「シュウェタ－ドウィーパ［白い－大陸］*Sveta-Dwipa*」、ビシュヌの宮殿である「メール山［須弥山］」、等々と呼ばれている

(註6)　「元の *original*」という言葉によって、「その地にイーマ *Yima* 王によって作られた都市ヴァラ *Vara* の主で統治者でもあるツェラトストラ *Zarathustra*」と呼ばれた「アムシャスペンド *Amshaspend*」方を我々は意味する。数人のツェラトストラ、或いはツェルトスツ *Zertusts*、単独で 13 を数えるダビスタン *Dabistan* が存在したが、これらはすべて最初の人間の生まれ変わりであった。その最後のゾロアスター *Zoroaster* はアツァレクス *Azareksh* の〈拝火教〉寺院の創建者であり、アレキサンダーによって破壊された初期の聖なるマギ術師の宗教に関する諸々の作品の著者である。

し、シークレット・ドクトリンでは、単純に彼らの首長、「この〈惑星〉の〈霊群〉の保護下にある〈神々〉」の大地と呼ばれている。

それ故、起こるかも知れぬ混乱の可能性、同じくまさに推測という視点から見れば、よく言及される4大陸のそれぞれに、教養ある読者にとってより親しみのある名称を採用することは、より有益だと考えられる。次に、第1〈人種〉が天の祖達によって発展させられた地を第1の大陸、或いはむしろ第1の**陸地** *terra firma* と呼ぶことを提案する──

I. 「〈不滅の聖なる土地〉」

この名称のいわれは以下のように説明される。この「〈聖なる土地〉」は、── その多くは後に述べるが ── 他の大陸の運命を共有することは決してないと述べられている。その理由は各〈環〉を通じてマンヴァンタラの初めから終わりまで存続する定めを持つ唯一の大陸だからであると。それは、未来人類の種子に**シシュタ**[残るもの]*Sishta* として聖別された最初の人間の揺籠の地、そして最後の**神のような人間**の住む処である。「北極星が**〈大いなる息〉**(註7)である夜明けから黄昏までの『一日中』、そこに注意深く瞳を注いでいる」という註解書の一つにある詩的表現によるものを除いて、恐らく、この神秘的で聖なる土地ついてはほとんど語られることがなかった。

II. 「〈ヒュペルボレアス[常春の土地]HYPERBOREAN〉」は、〈第2人種〉を受け入れるために北極からその岬が南方と西方に張り出し、現在北アジアとして知られる地域全体を含む〈第2の大陸〉、大地のために選ばれた呼称であろう。それは最古のギリシャ人が遙か遠く離れた神秘の地域に対して名付けた名称で、彼らの伝承では毎年その場所へアポロに「ヒュペルボレアス」の旅をさせていた。**天文学的には**、アポロは言うまでもなく〈太陽〉であり、彼はギリシャの聖地を放棄して、〈太陽〉が半年間は決して沈むことのない遙か遠き神の土地を毎年訪れることを好んだ。**昼と夜が肌身離れずに寄り添い巡る** Ἐγγύς γάρ νυκτός τε καί ἤματός εἰσι κέλευθοι、とオデュッセイの一節は告げている (x. 86)。

しかし、**歴史的にも**、恐らくはより民族学的にも、そして地質学的にも、その意味する所は異なっている。ヒュペルボレアスの地は、凍てつく心をもつ雪と暴風の神で、リファエウス Riphaeus 山脈で重々しく微睡むこと

(註7) インドでは、「ブラフマーの〈昼〉」と呼ばれた。

を好む[北風の神]ボレアス Boreas の地を越えて広がっている地域だが、神話学者達が憶測するような想像上の地域ではなかったし、しかもスキタイ Scythia やドナウ川 Danube の周辺の土地でもなかった。(註8)そこは、その黎明期には冬を知らなかったのみならず、また今でさえも年に一昼夜以上悲しみが残ることのない実在の〈大陸〉、**本物**の土地であった。夜の影がそこには決して忍び寄らない、と詩ったのはギリシャ人だが、その理由は、そこが〈神々〉の土地、光の神アポロ神のお気に入りの逗留地で、その住民が神の愛しの司祭達及び僕達であったからである。これは現在では詩的な**空想**と見なされるかも知れないが、その時代は詩的な**真実**であった。

 III. 第3の〈大陸〉、それを我々は「レムリア」と呼ぶことを提案する。その名称は P・L・スクレイター Sclater 氏による創案、或いは着想で、彼は、1850 年から 1860 年の期間に動物学的背景に基づき、マダガスカルからセイロンやスマトラまで広がることを示し、実際に存在した先史時代の一つの〈大陸〉であると主張した。それは現在のアフリカの一部を含んでいたが、その一方で、インド洋からオーストラリアまで伸びていたこの巨大〈大陸〉は、現在では島々であるその高地の頂きの一部だけをあちこちに残して、太平洋の海水の下に今では完全に消え去った。A・R・ウォレス Wallace 氏は、博物学者だが、「第三紀時代のオーストラリアをニューギニアとソロモン諸島に、そして恐らくフィジーへと拡大している」とし、そしてその〈有袋類〉の諸々の形体から、彼は「第二紀の期間に於ける〈北の大陸〉との交流」を推察している、と『神話上の怪物達』の 47 頁に記しているのは Ch・ゴールド氏である。この主題は他で十分取り扱われる。(註9)

（註8）　ウォルカー Volcker の『神話的地理学』の 145 頁から 170 頁を参照。
（註9）　それにも関わらず、ウォレス氏がスクレター氏の考えを受け入れず、却ってそれに反対していることは注目される。スクレーター氏は大地、或いは大陸が以前にはアフリカ、マダガスカル、そしてインド（実際にはオーストラリアでもインドでもない）と一体であったと推定しているが、A・R・ウォレス氏は、自身の『諸動物の地理学的分布』と『島の生物』で、その様な大地の仮説は主張された動物学的背景に基づいて全く不要であることを示している。しかし彼は、インドとオーストラリアに非常に近接して確かに存在した、そして同時にそれが「確かに先-第三紀」と非常に隔たっていたことは認めているし、親書で、「この仮定の大地には如何なる名称も付けられていない」と付け加えている。それでも、大地は確かに存在し、勿論それは**先-第三紀**にであった。というのは「レムリア」（この名称を第3〈大陸〉に対して容認している）はアトラン

IV. 「アトランティス」は〈第4の大陸〉である。それは歴史上最初の大陸であっただろうし、これまで以上により注目すべき古代人の伝承であった。その名称を持つプラトンの有名な島はこの巨大〈大陸〉の断片の一つにしか過ぎない。(『秘教的仏教』を参照のこと)

V. 〈第5の大陸〉はアメリカであった。しかし、それがインドから見て〈対蹠地[地球上の真裏に位置する土地]〉に位置するために、一般にインド・アーリア人の秘教科学者達に第5として言及されるのは、ほぼそれと同時代のヨーロッパと小アジアである。もし彼らの教えがその地質学及び地理学的序列で〈諸大陸〉の出現を辿るならば、その時この区分は変更されるべきであろう。〈諸大陸〉の出現順序は、第1から第5の我々アーリヤ〈根本人種〉まで、〈諸人種〉の進化の序列に従ってなされるため、ヨーロッパは第5巨大〈大陸〉と呼ばれるべきである。シークレット・ドクトリンは島々や諸半島についての説明を記載していないだけでなく、現在の大地と海洋の地理学的配置も辿っていない。その草創期の教えと大アトランティスの滅亡以来、地表は一回以上変貌した。ジブラルタル海峡の形成と更なる大陸の変動がヨーロッパの地理の様相を完全に変える以前には、エジプトの三角州地帯や北アフリカがヨーロッパと一体の時代があった。最後の重大な変化はおよそ12,000年前に起こり(註10)、プラトンがその原大陸にちなんでアトランティスと呼ぶ、小アトランティス等の沈没がそれに続いた。地理は、古き時代に於ける神秘の一部をなしていた。ゾハルに云う(iii., 二折フォリオ判 fol. 10a)、「これら諸々の(大地や海洋に関する)秘密は、**秘教科学者達には公開され、地理学者達にはされなかった**」と。

ティスが十分発展する以前に滅びたからで、後者は水没し、その主要な部分は中新生紀時代の終わる前に消滅した。

(註10) もう一つの「一致」——

「さて、地質学的な直近の時代に**北アフリカの地域が事実上スペイン半島であったこと**、そして(本来の)アフリカとの結合は、〈北部〉ではジブラルタル海峡の分裂、〈南部〉では**サハラ砂漠出現の起因となる隆起**による結果であったことが立証されている。これに先立つサハラ海の海岸線は地中海の海岸線沿いに生息するのと同じ腹足類 Gastoropoda [カタツムリ、ナメクジなど]の殻よって依然として特徴づけられている」。(オスカー・シュミット博士 Prof. Oscas Schmidt、『系統の原理とダーウィン主義』、244頁)

人間の肉体がその起源としては驚くべき巨大さの第三紀の巨人にあり、人間が1,800万年前に存在していたという主張は、現代学識の賞賛者と信奉者にとって勿論非常識に思われるに違いない。生物学者達のあらゆる**公式委員会** posse comitaus は、第二紀時代に於けるこの第3人種ティターン、即ちその父祖達 ── アトランティス人のエーテル的な原型 ── が彼らに危害を加えることが出来なかった怪物達を恐れる必要がなかったように、その時代の陸、海、空の巨大な怪物等と対等に闘うために適応した生物であるという概念から顔をそむけるであろう。現代の人類学者が我々のティターンを嘲笑することは全く自由だし、彼が聖書のアダムを、そして神学者が人類学者の類人猿の祖先を嘲笑することも同様である。〈秘教科学者達〉とその痛烈な酷評家達は、今度は彼らの説明が互いにかなりよく一致していると感じるかも知れない。秘教諸科学は、あらゆる出来事に於いて、ダーウィン主義の〈人類学〉や聖書的な〈神学〉よりも控えめに主張しながらも、より多くを伝えている。

　〈秘教的年代学〉は誰をもびっくりさせるわけではない。というのも、その数字に関して、今日の最高の権威者達は、変更されやすいもの、そして地中海の波のように気まぐれなものとしている。各地質年代期だけの継続期間に関して、英国学士院の学識者達は絶望的にも誰もが五里霧中で、この対照の中で一度ならずも見られるように、この上なく安直に100万年から5億年へと飛躍している。

　ここで我々の論旨の一例を挙げよう ── クロール Croll 氏の年代計算法によるものだが、この権威によれば、アメリカのある地質学者が彼に語らせるように(註11)、250万年が第三紀時代、或いは始新世期の開始以来の時を表していようが、或いはある英国の地質学者によって引用されたように(註12)、度々クロール氏が「始新世期の開始以来1,500万年であると認め」ようが、両方の数字の組み合わせはシークレット・ドクトリンでなされた主張を網羅している。(註13)というのも後者は、レムリア-アトランティ

(註11)　地質学教授 A・ウィンチェル Winchell 著、『世界の生物』、369頁。
(註12)　近年のタスマニア地質学調査官チャールズ・ゴールド氏の『神話上の怪物達』、84頁。
(註13)　チャールズ・ライエル Lyell 卿は、第三紀の三つの区分を特徴づけるために「**幸運にも**始新世 Eocene、中新世 Miocene、鮮新世 Pliocene の用語を創案」した功績のある人物だが、彼の「〈知的産物〉」の間に幾つかの近接した時代を実際配置すべきであった。これら時代の期間はさておいて、しかしながら、

ス大陸での〈第4根本人種〉の進化の始まりから終わりまでに400、或いは500万年、現在の〈第5根本人種〉、或いはアーリヤ人種に100万年、そして大アトランティスの最後に残った大半島の水没以来およそ85万年に亘るとして割り当てている ── これらの全ては、クロール氏によって第三紀時代に対して渋々是認されたその1,500万年以内でたやすく取って代わるだろう。しかし、**地質年代学的に**言えば、我々は結局信頼するアメリカの科学者達が遡っていることを知るように、その時代の長さは二次的な重要さでしかない。これらの紳士達は、彼らの主張が疑わしいだけでなくあやふやであると言われている事実に動ぜず、しかも人間が第二紀の時代にまで遡って存在したと主張する。彼らは人間の足跡を第二紀の地層の岩盤に発見した。そして更にM・ド・カトルファージュは、人間が第二紀の時代の期間に存在すべきでない確かな如何なる**科学的**理由をも見いだせていない。

地質学での数々の「〈紀〉」や時代は、それらがいまだにその輪郭描写が困難であるために、実際のところは、純粋に慣習的な用語であり、更に2人の如何なる地質学者や博物学者の間でもその数字に関して一致することは

専門家達の数々の空論に対する最大の混乱と当惑はそれらお気楽な思索の結果である。一つの書物から、そのより早い時期の、或いはそれに引き続く巻で同じ著者によって一連の数字が否認される危険性なしに引用することは絶望的な作業のように見える。W・トムソン卿は、現代の権威者達の中で最も著名な一人だが、およそ6度に渡って、〈太陽〉の年齢と〈地球〉の地殻が固くなった時代に関する自身の意見を変更してきた。トムソンとタイトの『自然哲学』に、人は、〈地球〉の温度が地上に植物生命の出現を可能にした時以来、僅か1,000万年の計算であることに気づく。(補遺D以降、またエジンバラ英国学士院報告書 Trans. Roy. Soc. Edin.1862年版23号、第1部157頁も参照。8億4千700万年は撤回されている)ダーウィン氏は、「固い地殻の形成以来最少でも800万年、最大でも2億年」としてW・トムソン卿の推計を提示している(Ch・ゴールド氏を参照)。同じ書物(『自然哲学 Nat. Phil.』)の中で外殻形成の始まりの時から世界の今の状態に至るまで8,000万年が提示されている。そしてW・トムソン卿の最近の講演で、他でも示したように彼は〈太陽〉が1,500万年より古くはない！ と(1887年に)明言している。一方では、W・トムソン卿によって以前に設定された諸々の数字上で、〈太陽〉熱の寿命限度に関する彼の議論に基づいて、クロール氏はカンブリア紀の始まりから6,000万年と認めている。この数字は**正確な**知識の愛好者達に対して希望に満ちたものである。この様に、たとえ数字が〈秘教科学〉から与えられようとも、彼等は、権威者達として見なされている現代の〈科学〉者達の中にいる一部の者等によって立証されることを確信している。

ない。このように、学識ある同胞から〈秘教科学者〉に提供された選択にはかなりの幅がある。我々の支持者の1人T・メラード・リードMellard Reade氏でも取り上げてみよう。この紳士は、1878年彼によって英国学士院会員を前にして読み上げられた「地質時代の示準としての石灰岩」に関する小論文の中で、堆積**地層**の形成と石灰質の消滅に必要な**最短**の時間は概算の数字で6億年であると主張している(『英国学士院会報』、ロンドン版、28号、281頁を参照)し、また、ダーウィンの著作物から我々の年代表を支持するものを探して見るならば、その中で、彼の説によれば生物体の変化に3億年から5億年を要するとしている。C・ライエルLyell卿とホートン博士は、カンブリア紀の始まりをそれぞれ2億年と2億4,000万年遡らせることに納得していた。地質学者達や動物学者達は、それはかつてのハクスリー氏もだが、地球の地殻の始まりの時を最大10億年前とする主張をし、そしてその牙城、至福千年王国をけっして放棄しない。

しかし、我々にとって重要な点は、地質学的諸時代の継続期間に関して〈動植物学者達〉の同意、不同意にあるのではなく、むしろ驚くことに一つの点に於ける彼らの完全な一致にあり、そしてこれは非常に重要な点である。彼らの全てが、「中新世時代 The Miocene Age」の期間に ── それが100万年、或いは1,000万年であろうとも ── グリーンランドとスピッツベルゲン[北極海にある諸島]が、それは我々の云う〈第2〉、或いはヒュペルボレアス大陸の名残で、「**ほぼ熱帯気候**であった」ということで一致している。さて、ホメロス[紀元前10世紀頃のギリシャ詩人]以前の古代ギリシャ人達は、彼らのアポロ神が毎年旅をするこの「〈永遠の太陽〉の〈地〉」についての表現豊かな伝承を保持してきた。「中新世時代の期間、グリーンランド(北緯70度にある)には、いちいYew[墓地に植える常緑樹]、アメリカ杉 Redwood、セコイア Squoia[スギ科の巨木で big tree, redwood の2種]、これらはカリフォルニア産種と同種で、他にブナの木 Beechs、プラタナス Planes、柳 Willows、樫 Oaks、ポプラ、そしてクルミの木 Walnuts、同様にたいさんぼく Magnolia と蘇鉄の木 Zamia などの樹木が繁茂していた」と〈科学〉は伝えるが、要するに、グリーンランドには〈北の〉地域には見られない〈南の〉植物が繁茂している。

さて今自然な疑問が起こる。もしギリシャ人が、ホメロスの時代にヒュペルボレアスの土地、冬と暴風雨の神ボアレスの支配地を越えた先にある至福の土地、後のギリシャ人や彼らの古典学者達がスキタイを越えて探し求めその場所を比定すべく虚しく奮闘している理想の地域、夜が短く昼が長い国、そしてその土地のむこうの、太陽が決して沈まず、椰子が伸びや

かに育つ国、を知っていたならば ── もし彼らがこれら全てを知っていたとするならば、誰がその時代にそれについて彼らに伝えたのだろうか？

その時代とそれに先立つ数時代もの間、グリーンランドが既に現在のような万年雪と溶けることのない氷河で覆われていたことは確実に違いない。あらゆることは、短き夜と長き昼の土地がノルウェーとスカンジナビアであって、**そのむこうに永遠の光と常夏の至福の土地が存在した**ことを示すのに役立つし、そしてこれを知ることで、ギリシャ人の伝承は、彼ら自身が全く知ることができなかったそれらの気候的詳細を熟知していた更に古い人々から彼らへ受け継がれたに違いない。今日でさえ、科学は〈北極〉海を越えたまさに〈北極〉の周囲に、決して凍結しない海と常緑の大陸の存在を訝っている。古代の教えやプラーナ伝承もまた ── 後者の寓意を理解する人にとって ── 同一の記述を含んでいる。さらに、今の歴史に知られていない一つの民族が、グリーンランドがほとんど熱帯の土地であった時代、現代科学の云う中新世時代の期間に生きていたという強い可能性があることで、我々にとっては十分である。

───────

注意として、読者は第1章とそれにつづく諸章が時代順に関して正確に連続していないことを記憶しておくことを求められる。第1〈章〉に於いて、説明の概略を構成する諸スタンザが与えられ、そしてある重要な点を述べて、解説した。その後の各章に於いて多様で附加的な子細が蒐集され、そしてより詳細な主題の解説が試みられている。

───────

【この書を読むにあたっての留意点 ── 翻訳者から】

この書を読まれる方へ ── 唐突にこのような文章を差し挟む事をお許し頂きたいが、この書を読む際には、是非、以下のことに**特別留意して**お読み下さる様に御願い致します。

H・P・ブラヴァツキーは、シークレット・ドクトリン第二巻、第一部、「人類発生論」を地質年代記と関連づけて、その人種的及び地理的な変遷及

び神話等の解説を論じていますが、先史古生代から、約5億4千万年前に始まる古生代(カンブリア紀、オルドビス紀、シルル紀、デボン紀、石炭紀、ペルム紀)、約2億5千万年前に始まる中生代(三畳紀、ジュラ[恐竜]紀、白亜紀)、そして約6千6百万年前に始まる新生代(古第三紀、新第三紀、第四紀)と続く地質年代記が**「壮大な虚構」**で、今からほぼ4500年前に起こった宇宙的な大洪水とその結果として、僅か数年の内に起こった地球のダイナミックな大陸分割や環境変化によって、地質年代学が提唱する様々な地層、化石、恐竜の滅亡などの「劇的変化」が生じたという近年の科学者達の研究成果が密かに流布されていますし、私もこれを支持する一人です。19世紀後半に於ける最先端の「精密科学」が提唱する「虚構の地質年代記」を無視できず、考慮せざるを得ないH・P・ブラヴァツキーが、伝承や神話との整合性を持たせる事に腐心した事が随所に窺われます。

　現代科学の提唱する「地質年代記」が、虚構の可能性が高いことから、本書内の地質学的な年代の数字については**「眉唾ものの仮説」**に過ぎないとの立場で読まれることをお薦めします。

　凡例にも記しましたが、本文中の斜体文字、大文字、強調文字を区別するため、数種類の括弧が頻出し、更に訳者の補註を[　]内で追加せざるを得なかったため、読みづらい本文となってしました。また出来る限り、本文に忠実に訳出したため、長文となり、更に読みづらくなりましたが、ご容赦下さるよう御願い申し上げます。

　この項の最後に、本書の翻訳をしてみて、日本語の中に、古い時代の世界で使われていた神々の名前や様々な言葉が、中近東、インドから陸路、或いは海路を経由して日本にたどり着いた人々によって日本に持ち込まれ、現在も日本語としてそのままの意味を保って日本の風習や祭り、そして日常の言葉の中に多数残されていると感じました。日本語の奥の深さを再認識した次第です。

　この本が、在野の秘教科学者方の資料となれば幸いです。

2017年11月11日　　忠源(ちゅうげん)

第Ⅱ巻　第1部

人類発生論

秘奥の聖典ジャーンの書の註解を翻訳したスタンザ

太古の初め
無垢(むく)の乙女、〈エーテルの麗しき娘〉は
遙か広大な天にて
生を受け、幾つもの時代を過ごした
…………………
七〇〇年もの間、彼女は彷徨(さまよ)い
七〇〇年もの間、彼女は奉仕に勤(いそ)しんだ
最初の出産が為される前に
…………………
美しいアヒルが舞い降りる前に
母なる水へ急ぐ
…………………
そっと膝に彼女はとまり
巣に適した場所を見つける
そこは彼女が卵を安らかに生む処
喜びの中でその中に卵を生む
〈六つ〉の黄金の卵を彼女はそこに生む
更に〈七つ目〉は、鉄の卵 ……」
　　(*Kalevara Rune* I
　　　　カレワラ叙事詩、ルーンの詩I)

人類発生論秘奥の巻（完全な抜粋(註1)）

[スタンザ] I

1. 第4を廻す〈ラッ LHA〉は、〈一つ目〉である彼らの〈主〉の周囲を戦闘馬車で廻る〈7人〉の〈ラッ〉方に服従する。彼の息は〈七つ〉のものに生命を与えたが、それはまず第1の者に生命を与えた。

2. 地球が請願した ——「〈輝く御面(みおもて)〉の〈主〉よ！　我が家は虚(いえ うつ)ろである …… この経綸の人々に主の息子達をお遣わし下さい。主は7人の息子達を〈叡智〉の〈主〉に遣わされた。彼は、主を七倍も彼自身の間近に見、七倍以上も彼は主を強く感じている。主は、〈主〉の僕(しもべ)、小さな指輪のような者達に、〈汝〉の光と熱、即ち深き〈恵み〉の通過を妨げること、受け取ることを禁止なされた。今、同じように〈主〉の僕(しもべ)にお遣わし下さい！」と。

3. 「〈輝く御面(みおもて)〉の〈主〉」が宣もう。——「汝の仕事が始められる時、汝に火を遣わす。声を張り上げて他の〈ローカ等 LOKAS［世界、地域］〉に伝えよ、息子の為に汝の父、〈蓮〉の〈主〉を求めよと …… 汝等大衆は〈父達〉の法の下にあるべし。汝等人は死すべき存在である。〈叡智〉の〈主〉の人々は、〈月の息子達〉ではないが、不死である。汝の不平を止めよ。汝等の七重の肌はまだ汝に備わっておらぬ …… 汝にはまだ準備が整わぬ。汝等人間にはまだ準備が整っておらぬ」と。

4. 大いなる苦しみの後、彼女は古い三つの肌を脱ぎ捨て、新しい七つの肌を纏い、そして最初の状態になった。

[スタンザ] II

5. 車輪は3クロル年以上もの間、廻った。その間に形態が形成され、柔らかな石は硬くなり、堅い草木は柔軟になった。見えざるものから見えるもの、昆虫や小さな生命たちへと。彼らが母を荒らした時はいつでもそれらを彼女の背中から振り払った。…… 3億年を経て、彼女は環を別の方向に向けた。彼女は仰向けに、また横向きに …… 彼女は、〈天〉の息子達を呼ぶことも、〈叡智〉の息子達に尋ねることもしなかった。彼女は彼女自身の胸中より創造した。彼女は、凶暴で邪悪な人魚 WATER-MAN を成

(註1) 数百もの〈偈文〉の中から49偈だけが此処で伝えられている。すべての行が逐語的に訳されているわけではない。文字通りの翻訳では全く理解できない箇所は、明瞭さと分かり易さのために、時に回りくどい表現が使われている。

長させた。

6. 凶暴で邪悪な人魚を、彼女は自分だけで他の生き残りの中から創造し、第1、第2、第3環の残滓とヘドロから人魚達を形造った。ディヤーニ[瞑想の主]がやって来て、観た ── 輝く〈父母〉から生まれたディヤーニは、白い領域からやって来た、不死の人間達の住む宮社から。

7. 大いに彼らは落胆した。我々の纏う肉体がそこにはないと。我々の第5の兄弟達に相応しい形体がまったくないと。生き物達の住むところがないと。濁んでいない、澄んだ水を彼らは飲むべきだ。さあ彼らをぬぐい取ろう。

8. 炎の主方が到来した。閃光する火、それは夜の火と昼の火の主方。彼らは濁った暗い水を乾かした。火の熱でそれらを消し去った。〈高位〉の〈ラッ〉方と低位の〈ラマイン LHAMAYIN 達〉が到来した。彼らは、二つ、或いは四つの顔を持つ形体の生き物を滅亡させた。彼らは、山羊-人間 GOAT-MEN や犬-頭 DOG-HEAD 人間、魚の体を持つ半漁人と戦った。

9. 〈母なる水〉、大いなる海は嘆き悲しんだ。彼女は隆起し、彼女を持ち上げ、彼女を誕生させた月に消え去った。

10. 彼らが滅ぼされた時、〈母なる地球〉は、裸のままであった。彼女は乾かされることを求めた。

[スタンザ] III

11. 〈主方〉の中の〈主〉が来臨なされた。彼女の体から水を分けられ、それはより高い〈天〉、最初の〈空〉となった。

12. 偉大なチョーハン方は、空気のような体の〈月〉の〈主方〉を招聘した。「人間を生み出せ、あなた方の能力をもった人間を。内では人間に彼らの形体を与えよ。外では彼女が覆いを造るだろう。彼らは男-女となるだろう。〈炎〉の〈主方〉もまた ……」と。

13. 彼らはそれぞれ彼らに割り当てられた土地へ向かい、彼らの7人はそれぞれ各自の運命に従った。〈炎〉の〈主方〉は以然として隠れたままであった。彼らは行くことも、創造もしないだろう。

[スタンザ] IV

14. 〈七つの万軍〉は、「〈意思によって誕生した主方〉」で、〈生命を附与する〉〈霊〉に促されて、彼固有の地域それぞれで、彼ら自身から人間を分離することを押し進めた。

15. 七度、未来の人間の七つの〈影〉が、それぞれ自分自身の色と種類を

持って生まれた。それぞれは彼の天父より劣っている。天父達、骨を持たぬ者は、骨を持つ生き物に生命を与えられなかった。彼らの子孫は、形体も精神も持たないブータ BHÛTA［悪魔、怒る者］であった。そのため、彼らはチャーヤー CHHAYA［影］と呼ばれる。

16. マヌーシャ MANUSHYA［人間］はどのように生まれたのか？ 精神を持つマヌ達、彼らはどのように造られたのか？ 天父達は、彼ら自身の火に、彼ら自身への助けを求めたが、その火は〈地球〉の中で燃えさかる火である。〈地球〉の〈霊魂〉は〈太陽の火〉に助けを求めた。これら三つは、協力してすばらしい〈形体〉を産み出した。それは直立歩行や疾走や横臥や飛翔が出来た。しかしそれはまだチャーヤーに過ぎず、感覚を持たぬ影であった ……。

17. 神の息吹 THE BREATH は形体を必要とし、〈天父達〉がそれを与えた。神の息吹は体の総てを必要としたが、〈地球〉がそれを形作った。神の息吹は〈生命〉の〈霊〉を必要としたが、〈太陽神ラッ方〉がその形体の中にそれを吹き込んだ。神の息吹は〈身体〉の〈写し〉を必要としたが、ディヤーニ達は「我々自身のものをそれに与える」と伝えた。〈神の息吹〉は〈欲望〉の〈乗物〉を必要としたが、〈水〉を〈干上がらせた〉者は、「神の息吹は乗物を所有している」と教えた。しかし、〈神の息吹〉は〈世界〉を見て理解するために精神を必要としたが、〈天父達〉は、「我々はそれは与えられない」と断った。〈地球〉の〈霊〉は、「それをこれまで持ったことがない」と語った。〈大いなる火〉は、「形体に私自身の火を与えたならば、形体は焼き尽くされるであろう」と伝えた。…… 人間は依然として空虚で感覚を持たないブータのままであった。…… その様にして、第3人種に於いて、骨格を持つ人間となる者等に生命を与えたのは骨のない者等であった。

［スタンザ］V

18. 第1の者は〈ヨーガ〉の息子達であった。彼らの息子達は〈黄色の天父〉と〈白色の天母〉の子供達。

19. 〈第2人種〉は、〈無性〉のもの(註2)から〈生殖作用によらぬ〉、発芽と膨張によって生まれた。その様にして、〈おお！ ラヌー［弟子］よ〉、〈第2人種〉は生まれた。

（註2） 忠実な翻訳は読者にほんのわずかしか伝えないので、ここでは文節の概念と精髄が与えられる。

20. 彼らの父達は自生する者 SELF-BORN であった。自生する者には、〈主方〉の輝く体から生まれたチャーヤーや、〈天父方〉、〈黄昏〉の〈息子達〉などがいた。

21. 〈人種〉が年を経た時、古い水はより若々しい水と混ぜられた。その雫が汚れた時、彼らは生命の新しく熱い流れの中に消滅し、消え去った。第1人種の外面は第2人種の内面となった。古い〈翼〉は、新しい〈影〉となり、そして〈翼〉の〈影〉となった。

　[スタンザ] VI
22. 第2人種は〈卵生〉の第3人種へと進化した。汗が集まり、それが雫へと成長し、そしてその雫は固く、丸くなった。〈太陽〉が暖め、〈月〉が冷まし、そして形作り、風がその成熟まで養い育てた。煌めく満天の星空から白鳥が大きな滴に影を投げかけた。それは未来の人種の卵、第3人種後期の〈白鳥人間〉である。最初は男女一体、その後男性と女性へ。

23. 自生する者はチャーヤー達、即ち〈黄昏〉の〈息子達〉が持つ肉体の〈影〉であった。

　[スタンザ] VII
24. 〈智慧〉の〈息子達〉や〈夜〉の〈息子達〉は、化身への用意を整え、降臨して来たが、〈初期の第3人種〉のひどく不快な諸形態を見て、〈主方〉は、「我々は選ぶことが出来る」、「我々は智慧を持っている」と言い訳をした。ある者等はチャーヤーに入り、ある者等は〈閃光〉を投げかけ、ある者等は〈第4〉まで化身を遅らせた。彼ら特有の〈形〉のために彼らは〈愛欲〉を満足させた。形体に入った者等は〈アルハット方〉になった。閃光だけを受け入れた者等は知識を欠いたままであったが、それは、閃光が微かにしか燃えなかったからである。第3人種は依然として精神の無いままであった。彼らのジーヴァが準備されてなかった。それらは〈7人種〉の間でバラバラであった。彼らは狭額[尖]頭 narrow-headed になった。〈第3人種〉の用意が出来た。「彼らの中に宿ろう」と〈炎〉の〈主方〉は宣われた。

25. 〈智慧〉の〈息子達〉であるマナス等 MANÂSA [智慧から生まれた者] はどのように行動したのか？　彼らは〈自生する者〉を拒んだ。彼らは用意が整っていない。彼らは〈滲出生 SWEAT-BORN〉をする者等を蔑み拒んだ。彼らは全く準備不足である。彼らは最初の〈卵生 EGG-BORN〉の者等の中にも入らないだろう。

26. 〈滲出生〉の者が、〈卵生〉の者等、即ち、二重性を持ち、巨大な者、

骨格を持つ力強き者等を生んだ時、〈智慧〉の〈主方〉は、「さあ今、創造しよう」と仰せられた。

27. 〈第3人種〉は〈智慧〉の〈主方〉のヴァハン VAHAN［乗物］となった。それは、「〈意思〉と〈ヨーガ〉の〈息子達〉」を創造したクリヤシャクティによって、彼らや、〈聖父達〉、〈アルハット方〉の〈先祖達〉を創造した。

［スタンザ］VIII
28. 汗の滴から、素材の残り滓（かす）から、以前の周期の人間や動物の屍（しかばね）の成分から、そして払い落とされた塵から、最初の動物は産み出された。

29. 骨を持つ動物や、深淵の竜達、飛翔するサーパ SARPAS［蛇］達が地を這う生き物に加えられた。地を這う生き物達は翼を持った。水中の長い首を持つ動物等は、空を飛ぶ鳥の祖先となった。

30. 第3〈人種〉の期間中に骨のない動物たちは成長し変化して、骨を持つ動物になり、彼らのチャーヤーも固くなった。

31. 最初に動物が分けられた。彼らは繁殖することを始めた。二重性を持つ人間もまた分けられた。彼は「動物のように為そう。番（つが）い、そして子をもうけよう」と語った。彼らはそうした。

32. そして、如何なる閃光も持たなかった者等は、自分らの為に巨大な雌獣を捕まえた。彼らは巨大な雌獣との間に唖（おし）の〈種族〉をもうけた。唖なのは彼ら自身もであった。しかし彼らの舌は解放されていた。彼らの子孫の舌もそのままであった。怪物と彼らは繁殖した。鉤（かぎ）のように体が曲がり、赤い髪で覆われた怪物達で、四つんばいになって行動する種族と。話せぬ不名誉を持ち続ける唖の種族と。

［スタンザ］IX
33. それらを見ながら、人間を造りあげなかった〈ラッ〉方は嘆き悲しみ、述べられた ——

34. 「〈マナスの無い〉者達は我々の未来の住み家を汚した。これは〈カルマ〉である。別の形体に住もう。より悪い罪が起こらぬように、彼らを良い方へ教え導こう。彼らはそうした ……。

35. その後、総ての人間は〈マナス〉を与えられた。人間は精神無き者の罪を理解した。

36. 〈第4人種〉は言語能力が発達した。

37. 〈一なるもの［両性具有者］〉は〈二つ［男と女］〉に分かれ、総ての生き物とまだ一つのままであった地を這うもの等、巨大な魚のような鳥 FISH-

BIRDS、うろこ頭SHELL-HEADSの蛇も同様であった。

　[スタンザ]X
　38．この様に七つの地域で一組の番(つが)いになり、〈第3人種〉は〈第4人種〉の人間を誕生させ、神々はもはや神でなくなり、スラ[神]Suraはアスラ A-sura[スラでない者]になった。
　39．第1の者は、総ての地域で月色、第2の者は黄金のような黄色、第3は赤色、第4は褐色で、罪により黒くなった。最初の7つの人類の若枝は総て同じ顔色であった。次に7つの顔色は混じり始めた。
　40．その後、〈第4人種〉は高慢になるにつれて背が高くなった。我々は王であり、神々であると。
　41．彼らは見目麗しい妻達を娶(めと)った。精神のない者や、狭額[尖]頭の者に由来する妻達。彼らは怪物を生んだ。邪悪なデーモン、男性と女性、またほとんど精神を持たないカドゥ KHADO（ダーキニー）等なども。
　42．彼らは、人間の肉体のために寺院を建立した。男性と女性を彼らは崇拝した。その時、〈第三の目〉はもはや機能しなくなった。

　[スタンザ]XI
　43．彼らは巨大な都市を建設した。希土類や金属で建設し、そして、火山の噴出物や山の白亜の石や黒い石から彼ら独特の彫像を彼らの大きさに合わせてそっくりな容貌に彫刻して、それらを崇拝した。
　44．彼らは巨大な彫像を、彼らの体の大きさである9ヤティス[約8m25cm]の高さで建造した。地球内部の火は彼らの父祖の大地を破壊した。洪水は第4人種を脅かした。
　45．最初の大洪水が襲った。それらは七つの巨大な島を呑み込んだ。
　46．〈聖なるもの〉は総て救われ、〈穢れたもの〉は滅びた。地球の汗から生まれた巨大な動物たちの多くも彼らと共に。

　[スタンザ]XII
　47．ごく少数が生き残った。或る者は黄色、或る者は褐色または黒色、そして或る者は赤色のままで。〈月色〉の肌の者達は永久に去ってしまった。
　48．第5人種は生き残った〈聖なる〉血筋から生み出され、最初の天の〈王達〉によって統治された。
　49．……誰が再び降臨したのか、誰が第5人種と共に平和をもたらすのか、誰が教え導くのか……

スタンザ I (註1)　感覚を持つ生命の始まり

(1) 〈ラッ神 LHA〉、或いは〈地球〉の〈霊魂〉。
(2) 〈太陽〉への〈地球〉の祈り。
(3) 〈太陽〉が答えた事。
(4) 〈地球〉の変容。

1. 第4(〈天体〉、或いは我々の〈地球〉)を廻す〈ラッ〉(*a*)は7人(惑星〈霊達〉)(*b*)の〈ラッ〉(方)への奉仕者であり、自転する7人の惑星霊は、我らが世界の一つ目(ローカ-チャクシュ Loka[世界の]-chakshub[一つ目])である彼らの〈主〉[太陽]の周囲を戦闘馬車で駆けめぐる。彼の息は7つのものに生命を与える(惑星には光をもたらす)。それはまず第1の者に生命を与えた(*c*)。「**彼らは全て智慧の竜達である**」と〈註解書〉(*d*)は付け加える。

(*a*)　ラッは、トランス-ヒマラヤ地域で、「〈霊魂〉」、あらゆる天体的または**超人的**〈存在〉に使われる古い言葉であり、それは天界組織の連続する体系、大天使やディヤーニから闇の天使や地球〈霊〉まで、を含んでいる。

(*b*)　この表現は、今は第4連鎖にある我々の天体の〈守護霊〉が、〈7人の惑星守護神〉、或いは〈惑星霊方〉の首長〈霊〉(或いは〈神〉)の下にあることを平易な言葉で表している。既に説明したように、古代人達は、神々への哀れみを請う讃歌キリエル Kyriel に、7柱の主要な〈神秘の神々〉を有していたが、その神々の首長は、**顕教的には見える**〈太陽〉、或いは第8の者、

(註1)　〈スタンザ〉や〈註釈〉の中で括弧( )に括られた全ての言葉や文章は筆者によるものである。或る箇所ではヒンドゥ的な観点からそれらは不完全で更に不適当かもさえ知れないが、〈トランス-ヒマラヤ密教〉の立場でそれらに付け加えられた意味に於いてそれらは正確である。全ての事について筆者はその責任を自らに負う。個人的な完璧性への非難はこれまで無かったが、筆者に特別な権威として与えられたその完璧性は、深淵過ぎる比喩が含まれるような非常に難解な場合に於いて、望まれる以上のものを残してくれるだろう。教えは理解できるように提供されているし、全ての象徴と寓話の意味を解く七つの鍵があることにより、心理学や天文学から云えば、意味が不適当な事柄が、自然科学や形而上学を通じて全く正確に知られるであろう。

そして**秘教的には**、第2〈**ロゴス**〉、デミウルゴ[至上神の意に従って天地を創造した神]とされた。7人は(現在キリスト教に於いては「〈主の七つの瞳〉」となっている)七つの**主要な**惑星の摂政であったが、しかしこれらは、本当の〈**密儀**〉を忘れ、それに関して不十分な概念しか持たない人々によって最近考案された目録リストには数え上げられていなかったし、太陽や月だけでなく地球も含まれていなかった。太陽は、顕教的には十二大神、或いは黄道帯の十二宮の星座の首長であって、秘教的にはメシアであり、12人の配下の神々に囲まれたクリストス(〈**大いなる息吹 BREATH**〉または〈**一なるもの the ONE**〉に**聖油を注がれし臣下**)で、また更に惑星の7柱の「〈神秘的な−神々〉」それぞれをも、順に従えている。

　「7人の高次の方は〈7人〉のラッに世界を創造させた」と〈註解書〉は述べており、この事は、我々の地球が休息期を除き、単に監督者である「〈摂政方〉」、即ち地球霊方によって**創造され整えられた**事を意味する。これが後に〈占星術〉及び〈宇宙崇拝〉の〈木〉へと成長する最初の種子であり胚種である。〈高次〉の存在の方々は〈**コスモクラトール方 Kosmocratores**〉と呼ばれ、我々の太陽系の建設者であった。この事は、ヘルメス、カルディア人、アーリア人、エジプト人、更にユダヤ人によるあらゆる古代の〈宇宙創造論〉の中で支持されている。天の帯、〈黄道帯の十二宮〉(〈**聖**〉**なる獣達**)の象徴は、〈地球霊方〉と同様にベネ・アルヒム Bne' Alhim (〈神々〉、或いはエロヒムの〈息子達〉)と同じものであるが、しかし、彼らに先立つものである。ソーマ Soma やシン Sin、イシス Isis やディアナ Diana 等は全て月の神または女神であり、彼らに従う我等が地球の父母達と呼ばれている。しかし、これらの神々は、今度は彼らの「〈天父〉」や〈天母〉」である ── 後者は各国で置き換えられ多様化したが ── ジュピター[天界の最高神]やサターン[ローマ神話の農耕神サトゥルヌス]、ベル[大地神]やブリハスパティ[木星神]等のような神々や彼らの惑星に従属することになる。

　(*c*)　「彼の息は7人に生命を与えた」とは、〈諸惑星〉に生命を与える太陽と同様に、「〈高き一者〉」即ち〈宇宙〉全体に生命を与える〈霊的太陽〉にも言及するものである。〈神統系譜〉の神秘に導く門を開ける天文学と占星学上の鍵は、スタンザに付随する後半の用語解説集の中にのみ見つけることが出来る。

　黙示録的な〈古代の記録〉である〈偈文シュローカ Slokas〉の中では、言葉は、より神話的ではないにしても、プラーナ[古潭・神話]伝承に於けるも

のより象徴的である。アデプト方の世代の人々によって編纂された最新の**註解書集**の助け無しには、意味を正確に理解することは不可能であろう。古代の〈宇宙発生論〉では、見える、或いは見えざる世界は、一つのものの二重の輪であり、同一の鎖である。見えざる**ロゴス**が、（天使長や天使総長によってそれぞれ顕現し、化身した）その七つのハイラーキーと共に、一なる〈力〉、即ち内的で見えざるものを形成するのと同じく、〈諸々の形態〉の世界に於いて、太陽と七つの主要な〈惑星〉は、顕現し、そして活動する力を構成する。「〈ハイラーキー〉」は、いわば（最も低い段階を除いて）見えざる常に従属的な天使群からなる、顕現し且つ実在する**ロゴス**である。

　この様に ―― 説明によってわずかに予見しうることだが ―― 進化に於いてあらゆる〈人種〉は〈諸惑星〉の一つから直接の影響を受けて誕生すると云われる。例えば、後にも見られるが、〈人種〉は最初に太陽からその生命の息を受け取っている。一方第3人類は、―― 生殖を開始し、両性具有の状態から性の分離した存在となり、一方は男性、他方は女性となって ―― 「天体太陽が自身の光をその中に蓄える**小さな太陽**」である金星の直接的な影響下にあると云われている。

　第1巻のスタンザの要約は、〈神々〉と人類の発生(註2)が、〈一なる普遍の〉、〈変わること無き〉、〈永遠無限の〉、絶対的な《統一体》の中で、或いはそれから、全く同じ〈時点〉に起こったものである事を表現していた。最初の顕現の様相について、それが、(1)客観的な及び〈物質的〉天体に於いて、〈根本資質〉と〈力〉（求心力と遠心力、積極的と消極的、男性と女性等々）として現れ、(2)〈形而上学〉の世界に於いて、《ロゴス》の一部によって召喚された《**宇宙霊**》、或いは〈宇宙想念〉の状態、にあるのを我々は理解した。

　この《ロゴス》はピタゴラスの三角形の頂点に位置する。三角形が完成する時、それは〈テトラクティス Tetraktis〉[聖なる四角形]、或いは〈四角形〉の中の〈三角形〉になり、また顕現した〈宇宙〉の神聖四文字〈**テトラグラマトン** Tetragrammaton〉と未顕現世界に於けるその根本的な三重**光線**、或いはその**物自体** noumenon という二重の象徴となる。

　さらに形而上学的に提言すれば、〈宇宙の究極〉についてここで与えられる分類は、究極的な神智学の厳格さと比してより柔軟なものの一つである。

（註2）　A・ワイルダー Wilder 医師の学術的な定義によれば、〈発生〉は生殖ではなく、「永遠から出現し、〈宇宙〉と〈時〉へ」、即ち「**本質**から**実存**へ」、或いは「〈**有**〉から『存在』へ」の到達であると ―― 〈神智学徒〉が云うようにである。

大〈マンヴァンタラ〉の開始に当たり、パラブラフマンは〈根本物質ムーラプラクリティ〉として顕現し、その後ロゴスとして顕現する。このロゴスは、〈西洋の汎神論者〉によれば「〈不可知の宇宙精神〉」等と同じものである。それは、顕現した〈存在〉の**主観的**側面の〈基礎〉を構成し、個人的意識のあらゆる顕現の源泉である。〈根本物質〉、或いは〈原初の宇宙物質〉は万物の**〈物質的〉**側面の基盤 ─── 全ての物質的進化や〈宇宙発生〉の基礎である。力は、その時、〈潜在するパラブラフマン〉から〈原初の宇宙物質〉と共には現れない。それは**変容してロゴスの超越意識的な思考のエネルギー**となり、いわば、〈一なる実在〉に潜在する力から後者の物質的なものに注ぎ込まれる。ここから驚くべき物質の諸法則が生じ、これ故に「原初の印象」は〈寺院の司教〉によってむなしく議論されるものとなる。力はこの様に**〈根本物質〉による最初の物質化と同調しない**のである。しかし、それとは別に、後者の根本物質は絶対的且つ必然的に不活発 ─── **単に抽象的** ─── であるため、〈宇宙の究極〉から連続する秩序に関して、あまりに細すぎて一本の精妙な蜘蛛の巣を織りあげようとすることは無駄である。力は〈根本物質〉に**続いて**発生するが、**マイナス**の〈力〉及び〈根本物質〉は、万物にとって事実上存在しない。(註3)

「〈天人〉」(〈テトラグラマトン〉)は、プロトゴノス Protogonos[性別起源者]、ティクゥオン Tikkoun[創造的働きを為す第3ロゴス、またはデミウルゴ]、受動的な神格から最初に生まれた者、その神格の影の最初の顕現した者であるが、それは顕現したロゴス、アダム・カドモン、またはカバラで**宇宙自身を象徴する神聖四文字**、更に**第二ロゴス**と呼ばれる宇宙的な構造と概念である。第2の者は最初の者から誕生し、そして第3の三角形(〈セフィロトの樹〉を参照)を展開させ、これら(より下位の〈天使〉群)の最後に**〈人間達〉**は産み出されている。我々が現在扱わなければならないのは、この第3の面についてである。

読者は、《ロゴス》とデミウルゴ[造物主]達の間には、例えば一方は〈霊〉、他方は〈魂〉で、また、ワイルダー医師が、「**ディアノイア** Dianoia[月の女神]と**ロゴス**は同義語であり、〈**理性**ヌース Nous〉はより高級で、至高の善トアガトン Tò ἀγαθον と密接な関係にあり、一方は高級な知覚であり、

(註3) 原典のより詳細な解説を求めるなら、秘教主義的なバガヴァッド・ギーターに含まれているので、マドラスで1887年に発行された『神智学徒 *Theosophist*』、2月、3月、6月号に掲載された〈記事〉を参照のこと。

他方は理解すること ── 一方は知性であり、他方は心である」と述べているように、大きな相違があることを記憶にとどめなければならない。

その上更に、〈人間〉は幾つかの体系で**第三ロゴス**と見なされた。**ロゴス**(会話或いは言葉、〈一語〉を意味する)という言葉の秘教的意味は、秘密にされた思想に関して、1枚の写真の様に、客観的な印象を表現する言葉である。**ロゴス**は〈神の精神〉を映す鏡であり、〈宇宙〉はロゴスの鏡であるが、後者はかの〈宇宙〉の**本質**である。**ロゴス**が神々の住み給う〈プレローマ宇宙〉の**すべて**を映すのと同様に、人間は**彼の**〈宇宙〉、地球に見たり、発見したりする全てを彼自身の衷に映し出す。それはカバラの〈三首領〉で、「一なるものは二つへ、そして二つの一方は他方に優る Unum intra alterum, et alterum super alterum」(ゾハル、イドラ・ズータ 7節)である。「全ての〈宇宙〉(世界または惑星)はそれ独自のロゴスを持つ」と教典は云う。〈太陽〉は常にエジプト人に「オシリスの瞳」と呼ばれ、自身が**ロゴス**、最初に生まれた者、また〈精神〉、そして〈隠された〉天の知性として」この世界に顕現した光であった。我々がデミウルゴを通してロゴス方を認識出来るのはこの七重〈光線〉の光によるしかなく、デミウルゴを我々の惑星とそれに付随するあらゆるものの**創造者**、ロゴスをその「創造者」の〈力〉を導くものとして ── 善で同時に悪でもあり、善の源泉且つ悪の源泉でもある ── と見なせる。この「〈創造者〉」はそれ自体、善でも悪でもないが、性質に於いて他と区別された様相は一つ、或いはその他の性格を帯びさせる。空間に広く散在する見えざる且つ知られざる〈諸々の宇宙〉では、如何なる太陽神方もする事が何もない。その概念は『ヘルメスの書』やあらゆる古代の民間伝承にとても明確に説明されている。普通一般には、〈竜〉と〈蛇〉で象徴される ── 地上では右手と左手の〈魔術〉によって象徴される〈善〉の〈竜〉と〈悪〉の〈蛇〉に。フィンランドのカレワラ叙事詩(註4)の中では〈悪〉の〈蛇〉の起源が伝えられ、それが生まれたのは、「スオヤタル Suoyatar の唾からであり ⋯⋯ そして、与えられたのは〈悪〉の〈原理〉によって生きる〈魂〉」、ヒーシ Hisi だと。「〈悪〉なるもの」(〈蛇〉、〈魔法使い〉)とアティ Ahti、〈竜〉、即ち〈魔法使いの〉レンミンカイネン Lemminkainen 両者の戦いの一つが語られている。レンミンカイネンは、イルマタル Ilmatar、穢れ無き「天空の乙女」から生まれた7人の息子の1人であり、彼女は〈天地創造〉の前に「天から海に墜落した」、言い換えれば、〈霊〉は感覚的生命の物質の中へと変容して入魂した。シンシナチのJ・M・クロフォード博士による素晴らし

(註4) ニューヨークのJ・W・アルディン Alden 訳による。

い表現の数行の詩に世界の意味や〈秘教科学〉の思想が表現されている。英雄レンミンカイネンは善の魔術師で、

「魔術の力で壁を叩き壊せ、
矢来の柵を撃ち砕け、
七つの杭垣を粉々に叩き壊せ、
〈**蛇**〉の壁を細かく叩き切れ、
……………………………
怪物達が全く用心していない時、
……………………………
猛毒の口で襲いかかれ
レンミンカイネンの頭に。
だが英雄は、素早く思い出し、
〈**智慧**〉の〈**大師**〉の真言マントラを唱える
遙か昔から伝わる真言を
彼の祖先が教えた真言を ……」

　(*d*)　中国では〈法燈 Fohi〉と呼ばれる人々（或いは「〈天人〉」）は、12人の〈**天皇** *Tien-Hoang*〉とか、人間の〈顔〉と〈竜〉の体を持つディヤーニ方や〈天使群〉からなる十二冠位のハイラーキーと呼ばれ、竜は**神**の〈**叡智**〉や〈精霊〉を象徴し(註5)、彼らは、第3の寓話物語でこれら〈**天帝**〉の姿に似せて造られた粘土 ── 土と水 ── で出来た七つの人形に自らを化身して人間を創造する（『僧侶[坊主]達 Bonzes の象徴』と比較せよ）。スカンジナビア神話のエッダ Eddas で12人のエイサー Æsers は同じことをしている。シ

(註5)　〈蛇〉は智慧や〈秘教科学〉の知識の象徴として繰り返し述べられてきた。「〈蛇〉は我々が歴史上認める最も初期の時代から智慧の神と関係がある」とスタニーランド・ウェイクは記している。「この動物は、トト Thot またはトート Taut の …… そして、彼と関係のあるヘルメス（？）やセトの様なそれら全ての**神々**に関する特別な象徴であった。これは初期のカルディアの三つ組、ヘー Hea やホア Hoa でもある」。ヘンリー・ローリンソン卿によれば、この神に関する最も重要な主題は、「全ての知識や科学の源泉としての彼の能力」に関係すると云うことである。彼は「知性を持つ魚」であるだけでなく、その名前は「生命」と蛇(秘伝の大師)の両方を意味するものとして読まれるだろうし、彼は、「バビロニアの寄進者を記す黒い石の上に描かれた神々の象徴の中で、非常に注目される位置を占めている巨大な蛇の姿」をした存在と思われるだろう。エスキュラピアス Esculapias、セラピス Serapis、プルトー Pluto、ノーム

リヤのドゥルーズ Druses 派［輪廻転生を信じる独特の経典を持つイスラム教の宗派］の〈秘密の教義問答〉── ユーフラテス川近隣、及び周辺の最古の種族に一語一語暗唱されてきた伝説 ── では、人間は地上に降臨した「〈神〉の〈息子〉」によって創造されたとされ、彼らがそこで七つの**マンドラゴーラ** Mandragoras［麻酔や下剤に使われマンダラケとも呼ばれる地中海地方産のナス科の有毒植物］を選んだ後、それらの根を賦活すると、すぐに人間になった(註6)。

全てこれら寓話は一つの、そして同じ起源 ── 人間の二重及び三重性、例えば男性、女性の二重性や、三重性として ── **内なる霊的、精神的な**

Knoum、ネヒュー Kneph 等は、全て蛇の特質を持つ神々である。デュピュス Dupuis は語る、「彼ら全てが**癒し手**で、健康、霊、そして肉体、更に**啓明を与える**」者だと。蛇の徽章［コブラ］を付けた王冠**テルムティス** The thermuthis は、〈命〉と〈癒し〉の女神イシスに帰属する。ウパニシャッドには、〈**蛇**〉に関する〈**科学**〉── 言い換えれば、〈隠された〉知識の〈科学〉── についての論文があり、一般の仏教徒達が云う**蛇ナーガ** Nagas は、「蛇の特質を持つ伝説上の**生物**」ではなく ……シュラーギントヴァイト Schlagintweit が信じる様に「人間より優れた存在で仏陀の戒律の守護者であり」、しかも実際に生きている人間で、或る者は〈秘教科学〉の知識による美徳によって人間より優れ、**彼らが比喩品を正確に解説する**ことから**仏陀の経律の守護者**であり、他の者等は黒魔術師のように道徳的には劣っている。それ故、ゴータマ・ブッダが、「彼が現れた時代に哲学的宗教体系を理解するまで十分に進化していない人々に対してよりも、彼らに対しより多くのそれを教えたと云われている」ことは正しいと公言されている。(シュラーギントヴァイトの『チベット仏教』)

(註6) マンドラゴーラは、聖書のラケルとレア［2 人ともヤコブの妻］の話に出てくる**マンダラケ**［日本聖書教会の邦訳では「恋いなすび」］のことである。それらは植物の根で、肉付きが良く、毛深く、そして下部で二股に分かれ、おおまかに肉体の四肢や胴体や頭部さえ認められる。その魔術的で神秘的な特質は最も古い時代から寓話と遊びの中で公言されて来た。それらで魔法に耽溺したラケルとレアから、時代を下って、**甲高い声で話す**シェイクスピア迄 ──

　……「大地からむしり採られたマンダラケのように
　　生きてる奴らは、それを聞いて、気が狂う」

──マンダラケは**とりわけ優れた** Par excellence まさに魔法の薬草であった。

これらの根は、茎を持たず、髪の毛の巨大な作物のように見える根の頭から成長する巨大な葉を持つが、スペイン、イタリー、小アジア、或いはシリアで見つけられたものは全然人間に似ても似つかない有様である。然し、カンディア島やアダン市近隣のカラマニアでは、それらは驚くことに人間の形をしており、護符としてとても高価である。それらは不妊を防ぐお守りとして、また他の目的でも、女性の身につけられている。特に〈黒魔術〉に効果的である。

存在と外なる物質的の構造 ―― を指摘している。

2. 地球が請願した。「〈輝く御面(みおもて)〉の〈主〉（〈太陽〉）よ、我が家は虚(いえうつ)ろである …… この経綸(〈地球〉)の人々に主の息子達をお遣わし下さい。主は7人の息子達を〈叡智〉の〈主[水星]〉(*a*)に遣わされた。彼は、主を七倍も〈彼自身〉の間近に見、七倍以上も〈彼〉は主を強く感じている。主は、〈主〉の僕(しもべ)、小さな指輪のような者達に、〈汝〉の光と熱、即ち深き〈恵み〉の通過を妨げること、受け取ることを禁止なされた(*b*)**。今、同じように〈主〉の僕(しもべ)にお遣わし下さい！**(*c*)」と。

(*a*) 「〈叡智〉の〈主〉」は、水星マーキュリーまたは**仏陀** *Budha* である。

(*b*) 現代の〈解説書〉では、よく知られた天文学の事実を引用した言葉として、「水星は地球よりも七倍以上も多く太陽から光と熱を受け取り、同じく麗しき金星は、我らがささやかな〈天体〉[地球]の受け取る総量のほぼ倍ほどの量を受け取っている」と説明する。古代に於いてこの事実が知られていたかどうかは、原文に与えられたように「〈地球霊〉」の太陽への誓願の言葉から推察されるだろう(註7)。しかしながら、太陽は、いまだに生命を受け取る用意が出来ていないとして、地球に人々が住むことを拒んでいる。

水星には、天文学上の惑星として、金星よりもいまだ多くの秘密と謎がある。水星は、ゾロアスター教のミトラ Mithra 即ち天賦の才、或いは「太陽と〈叡智〉の『太陽』の永遠なる伴星である月の間に置かれた」神と同一である。パウサニアス Pausanias [紀元2世紀頃の人で『ギリシャ記』の著者]は水星を木星と共通の祭壇を持つものとして表現した(第5書)。彼はその軌道上で太陽に付き従っていることを象徴する両翼を持ち、また**ヌンティス** *Nuntis*、或いは〈太陽の狼〉、「太陽と共に輝く者 *solaris luminis*

(註7) 16世紀にコペルニクスは彼の理論を『天体の公転』の中で記したし、ゾハルでは、たとえ13世紀のモーセ・ド・レオン Moses de Leon に依る編纂としても、次のように述べている。「〈実に古い〉ハマーンヌナの書の中で、我々は学ぶ …… 地球は一つの円形を描いて公転し、ある時は頂点に、他の時は下部にあり、…… 照らされる国々があれば、一方他の国々は闇の中で、これら他の国々で昼となるのは、前者にとって夜の時であり、常に昼の、または、少なくともほんの僅かしか夜の続かない国々がある」。(『光の書ゾハル』、3、二折フォリオ判10a、「カッバラ Qabbalah」、139頁.)

particeps」と呼ばれた。彼は、〈魂達〉、「偉大な〈マギ術師〉」、そして〈秘儀司祭〉の指導者且つ召喚者であった。ヴァージル[ラテン名ウェルギリウスで、B.C. 1世紀頃のローマ詩人]Virgil は、彼を「黄泉の国オルカス Orcus からそこに落ち込んだ魂を召喚するために魔法の杖」── *tum virgam capit, hac animas ill evocat Orco.*[ラテン語](天の軍勢に関するヴェンディダード[ゾロアスター教の聖典アベスタの一部で悪魔払いの定式文句集]の21章もまた参照)を揮う者として描写する。彼は〈秘儀司祭達〉がその名前を呼ぶことを禁じた黄金色の水星 The χρυσοφαής Έρμής [黄金色のヘルメス]である。彼は、ギリシャ神話で、天の羊の群れ(秘教科学的智慧)を見張る(不寝番の)犬達の一匹、或いはヘルメスのアヌビス Anubis [ジャッカルの頭を持つ死者の守り神で、ギリシャではヘルメスと同一視された]、或いは繰り返しアガトデーモン Agathodæmon として象徴的に表現された。彼は地球を見張る[百眼の]アルゴス Argus であり、後者はそれ自身太陽と混同されている。ユリアヌス Julian 皇帝が、毎夜〈秘奥〉の太陽に祈りを捧げたのは水星を介してである。というのも、ヴォシウス Vossius が述べる様に「全ての神学者が**水星と太陽は一体である**と認めているからで。…… 水星が全ての神々の中で最も雄弁で賢明であって、その事は驚くことではないが、以来、**水星は、〈叡智〉と〈言葉〉の〈神〉(太陽)**にそのように非常に近いことから、両方の意味で混同された」。(『偶像崇拝 *Idolatry*』、2巻、373頁)ヴォシウスは、ここでは彼が思っている以上に、より重要な秘教科学的真実を述べている。ギリシャの〈**ヘルメス-サラメーヤ達 Sarameyas**〉はヒンドゥ教徒の〈**サラムとサラメーヤ**〉、即ち「星からなる黄金の羊の群れと太陽光線を見張る」天の監視者[雌犬]、と密接な関係がある。

より明確な〈註解書〉の言葉によると ──

「〈天体〉は、地球〈霊〉とその6人の幕僚たちにより前進しているが、その全ての生命力、命、そして力を、太陽〈霊〉から、7人の惑星ディヤーニ[瞑想者]達の仲介を通して得ている。彼らは〈光〉と〈生命〉の伝達者である」。

「地球の七地域のそれぞれと同じように、7人(註8)の〈初めて誕生した者等〉(最初の人間の集団)それぞれは、その光と命をそれ自身の特別なディヤーニから ── 霊的に、そしてディヤーニの宮殿(宮、惑星)から物質的

(註8) 科学は、金星が地球と比較して太陽から2倍以上もの光と熱を受けていると教える。この惑星金星は、曙と黄昏の時を告げ、惑星中で最も光り輝き、彼女が受け取る量の3分の1を地球に与えると言われ、残りの部分を自らのために保持する。これには天文学的な意味と同様に奥義的な意味がある。

に受け取っているし、地球上に誕生した七つの偉大な〈人種〉もまた同様である。最初は太陽、二番目はブリハスパティ Brihaspati（木星）、三番目はローヒタンガ［火星を滅ぼした者］Lohitanga（「［赤い］炎の躯」、金星またはシュックラ Sukra）、四番目はソーマ Soma（月、また我々の地球、月の影響下で月から誕生する〈第4天体〉）とサニ Sani、土星、(註9) クルラ-ローチャナ Krura-lochana（邪悪の目）とアシタ Asita（闇）、五番目はブッダ Budha（水星）、の影響下に生まれる」。

　「人間と全ての内なる『人間』（全ての本質）もまたそうである。それぞれはその特有な性質をその最初のもの（惑星霊）から受け取り、そのため全ての人間は七重性（或いは、特別なディヤーニの性質に起源を持つ本質の組み合わせ）である。地球のあらゆる活力や力は、7人の〈主〉の1人から地球に届く。光は、三倍の供給を受け取り、その3分の1を地球に与えるシュクラ（金星）を通して届く。それ故、二つの惑星は『〈双子〉の姉妹』と呼ばれるが、地球霊はシュクラの『〈主〉』に従属している。我々の賢人達は〈2天体〉の一方は上に他方は下にと二重の〈象徴〉（4本の腕を取り去られた太古の〈スワスティカ 卍〉、或いは十字架を示す ✝）で表す」(註10)

　「二重の象徴」は、あらゆる〈秘教科学体系〉の学徒が知るように、〈自然〉に於ける男性原理と女性原理、積極性と消極性の象徴であるが、それは〈スワスティカ〉、或いは〈卍〉がそれら全て、そしてそれ以上のものだからである。全ての古代文明は、〈天文学〉——〈第4人種〉に〈神聖王朝〉の神々しい王達の1人によって授けられたもの —— や同様に〈占星術〉が誕生して以来ずっと、天文学上の表記の中で金星を〈十字架〉上の〈天体〉、地球を〈十字架〉の下の〈天体〉の一つとして置く表記を取ってきた。この秘教的意味は、即ち「地球が生殖に堕落した、またはその種子を性的結合で産

（註9）　「上が有るように下も在る」は秘教科学的哲学の基本的な格言である。ロゴス Logos［神智学では神からの流出を意味し、第1ロゴス、第2ロゴス、第3ロゴスであるが、ここでは天界の七つの界層全体を意味する］が七重性を持つように、換言すれば、〈宇宙〉の至るところ、7種の異なった形態の下でロゴスは7人のロゴス達 Logoi として顕現する、或いはバラモン学者に教えられる様に、「これらそれぞれが、古い智慧の宗教の流れを汲む主要な7宗派の一つの中心人物像である」と、そしてプラグナ［善なる資質］Pragna または意識の七つの異なった状態に対応する7本質が、物質の7階層と力の7形態と結合させられるため、その区分は地球に関係する全ての中で同じであるに違いない。

（註10）　金星はこの様に ♀ で、地球は ♁ である。

み出すようになった」、である。当然の事ながら、近年の〈西洋〉諸国が全く異なった解釈を与える事ことに失敗するはずもなかった。彼らは、この象徴を彼らの神秘家 —— ラテン［ローマカトリック］教会の明かりに導かれた者 —— を通じて、我々の地球や地球上の総てのものは〈十字架〉によって贖(あがな)われ、一方金星(別称で**ルシファー**、或いはサタン)はそれを踏みつけていることを意味すると解説した。金星は全ての惑星の中で最も秘教的で力強く且つ神秘的であり、その地球に対する影響と関係が最も顕著な惑星の一つである。一般的なバラモン教では金星、或いは**シュクラ**は —— 男性神で(註11) —— ブリグ仙 Bhrigu の息子、プラジャーパティまたはヴェーダの賢人の１人であり、そしてダイティヤ-グル［悪魔の師］Daitya-Guru、或いは古代巨人族の司祭導師である。プラーナ伝承の中で、「シュクラ」の物語は〈第3〉と〈第4人種〉に関係している。

「〈第3〉（〈根本人種〉）の『**二重の性**』（〈両性具有者達〉）は、初期の『〈滲出生〉』の人種から受け継いだが、それはシュクラを通じてである」と〈註解書〉は述べている。それ故、〈第3〉（〈人種〉）の時代は ⊖ （円と直径）、〈第4人種〉の時代は ⊕ の象徴で表される。

これについては解説を要する。**直径**は、円内に単独で見られる時、女性の性質、遍く広がる〈生命〉の〈霊〉による**自己増殖と自己妊娠**という初期の**理想的**〈世界〉を意味し —— その事は初期の〈根本人種〉にもまた言及する。それは〈人種〉として男女両性具有となり、地上の万物はその形態を発展させ、その象徴は直径から垂直の線を出した円に変容し、男性と女性を表すが、いまだ分離していなかった —— 最初の、そして最も初期のエジプトの**タオ T**、その後それは**十**になり、或いは男性女性が分かれて(註12)（第１巻の最初の頁を参照)、生殖するようになった。金星ビーナス(惑星)は天体の上に十字架を配置した印で象徴されるが、それは人間の自然な生殖を統括する事を表している。エジプト人は**アンク Ank**、「生命」をアンク十字或いは ♀ で象徴としたが、それは金星(イシス Isis) ♀ の別の形にしかすぎないし、秘教的には人類と全ての動物生命が天上の霊的な環(わ)から降り、男性女性による肉体的な生殖に入った事を意味した。この印は、〈第3人

(註11) 秘教哲学では男性と女性、または両性具有者のことである。それにも関わらず、神話では髭面(ひづら)のヴィーナスである。
(註12) それ故、宗教的形而上学の見解はさておき、キリスト教徒達の〈十字架〉は、象徴として異教徒の〈スワスティカ〉よりも遙かに**男根崇拝的**である。

種〉の終わりから、エデンの「生命の木」と同様に男根崇拝の意味をも持っている。イシスの一つの姿として**アノウキ** Anouki が生命の女神であるように、そして**アンク十字**はエジプトからヘブライに受け継がれ、エジプトの神官の〈叡智〉を多くの他の神秘的な言葉と共に学んだ１人であるモーセによって伝えられた。ヘブライでは**アンク**と云う言葉は、個人を示す接尾語として、「我が命」、我が実在を意味し、それはエジプトの女神**アノウキ**の名に由来する人称代名詞アノチ Anochi となる。(註13)

南インドのマドラス行政省地区の最も古い〈教義問答集〉の一つに、両性具有の女神アダナリ Adanari（『インドの万神殿』もまた参照のこと）は、〈第３人種〉の性的未分化の状態を示すために、アンク十字、〈スワスティカ〉、「男性と女性の印」を中央部分の右側に持っている。ヴィシュヌ神は、今では彼の臍から育つ蓮 ―― 或いは中心点**ナラ**［ブラフマの臍から生えた蓮の茎］Nara から展開しているブラフマーの〈宇宙〉 ―― と共に表現されるが、最も古い彫像の一つでは、水面に浮かぶ蓮の葉の上に立つ男女両性（ヴィシュヌと［妻］ラクシュミー Lakshmi）神として表現され、その水は半円の内部に湧き上がり、「生殖の源泉」または人間降誕の源泉である〈スワスティカ〉から流れ出ている。

ピタゴラスはシュクラ［金星］-ビーナス sukra-Venus を太陽神 Sol の変化したもの、「もう一つの太陽」と呼んでいる。「太陽の七宮殿」の中で、あのルシファー［金星］の宮殿は、キリスト教や、ユダヤのカバラの書ゾハルでは、**サムエル** Samael の住まいとして建立された**第３の宮殿**とされている。〈秘教科学の教典〉に拠れば、この惑星は、地球の**初期の**、そしてその霊的な原型である。それ故、シュクラの戦闘馬車（ビーナス-ルシファーの乗物）は、八頭だての「**地球生まれの馬**」に牽かれていると云われ、一方他の惑星が乗る戦闘馬車の駿馬は異なっている。

「**地上で犯されるあらゆる罪はウサナス［金星］-シュクラ** Usanas-Sukra **によって感じられている。ダイティア達の〈師〉は地球と〈人間達〉の〈守護霊〉である。シュクラのあらゆる変化は地球に感知され、反映される」。**

シュクラ、またはビーナスは〈第４人種〉の巨人族ダイティア達で、彼らはヒンドゥの寓話では一時地球全体の統治を成し遂げ、より劣った神々を

(註13)　アンク〈十字〉は、金星の天文学での惑星記号であり、「性的な意味で**分娩エネルギー**の存在を意味し、これが、イシス、〈**母性**〉やエヴァ、ハヴァ Hauvah または〈地母神〉の持つ属性の一つで、古代の人々の間では一つの、または異なる別の表現法として良く知られていた」。(現代のカバラの手記より)

征服したその者等の指導者という風に描写されている。〈西洋〉の寓話で**ティターン族**は、最近のキリスト教徒達にサタンと同一視されているビーナス-ルシファーと非常に緊密な関係があるとされている。それ故、ビーナスは、イシスと同じく、神秘的な〈自然〉の象徴として頭に〈牛の〉角を持ち、月と入れ替えが可能で、月の深い意味を持つ者として描写されてきたが、これら全てが月の女神達とされて以来、この惑星の配置は今では神学者によって神秘的なルシファーが持つ二本の牛角(うしづの)の間に置かれている(註14)。この事は古代の伝承を幻想的に解釈したことによるが、その伝承でビーナスは地球と同時的(地質学的)に変化する、即ち一方に起こる事は何でももう一方に起こり、そして多大な変化が普通である、と述べられているし ── 聖オーガスチンが、いわゆる神学的に組み立てられたビーナス-ルシファー

(註14) アテネ神殿は、サタンの名前の最初の文字が古い時代には円弧と三日月で表現されたことを示しているし、そして一部のローマカトリック教徒は、善良な人達だが、イスラム教徒達 Mussulmen が国旗の紋章に〈三日月〉を選んだのはルシファーの三日月のような角を称えての事であると大衆に信じ込ませて来た。ビーナスは、ローマカトリックの教条的な権力構造が確立して以来、あらゆる理性や論理に反して、常にサタンやルシファーまたは偉大な〈竜〉と同一視されてきた。象徴学者や天文学者によって示された様に、蛇と闇の概念との連想は天文学に根拠があった。かつて竜座が占めていた位置は、偉大な竜が夜[闇]の支配者である事を示していた。この星座は、以前はまさに天球の中央にあり、とても広範囲なため〈巨大な竜〉と呼ばれたのである。その体は黄道帯十二宮の内七つの宮に広がり、そしてデュピュス Dupuis は、「誰かが」と、スタニーランド・ウェーク Staniland Wake に「〈黙示録〉の〈竜〉と天の蛇を関連づけて見ている」と語り、「その様に広大な星座がその本の著者によって、天球から3分の1の星々を引き抜き、それを地球に投げ落とした七つの頭を持つ〈巨大な竜〉として表現されても驚くことは無い」と記述している(デュピュス Dupuis 大冊、第3巻、255頁)。唯一デュピュスのみが、かつて**北極星** ──「〈道案内〉」、〈導師〉、指導者の象徴 ── であった竜座が、**何故子孫によって**その様に地位を格下げされたのかを、けっして知ろうとはしなかった。「我らが父なる神々は我らが悪魔等である」とアジアの諺は云う。竜座が恒星の神を導く**北極星**であることを止めた時、降臨した全ての神々と運命を共にした。セト Seth とティフォン Typhon は、ブンゼン Bunsen が我々に伝えるところによれば、かつて「エジプト中で遍く崇拝された偉大な神の1人であり、18代、19代〈王朝〉の統治者達に生命と力の象徴を授けた。然しその後、20代〈王朝〉への移行の過程で、彼は突然に邪悪な悪魔とされ、そのため彼の像と名は、可能な限りの範囲であらゆる記念碑と碑文から消された」。その本当の秘教科学的な理由は本書の頁で与えられるだろう。

の性格に対し、相対的配置、色、更に天体の軌道さえも、数度の変更を実施しながらそれを繰り返し述べているのはこれらの理由ためである。彼は宗教的な空想の中で、紀元前1796年に起こったと断定されているノアの神話的な〈大洪水〉による惑星の最後の変化に接するためと称して、遙か過去へ行くことさえもおこなっている（参照『神の都市』、8章の71を参照）。

　金星には衛星がないので、「アスフュージット Asphujit」（これは「惑星」を意味する）は、両者［金星と地球］の秘教的な関係によると、「両親以上に成長し」多大なトラブルを起こした地球、即ち月の子供を教導したと寓話的に語られている。（惑星の）〈摂政〉であるシュクラ Sukra（註15）は、手塩にかけて育てた子供を溺愛したので、ウサナ Usanas として化身し、彼らに後の時代には無視されたり拒絶されることになる完成した律法を与えた。他の寓話では、それはハリヴァンシャ Harivansa［ヴィシュヌ・プラーナ伝承の一つ］にあるが、シュクラは戦いの神々から彼の弟子、ダイティア Daityas やアスラ Asuras 達の保護を求めてシヴァを訪ねたとあるし、且つ彼の目的を推し進めるために、「一千年もの間、**頭を下に逆さまにして籾殻の煙を吸う**」と云う〈ヨーガ〉の儀式を行った。これは金星の(50［正確には177.3］度にも達する) 大規模な地軸傾斜や、金星が常時雲に覆われている事に関係する。しかし、それは惑星の物質的な構成にのみ関係している。〈秘教科学的〉な神秘主義が扱うべき事は、その〈摂政〉、知識の伝授者ディヤーニ・チョーハン［瞑想の師］についてである。シュクラの母親を殺害したため、ビシュヌは地球上に**七度生まれ変わる**様に彼によって呪いを掛けられたと語る寓話は、秘教科学の哲学的意味に満ちている。それは、既に9回の化身を数え、10回目［カルキ］は人知れずにやって来るビシュヌの〈化身〉についてではなく、〈地上の人種〉に言及している。金星、または惑星であるルシファー（シュクラとウサナも含めて）は、その物質的且つ神秘的な意味の両方に於いて、地球への光の伝達者である。初期のローマ教皇の1人が、その〈最高冠位〉としての尊称がルシファーであったと知られていたことから、キリスト教徒は初期の時代にはその事を良く理解していた。

　「あらゆる天体は、その親たる恒星と姉妹惑星を持つ。その意味で地球も金星の養子にされた子供であり、その若い兄弟であるが、その住民は惑

（註15）シュクラは、偉大な〈リシ〉であるブリグ Bhrigu 仙の息子で、パラス・ラーマ Parasu Râma が誕生するバルガヴァ Bhargavas〈種族〉の始祖である〈7人〉の**プラジャーパティ** *Prajâpati* の一人である。

星固有のものである ……。全ての知覚をもつ完全な存在（人間の七重性を満たす者、または高次の存在）が、その初期には、彼らが住む天体の自然とその環境に完全に調和する諸形態と諸器官を提供した」(註16)

「〈実在〉する〈諸天体〉、または生命の諸中心は、彼らが養育する人間や動物の核と異なっているが、無数に存在するため、その姉妹星、また他のそれ自身の特別な子孫と全く同一のものは全く存在しない」(註17)

「全ては肉体的と精神的という二重性を持つ」

「その生命の核は永遠不滅のものであり、成長の核は期間があり、有限である。生命の核は絶対の部分を形成する。それらは、薄暗く、光の差し込まない要塞の銃眼のようであり、永遠に人間から、更にディヤーニの視力からも隠されている。その核はそこから漏れ出た永遠の光である」

「『〈生命〉の〈主方〉』── その第1且つ至上のものが集合的に《ジーヴァートマー JIVÂTMA》またはプラティアガートマ［ジーヴァートマからプラティヤガートマが生まれる］*Pratyagâtma*（パラマートマから生まれ変わって派生したと象徴的に語られ、ギリシャの哲学者達が云うロゴスで ── 新たなマンヴァンタラ期毎に、その最初に現れるもの）の形態に凝縮するのはその《光》である。これらの下降するもの ── 物質階層の全ての資質となり、絶えず凝固させるあの光の波から形成されたもの ── から〈創造する力〉である無数のハイラーキーが生まれ、一部は無形で、他は自身特有の形態を持ち、またそれ以外にも、最も低級な者（〈元素霊達〉）は自身の如何なる形態をも持たず周囲の環境に応じてあらゆる形体を纏う」。

「そんな風に、霊的感性の中に、一なる〈絶対的ウパーディ *Upadhi*〉〈源泉〉だけがあり、それから、その上に、そしてその中に、その活動期間中、〈マンヴァンタラ〉の目的のために宇宙的、周期的、個人的な〈進化〉を進め

(註16) この事は、スエーデンボルグが「アストラル界の第1地球で」ヨーロッパの農夫のような身なりをした住人や、更に〈第4地球〉では女性達が仮面舞踏会 *bal masqué* の羊飼いの様な衣装を纏っていたのを見た事と全く矛盾する。著名な天文学者ヒューゲンス Huygens でさえも、他の世界や惑星には、地球に住む人々と同じ姿、感覚、精神能力、芸術、科学、住居、更に彼らが着る衣服までも全く同じ生地であるような、まさしく同一の人間がいると云う、誤った考えに骨を折った！（『世界論 *Théorie du Monde*』）地球が「月の子孫である」という記述のより明確な理解のために第1巻、スタンザ VI を参照せよ。

(註17) これは近代の註釈である。〈西洋〉の学問を学び終えて、秘教的な〈宇宙進化論〉を学ぶそれら弟子達のより明確な理解のため、古い〈註解書〉に追加されたものである。初期の〈註釈〉は、形容詞的冗長さや言葉の綾から、容易に理解出来ない。

る無数の基本的な中心が打ち建てられる」。

「その指導的な〈知性的存在達〉は、〈生物〉のこれら多様な中心を賦活し、〈広汎な地域〉を越えて(註18)人々により、マヌ、リシ、ピトリ(註19)、プラジャーパティ等々と混乱して呼ばれており、更にディヤーニ・ブッダ、チョーハン、メラ方 *Melhas*（火の神）、ボーディサットヴァ(註20)その他諸々に関しても同様である。全く知識の無い人々はそれらを神々と呼び、世俗的な学者は一なる〈神〉とし、更に賢明な人々、〈イニシエイト達〉はそれらの中に、我々の〈創造主〉（ディヤーニ・チョーハン［瞑想の師］達 The Dhyan Chohans）のみならず、その創造物がこれまで吟味し、知り得たあらゆる物の中で、〈それ〉(THAT) による〈マンヴァンタラ的〉な顕現のみを崇拝する。〈究極的存在〉は定義し得ないもので、人間、或いは不死なるものは、〈存在〉する期間の間中、絶えずそれを認識し、或いは理解することは決してなかった。変化するものは〈不変の存在〉を知ることは出来ないし、生物が〈究極的な生命〉を知覚することも同様である」

「それ故、人間は彼自身の「祖先」以上のより高次な存在達を知ることは出来ない。「彼らを崇拝するだけでなく」、彼がいかにしてこの世に現れたかを学ぶべきである。

(c) 数字の〈7〉は、〈宇宙進化論〉から始まって人間に至るまで、あらゆる国の宗教体系に於いて他のあらゆる数字の中でも根本的な数であり、その**存在理由** *raison d'être* を持っているに違いない。それは古代アメリカイ

(註18) 広大な地域を「越えて Beyond」とは、我々の場合、〈シス-ヒマラヤ〉［インドから見てヒマラヤのこちら側の］地域に対する〈トランス-ヒマラヤ〉［インドから見てヒマラヤのむこう側の］地域としてのインドを意味する。
(註19) ピトリ達と云う言葉は、これらの〈偈文シュローカ〉の中で彼らの理解を助けるために我々によって使われているが、原典の〈スタンザ〉ではその様に使われておらず、「父祖」や「祖先」という呼び名とは別に、彼らだけの特別な名を持っている。
(註20) 文字通りに人間としての菩薩ボーディサットヴァや文殊菩薩マンジュシュリ Manjusri を崇拝することは間違いである。一般的には、大乗仏教マハーヤーナ Mahâyâna の宗派が区別無しにこれらを礼拝する事を教えていたり、玄奘フエン-ツァン Huien-Tsang が崇拝の対象として仏陀の弟子達の一部を語るのは当然の事である。しかし、秘教的に見れば、称賛を受けるべきは、弟子や個人的なマンジュシュリ学者ではなく、人間の形態を賦活する神（蒙古人が云う阿弥陀アミラーハ *Amilakha*）のようなボーディサットヴァやディヤーニ・ブッダである。

ンディアンの中に、古代アーリヤ人やエジプト人に見られるのと同様、顕著に見られる。その疑問はこの〈本〉の第Ⅱ部で詳しく扱われるだろうが、一方ここでは幾つかの事実を提示しても良いだろう。『11,500 年前のマヤ及びキチェの聖なる密議』(註21)の著者は語り ――

「数字の7は、古代のあらゆる文明国家の中で**とりわけ** *par excellence* 神聖な数とされてきたことが見られる。何故なのか？ 各地に分散した人々は、彼ら自身の**(顕教的な)**宗教の特別な教義に従って様々な説明を与えてきた。**神聖な密議を受けた人々には、7は数字の中の最も重要な数であったことは、疑う余地がない**。ピタゴラスは …… 7が、〈叡智〉や知性である聖なる〈四つ組〉と、〈三つ組み〉または**活動と物質**から形成されていることから、それを肉体や魂を含めて『〈生命〉の〈乗物〉』と呼んでいる。ローマ皇帝ユリアヌスは、『聖母 *matrem* の中、等々』で、彼自身を次のように、『もし私がイニシエイションに達して、〈カルディアのバッカス祭〉[酒の神バッカスの祭り]のような、**七光線の神**を崇拝し、その神を通じて魂を啓明する〈神聖な密議〉に触れうるならば、私は、物事が大衆には未知であり、本当に全く知られざるものであるが、しかし祝福された〈神働術師テウルギスト Theurgists〉にはとても良く解るものだと言わざるを得ない』」(141頁)と表現している。

そしてプラーナ伝承群、『死者の書』、『ゼンダヴェスタ Zendavesuta』、アッシリアの石版 Assyrian tiles 等と共に最後には聖書に精通する者や、遙か昔、断絶した遠い時代から伝わる人間社会のこの様な記録の中に、数字の7の恒常的な出現を認めた者は、古代〈密儀〉の同じ探求者により与えられた次に述べる事実を偶然の一致と見なすことが、果たして出来るだろうか？ （アメリカ）「大陸の〈西部〉」の住民達の中での神秘的な数字としての7の広汎さについて語る中で、少なくとも注目すべき事を彼は言い添えている。即ち ――

「7は、**ポポル-ヴォー**文明の中に頻繁に現れる。…… 我々は更に、一部の人によってパレンケ Palenque に比定された巨大都市ナカン Nachan の発

（註21） この作品の著者はアウグストウス・プロジオン Augustus Le Plongeon である。彼とその妻は、中央アメリカに於ける精力的な活動で合衆国ではよく知られている。チィチェン-イツァ Cichen-Itza でカン・クー Kan Coh 王室の霊廟を発見したのは彼等である。著者は、アーリヤ人やエジプト人の秘教的な教えはマヤに由来することを、信じ且つ明らかにする目的があったように思える。確かにプラトンのアトランティスと同時代であるが、しかしマヤは〈第5大陸〉に属し、アトランティスやレムリア大陸が先立っていた。

見者として評価されたボタン Votan と呼ばれた神秘的な風采の人物と彼に同行したサハガン Sahagun やクラヴィジェロ Clavigero によって語られた**七つの家族**の中に 7 を認める。ナウワ族 Nahuatl の祖先達がそこから現われたと伝えられる**七つの洞窟**に（註22）。コロナド Coronado やニザ Niza に記述されたシボラ Cibola の**七つの都市**に。……**七つの島からなるアンチル列島** Antilles に、大洪水を逃れたと伝えられている **7 人の英雄達**に……」。

「英雄達」、更にその人数にもあらゆる〈大洪水〉の物語と同様に認められる —— ヴァイヴァスヴァタ Vaivasvata・マヌによって救われた 7 人のリシ達 Rishis から、獣や鳥や生き物が「〈七番づつ〉」乗せられたノアの箱船に至るまで。その様に、我々は数字の 1、3、5、7 を、全く神秘的なことを理由に、あらゆる〈宇宙発生論〉や生きている〈存在〉の進化で顕著な役割を果たす完全な数と見る。中国では、1、3、5、7 は『易経 Book of Changes』（易経イーチン Yi King、または〈進化〉と同じ変遷流転）の正典では「天の数」と呼ばれている。

その解説は人が古代の〈象徴〉を探求する時に明白になり、これらの全ては、第 1 巻序文の〈古代の写本〉から与えられる数字に基づき且つ始まっている。⊖ は、進化や生殖または物質に入り込む事の象徴であるが、〈カバラのセフィロト〉やエジプトの**タオ** *Tau* と同じように、古代メキシコの彫刻や絵画に反映されている。メキシコの〈写本〉（補足的に英国博物館写本番号 9789）（註23）を調べるならば、あなた方はそれぞれ一方の側に立つ男性と女性によって摘み取られる準備の出来た 10 個の果実に隠された幹を持つ樹を見つける一方、幹の頂上から左右水平方向に 2 本の枝が伸びて完全な **T**（タオ Tau）を形作り、その 2 本の枝の先には更にそれぞれの枝に鳥 —— 不死なる鳥、アートマンまたは天界の〈霊〉—— がとまり、その 2 本の枝の間に三房の果実が実り、この様にして 7 が造られている。この事は**全体で 10** だが、上位の三つ組を分離した時は〈7〉が残るという〈セフィロトの樹〉と同じ概念を表している。これらは天界の果実であり、10 または 10 を意味する ⊘ で示され、二つの見えざる男性と女性の胚種から生まれ、12 または〈十二面体〉の〈宇宙〉になる。神秘的な体系は、中心点である「・」、3 または △、5 または ☆、そして 7 または ▣、且つまた「六芒星の中心に点を持つもの ✡」、即ち方形の中に三角形、そして三角形を二重

（註22） これら**七つの洞窟**、**七つの都市**等々は、全ての場合で、第 1 〈根本〉人種の七つの最初の集団が生まれた七つの中心地や、七つの地域を意味する。
（註23） 碑文は、『マヤとキチェ Quiches の神聖な密儀』の 134 頁に複製して掲載されている。

に組み合わせた中に点と統合したもの等を含んでいる。これが世界の象徴の雛型である。現象界はその最盛期を享受し、《人間》の内部の全ての反映を受け取っている。それ故人間は神秘的な四角形 ―― 形而上学から見れば ―― 〈四つからなるものテトラクティス Tetraktis〉であり、そして創造的階層では〈正六面体〉となる。人間の象徴は正六面体の展開図(註24)であり、6は7になる、或いは3個の四角形(女性の象徴)が横に交わり、4個が縦の 十 である。そしてこれこそが人間であり、〈地〉上の神々の最高のものであり、彼の体は、その体の上に、その体を通じて、その体の中で天界のロゴス Logos や《高我》を絶えず十字架に掛けたり死につかせる真新しい十字架である。

「宇宙は」とあらゆる〈哲学〉や〈宇宙進化論〉は、「その上に君臨する〈支配者〉(集団的〈支配者〉)が居られ、《言葉の神 WORD》(ロゴス)と呼ばれ、〈霊〉を織り上げるのはその〈后〉で、この御二方は《一なる》もの The ONE に続く〈第1の力〉である。」と語る。

これらは〈霊〉であり、〈創物主 Nature〉であり、この二つが我々の幻影的世界を形づくる。分離出来ないこの二つは宇宙が続く限りその〈宇宙観念〉として残り、その後、〈一なる〉不変のパラブラフマンに融け入り帰還する。「〈霊〉は、その本質が永遠、一なるもの、そして自存しているもので」、純粋なエーテル〈光〉 ―― 通常の感覚では感受出来ない二重の光 ―― を発出していると、聖典プラーナ、聖書、形成の書イエツラー Sepher Jezirah、ギリシャやラテンの聖なる讃歌、ヘルメスの書、カルディヤの数の書、老子 Lao-tse の秘教的道教など、至る所に記されている。創世記の隠された意味を説明しているカバラでは、この光は、〈二重の人間〉、または〈両性具有〉の(と言うより性の無い)天使達であり、その一般的名前は《アダム・カドモン ADAM KADMON》である。人間を完成させたのは彼らで、そのエーテル体は他の天界から発出されているものであるが、遙か低い生物に於いて彼らが土または「大地の塵」から肉体を固め作る ―― 寓話は本当であり、ダーウィンの進化論以上に科学的だが、それ以上に真実でもある。

『寸法の起源 Source of Measures』の著者は、カバラや全てのその神秘的な書物の基礎は、根本的真理である10のセフィロトに基づいて創られていると述べている(註25)。彼は次頁の図のダイヤグラムで、これら10のセフィロトまたは10個の数字を紹介している ――

(註24) 『寸法の起源』の50から53頁とS・D第2巻の第2部もまた参照。

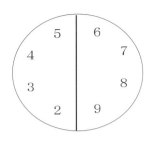

図では、円は**ゼロ**であり、その垂直の直径は第1の、または原初の〈一なるもの〉(〈**言葉の神ワード**〉または**ロゴス**)であり、それから他の数字が、指で数えるアラビア数字の限度である9まで連続して発生する。10は、「調和を正確に表現するあらゆる可能性の力」を含む最初の〈天界の顕現〉(註26)である。このカバラ的な考察によって、セフィロトが、〈天界の光〉(数字の20612÷6561[即ちπ 3.1415])の数または発出で、10人の『〈ワード神〉』、〈デブリム DBRIM〉、41224[20612×2]であり、光がセフィロトの光の流れで、〈天人〉、アダム・〈**カドモン**〉Adam KDM(文字を数値化すれば144-144)となり、更に〈光〉は新約聖書または〈聖約〉(または41224)によれば〈神〉を創造したし、同様に旧約聖書によれば〈神〉(エロヒム、31415[π×10000])は光(20612÷6561[即ちπ])を創造する」と我々は教えられている。

さて、〈秘教科学大系〉にはカバラと同様、三種類の光がある。(1)〈幽玄〉で〈絶対的〉な光、それは〈闇〉のことで、(2)〈顕現-未顕現〉を併せ持つ〈光〉、一部の人にロゴスと呼ばれ、そして(3)後者の光は、従属的な**神々**(エロヒム Elohim の集団)であるディヤーニ・チョーハン方の反映であり、彼らが、次に、物質〈世界〉に光を発散している。一方カバラでは —— 13世紀のカバリスト達によってキリスト教の教義に合う様に再構築され注意深く調整された —— 三種の光は次のように述べられている —— (1)明るく浸透するもの、即ちエホバの光、(2)映し出された光、(3)**幽玄の光**。「この(比喩的または象徴的意味で)抽象的に受け取られる光はアルヒム Alhim(エロヒム Elohim〈神〉)である一方、明るく浸透する光はエホバである。アルヒムの光は、一般にこの世界に属し、世界全体に遍く満ちているが、しかしエホバの光は、その光が浸透し創出した人間という最も主要な創造物に関係している」。『寸法の起源』の著者は、適切にも読者にアインマン Inman の『古代の名前に現われた古代の信仰』の第2巻648頁を参照させている。その書物には、彫像として**光輪を持つ者** vesica piscis、マリアや祝福された〈処女〉[聖母マリア]のロザリオを複製した女性の象徴徽

(註25) シンシナチで1886年6月に出された「カバラ論6号」の「メーソンの概要」を参照。

(註26) 古代の十進法の数字体系を明らかにするために、『ベールをとったイシス』の第2巻の300頁[英語原書の頁]以降を参照のこと。

章がある …… その書は 1542 年ヴェニスで出版されたもので」、そしてそれ故、アインマンが、〈宗教裁判所〉の、必然的に正統派から、許可を得て、」と記しているように、ラテン［ローマカトリック］教会が、この「**光の浸透する力とその影響**」について理解していたことを読者に示すであろう。なんと悲惨な姿に —— そのまま最も下品に擬人化された概念として利用されたものに —— 至高にして偉大な、最も高貴なものとしての〈東洋〉哲学に於ける神々の概念が、キリスト教の解釈の下で、貶められたことか！

〈秘教科学者達〉は、この光を〈東洋〉では**ダイヴィプラクリティ**［神の善なるもの］*Daiviprakriti* と、〈西洋〉では**クリストス** *Christos* の光と呼んでいる。それは〈ロゴス〉の光で、顕現宇宙の世界にいまだ〈知られざるもの〉の直接的な反映である。しかし、現代のクリスチャンによってカバラから与えられたその光についての解説がここにある。著者が発表したものをそのまま引用した ——

「一般に、光の主要な実体である人間と共に世界に満ちているものに対し、エロヒム-エホバと云う用語が相応しい。ゾハル *Zohar* からの抜粋で、(カバリストである) 尊師キャッセル *Cassell* 博士は、カバラが〈三位一体〉の原理を述べていることを明らかにするために他の文献の中で、『エホバはエロヒム（アルヒム）となる …… 三歩で歩く〈神〉（アルヒム）によって、そしてエホバも同様に、個々と集団に区別されたりするけれども、それらは皆同じ神である』と、述べている」。同様にヴィシュヌは人格を有しない神の顕現した象徴としての〈太陽〉となる。ヴィシュヌは「〈宇宙〉の七領域を三歩で歩く」と記されている。しかし、ヒンドゥ教徒にとってこの事は、**大衆的な物語**、上辺だけの教義、一つの寓話に過ぎないが、一方カバリスト達はそれを秘教的で且つ究極的な意味を持つものとして言い伝える。しかし、前に進めよう。——

「さて、光は、」と著者は、「既に示されたように、$20612 \div 6561$ で、完全性の正確な発音であり且つ円の円周と直径の数字的な関係である」と説明する。「〈神〉（アルヒム即ち、$3.1415 \div 1$ で、前述の変形の一つ）は、一般的に、全ての計算や計量の基礎として標準的な組み合わせの一つを得るために、これの縮図となっている。しかし、動物生命の創出や、特別な**時間単位**或いは太陰年［354 日と約 9 時間］について、妊娠や胚の成長を引き起こすその影響、エホバの数値（『**エホバと等しい人間**』の数値）の計算、言い換えれば $113 \div 355 [1/\pi]$ は、詳述する必要がある。(註 27) しかし、この最

(註 27) 『寸法の起源』、276 頁以降、増補 VII を参照のこと。

後の割合は光や20612÷6561の変容した形だけでなく、同じもの（20612÷6561は、3.1415÷1であり、或いはアルヒム、〈神〉の変化の一つに過ぎない『π』の数値である ―― その様にしてその一つは、他に流れ込めるようになり、且つ他から引き出せるようになるし、これらは、〈単一性〉と類似性で天界の名称について示せることによって三歩[三段階]となる。それは、その二つの同じ割合の変化に過ぎない、言い換えれば、『π』そのものである。この記述の目的は、〈聖書〉の三〈聖約〉に採用されたカバラと、ちょうど言及した様に、メーソンの象徴に対して、同一の計量法が使われている事を示すためである」。

「初期の頃セフィロトは〈光〉として記述され、それら自身は、アインーソフ Ain-Soph の顕現と全く同じ働きであり、そしてそれらは、『〈神の御言葉 Words〉』、〈デブリム DBRIM〉、41224の一部、或いは〈神の御言葉〉、デヴァル Debar、206（= 10 キュビット[古代イスラエルの長さの単位、肘尺で43-53cm]）に関して、まさに〈光〉が20612÷6561の割合で示される事実から、光である。〈光〉は、セフィロトの解説に於いて、カッバラで繰り返し力説されるテーマであることから、最も有名なカッバラの書物はゾハルまたは〈光の書〉と呼ばれている。この書物の中で我々は次のような表現を見つける。――『〈無限なる〉ものは完全には知られないし、光る点が荒々しく光景に現れる前は如何なる光も放散しなかった ……』。『彼が最初に形態（〈王冠〉または最初のセフィラ Sephira）を纏う時、彼は、それから流出する九つの放散する光を生じ、それを通じて光輝き、全ての方向に輝く光を放散する』、即ち、彼自身の1（それは前記のように、9なるものの起源）とこれら9は、合わせて10になり、それらは ⊖ または ⊗、**聖なる〈十〉**（**数字またはセフィロト**）、またはヨッド jod[ヘブライ語の10番目の文字]である ―― そしてこれらの数字は『〈光〉』であった。まさに聖ヨハネの福音書の様に、〈神〉（アルヒム、31415÷1）は、かの光（20612÷6561）であり、全てのものはそれ（〈光〉）によって創られた」。

形成の書イエツラー *Sepher Jezirah* や、『創造の数』の書の中では、あらゆる進化の過程は〈数字〉で与えられる。その「32の〈叡智〉の小径」で、数字の3は四度繰り返され、数字の4は五度繰り返される。それ故、〈神〉の〈叡智〉は数（セフィリム Sephrim またはセフィロト Sephroth）に含まれている、何故ならセフィル[書物]Sepher（また母音の無い時はセフラ S-ph-ra になる）は「計算すること」を意味するから。それ故、また我々は神々が**幾何学的に**〈宇宙〉を織りなすと云うプラトンの言葉に気づくことになる。

カバラ的な書物、イエツラーの書は、**セフィリムの中のアルヒム**、即ち

セフィロトの中のエロヒムの隠された叡智の記述から始まる。

「32の小径(パス)の中に、隠された叡智は、ヤー［ヤハウェイ］Jah、〈ヤハヴェイ JHVH〉、ツァヴァオト［万軍］Tzabaoth、イスラエルの神エロヒ Elohi、〈生命〉の神アルヒム、〈恩寵〉と〈慈悲〉の神エルを確立し ── 〈住民〉の意識を、そして〈永遠〉なる〈王〉、そしてその御名 ── 三つのセフィリムの〈聖なる御名〉！ 即ち ── ビスフィル B-S'ph-r、ヴェスフィル V-S'ph-r、ヴェスフォール V-S'ph-o-r、等を弥栄にし、高く高揚させた」。

「この〈記述〉は、隠された〈叡智〉、即ち、〈数〉の特殊な組み合わせや特別な語法を含む言葉の使い方よって、原文に『〈隠されている叡智〉』を開示するが、それらは極めて厳格に旧約聖書の中で適用が見られるまさに註釈的な体系の開示となるだろう。…… 神の計画の開示に於いて、それを実施すること、そして一般的な自明の理としてその詳細な解説を成し遂げること、言い換えれば〈数字〉のイエツラー［形成］である一つの言葉セフィリム(セフィロト)を、著者は三つの従属語、一般的な言葉セーフィール S-ph-r の駄洒落(ダジャレ)の一つまたは数としてこの言葉の区分を説明している」。

アル－カザリ王子がユダヤ教の〈律法博士ラビ Rabbi〉に(註28) ──「私は今、汝が〈自然哲学〉の主要な、また指導的な原理、それは汝が語るように昔は彼ら(〈古代の賢明なる者達〉)によってもたらされたが、その一部を教えてくれる事を望む」と伝えると、それに対し律法博士は ──「その様な原理に我々の〈民族の祖〉アブラハム(それはアブラムまたはアブラハムで、それぞれ数の41224または41252)の〈創造〉の〈数字〉は属している」と答えている。更に彼は、この〈数〉の書は「〈デブリム〉」を通じて**アルヒムの神性 Alhim-ness**や〈一なるもの〉の教えを扱っている、即ちそれは〈言葉の神ワード〉の「〈御言葉〉」の数値であると。つまりそれは、最終的には、〈契約〉の〈聖櫃アーク〉［イスラエル人の至宝アーク］についての記述で、これらの〈デブリム〉、或いは41224が記され、刻印された2枚の石版によって二つに分けられた41224を ── または20612×2を通じて、31415÷1の比率の使用法を教えている。彼はその後これら従属的な使われ方をする三つの言葉を説明し、そしてそれらの一つに関して注意深く次のような解説をしている ──「次にエロヒム(31415÷1)は言われた。『〈光〉(20612÷6561)よあれ』」と。

原文に与えられたその三つの言葉は、
［右から読み、セフェ セフェ シプル］となる。ユダヤ教の〈律法博士ラビ〉

(註28) 『アル－カザリの書』より。ヤフダ－ハ－レヴィ Jehuda-ha-Levi 著、D・カッセル博士訳。

はそれらの説明で、「それは、〈御言葉〉（デブリム、41224）を通じて〈**アルヒムの神性**〉（31415）や、〈一なるもの〉（直径÷アルヒム）を教え、それらの一方には多種多様の創造に於ける無限の現れがあり、他方には「〈一なるもの〉」への究極的な調和の性向がある」と述べている（誰もが知っているように、〈一なるもの〉は様々な学派が言うところの数学的機能を持つ「**π**」で、計測し、計量し、天球の星を数え、しかもなお〈御言葉〉を通して〈宇宙〉の究極的な〈一なるもの〉にそれらを帰着させる）。「それらの最終的な調和は、それらを任命し、ספר ספר ספור（アル－カザリ書）の三つの言葉より成るあの〈一なるもの〉中で完全となり、最初の説明でラビがする事は、一つの言葉から、ヨッド jod[10]、或いは i[9] を取り去り、しかる後、再びそれを元に戻す事である。我々がこれら副次的な言葉の数値を得るならば、それらが 340、340、346 で、それらの合計が 1026 になることに気づき、そして一般的な言葉をこの様に分割する事は、テムラー Temurah によって多様な目的の為に多種の方法で変化させられたこれらの数を創り出すことである」。（カバラ）

　読者は第1巻のスタンザ IV とその第4の註釈に、3、4 ── （即ち 7）、そして 7 の三倍、または 1065[10+6+5=21]、エホバの数が、マハーバーラタで語られた 21 人のプラジャーパティ、または三つの**セフィリム** *Sephrim*（暗号や数を意味する言葉）を表す数であることを確かめるべく、立ち返る事が求められる。更に、〈古代〉哲学の〈創造的諸力〉と**一般的ユダヤ教**（秘教的ユダヤ教がシークレット・ドクトリンとの同一性を示す以降）の人格を有する〈創造主〉とのこれら比較は、学徒に実のところエホバが一柱の**月神**だけでなく「**生殖**」の神であると気づかせ且つ悟らせることへと導くであろう。（第1巻2部、「月の神 Deus Lunus」を参照）次のことは全ての誠実なカバラの学徒によく理解されている事実だが、深く潜れば潜るほど、益々学徒は、カバラ ── またはそれの残り物 ── が〈東洋〉の秘教哲学の光で読まれる場合を除き、その探求が単に一般的なユダヤ教やキリスト教によって探索された線上に於いて、両者の一神教には、今日現代の〈天文学〉が実証するように、古代の〈天体信仰〉を上回る高尚なものが何もないと納得する。カバリスト達は、**原初の知性**が決して理解され得ないと繰り返すことを決してやめはしない。それは理解されることも、位置づけられることも無い、何故ならそれは名もなく形もないままに違いないから。それ故アイン－ソフ ── 「〈不可知〉」且つ「〈不可称〉」のもの ── は、**それ自体を顕現する事が出来ないため、顕現する**〈諸力〉**を流出するもの**と考えられている。やがてそれは、**人間の知性が取り扱うべき、且つ取り扱える**

その**流出諸力だけ**と合流する。キリスト教神学は、諸流出の原理を拒み、そしてそれを直接的で意識的な天使達による創造や**無**からの残り物によって置き換えてきたが、今では展望もなく、〈超自然主義〉或いは奇跡と唯物主義の中で座礁している自らに気づいている。**超越的–宇宙〈神〉**は哲学にとって致命的な存在であり、**内在–宇宙〈神〉**── 即ち互いに分離できる〈霊〉と物質 ── は哲学的に必須な物である。それらを分けて残る物が、感情論の仮面のもとでの迷信の総計である。しかし、プラトンが提唱したように、それは何故、「幾何学」し、何故、計り知れない数の形態分類表の下にこれらの流出諸力を表現するのか？ この問いには著者の引用がまさによい答えとなる。彼の記述は第Ⅱ部の「**創造神方の神統系譜**」の章に引用されている。

「精神的な知覚は」と彼は言い、「肉体的な知覚となるために**光**の〈宇宙的〉本質を得なければならないし、それによって、我々の精神的な**輪 mental circle**は光を通して見えるようになるに違いないし、またその完全な顕現の為に、その〈輪〉はその肉体的視覚、或いは〈光〉そのものの顕現となるに違いない。その様な概念は、この様に定式化され、〈宇宙〉に於ける神の顕現に関する哲学の根本的な原理となった」と述べている。

これこそ哲学である。**アル–カザリ**の中で、「セフィール s'ph-r に基づいて創造された体の**比率計算**や**計量**が理解されることになる。というのも**比率計算**は、それを用いて肉体が調和と対称によって創られるべきだし、それによって形成の際に正しく整えられ且つ対象の設計図に対応するように創られるべきだが、最終的には**数**や**範囲**や**量**や**重さ**を含んでいる。言い換えれば、動作に関係する調整、更に音楽の調和は、全て数字、即ち(セフィール)から成り立つに違いない ……。シポール Sippor(s'phor)は、自身が構造や形体を形成する際の雛形に、例えば、『〈光〉あれ Let Light be.』と宣う事によって、係わり調整するアルヒム Alhim の言葉として理解されるべきである。**御業は語られた〈御言葉 WORDS〉通りになって、即ち多くの仕事が進むようになった。……」**、とラビが語るのを見つける時、それは哲学とは別のものである。

これは疑いなく、〈霊的なもの〉の具現化である。しかしカバラは擬人的な一神教の概念にいつもその様に巧く対処してはいなかった。この事とインド六学派のそれぞれと比較してみよう。例えば、カピラ Kapila 聖仙の「サーンキヤ Sankhya」哲学では、寓話的に言えば、純粋精神プルシャが根本原質プラクリティの肩に登らない限り、プラクリティは理性を欠いたま

まであり、一方プルシャは彼女[プラクリティ]無しでは微睡んだままである。それ故、(人間の中の)〈造物主 Nature〉は、彼が彼本来の姿になる迄は〈霊〉と〈物質〉の混じり合ったものに違いないし、〈物質〉の中に潜む〈霊〉は徐々に生命と意識に目覚めるに違いない。モナドは、ロゴスの〈光〉が動物人間の中で目覚める迄に、鉱物、植物、動物の形態を経なければならない。それ故、その時まで後者は「〈人間〉」と呼ぶことは出来ず、絶えず変化する形態の中に囚われたモナドと見なすべきである。**創造**でなく、〈**御言葉**〉による**進化**は、東洋の哲学、更にその大衆的な記録の中にさえ認められる。**光は東方より** *Ex oriente lux*。モーセの旧約聖書に於ける最初の人間の名前さえも、マックス・ミューラー博士の否定にも関わらず、その起源をインドに由来していた。ユダヤ人は彼らの祖アダムをカルディヤから得ていたし、アダム-アダミは合成語で、それ故多様な象徴であり、そして秘教の教義を示している。

　此処では哲学的に詳細な論説の余地はない。しかし、読者はアド *Ad*、及びアディ *Adi* と言う言葉がサンスクリット語では「第1」、アルメニア語では「〈一つ〉」(*Ad-ad* は「唯一」)、アッシリア語では *Ak-Ad* から由来する「父」、または「父なる-造物主 father-creator」(註29)を意味することを覚えておくべきだろう。更に、かつてアダムをモーセの旧約聖書だけに限定したり、その中での単なるユダヤ人の名前と見なすことに、かなり無理が生じたため、記述が訂正された事が見受けられる。この〈本〉の〈第2部〉、「アダム-アダミ」の章を参照のこと。

　神々の神統系譜の中で、半ば秘伝を受けた作家や、バラモン的且つ聖書的なもの、あの象徴的科学による〈アルファ〉から〈オメガ〉[初めから終わりまでで神を意味する]に関する記録等によって世に与えられる神々の働

(註29)　アッカド *Ak-ad* (或いはアッカド人)という呼称は**アダム** *Ad-m*、**ハヴァ** *Hava* (イブ Eve)、**エデン** *Æd-en* (エデン Eden) と同じ分類のもので、アッカドは「**アド** *Ad* の〈息子〉」((古代)アラビアのアドの息子達のように)を意味する。「〈唯一〉」且つ〈最初〉を表す**アダド** *Ad-ad* は、**アドン** *Ad-on* 或いはシリアの「〈主〉」で、シリアの女神**アダルガト** *Ad-ar-gat* またはアシュタルテ Aster't の配偶者であった。更にガンエデン[楽園]Gan-Æd-en (エデンの園) またはガンデニアはバビロニアとメソポタミアのことであった。アッシリア語では *Ak* は〈創造主〉を意味し、文字の K は喉音のクァ Kh (Ah) と発音した。スウェーデンボルグの神秘説によれば、アダムは人間でなく原始の光の教会(?)であったとする。ヴェーダでは**アドイティ** *Ad-iti* は原始の光、現象世界のアカーシャ Akâsa である。

きの属性と神の系譜には、屢々(しばしば)混乱が生じている。けれども、神のような指導者の子孫とその弟子からなる草創期の国家には如何なる混乱も生じなかった、というのも、働きの属性と神の系譜の両方は、「神々」が生命であり、〈宇宙〉の多様な諸領域の「魂の本質 soul-principl」を活気づけるという宇宙創造の象徴と分離出来ぬほど結びついていたからである。如何なる場所でも、如何なる人々にも、それら**顕現した神々を超越**しての思索は許されなかった。果てなく無限なる〈**一者**〉は、あらゆる国家に、人間の思考の未踏地、実り無き思索の未到達地、無垢の禁足地として残ったままであった。唯一なされた引用は、その心臓の弛緩と収縮の特性、それは周期的な拡大または膨張と縮小という要約された概念であった。永遠の中で消滅し、また再顕現するあらゆる不可測で無数の体系と世界を伴う〈宇宙〉に於いて、擬人化された諸力、神々と彼らの〈魂〉は、彼ら顕現体と共に視界から消えなければならなかった ── 即ち「彼らを吐き出し、そして吸い込む永遠なる御胸の奥に帰還する御息」である、と〈教理問答書〉は云う。

「**理想的な自然**」は、その中で〈宇宙〉に於ける万物が神秘的且つ不可視的に産み出される抽象的〈空間〉であるが、あらゆる他の〈宇宙創造論〉の中でと同様に、ヴェーダ教典に於ける〈自然〉の中での出産能力に関する女性的な側面と同一である。アディティ Aditi はセフィーラ Sephira であり、且つグノーシスのソフィア-アカモス Sophia-Achamoth であり、且つホルス Horus の無垢なる〈聖母〉イシス Isis である。あらゆる〈宇宙創造論〉には、**創造神**の背後に、そしてより高位に、より上級の神、計画者、〈設計者〉が存在し、〈創造主〉は単に**それらの**執行主体に過ぎない。更に高く**越え且つ四方に広がり、内にも外にも**、これら全ての〈流出〉の〈源泉〉と〈原因〉となる〈**不可知**〉にして知られざるものが存在する。……

それは今述べたように、何故「**アダム-アダミ**」が確実にモーセの旧約聖書より早い時期のカルディアの碑文に見られるのか、という理由の簡単な説明になる。アッシリア語では**アド** *Ad* は父であり、アラム語では *Ad* は「一」で、更に**アダド** *Ad-ad* は「唯一」であるが、一方**アク** *Ak* はアッシリア語の「創造主」である。このように**アド-アウム-アク-アド-モン** *Ad-am-ak-ad-mon* がカバラ（光の書ゾハル）ではアダム・カドモン Adam Kadmon になり、「天〈父〉または創造主の〈一人〉（〈息子〉）」であった事を意味する、何故なら、「**アウム** *am*」、「**オウム** *om*」と云う言葉は、かつてほぼ全ての言語で**聖職者**または**神**を意味したからである。この様にアダム・カドモンとアダム-アダミは、以下の事 ── 即ち〈聖父-母〉、または神性の最初の流出」、

そして文字通り「最初の神の流出」、を意味するようになった。そして**アド-アルガト** *Ad-Argat*（または**アシュタルテ** *Aster't* で、シリアの女神にして**アドン** *Ad-on* の配偶者であり、シリヤの主なる神で、ユダヤのアドニでもある）、ビーナス、イシス、イシュタル Ister、ミリッタ Mylitta、エヴァ等々とヒンドゥの**アディティ**、言語の神ヴァーチ Vâch が同一であることを理解するのは容易である。それらは全て「あらゆる生物の〈母〉」であり且つ「神々の〈母〉」である。他方 ── 宇宙的且つ天文学的には ── あらゆる男性神は、最初は「〈太陽〉-神方」、その後神学上で「〈義〉の〈太陽方〉」、そしてロゴス達 Logoi 等、全て〈太陽〉で象徴されるものとなった。(註30) 彼らは全て〈**プロトゴノイ** *Protogonoi*〉（最初に生まれた者）と〈**ミクロプロソポイ** *Mikroprosopoi*〉である。ユダヤ人にとってアダム・カドモンは、アタマズ Athamaz、タマズ Tamaz、またはギリシャ人のアドニス Adonis ──「彼の父親と〈一体〉となり、父親の〈一人〉」── と同一であって、その〈父親〉」は後の〈種族〉の間で、例えば「太陽から誕生した」アポロ・**カーネイオス** Apollo *Karneios*(註31)のように太陽神**ヘリオス**となり、オシリス Osiris や

(註30) アダム-エホバ Adam-Jehovah、ブラフマー、マルス Mars は或る意味に於いて同一である。彼等は全て、人間の原型創造を目的とする根源的且つ最初の**生殖力**に対する象徴である。アダムは赤色で、ブラフマー-ヴィラージや火星マルス ── 神と惑星 ── もまたそうである。水は地球の血液であり、そのため、これら全ての名前は〈大地〉と〈水〉に関係している。「**人間の魂を創るために土と水が使われた**」とモーセは語る。火星マルスは戦いの神カルティケーヤ Kartikeya と同一である（或る意味に於いて）。── **カルティケーヤ**神はシヴァ、**シヴァ・ガルマージャ**［シヴァの汗］*Sivâ Gharmaja*、そして地球の〈汗〉から誕生している。マハーヴァーラタでは、彼は女性の介在無しで誕生したと描写されている。そして彼もまた「ローヒタ Lohita」と呼ばれ、アダムやその他の「初期の人間」のように**赤色**である。このため、『寸法の起源』の著者が、火星（そして類似の属性をもつ全ての他の神々）が、「**戦争**と**流血の神**であり、観念として初めて血を流すことの基本的な**認識**から派出した二次的概念に過ぎなかった」と思索した事は全く正しい。それ故、エホバは、後に**戦う神**、「〈万軍〉の〈主〉Lord of Hosts」、戦いを指揮する者となった。彼は好戦的なゾド *Zodh* ── 或いは、置き換えられたカインで、カインは彼の（女性的な）「弟」を**殺害した**が、「その血は土地から叫び求められた」もので、**大地**は血を受ける為に口を開けたのであった。(創世記 iii.)

(註31) アポロ・**カーネイオス** *Karneios* は、確かにヒンドゥのクリシュナ・**カルナ** *Krishna karna* からのギリシャ的な変容である。「Karna」は「carne」、「**一筋の光線**」からの**放射**を意味し、そして**カーネイオス**は、ギリシャ人と同様にケルト人によるアポロの称号で、「太陽から誕生した」を意味した。

オルマツド Ormazd 等々は、全てそれに倣い、彼ら全てが男根崇拝の象徴以上の如何なる意味をも最早持たないものになってしまう迄に、例えば、カヤビー山で十字架に掛けられたプロメテウスやヘラクレス、そしてその他多くの者や、太陽神や英雄達のような、より世俗的な人格像に変容していったことが認められる。

ゾハルでは、「〈人間〉はセフィロト（またエロヒム-ヤヴェー Elohim-Javeh）によって創造され、彼らは創造的な力で**地上にアダムを産み出した**」と述べられている。それ故、**創世記でエロヒムは** ──「見よ！　人間は**我々の1人のようになる**」と語っている。しかし、ヒンドゥの〈宇宙発生論〉や「〈創造論〉」では、ブラフマ-プラジャーパティがヴィラージ［天使、鳥の王］とリシ達を精神の力で**創造する**が、それ故後者は、はっきりと〈思惟から生まれた〉ブラフマの〈息子達〉」と呼ばれ、更にこの特別な**出生**の方法が、とにかく初期の人間国家に於いてあらゆる〈**男根崇拝**〉の概念を閉め出した。この実例は2国間のそれぞれの**精神性**をよく説明している。

3.「輝く〈御面(みおもて)〉の〈主〉」が宣もう。──「汝が仕事を始める時、汝に火を遣わす。声を張り上げて他の〈世界 LOKAS〉に伝えよ、息子の為に汝の〈父〉、〈蓮〉の〈主〉（クムダ・パティ *Kumuda-Pati*(*a*)）を求めよと …… 汝等大衆は〈父達〉（ピトリ・パティ *Pitri-pati*）の法の下にあるべし。汝等人は死すべき存在である。〈叡智〉の〈主〉（ブッダ、水星 *Mercury*）の人々は、ソーマ SOMA（〈月〉）の息子達ではないが、不死である。汝の不平を止めよ(*b*)。汝等の七重の肌はいまだ汝に備わっておらぬ …… 汝にはまだ準備が整わぬ。汝等人間にはまだ準備が整っておらぬ」と(*c*)。

(*a*) クムダ・パティは、彼の属するソーマ-ローカ［月の世界］の領域では、地球の父母としての、月である。ピトリ達（ピタルまたは「〈始祖達〉」Pitar or 'Fathers''）は〈神々〉の息子達、他にもブラフマーや更にリシの息子達であるけれども、彼らは通常、「ルナ［月］」の祖先として知られている。

(*b*) ピトリ・パティは、ピトリ達、〈死〉の神、そして人間の〈審判者〉ヤマの主または王である。悟りを開いたブッダ（水星）と呼ばれる人々は、喩えるならば彼らの〈叡智〉により**不死**である。その様な事は、全ての恒星や惑星に人が住んでいると信じている人々の常識である（そしてこの事を天文学的データに基づくと同様に理論に基づいて、熱烈に支持する科学者達が ── M・フランマリオンや他の学者間でも ── 存在する）。〈月〉は、

〈地球〉にさえ劣る天体で、他の惑星には言及しないが、地球の住人は彼女の息子達 —— 月人または月の祖先 —— によって彼女の殻または天体から産み出されたが、不死ではない。彼らは、言うなれば、他の創造主によって**完成してもらわない**限り、実在し、自己意識的で知性的な人間になる望みはない。この様にプラーナの伝説では、〈月〉(ソーマ)の息子は〈智慧〉と「知性」のブッダ〈水星〉で、その理由は、彼が物質的な〈月〉であるインデュ Indu ではなく、目に見える〈月〉の「摂政」であるソーマの子孫であることに由来する。この様に水星は、比喩的に云えば〈地球〉の長兄 —— いわば、〈霊的〉な子孫としての地球の異父兄弟 —— であり、一方、彼女(〈地球〉)は**肉体**の継承者である。これらの寓話は、我々現代の物理学者が喜んで是認する以上の、(天文学的且つ地質学的に)より深遠でより多くの科学的意味を含んでいる。「〈天界〉に於ける最初の〈戦い〉」、ターラカ-マヤ Taraka-maya の全体の周期は、〈宇宙進化的〉且つ天文学的な真実と同様に哲学的真実に満ちている。誰でもそこに、神々と支配者の歴史によって、全ての惑星の伝記をたどることが出来る。ウサナス Usanas (シュクラ、またはビーナス)は、ソーマの気のおけない友人で、神々の指導者ブリハスパティ Brihaspati (木星)の敵対者だが、彼の妻ターラー(またはターラカ)は、〈月〉即ち ——「ターラーとの間にブッダをもうけた」—— **ソーマ**によって連れ去られたし、また、この「神々」の反逆の戦いで積極的な役割をも果たして、直ちに**デーモン**(アスラ)神に貶められ、その結果、今日までそのままである(註32)。

(註32) ウサナ-シュクラまたはビーナスは、勿論、我々の云う「ルシファー」、明けの明星である。多重の意味を持つこの寓話の巧妙さは実に奥深いものがある。この様に**ブリハスパティ**(惑星の木星)或いはブラフマナスパティは、リグ・ヴェーダ Rig Veda の中では、**顕教的**または儀式的な崇拝の象徴且つ原型となる神である。彼は生贄を捧げる祭司、請願者であり、更に世俗的な祈りを神に伝える仲介者である。彼はヒンドゥ万神殿[ヒンドゥの神々が集う神殿]の**プローヒタ**(一族の祭司または〈神殿祭司〉)であり且つ〈神々〉の霊的な**指導者グル**である。ソーマは神秘的な神で、〈宇宙〉や人間に於ける密儀や秘教的な自然現象を執り行う。ターラーは、祭司である彼の妻で、崇拝者を象徴し、単なる抜け殻の顕教的なものより密教的な真実を求めたため、彼女はソーマに連れ去られたと表現される。今では、ソーマ神は、神秘的な幻視や神懸かり的な啓示を与える聖なる飲み物ソーマの名になっているし、**その結びつきの結果、ブッダ**(叡智)やマーキュリー[水星]やヘルメス等々が生まれ、かの科学では、要するに今日に至るまで、〈神学〉におけるブリハスパティによって魔王的且つ**悪魔的**であると公言されている。この寓話の物語群を拡大することによって、我々は、キリスト教神学が、ヒンドゥの神々の争いを受けいれ、そして**ウサナス**(ルシ

此処では「人」という言葉は、天人やインドで〈ピタル PITAR〉またはピトリ達 pitris と呼ばれる者や〈父祖達〉や人間の先祖にまで関係している。この事は、現代の仮説に照らし合わせて、これら祖先や始祖が、彼らのアストラル的な影として、脇腹から最初の人類アダムを創造したという教えの見かけ上の困難さを取り去る訳ではない。そしてそれはアダムの肋骨の利用ではあるが、依然として地質学的、気候的な問題が立ちはだかることだろう。今述べた事は、いかであれ、〈秘教科学〉の教えである。

　(c) 人間の器官は全ての人種でその環境に適応してきた。第 1〈根本人種〉は、我々が物質的である様にエーテル的であった。7 人の〈創造主〉の子孫は、7 人の最初のアダム達を進化させたが(註33)、息をし、生きてゆく為の如何なる清浄な気体をも確実に必要としなかった（この〈本〉の第 III 部を参照）。それ故、いかに強くこの教えの不可能さが現代科学の熱烈な信奉者によって力説されたとしても、〈秘教科学者〉は、それが最初の肉体人間で、それ自身 1,800 万年前になされたレムリア人の進化さえよりも以前の**永劫の年代**について述べられたもの、と断言する。(註34)

　先行する進化は《ジャーンの書》の中に述べられて居り、そこでの〈註解〉は次の通りである ──

　古代の〈聖典〉は、あらゆる局地的な〈劫期〉や〈環〉の始まりに、地球は生まれ変わると教え、「人間の**ジーヴァ Jiva**(モナッド)が、新しい子宮の中に入る時に、新しい肉体で再び覆われるように、〈地球〉のジーヴァもまた同様で、それは、もう一度空間の母体から客観的実在の中に再び顕現した後、各〈環〉ごとに、より完全でより固い覆いを纏う (〈註解〉)」。この過程は、勿論、誕生の苦しみや地質学的変動を伴う。

ファー)を、「〈神〉の敵対者」、《サタン》として古代の祭礼的人格神崇拝(今ではジュピター‐エホバになっているブラフマナスパティ、バラモン達の主)に異をとなえるソーマの支持者と見なしているのに気づくが、驚きの一言である！
(註 33)　他でも示されるように、それは、**創世記第 1 章**の「〈天人〉」、アダム・カドモンに過ぎず、彼は「〈神〉の姿に、そしてそれに似せて」創られた。アダムは、第 2 章で、禁断の果実を食べる前までは、あのような**姿**、或いは神に似せて創られたとは語られていない。最初のアダムは〈セフィロト[天使]的な万軍〉であり、2 番目のアダムは〈精神を持たぬ〉最初の人間からなる〈根本人種〉であり、そして第 3 のアダムは[性が]分離し、眼の開いた人種である。
(註 34)　此処で公表されている概念や数字に対する科学的異議の議論の為に、読者はこの本の第 III 部を構成する〈補遺〉を参照されたい。

前述のことは、我々の前に提示される『ジャーンの書』に含まれる一節に対する言及に過ぎぬが、曰く、

4. 大いなる苦しみの後、彼女(〈地球〉)は古い三つの肌を脱ぎ捨て、新しい七つの肌を纏い、そして最初の状態になった。(a)

(a) これは〈地球〉の成長に言及しているが、しかるにスタンザの中の〈第1環〉を扱う箇所では以下のように語られる(〈註解書〉に曰く)——
「その後、変わることなき(アヴィカーラ avikâra)不変の本質(〈エッセンス〉、サダイカルーパ sadaikarûpa)が目覚め、因果律(アッヴィヤクタ avayakta)の(状態の)中へと変化(分化)し、それ自身が分かれた個々の結果(ヴィヤクタ vyakta)となる原因(カーラナ Karana)や顕現した見えざるものからも変化した。窮極の微小なるもの(最も微小な原子、または極微なものアッニャームサム aniyamsam・アッニャーサム aniyasam)は、一つにそして多様(エーカネーカルーパ ekanekárûpa)になり、七つの蓮の花輪の中に〈第4ローカ〉(地球)を創った〈宇宙〉を産み出した。アチュッタ Achyuta(変化せざるもの)はその後チュッタ Chyuta(変化するもの)になった(註35)」。
〈地球〉は古い三つの肌を脱ぎ捨てるように言われるが、この事は彼女が既に経てきた三つの先行する〈諸環〉に関係するからで、現在は七つの環の内の**第4〈環〉**にあたる。どの新しい《環》の始まりに於いても、「混沌とした闇」の期間の後、地球は(残りの六つの地球もまた同様に)、〈蛇〉が脱皮するように古い肌を脱ぎ捨てようとするし、或いは脱ぎ捨てなければならないことから、彼女は、**アイタレーヤ-ブラーフマナ** *Aitareya-Brâhumana* [ヴェーダ文献の中の祭儀書]で**サルパ・ラジニ** *Sarpa Rajni*、〈蛇達〉の〈女王〉」、更に「生き物の母」と呼ばれている。「〈七重の肌〉」は、その第1の肌を最初の環で纏うが、〈人類〉の〈7根本人種〉の進化を伴いそれに対応する七度の地質学的な変遷に関係がある。
〈スタンザⅡ〉は、今の第4〈環〉について述べているが、我々の〈地球〉の年齢に関する情報を示す幾つかの言葉で始まる。年代学はやがてその年齢を決めるであろう。〈スタンザ〉に追補された〈註解書〉に、2人の人物、ナー

(註35) アチュッタは全く翻訳できない言葉の一つである。それは、より低い物を求めて堕天や変化することに従わない、即ち〈堕天しない〉者を意味し、そして**チュッタ**、即ち「〈堕天〉」の反対語である。**第3**〈根本人種〉の人間の形態に化身し、彼らに知性(〈思考マナス〉)を与えるために努力したディヤーニ達は**チュッタ**と呼ばれているが、その理由は彼らが生殖に堕ちたからである。

ラダ Narada とアスラ-マヤ Asura-Maya、特に後者の記述がある。全ての計算された数字はこの古代の高名な士によるもので、そして以下に続くことが、読者にこれらの数字の幾つかを表面的にでも理解させることになるだろう。

大洪水以前の2人の天文学者

〈秘教科学大系〉を学ぶ〈東洋〉の学徒の考え方では、2人の人物像は神秘的な天文学や年代学、そしてその周期と分かち難く結びついている。2人の偉大で神秘的な人物像は、〈過ぎ去りし古代〉の二大巨人として聳え立ち、学徒が〈ユガ時代〉や〈劫期〉を参照すべき時にはいつでも、その前に現れる。その時、彼らが生きた先史時代の時期について、世界中でほんの僅かな人々を除き、厳密な年代学が求めるその様な確実性をもって、知っている、或いはかつて知り得た者は誰もいない。有史以前の世界が常に知られているにもかかわらず、それは10万年前、100万年前であるかも知れない。〈西洋〉の神秘家やフリーメーソンはエノクとヘルメスについて声高に論じているし、〈東洋〉の神秘家は、古いヴェーダ中の聖仙リシである《ナーラダ》、アトランティス人の《アスラマヤ》について語っている。

それは既に、マハーバーラタやプラーナ伝承中の理解しがたい全ての人物の中で、ナーラダが、マツヤ[魚の姿のヴィシュヌ]・プラーナ伝承ではブラフマーの息子、ビシュヌ・プラーナ伝承中ではカッシャパ Kasyapa の子孫、そしてダックシャ Daksha の娘とされる、最も謎に満ちた人物であることを暗示してきた。彼はパラーシャラ著の高名な『デーヴァ・リシ』(神のようなリシの意で半神半人以上を示す)という題の書物によって言及され、しかもダックシャやブラフマーにさえにも呪われている。彼は、カンサ Kansa にバァガバット Bhagavat (或いは顕教ではビシュヌ)がデーヴァキ Devaki 妃の第8子に化身すること[デーヴァキ妃の第8子にクリシュナが生まれ、ヘロデ王の首を刎ねると予言されていた]、そしてそのことがクリシュナの母に対するインドのヘロデ王の激怒をもたらすことを知らせ、その後、彼が鎮座する雲の上から —— 不可視の真の**マナサプットラ**[心象、即ち想いによって生まれた者]*Manasaputra* として —— 怪物ケシムを退治した〈アヴァター〉[神の化身]の偉業に喜び、クリシュナを誉め讃えている。ナーラダは此処彼処、至る所に現れるが、プラーナ伝承のどの一つとして、この肉体による出産に反対する偉大な敵対者の真の特徴的姿を与

えていない。これらヒンドゥ〈秘教主義〉に見られる特徴的姿はいずれも、ナーラダが ── トランスヒマラヤの〈秘教科学大系〉では、ペーシュ-フム Pesh-Hun、「〈天の御使い〉」、またギリシャの〈天使達〉と呼ばれ ── 〈カルマ〉と**〈第1ブッダ[アヂ仏]*Adi-Budh*〉**に関する宇宙的な法に唯一精通する者であり且つ実行者で、〈劫期〉の初めから終わりまで人類の出来事を導き指導する為に、行動し、絶えず化身するある種のロゴス神であることを示している。

「ペーシュ-フム」は特にヒンドゥ固有のものではなく、よく見られるありふれたものである。彼は、神秘的で教導的で知性的な勢力であり、周期や〈劫期〉や宇宙的な出来事に衝撃を与え、且つその勢いを調整する。(註36) 彼は、一般的な尺度では〈カルマ〉の見える形での清算者、即ちこのマンヴァンタラの偉大な英雄達に**霊感を鼓舞する者**、且つ彼らの指導者でもある。大衆的な作品では、彼ナーラダは幾つかのとても軽蔑された名前、例えば「カリ-カーラカ Kali-Kâraka」即ち**争議煽動者**、「カピ-ヴァークトラ Kapi-vaktra」即ち**猿顔**、更に「ピスナ Pisuna」即ち**諜報者**等のように記述されているが、それにも関わらず他ではデーヴァ-ブラフマーと呼ばれている。W・ジョーンズ卿でさえも、彼のサンスクリット語の〈研究〉で集めた資料から、この神秘的な人物像に対し強烈な印象を受けた。彼はペーシュ-フムをヘルメスやマーキュリーと比較し、彼を「表情豊かな神々の使い」と呼んでいる(『アジア探訪』、1巻264頁参照)。これら全ては、インド人達が、「彼が地上を永遠に彷徨し、適切な助言を与える」偉大な〈リシ〉で、彼に12人の〈メシア〉の1人を認めるという信仰の背景へと故ケニーリ Kenealy 博士 (『神の書』の著者)を導いた。彼の姿は、恐らく、一部の者が想像するように、彼が存在した事実の痕跡からそんなにかけ離れていなかった。

ナーラダが**実際に**何者であるかは、出版物では説明できないし、冒涜的である現代の人々はその情報からも多くを集められないだろう。しかし、もしヒンドゥの〈万神殿〉に、想いの「暗示」と彼の道具や生贄とする者等の心の「苦難」とによって試みるエホバと類似する神を挙げるならば、それがナーラダだ、と言っても良いだろう。後者によってのみ、天罰や、既述のように、「**私は**〈主なる神〉**である**」ことの臨在を求める口上を手に入れる如

(註36)　恐らくこれが、バガヴァッド・ギーターで、ブラフマーが、浮浪者、野蛮人達からなるムルッチャチャハス[異教徒のことで、ここではイスラム教徒]Mlechchhas さえをも含む全ての人々の誰もが、ヴァスデーヴァ vasudeva の本当の働きを知り、その〈神〉への信仰を学ぶだろうと最初にナーラダへ話した、と何故我々が伝えられるのかの理由である。

何なる欲望も存在しなくなる。加えて如何なる野望や自己的な動機から来るものもなく、真に宇宙の進歩と進化に奉仕し導くようになる。

ナーラダは、プラーナ伝承で一部の神々を除けば、希有な傑出した人物で、あの世や地獄、パーターラ Pâtâla[地下、海の下の場所を意味する]と呼ばれる地域を訪れている。いずれにせよ、それは千の頭を持つ蛇セーシャ Sesha との交わりに由来するもので、セーシャは、七つのパーターラと頭上に王冠として完成された世界を産み、更には偉大な天文学の教師であり(註37)、その知識のすべてを彼に学んだナーラダが、ガルガ Garga[インドの天文学の祖師]のグルより周期の複雑さに関する知識では勝っているのは確かである。彼こそが我々の進歩や国家の禍福のいずれにも責任を負う。彼こそが戦争をもたらし、そして終決させる。古いスタンザではペーシューフム Pesh-Hun は、訪れる未来の天文学的及び宇宙的周期の全てを計算し且つ記録し、満天の輝く星の最初の注視者に〈科学〉を教えたと信じられている。そしてアスラマヤこそが、彼のすべての天文学的業績をそれらの記録に基づいて行い、あらゆる過去の地質学的、宇宙的時代の期間や来るべきあらゆる周期の長さや現在の生命周期の終わり、または第7〈人種〉の終わりまでの期間を決定したと云われている。

〈秘密の書物〉の中に一つの著作があり、『未来の鏡』と呼ばれ、そこには〈劫期〉内の全ての〈劫期〉とセーシャの胸中、或いは無限の〈時〉の中の周期が記されている。この著作はペーシューフム・ナーラダ Pesh-Hun Narada の作であると云われている。多数の異なったアトランティス人によるもう一つの古い著作がある。この二つの〈記録〉こそが、我々に今の周期の年数や来るべき周期の年月計算の可能性を提示する。現在与えられる年代記区分は、それにも関わらず、後の頁で説明されるようにバラモンの年代記区分であり、その大部分はまたシークレット・ドクトリンの年代記区分でもある。

〈バラモン僧のイニシエイト達 Brabhmin Initiates〉の年代記とその計算法は、インドの〈黄道帯〉の記録と前述の天文学者且つ魔術師である ── アスラマヤの業績に基づいている。アトランティス人の黄道帯の記録に誤りは絶対ない、何故ならそれらは、他の物事と共に、初めて天文学を人類に

(註37) セーシャ Sesha は、秘教主義では、またアナンタ Ananta で、無限なるもの、そして「〈永遠〉の〈周期〉」であり、彼の天文学的知識を、最も古代のインド天文学者で、彼を慰め、そして直ちに惑星についての全てと天の予兆を読み取る方法を理解したガルガに与えたと信じられている。

教えた者等の指導の下で編纂されたから。

　しかし、此処で再び我々は、新たな難題に慎重且つ平然と直面することになる。我々の公式見解は、サンスクリット文献のあらゆる分野で(〈西洋〉の)大権威者と目される人物 ── ベルリンのアルブレクト・ウェーバーAlbrecht weber 教授 ── の名を借りて、**科学**によって否認されていると告げられることになるだろう。この事は、残念ながら、避けられないし、我々は今述べていることを継続するつもりだ。アスラマヤは、叙情詩的伝承がアーリヤヴァルタ Aryavarta の中で最も初期の天文学者と指摘する人物で、**個人的に** in propriâ personâ、「〈太陽〉−神が星の知識を伝えた」人物の１人であると、ウェーバー博士自身が述べているように、彼によって、ある種とても不思議な方法でだが、ギリシャの「プトレマイオス Ptolemaios」と同一人物であると認められている。この同一性の比定に対し、「この後者の名前(プトレマイオス)が、ピヤダシ Piyadasi の碑文から見て取れるように、インド人の『トゥラマヤ Turamaya』になり、それから『アスラマヤ』の名前がとても容易に派生した**だろう**」というこれ以上の根拠ある理由は与えられない。間違いなくそれは「**だろう**」であるが、肝腎な疑問は ── 名前がその様に**派生してきた**と云う他に、より優れた証拠は存在しないのか？ ── と云うことである。それが答えとなる唯一の明白な証拠だし、そうである**に違いない**が、「それ以後〈西洋〉でこの〈幻想マーヤー Maya〉が、ローマカープラ Romaka-pura［都市の名称］に厳格に割り当てられた」。(註38)その幻想マーヤーは、これ迄ヨーロッパ中のサンスクリット学者が、誰も、「ローマカープラ」の場所が何処にあるのか、「〈西洋〉の」何処かの場所という以外、実際、語ることが出来ないことは明白である。いずれにせよ、アジア〈社会〉の仲間でない者や〈西洋の東洋学者〉が〈バラモン的〉な教えをずっと聞くとしても、ヨーロッパの〈東洋学者達〉の異議を考慮することは無駄である。「ローマカプラ」は、《**アトランティス**》最後の大陸の実質的部分として残って以来、確かに「〈西洋〉」に存在した。それは確かにアトランティスと同一であり、アトランティスはヒンドゥのプラーナ伝承が、「偉大な魔術師であると同様に偉大な〈占星術師〉、〈天文学者〉でもあった」アスラマヤの生誕地に比定している場所でもある。更に、ウェーバー教授は、非常に古い時代の如何なるものをもインドの〈黄道帯〉に適用することを拒み、

（註38）　A・ウェーバー Weber 教授著、トルブナー Trübner のアジアシリーズ、『インド文学の講義』の 253 頁を参照。

「インド人はギリシャから〈黄道帯〉を拝借する」(註39)まで、黄道帯に関して全く何も知らなかったと考える傾向を懐いている。この発言はインドの古い伝承に於いて破綻しており、それ故無視されるべきである。(『黄道帯とその古さ』を参照) 我々がそれを無視するのはしごく当然で、何故なら、学識あるドイツ人教授の彼自身が、彼の著作(『サンスクリット文献の歴史』)の序で、「(インドに於ける)研究の妨げとなる自然の障害物に加えて、そこはいまだ、偏見の濃い霧や地上に覆いかぶさる先入観を持った意見やベールで包まれたものが広がっている」と述べている。そのベールに包まれたならば、ウェーバー博士が自身を無意識的な過失に導かざるを得ないのも驚くことではない。今は彼がより正しいことを知ることを望むことにしよう。

さて、アスラマヤが、現代の神話、マケドニア・ギリシャの時代に活躍した名士、或いは〈秘教科学者達〉によって主張されてきた人物として、見なされるべきであろうがなかろうが、いずれにせよ彼の年代計算はこれらの〈秘密の記録〉と完全に一致している。

アトランティス人天文学者の作で、〈南〉インドで発見された非常に古い著作の断片から、他でも言及したその暦は1884年と1885年に2人のとても学識豊かなバラモン(註40)によって編纂された。この成果は、最も優れたバラモン学者達 Pundits によって誤りがない —— バラモン的見地からだが —— と保証され、それは伝統的な教えの年代記区分とかけ離れた関係にある。もし我々が、その記述を、数年前に『ベールをとったイシス』で著したものや、幾人かの〈神智学徒達〉による出版物の断片的教えや、〈秘教科学〉の〈秘密の書物〉に由来する現在の資料と比較するならば、全てが完全に一致し、説明されない幾つかの細部が残る事が判るが、何故なら、より高い〈イニシエイション〉の秘密は —— 著者にも読者にも同様に不明で —— 啓示されるべきであろうが、その様なことは**不可能である**。(しかし、スタンザⅡの章末にある「バラモンの年代記」を参照)

(註39) ガテマラのマヤ・インディアンでさえもが、語ることも出来ぬ古代から〈黄道帯〉を保持していた。そして、「原住民があらゆる時代で時間や場所から影響を受けずに同じ様式で行動した」事をフランスの作家が観察している。
(註40) カリ・ユガ時代4986年に対応する「ティルカンダ暦 Tirukkanda Panchanga[タミル暦の一つ]」で、マドラスの有名な政府天文学者の息子チンタマニ・ラガナラチャリヤ Chintamany Raghanaracharya とタルタカマラ・ヴェンカタ・クリシュナ・ラオー Tartakamala Venkata Krishna Rao の2人。

スタンザ II 支援を受けぬ自然神は失敗する

(5) 厖大な時を経て〈地球〉は怪物達を生み出す。
(6) 「〈創造主方〉」は不快に思われる。
(7) 彼らは〈地球〉を乾燥させる。
(8) 形あるものは彼らによって滅ぼされる。
(9) 最初の大いなる潮流
(10) 外皮を持つことの始まり

5. 〈車輪〉は30クロール(年、3億年)(註1)以上もの間、廻った。その間にルーパ(形態)が形成された。柔らかな石は、硬く(鉱物に)なり、堅い草木は、柔軟(な植物)になった。見えざるものから見えるもの、虫や小さな生命(sarisripa, swapada)達へと。それらの形態が母(〈地球〉)を荒らした時にはいつでも、彼女(〈地球〉)はそれらを彼女の背中から振り払った(a)。3億年を経て、彼女は新しい環を始めた。彼女は、仰向けに、また横向きに……。彼女は、〈天〉の息子達を呼ぶことも、〈叡智〉の息子達に尋ねることもしなかった。彼女自身の胸中から創造した。彼女は凶暴で邪悪な人魚 Water-Man を成長させた(b)。

(a) この事は地軸の ── 数回起きた ── 傾きの変化に関係するし、結果として発生する〈地上〉の大洪水や混沌(だが原初の混沌とは比較できないもの)にも関係し、その状況の中で怪物や半人間や半獣が誕生させられた。我々はそのことが『死者の書』の中で記述されているのに気づくし、またクタの〈石版〉Cutha Tablet に刻まれたカルディア人の創造の話にも不完全ではあるが認めている。

それは寓話でさえもない。創造に関するカルディアの石版と同じように、ここで我々は**ポイマンドレス** Pymander の話に繰り返し現れる**事実**を見つける。その文は、ベロッソスによって伝えられたように、エウセビウスによって原形をとどめないほどに歪められた〈宇宙発生論〉で、恐らくほぼ検

(註1)　3億年、または〈3 秘教年〉。リグ・ベーダは同じ年代分類をしている。「Physician's Hymn(救済者への讃歌)」の中(第10, 97, 1)では、地球上に於いて「植物は神の前で3時代(3 ユガ)を過ごす」といわれている。(このスタンザの末尾の「バラモンの年代記」を参照)

証されているが、宇宙発生論の要点の一部は古代ギリシアの著述家 ── アポロドルスやアレクサンダー・ポリヒスター等々の残した断篇の中にいまだ見つけられるかもしれない。「恐ろしく、そして邪悪な人魚」、彼らは身体の機能だけの者として創造され、また「進化の衝動」の結果でもあったが、**人間を「王冠」**とし、〈地上〉のあらゆる動物生命の目的、ゴールとする初めての創造の試みは ── スタンザの中で失敗した事が示されている。我々は、異教徒の不条理の極みとして激しく非難されたベロッソス学派の〈宇宙発生論〉に、同様の事を認めないことなどあり得ようか？ そして、〈進化論者達〉の中の誰が、万物の始めに於いてそれらの生物が既に述べられているようには出現しなかったと言えるのだろうか？ またプラーナ伝承やエジプト及びカルディアの記録の断片や創世記の中でさえも主張されているように、〈地球〉上が現在の配置になる前には、地球が、地勢や大気の状態を変えながら、植物や動物や人間をもまた変化させた、二度或いはそれ以上の「創造」を行わなかったと言えるのか？ 我々のこの主張は、全ての古代の〈宇宙発生論〉だけでなく、現代科学や、そして簡明に表されたときには、ある程度進化論の理論とさえも合致する。

　もっとも初期の〈世界の宇宙発生論〉に於いては、いかなる「闇の創造物」も、また〈太陽−神〉によって征服された「〈邪悪な竜〉」も存在しない。アッカド人と同様に、大いなる〈深淵〉（〈水の深淵〉、或いは《**空間**》）は、エア Ea や〈叡智〉や不可知で無限の〈神〉の誕生の地であり、住まう処であった。しかしセム人や後のカルディア人によって、〈叡智〉の底知れぬ〈深奥〉は物質の全てや罪深い〈本質〉とされ、エアはアストラルの波の中で、ティアマト神［バビロニアの女神］やメロダク神 Merodach に殺害された竜やサタンに変容している。

　ヒンドゥのプラーナ伝承の中で、ブラフマー、即ち創造主は多くの失敗を経て後、**新しく de novo** 再び幾つかの創造物を造るということが認められるし、そして、二つの巨大な創造物(註2)は現在、パドゥマ［蓮］とヴァーラーハ［猪］として言及されているが、それは猪の姿に「ヴァーラーハ・アヴァター」として化身するブラフマーによって大地が水中から持ち上げられた時代のことである。創造は創造神のスポーツや楽しみ（遊技リーラー

（註2）　これら二つ［蓮と猪］を、各〈劫期〉の七つの創造や七つの区分と混同してはならない。（シークレット・ドクトリン第1巻の「七つの創造」を参照）ここでは**第1、第2の創造**を意味する。

Lîlâ) として現わされる。光の書ゾハルは、現われるとすぐに滅びる原始の世界について語っているし、同様のことをミドラシュ Midraish の中で、ユダヤ教ラビのアバフ Abahu が（創造の書、9 章で in Bereschith Rabba, Parsha IX）厳格に説明しているように、「〈聖なる一者〉」は現在の世界の創造に成功する前には、連続して多種多様な世界の創造と破壊を繰り返したと伝えられている。この事は空間内の他の世界だけでなく、「エドムの王達」についての寓話を持つ我々の地球の神秘についても言及していない。というのも、「それは、はなはだ良かった（This one pleases me）[日本聖書協会訳]」という言葉は、他の節とは異なった言葉の意味[創世記第 1 章の他の箇所では「神は見て、良しとされた」]であるが、創世記 1 章の 31 節の中で繰り返されている。〈くさび形文字〉で碑文に記されたカルディアの〈宇宙発生論〉の断片には、いたるところに動物と人間という二種類の異なった創造物が現われるが、最初の創造物は失敗であったため破壊された。〈宇宙発生論〉に関する幾つかの銘文は、この我々の実際の創造に先行する他の創造があったこと（『ヒッベルト講演会集 Hibbert Lectures』の 390 頁参照）を明らかにするし、そして『カッバラ』の著者によってゾハル、奥義書ゼニオウト Siphrah Dzenioute の中に、またヨーヴェ・ラバ Jovah Rabbah[偉大なヤハウェ]の 128a、等々に同じように示されている。カバラは同様のことを述べている。

（b）オアンネス Oannes（またはダゴン Dagon、カルディアの「〈魚頭人間 Man-fish〉」）神は、その〈宇宙発生論〉や創世記を二つの部分に分けている。最初の部分は、水と闇の深淵で、そこには多くの異形な生き物が住んでいた ── 有翼人間、四つ或いは二つの顔を持つ人間、双頭人類、山羊の足と角を持ったヒポセンタウルス（我々の言う「山羊人間達」）(註3)、人頭牛、

（註3） 思想的な出どころは何処からか？ 中国人も同じ伝承を持っている。注釈家の郭璞[かくはく；クッブー]Kwoh Poh によれば、山海経 Shan-Hai-King と呼ばれる『海と大地の驚異』という作品の中で、この作品は禹帝（B.C. 2255 年）によって作られた九つの鼎に彫られた刻印碑文から内史の終古[しゅうこ；チュンクー]Chung Ku によって書かれた作品であるが、一つの探訪記には前後の**頭部に異なった 2 つ顔を持つ**人間や山羊の体と人間の顔を持つ怪物等について記述されている。ゴールドは、彼の著作『神話上の怪物達』の 27 頁で、〈博物誌〉について数名の著作家の名前を挙げながら、山海経について言及している。郭璞（A. D. 276〜324）によれば、この作品は彼の時代の 3 千年前、あるいは 7 王朝を隔てた前の時代に編集されたものであった。明王朝（A. D.

魚尾を持つ犬などが。簡単にいえばそれらは多様な動物と人間、魚類、爬虫類、そして他の怪物的動物の体型や容貌を相互に帯びた組み合わせの結果である。彼らに内在する女性的要素は、最終的に男性原理ベラス Belus によって支配されるタラットゥ Thalatth ──〈海〉或いは「〈水〉」── によって人格をあたえられる。そして〈博識家〉は次のように言う、「ベラス Belus は女性をバラバラに切り離し、彼女の半分から〈大地〉を、残りの半分から天を創り、同時に彼女の中の動物達を滅ぼした」。I・マイヤーによって適確に記述されたように、「アッカド人にとってそれぞれの事物や〈自然〉の力は、ジー Zi、〈聖霊〉を伴うものであった。アッカド人は彼らの神々を三位一体に、通常は男性神達(むしろ性別の無いもの?)として体系化したし、セム人達も三位一体の神々を有していたが、神々に性別を持ち込んでいた」(246頁) ── 或いは男根崇拝を。アーリヤ人や初期のアッカド人にとっては、万物は創造主やロゴスによるのでなく、創造主やロゴスからの流出物であるし、セム人にとっては全てのものは**生まれた**のである。

6. 凶暴で邪悪な〈人魚 WATER-MAN〉を、彼女は彼女自身だけで創造した。他の(鉱物、植物、そして動物の)生き残りの中から、第1、第2、第3(〈環〉)の生き残りの中から、彼女は人魚達を形造った。ディヤーニがやって来て、それらを観た ……。ディヤーニは、輝く栄光の〈父-母〉から、純白(〈太陽〉-月)の世界から来た(註4)**。〈不死の人間〉が居住するところから。**(a)

(a)我々が手にしているスタンザで与えられた解説は、**クタ石版**の伝える創造の伝承が、たとえより完全なものでもあるとしても、それよりもはるかに詳細である。石版に保持されているものは、それにも関わらず、スタンザの解説を裏付けている。というのも、石版では、「〈天使達〉の〈主〉」が深淵で人間を滅ぼしているからで、その時、人間が殺戮された後には、

1368 建国)の楊慎[ようしん;ヤンサン] Yang Sun は、その作品が孔子[クゥンチャ] Kung Chia や終古(前述の人物)によって編纂されたと述べている。終古は夏 Hia 王朝の最後の桀帝の時代の人で、B.C. 1818 年、桀帝が古い時代のことを扱った書籍を焚書にするのではないかと恐れて、それらの書籍を携えて殷へと逃避した。(Ch・ゴールドの著作『神話上の怪物達』の 27 頁を参照のこと)
(註4) 〈神々〉と惑星〈霊達〉、特にリブ達[有能な者] Ribhus のこと。「3 人のリブ達[ヴェーダではインドラ、アグニ、ダイティヤ]」は、しかも彼らの天与の能力については、「数にして 7 の三倍」となる。

「遺体も何も残らなかった」とある。その後、彼ら〈大いなる神々〉は、荒野に暮らす鳥の体を持った人間、人間らしい存在の人間、「7人の王である人間、同じ家族の兄弟である人間」等を創造するが、それらの体は、人間の初期のエーテル体の運動する性質と関係があり、歩行と同様に飛翔もできた(註5)が、「**完璧**」でなかったため、言い換えれば、「エドムの〈王達〉のように性を持たなかった」ために、「滅ぼされた」。

　比喩や寓話を取り除いたならば、科学はこの最初の数々の種の創造の考えについてどのように言及するのであろうか？　それはさらに万能の〈天使達〉や〈聖霊達〉に対する異議となるであろうが、もしそれが自然の、そして地上に現在存在する万物の創造主である肉体的な進化の法則であるならば、何故、地球が水に覆われた時、そこで厖大な数の怪物的存在達が産み出された「あの深淵」が存在しないと言えるのだろうか？　それはいったい「人間」なのか、それとも人間の頭を持ち二つの顔がある動物なのか？　が異議の論旨でもあるのだが。しかし、もし人間が単により高次の動物であり、獣の種属から形態の無限の変容の連続によって進化して来たならば、なぜ〈自然〉の初期の創造の努力の中に、「失われた中間存在物」、たとえば動物の体に人間の頭のあるものや双頭のもの、**また反対に** vice versa 獣の頭を持つものなどの遺物が無いのであろうか？　我々は、地質年代の期間の爬虫類や哺乳類の時代に、鳥の翼を持ったトカゲや動物の体に蛇頭を持つもの(註6)を示されることが無いのであろうか？　そして、科学的立場からの主張によれば、現在の我々人間種族に於いてさえ、時折怪物の事例、即ち双頭の子供や動物の体に人頭を持つものや犬頭の赤ん坊、等々が生まれているではないか？と。そしてこの事は、もし自然が今でもまだ、長期間にわたる彼女による進化の作業の秩序に組み込まれているそのような奇形生物を産む役割を果たすならば、怪物達はベロッソスが記述したように、初期の進化プログラムに於ける可能性の一つであった事を明らかにするし、その可能性は、彼女が数々の種を選り分けそれらに定まった働きかけを始める前の、かつての古い時代には法則として存在したかもしれないし、その事は科学も認めるように、《先祖返り》の公然たる事実に基づく明白な証拠として認められている。

（註5）　プラトンの「有翼〈人種〉」を思い出すように、そして**ポポル・ヴォー** *Popol-Vuh* の記述によれば、第1人種は歩行と飛翔ができ、いかに距離があろうとも対象物を観ることができた。

（註6）　チャールズ・ゴールドの著作、『神話上の怪物達』を参照のこと。

これこそがシークレット・ドクトリンが教え、そして多くの証拠によって示そうとしていることである。しかし、我々は教条的な神学だけでなく物質的な科学の承認を待つつもりもなく、スタンザを先に進める。さあ〈註解集〉や説明が照らし出す光の助けによって、それらのことについて論じていこう。これらの疑問に関する科学的な見方は後で考察されるだろう。

そのように物質的自然が、動物と人間の創造を彼女自身に委ねた時には、失敗したことは明らかである。彼女は最初の二つの界とより低い動物界を創出することはできるが、人間の変化する時がやって来るようになると、霊的な力、独立した力、そして知性の力、さらに「皮膚の覆い」と「動物〈生命〉が持つ〈呼吸〉」を人間の創造に要求されるようになる。いかなる「フランケンシュタイン」的動物(註7)よりも劣ったままの状態でいるという罰の下で、〈幾つかの環〉に先んじて、人間のモナドは自分の個性を創る素材と

(註7) M・ド・カトルファージュ Quatrefages によって最近出版された『人類民族のエチュード入門』の第1巻には、地質年代の第三紀後、或いはその前の時代 ── 〈地球〉上に沢山の〈種族〉が既に広がった後の時代 ── から人間は肉体の構造上わずかな変化さえもしていないという証拠が示されている。そして仮に、一つの期間あるいは周期から次の期間や周期にかけて、死に絶えたり他の形態に生まれ変わって変化する動物相に、幾つもの時代にわたって取り囲まれていたとしても ── 死や形態の変化故に、その時代に人間と同時に生存していた動物は、大小に関わらず、今では一つの動物としてさえ〈地上〉に存在しない ── また、もし更にすべての動物が人間自身を除き変化しているならば、この事実は人類の歴史の古さだけでなく、人類が動物とは**異なる〈界〉**であることを立証することになる。何故人類だけが形態や機能の変化から取り残されたのか？ その理由は、カトルファージュが述べるように、自然や絶えず変化する地勢の状況、そして気候に適応するために人間が使う道具は、動物の場合と同じように「彼の**精神力**であり、**身体の強さや肉体**」ではない。人間にそのような一服の薬ほどの知性と他の哺乳類にも与えられている判断力を与えるならば、現在の肉体器官によって人間は自身が〈地上〉の生き物の中で最も無力な事を示すことになるであろう。そして全てのことが、**人間の有機体がその特徴や特異性や精神的気質と共に、現在生存する哺乳類の化石標本がまだ一つも存在しなかった遙か昔の地質年代的な諸時代の〈地球〉上に既に存在していた**ことを立証する時、必然的結論は何か？ これは何故なのか？ 全ての人間の人種は一つであり、同じ種であるから、必然的にこの人類種は今生存している哺乳類の全ての中でも最も古いものと云うことになる。従って、人類は、全ての中で最も安定し持続するものであり、現在知られているあらゆる他の哺乳類が、この〈地上〉に最初の出現さえしていなかった時でも、今のように既に十分発達していた。これらはダーウィニズムに恐るべき一撃を与えている偉大なフランスの〈動物学者〉の意見である。

して使うための純粋な物質的素材よりも更になにがしか高級なものを必要とする。

7. 大いに彼らは落胆した。我々の纏う肉体がそこにはない（と彼らは言った）。我々第5の兄弟達にとって相応しい形体がまったくないと。生き物達の住むところがないと(註8)**。澱んでいない、澄んだ水を彼らは飲むべきだ**(a)**。さあ彼ら（水）をぬぐい取ろう。**

(a) 〈問答集(〈註解書〉)〉に云う、

「新しいマンヴァンタラで人間の肉体を調整する者達は物質〈世界〉から降りてきた。彼らはより下位のラッ方(〈聖霊達 Spirits〉)であり、二重の体(エーテル形態の中にアストラル体)を所持している。彼らは我々の幻身 body of illusion の調整者であり創造者である」。……

「ラッ方(ピトリ達)によって影を吹き込まれた形態の中へ、二つの文字(また『〈二重性を持つ竜〉』とも呼ばれたモナド)(註9)が予定の天体(註10)から天降った。しかし、彼らはあたかも支えるべき壁も柱も無い屋根のようである」。……

「人間が、地上で一人の存在になるためには、四つの炎のような光輝と三つの火を必要とし、そして完全となるために本質的な49の火(註11)が必要である。より〈高次の天界〉や〈意志の神々〉(註12)を放棄し、幻影的な人

(註8) 〈第3環〉に於けるモナド達の人間としての姿は大きな猿のようなものであった。
(註9) 秘教体系では人間の中の7本質は7文字によって象徴される。最初の2文字は、テトラグラマトンと呼ばれる4文字以上に更に神聖なものである。
(註10) 中間の天体で、そこではニルヴァーナ[涅槃]に達しないモナド達がマンヴァンタラの期間中、無意識的な不活発の中に微睡んでいると言われている。
(註11) 既に他の処で説明した。「〈三つの火〉」は、パーヴァカ Pavaka、パヴァマーナ Pavamâna、シュチ Suchi であり、彼らには45人の息子が有り、彼らの三人の父と彼等の〈父なるアグニ神〉とともに49の火を構成する。パヴァマーナ(摩擦によって生じる火)はアスラの火の親[起源]であり、シュチ(〈太陽〉の火)は神々の火の親であり、パーヴァカ Pavaka(電火)はピトリ達の火の父である(『ヴァーユ・プラーナ』、参照)。しかし、この事は物質界、そして地球上の事についての解説である。輝く炎は微かで、期間的なものにすぎないし、その火は ── 彼らの三つ組みでは永久である。彼らは**四つの低次のもの**と、**三つの高次**の人間の本質に対応する。

間 Manu を完成するのは彼らである。というのも、『〈二重性を持つ竜〉』は単なる形態さえも保持しないから。それは、受け入れたり寄り添うべき幹や枝を持たないそよ風のようである。それは、伝達の手段（マナス、「〈思考〉」）が無いため形態に影響を与えられないし、また形態もそれの存在を知らない」。

「最も高次の世界に於いては、三つは一つ(註13)であり、地上に於いては（最初に）一つが二つになる。それらは、底辺 —— それは第3の火 —— を失った三角形の（斜めの）2本の線のようである」（〈問答集〉第3巻9章）

さて、更にこの話題を進める前に少し説明が必要である。特にアーリヤ・インドの同胞のためには —— 彼らの秘教的解釈は我々の解釈とは異なっているかも知れないが —— 彼ら自身の秘教的な書物、即ちプラーナ伝承のある章節によって、我々が既に述べて来たことを彼らに説明しなければならないだろう。寓話の最後の方で、ブラフマーは、〈世界〉の集合的な創造〈力〉であるのだが、「ユガ（周期）の始まりから存在し……**創造の大望と力を所有し、そして創造されるものに潜む潜在力によって推し進められ、劫期の初めより、彼は繰り返し同様の創造を前進させた**」（『ヴィシュヌ・プラーナ』、1巻5章、章末の〈偈文〉、及び『マヌ法典 Manava Dharma Shastra』、1章30条を参照）と述べられている。ここで、ヴィシュヌ・プラーナの秘教的な記述を精査し、そして我々の秘教的なものとどれくらいの一致、不一致が有るのか検証することを提案する。

秘教的な聖典に於ける神々の天地創造

ヴィシュヌ・プラーナ —— これはプラーナと呼ばれる全ての聖典群の中で確かに最も初期のもの —— の中に我々は、他のあらゆる聖典も同様であるが、ブラフマーが創造の目的の為に、「**三つの高級性質**(註14)**を帯びた四つの体**」を男性〈神〉として纏っているのに気づく。ヴィシュヌ・プラー

(註12) スラ達のことで、後に彼らはアスラ達になる。
(註13) アートマ、ブッディ、マナスのこと。〈天国〉においてマナスの高次の要素は、分離した**モナッド**に対する知覚と意識の状態を保つことを要求される。
(註14) これは、**秘教体系**に於いて、人間の中にも同様の序列が観られるように、顕現したブラフマー、宇宙の7本質と直接の関係がある。秘教的には4本質だけである。

ナに曰く、「このように弟子マイトレーヤよ、**ジョーッツナ** *Jyotsna*(夜明け)、**ラートゥリ** *Râtri*(夜)、**アハン** *Ahan*(昼)、**サンディヤー** *Sandhyâ*(黄昏)は、ブラフマーの四つの体である」と ……(ウィルソン訳、第1巻81頁)。パラーシャラ *Parasâra* が説明するように、ブラフマーが新たに世界を創造したいと、また彼の**意思**を通じて継承者を組み立てたいと望んだ時、神々(ディヤーニ・チョーハン達)やデーモン達(註15)(より物質的なデーヴァ達)や祖先達(ピトリ達)や人間達と呼ばれる四つの状態(或いは生命の4段階)に於いて、「ブラフマーはヨーガのように(ユユジェ *Yúyujè*[*yujè*がヨーガ、*Yú*は「ように」を意味する])彼の思考を集中する」と。

　奇妙にも、彼は天使達や神々に先立ち、〈**悪魔デーモン達**〉の創造から始める。この事は不適当でもないし、矛盾するものでもなく、残りの全てのもののように、深い秘教的な意味を持つし、キリスト教神学の偏見から自由な人には全く明白である。彼は、心に第1の《**大いなるもの M AHAT**》或いは〈叡智〉、〈宇宙精神〉(文字通り「巨大なもの」)を持ち、それらは秘教哲学が「〈全知全能の神〉の顕現」と説明するもので、── ヴィシュヌ・プラーナの記述によれば、それはプラダーナ(根元物質)の「最初の生産物」であるが、しかし秘教科学の教えるところによれば、それはパラブラフマンや秘教的な〈**サット**[「それ」と呼ばれる]SAT〉や〈宇宙魂〉(註16)の第1〈宇宙〉相で ── 自己意識の根元であり、何故という理由を理解するものであろう。いわゆる「〈デーモン達〉」は ── (秘教的には)〈自我〉-主張をするもので、(知性的には)活動〈原理〉で ── いわば、**創造の積極的な極**で、それ故に最初に創られた。この事はプラーナ伝承の中で寓話的に語られているプロセスで簡単に触れられている。

　「思いをそれ自身と遍く広がるブラフマーの仮の体である闇の資質に集中する中で、アスラ達は、ブラフマーの股(もも)から誕生し、最初に産み出されたもので、その後、この体は放棄され、〈夜〉となった」。(第II部、「堕天使」の章を参照)

(註15)　デーモンと言う言葉はとても広義な使われ方をし、特に、多くのより低位 ── 例えば、より物質的 ── な〈霊達〉や或いは下級の〈神々〉に使われる時にで、彼らは高次の霊や神々と「争う」ことからそのように呼ばれるが、しかしデヴィル(悪魔)ではない。
(註16)　人間における本質と同一の序列 ── **アートマ**(〈霊〉)、**ブッディ**(〈魂〉)、その乗り物で、〈物質〉が〈霊〉の**ヴァハン**[媒体、乗り物]*Vahan* である様に、そしてマナス(精神)が第3、あるいは小宇宙[人間]的には第5となる。**個性の現れる界層**は、マナスが最初である。

この中には二つの重要な点が含まれている ── (a)第１にリグ・ヴェーダでは、「アスラ達」は**聖霊的な天界の存在**として描写され、そして彼らの名前の語源は**アス** *asu*(呼吸)、「〈神〉の〈息〉」に由来し、それらは〈至高の聖霊〉、或いはゾロアスター教の**アフラ** *Ahura* と同じ意味である。後に、神学と教義の為に、彼らはブラフマーの股から誕生したと描写され、そして彼らの呼称は、欠陥者、そして**スラ**、即ち神(太陽の神々)に、或いは**神でないもの**と言う意味に由来するようになり、やがて神々の敵対者になった。あらゆる古代の神統系譜学では例外なく ── アーリヤ人からエジプト人、更にあのヘシオドスに至るまで ── 〈宇宙発生〉の進化の順序として〈昼〉の前に〈夜〉を置き、**創世記**でさえも、「**第１日**」の前に「闇が深淵の面をおおえり」と記すところである。この理由はあらゆる〈宇宙創造論〉が ── シークレット・ドクトリンを除いて ──「〈第２の創造〉」と呼ばれる出来事から始まるからで、**顕現した**〈宇宙〉の創世記に於いては、その神秘性が詮索好きな冒涜者の有限な観念や知性にとって永遠に「〈闇〉」のままであるに違いない〈**第１の創造**〉の永遠の〈光〉と、顕現した見える自然の〈**第２の進化**〉との相違を記述することから開始するべきである。ヴェーダは我々の〈東洋学者達〉によって、これまで正確に解説されたことのない哲学全体のそのような区分を含んでいる、何故ならそれが彼らによって**理解されたことが無い**からである。

　創造を続けながら、ブラフマーは他の顕現体、即ち〈昼〉を一時的に纏い、彼の息から、善(受動性)の性質を与えられた神々(註17)を創造する。彼の次の顕現体では、大いなる受動、それはまた(消極的な)善でもある性質が遍く行きわたり、そしてそのような人物の脇腹から人間の祖先であるピトリ達が生まれたが、何故なら、本文で説明しているように、「ブラフマーが世界の父として(進展の期間中)自己想起[自在な存在]状態になったからである」。(註18) これが**クリヤ-シャクティ** ── 他でも説明されているように神秘的な〈ヨーガ〉の力 ── である。脱ぎ捨てられたブラフマーのこの

(註17)　その事は、〈註釈書〉に、「昼に神々は最も強力になり、夜にはデーモン達がそうなる」と述べられており、純粋に寓話的である。
(註18)　これ、あれ、或いは他のものに対するこの様な**自己想起**[自在な存在]は、あらゆる種類の精神的な産出物だけでなく、物理的な現象に於いてさえも主要な要素である。「誰でもこの山に向かい、汝を移動し海に投げ入れると言うべし、そしてその事を疑ってはならない …… その事はやがて起こってくるだろう」という言葉は空虚なものではない。「信念」と言う言葉は、ただ〈**意思**〉に基づくとのみ解釈されるべきである。〈意思〉無き信念は、風の凪いだ時の風車の様であり ── 不毛の結果となる。

顕現体は、昼と夜の境界である**サンディヤー** *Sandhya*(黄昏)となった。

最後にブラフマーは**穢れた性質**に遍く満たされた最後の顕現体を纏ったが、「この顕現体から、穢れと激しい感情が優勢な〈人間〉が創られた」。脱ぎ捨てられたブラフマーのこの顕現体は、夜明け或いは暁 —— 即ち〈人間性〉の微かな光りとなった。ここではブラフマーは秘教的には**ピトリ達**を象徴する。彼は集団的なピタル Ptar、「父祖」である。

この寓話の真の秘教的な意味が今こそ解説されるべきである。ブラフマーは、ここでは〈世界〉と〈人間〉 —— その数限りない産出物、動く物や動かない(様に思える)物の全てである宇宙 —— の集合的な創造者である１人の個人として象徴的に語られている。(註 19) 彼は集団的な造物主プラジャーパティ、〈神〉なる〈主方〉Lords of Being であり、そして四種の顕現体は、第Ⅰ巻のスタンザⅦに直接的に補足説明されている〈註解書〉に記述されているように、創造的な力の四階層、或いはディヤーニ・チョーハンの特徴を表す。それに由来する、この世界の善悪のいわゆる「〈創造〉」に関する全ての哲学やマンヴァンタラの結果に基づく全ての周期については、これらブラフマーの〈四種〉の顕現体についての正確な理解次第である。

読者には、以下に述べられる事実や秘教的な意味を理解する現時点での準備となるだろう。さらに、より明確にするための重要な点がある。キリスト教神学は、〈堕天使群〉と共にサタンが最も初期の創造物に属し、サタンそのものが最初の創造物で、〈神の大天使達〉の中で最も賢く美しく、言葉が与えられ、主音が打ち鳴らされたと恣意的に決め、それを認めている。それ以降、全ての**異教**の聖典は、同様の意味を産み出すために創られ、そして全ては悪魔的に表現され、さらに**真実と事実**はキリスト教に属し、且つキリスト教からのみ始まったと主張**されたし**、また現在も**されている**。〈東洋学者〉や〈神話学者〉でさえ、彼らの一部は全くキリスト教徒でなく無神論者であり、また科学の人であるが、無意識のうちに、更に社会通念や慣習という単なる力によって、彼ら自身を神学上の慣例的な概念にはめこんでしまう。純粋にブラフマ的な沈思黙考は、力や野望への貪欲さによるものとしても、偉大な真実に無知な状態にとどまる一般大衆に認められたし、そして同様の原因が〈イニシエイト達〉を、沈黙を保持する原始キリスト教徒へと導いたが、一方で、決して真実を理解しない人々は、秘教的な

(註 19)　同様の考えが、**創世記**の最初の４章の、彼らの「〈主〉」や「〈神〉」、即ち**エロヒム**や〈両性具有者〉の**エローハ**と云う表現に、見られる。

形式による「〈天使群〉」の階級を区別する際に、その序列をだいなしにした。その結果、**アスラ達**が、一般的な教義の中で、高位の神々と争い、反逆する低位の神々となったのと同様に、その最高位の大天使は、本当はアガトデーモン Agathodæmon で、最も年上の慈悲深いロゴスであるが、神学では「〈反逆者〉」或いは**サタン**となった。しかし、この事はどの古い〈聖典〉の正確な解釈によって明らかにされるのか？

　その答えは、**おそらくはっきりしない**である。**ゼンダヴェスタ** *Zend-Avesta*、**ヴェンディダード** *Vendidad* やその他のゾロアスター教〈聖典〉が、ヒンドゥ万神殿の中で神々に巧妙に混ぜ合わされている事が、近年、指摘され、そしてまた明らかにされ、[ゾロアスター教の]《**アフラ AHURA**》を通して**アスラ**の神学上の正当な位置付けが再構築されているのと同様に、カルディアの石版に関する最近の発見は神の第1〈外流〉という呼称が適切な名称であること支持している。これは簡単に立証される。キリスト教の〈天使論〉は、直接的または単に、その教義をバビロニアから引き継いだあのパリサイ派 Pharisees の者等に由来する。サドカイ派 Sadducees は、モーセの〈律法〉の真の守護者だが、人間の〈魂〉（人格を持たない〈霊〉ではないもの）の不死性にさえにも反対して、いかなる天使も認めなかったし、また受け入れなかった。聖書で語られている唯一の「〈天使達〉」は、創世記の第6章で記述された「〈神〉の〈息子達〉」（ネフィリム *Nephilim*、〈堕天使群〉と見なされている者）であり、その中の数名の天使は人間の姿をし、ユダヤの〈神〉の「〈御使い〉」であり、彼ら自身の冠位についてはこれまで与えられてきたものより、より詳しい分析・解釈が必要である。(既述のスタンザ I、2節、3節、以降参照。そこには、初期のアッカド人が**イア** *Ea*、〈叡智〉と呼んだものが、後のカルディア人やセム人によって、**ティズマット** *Tismat*、ティザレット *Tisalat*、そしてベロッソスの云う〈タラス〉the Thallath of Berosus、女性の〈海の龍神 Sea Doragon〉、今はサタンというように混同されてきたことが示されている。)まことに ── 「なんと（人の手より）貶められたことか、おお！　汝ら、輝く星、暁の息子よ！」である。

　さて、アッシリア石版の断片に基づいた、バビロニアの〈創造〉の記録は、まさにそれらの記録の上にパリサイ派が彼らの天使論を築いたわけだが、いったい何を我々に伝えているのか？　だが、G・スミス氏の『アッシリアの発見』、398頁と彼の『カルディアの創世記の記録』、107頁を比較して見ると、その「**7人の邪悪な神々**、或いは〈霊達〉の物語を持つ〈石版〉」は以下の様に記されている。── 重要な語句文節はイタリック［強調文字］

で記す ──
　　第1石片．**最初の時代**の邪悪な〈神々〉は、
　　第2石片．**反逆した天使達**で、彼らは**低位天界**で、
　　第3石片．**創造してきたが、**
　　第4石片．彼らは悪業を引き起こした
　　第5石片．邪悪な頭で計画しながら ……　等である。
　　　　［第1石片から第5石片は一つながりの文］
　この様に、我々は破壊されずに残っていた断片により、そこには疑わしい解釈はあり得ず、「**反逆の天使達**」は**低位天界**で創造にたづさわっていて、言い換えれば、彼らは低位天界に属し、そしてまさに**進化の中の物質界層**に属しており、そこは、我々が感覚で認識し得る界層では無いため、普通、我々には見えない状態であると、前述の如く主観的に見なされている事が、可能な限り明瞭に示されている。仮にもグノーシス主義者たちが、この後、この我々の可視世界、特に地球が、**より下級**の天使達、下位のエロヒムによって、彼らが教えていたように、イスラエルの神はその中の一人だが、創造されてきたと断言することで、大いに誤ったとしてもである。これらグノーシス主義者たちは、やがて〈古代の秘経シークレット・ドクトリン〉の記録により近づくことになったし、そしてそれ故に、数百年後には語ったことを再構築し、**訂正すべき**自らの責任を負ったいまだイニシエイトでないキリスト教徒達以上に、良く知ることを許されるべきである。とにかく、同じ石版が伝えている事を更に見てみよう。──
　　第7石片．彼ら（邪悪な神々）の中に7人の者がいた。……（それから、
　　　　　　次の記述が続いている、即ち第4の存在としての「蛇」は、人間
　　　　　　の〈進化〉に於いて、**第4**〈人種〉の男根崇拝の象徴となる）
　　第15石片．彼らのうち7人は、彼らの王、アヌ Anu〈神〉の使者である。

　さて、アヌはカルディア人の三位一体に属し、一面に於いてはシン Sin、「〈月〉」と同一である。また〈月〉は、ヘブライ人のカバラでは全ての物質的生命の種子であるアルガ Argha であり、依然としてより緊密な関係を、カバラ的には、アヌと同じく両性具有であるヤハウェイと、持っている。彼らは〈秘教体系〉の中で、二重の様相、即ち、男性或いは精神性、女性或いは物質性、〈霊〉と〈物質〉など二つの対立する原理として共に表現され、且つ観られている。このため「アヌの〈使者〉」（シン Sin、即ち〈月〉」）は、ベル Bel（〈太陽神〉）やイシュタル Ishtar（金星神）の助けを受けた同じシンによってついには圧倒されることが、第28石片から第41石片に描写されている。

この事はアッシリア学者達に間違いと見なされているが、秘教の教えでは単なる**形而上学**であるとされる。

　そこには一つの解釈以上のものがある、何故なら、そこには〈堕落〉の謎を解く七つの鍵が存在する。〈神学〉では更に、二つの「〈堕落〉」があり、〈大天使達〉の反乱と彼らの「〈墜落〉」、そしてアダムとイヴの原罪としての「〈堕落〉」である。かくして高位と同様に低位のハイラーキーは想像しうる罪に対し責任がある。「想像しうる」という言葉は正しく且つ正確な用語で、というのも両方の場合とも誤った概念に基づいているからである。〈秘教科学大系〉では、両方ともカルマ的な影響として考えられているし、また両方とも〈進化〉の法則、即ち、一方は知性的且つ霊的であり、他方は肉体的且つ精神的なものに属している。「〈堕落〉」は世界的な寓話の一つである。それは、〈進化〉段階の一つの終わりに「反逆」、言い換えれば、物質との統合を求めながら、その様々な階層で知性と意識の分化をなす行為を、そして他方では、より低い段階の終わりに於ける〈霊〉に対する物質の反逆や霊的な微睡みに対する行動の反逆を、説明する。更に、ここにこそ1,800年以上にわたって文明社会の知性的な面に、あのように悲惨な結果をもたらした間違いの胚種が横たわっている。元の寓話では、それは物質的 ── 即ちより物質的な天使達 ── で、この階層に「落ちてきた」〈霊〉や〈大天使達〉からなる征服者と考えられていた。「炎の剣」(或いは動物の激情)を持つ彼らは、〈暗闇〉の〈霊達〉を敗走させた」。しかも、〈地上〉で至高の意識や天の霊性を求めて奮闘し、物質の力に屈して失敗したのは後者暗闇の霊達である。しかし、神学の教義では逆になっているのが判る。「〈神〉のような存在で」、ヤハウェイの代理人、天軍の指導者で ── ミルトン[『失楽園』の著者]のお気に入りのルシファーが地獄の軍団の指導者であるように ── サタンの最高指導者である者、それがミカエルである。ミカエルの特徴が〈創造主〉や〈大師〉に依存するのは事実である。誰が後者であるかは、天文学の鍵を持って、注意深く〈天界〉の〈戦い〉の寓話を研究すれば、人は見破れるかも知れない。ベントレー Bentley によって示されたように、ヘシオドスによる「神々に対するティターン達の〈戦い〉」とプラーナ伝承の伝説によるデーヴァ達に対するアスラ達(或いはターラカーマーヤ Târakâmaya)の戦いもまた、名称を除けば皆同じである。星の占星術的なアスペクト(ベントレーは、そのような合 conjunction[星が重なる、或いは一つの宮に集中すること]が起こった直近の日付として紀元前945年を採用している)は、「土星サターンを除き、全ての惑星が、〈太陽〉や〈月〉と同

じ天側にあって」、それ故、土星サターンの敵対者達であった事を示している。それにも関わらず、サターンとユダヤの〈月の神〉はどちらも理解されないまま、ヘシオドスとモーセによって両方とも広く知れ渡っているのが見られる。この様にして本当の意味は曲解されるようになった。

スタンザ II ── 続き

8. 炎の主方が到来した。閃光する火、それは夜の火と昼の火の主方(*a*)。彼らは濁って暗い水を乾かした。火の熱でそれらを消し去った。高位のラッ(霊)方 LHAS と低位のラマイン LHAMAYIN（霊達）が到来した(*b*)。彼らは、二つ、或いは四つの顔を持つ形体の生き物を滅亡させた。彼らは山羊人間や犬頭人間、そして魚の体を持つ半魚人と戦った。

(*a*) 「〈炎達〉」は、ヘブライの〈神学〉によれば、たとえ同一ではないとしても、「〈全能なる主〉の〈玉座〉」に臨席したとイザヤ書に記述された「燃える」妖精**サラフィ** *Saraph*（セラフィム Seraphim）に匹敵するハイラーキーの〈霊〉の一集団である。メラ Melha は「〈炎達〉」の〈主〉である。〈地上〉に彼が現れた時、仏陀の人格を身に帯びられたと、よく知れわたった伝説に云われている。彼は最も古く且つ崇敬されるラッ方のお1人、即ち1人の〈仏教徒〉としての聖ミカエルである。

(*b*) 「〈下の Below〉」という言葉を地獄を意味すると取ってはならず、単に霊的なもの、或いはむしろエーテル的で、地球により近い事から、より低い段階の〈存在〉、または我々の天体地球よりも一段階高い天体を意味すると理解すべきであるが、一方で、ラッは最も高次の〈天体〉の〈霊達〉であり ── そこからチベットの首都の名前、**ラッサ** *Lhassa* は由来する。

〈地上〉の生命の進化に対する純粋に肉体的な性質や属性の記述に加えて、この偈文シュローカに結びつけられた別の寓話的意味、或いは実際に教えられている幾つかの寓話的意味があると言ってもよい。〈**炎達**〉、または「**火達**」は、〈霊〉、男性要素で、「〈水〉」、物質は、反対の要素を表現している。そしてここで再び我々は、〈霊〉による全く物質的な形態の破壊行為について、物質界層と精神界層上の〈霊〉と〈物質〉の永遠の戦いの関係を、科

学による宇宙的な事実に加えて、見いだすのである。その理由は、次の文節で述べられている ──

9. 母なる水、大いなる海は嘆き悲しんだ。彼女は隆起し、そして彼女を持ち上げ、彼女を誕生させた〈月〉に消え去った(a)。

(a) さて、これは何を意味しうるのであろうか？ それは、我々の惑星の第4〈環〉に於ける歴史の初期の舞台での潮の干満的な活動に明白に関係が無いのであろうか？ 現代の探求は古生代の生物絶頂期に関する思索に近ごろは忙しい。ダーウィン氏の理論によれば、少なくとも5,200万年以上前 ── おそらくそれ以上前 ── に、〈月〉は〈地球〉の柔らかな質量からそれを起源として誕生した。ヘルムホルツ Helmholtz、フェレル Ferrel、ウィリアム・トムソン卿や他の人々によってやり残された探求という視点から開始して、彼は地球の自転運動の潮汐的な減速の軌跡を、まさに遙か夜の時代にまで遡ってたどり、そして我々の惑星の揺籃期に於ける〈月〉の位置を「現在の距離との僅かな差異」だけで位置づけた。要するに、彼の理論は〈月〉が〈地球〉から分離したものであるということであった。潮汐的な上昇は地球の球体質量の揺動と同時に起こり ── 遠心力的な傾向はやがてほぼ重力と等しくなり ── 後者の重力は圧倒され、そして潮汐的に上昇する塊はそのようにして〈地球〉から完全に分離したのであろう。(註20)

〈秘教科学〉の教えではこの逆である。〈月〉は〈地球〉より遙かに古く、第I巻に説明されているように、如何に天文学者や地質学者がその事実を説明しようとも、その存在を前者[月]に負っているのは後者[地球]である。それゆえに、〈月〉にとって潮の干満や引力などは、〈地球〉の液体部分に見られるように、その親に向かって上昇する事に絶えず抗っている。これが、「〈母なる水〉は隆起し、そして彼女を持ち上げ、彼女を誕生させた〈月〉に消え去った」、という文章の意味である。

10. 彼ら(ルーパ達)が滅ぼされた時、〈母なる地球〉は、裸のままであって(註21)**、彼女は乾かされることを求めた**(a)。(註22)

(註20) しかし、この理論に反対する様々な地質学者の著作で、後に困難だと示唆されたことを認識せよ。R・S・ブル卿による『ネイチャー』(1881年12月1日)の記事、そしてアメリカの地質学者の語ることもまた比較せよ。

(a) 外皮を持つ時が到来した。水は分かれてプロセスが始められた。それは新しい生命の始まりであった。これは一つの鍵が我々に開示することである。もう一つの鍵は、〈水〉の起源と〈火〉（火が火を呼び寄せる流体状の火[プラズマ]）(註23)との混合を教えており、そして二つの子孫 ── 鉱物や土壌のような固体 ── についての錬金術的な記述に踏み込んでいる。「〈空間〉の〈水〉」から、男性的な〈霊火〉と女性的（ガス状）な〈水〉の子孫が〈地上〉に〈海洋〉として拡大した。ヴァルナ[天則の守護者]Varuna は無限の〈空間〉から、有限の〈海洋〉をネプチューンとして支配するために引きずり降ろされている。通例として、一般に流布する空想は、正確に科学的な根拠に基づいていることが認められる。

　〈水〉はあらゆる処で女性的要素の象徴であり、母 mater は、文字 M の起源で、水の象徴文字で絵画的な図形 ИМ に由来する。それは世界的な原型、或いは「〈大いなる深淵〉」である。ヴィーナスは、偉大なる〈無垢の母〉で、〈海の波〉から現れ、キューピッド或いはエロスは彼女の息子である。しかし、ヴィーナスは、ガイア Gaia（或いは Gæa）、〈地球〉に関する近年の神話学上での変化した姿であり、どちらもその高次の様相は〈自然の女神 Nature[造物主]〉（根本物質プラクリティ）で、比喩的にはアディティ Aditi で、更にプラクリティの根源物質、或いはその本質である始原物質ムーラプラクリティでさえある。

　それゆえ、キューピッド、或いは〈愛の神〉は語源的意味として、エロス、〈神の意思〉、或いは見える創造物を通して自らを顕現したいという〈欲望〉である。それから、エロスの原型であるフォーハト Fohat は、〈地上〉では偉大な力である「〈生命電気〉」や「〈生命の付与者〉」である〈霊〉となる。ギリシャの〈神統系譜学〉を思い出し、その哲学の精神に分け入ってみよう。我々はギリシャ人達（『イーリアス Iliad』の IV、201 頁、246 頁参照）によっ

（註21）　これら原初の怪物達を誕生させた女神達は、ベロッソスの記述によれば、タラス Thallath で、ギリシャではタラッサ Thalassa と呼ばれ、「〈海〉」のことであった。
（註22）　比較のために、ベロッソス（博識家アレクサンドロスの著述）による創造の記述と初期の創造の〈深淵〉で二重の原理（〈大地〉と〈水〉）から生まれた恐るべき生き物を参照せよ。それらは、〈劫期〉の初めにブラフマーによって創造されたネラス Neras（ケンタウルス Centaurus ことで、前後の馬の脚と人間の体を持つ人達）とキムナラ[常闇に住む者]達 Kimnaras（馬頭の人間達）である。
（註23）　続く偈文 18 の〈註解書〉を参照せよ。

て、神々も含めて森羅万象はその存在をオーケアノス[海洋]神 Ocean とその妻テテュス Tethys、即ちガイア、〈地球〉、或いは〈自然神〉に負うて居ると教えられている。しかし**オーケアノス神**とは何者か？　オーケアノス神は計り知れない〈空間〉（〈混沌〉の中の〈霊〉）で、それは神（第Ⅰ巻参照）であり、そしてテテュスは〈地球〉ではなくて形成の過程に於ける原初の物質である。我々の立場では、**ウラノス Ouranos** やヴァルナ、更に7惑星神方の首長アディティヤを産んだアデティ-ガイアではもはや無く、物質化され配置された根本物質プラクリティである。〈月〉は神統系譜学上の特徴は男性神格であるが、ただその宇宙的視点からのみ見れば、〈太陽〉がそれについては男性神格の象徴であるように、生命を育む女性神格の原理である。水は〈月〉の継承者であり、全ての国で両性具有の神とされる。

　進化は、最小の天体に於ける形成の方法と同様に、〈宇宙〉に於いても類似の法則に従って進んでいく。上がそうである様に、〈宇宙〉が顕現したと同時にその**作用方法 modus operandi** に沿って働きだし、我々〈地球〉の形成の場合にもまた同様に働いている。

　このスタンザは30クロール年、即ち3億年についての話から開始している。我々は次のように質問されるかも知れない ── 現代の科学者や数学者が、どのようにしても誰もそのように精度の高い期間を計算できないのに、古代人達はいかにして地質年代の期間を知ることができたのか？　彼らがより優れた方法（そしてそれらを彼らが〈黄道帯十二宮〉の中に保持していると主張されているもの）を所有していたかどうかに関わらず、古代のバラモン達の年代記は、依然として今でも、可能な限り忠実に提示されるであろう。

バラモン僧の年代記

　〈太陽〉と〈月〉、〈地球〉と〈人類〉が ── おおよそでさえも ── 何歳であるのか？という疑問以上に重大な謎掛けは科学には存在しないし、解明がこれ以上絶望的な課題も無い。現代科学は〈世界〉の各時代の期間や、地質年代の長さについてさえ、一体何を知っているのか？

　何も知らない、**絶対に何も知ってはいない。**

　もし人が年代記の情報を求めて科学に向かうならば、率直で誠実な、例えば著名な地質学者ペンジェリー Pengelly 氏の様な人々から、「我々は知らない」と言われることになる。(註24) 人は、今までのところ、世界や人類

の各時代についてなされた数字的な推計には何の価値もなく、そして地質学と人類学の両方とも五里霧中であることを学ぶであろう。それにも関わらず、秘教哲学の学徒が〈秘教科学〉の教えを差し出がましくも公表しようとする時には、彼は直ちに叱り飛ばされることになる。何故このようになるのか？　それは、彼ら自身の物理学的な手段が衰退して、最も優れた科学者達が大筋の合意に至ることにさえ失敗したからである。

　正直に言えばそれについて科学が責めを負うことは困難である。実際、先史時代のキムメリオス人の常闇 Cimmerian darkness［キムメリオス人が住む永遠の霧と闇］の中、探求者達は、扉のない広大な回廊を持つ迷宮で、過ぎ去りし〈古代〉へ向かう出口を見つけられずに道に迷う。彼ら自身の矛盾する空想という迷宮で迷い、これ迄してきた様に、〈東洋〉の伝承に見られる証拠を拒み、解明の糸口や彼らを導く一つの確かな里程標もなく、地質学者や人類学者達は、[恋人テセウスに迷宮脱出用の糸玉を与えた]アリアドネ Ariadne のか細い糸を最初に見つけた処で拾い上げる以外、いったい何をすることが出来るのか？　そして、その後は完全に行き当たりばったりに進むのではないのか？　それ故、我々は、文字の記録を拡大する事になる最も古い日付は、現在の〈人類学〉によって、只「先史時代の最も初期の明白に認識出来る時点」（ブリタニカ百科事典）という風に、一般的には見なされていると最初に言われることになる。

　同時にそれは、「その期間を超えて先史時代に先立つ広大で無限の時の流れへと遡り拡大すること」を告白している。(**前掲書** *Ibid*)

　我々が開始すべきは、これらの明記された「〈時代〉」からである。物質的な肉眼にのみそれらの時代は「先史時代」となる。あらゆる種族の先覚者や予言者の霊的な鷹の瞳には、アリアドネの糸があの「有史時代」を超えて、切れたりほつれたりせず、確実に、そして着実に時のまさに夜の闇へと伸びてゆくのが見えるし、そして糸を握る手は力強く、それを落とすことも引き千切るも無い。伝承記録は、世俗によって空想的だと拒絶されるかもしれないが、存在するし、それらの多くは暗黙裡に哲学者や偉大な学識者達に受け入れられるけれども、やがて公式に、そして集団的に**正統科学**からのみ変わらない拒絶を受けることになる。それ以来、後者は地質年代時代の期間に関する概略的な考えさえも我々に提示することを拒むが──

───────────────────────────────

（註24）　類似の告白として、レフェーヴィル Lefèvre 教授の『哲学』、481頁を参照のこと。

対立し矛盾する幾つかの仮説を除き —— アーリア人の哲学が我々に教えることを見てみよう。

マヌ聖典やプラーナ伝承で与えられるその様な計算法は —— どうでも良い、そして明白に**意図的な誇張**を除き —— 既に述べたように、秘教哲学のそれらの教えとほとんど同じである。この事は、伝統的に認められたヒンドゥ暦のいずれの二つの比較によっても明らかとなるだろう。

全てのそのような暦の中で最高にして最も完成されたものは、今現在、南インドのバラモン学者達に認められているように、既に言及した「ティルッカンダ・パンチャンガ[タミル人の学者ティルッカンダが製作した暦]Tirukkanda Panchanga」と呼ばれるタミル暦であるが、それは、我々が告げられたように、アスラマヤ Asuramâya の日付と完全に一致し、且つそれから編纂された。アスラマヤが偉大な天文学者であったと云われるのと同様に、彼はまた、「罪悪によって《黒く》なった《白い島》」、即ちアトランティス島[大陸]の最強の〈魔術師〉でもあったと囁かれている。

「白い島」は象徴的な名前である。アスラマヤはその〈西側〉の**ローマカ-プラ** *Romaka*[場所]-*pura*[汗]に住んでいた(ジャナ-バスカラ[太陽神]Jhana-bhaskara の伝承を参照のこと)と云われているが、その理由は、名前が陸地と「〈汗から誕生した〉[滲出生]」〈第3人種〉の発祥の地をそれとなく示しているからである。その陸地或いは大陸は、アスラマヤが生きた幾時代も前に消滅して居り、それゆえ彼は、アトランティス人ではあったが、しかし、〈**賢明なる人種**〉、**不死**の〈**人種**〉、の直系の子孫であった。インドの伝承記録が説明するように、多くはこの英雄、スーリヤ(〈太陽神〉)自身の直弟子に関する伝説である。彼が一つの島或いは他の島[大陸]で暮らしたかどうかはさほど重要ではなく、問題は、ウェーバー博士や他の者達が彼に対して行ったように、彼が架空の人物では無いことを明らかにすることである。古代のこの英雄の生まれた場所が「〈[白い島の]西側〉の**ローマカ-プラ**」と名付けられた事実はより興味をそそる、何故ならその事は、「〈汗から誕生した〉」〈人種〉、**両親の毛穴**から誕生した人間達についての秘教的教えをまさに暗示しているからである。「《ローマクーパス ROMAKÚPAS》」はサンスクリット語では「毛穴」を意味する。**マハーバーラタ、12章、10308節**では、ロウミヤア達[ローマカプラの住民]Raumyas と名付けられた人々が、凶暴な巨人でダックシャの神への捧げ物を破壊したヴィーラバッドラ Virabhadara の毛穴から創造されたと云われている。他の種族や人々もまたこの様にして生まれたと描写されている。全てこれらは、後期の〈第2〉、

そして初期の〈第3根本人種〉に言及している。

　以下の数字はその暦からただ参照したものである。脚註はアーリア・サマージ派の数字との不一致な点を記した。──

　I. 宇宙進化(註25)の始まりからヒンドゥの年号**ターラナ** *T arana* (或いは西暦1887年)に至るまで　………………　1,955,884,687 年

　II. （アストラル）鉱物、植物、動物界から〈人間〉に至るまでの進化に要する年数(註26)

　　　　　　　　　　　　………… 　300,000,000 年

　III. (惑星連鎖上に)「〈人類〉」が最初に登場してからの時間

　　　　　　　　　　　　1,664,500,987 年(註27)

　IV. 「***ヴァイヴァスヴァタ・マンヴァンタラ***」(註28)以来経過した年数

（註25）　秘教の教義は、この「宇宙の進化」が、只我々の太陽系にのみ関係があると述べているし、一方、顕教的なヒンドゥ主義は、我々が間違っていなければ、〈宇宙の体系〉全体についての数字に言及している。

（註26）　他の不一致点について。〈秘教科学〉は次のように述べる、「前の〈環〉に利用した素材を脱ぎ捨てて改善しながら、鉱物のアストラル的原型、植物、そして動物界が人間に至るまでに、進化にそのような時(3億年)が経過し、それら形態の素材は、彼ら固有の周期では非常に稠密で物質的ではあったが、我々今現在の〈環〉半ばの素材と比較して相対的に精妙である。これら3億年の完了期に〈自然〉は、下降弧を降る肉体と素材の進化途上で、それが進展するように形体を強固に、或いは物質で構成することを人類と共に開始し、そして下方に向かって働きかけた。それ故地層の中に発見される化石は、その古さを1,800万年ではなく数十億年とされるに違いないが、その生存期間中は、**我々が肉体について知っている**ように、物質的形体よりも遙かに精妙である前の〈環〉の形体に実際は属している。我々が手で触れられる形成物として認めて掘り出すものは、〈第4環〉の始まりに引き続き起こった関連する物質化、結晶化の過程に起因するもので、そして人間の出現の後、彼の肉体の進化と平行して進みながらその最高潮に達した。この事は〈地球〉の素材の進化程度がその住人のそれ等と**歩調を合わせて**変化するという事実を説明しただけである。そのように、人間は今、具体的な化石として、かつて、より下位の王国の(彼の今の感覚にとって)精妙な形体を発見する。前記のバラモン年代記の数字は、〈天体A〉上の進化の開始とその〈第1環〉に関係する。この〈巻〉では、我々はこの〈第4環〉についてのみ語っている。

（註27）　これまで示した数字の三つの三つ組に於ける変化と相違を、筆者は説明する責を負ってない。個々の計算によると、3億年が一回引かれて、数字は1,655,884,987年になるべきである。しかし、それらは、以前に名付けられたタミル暦の記述通りに与えられ、同様に解釈された。アーリヤ・サマージ Arya Smaj 協会の創始者である法典博士の故ダヤーナンダ・サラスワティ

　　　　―― または人間の時代 ―― から西暦1887年に至るまでちょうど
　　　　　　　　　　　………… 18,618,728 年
　Ｖ．１マンヴァンタラの完全な期間
　　　　　　　　　　　………… 308,448,000 年
　Ⅵ．14の「マンヴァンタラ」に１サティヤ・ユガを加えたものが《《ブラ
　　フマー》の昼》、或いは完成したマンヴァンタラとなり、その年数
　　　　　　　　　　　………… 4,320,000,000 年
　　それ故、１大時代マハー・ユガを構成するのは
　　　　　　　　　　　………… 4,320,000 年(註29)
　　西暦1887年は暗黒時代カリ・ユガの始まりから

Dayanand Saraswati の学派では、1,960,852,987 の年数を与えている。ラホール Lahore の『アーリヤ誌』を見れば、その表紙に「アーリヤ時代(暦)、1,960,852,987 年」の言葉が記されている。
(註28) 《ヴァイヴァスヴァタ》・マヌは人類の１人であり ―― 幾つかの異話では彼を７人のリシに加えているし ―― マツヤ〈救世主〉の寓話の中では、箱船アークで逃れたノアのように船で〈大洪水〉から救いだされている。それ故、この**ヴァイヴァスヴァタ・マンヴァンタラ**は「〈大洪水〉後」の時代になるだろう。これは、しかしながら、後期「アトランティス人」やノアの大洪水と関係ないし、我々の〈環〉に先立つ〈宇宙的洪水〉や冥々たる**プララヤ**とも関係はないが、後者の〈環〉における人類の出現に関係する。時折で偶発的な「**ナイミッティカ**」、元素的な「**プラークリティカ**」、絶対的な「**アーティヤンティカ**」、そして永劫のプララヤである「**ニッティヤ**」、それぞれには大きな相違があるし、最後の存在状態は、「ブラフマーの《昼》の終わりにブラフマーによる〈宇宙〉の不確実な再融合」として記述されている。博学なバラモンの〈神智学徒〉から、「〈**宇宙**〉のプララヤのようなものが存在するのかどうか、何故なら、別の視点から見ると、〈ロゴス〉(クリシュナ)は生まれ変わらなければならないだろうが、しかし彼は**アジャ** *Aja*(誕生しない者)なのである」という疑問が提起された。我々はその理由を理解出来ない。〈太陽〉は毎日生まれるとか、或いはむしろ〈太陽〉光線が朝に生まれタベに消え去る時、それは単純に親なる元の本質に再吸収されただけだが、死ぬと言われる等の様に、**ロゴス**は只比喩として生まれると云われている。〈宇宙〉の**プララヤ**は、見える世界の森羅万象のためであり、無形の**アルーパ**世界のためではない。〈宇宙〉或いは〈世界〉のプララヤはブラフマーの 100 年の終わりにのみ訪れ、その時〈世界〉の溶融が起こると云われている。さらに、**アッヴィヤヤ** *Avyaya*[不変のもの]は、秘教の聖典に云うように、ヴィシュヌに象徴される永遠の生命であり、〈破壊者〉ルドラ *R-udora* の神性をおびて〈太陽〉の〈七光線〉に入りこみ、そして〈世界〉の水を飲み干す。「そのように養って、七つの太陽〈光線〉は七つの太陽へ敷衍され、全ての〈宇宙〉に火を点す。……」
(註29)　その結果、１マハ・ユガはブラフマーの昼の 1,000 分の１に相当する。

　　　　　　　　　………　　　　　　　4,989 年

　これをその詳細について更に明確するために、ラオ・バハデュール・P・スリーニヴァス・ロウによる次の計算法が『神智学徒 Theosophist［テオソフィスト］』の1885年11月号から転載されている。

　　　　　　　　　　　　　　〈人間〉の年換算
　　人間の 360 日は 1 年　　………　　　　　　1 年
　　クリタ・ユガの年数　　………　　　1,728,000 年
　　トレッタ・ユガの年数　………　　　1,296,000 年
　　デュワパラ・ユガの年数 ………　　　864,000 年
　　カリ・ユガの年数　　…………　　　432,000 年
　既に述べた 4 ユガの合計がマハー・ユガを構成する
　　　　　　　　　　　　　　　　　　4,320,000 年
　その 71 マハー・ユガはマヌの 1 治世を形成する
　　　　　　　………　　　306,720,000 年
　マヌの 14 治世は 994 マハー・ユガを含み、その年数
　　　　　　　………　　　4,294,080,000 年
　サンディー、即ち各マヌの治世の休止期間を加えると、総計 6 マハー・ユガになり、その年数　………　　25,920,000 年
　これらマヌの 14 治世とその空位期間は 1,000 マハー・ユガで 1 カルパ（劫期）を成し、即ちそれはブラフマーの昼
　　　　　　　………　　　4,320,000,000 年
　ブラフマーの〈夜〉は同じ期間なのでブラフマーの〈昼〉と〈夜〉併せて含むであろう年数　………　8,640,000,000 年
　昼夜 360 はブラフマーの 1 年となる
　　　　　　　…… 　3,110,400,000,000 年
　ブラフマーの 100 年はブラフマー時代の完全な期間を構成する
　　即ちそれはマハー・カルパ
　　　　　　　…　311,040,000,000,000 年

　これらはインド中で認められている顕教的な数字であり、それらは〈秘教的〉な作品群の数字とほとんど一致する。後者の数字は、バラモンの一般的な書き物に決して記述されなかった秘教的な周期の数字を区分することにより、更にそれらを詳細に論じているが ── その一つは、ユガ時代の区分を人種の周期に分けるもので、どこでも直ちに与えられている。残りは、それらの詳細について、もちろん決して公にされることはない。それらは、それにも関わらず、全ての「〈二度生まれる〉（ドウィジャ Dwija、

或いは秘伝を受けた者）」バラモン僧達には知られているし、プラーナ伝承はベールに覆われた言葉の中にそれらの幾つかと関係のある物語を含んでいるが、凡庸な〈東洋学者〉はこれまで誰もそれを明らかにしよう試みていないし、もしやろうとしても彼には出来ないだろう。

　これらの神聖な天文的周期は計り知れないほど古い起源であり、それらの大半は、既に述べたように、ナーラダとアスラマヤの算出法によるものである。後者は巨人且つ魔術師として有名である。しかし、ノアの大洪水以前の巨人達（聖書のギボリム Gibborim）は、あらゆる秘教科学者を〈邪悪な〉者の使いと見るキリスト教〈神学〉が懐いているように、皆が邪悪で、皆が〈魔術師〉であったわけではないし、多数の「〈教会〉の誠実な息子達」と比べても悪であることもない。キュクロプス Cyclops［一つ目の巨人］、［毛髪が蛇で、彼女を見たものは石化する］メデューサ Medusa、更にオルフェウス的なティターン、即ちエフィアルテス Ephialt-es として知られる**曲がった足** anguipedal の怪物など如何なる名で呼ばれようとも、アトランティス時代のあらゆる巨人や古代の半神半人がかつて為したこと以上のよりひどい罪悪を、確かに、メディチ家[15-16世紀にイタリアのフィレンツェで栄えた名門で商人、銀行家]のトルクメイダ Torquemada やカトリーヌ Catherine のような者等は、彼らの時代に、彼らの〈大師［イエス］〉の御名のもとに犯した。ちょうど現代に**悪**の「こびと達」がいる様に、古代には**善**の「巨人達」がいたし、そしてランカ島の悪魔の眷属ラークシャサ達 Rakshasas［守護者］やヤクシャ達 Yakshas［貪欲な者］は、現代の暴力的政治革命家 dynamiter やある種のキリスト教徒、そして近代戦争に於ける教養ある将校等よりひどいと云うことはない。更に、彼らは神話的人物でもない。「ブリアレオス Briareus［百本の腕を持つ巨人］や狩人オリオンを笑う者は、カルナックやストーンヘンジを訪れたり、それについて話すことさえも慎むべきである」と確か現代の作家が述べている。

　既に与えられたバラモン年代記の数字は、我々の秘教的体系の基本的な算出法にほぼ近いもので、読者は注意深く心に保持することを要求される。

　『ブリタニカ百科事典』の中に、人は、科学の最近の言葉として、人間の起源の古さは「数万年」前を**わずか越えて**遡れることが認められていることを見つける。(註30) これらの数字が1万年から10万年の間で変動するかも知れない時、それ故どちらかといえばそれ等は些細な事であり、只疑問

（註30）　『ブリタニカ百科事典』の「**地質学**」の項目を**参照のこと**。

の周囲の闇をより深い状態に保つだけであるのは明らかである。更に、科学が人間の誕生について、「氷河期前と氷河期後で漂流」状態にあり、「氷河期」と呼ばれるものが、「いかなる種類の突然の変化も無しに、人類の時代、或いは〈現〉世 Recent piriod と呼ばれる時代へと …… 時の始まりから続く法則で地質年代的な時代と重なりながら …… 徐々に変化していった」単純に長い連続する時代だと、たとえ同時に告げられるとしても、重要なことではない。その「法則」は、たとえ厳格に**科学的**で正しい情報だとしても、「今日でさえ、人間がアルペン渓谷やフィンマルクの氷河期と同時代に誕生した」等という、依然としてより複雑にもつれ合うだけの結果となっている。(註31)

それ故、**シークレット・ドクトリン**や通俗的なヒンドゥ教及びその諸伝承によってさえも授業課目として教えられることはなかったが、我々は、科学の一学派の不確かな時代区分や他の学派の「数万」年と聖書解釈者による 6,000 年との間で、混乱するあやふやさの中を漂う今日の状態に置き去りのままにされるだろう。これは、現代に於ける学識者の結論に起因するあらゆる配慮と共に、何故我々が全てのその様な先史時代的古さに関する疑問を敢えて無視するのかの理由の一つである。

現代の〈地質学〉と〈人類学〉は、もちろん我々の見解と意を異にするに違いない。しかし〈秘教科学〉は、天文学や物理学の理論と対峙する時と同様に、これら二つの科学に対し多数の武器を見いだすであろうし、「この種の(地質年代的)計算に於いては、新旧の体系に関連づけながら、まったく**理論**も無く、そしていずれの方法にせよある種の起こりうる(?)誤解が少ないものに限定された、確実な**諸事実**に基づいている」というラング氏の保証(註32)にもかかわらず、秘教科学は、手に科学的な信仰告白を持って、地質学は誤りが非常に多いし、さらに〈天文学〉が間違える以上に錯誤がより頻繁であることを明らかにするだろう。〈天文学〉以上に多くの訂正をする〈地質学〉に対しラング氏によって語られるまさに以下の文章に、我々は優れた〈地質学者達〉自身による異議告白に対する明らかな論駁の文章を見つける。著者は語る ──

「要約すれば、〈地質学〉の結論は、とにかく物事の現在の序列が正確に

(註31)　このことは、6,000 年という聖書的な「アダムの〈年代記〉」と同様な可能性を認めている。(前掲書)
(註32)　彼の『現代科学と現代思想』を参照せよ。

始められたシルル紀の時代(註33)にまで及んでいるが、それらは(本当にそうなのだが)ほぼ**事実**であるが**理論**では無く、一方で天文学の結果は**その様に不確かなデータ**に基づいた**理論**のため、幾つかの場合では信じられないくらい短い年代の結論を …… 他方では信じられないくらい長い概算的な年代の結論を与えている」と。

この後、読者は、最も安全な道のりは、「〈天文学〉が、〈太陽系〉の誕生、成長、成熟、衰退、そして死に関し、その中の我々の〈地球〉については居住に適した状態を今経験している小さな惑星であり、その過去や、やってくる未来に、未知ではあるが厖大な時を与えている」ように、「〈地質学〉が、およそ1億年以上経過してきたとする**物事の現在の序列の期間**を本当に立証していると**仮に信じてみる**と思うことである」と忠告される。(49頁)

過去の経験から判断して、かつて「矛盾し非科学的で馬鹿げた顕教的(且つ秘教的)なアーリヤ年代記の主張」に反論する事を求められたが、「信じられないくらい短い年代の結論」、即ちわずか1,500万年という科学者達、そして「6億年が必要だろう」とする科学者達、またハクスリー氏の「ヨーロッパで堆積が始まって以来」(『世界の生物 *World Life*』)10億年という数字を受け入れている人々とあわせ、全ての人が他の人々と同様に教条的であることに、我々はいささかの疑念も懐いていない。それだけでなく更に彼らは、〈秘教科学者〉や〈バラモン僧〉が、精密な科学を代表する唯一の現代の科学者で、**不正確さ**や**迷信**と戦う事が彼らの義務であるということを、思い出すこともないであろう。

地球は、物事の**現在の序列**の期間中だけ、そして我々現在の人類がその実際の「皮膚」と骨や脳のために元素リンとに関係を持つ限り、「居住に最適な状態」で進んで行く。

我々は、現在の肉体を持つ人類 ── 或いは、**ヴァイヴァスヴァタ**の人間 ── がわずか1,800万年前に始まったと教えられて以来、〈地質学〉によって提示される1億年を容認する用意がある。しかし〈地質学〉は地質時代の期間について、我々が示してきたような、提示出来るいかなる事実も持ち合わせていないし、実際〈天文学〉の持っているもの以下である。他でも引用された英国学士院会員のW・ペンジェリー Pengelly 氏からの信頼できる手紙によれば、「現在、そして恐らくいつでもだが、地質年代の期

(註33) シルル紀までの〈軟体動物〉と〈動物生命〉に関して ── それは認めるが、しかし、彼らはいったい人間について何を知っているのか？

間を、概算的でさえ、何年も、或いは数千年でさえも減少させる事は《**不可能**》である」と。そして、**現在の体形以外の人間の化石をこれまで発掘したことがないのに** ── 人間について、〈地質学〉はいったい何を知りうるのか？　地質学は、岩盤層や地層、そしてこれらに伴い、初期の動物学的な生命について、シルル紀以降の発掘調査を行ってきた。地質学が、同様に、初期の原形質の形態から派生した人間の探索調査をしている時、やがて我々は、地質学が初期の人間について何かを知るかも知れないということに同意するだろう。「現代思想に於ける現代科学の発見の成果」に対し、地質学がまさにその物的資料になっていないならば、「緩やかな進歩ではあるが、人類が変化の少ない状態で存在したことは、1,500万年の中で最近の5万年、或いは1億5千万年の中で最近の50万年（『現代科学等』、49頁）の期間」のいずれであろうとも、Ｓ・ラング氏が読者に語るように、それはまさに〈秘教科学者達〉の主張そのものである。後者が、完璧な確実性はなくとも、人類が1,800万年前から生きている**一つの可能性**を示さない限り、シークレット・ドクトリンは、同様に著(しる)されないままであったかも知れない。努力が、それ故に、この方向で為されなければならないし、そしてこの巻の第III部で、この事実を証言することになるのは現代の地質学者達であり、一般的な科学者である。その一方で、ヒンドゥの〈年代記〉が算出**根拠**に基づかない(註34)、たんなる「子供の自慢ばなし」であると〈東洋学者達〉によって常に揶揄されている事実にも関わらず、それでも、それを〈西洋〉の理論に従わせ、適合させるという認識から逸脱し、しばしば歪曲されている。ユガ時代やマハー・ユガに付随する数字で有名な4、3、2以上に弄ばれ、歪曲される数字は他にはない。

　〈人種〉の進化と変遷や、人間の極端な古さのように、先史時代の出来事の周期全体は、述べられて来た〈年代記〉に依拠するため、他の既存の算出法で検証することがとても重要になる。たとえ〈東洋の年代記〉が拒否されるとしても、我々は少なくとも、他に ── それが〈科学〉や〈教会〉の数字かどうかに関わらず ── より信頼できる数字が僅か一つも無いことの明白さに安堵するだろう。マックス・ミューラー教授がそのことを表現している様に、それが何で有るかを示すことと同様に、何で無いかを明らかにすることはしばしば有益である。そして、ひとたび我々がキリスト教と科学的な計算法に於ける両者の不合理な点を ── 彼らに我々の〈年代記〉と

(註34)　ウィルソン氏の翻訳『ビシュヌ・プラーナ』、第1巻50、51頁

比較する公平な機会を与えることによって —— 指摘するのに成功すれば、両者とも、秘教的な数字が自身のものより信頼性が低いと公表する際に、立脚する合理的な基盤を失うだろう。

我々はここで、数頁前に引用されている数字に関する論評に関して、読者に我々の初期の労作『ベールをとったイシス』の第Ⅰ巻、科学 上、38 頁［老松克博訳 竜王文庫 2010 刊］を参照してもよい。

今日では、そこで与えられる情報に、それは全ての〈東洋学者〉には既によく知られていることだが、更に幾つかの事実が加えられてもよい。4320 による周期の神聖さは、付け加えられた数字 0 とともに、構成する数字が、個々に使われたり多様な組み合わせに結び付けられたりするが、どれも皆、〈自然〉の最大の神秘の象徴であるという事実にある。本当に、人が 4 を分けて用いたり、単独で 3 を用いたり、二つを合わせて 7 にしたり、再度三つを加え合わせて 9 を産み出したりしようとも、全てのこれらの数字は最も神聖にして潜在するものの中にそれ等の用い方と、そして〈自然〉の永遠に続く周期的な現象に於けるその諸作用の記録を保持する。それらは、地球上及び道徳上の特質、即ち誕生と死、そして成長、また健康と病などの作用と反作用を伴い、時節や見えざる影響、そして天文学的現象に関する自然宇宙の区分を結果としてもたらし、〈自然〉の秘密、本当の天界の〈システム〉、〈宇宙発生論〉の**知性的計画**を探求する者にとって、決して間違わないし、永遠に繰り返す数であり、覆いの無いものである。全てこれらの自然の出来事は、地球や地球上に生き且つ呼吸するもの全てに、一つのマンヴァンタラの終わりから他のいずれかまでの間、外部から活動して影響を与える周期的な作用を産み出している〈宇宙〉それ自身の周期的な進展に基づき且つ依拠している。原因と結果は秘教的、顕教的、そしていわば**大衆的**である。

『ベールをとったイシス』で記したことを、今ここで繰り返す ——「**我々は一つの周期の底におり、明らかにそこを通過しつつある状態である。**プラトンは、宇宙の知性的進展に於ける全ての周期の期間を実り多き時代と不毛の時代に分けている。地上の様々な地域で、様々な要素の領域が永く天界と完全に調和した形で残されており、彼は次のように、『しかし、それらの部分は』、あまりに地上に近づき過ぎ、そして**地上的な**物（物質であり、それ故邪悪な世界）と混じり過ぎたため、『（神なる）自然に、時には従い、時には逆らうものである』と述べている。それらの循環 —— エリファス・レビ Eliphas Levi が『アストラル光の流れ』と呼ぶもの —— が、あら

ゆる要素を自身の中に含んでいる宇宙エーテルの中で、天界の霊と調和することが起こる時、それに関わる我々地上の総てのものは実り多き時代を享受する。植物、動物、鉱物の隠された諸力は、不思議なことに、『より高い世界』と同調し、そして人間の天界の魂は、これらの『より低い』ものと共に、完成された知性の状態にある。しかし、不毛の時代の間、後者は彼らの不思議な同調機能を失い、そして大半の人類の霊的視力は非常に曇らされているために、天界の霊が持つそれ自身のより高い諸力に関するあらゆる認識を失ってしまう。我々は、今、不毛の時代にあり、18世紀は、懐疑主義という有害な熱病が押さえきれぬほど蔓延した期間で、19世紀の人々に、遺伝的疾病としての不信を引き起こした。天界の知性は、人間の内部でベールに覆われ、彼の動物的頭脳のみが浅はかな**思索をする**」。そして、浅はかな思索だけで、どのようにして《**魂の教え**》を理解できるのであろうか？

　叙述の細い糸を断ち切らない為に、我々は第II部でこれら周期の法則について幾つかの注目すべき証拠を提示する予定であり、その一方で、地質学的、そして種族的周期について我々の説明を進める。

———

スタンザⅢ　人間創造の試み

(11)デミウルゴの〈来臨〉。
(12)創造するように命じられた月神方。
(13)より高き神々は拒絶する。

11.　〈主方〉の中の〈主〉が来臨なされた。彼女の体から水を分けられ、それはより高い天、最初の空(大気または空気、大空)となった(a)。

(a) 此処で伝承は再び〈世界〉について語り始める。プラーナ伝承群で繰り返された初期の物語と同様、最近のものではモーセの旧約でも、初めに語られることは、「〈主〉なる神 He は」(ブラフマーの形態を纏い)、「この世界が、水の中に横たわる地球を内包する一つの大洋(『ハリヴァンシャ *Harivamsa*』I. 36 頁)であって、そしてそれを持ち上げ」、分離したいと望んだ時、「自らを別の形態に創造した。彼は前の〈劫期〉(〈マンヴァンタラ〉)で亀の姿を纏ったように、この劫期では猪の形態をとった等々」である。エロヒムの「創造」(創世記 6、7、8、9 節の)伝承で、〈神〉は水の間に空を創造し ⋯⋯ そして「乾いた大地よ現れよ」と宣れる。さて今、〈カバラ的〉な解釈の秘教的な部分が吊下げられた伝説的な掛釘にたどり着く。

12. 偉大なチョーハン(〈主〉)方は、空気のような体の、〈月〉の〈主方〉を招聘した(a)。「**人間を生み出せ、あなた達の能力を持った人間を**(と彼らは指示された)。**人間**(即ち、**ジーヴァ** *Jivas* **またはモナド** *Monads*)**に内なる彼らの形体を与えよ。彼女**(〈母なる地球〉または〈自然〉)**が外皮**(肉体)**を造るだろう。男と女**(に)**彼らはなるだろう。炎の主方も同様である⋯⋯」。**

(a) 〈月〉の〈主方〉の正体は？　インドでは**ピトリ達**、または「月の祖霊達」と呼ばれるが、ヘブライの巻物では、それは、「〈月〉の〈主方〉」、集団的な〈神の万軍〉、そしてまたエロヒムの 1 人としてのエホバ自身である。ヘブライの天文学や**歳時記**は月に規定されていた。あるカバリストは、「ダニエルが ⋯⋯ **時を定めること**によって〈神〉の摂理を数え分けたこと」、そしてヨハネの「黙示録」が「天から降臨する**方形都市**[聖書に予言された新エレサレム]の詳細な寸法を述べている」こと等々を示し、加えて ——

「しかし、天の活気づける力はおもに月の役目であった ……」とする。それはヘブライのヤヴェיהוה(エホバ Jehovah)であり、そして聖パウロは、「如何なる人も、あなた方の第7日の祝祭日[ユダヤ教の安息日]と、**この世に現れた万物の一つの影である新月の日**[太陰暦の一日のこと]への祝福のために、あなた方を裁いてはならないと命じている、しかしその本文(或いは主題)はクリストについて」、またはヤヴェについてであり、ヤヴェのこの力の作用で、「不妊の女を …… 1人の母と成した …… 何故なら彼らはヤヴェからの賜である」…… この事は、シュネムの女 Shunamite の夫が、〈神〉の人の所に彼女が行くことに関して、彼女への反論を解く鍵の一つになっている。──「というのも、その日は第7の祝祭日でも、**新月の日のいずれでもないから ……**」(烈王紀、下4章23節)星座からの生命の霊的力は、大いなる戦いを持たらし、恒星や惑星の運動と位置、特に月、地球、そして太陽の合[天球上の宮で太陽と惑星または惑星どうしが重なり合う天象]による結果だと特筆された。ベントレーは、B.C. 945年(!!)の〈月〉の上昇点に於ける〈日〉食時に、月が海、即ち、《**シュリ SRI**》(サライ Sarai、シュリ S-r-i、ヘブライ人アブラム A-bram の妻(註1))から誕生(註2)、または創られたという特記にもとづき、ヒンドゥの「神々と巨人族の〈戦い〉」について註解している。シュリはまた、〈西洋〉に於ける象徴としての「太陰太陽年であるヴィーナス-アフロディーティ、或いは月(シュリは

(註1) 聖書の年代記叙述が議論不要であった時代に書かれたベントレーの素晴らしい年代記叙述と、更に、ヒンドゥの歴史年代を可能な限り過小評価しようとする、かの現代〈東洋学者達〉の年代記叙述にもまた基づいている。

(註2) さて**シュリ *Sri*** は、プラジャーパティ達 purajâpatis とリシ達の1人、ブリグ達の首長、神々の天界の官職で「〈浪費家達〉」と呼ばれるブリグ仙 Bhrigu の娘である。彼女は、ブラフマーの妻ラクシュミー Lakshmi であり「シヴァの花嫁」(ガウリ Gauri)であり、更に、「水の象徴」、ブラフマーの妻サラスヴァティ Srasvati である、何故なら三柱の男性神と女神は三様相の下では一つであるから。**ヴィシュヌ・プラーナ**の第1巻8章(ウィルソン Wilson 訳、第1巻119頁)のパラーシャラ Parasâra による解説を精読せよ、そうすれば理解するだろう。「シュリの〈主〉は月であると、そして「彼女は〈神々〉の〈神〉ナラーヤナ Narâyâna の妻である」と彼は語る。即ち、シュリまたはラクシュミー(ビーナス)は、彼女がサラスヴァティであるように、Parasâra[Sara を超える者の意]という言葉から、インドラの奥方インドラーニー Indorâni になる。「ハリ Hari(或いはイーシュヴァラ Iswara、「〈主〉」)は〈宇宙〉で男性的と呼ばれるものの全てで、ラクシュミーは女性的という言葉の全てである。彼ら以外に何も存在しない」。このため彼女は「**女性的**」、「〈神〉」は男性的〈自然神〉である。

月の妻である。脚註2参照)、繁殖の女神(註3) ……」でもある。それ故 ……「太陰年[354日]や太陰月[29.5日]の正確な期間を示す巨大な記念物や陸標など、この周期(月の19回帰年[太陽が春分・秋分・夏至・冬至の各点から移動し再び各点に戻るまでの時間]と、そして235回の周期)を数える事が出来た場所が、シナイ山 ── 〈主〉エホバがその上に降臨なされた処 ── であった ……」と。パウロは(その後)奥義解釈者として、アブラハムの自立する女性と奴隷の女性について語る時、『何故なら、このハガル Hagar(女奴隷)はアラビアのシナイ山のことである』と述べている。どのようにしたら女性が山になれるのか？ あのような山に！ それにも関わらず …… 彼女は山であった ……。彼女の名前はハガルで、ヘブライ文字ではהגרとなり、その言葉の数値は235と読み直せるし、また厳密に調べれば、この周期を完成させる19回帰年と等しいルナの月数のまさにその数字である。…… シナイ山は、叡智の秘教言語で、太陰年や太陰月の正確な時を示す記念物であり、それによってこの霊的活力の周期は計算することが出来た ── そしてその山は、実際に、「〈月(〈罪Sin〉)〉の〈山〉」と呼ばれていた(ヒュアースト Fuerst を参照)。「アブラハム Abrahm の妻、サライ(〈シュリ SRI〉)もまた同様に、名前をこの月の影響力という財産を彼女にもたらすサラ Sarah、שרהに変えるまでは子供を持つことが出来なかった」。(註4)

これは主題からの逸脱のように見えるかも知れないが、キリスト教徒の読者にとっても必要な見方の一つである。というのも彼らが、冷静にアブラムまたはアブラハム、サライまたはサラに関する個々の伝説を学んだ後に、「公正に観るように」なって、そしてブラフマーとサラスワティ Sarasvati またはシュリ Sri、ラクシュミー‐ビーナス Lakshmi-Venus に関する伝説は、全てこれらが〈月〉と〈水〉に関係があると観ることであり ── そして特に、エホバという名前の本当のカバラ的意味や月とそれとの関係、繋がりを理解する者であるなら ── アブラハムの物語がブラフマーの伝説に基づいていること、また創世記があらゆる古代国家で使われていた古い詩歌の上に書かれたこと、をいったい誰が疑い得ようか？ 古代の〈聖典〉は全て寓話的であり ── 全てが〈天文学〉と〈宇宙崇拝〉とに基づき、且つ不可分的な繋がりがあった。

(註3) シュリは、自身が「〈富〉と〈繁栄〉」の女神である。
(註4) 1886年6月のシンシナチで発行の『メーソン論』の中の記事、「カッバラ」から。

13. 彼ら（〈月神達〉）はそれぞれ彼らに割り当てられた土地へと向かい、彼らの 7 人はそれぞれ各自の運命に従った。〈炎〉の〈主方〉は以然として隠れたままであった。彼らは行くことも、創造もしないだろう。(a)

(a) 〈秘密〉の教えは、神なる〈先祖達〉が「彼ら各自に割り当てられた」地球の七地域で人類を創造した事を明らかにしている ── 即ち、外見も内面もそれぞれ異なった人種を異なった地域で。この多原発生説の主張は他の箇所（スタンザ VII を参照せよ）で考察されている。しかし、創造する「〈彼ら〉」は何者なのか、また「〈炎〉の〈主方〉」とは、「彼は創造しないのか？」。秘教科学大系では、「創造主方」を 12 の部門に分けており、そのうちの 4 部門は〈偉大な時代〉の終わりに**解脱** *liberation* に到達し、第 5 部門はそこに到達する準備は出来ているが、いまだ知性的階層での活動にとどまり、一方残りの 7 部門はいまだ〈因果〉の法則の直接的な支配下にある。これらは、人類が誕生したこの連鎖の地球上で活動し続けている。

一般的なヒンドゥの書物は、7 部門のピトリ達とその中の二種類の〈先祖 Progenitors〉または〈始祖 Ancestors〉、即ち**バルヒシャド** the *Barhishad* と**アグニシュヴァタ** the *Agnishwatta* 或いは「聖なる火」を持つ者達とそれを持たぬ者達、という区別について言及している。ヒンドゥの祭儀様式では、彼らを犠牲の火や初期の化身**グリハスタ**［人生の四段階の家長生活期］・バラモン僧達 *Grihasta* Brahmins、即ち彼らの誕生に先立ち、彼らの家族の神聖な火を義務として保持した者達と保持**しなかった**者達という風に関係づけているように見える。違いは、既に述べたように、**ヴェーダ**に由来する。第 1 の、そして最も（秘教的に）進化した部門**アグニシュヴァタ**は、一般的な寓話では**グリハスタ**（バラモンの家長達）として表現されるが、グリハスタは、他のマンヴァンタラに於ける過去の化身で彼らの家庭の火の維持や焼かれた生贄の供えを怠り、彼らに贈られた火にお供えをする全ての権利を失った。それに対してバルヒシャドは、彼らの家族の神聖な火を保持し続けたバラモン達で、今の時代ではあのように尊崇されている。このため、**アグニシュヴァタ**は火を欠き、**バルヒシャド**は火を保持する者として描写されている。

しかし、秘教哲学は 2 部門間の性質の違いに起因するとして、資質の起源を次のように、即ち**アグニシュヴァタ・ピトリ**は神聖にして純粋（上記、偈文シュローカ第 13 参照）過ぎるため火（即ち、創造的熱望）を欠いていると、一方バルヒシャドは〈人間世界〉とより密接な関係を持つ月の聖霊達で、

形体の創造者エロヒムまたは塵からなるアダムになったと、説明する。

寓話は、サナンダナ[思考から生まれた息子の1人]とブラフマーの〈息子達〉で彼の最初の子である他のヴェーダ達が、「欲望や熱情を持たず、聖なる叡智を吹き込まれ、〈人間世界〉と好ましからぬ子等から遠ざかった」(ビシュヌ・プラーナ第1書、7)と伝えている。この事はまた、偈文シュローカ第13の「彼らは創造しないだろう」と云う言葉の意味することと同じで、更に次のように説明されている ── 「創造的〈力〉からの第1の〈流出〉は絶対的な〈原因〉に近すぎる。それらは変転し潜在する力で、次の、そしてそれに続く段階の中でのみ進展するだろう」と。これで事ははっきりする。このためブラフマーは、それらの「彼の手足(ガートラ *gâtra*[五体])から産み出されて化身した聖霊達が自ら繁殖しようとしない」ことを見て激しい怒りを感じたと云われている。寓話では、その後、彼は別の7人の**想念から生まれた**〈息子達〉(『モークシャーダルマ[解脱の法]*Moksha-Darma*』と『マハーバーラタ[偉大なバーラタ族]*Mahabhârata*』を参照)を、即ち**マリーチ** *Marichi*[光]、**アットリ** *Atri*[三つでない]、**アンギラス** *Angiras*[火]、**プラスティヤ** *Pulastya*、**プラハ** *Pulaha*、**クラトゥ** *Kratu*[護摩を焚く]、そして**ヴァシシュタ** *Vasishta*[世界主]を創造するが、最後の息子ヴァシシュタはこの上ない豊饒をもたらす創造主ダックシャとしばしば置き変えられている。殆どの原典ではヴァシシュターダックシャのこれら〈7人の息子〉は〈第3〉マンヴァンタラの7人のリシと呼ばれており、後者は共に〈第3環〉に、そしてその第3〈根本人種〉と〈第4環〉に於けるその亜〈人種〉に、関連している。これらは、全てが、この地上の多様な生物の造物主プラジャーパティであり、同時に彼らは初期のマンヴァンタラや人種に於ける数々の化身に没入するものとして顕現する。

前述したように、アグニシュヴァタが、如何なる**形態**をも持たなくなって以来、**創造する火**の全てを欠き、その為、**幽複体**、或いはアストラル体を持たぬ人間の肉体を創造したり企画したり出来ず、顕教的な寓話の中では「反逆者達」、**アスラ**達、戦い敵対する神々(註5)、等々とされるヨーギ達やクマーラ(純潔な若者)*Kumaras* 達として何故描写されるのかの理由が明らかとなる。それにも関わらず、人間を完成する事、即ち人間に自己意識

(註5) 何故なら、寓話が示すように、自身に如何なる人格的な長所をも持たない〈神々〉は、**苦行者やヨーギになり、自ら修練で得た力**によって神々の権威をくつがえす脅威を与えてきたこれら自己修練にいそしむ化身した〈存在〉の高潔さに恐れをなしながらも ── 彼らを非難した。これら全ては、深遠な哲学

を創り、殆ど神 ── 〈地上〉の神 ── のような存在に出来るのは彼らだけである。**バルヒシャド**は、創造の火を保持しているけれど、より高級で《**普遍的叡智 MAHAT**》の要素を欠いていた。より低級な本質 ── 総ての客観的な物質に先行するもの ── からなる階層に於いて、彼らは人間の外面、或いは幾分かは肉体的、アストラル的人間の原型を誕生させるだけであった。この様に、我々は彼らをブラフマ(集合的〈**叡智**〉または〈普遍的な神の御心〉)から造物の仕事を委託された者とみるが、その「〈創造〉の〈神秘〉」は〈地上〉で**鏡**の中のように逆転した実像と虚像の関係という意味でのみ繰り返されている。霊的に不死の人間を創造できず、意識を持たない人間の(〈**アストラル的**〉)肉体〈生命〉の原型を企画するのは彼らであり、そして明らかなように、彼らは繁殖をせず、〈霊的人間〉の向上と救済のため自らを犠牲とした。というのも、**七重性をもつ人間**を完成するため、また彼の低級三本質を加え、霊的モナッド ── それは**完全に潜在する状態**以外にその様な形体に住むことは決して出来ない存在 ── に堅く結びつけるために、二つの関係する本質、〈**精神マナス**〉と〈**欲望カーマ**〉が必要だから。この事は、神々の住まいであるプレローマ Pleroma の**第 5 から第 3 の界層**に由来する中間的本質である生命の〈**霊的な火**〉を要求する。しかしこの火は、(完成された)〈立方体〉ではなく、〈天使的存在〉を象徴する聖なる〈三角形〉を持ち(註6)、精神マナスは創造の始まりからその火を持ち、プロメテウスの寓話のように自らのためにその火を手に入れたと云われている。これらは活動的なもので、それ故 ── 〈天界〉では ── 最早「清浄」な〈存在〉ではない。彼らは独立と自由な〈知性〉を持つ者となり、総ての〈神学〉ではそのような独立と自由を求めて戦う者として描写され、このため ── 一般的な意味で ──「神への服従を強いる法への反逆者」とされる。これらはその後、偈文シュローカ 13 に記されているように、〈地上〉で人間を創造する他の者達に随行する代わりに、「背後にとどまる」前述の「〈輝く炎〉」(アグニッシュヴァタ)等となる。しかし、真の秘教的意味は、

的意味を持ち、そして**自力**による神の力の展開と獲得とに言及する。一部のリシ–ヨーギ達が神々よりはるかに能力の高いことが聖典プラーナに示されている。第 2 の神々、或いは〈自然〉(〈諸勢力〉)の一時的な力は消え去る運命にあるし、人間を《**無限なるもの**》、そして《**絶対なるもの**》と一つになるように導けるのは内部の霊的能力だけである。

(註6)　第 I 巻のスタンザ III から V まで見よ。三角形は〈地上〉で〈五角形〉(五重性)になる。

彼らの多くが〈人類〉の来たるべき実りである〈自我 *Egos*〉として化身する事を意味する。人間の〈自我〉は、アートマでもブッディでもないが、**マナス以上で、知性的な成就や知性的で自己意識的な〈自己中心〉の** —— 高次の霊的意味での —— 開花である。古代の著作は、それを、数珠玉のようにこの高次の魂の多様な人格を貫き通す黄金の糸である**スートラートマ** *Sutoratma* の段階の**カーラナ・シャリーラ** *Karana Sarira*[五大元素]と呼んでいる。もし読者が、**半ば秘教的な寓話の中にあるように、これらの〈存在〉が先行する幾つかの大マンヴァンタラ** —— 過ぎ去りし〈永遠なる〉不可知の期間を持つ時代、不可知の時の更にその前の時代 —— からの、〈**涅槃成就者ニルヴァーニー** *Nirvanee*〉達の帰還であると告げられたならば、彼が原文を正しく理解することは困難となるだろうし、一方一部のヴェーダ信奉者は、「これはそうではなく、〈涅槃成就者〉は決して還ることが出来ない」と語るが、この事は、彼が属するマンヴァンタラの期間に於いては正しく、〈永遠〉が関係するところでは間違いである。何故なら〈聖典〉の偈文シュローカが、次のように伝えている。

　「**不朽にして〈涅槃〉にのみ溶けいる光り輝く糸は、〈大法〉が万物を活動の中に呼び戻すその日に完全となって涅槃から再び現れる。……**」と。

　だから、より高位の「ピトリ達、或いはディヤーニ達」が肉体の形成手段を持たないために、我々は、初期の人間が**霊的な火を欠いた祖先の体から生まれ、気体状の存在として記述され、内実を欠き、そして《精神を持たぬ》**と認識している。彼は、**最高のものと最低のもの**、即ち霊的人間と肉体頭脳とを仲介するものとして自分に役立つ中間の要素を持たなかったが、それは**マナスを欠いていた為である。これらの内実を欠く〈殻〉**に化身したモナッド達は、自身が先行する不完全な形態や媒体から分離した時と同様に無意識のままであった。この我々の階層で**清浄な〈霊〉**そのものの状態では、その神性なるが故に均質で完全過ぎる性質が、いわば、既に分化した本質と混ぜ合わされ、その本質によって強められない限り、創造や自己〈意識〉に対する如何なる能力も持ち得ない。それは、分化した〈自然〉の階層で、この必要な意識を提供することが出来る〈三角形〉——〈普遍的な〉《モナッド》から流出した最初の三つ組みの象徴 —— の底辺にすぎない。しかし、これらの純粋な〈流出〉は、この原則に基づいて、もともとそれら自身が(我々の感覚では)無意識でなければならないし、それらが意識を持つことがとても難しい中で、要求された要素を与える際に如何なる方法をとるのであろうか？　人が始まりも終わりも無き〈宇宙再生〉の流れに関す

る哲学的形而上学を熟知し、そして《永遠の運動》、周期、そして螺旋、それ故その衰退の様相の時でさえも進展するものであるかの不変の〈自然〉法則を深く心に刻みつけ精通するまでは、その答えを把握することは困難である。一なる神の〈本質〉は、ヴェーダでは名も無き**あれ THAT**、普遍的な〈全体〉であり、その霊的な様相や流れのみならず物質原子に於いても、ブラフマーの〈夜〉の期間を除いて、恒久的に「**絶対なる休憩**」の状態であることが可能である。だからまた、「最初に誕生した」者等は、マンヴァンタラの開始時期に最初に活動させられる者等であり、この様にして低次の物質天球に降臨する最初の者等でもある。彼らは、〈神学〉で「座天使達 The Thrones」と呼ばれ、「〈神〉の〈座〉」であるが、〈地上〉に初めて化身した人間に違いないし、そして、もし過去のマンヴァンタラの終わりなき流れについて思索するならば、最後の者が最初に来て、最初の者が最後に来るべきであることが明瞭となる。我々は、要約すれば、より高次の〈天使達〉が、計り知れない永劫の時以前に、〈七つの円〉から現れ、前述のように彼らの〈神聖な〉火を**奪われた**事を知るが、これらの事を簡明な言葉にすれば、彼らが過去の化身の間に、あらゆる叡智の源 —— その様々な段階の強さに於ける《普遍的叡智》の反映 —— である高次の世界と同様、低次の世界に於いても同化したことを意味する。如何なる〈存在〉も、天使的、人間的を問わず、永劫の苦しみや、善と同じく〈悪〉の**知識**、他の点から言えば後者はいまだ理解されないままであるけれども、それらを通じて達成される場合を除き、涅槃または絶対的な純粋さの状態に至ることは出来ない。

　人間と動物の間には —— それらのモナッド達（またはジーヴァ達 Jivas）は根本的に同一であるが ——〈精神活動〉と〈自己〉意識の越えざる深淵が存在する。もしそれが高次の〈存在〉、即ち高次の、そして神の界層からの本質の一部 —— しかも化身の希な場合には**まさに本質そのもの** —— でないとしたら、人間のその高次の面である精神とは何か？　それは一体どこから来るのか？　人間は —— 動物の姿をした神だが ——〈物質的自然界〉の進化だけによる結果であり得るのか？　また動物も同様で、彼らは外形が人間と異なっているが、その肉体組織の素材の違いは一切ないし、未発達ではあるが同じモナッドに満たされ —— 人間と動物のモナッドの知性的能力は、〈太陽〉がその〈光や熱〉と違うのと同様に異なっているのが判る。そしてその様な違いを発生させるものは、人間が肉体という覆いの中に**生きた神を与えられた**動物でないとしたら、一体何であるのか？　さて話を変え、我々自身には重要だが、唯物的で心理学的な現代科学の気ま

ぐれと詭弁によって無視されている疑問を探求しよう。

ある程度、秘教的な教えでさえ寓話的であることが認められている。平均的な知性の持ち主に後者の寓話を理解させるために、明瞭な形で割り当てられた象徴の使い方が求められる。このため、顕教では寓話的で半ば神話的な叙述となり、秘教の教えでは(唯一の)**半ば形而上学的で客観的な描写**となる。何故なら、精妙で深遠な霊の概念は、〈註解書〉の写実的な表現によれば、「瞳をもちいずに観、耳をもちいずに聴き、感覚器官をもちいずに感ずる」人々の知覚にのみ感応するからである。度が過ぎる清教徒の理想主義者が教義に精神的意義を与える事は自由であるのに対し、現代の心理学者は、**ブッディ**との関係で、我々の「堕落はした」が、いまだ神である人間の〈魂〉を明らかに神隠しにしようとするだろう。

この世の人間の中に天人の高次で霊的な先祖達を結びつける奥義はとても重要である。彼の二度の創造はプラーナ伝承に暗示されているが、しかしその秘教的な意味は、多くの多様な伝承を同時に照合し、それらの象徴的且つ寓話的特徴を読み解く事によってのみ近づきうるものである。この様なことは、聖書の創世記や更に使徒パウロの〈**使徒書簡** *Epistles*〉の中にさえ見られる。というのも、かの**創造主**は、創世記の第2章で「〈主なる神〉」と呼ばれているが、元々は複数形の**エロヒム**、〈神々〉(〈主方〉)であり、そして一方では、彼らの1人が塵からこの世にアダムを創り、次の神は彼に生命の息を吹き込み、更に第3の神が彼を**活発な魂**にして創造する(2章7)等これらの読み物の総てが複数のエロヒムを暗示しているから。(註7)「最初の人は〈大地〉から創られ、第2の人(最後の、もっと正確に言えば最高の者)は天から来る」とパウロが〈**コリント人への第1の手紙**〉15章47節で語っている。

アーリヤ人の寓話では、ブラフマーの反抗的な〈息子達〉は総て聖なる修

(註7) セト Seth は、ブンゼン Bunsen 氏他が示したように —— 初期のユダヤ人を含む —— セム人の**原初の神**であるだけでなく、また彼らの「半神の祖先」でもある。というのは、ブンゼンの語るところ(『歴史上の神』、第1巻、233、234頁)によれば、「エノク(**本物の人間**)の父である創世記のセトは、アダムの父エロヒムに由来するものと、本来並立するものであるとして考察すべきである」と。「ブンゼンに従えば、その〈神〉(セト神)は北エジプトとパレスチナ(スタニーランド・ウェイクの『大ピラミッド』)の原初の神であった」ことになる。そしてセトは後にエジプトの〈神学〉で、「〈邪悪なデーモンの一人 AN EVIL DÆMON〉」とされ、ブンゼンも同じ事を述べているが、その理由は、彼が風の神ティフォン Typhon と同一であり、論理的な結果としてヒンドゥのデーモンとも同一であることによる。

行者達、或いはヨーギ達として描写されている。それぞれの〈劫期〉に再生し、彼らは一般的に人間を産み出す営みを妨げようとする。ダックシャは、**プラジャーパティ**(造物主達)の長であるが、彼が地上世界に人々を住まわす目的の為に1万人の息子をもうけようとする時、ナーラダ ── ブラフマーの息子の1人、偉大なリシで、名前は異なるが**実は「クメーラ」の1人** ── は、それらの〈息子達〉に対し苦行者に留まり結婚を避けるように勧めることでダックシャの目的を妨害し、二度に渡り台無しにしている。このため、ダックシャはナーラダに**人間として生まれ変わる**ようにと呪いをかけて、以前にブラフマーが結婚して子供を持つことを断ったナーラダを呪った時のように、毒づく ──「汝の今(デーヴァ Deva、或いは天使 angelic)の姿を打ち捨てて、子宮に宿れ」、即ち人間となれと(『ヴァーユ・プラーナ *Vayu Purâna*』;『ハリヴァンシャ』、170)。同じ内容で幾つかの異なる闘争譚があるにも関わらず、動物的生殖の定めに誰もが明らかに背き、その為**人間として**化身しなければならなかったブラフマーの「最初に誕生した」前述の集団に、ナーラダが属していることは容易に判る。ヴェーダのあらゆるリシの中で、ナーラダは既述のように最も理解し難いが、それはナーラダが秘教原理 ── 特に秘密の周期と〈劫期〉── と非常に密接な関係があるからである。(上述参照)

この〈賢人〉に関するある種の矛盾した記述が〈東洋学者達〉に多大な混乱を与えている。この様に彼は、積極的に**創り出す**(子をもうける)ことを拒み、更に結婚を勧めた彼の父ブラフマーを「教師失格者」と呼んだとして描写されている(『ナーラダ-パンチャ-ラートラ *Narda-Pancha-Râtra*[ナーラダの五夜]』)が、それにも関わらず、彼は造物主プラジャーパティ、「開祖」の1人として言及されている! ナーラディヤ *Naradiya*・プラーナで、彼は独身を誓うアデプト達の律と戒を定めるが、しかしこれらの密教的な戒が西洋の博物館が所蔵する3千余りのスタンザの断篇にたまたま見いだされることがないため、バラモン僧は嘘つきだと公言されているけれども、〈東洋学者達〉は、**ナーラディヤ・プラーナ**が確実に2万5千ものスタンザを含んでいること、そしてその様な〈**手書き写本** MSS.〉が、レンズ豆ポタージュ red pottage 用の高価な**土鍋**なら何でも売りさばこうとする異教のインド人の手によって発見されることなど有り得ないこと、を忘れている。ナーラダが優れた〈秘教科学〉のデーヴァ-リシ Deva-Rishi であり、ナーラダの七つの秘教的な面から彼を思惟し、分析し、研究しない秘教徒は正確な人類学的、年代記的、更に〈宇宙的な密儀〉を決して推察できない、と言えば十分である。彼は既述したように〈**火**[的存在]**方**〉のお一人であり、この

〈劫期〉の始まりからその最後の段階までの進展に参画する。彼は、現在のマンヴァンタラ劇の系統的な（〈諸根本人種〉の）活動のそれぞれや秘教主義を解く鍵となる音を奏でる世界の寓話に登場する役者であり、今では読者により良く知られるようになっている。しかし我々は、「〈火達〉」、「〈閃光達〉」、「〈炎達〉」が何者であるかを確かめる為に、他の古い〈聖典〉や文書に目を向けるべきではないのか？　誰かがそれらを適正な場所で探すだけでも、それ等は厖大な数となる。『封印された神秘の書』の中で、それらは、『ハー・エドラ・ズータ・カデシャ［聖なる小さな収穫祭］*Ha Idra Zuta Qadisha*』や聖典を〈編纂した〉小冊子と同様に、はっきりと語られている。その言語は非常に神秘的でベールに包まれているが、それでもそのまま理解できる。そこでは、〈高次世界〉の煌めきの中で、神の火打ち石から「〈炎〉と〈閃光〉を放ちながら」、**御使い達** *workmen* は人間、即ち「男性と女性」(427) を創造する事に着手し、それらの「〈炎〉と〈閃光〉」（〈天使〉と彼らの〈世界〉、〈恒星〉と〈惑星〉）は、比喩的に言えば、自然のある種の過程が完成するまで、火を消し死んだようになる、つまり**顕現しない**ままであると云われている。人類発生論に関する最も重要な事実が、如何に一般的な見方から厚くベールに包まれているかを示すために、今２冊のカバラ的書物から二つの文章を引用する。最初は、『封印された神秘の書』から ──

(429) 眩いばかりの輝きを放つ〈光を携えた使者 Light-Bearer〉（七つの聖惑星の一つ）から光を放つ〈炎〉が放出されて、巨大で万能な金槌のように、より以前の世界であったそれらの閃光達を粉々に打ち砕いた。

(430) そして最も精妙なエーテルとこれらは、世界の〈聖父〉や世界の〈聖母〉と同じく、**彼らが一緒に結合させられた時にのみ**相互に混じり合い結びつき合った。

(431) ホア *Hoa* 自身から〈アビ AB〉、〈天父〉が、そしてホア *Hoa* 自身から〈ルアーク RUACH〉、〈霊〉が生まれ、それらは遙か〈昔〉の〈時代〉に隠され、その中に前述のエーテルが封印されている。

(432) それは、〈光を携えた使者〉（惑星とその天使、或いは摂政）と関連があり、それらは、既述の眩いばかりの輝きを持つ〈光を携えた使者〉から顕れ出て、〈世界の聖母〉、**アイマ** *Aima* の御胸に潜んでいる。(註8)

さて次のゾハル(註9)からの引用句もまた同じ神秘を扱っている ──「〈アダム以前の王達〉。『我々は既に奥義書ゼニオウタ *D'Tzniootha* に学んだ。

(註8)　マザー Mather 氏の『ヴェールを脱いだカバラ』を見よ。
(註9)　イサク・マイヤー Issac Myer 著の『カバラ』で翻訳されたもの。

かの *At-tee'kah D'At-tee'keen*［幼いときに爺ちゃん、婆ちゃんから聞いた昔話は、『昔々あったてがや』で始まり、『・・・だったとさ』で終わるが、「アッタテーカ ダッタテーケーン」が、日本語の昔々を意味するのは偶然では有り得ない。我々の祖先はこの言葉の意味を良く理解していた事になる］、即ち〈昔々そのまた昔の時代〉、〈神 He〉が自らの〈形態〉を準備する前に、〈王達〉を即位させ、〈王達〉の銘を刻印し、〈王達〉（人間、即ち獣の〈王達〉）の概略を描写したが、彼らが存続できなかったのは、神が彼らを倒し、**そして次の時代に至るまで彼らを隠した事によるからで**、それ故それは以下のように記されている、『これはエドムの地を治めた〈王達〉である』……そして彼らは、〈白い頭〉の**レシャ・ヒヴラー** *Resha' Hiv'rah* が、*At-tee'kah D'At-tee'keen* 即ち〈昔々そのまた昔〉、〈自身自ら〉を整える迄は存続できなかった …… 更に天と地のあらゆる形態を形づくった。…… 彼自身を自分の〈形態〉に適合させる以前は、彼が望む形態総てを形づくることは出来ず、あらゆる世界が崩壊した …… 彼らは自らの場所に留まれなかったが、その理由は、〈王達〉の体制が、本来の有るべきものとして形造られなかったことと、〈**聖都**〉**が準備されていなかった事による。**」（『ゾハル』3章135*a*、292*a*。『小聖句集イドラ・ズータ *Idra Zootha*』、ブロディ Brody、等々。）

さて、これら二つの寓話的、比喩的な論説の素直な意味は簡単に言えば、〈諸世界〉と人間達は、諸惑星とその住民達、我々の場合では〈地球〉と動物と諸人類が、今現在の周期に、対極の諸力や、〈霊〉と〈物質〉、積極と消極、男性と女性を交わらせ、均衡させるようになる時まで、**進化の法則の下にそして先行する素材の中から**、形成と破壊を交互に繰り返した、となる。人間が**肉体的に**男性、女性になる前に、その雛型である創造するエロヒムが、この性的な階層で**アストラル**［星辰］的に自らの〈形態〉を調整しなければならなかった。言い換えれば、諸原子と生成発展する諸力は、分化を受けた階層に流れ降り、存在する総てのものが一つの清浄な方法、カバラが〈**均衡**〉と呼ぶかの原理を通じて、この現在の物質的な段階に於けるその最終的な完成として男性、女性のようになる働きを絶えず実行するために、〈自然〉の意図する序列に従い配列されなければならなかった。〈叡智〉、〈男性のセフィロト〉である**コクマー** *Chochmah* は、自身を、知性的〈自然〉、〈理解〉である**ビナー** *Binah* の内に、ビナーを通じて、放出しなければならなかった。それ故、〈第1根本人種〉の人々は、性別や精神が無く、滅ぼされ、「次の時代に至るまで隠されねば」ならず、言い換えれば、第1人種は、死の代わりに、ある種の低次の生物や植物がそれらの子孫の中に消え去る

ように、**第 2 人種の中に**消え去った。それは大規模な変容であった。〈第 1 の者〉は、子をもうけたり、出産したりすることもなく、また死ぬこともなく、〈第 2 人種〉になった。「一緒に**彼らは過ごした**」と記されるように、「そして、彼は死に絶え、他の者が代わりに君臨した」(創世記 26 章 31 以降。『ゾハル』、3 章 292a) とある。何故？　その訳は〈聖都〉が準備されていなかった」事によるが、されば「〈聖都〉」とは？　それは〈地上〉の**マコム** *Maquom*（〈秘密の地〉または〈神殿〉）で、他の言葉で言えば、人間を育くむ子宮、〈**天の構造**〉の小宇宙的な複製と反映、女性的な空間または原始の〈混沌〉であり、それらの中で男性的な〈霊〉は、〈息子〉または顕現〈宇宙〉の胚種を受胎させる。(註10) その様な記述がとても多く、ゾハル (前掲書) の「〈男性〉と〈女性原理〉の〈流出〉」に関する項目でも、この地上では、「〈聖なる太古〉」からの《**叡智**》は「男性と女性の中以外では輝かない」と述べられている。「**コクマー** *hohmah*、即ち〈叡智〉は〈父〉であり、《**ビナー**》、即ち理解は〈母〉である …… そして彼らが互いに一つに結びつく時、彼らは真実を明らかにし、放散し、流出する」。ラビ僧イエファ・サバ Rabbi je-yeva Sabah、即ち〈古い時代〉の僧侶の語ることから、我々は、ビナーの〈理解〉とは何か？を学ぶ。しかし、彼らがヘー ה(Heh)の中のヨッド י(Yod)の様に互いに結びつく時、彼らは身ごもり、そして〈息子〉を産む。従ってこのため、それは**ビナー**、即ち〈理解〉と呼ばれる。それはベン・ヤー即ちヤーの〈息子〉を意味する。これが引用の全体の総てである。(註11)

　この事は、ラビ達による男根崇拝、その完全な神格化、動物に引きずり込まれた神的存在、地球上の猥雑さの骨頂、等の「完成」でもある。その様に写実的で下品なものは〈東洋の秘教科学大系〉や原初のカバラ ── 『カルディアの数の書』そのもの ── には一切存在しない。我々は既に『ベールをとったイシス』でその事について次の様に述べた ──

　「我々はカトリック教会の作家の一部が、その様な文の中で怒りをぶちまけるため次の様な、『多数のパゴダ塔や陽根石を、絶えず、そして常にギリシャ人の**馬鹿者**のように、シヴァの陽根**リンガム** *lingham* …… マハー・デーヴァ［シヴァ神］…… の獣的で下品な形を、想定している』、という文章にむしろ愚かさを見いだす。深遠で比喩的な意味が多すぎて、官能主義に**勝るとも劣らない**、いわゆる現代宗教の王者ローマ・カトリック教会

(註10)　この巻の第 II 部、「至聖所、その秘教的意味」を参照せよ。
(註11)　ゾハル 3、290a、イサク・マイヤーの『カバラ』、387 頁に引用されたもの。

にとって理解できない象徴に汚名を着せる前に、彼らには最古の教会を解体し、自らの寺院を丸屋根の形に変える義務を負っている。エレファンタ島のマホディ The Mahody of Elephanta［インドのムンバイ］、バングルポール Bhangulpore の〈円塔〉、イスラムの尖塔 ── 丸いだけでなく尖っている ── 等は、ヴェニスのサン・マルコ寺院の〈**鐘楼**〉の円柱や、ローチェスター〈大聖堂〉、ミラノの現代風〈司教座聖堂〉等が原型である。これらの尖塔を持つ建造物、装飾用の尖塔、丸屋根聖堂、そしてキリスト教の寺院の総ては**石版**や直立する陽根像の原始的概念の複製である」(『ベールをとったイシス』第 2 巻 5 頁［英文原書］)。

　それにも関わらず、そして何があろうとも、これらヘブライのエロヒム、〈閃光達 Sparks〉、ケルブ Cherubs 等の総てが、デーヴァ達、リシ達や〈火達 Fires〉や〈炎達 Flames〉、古代アーリヤのルドラ達 Rudras 及び 49 人のアグニ達 Agnis と同一であると云う事実は、カバラにより、またその中で十分明らかにされている。

スタンザ IV　第 1 人種の創造

(14) 人間の創造。
(15) 彼らは空虚な影[幽複体]である。
(16) 〈創造者達〉は如何にして《考える》人間を創るのかと当惑させられる。
(17) 完全な〈人間〉の形成には何が必要か？

14.　〈七つの万軍〉は、「〈意思（或いは〈精神〉）によって誕生した〉」〈主方〉で、〈生命を付与する〉（フォーハット）〈霊〉に〈促されて〉、彼固有の〈地域〉それぞれで、彼ら自身から人間を分離・創造することを推し進めた(a)。

　(a) 彼らは自分の「影」、或いは**アストラル体**を脱ぎ捨てた ── 仮にも「月の〈聖霊〉」として、そのようなエーテル的存在が、アストラル的で更に触知しがたい体を持っていると思われるならばだが。他の〈註解書〉では、「〈始祖達〉」は、最初の人間を吐き出したが、それはブラフマーが**スラ達**（〈神々〉）*Suras* を吐き出したと説明される事と同じで、その時彼らは（**アス**即ち神、呼吸する者から From *Asu*, breath）「**アスラ達** *Asuras*[神ではない、呼吸をしない者の意]」になった、と云われている。更に第 3 の註解書では、彼ら、新しく創られた人間は、「〈幽玄なる影〉の影 shadows of Shadows であった」と解説されている。

　次の文 ──「彼らは〈幽玄なる影〉の影であった」── に関して、もう少し言葉を語り、より詳しい説明を試みよう。人類の進化に関するこの最初の過程は、それに続くものと比較して受け入れることが遙かに容易であるが、それにも関わらずどれもこれもが、一部のカバリスト達、特にこの影響を探求しはしたが、それらの第一原因を探求する事を怠った〈西洋〉の者等によって拒否され、疑問視されるだろう。さらに著者は、ある〈東洋の秘教科学者〉を除いて、正しい評価がとても難しいため、出生の生態を説明するに相応しくないと感じている。それ故ここで進化の過程に関する詳細に入ることは、それは〈秘密の書物〉に詳細に述べられているけれども、これまで世俗的な世界には知られざる、しかも彼らの誤解する事実を語ることなる様に、無駄である。大地の塵から創られた「アダム」と云う者は、あるレベルの学徒によれば、彼の創造主のエーテル体から投影されたもの

より常に良いものとされるであろうし、前者アダムの形成の過程はこれまで聴いたことはないが、一方では後者エーテル体は、誰もが知っている様に、欧米の多くの〈神霊主義者達〉にはなじみ深いものであり、また彼らの全てが理解すべきものである。何故なら、霊媒の毛穴や、別の時には、その**左側**から流れ出る物質[エクトプラズマ]の形体化現象を目撃した人々のいったい誰が、少なくともその様な**誕生**の一つの可能性を信じないことが有り得ようか？　もし〈宇宙〉に、〈天使群〉や〈霊達〉のような**形のない本質**を持ち、(我々から見れば)あらゆる固体の有機的な組織を欠いているにも関わらず、知性的存在を形成しているかも知れない生命が存在するならば、また、もし神が最初の人間を塵から創り、生きた〈魂〉を彼に吹き込んだと信じる人々が存在し ── 更に両方とも信じている厖大な数の人々がいるならば ── とても有り得ないような事を含んでいる我々のこの教えはどうなるのか？　間もなく時代の夜が明けるだろう、その時、世界が**創世記**の意味不明の死語となった文字に従って、**無**からの人間(と同じく〈宇宙〉)の奇跡的な創造を受け入れるか、或いは最初の人間が人間と「**本物の類人猿**」との間の空想的な共通の祖先との ── 遙か以前に完全に「**失われている**」── 生命の繋がり(註1)から産まれたか、のいずれかを選択すべきであろう。これら二つの誤った考え(註2)に〈秘密科学〉の哲学は踏み込む。それは、最初の人類の人種が、彼ら自身の本質に由来する、より高次で半神

(註1)　「…… ハクスリー Huxley は、〈比較解剖学〉における最も明白な発見によって支持されているが、我々人間の進化系統樹との関係に於いて、人間と最高の類人猿間の解剖学的な相違が、後者と最も低い類人猿間の相違より小さいという重要な文章を記述したし、その必然的な結論は人間の人種が**純粋な類人猿から徐々に進化した**ということである」(『人間の系譜』、アーネスト・ヘッケル Ernest Hæckel 著、B・アヴェリング Aveling 編集版、49 頁)

一体、何が正反対の結論に対する科学的で**論理的な**反論となりうるのだろうか？ ── と我々は問うているのである。〈人間〉と〈類人猿〉の解剖学的類似点は ── M・デ・カトルファージュが示していることと同様に、ダーウィン主義者によって、非常に誇張されているが ── 後者の起源が考察される時に「説明される」ことだけで単に十分である。

「何処でも、より古い堆積物の中では、より人間に似ている類人猿、またはより類人猿に似ている人間が発見される。……」

(註2)　「…… 今日、〈人間〉と〈類人猿〉との間に見られる同じ隔たりの溝は、第三紀時代まで減ずることの無い幅と深さのままで遡っている。この事実だけでその不支持を明確にするのに十分である」。(F・プファフ Pfaff 博士、エルランゲン大学の自然科学教授)

的な〈存在〉によって投影されたものであると教えている。たとえ後者の過程が尋常で無く、更に信じられそうにも無いと思われるとしても —— 何故なら、〈自然〉に関してこの進化の見解は時代遅れだからだが —— 既にある種の「〈霊的な〉」〈諸事実〉の根拠に基づく明らかな可能性を持っている。そうして見ると、我々が探求する三つの仮説、或いは、理論のいずれが最も合理的で矛盾の少ないものであるのか？　確かにこれまで誰一人として —— 盲目の魂を持つ唯物論者でないという条件で —— 秘教科学の教えに異議を唱える者はいない。

　さて、人間が如何に不完全な状態に留まっていようとも、既に示されたように、人間が現在のように完成された存在として「創造され」たのではないと我々は後者の秘教科学の教えから推察している。そこには、物質的進展と同様に霊的、精神的、知性的、そして動物的な進化というものが、最高のものから最低のものまで —— 単純で同種のものからより複雑で多様なものに至るまで、現代の進化論者達によれば、我々が辿るべき道筋は全くずれている事になるけれども、存在した。二つの正反対の方向に於けるこの二重の進化には、人間として現在知られる存在を織りあげるために、幾つかの特質、霊性と知性の段階に関して、多くの時代が必要であった。その上、一なる絶対は、絶えず活動し、決して法を犯さず、一つの永遠（或いはマンヴァンタラ）から次の永遠へと同じ線上を進み —— 顕現したもののために一つの上昇する段階を絶えず提供したり、或いは我々が大〈幻影〉(マハー - マーヤー *Maha - Maya*) と呼んでいるが、一方では〈霊〉を深く深く物質に没入させ、その後**肉体から救い出し**、解放する —— この法は、我々が言うように、これらの目的のために、他の、そしてより高次の界層からの〈存在者達〉、人間、或いは**〈精神的な存在〉**（マヌ達）等にそのカルマ的な緊急性と同調して働きかけている。

　ついでに、読者は再びインドの哲学と宗教へと戻ることを求められる。どちらの〈神秘主義〉も我々のシークレット・ドクトリンと全く同じものであるが、しかし多くの形式は異なり、変化しているであろう。

化身する神々の正体と特徴について

　〈人間〉の〈始祖達〉は、インドで、「〈天父達 Fathers〉」、ピタル達 Pitara、或いはピトリ達と呼ばれたが、我々の肉体や下位の要素の創造主である。彼らは、**最初の人格としての我々自身**であり、**我々もまた彼らそのもので**

ある。もしも彼らが肉体を持っていたならば、原始の人間は、「彼らの骨の骨、彼らの肉の肉」からなる者であっただろう。それは既に述べたように、彼らは「月の〈生命達 Beings〉」であった。

　人間にその意識と不滅の〈自我〉を〈与えた者達〉は ── その事が隠喩的、或いは文字通りと見なされようと、「〈太陽天使達〉」である。〈意識的な自我〉、或いは人間の〈魂〉の神秘は広大である。これら「〈太陽天使達〉」の秘教的な名は、文字通り、「終わり無き奉仕の守護」(プラニダーナ *pranidhâna*) を司る「〈主方〉」(ナテ *Nath*) である。それ故、**第5要素(マナス)** である彼らは、**プラニダーナ**から彼らの五つの勧戒律[清浄、知足、熱誠、精神的読書、献身奉仕]を作る〈ヨーギ達〉のその体系と関係し、或いはその起源であったと推察される。(『ヨーガ・シャーストラ[ヨーガ聖典]*Yoga Shastra*』、2巻 32 を参照) トランス-ヒマラヤの〈秘教科学者達〉が、彼らとインドで**クマーラ達、アグニシュヴァタ達、バルヒシャッド達**と呼ばれる者等とを、何故明らかに同一視するのかは既に説明している。

　如何にプラトンの表現が正確で真実であったか、また如何に(人間の)魂、或いは〈自我〉についての彼の記述が造詣の深い哲学的なものであったかは、彼がそれを「**同じものにして異るものからなる**」と定義した時に明らかである。しかしこの暗示は、魂が〈神〉、エホバの息であるという意味を世界が理解してからも、依然としてまったく理解されていない。それは、偉大な〈イニシエイトの哲学者〉が、何故なら(〈神なるモナッド〉に溶け込み合体した時には、「〈高我ハイヤー・セルフ Higher Self〉となる)〈自我〉は〈人間〉で、しかも普遍的な**《大いなる存在 MAHAT》**と同じものとして、「〈**異なるもの**〉」、即ち彼の中に化身した〈天使〉と同一である、と言うように、「**同じものにして異るもの**」である。偉大な古典作家達や哲学者達はこの真実を、「我々の内には思考を産み出す何かがあるに違いないし、何かとても精妙なもので、それは呼吸であり、火であり、エーテルであり、第5元素であり、か細い外観であり、知性であり、数字であり、調和である ……」と語る時に感じていた。(ヴォルテール *Voltaire*[18世紀に活躍したフランスの啓蒙思想家・哲学者])

　これら全員が、**マナサ達** *Manasam*[精神的力を持つ者]と**ラジャス達** *Rajasas*[活動的力を持つ者]、即ち〈第3人種〉に化身して、この様な、そして他の様々の方法で人間に〈精神〉を与えた、**クマーラ達、アスラ達**、他の支配者達と**ピトリ達**である。

　七階級のピトリ達が存在し、以下に示すように、三つは無形で四つは有

形で、更にアグニッシュヴァタとバルヒシャドの二種類がある。そして我々は、二種類のピトリ達が存在すると同様に、バルヒシャドとアグニッシュヴァタの2倍、3倍もの集団が存在すると付け加えてもよいだろう。前者は、彼らのアストラル体の幽複体を産み出しながら、**アットリ** Atri の〈息子達〉として再生し、そしてマヌ法典(3章196条)によれば、「デーモン達からなるピトリ達」、或いは有形の存在者達であるし、一方、アグニッシュヴァタはマリーチ Marichi（ブラフマーの息子の1人）の〈息子達〉として再生し、そして〈神々〉からなるピトリ達である。(同じく**マヌ法典、マツヤ** Matsya と**パドマー・プラーナ伝承** Padma Purânas、そして註釈家**クッルーカ** Kulluka によるマヌ〈法典集〉の3章195条)(註3) 更に、**ヴァーユ・プラーナ** Vayu Purâna は、七つの序列の全てが本来**最初の神々ヴァイラージャ達** Vairâjas で、「〈ヨーガ〉の目を持つ」ブラフマーは、彼らを「永劫の天体で養ったし、彼らは**神々の中の神々である**」、と明言し、**マツヤ・プラーナ**は〈神々〉が彼らを崇拝したと付け加えているが、その一方で、**ハリヴァンシャ** Harivansa(S. 1, 935)はピトリ達の中だけの一階級としてヴァイラージャ達を区別している ―― 〈秘密の教え〉で確認された記述であるが、それにも関わらず、ヴァイラージャ達をアストラル幽複体さえ持たぬ無形の存在である**年長のアグニッシュヴァタ達**(註4)や**ラジャス達**、或いは**アブータラジャス達** Abhutarajasas と同じであるとしている。ヴィシュヌは、殆どの〈写本〉で、彼らの中に、そして彼らを通じて化身したと云われている。「**ライヴァタ**[5番目のマヌの名前]Raivata・**マンヴァンタラ**では、再び、最高神ハリは、天上のマナサ達 Manasas ―― ラジャス達と呼ばれる神々に起源を有する者のように、**サンブーティ** Sambhuti の子に産まれた」。サンブーティは、ダックシャの娘の1人で、ラジャス達と共に絶えずマナサ達に結びつけられる**アグニッシュヴァタの父親マリーチの妻**である。ウィルソンやフィッツェドワルド・ホール Fitzedward Hall 氏より遙かに能力のあるサンスクリット学者による、「マナサは、ラジャスと結びついた神に対する不適当な名

(註3) 我々は、**ヴァーユ及びマツヤ・プラーナ**がアグニシュヴァタと季節を、そしてバルヒシャド・ピトリ達と暦の月数とを、即ち第4の階級 ―― **カヴィヤ達** Kavyas ―― の年周期を加えたものを、(西洋の解釈に従えば)同一視していることに、充分に気づいている。しかしそれはキリスト教徒ではない。ローマ・カトリック教会は彼らの〈天使群〉と惑星を同一視するが、なぜ7人のリシ達 Rishis は**セプタルシ**[7人のリシ]Saptarshi となっていないのか？ ―― 一つの星座に？ 彼らは周期的な季節区分を統括する女神達である。
(註4) ヴァーユ・プラーナはアグニッシュヴァタ達が居住したヴァイラージャ-ローカ Virâja-loka と呼ばれる地域を記述している。

前では無い。我々は、男性神的人格を表現する必要性のために、語尾を変化させたマナサム Manasam ── **マナス**と同じ意味 ── と言う言葉の中にそれが含まれていると考える」(『ヴィシュヌ・プラーナ』、第3書、1章17頁、脚註)との記述通りである。**ヴァイラージャの全ての息子達はマナサ**である、と**ニーラカンタ**[青首のシバ。海中の毒を飲み干し首が青くなった寓話]Nilakantha は伝える。更にヴァイラージャはブラフマーで、それ故、**無形の**ピトリ達はヴィラージャの息子達であることからヴァイラージャ達 Vairâjas と呼ばれている、と**ヴァーユ・プラーナ**は伝える。

　我々は**際限なく** *ad infinitum* 証拠を殖やすことが出来るが、それは無駄なことである。賢明な人は我々の意図することを理解するが、**愚かな人は**理解することを求められていない。インドでは33クロール、即ち33億人の神々が存在する。しかし、バガヴァッド・ギーターに精通した解説者の論評によれば、「彼らは全員がデーヴァだが、決して全員が『神』ではなく、高い霊性という意味で誰かがその言葉を割り当てたものである」。「この不適切な誤解は」と続けて、「一般的にヨーロッパ人によってなされたものである。デーヴァは霊的な存在の一種であり、同じ言葉が神を意味する普通の用語として使われているという理由で、我々が33億の神々を崇拝すべきであると言うことには決してならない」と語る。更に彼は暗示的に、「これらの存在は、おのずと推察されるように我々が人間を分類する**ウパディ**(基本的素因)を構成する三部門の一つに**ある**種の**親和性**を持っている」と続ける。──『神智学徒 *Theosophist*』1887年2月号以降を参照)

　ある神秘的な階級の神々の名称はマンヴァンタラ毎に変わっていく。その様な十二柱の偉大な神々、**ジャヤ達** *Jayas* は、〈劫期〉のまさに始まりにブラフマーによって彼の創造の仕事を手伝わせるために創り出されたが、彼らは、至高の三昧サマージ Samadhi に没入し、創造を怠たり ── その上、彼らは第7期までのマンヴァンタラ毎に繰り返し誕生させられる呪いを掛けられて ── 個々には[劫期順に]**アジタ** *Ajitas*、**トゥシタ** *Tushitas*、**サティア** *Satyas*、**ハリ** *Haris*、**ヴァイクンタ** *Vaikuntas*、**サディヤ** *Sadhyas* そして**アディティヤ** *Adityas* と呼ばれ、彼らは(〈第2劫期〉には)**トゥシタ**であり、そしてこの**ヴァイヴァスヴァタ**期間(**ヴァーユ・プラーナ**を参照)の**アディティヤ**で、更に他の名称は個々の劫期期間のためのものである。しかし、彼らは**マナサ**や**ラジャス達**と同一であり、そしてこれらの存在は我らが化身するディヤーニ・チョーハンとも同一である。彼らが**ジニャーナ**[智慧の]-**デーヴァ達** *Gnana-devas* の全ての階級である。

　まさしく、**ヤクシャ達** *Yakshas*、**ガンダルヴァ達** *Gandharvas*、キンナラ

達Kinaras等々の様に、**個性を有し**、アストラル界に住んでいるそれらの存在に加えて、実在の**デーヴァジニャーナム**［神の知識を持つ者］達 *Devagnanams* が居り、これらのデーヴァ群の階級には**アディティヤ達、ヴァイラージャ達、クマーラ達、アスラ達**、そして〈秘教科学〉の教えが、**勝義の精神マナスウィン** *Manaswin*、〈賢者〉、あらゆるものの中で最上のものと呼び、そして全ての人間を自らのような**自己意識的**で霊的で知性的な存在に造ったそれらの高位天界の存在者達の全てが含まれるが、彼らは、生殖に堕落するようにと、また彼ら自身が自らの義務を無視したために死すべき存在として再生するようにと、「呪われた」わけでは無かった。

スタンザIV ——（続き）

15. 七度、〈未来の人間〉（或いはアマナサ達 *Amanasas*［精神が無い者］）(*a*)**の〈七つの影[幽複体]〉（チャーヤー** *chhayas*）**が、それぞれ自分自身の色（複合体** *complexion*）**と種類を持って（そのように）〈生まれた〉**(*b*)**。それぞれは（また）彼の〈天父〉（創造主）より劣っている。〈天父達〉、〈骨を持たぬ〉者は、〈骨〉を持つ〈生き物〉に〈生命〉を与えられなかった。彼らの〈子孫〉は、〈形体〉も〈精神〉も持たないブータ（幻影** *phantoms*）**であった。そのため、彼らはチャーヤー（イメージ、或いは影）〈人種〉と呼ばれる**(*c*)**。**

(*a*) マヌ Manu は、既に述べたように、思考する事を意味する「*man*」、それ故「思索する者」、という語源に由来する。ラテン語の精神を意味する「**メンス** *mens*」、エジプト人の〈完成した精神〉を意味する「**メネス** *menes*」、ピタゴラス派の**モナス** *Monas*、或いは意識的な「**思考器官**」、同じく精神も、そして我々の「**マナス**」、或いは精神、人間の第5本質を表す言葉さえもが派生したのは、非常によく似たこのサンスクリット語の言葉からである。それ故これらの影は**アマナサ** *amanasa*、「精神の無い者」と呼ばれた。

バラモン僧達にとってピトリ達は非常に神聖である、何故なら、彼らは人間の〈始祖〉(註5)、祖先 —— この地上の最初の**マヌーシャ** *Manushya*

(註5) この事は『ベールをとったイシス』の1巻、科学、上、「ベールの前で」の50頁[老松克博訳　竜王文庫 2010 年刊] に暗示されていたが、そこでは十分な解説を与えることが出来なかった。即ち、「**ピトリ達は現在生きている人間の祖先達ではなくて、最初の人類、或いはアダムの種族の祖先である。**言い換えれば、**人間的な人種の霊達は**、下降する進展の厖大な領域において、我

［人間］——　であり、人に息子が産まれる時、お供え物がバラモンによって彼らに捧げられる。彼らは更に尊ばれ、彼らの祭礼は神々を崇拝する以上に重要である（『マヌ法典』、第 3 章、203 条を参照）。

さて我々は、この始祖達の二部門からなる集団についての哲学的な意味を探求しなくてよいものであろうか？

七階級に分けられるピトリ達について、我々は再びここで神秘的な数を取り上げる。殆ど全てのプラーナ伝承は、彼らの内、三階級は形を持たぬ**アルーパ**で、その一方で四階級は有形ルーパであること、即ち前者は知性的、霊的であり、後者は物質的で知性を欠いていること、で一致している。秘教的には、ピトリ達の最初の三階級を構成するのは**アスラ達**で——「夜中に産まれた」——これに反して、残りの四階級は黄昏から創られた。**ヴァーユ・プラーナ**によれば、彼らの父達、即ち神々は、〈地上〉に愚かな者達として産まれる運命であった。伝承伝説は故意に混ぜ合わせられ、そして非常に曖昧となり、その為ピトリ達は一つの伝承では神々の息子になり、別のものではブラフマーの息子となり、その一方で 3 番目の伝承は、彼らを自分たち自身の父親達の指導者としている。七つの地域で同時に人間を創造したのは、四つの物質的階級の〈天使軍 Hosts〉である。

さて次は、ピトリ達の七階級に、そしてそれぞれが更に七つに細分されるその階級に関して、学徒達への言葉や神を冒涜する者に対する疑問についてである。その中の「〈火〉のディヤーニ達 Fire Dhyanis［火を瞑想する者］」は、議論の余地無くアグニッシュヴァタと同一であるが、その階級は、我々の学派でディヤーニ-チョーハンの〈御身体〉の「〈心臓 Heart〉」と呼ばれ、そして第 3 人種の人間達の中に化身し、彼らを完成したと云われている。秘教的な〈奥義伝授者〉は、この天使の〈心〉の七本質、或いは七資質と、全ての肉体器官や精神や霊的能力が**上方の階層の形式や原型の投影**一つ、つまり地球の界層の複製である人間との間に存在する神秘的な関係について語っている。何故、人間の解剖学的な構造に於いて、その様に数字の 7 が不思議にも繰り返されなければならないのか？と問われている。何故、心臓は、**四つのより低い**「心房心室と**より高い三つの部分**」という、とても奇妙にも高次と低次の二つの部分に分かれる人間の本質の七区分に対応するものを持たざるを得ないのか？　そして、何故、同じ区分がピトリ達の様々な階

等人種の人々に先立っていたし、肉体的同様、霊的にも我ら現代の小人達 pigmies より遙かに優れていた。**マーナヴァ-ダルマ-シャーストラ**［マヌ法典］*Manava-Dharma-Sastra* で、彼らは**太陰祖先** *Lunar* ancestors と呼ばれている」。

級、特に我々が云う「〈火〉のディヤーニ達」に見られるのか？　その理由は、既に述べたように、これらの〈存在〉は四つの物質的(或いはより濃密な)、そして三つの霊的(或いはより希薄)な「資質」に、それらを貴方のお気に入りの他のどのような名称で呼んでもらっても結構だが、入魂するからである。何故、肉体の七つの神経叢[チャクラ、内分泌腺を含む]は**7種の光線を放射する**のか？　何故、七つの神経叢があるのか？　何故、人間の皮膚には**7種の異なる層**があるのか？

　「**自らの幽複体を投影し、人間の一要素(エーテル)を創り終えて、始祖達は、世界が新たにされた時、新人類を誕生させるために彼らが周期的に降ってくる大いなる世界マハー - ローカ Maha-lokaへ再び昇った**」。

　「希薄な体は、今ではアスラ達 Asuras(〈神々〉でない)と呼ばれるスラ達 Suras(〈神々〉)の出現まで、理解する力(精神 Manas)を持たないままである」と〈註解書〉は伝える。

　恐らくバラモン僧達にとって「神々でない者」が、〈秘教科学者〉にとっては至高の〈神の息吹達 Breaths〉で、その後、無形だが知性的なそれらの父祖達(ピタル Pitar)は、人間の形成を拒否するが、人間に精神を与え、物質的な四つの階級の者等は人間の体のみを創造している。

　この事は、**リグ・ベーダ** ── ヒンドゥ教のあらゆる宗派に於ける最高の権威ある聖典 ── の様々な文節にとても簡明に示されている。そこでは、**アスラ**は「霊的な神性」を意味し、その言葉は〈至上の霊〉の同義語として使われるが、一方では、〈神〉という意味で、「アスラ」と云う言葉はヴァルナ Varuna[天則を司る司法神]やインドラ Indra[雨と雷の神]、とりわけアグニ Aguni[火の神]に対して用いられる ── これら三神は、〈バラモン的な神の神話〉が〈古代の聖典〉に於ける殆ど全ての本当の意味を曲解する前までは、古い時代の三柱の**最高神**であった。しかし、鍵は現在失われているので、アスラ達について述べるのは困難である。

　ゼンダヴェスタ Zendavesta[ゾロアスター教の教典]にも同じことが見られる。ゾロアスター教 Mazdeanやマギ教 Magianでは、「アスラ」は**アスラ・ヴァイスヴァヴェダ達**の主、即ち「全知」、或いは「博識の〈主〉」で、そして**アスラ-マツダ Asura-Mædhâ**は、後に**アフラ-マツダ Ahura-Mazdhâ**となり、ベンフェイ Benfeyが示したように、「〈知性〉を与える〈主〉」── アスラ-メダ Asura-Medhâ、或いはアフラ-マツダオ Ahura-Mazdâo ── である。この作品の他の所でも、同様に確かな根拠で、インド-イラン人のアスラが常に**七重性**を持っていたことが示されている。この事実は、前述のように、マツダという名前に結びつけられて、七重性を持つアスラという「〈主〉」、

或いは集団として「〈知性〉を与える」者である「〈主方〉」を作りだし、エロヒム、そしてエジプト、カルディヤ、更にあらゆる他の国々に於ける7人の知識を与える神々と同様に**アムシャスペンド方** *Amshaspends* とアスラを、そして我等の化身するディヤーニ・チョーハン方とを、結びつけている。

これらの「神々」が、何故人間の創造を拒否したのかは、顕教的な説明に述べられたように、〈地球〉の子供達と自らの資質である天体の力を共有するには高慢になり過ぎた彼らの自尊心によるのではなく、その理由を既に提示した。けれども、寓話は終わり無き空想に耽溺していたし、そして神学は、それに関してどの国でも、これら最初に誕生した者、或いは**ロゴス達** *logoi* に対する寓話の場面を明らかにし、そして無知で騙されやすい精神の持ち主に寓話を真実として印象づけることを優先した。(獣帯十二宮図との関係でマカラ Makara とクマーラ方についての言及もまた比較せよ)

彼らを悪魔デーモン達に貶めているものはキリスト教体系だけではない。ゾロアスター教やバラモン教でさえも人心の掌握を手に入れるためにそれに類することを用いた。カルディヤ人の顕教の中でさえも、**創造を拒否し**、それ故**デミウルゴ達**に敵対すると云われる〈存在〉は、同様に〈暗闇〉の〈霊達〉として嫌われている。このスラ達は、自らの知性的独立性を獲得したが、知性を欠き、彼らの生活を盲目的な信仰に基づく無益な祭祀的崇拝に過ごすとして表現されるスラ達と戦い —— **保守的な**バラモン僧に今では無視される指摘の一つだが —— その後すぐに前者は**ア-スラ**[スラでない者の意]**達** *A - suras* になる。最初に、そして**想いから誕生した**〈神々〉の〈息子達〉は子孫をもうけることを拒み、ブラフマーに**人間として生まれる**ように**罵られている**。彼らは投げ落とされ〈地上〉**に**降るが、それは後に、神学的な教義に於いて、**地獄**の地域へと変えられている。アーリマン Ahriman[ゾロアスター教の悪魔の精]は、牡牛座 The Bull —— それは地上の**幻影的な**生活、「苦悩の胚種」の象徴で —— 滅びゆく有限の種子が死すべきである事を忘れて、植物の不死性や霊的且つ永遠の命が芽吹き生長するためにオルマツダ[ゾロアスター教の最高神で光と善の神]によって創られたもの、を破壊し、敵対者、対立する勢力、悪魔と宣告されている。ティフォン Typhon[風の神]は、オシリス Osiris[黄泉を支配するエジプトの神]がこの世に住み、災いを招くことが無いように、彼を14片に切り刻むが、その結果、顕教的、神学的な教えでティフォンは〈闇〉の〈勢力〉となる。しかしこれは全ては顕教的な覆いの殻である。**自己意識的な努力を通じて神性の元の状態に復活するように人間を援助する者等の努力と自己犠**

性に服従せず背くという特徴を与えたのは後者の崇拝者達であり、〈光〉の〈天使達〉から悪魔を作ったのはこれら〈形式的儀礼〉の崇拝者達である。

秘教哲学は、それにも関わらず、ディヤーニ方の3分の1(註6)が ―― 即ち、〈アルーパ[形体を持たない]〉・ピトリ達の3階級が、知性を与えたが、「それは形態のない息であり、**知性的**だが元素霊ではない物質から構成されていた」(『ハリヴァンシャ』、932頁を参照) ―― 単に〈カルマ〉の**法則**と〈**地上**〉に**再生**(或いは**化身**)する事による進化によって運命づけられていたと教える。(註7) これらの一部は別のマンヴァンタラから来た**ニルマナカーヤ方** *Nirmanakayas* であった。このため我々は、彼らを、あらゆるプラーナ伝承で、**第3マンヴァンタラ期**にこの地球に再顕現する〈王達〉、リシ達、英雄達([本文172頁スタンザⅥ]〈第3根本人種〉を読むこと)と見なしている。この教義は、大衆達に理解されるには哲学的且つ比喩的すぎるが、既に述べたように、聖職者達によって迷信的な畏れを通じて人々の支配を維持する目的で台無しにされた。

想像上の「反逆者達」は、その後、〈カルマ〉の法によって苦汁の杯(さかずき)をその最後の一雫まで無理矢理飲み干させられ、単に新たに**化身すべき者**等と

(註6)　聖ヨハネの黙示録の中で言及された以下の幻視、「巨大な赤い〈龍〉が七つの頭と10本の角を持ち、その頭に七つの王冠を戴き」、その「尾は天の星の3分の1を引き抜いて、それらを地球に投げ落とした」(12章)という主張はどこに由来するのか?

(註7)　「それらを〈地球〉に投げ落とした」という文節は、アトランティスの**巨人達**や**魔術師達**の滅亡の後、多様な寓話の下に ―― 宇宙誕生以前の神統系譜からの一頁のように、**天文学的**、**自然科学的**、**神的な** ―― 真実を封印したアーリヤ人の神秘家達による最も壮大で古い寓話にその起源があることを明白に示している。その秘教的な正しい解釈は、いわゆる「〈堕天使達〉」に関する真の〈護神論 Theodice〉で、**受け入れる者**と**叛く者**、**創造者達**と**創造を拒んだ者達**は、カトリック教徒達の最高の〈大天使〉、聖ミカエルが、(今ではサタンと誤称され誹謗されている)《智慧》の《竜》と神のような〈自己犠牲〉の《竜》を征服(精通し知識を吸収)すると表現され、彼が〈**創造を拒んだ最初の者であった事**〉を忘れたカトリック教徒達によって、今では途方に暮れるほど混ぜこぜにされている!　これが果てし無い混乱へと導いた。キリスト教神学は、〈東洋〉の逆説的な言語やその象徴を殆ど理解していないため、その**意味不明の死語**で、中国の仏教徒や、光を奪いとる企みを持つ「巨大な赤い〈龍〉」を脅して追い払う為に特定の日食の期間中、騒々しい音を出すヒンドゥの儀式を説明しさえもする!しかし此処では、「〈光〉」は秘教的な〈智慧〉を意味し、我々は、これら全てが〈大師方〉や〈秘伝参入者達〉と関連がある〈龍〉、〈蛇〉等々の言葉の秘密の意味を十分説明して来た。

なり、その結果、彼らのより劣った同胞によって計画されたアストラル[星辰]体像を責任ある考える存在達に変化させる者等となった。一部の者は拒否したと云われるが、何故なら彼らは必要な素材 —— 即ちアストラル体 —— を内部に持っていなかったからで、それ以後彼らは**アルーパ**[無形]となった。他の拒絶者達は、彼らが遙か過ぎ去りし以前のマンヴァンタラ期のアデプト方や〈ヨーギ達〉であった事に関係し、それはもう一つの神秘である。しかし、自らの化身の順番を待ち、さもなければ、責任能力も無い、外観は人間であるが動物の様な形態の中で無窮の年月に亘って微睡み続けざるを得なかった〈モナッド達〉の幸福と救済のために、後に**ニルマナカーヤ方**として、彼ら拒絶者達は自らを犠牲として捧げた。それは寓話の中の喩え話または**寓話の中の寓話**であるといってよい。もし学徒がそれを自身の**霊的な目**で補って読む場合のみ、その解明は彼の直観に委ねられることになる。

　彼らの造形者達や「〈祖先達〉」に関して言えば —— 彼らは、顕教的な伝承では法に従う〈天使達〉であり —— バルヒシャド・ピトリ達やピタル-デーヴァタ Pitar-Devata、即ち**物質創造の火を持つ者**等と同一であるに違いない。彼らは、彼ら独特のアストラル的〈自我達 Selves〉で人間のモナッドを創造する、或いは衣を着せることだけは出来たが、しかし彼らの思い描いた姿や彼らに似せて創ることは出来なかった。より低い動物的な部分だけでなく、より高度な部分の創作も任されて、「人間が我々の1人のようになってはならない」と**創造**する神々は語っている（「創世記」とプラトンの『ティマイオス』を参照）。彼らが彼ら独特の神の〈本質〉から創った人間の外観は、秘教的に最初の〈人種〉となったのがまさに彼らであることを意味するし、それによってその運命と未来の進化を共有した。彼らは、単純に**出来なかった**のだが、人間の理性と自己意識の花の中へ燃え広がるあの神聖なる閃光を人間に与えようと**しなかった**、というのも彼らは与える事の出来ない閃光を持っていたからである。この閃光は、ギリシャでは、肉体には何もしなかったが、しかしあらゆることを純粋な霊的人間に対して与えたプロメテウスという名で象徴されたデーヴァ達の前述の階級に残されてきた。(**この本の第II部の「堕天使」と「光の神々は闇の神々に由来した」をもまた参照せよ**)

　〈創造主達〉のそれぞれの階級は、人間に与えるべきものを、ある主は人間の外見を整え、別の主は人間にその本質、それはやがて**人格的な個性発芽の原因**となる〈**人間の高我**〉を与えているが、しかし彼らは、自らのよう

に ── 罪無き故に完全で、幾つかの特徴である最初の青白い朧気な影の外形だけしか持たないが故に罪が無く、そしてこれら全てが完璧で ── 人間の立場から見れば ── 汚れのない雪のように純白且つ清らかで、そして冷徹であるような人間を造ることが出来なかった。そこには争いも無ければ、美徳も無い。人類は、「〈地〉より出でて土に属すが」、神の最初の〈息〉である天使団によって創られる定めでは無かったし、それ故天使団はそうすることを**拒んだ**と云われ、そして人間は、彼らに代わって、独自の本質に準じたものだけを与える事の出来るより物質的な創造主達(註8)によって形成された。永遠の法に従って、純粋な神々は、彼ら自身から ── 依然として影のままである ── 彼らよりもエーテル的や霊的に僅かに劣り、神性や完全さで劣る影のような人間を創ることだけが出来た。最初の人類は、それ故、先祖達の青白い写しであり、神々の一つの職階に就くには、そのエーテル的性質も同様だが、物質的過ぎたし、あらゆる**受動的(ニルグナ Nirguna)** な完全性をそのまま与えられた〈人間〉になるには、霊的で純粋過ぎた。完全性は、その様に十分となる為に、不完全性から生まれなければならないし、後者を乗物、土台、反面教師として持ちながら、その**清廉潔白**さは堕落の中から成長しなければならない。絶対的な光は絶対的な闇であるし、**逆もまた同様である** *vice persâ*。事実、真実の王国には光も闇も存在する。〈善〉と〈悪〉は、幻影の女神マーヤーの支配下の双子で、

(註8) 正反対のあらゆる結果にも関わらず、キリスト教神学は ── 人間の創造に関して**文字通りに解釈されている**ヘブライの秘教的な説明に、自身が悩まされてきたが ── 精神や感覚を欠いた人間を創り出したその「〈神〉、〈創造主〉」に対する合理的な弁明を見いだすことが出来なかったし、それだけでなく、それはアダムとイヴに魔が差した *non compos* と弁解した次に述べる行為に対する罰をも正当化出来なかった。というのも、もし2人が、禁断の果実を食べる前に善悪に無知であることを許されているならば、如何にして**違反が悪であると**知ることを期待できようか？ もし原始人が半ば理解力を持つ、或いはむしろ理解力の無い存在にとどまることを意味したならば、その時、神の創造は、全能にして完全な〈神〉によって産み出されたとしても、無目的で**残酷**でさえあったことになる。しかしアダムとイヴは、創世記の中でさえ、より低い神的な〈存在〉階級の一つ、**エロヒム**によって創造されたと描写され、彼は合理的で知性的な創造物として彼等の人格的な特権に関して非常に嫉妬深いことから、人間が「我々の1人と同じように」なる事を許さないのだろう。この事は、聖書の死語となった意味からさえも、明白である。グノーシス主義者達が、ユダヤの〈神〉を、見えざる〈世界〉のより低い、物質的でそれほど神聖でもない居住者達の階級に属すると見なしたことは、従って、正しかった。

〈空間〉と〈時〉の子である。一方を他方から切り裂いて分離したならば、両方とも死ぬだろう。どちらも、それぞれがお互いから創られ産み出されるべきものとなって以来、顕現するために**それ自体** *per se* では存在しえないし、両方とも知覚の対象となる前に知られ、評価されるべきであり、そのため、滅ぶべき人間精神の中でそれらは識別されるべきである。

それにも関わらず、幻影的な区別が存在するように、人間の住む諸天体 ── 特に我々の天体 ── を「創造」するため、或いはこの地球界層の物質を取り扱うために**創造的な天使群のより低い階級**が必要である。哲学的なグノーシス主義者達は、歴史年代に於いて、そう考え、そしてこの理論上に様々な体系を考案した最初の者等であった。それ故、彼らの創造体系で、人は霊的〈存在〉の梯子のまさに足もとに一つ場所を占めるグノーシス主義者達の〈**創造主達**〉を常に認める。創造主達と共に我らが地球とその人間達を創造した者等は、幻影的な物質のまさに境界上に位置づけられたし、その信奉者達は ──〈教会神父達〉の激しい嫌悪に対して ── 霊的且つ道徳的な意味で、我らが地球を麗しくするこれらの哀れな人種の創造のために、責任を果たすことが出来たのは、如何なる高次の神でもなく、彼らがユダヤの〈神〉、エホバを降格させた**低い階級**の天使達(註9)のみであった、と考えるように教えられた。

今とは異なる人類があらゆる古代の〈宇宙進化論〉で述べられている。プラトンは、『対話編**パイドン** *Phædrus*』[紀元前4世紀頃の書。ソクラテスの死を叙述する中で霊魂の不滅とイデア論を展開する哲学的対話編]で、**有翼人種**について語っている。アリストファネス Aristophanes[ギリシャの詩人、喜劇作家]は(プラトンの『饗宴』の中で)、両性を具有し丸い体を持つ人種について語っているし、『**ポイマンドレス** *Pymander*』では、全ての動物界は二重の性を持ってさえいると。これは18節に、「周期が成就して**結び目が解かれた** …… そして全ての動物達は、皆等しく雌雄両性であったが、**人間と一者に解かれた**(分かれた)。……」、何故なら ……「その理

(註9) 『ベールをとったイシス』の中で、これらグノーシス的な体系の幾つかが述べられている。一つは**ナザレ人の〈写本〉** *Codex Nazareus*、ナザレ人の〈聖典〉から引用されたものであるが、彼等は、キリストの時代の遙か前から、そしてモーセの律法の前からさえも存在していたにもかかわらず、グノーシス主義者であり、且つ彼等の多くは〈イニシエイト達〉であった。彼等はナザラ Nazara(古代の、そして今のナザレ Nazareth の町)で彼等の「〈生命〉の〈密儀〉」を保持し、そして彼等の教義はシークレット・ドクトリンの教えの忠実な響きであり ── その幾つかを我々は今説明しようと試みている。

由は地上に結果を生み出さなければならなかった」(註10)と語られている。再び、『**ポポル・ヴォー**』 ── 故大修道院長ブラスール・ド・ブールブール Brasseur de bourbourg により出版された書物 ── の古代キチェ Quiché の〈碑文〉によれば、最初の人間は「その視力に限界がなく、忽ち全てのことを理解した」人種であると記述され、それは人間達ではない〈神々〉に関する**神聖な知識**を描写している。シークレット・ドクトリンは、大衆的な幻想の避けられない誇張を訂正しながら、彼らが〈古代〉の象徴の中に記録されているという事実を与えている。

(b) これらの「影[幽複体]達」は「それぞれが特有の肌の色と種族を持つ者」として生まれ、それぞれはまた「創造主より劣る者」であったが、その理由は、後者の創造主が彼の種族の中で完全な存在であったからである。〈註解書〉は最初の文節で、このように進化した各人種の肌の色、或いは外見に言及している。**ポイマンドレス**には、〈7人〉の原初の人間達は、「天人」に由来する〈自然神〉によって創造され、全員が ── 神々特有の投影された姿と統一性を持ち ── 〈人間〉を慈しんだ「〈7人の統治者達〉」、或いは〈支配主等〉の性質を受け継いでいるとある。

〈古代北欧の伝説〉で、誰もが、神々の居住地神都アスガルド Asgard に、また同じく**アセ達** Ases 自身に、我々のシークレット・ドクトリンと同様、大衆の「神話」に織り込まれた同じ神秘的な**土地**や擬人化を認めるし、そして我々はヴェーダ、プラーナ、ゾロアスター教の〈聖典〉やカバラにそれ等を見いだす。スカンジナヴィアの**アセ**達は、我々の進展する世界の支配主達で、その名は文字通り「世界の柱」、世界の「支え」を意味し、以下のように、ギリシャの〈宇宙創造神コスモクラトール *Cosmocratores*〉、ポイマンドレスの「〈7人の職人〉または〈総督 Rector〉」、インドの7人のリシ達とピトリ達、7人のカルディヤの神々と7人の悪霊、上位の三つ組みによって統合される七つのカバラ的なセフィロト、そしてキリスト教神話の7人の〈惑星霊〉さえもと、同一である。アセ達は、大地、海、空と雲、見える世界全てを、滅ぼされた巨人ユミル Ymir の[その肉が大地、血が海、頭蓋骨

(註10) フランコ Francois、モンシェール・デ・フォイックス Monsieur de Foix、エヴェスクィ・ダリ Evesque d'Ayre によるギリシャ語からの翻訳を参照のこと。マルゲリーテ・デ・フランス Marguerite de France とレイニー・デ・ナヴァリ Reine de Navarre に捧げられた作品で、ボーデアックス社 Bor-deaux の 1579 年編集版。

が天となった]肉体の残りものから創造したが、彼らは《人間》を創造するのではなく、**アスク** *Ask* 即ちトネリコの木から人間の形体を創るだけである。人間に生命と魂を与えたのはオーディン Odin 神であるが、それはロドゥル Lodur が人間に血と骨を与えた後のことで、最後に自らの知性(**マナス**)と自らの意識感覚を人に供給するのはホーニル Hönir である。〈古代北欧〉のアスク Ask、青銅器世代の人間が出現したヘシオドスの〈トネリコの木〉、〈第3根本人種〉、そしてメキシコに於ける**第3人種**の人間を創り出した**ポポル-ヴォー**の**ツテ** *Tzite* の木等、全ては同一のものである。(註11) この事は恐らくいずれの読者にも明白に理解されるだろう。しかし、〈古代北欧の宇宙樹イグドラシル Yggdrasil〉、インドのアスワータ aswatha、ゴガルド Gogard、ギリシャの生命の木、チベットのザンプン Zampun 等が、カバラのセフィロトの〈樹〉と、そして更にアフラ・マヅダによって創られた〈聖樹〉やエデンの園の〈木〉さえもと、何故同一であるのか、その〈秘教科学的〉な理由は？── 西洋の学者の中の誰がそれを語れようか？(註12) それにも関わらず、これら全ての「〈木〉」の果実は、それらがピッパラ Pippala [インド菩提樹の実、イチジクのこと]やハオマ Haoma[生命の木、聖なる飲み物]や、しかもより平凡なリンゴであろうと、真実に誓って「生命の植物」である。我々人種の原型は、巨大な世界である大宇宙の木(註13)の**内部やその下**で生長し発展する小宇宙の木の中に、全て内包されていたし、更にその秘密は盲目の仙人ディールガタマス[長い闇]*Dirghotamas* によって半ば覆いを剥ぎ取られたが、そこでは、「ピッパラは、**科学を愛する霊達**を招くその木に実る甘い果実で、神々が全ての驚くべき事を産み出す処でもある」と語られている。ゴガルド Gogard に有るように、これら全ての世界樹の鬱蒼と茂る枝の間に〈蛇〉は住む。しかし、〈大宇宙〉の木が〈永遠〉と絶対的な〈叡智〉そのものを象徴する〈蛇〉であるのに対し、〈小宇宙〉の木に住む者等は顕現した〈叡智〉の〈蛇達〉である。〈一なるもの〉は〈全て〉であり、他のものはそれが**反映した**部分である。「木」は、勿論、人間自身であり、〈霊〉と〈物質〉、天と大地との繋がりを結ぶ意識的な**マナス**、

(註11)　マックス・ミューラー Max Müller のポポル-ヴォーに関する評論を参照。
(註12)　ジェームス・ダルメステーター James Darmesteter 氏は、ヴェンディダッド Vendidad の翻訳者で、その講演の中で、「木はなんであろうとも ……」(209 頁)と述べている。
(註13)　プラトンの『ティマイオス Timæus』。

各自の中に住む〈蛇〉である。

どこでも同じである。**創造する**諸勢力は〈人間〉を産み出すが、その最終的な目的は挫折している。これら全てのロゴス達は、人間に〈精神〉(**マナス**)だけを反映した**意識的**で不滅の霊を、与えることに精力を注ぐが、意欲を欠いていたとしても、彼らは失敗し、そして全員が失敗のために罰せられたと描写されている。罰の特徴は何か？　投獄に関する文章には、**我々の地球の事である**、より低い、或いは地獄の地域に、**その連鎖の最も低い所に**、一つの「永遠」 ── 生命周期を意味する期間 ── に続く物質の闇に、或いは**動物**〈人間〉の中に、とある。視覚的な象徴が混乱することは、半ば無知で半ば意図的な〈教会の神父達〉を喜ばせた。彼らは、あらゆる古代の宗教に見られる比喩と寓話を新しい宗教の利益に沿うように変更することを優先した。こうして人間は、物質地獄の闇の中へと変容させられ、彼に内在する〈本質〉(マナサ達)、或いは化身したデーヴァから得られた彼の神的な意識は、下界で燃えさかる炎となったし、更に我々の天体地球は〈地獄〉そのものとされた。インド菩提樹の実**ピッパラ**、**ハオマ**、〈知識〉の〈木〉の実は**禁断の果実**と宣言され、そして「〈智慧〉の〈蛇〉」、即ち良心と意識の〈声〉は、古代の〈龍〉、〈悪魔〉である〈堕天使〉と長い間同一視されたままだ！(第II部の「悪霊とその正体は？」を参照)

他の高次の象徴も同様である。**スワスティカ** *Svastica* は、インドの最も神聖で神秘的な象徴で、直接関係があるにもかかわらず、現在メーソン達が呼ぶように「〈ジャイナ十字〉」であり、しかもキリスト教の〈十字架〉と同一でさえあるが、同様にその地位を失墜させられてきた。それは「悪魔の印」だとインド人の宣教師達によって宣告されている。それは、ヴィシュヌの巨大な〈蛇〉の頭上に、ヒンドゥの**ナーラカ** *Naraka* または〈地獄〉であるパーターラ Pâtâla の深淵に住むセーシャ-アナンタ Sesha-Ananta [永遠の蛇] の千の頭上に、輝いていないのか？　当然それは輝いているが、アナンタ Ananta とはいったい何者なのか？　セーシャ Sesha のように、それは終わりの無いマンヴァンタラ的な時の周期で、**プララヤ**の休息の間、頭上に**永遠の**〈神〉ヴィシュヌが憩う巨大な七つ頭を持つ〈蛇〉アナンタと呼ばれる時に、それ自身無限の〈時〉となる。サタンがこの高度に形而上学的な象徴にすべきことは何か？　**スワスティカ**はあらゆる象徴の中で最も哲学的且つ科学的で、更に最も理解しやすい。それは**創造**、或いは進化の全体の働き、より詳しく言うならば、〈宇宙神の系統譜〉から〈人類発生論〉に至るまで、また不二にして不可知のパラブラフマンから、かの〈普遍神 All-

Deity〉それ自身と同様に、かの科学にその**起源が知られざる**物質科学の小さな**モネラ** *moneron* までを僅か数行に要約する。**スワスティカ**はあらゆる古代国家で宗教的象徴の劈頭に見られる。それはカルディヤの『数の書』の「〈労働者の金槌〉」であり、その「〈金槌〉」は『封印された秘密の書』(1章1、2、3、4節等)で、まさに「叩いて火打ち石から火花を生じる」(〈空間〉を生む)と言及されており、それらの火花が世界となる。それは、反抗し、一方では物質界を活気づけ、〈神々〉、〈宇宙調和〉の〈推進者達〉によって制圧されることはないだろうが、最初に滅ぼされるべき〈巨人族〉、或いは**宇宙創生以前の**ティターン[ギリシャ神話の巨人族]神群的な〈自然〉の勢力と対立するこびと族が精錬して造った魔法の道具、「雷神トール Thor[北欧神話の雷、農業、戦争の神]の〈金槌〉」である。これこそ世界が、殺された[荒くれ者]ユミル Ymir の遺体から創られたと云われる理由である。スワスティカは金槌ミョルニル Miölnir、「嵐の金槌」であり、そのためにアセ達 Ases、聖なる神々が、(生命の化身に於ける彼らの熱誠と苦難の) 火によって清められた後、永遠なる安らぎの地イダ Ida に居住するのに適するようになり、その後にはミョルニルは不要となるだろう。そうなるのは、ヘル Hel (北欧神話の〈死者〉の国の女神−女王) の死の縄が最早彼らを捕縛しなくなる時で、何故なら悪の王国が既に滅亡しているからである。「サルチュル Surtur の炎は彼らを滅ぼさなかった」し、数回の大洪水で「水を荒れ狂わすことさえも無かった」……。「その後、雷神トールの息子達が現れた。彼らは、最早戦争の兵器ではなく、新しい天と新しい〈地球〉を聖別するための金槌として**ミョルニル**を携えて来た。……」(註14)

　本当に、何とその意味の多様なことか！　〈**大宇宙**〉の働きに於いて、「《**創造の金槌**》」は、直角に折れ曲がった4本の腕を持ち、見えざる〈宇宙〉の〈諸勢力〉の連続的な**運動**や循環する周期に関与する。彼の顕現した〈宇宙〉や〈地球〉に於いて、それは、世界の[南北]自転軸と[東西]赤道帯とが〈時〉の周期の中で回転することを示しているし、2本の線は〈物質〉と〈霊〉を意味する**スワスティカ**卐を形成し、4本の鉤は循環する周期の運動を暗示している。〈小宇宙〉である〈人間〉に当てはめれば、人間が天と〈地〉を結ぶものであること表し、右手は水平の腕の端から上昇し、左手は〈地球〉を示している。**ヘルメスの**〈**サマラディン** *Smaragdine* **石版**[エメラルド・タブレット]〉には、上昇する右側には「〈**啓明する** *Solve*〉」、[下降する]左側には

(註14)　『神都アスガルドと神々』、『世界の新生』を参照。

「〈固まる *Coagula*〉」という言葉が刻印されている。それは、その内的な意味に対する七つの鍵を持つ、〈錬金術的〉、〈宇宙創造論的〉、〈人類学的〉、そして〈魔術的〉な印と同一である。この森羅万象の混合した象徴体系や最も暗示的な印は、〈宇宙〉の七つの偉大な神秘を解く鍵を含んでいると言っても大げさではない。初期アーリヤ人の神秘的な概念から生まれ、そして彼らによってまさに永遠の門の入り口、即ち蛇神アナンタ［無限］Ananta の頭上に置かれたスワスティカは、中世の〈擬人法論者達〉の学者風な解釈の中にその霊的な死を迎えた。それは、純粋〈霊〉から進展して濃密な〈物質〉にて終わる宇宙〈創造力〉の初まり**アルファ *Alpha*** であり、終わり**オメガ *Omega*** である。それはまた〈科学〉、神と人間の周期への鍵でもあり、その完全な意味を理解する者は、〈**大幻影 *Mahamaya***〉、広汎な〈錯覚〉、〈詐欺師〉の網から永遠に解放される。今ではメーソン・ロッジのグランド・マスター達の木槌や議場槌に地位を貶められた神の金槌から天下る輝く光でも、あらゆる人間の大系や虚構の闇を追い払うのに十分である。

〈古代ノルウェーの三女神〉の詩は何とも予言的で、彼女等にオーディンの使いの大烏 (おおカラス) 達が過去と未来を囁いたのは、流れる河の地下にある水晶の館の周辺を彼女等が飛び回っている時の事である。詩は、「〈智慧〉の〈巻物〉」に全て書き留められたが、多くは散逸し、一部が残り、そして詩的な寓話の中に、太古の時代の教えを繰り返す。ワグナー Wagner 博士の『神都アスガルドと神々』、『世界の新生』は、過去時制で語られたこの〈環〉の第7〈人種〉についての予言であるが、これらを要約することにしよう。

ミョルニル Miölnir はこの〈環〉で彼の義務を果たした。そして ──

「…… イダ Ida の平原、（〈第5環〉のため）再生した大地に、最高の神々の息子達が召集され、そして**彼らの中に父達**（あらゆる過去の化身の〈**魂達 *Egos***〉）**が再び蘇った**。彼らは、〈過去〉と〈今〉について語り、全ての獲得し成就してきた彼らの先祖の智慧と預言を記憶していた。彼らの側には、**彼らには見えずとも、強力で、全能な〈一者〉、万物の支配者がいた。**…… そして、世界を統治する永遠の法を定めている。彼らの**誰もが、神がそこに存在することを知っていたし、彼らは神の臨在と力を感じたが、神の御名については知らなかった。**神の託宣で〈水〉の〈間〉から新しい〈大地〉が浮上した。イダの〈平原〉上部の〈南側〉にアウドラング Audlang ［広大な無人の荒野］と呼ばれるもう一つの天都を、そして3番目の天都ウィドブレイン Widblain ［広大な青い土地］を更に遠くの地に造った。ギミル Gimil 洞窟の上に、黄金に覆われ、太陽にキラキラ光り輝く驚くべき宮殿が隆起した」。これらは、我々の〈連鎖〉に於ける三つの徐々に昇る惑星である。そこで

はかつて為されたと同様に、〈神々〉は崇拝を受けていた。……　聖都ギミル Gimil の高み(最高で最も純化した第7惑星または天体)から、幸福な子孫〈リフ LIF〉と〈リフテラシア LIFTHRASIR〉(純粋な人間性を持つアダムとイヴの到来)を見おろして、彼らがついには〈万物の創造者方 All-Father〉の住む宮社で〈神々〉と一体となるのに相応しくなる時まで、彼らに、一歩一歩、一つの「天体から他の天体へ」とより高く〈登り〉、知識と知恵を高める様に合図をした。(305頁)

これまでのその不完全な描き方にも関わらず、〈秘教的仏教〉(〈叡智〉)の教典を知る者は、上述に含まれる寓話をはっきり認識するだろう。

そのより哲学的な意味は、もし読者がプロメテウスの神話全体を注意深く考察するならば、より深く理解されるだろう。それは将来、ヒンドゥの**プラマンター Pramanthâ**[本来は鑽火を熾す棒を意味するが、熾された神聖な火を意味するようになった言葉]の光に照らされて検証される。一部の〈東洋学者達〉によって純粋に**生理学的な**象徴に貶められ、そして地球の火だけの関係に限定された彼らの解釈は、その最大の奥義がその様に物質の中に引きずり降ろされているキリスト教をも含む全ての宗教に対する侮辱である。天界のプラマンターとアラニ Arani の「不和」は、このイメージの下でドイツの唯物主義者達──よりひどい者はいないが、彼らの粗野な想念にとってのみ思いつくことが可能であった。〈神〉の幼子は、サンスクリット語では〈人種〉を表す**アグニ Aguni** で、ラテン語では**イグニス Ignis** となるが、供犠の儀式中にプラマンターとアラニ(スワスティカ)の結合から生まれていることは事実である。それはどういう事なのか？　トゥワシュトリ Twashtri(ヴィスワカルマン Viswakarman)は「天の芸術家、大工」(註15)であり、そしてまた神々やヴェーダの**創造する火の**〈天父〉でもあ

(註15)　「〈神聖な火〉の〈天父〉は」、ジョリイ Jolly 博士が記すように、「建築の神トゥワシュトリ Twashtri で……　彼の母はマーヤ Maya であった。彼自身は、祭司が頭上に霊的な(?)《ソーマ》を注ぎ、肉体には供犠によって清められたバターを塗布した後に、**アークタ A kta**(聖別された者、クリストス$X\rho\iota\sigma\tau\grave{o}\varsigma$)の称号を受けている」(『金属期以前の人類』、190頁)。彼に関する情報の源はフランスのダーウィニスト達によってもたらされたのではなかった。しかし光で唯物論者達の上にさえも暗い夜が白みかけてるを示すために、数行が引用されている。アダルベルト・クーン Adalbert Kühn は自著の『火の群の降臨 Die Herabkunft des Feuers』で、二つの象徴卐と 卍 がアラニ Arani[火を熾すもの]と同一である事を認め、これらの名称の下に彼等を呼んでいる。彼は、「この火を点す過程は人間の性の発生という概念へ自然に導いた」等と付け加

る。非常に古い象徴で、この上なく神聖なために、その存在に気づくこと無しに古い都市の遺跡を発掘するする事は難しい。その様な多数の**素焼き土器**の円盤は、**フューザイオロス** *fusaiolos* と呼ばれ、シュリーマン Schlieman 博士によって古代トロイの廃墟の**下**から見つけられた。これらの型 卐 と 卍 の両方は非常に大量に掘り出され、それらの実在は古代のトロイ人とその祖先が純粋にアーリヤ人であったことを示す、より明らかな証拠の一つである。

(*c*) チャーヤー Chhaya は、既に説明したように、アストラル的な心象の影である。サンスクリットの書物では、この意味で用いられている。前述のようにサンジィアン Sanjna (〈霊的意識〉) は、〈太陽〉スーリヤの妻で、修行生活に専念すべく密林に隠棲し、夫の背後に彼女のチャーヤー、幽複体または心象を残したと表現されている。

16. (本当の) マヌーシャ [人間] はどのように生まれたのか？　精神を持つマヌ [人間] 達はどのように造られたのか？ (*a*) 天父達 (バルヒシャド *Barhishad* (?)) は彼ら自身の火 (カヴィヤヴァーハナ *The Kavyavâhana*、電気的な火) に彼ら自身への助けを求めたが、その火は地球内部で燃えさかる火である。地球の霊魂は太陽の火 (シュチ *Suchi*、〈太陽〉の中の霊) に助けを求めた。これら三つ (ピトリ達と二つの火) は、協力してすばらしい形体を産み出した。それ (形体) は直立歩行や疾走や横臥や飛翔が出来た。しかしそれはいまだチャーヤー、感覚を持たぬ影に過ぎなかった (*b*) ……

(*a*) 此処で再び、光、そして秘教の聖典に追加された顕教の手助けによる、解説が必要となる。「**マヌーシャ達** *Manushyas*」(人間達) と**マヌ達**

えている。その一面として、それを人類の生殖と関連づけている限り、どうして、より荘厳な概念や更に秘教科学が人間をその様な象徴の創作へと導く事が出来ようか？　だがその主要な象徴体系は〈宇宙進化論〉に言及している。

「**アグニ**は、**アークタ**の状態または聖別された者で、クリストを暗示している」とジョリイ博士は所見を述べている。「**マーヤ**、マリアは彼の母で、**トゥワシュトリ**、聖ヨセフ St.Joseph は聖書の大工である」。リグ・ヴェーダでは、ヴィシュワカルマンは、〈神々〉とその「〈父祖〉」の中で最高にして最も古い存在である。彼は「大工にして建設者」であるが、その理由は、〈神〉が一神教論者達によってさえも「〈宇宙の建築家〉」と呼ばれているからである。依然として、元の概念は純粋に比喩的であり、後の〈陽根崇拝〉とは何ら関係がない。

Manus は、此処ではカルディア人の「アダム」──　この言葉は、ユダヤの様に全く最初の人間や、一つの独立した個人を意味せず、カルディア人やアッシリア人に見られるように集合的**人類**の意味　──　と同じである。それは七つから為るディヤーニ・チョーハンの四つの冠位、或いは階級である、と〈註解書〉は語り、「彼らは**封印された人間の先祖**」、言い換えれば精妙且つ内的な人間であった。〈月〉の神「ラッ Lha」は、月の霊で、既に言及したように、**人間の形体だけの祖先**、即ち〈自然〉が人間に外形的な働きかけを始めた雛形としての祖先であった。この原初の人間は、出現した時、感覚の無いブータ Bhûta（註 16）、或いは「幻影のような存在ファントム Phantom」であった。この「創造」は失敗で、その理由が〈註解書〉の〈解説文〉20 節に説明されている。

　(*b*) この試みは再び失敗した。**物質的自然が完全な動物**　──　もちろん人間　──　さえも組み立てようとする独力での試みの虚しさを寓話風に語っている。というのも、「〈天父達〉」、より低級な〈天使達〉は、全て〈自然霊達〉で、そしてより高級なエレメンタル[元素霊]達もまた彼ら特有の知性を持ってはいるが、これだけでは〈思考する〉人間を形成するのに十分ではない。「〈生命の火〉」は人間の精神に自己知覚力や自己意識、或いは思考力マナスを与える既述の火を必要とし、**パールヴァカ Pàvaka** と **シュチ Suchi** の子孫達は、動物を創造し、人間の最初のアストラル的な原型に肉体的な生きた組織のみを前述のように提供することが出来た**動物的な電気**、そして太陽の火である。最初の創造主達は、その時、世界で初めて人間を彫刻したピュグマリオン Pygmalions［自作の彫像ガラティアに恋し、アフロディーティによりその彫像に生命を与えてもらったキプロスの王で彫刻家］のように、彫像に　──　**知性的な生気**を与えることに失敗した。

　我々が注目すべきこの〈スタンザ〉はとても暗示的である。それは、人間内部の本質を鼓舞する　──　〈高我〉或いは人間のモナッド　──　と動物の

（註 16）　「**ブータ達**」が、何故プラーナ伝承で〈東洋学者達〉によって「邪悪な〈霊達〉」の意味を持つとして描写されるのかは、はっきりしない。**ヴィシュヌ・プラーナ**の第 1 巻 5 章で解説文は単に「ブータ達　──　サルのような肌の色をした食肉性の恐ろしい悪霊達」と述べているし、今のインドの言葉では、幽霊、エーテル的且つアストラル的幻影 phantoms を意味し、一方秘教的な教えでは、**エレメンタル**資質や希薄で決して混じり合わない特質からなる物や、特にあらゆる人間と動物のアストラル**幽複体**を意味する。この場合、これらの原初の人間は最初の霊妙なディヤーニ達とピトリ達の**幽複体**を持っている。

モナッド間の、前者は**神の知性**を与え、後者は**本能の器官**を与えるだけだが、全く同一である両者の神秘を説明し、その溝を埋めている。違いはどのように解説され、また人間内部の〈高我〉の存在はどのように説明されているのか？

「〈宇宙霊 MAHAT〉の〈息子達〉は、人間の〈臓器組織〉の形成を司る者達である。彼らは、生命が潜在する荒地の土に降り注ぐ〈聖水〉であり、そして、人間のような動物を活気づける〈閃光〉である。彼らは不滅の〈霊的生命〉の〈主方〉である」………「(〈第2人種〉の)曙に於いて、(〈主方〉の)一部は、彼らの本質をマヌシャ Manushya(人間)に吹き込むだけであったし、更に一部は人間の内部に入り込み彼らの居どころとした」。

この事は、全ての人間が「神への〈反逆者達〉」の化身では無く、彼らの中のほんの一部だけがそうで有る事を示している。残りの者は、第5本質マナスに流れ込んでくる閃光によって彼らの第5本質マナスの成長を単に早めるだけであったし、それは人間及び種族間に於ける知性的な能力の大きな相違を説明する。寓話的に言えば、「〈宇宙霊〉の息子達」が、知性の解放を目指す彼らの衝動によって、中間世界を飛び越えることをしなかったならば、動物的人間はこの地上から高みへと到達したり、自己能力の発揮を通じて彼の究極的な目的に達する事は決して出来なかったであろう。周期的なこの世への巡礼は、たとえそんなに完璧で無くとも、動物の場合のように、半ば意識的に存在する全ての階層を通して成し遂げられるべきであろう。これは、病的な程不活発な純粋霊、それは我々 ── 悪と同様善に対する我々の内なる〈神々〉の能力と特質を持った自己意識や思考する人間 ── そのものに対する知性的生命のこの反乱に起因する。以来、〈反逆者達〉は我らが救い主キリストとなる。哲学者がこの事全般をよく考察するならば、幾つかの神秘が彼にとって明白となるだろう。二つの正反対のもの ── 〈霊〉と〈物質〉 ── が、〈この世〉で堅く結びつくことが出来、自己意識的な体験と苦難の火の中で精錬され、そして〈永遠〉の存在と結婚した自らに気づくという事は、対立的な物の引きつけ合う力によるのみである。この事は、多くがこれまで意味不明で、愚かにも「作り話」と呼ばれて来た寓話の意味を顕わにするであろう。(以下の『サタンの秘密』を参照)

まず初めに、それはポイマンドレス Pymander でなされた記述、「天国の〈人間〉」、「〈天父[神]〉の〈息子〉」は、〈7人の統治者〉、或いは**創造主方**、物質世界の〈支配者達〉の特質と本質を持ち、「〈調和〉の世界から覗き見て、〈炎〉の〈七つの輪〉を突き破って下界に誕生する性向を顕現させた」という

文を説明している。(註17)それはギリシャのプロメテウスの寓話と同様に、かのヘルメス的な叙述物語に於いても各行毎に説明されている。全ての中で最も重要なことは、それが、**堕天使達**についてのキリスト教の教条を考慮する**黙示録 Revelation** をも含めた「〈天〉の〈戦い〉」についての多くの寓話的な記述を説明している事である。それは、最古参で最高冠位の〈天使達〉の「反乱」や、彼らが〈天国〉から〈地獄〉、即ち**物質**の深淵に投げ落とされた事の意味、を説明する。それは、故ジョージ・スミスを通じて彼らの驚きを表現する近年のアッシリア学者の困惑さえも解決する。

　(反逆の)「この部分に関して先ず私の考えは」と彼は続け、「〈悪〉の勢力との戦いは〈**創造**〉を**進展**させ、現在では、それが堕落の物語の後に続くものであると思っている」(『カルディヤ人の創世記物語』、92頁)と語っている。この作品の中で、ジョージ・スミス氏は、初期のバビロニアの円筒碑文からの引用による、〈聖なる木〉、〈蛇〉、男と女に関する図案を提示している。その木は7本の枝を持ち、**3本の枝**は男性側に、**4本の枝**は女性側に。これらの枝は7〈根本人種〉を象徴し、その**第3**根本人種の、まさに終わりに、性の分離といわゆる生殖への〈**堕落**〉が起こった。初期の3〈人種〉は性が無く、その後両性具有者となり、残りの4人種は、互いに異なるものとして男性と女性となった。〈竜〉は」とG・スミス氏は語り、「カルディヤの創造の物語では人間に罪を犯させるが、それは〈海〉、或いは〈混沌〉からなる生命の本質、ティアマトTiamat[バビロニアの女神]による創造物で……それは世界の創造に於いて神々と対立した」と続けている。是は間違いである。〈竜〉は男性原理、或いは擬人化されたファルスPhallus[自然の生殖力を象徴する男根像]、或いはむしろ**動物の姿で表現された**ものであり、ティアマトは、「〈混沌〉、深奥、或いは〈深淵〉なる〈霊〉の具現化であり」、女性原理、〈子宮〉である。その「〈**混沌**〉と〈**無秩序**〉な〈霊〉」は、それに導かれた精神的な動揺に関係する。それは、官能的、魅惑的、そして誘惑し、堕落させる磁力的な本質、更に世界全体を無秩序や混沌や罪に投げ込む絶え間ない生命活動の要素である。〈蛇〉は女性を唆すが、男性を誘惑するのは後者で、そして、創られた原因による自然な結果にしか過ぎないにも関わらず、両者はカルマ的な呪いに縛られている。ジョージ・スミス氏曰く、「〈竜〉は〈堕落〉に対する呪いに取り込まれ、〈神々〉は、」(即ちエロヒムは、土から出来た人間が彼の代わりに〈創造主〉になるのを見て、あ

(註17)　『ポイマンドレス』、第2書17行から29行を参照。

らゆる動物と同じく、嫉妬し)「人間性を悩ますあらゆる悪を人類の〈種族〉の頭上で願っている事は明白である。〈叡智〉と知識は人間を必ず傷つけるだろうし、人間は必ず口論好きになるだろうし、人間は必ず神々に怒るだろうし、人間は暴虐な行為に必ず勤しむだろう …… 人間は自らの欲望に必ず失望するだろうし、人間は**無益な祈祷**を長々と必ず奏上するだろうし、人間は将来に於いて必ず罪を犯すであろう ……。疑いなく、続く数行の文章はこの話題が続く、だが再び我々の叙述は中断し、神々が、ティアマト(女性)によって導かれた悪の勢力と共に、戦いに対する準備をする処からのみ再開している ……」(『バビロニアの創造伝説』、92 頁)と。

　この物語は一神教的な目的の為、**創世記**では省略されている。だが、**創世記によってカルディア人の記録の断篇を復元すべく探索してきた事は、誤った方針**── 間違いなく怖れを生み、そして教条的な宗教や迷信を考慮する事 ── であり、実にカルディアの記録の断篇によって説明されるべきは、如何なる記録の断篇よりも遙かに歴史が浅い創世記の方である。

**　17. 神の息吹 BREATH (人間のモナッド) は形態を必要とし、〈天父達〉がそれを与えた。神の息吹は体の全てを必要とし、〈地球〉がそれを形作った。神の息吹は〈生命〉の〈霊〉を必要とし、〈太陽神ラッ方〉がその形態の中にそれを吹き込んだ。神の息吹は身体の写し(アストラル的な影)を必要とし、ディヤーニ達は「我々自身のものをそれに与える」と伝えた。神の息吹は欲望の乗り物(欲望の体カーマ・ルーパ)を必要としたが、〈海洋〉を〈干上がらせた者〉(激情の火と動物的本能であるシュチ)は、「神の息吹は乗物を所有している」と教えた。神の息吹は〈世界〉を見て理解するために精神を必要としたが、〈天父達〉は「我々はそれを与えられない」と断った。〈地球霊〉は「私はそれをこれまで持ったことがない」と語った。〈大いなる(太陽の)火〉は、「形態に私自身の火を与えたならば、形態は焼き尽くされるであろう」と伝えた。……(初期の)人間は依然として空っぽで感覚を持たないブータのままであった。…… その様にして、第 3(人種)に於いて、(後に)骨格を持った人間となる者等に生命を与えたのは骨のない者等であった。**(a)

　充分な解説はスタンザ V(段落(a)を参照)で明らかにされるので、今は二言三言の論評で事足りるであろう。原初の物質的人間、或いは彼の肉体の「〈天父〉」は、〈太陽〉に備わっている生命に満ちた電気的な要素である。〈月〉はその〈母〉であるが、その理由は、〈月〉の神秘的な力が、植物や動物

の成長を促すと同様に、人類の懐胎期間と出産に関する影響を決定し、調整するからである。「〈風〉」、或いは〈エーテル〉は、この場合、それらの影響が二つの発光体から天下り、そして〈地上〉に降り注ぐ際の伝達媒体を象徴し、「乳母」と呼ばれる一方で、「〈霊的な火〉」は人間を神的で完全な存在に造り上げるだけである。

　さて、「〈霊的な火〉」とは一体何か？　錬金術では、それは一般に〈**水素**〉であり、一方、秘教的な事実に於いては、その**もの自体**、即ち「第 1 の〈元素〉のディヤーニ方から」進展する放射や〈光線〉である。水素は我々の天体階層上でのみ**気体**である。しかし化学に於いてさえも水素は、「言葉に関する我々の感覚では、物質の存在する形態に過ぎないだろうし」（註 18）、そして、我々の云う**レーヤム** *layam*［溶融状態］にある元素の**原始物質プロタイル** *protyle* に非常に近いものと同一である。それはいわば、〈空気〉と〈水〉両方の父、発生者であり、或いはむしろ**ウパディ** *Upadhi*（物質の基本物質）で、事実、それは「火、空気、水」で、三つの様相の下で**一つである**もの、それ故、化学的且つ錬金術的な三位一体である。現象、或いは物質世界に於いて、それは客観的象徴であり、**物それ自体**の領域では、客観的且つ純粋で霊的な実在する〈存在〉からの物質的流出である。ゴッドフリー・ヒギンズ Godfrey Higgins が、〈水素〉を〈**至善**なるもの The TO ON〉、即ちギリシャの「〈一なる者〉」になぞらえ、それと同一視さえするのももっともである。というのも、彼の記述に拠れば、〈水素〉は水を生じるが〈水〉**ではなく**、〈水素〉は火を出現させ創造するが火ではなく、空気は〈水〉と〈火〉の ── 〈水素〉が大気の水の要素であると発見されて以来 ── 結合の産物と見なされるだろうが、〈空気〉でもないから。それは一なるものの中の三様相である。

　もしある人が比較〈神統系譜学〉を研究するならば、これらの「〈火〉」の秘密があらゆる古代人の、そしてサモトラケ Samorace 島の卓越するその〈**密儀**〉の中に教えられていた事を見つけるのは容易である。あらゆる古代の女神達の中で最も神秘的な神カベイリ Kabeiri、神々と人間、偉大な女神達とティターン達 Titans が、クマーラ達とカールティケーヤ ── 同じくクマーラの一人 ── に率いられたルドラ達 Rudras と同一である事にはいささかの疑念も無い。この事は顕教的にさえも全く明らかで、これらヒンドゥの女神達は、カベイリのように、〈自然〉の最も神秘な力である聖な

（註 18）　W・クルックス Crookes 博士の『元素の創世記』、21 頁を参照。

る〈火〉を擬人化したものであった。アーリヤ〈人種〉の幾つかの子孫達、アジア人とヨーロッパ人、インド人とギリシャ人は、彼らにとって重要ではなくとも、カベイリの本当の特質を隠すのにまさに心血を注いだ。クマーラ達の場合のようにカベイリの人数ははっきりしない。或る者はそれが3人だと、或いは4人にしか過ぎないと、別の者は7人だと言う。アスキエロス Aschieros、アキオセルサ Achiosersa、アキオケルサス achiocherusus、そしてカミラス Camillus は、4人のクマーラ達 —— サナト-クマーラ Sanat-kumâra、サナンダ sananda、サナカ Sanaka、そしてサナータナ Sanâtana —— の**変遷する自我**を非常に巧妙に象徴しているだろう。前者の神々は、その高名な父がヴァルカン Vulcan［火の神］で、しばしばディオスクロイ Dioscuri、コリュバント達 Corybantes［祭式執行者］、アナセ達 Anaces［神に対する称号で王、首長］等と混同されたが、ちょうどクマーラも同じ様に、その高名な父がブラフマーで、（より正確には「神の〈激怒〉の〈炎〉」で、神は、結果としてルドラ或いはニーラローヒタ［ニーラが青、ローヒタが赤を意味する］Nilalohita（シヴァ神）、そしてクマーラ達によることになる第9番目の、或いはクマーラの創造を行なうように強いている）、アスラ達、ルドラ達、ピトリ達等と混同されたが、彼ら全員が同一 —— 言い換えれば、〈諸勢力〉と〈諸々の火達〉の相互依存関係にある —— という単純な理由からである。此処でこれら「諸々の火達」とそれらの真の意味を記述する余地は無いが、それにも関わらず、もしこの書物の第Ⅲ巻、第Ⅳ巻がいつの日か出版されるならば、我々はそうする事を試みるだろう。話しを変えて、もう少し解説を加わえよう。

　前述した事は、むしろ言葉で記すよりも、解明を求める学徒の個人的な直観に残されるべき神秘の全体である。もし学徒が〈火達〉の秘密に関する何かを学ぼうとするならば、自らを、〈秘教科学者達〉が為すように、まさに正確にあらゆる元素と火を結びつける〈錬金術師達〉の行うある種の修練に向かわせるべきである。読者は、古代人達が、宗教、そして哲学を伴った自然科学を密接且つ不可分な互いに関係するものとして考察した事を思い出すべきである。アエスクラピウス Æsculapius［ローマ神話の医療の神］は、アポロ Apollo ——〈太陽〉、或いは〈生命〉の〈火〉、同時に**ヘリオス** Helius、**ピテウス** Pythius、そして〈叡智〉を託宣する神 —— の〈息子〉であった。顕教でも秘教哲学と同様に、〈四大元素〉—— 特に火、水、そして風 —— は、先祖の肉体の**五官**から造られ、そのため五官と（ある種のオカルト的な方法で）直接的に結びついている。これらの肉体の感覚は、プラーナ伝承で**プラティサルガ** Pratisarga、或いは第2の〈創造〉と呼ばれ

るものより低い階層の創造にさえも関係している。「液体の火は不可分の火から生じる」と〈秘教科学〉の公理は言う。

「円は〈**思索**〉、直径(或いは線)は〈**言葉**〉で、そしてそれらの結合が〈**生命**〉である」。カバラでは、バート-コル Bath-kol は〈**神の声**〉、或いは原初の光、セキナー shekinah の娘である。プラーナ伝承とヒンドゥの顕教では、ヴァーチ Vâch(〈声〉)は、ブラフマーの女性的な〈**ロゴス神**〉── アディティ、**原初の光の変化の一つ**、── である。そして、もしバート-コル Bath-kol が、ユダヤ神秘主義に於いて、「選ばれし人々」に神聖な伝承や律法を啓示する天からの明瞭な霊言 præter-natural の声を意味するならば、それは、ユダヤ教以前に、ヴァーチが、リシ達に加わり、彼らに自らの啓示を吹き込んだ「ヴェーダ Vedas の〈母〉」と呼ばれた事が唯一の理由で、それはまさにバート-コルが、イスラエルの預言者達とユダヤの〈高僧達〉に霊感を吹き込んだと言われている通りである。そして両者は、彼らの個々の神聖な象徴学の中に今日まで存在しているが、その理由は古代人が音や〈談話〉をその空間の〈音〉が特殊である〈エーテル空間〉と関連づけた事による。このため、〈火〉、〈水〉、そして〈風 Air〉は根元的な〈宇宙の三位一体〉となる。「我は汝の〈想い〉であり、汝の〈神〉であり、湿った根源 moist principle よりも更に古く、〈**闇**〉(〈**混沌**〉)**の中に発光する光であり、そして輝く**〈**神**〉の〈**言葉**〉(〈**音**〉)は〈**神**〉の〈**息子**〉である」(『ポイマンドレス』、6 章)(註 19)

以上述べたように、〈第 2〉の創造を理解出来るようになる前に、我々は十分に「〈最初〉の創造」を探求すべきである。最初の人種はその内部に三つの**根本的な**要素を持つが、**いまだ火は存在しない**、そのわけは、〈古代人〉にとって、人間の進化とその霊的且つ肉体的感覚の成長と進歩は、この〈地球〉の〈宇宙〉階層に於ける要素の進化に付随したからである。全ては、神の中の創造と感覚的本質の進化、**プラバヴァーピヤヤ** Prabhavâpyaya [生と死]から、そして同じくいわば創造神自身から、進展する。この事は一

(註 19) ヒンドゥ教の敵対者は、上記の事を〈汎神論〉、〈多神論〉、或いは彼等が喜びそうなものなら何とでも呼ぶだろう。もし〈科学〉が偏見によって完全な盲目となっていないならば、この記述に〈形而上学〉や〈心理学〉と同様に、**自然**〈**科学**〉や〈**物理学**〉の深遠な知識を認めるであろう。しかし、これに気づくために、人は神の擬人化について探求し、その後それらを化学的な原子に変換すべきである。それは、進化に於いて、「〈偉大な知られざる原因〉」の働きをその現象的且つ幻惑的な様相の中に認める者等と同様に、物理的な、更に純粋に唯物論的な〈科学〉の両方を納得させる事にその時気づかされるであろう。

般的な聖典でヴィシュヌに与えられた名前や称号に認められる。〈**始原神** *Protologos*〉(オルフェウス the Orphic) の様に彼は**プールヴァジャ** Pûruvaja [先祖]、即ち「発生以前のもの」と呼ばれ、その後、他の名前は、彼らが徐々に降臨する階層の中で、彼と物質とを関連付けて呼ばれている。

次の横方向の配列は、〈元素〉や〈感覚〉、或いは〈宇宙的〉な地上の「〈**人間**〉」、或いは「〈霊〉」、そして死すべき肉体人間の進化に見られるだろう ──

1. 〈エーテル Ether〉…〈聴覚〉……〈音〉
2. 〈風 Air〉　　……〈触覚〉……〈音〉と〈触感〉
3. 〈火 Fire〉、〈光〉…〈視覚〉……〈音〉、〈触感〉と〈色彩〉
4. 〈水 Water〉　　……〈味覚〉……〈音〉、〈触感〉、〈色彩〉と〈味〉
5. 〈土 Earth〉　　……〈嗅覚〉……〈音〉、〈触感〉、〈色彩〉、〈味〉と〈香り〉

見ての通り、それぞれの要素は、それ自身の特質にその前の要素の特質を付け加わえているが、言い換えれば、各〈根本人種〉は、先行する〈人種〉を特色づける感覚を受け継いでいる。同様な事は、人間の**七周期の**創造過程に於いても事実であり、更に詳しく説明されるように、人間は七つの段階を、そして同じ原理に基づいて、徐々に進化する。

このように一方で〈神々〉、或いはディヤーニ・チョーハン(デーヴァ)方は、〈第一原因〉から進展した ── それはパラブラフマンではない、というのも後者は〈**万物の原因**〉であるが、しかし「〈**第一原因**〉」として言及する事は出来ないからで ── その〈第一原因〉は〈ブラフマに関する書物〉ではジャガド-ヨニ Jagad-Yoni、「世界の子宮」と呼ばれ、人類は〈宇宙〉のこれら活動的な力から流出する。しかし、人間達は、第1、第2人種の期間、肉体を持たぬ存在で、単に将来の人間の**先駆け**、言い換えれば、ブータディ Bhûtadi、「**源泉**」、或いは、「〈元素〉が発生する大元の場所」から進展した**ブータ達** *Bhûtas* に過ぎなかった。このため彼らは、〈註解者〉によって説明されるように、**プラバヴァーピヤヤ**、即ち「創始の場所、そして全ての物がその中で分解する所」から、その他全てのものと共に進展する。我々の肉体感覚もまたそこに由来する。哲学に於いて、最高位の「創造された」神自身さえもそこに由来する。〈世界〉を内包する一者として、我々が彼をブラフマー、イーシュワラ[大自在天、大救世主]Iswara、或いはプルシャ[純粋精神]Purusha と呼ぼうが、彼は顕現した神であり ── それ故、創造され、制限され、条件付けられた存在である。この事は、顕教的な教えからも、

容易に立証される。

認識できないもの、永遠不変のブラフマ（中性的、或いは抽象的）、プンダーリカクシャ Punda-Rikaksha［蓮の目］、「至高且つ不滅の栄光」、かつて**サダイカ-ルーパ** *Sadaika-Rupa* の代わりであったもの、「不変の」、或いは「不易の」〈自然〉、等々と呼ばれた後に、彼は単一と多様の両方の意味で、**エーカネーカ-ルーパ** *Ekanaka-Rupa*［一即多、多即一の意］と呼ばれ、彼、即ち原因は、彼特有の［現象的］結果に溶け込み、そして彼の名称は、仮に秘教的な序列に位置づけるならば、次の降臨体系となる ──

1. マハープルシャ Mahapurusha、或いはパラマートマン Paramatman
　　　……〈至高霊〉
2. アートマン Atman、
　　或いはプールヴァジャ Pûrvaja（始原神プロトロゴス Protologos）
　　　……〈自然〉の生命〈霊〉
3. インドゥリ［五官］ヤートマン Indriyâtman、
　　或いはリシーケーシャ Hrishikesa
　　　…… 霊的、或いは知性的魂（感覚を持つ〈者〉）
5. ブータートマン Bhutâtman
　　　…… 生命、或いは〈生命の魂〉
6. クシュートラジアン Kshetrajna［体の知識］
　　　…… 顕現した魂、或いは〈霊〉と〈物質〉の〈世界〉
7. ブラーンティダルシャナタ Bhrântidarsanatah
　　　…… 誤った認識 ── 〈物質世界〉

最後の名称は、虚偽且つ間違った理解による物質的形態としての認識、或いは知覚された何かを意味するが、実際それは、全てが我々の物質宇宙であるように、〈**幻影**〉と〈幻想〉にしか過ぎない。

それは、ディヤーニ・チョーハンの〈本質〉の進化が行われる場である霊的、そして物質的世界の両方に於いて、〈**その**［顕現した神の］〉属性に厳密に類似し、ディヤーニ・チョーハンの特質は、彼らが顕現する時、集合的に〈人間〉に、そして人間の要素のそれぞれに反映され、**その要素のそれぞれが、それ自身の中に、同じ進展の序列の中で、ディヤーニ・チョーハン方の多様な「火」とその要素の一部分を含んでいる。**

スタンザV　第2人種の進化

(18) 〈ヨーガ〉の〈息子達〉。
(19) 〈性のない第2人種〉。
(20) 〈黄昏〉の〈息子達〉の〈息子達〉。
(21) 「〈影〉」、或いは〈アストラル的人間〉は内部に退き、人間は肉体を発達させる。

18. 第1の者(人種)は〈ヨーガ〉の〈息子達〉であった。彼らの息子達は、〈黄色の天父〉と〈白色の天母〉の子供達。

　最近の〈註解書〉で、その文章は次のように翻訳されている──
　「〈太陽〉と〈月〉の〈息子達〉は、エーテル(或いは風)の乳飲み児」(*a*)……
　「彼らは〈主方〉の影の影であった(*b*)。彼ら〈影〉は発展した。〈地球〉の〈霊達〉は彼らを纏い、そして太陽神ラッ方が彼らを暖めた(即ち、生まれようとする肉体の形態の中に生命に欠かせない火を保持した)。〈神の息吹達〉は生命を持っていたが、理解力は持っていなかった。彼らは彼ら固有の火も水も持たなかった(*c*)」。

　(*a*) これに関連して、その秘教的な意味がそれに対する七つの鍵を有しているヘルメスの**スマラディン**[エメラルド]*Smaragdina*タブレットを思い出す。〈宇宙化学〉は学徒によく知られており、今は人類学に関する事が与えられるだろう。その石版で語られる「〈一〉なるもの」、それは〈人間〉である。それは語る、「〈その一なる唯一のもの〉の〈父〉は〈太陽〉であり、その〈母〉は〈月〉で、〈風〉はその御胸にそれを抱き、その乳母は〈麗しく洗練するSpirituous 地球〉である」と。秘教科学では同じことを描写して、それは、「更に、〈霊的な火〉がその指導者(〈師Guru〉)である」、と付け加える。
　この火は、高〈我〉、〈霊的自我Ego〉、或いは、個々の再誕生毎に変化し、生への渇望タンハ*Tanha*、或いは欲望に満ちたそのより低い人格的〈自我〉の影響の下で恒久的に生まれ変わるその本体である。それは、この階層では、高次の(〈霊的〉)〈本質〉がいわばより低いものによって束縛されなければならないという〈自然〉の奇妙な法則である。〈自我〉が、アートマン、**普遍霊ALL-SPIRIT**に退き、その本質に完全に融合しない限り、人格〈我〉は自我を苦い結末へと駆り立てるだろう。学徒が自らを三つの方面

――　霊的、精神的、肉体的　――　に沿って進展する進化の神秘に精通させるまでは、この事は全く理解され得ない。

　進化に向かわせ、進化を推し進めるもの、言い換えれば完成に向かって〈人間〉の成長と発達を促すものは、(a)〈モナッド〉、或いは自ら天与の力を通じて無意識的にその中で活動するものであり、更に、(b) より低次のアストラル体、或いは**人格〈我〉**である。モナッドは、植物、或いは動物の体に幽閉されようとも、天与の力を与え、また実際自身がその力そのものである。既に述べたように、モナッドに固有の**〈普遍的な力 ALL-FORCE〉**と天与の力が同一であるため、モナッドは**アルーパ**層、或いは無形の階層で全能である。我々の階層では、その本質が精妙過ぎ、全て潜在するままだが、個別的には不活発となり、例えば、〈太陽〉光線は、植物の生長に寄与するが、照らすべきあれこれの植物を選ばない。植物を根ごと引き抜いて、それを太陽光が届かない一塊まりの土に移植すれば、土壌は植物を受け付けないだろう。アートマンに関しても同様で、高〈我〉、或いは〈自我〉がその〈太陽〉　――　モナッド　――　に引きつけられない場合は、低〈我〉、或いは**人格〈我〉**があらゆる場合で優勢となるだろう。何故なら、強い〈利己主義〉と〈無意識〉の生命（**タンハ**）を生きるための動物的欲望を持ち、仏陀が**法句経** *Dhammapada*［真理の言葉**ダンマパダ**］(153 と 154 頌) で呼んでいるように、「霊魂の仮宿である肉体の造形者」は、この〈真我エゴ〉であるから。このためその描写は、「〈地球霊達〉は影を纏い、それらを発展させた」、となる。これらの「〈霊達〉」は一時的に人間のアストラル的な自己に入魂し、そしてモナッドと意識的な要素マナスがそこに宿れるように、霊魂の仮宿である人間の肉体を与え、造形するのは彼らである。しかし〈太陽神〉ラッ方、即ち〈霊達〉が、彼ら影達を暖める。この事は物質的にも、文字通りにも事実で、形而上学的、或いは精神的界層または霊的界層に於いて、アートマンだけが内的人間を**暖める**ことも同様に事実であり、言い換えれば、アートマンは神の生命の光線で内的人間を啓明し、彼だけが内的人間、転生する〈自我〉にその永遠の生命を与える事ができる。このように、我々が最初の 3〈根本人種〉と更に［第 4 根本人種の］半ばにある〈根本人種〉に対して、中間点、或いは転換点に達している事に気づく時点で、人種に於ける形成する力となり、且つ完成に向かって体型の進化を組み立て、徐々に推し進めるものは、「祖先達」、即ち月のピトリ達のアストラル的な影である　――　これは、霊性の相対的な喪失という犠牲の上でのことである。転換点から以降、動物的〈自我〉の上で手綱を操り、それに引きづり降ろされ

ない時に、いつでもそれを支配しているのは、〈高我〉、或いは化身する本質、**理性** nous、或いは〈精神〉である。要約すれば、〈霊性〉は自身の上昇弧の上にあり、動物的、或いは肉体的なものは、**人格**の利己主義が、思索する道理的な人間の持つ高いものへの憧れを全て失わせてしまう致命的な**ウィルス**で真の**内的**な人間を非常に強く汚染した時のみ、霊性がその進化の途上で着実に成長することを妨害する。真相は、悪徳と邪悪は、我々人類の進化に於ける —— 少なくとも、人類は進化過程に有るはずだが、現時点での**異常で不自然な**現れの一つである。人類が現在のように利己的且つ悪徳的になったことは決してなかったし、文明国が第1に道徳的特質を、第2に芸術を形成する事に成功したという事実は、例外的な特質の現れに関する追加証拠の一つである。

　たとえ人にとっては黙示的な示唆の意味を理解しただけになるかも知れないが、その体系全体は、『カルディアの数の書』や同じく光の書ゾハル *Zohar* にさえもある。最初に、〈秘中〉の〈秘〉、アイン-ソフが現れ、次に〈点〉、セフィラ Sephira と後のセフィロト Sephiroth が現れ、その後**アズラ的な** *Atzlatic* 〈世界〉、三つの別の世界 —— 〈玉座〉、清浄な〈霊達〉の宮と呼ばれるもの —— を誕生させる〈流出〉の〈世界〉となる。第2段階では、〈形成〉の〈世界〉、或いは〈第3番目〉に送り出された〈天使達〉の住み家イエツラ Jetzira、或いは〈活動〉の〈世界〉、アジア的〈世界〉、それは地球、或いは**我々**の〈世界〉で、しかもそれについて、この世界は、また**クリポット** *Kliphoth* とも呼ばれ、(他の六つの)〈天球〉、即ちカルカリムכלכלים[右からKLKLIM と読む]と物質を含み、〈暗黒〉の〈王子〉の宮殿であると語られている。この事は可能な限り明瞭に述べられていて、例えば、**メタトロン** Metatron[ユダヤ教の天使]が、第2の、或いは〈輝く Briatic 世界〉の〈天使〉で、偉大なる〈教師〉と呼ばれる〈御使い〉のアンゲロスάγγελος[ギリシャ語の天使]、〈天使〉を意味し、更に彼の下には、第三〈世界〉の〈天使達〉、イエツラが従い、彼らの十、或いは七つの階級が**セフィロト**(註1)で、「彼らは、〈必要不可欠の実在〉、そして〈知性〉としてこの世界に住み、活気づけると云われる者であり、彼らと**相互関係にある存在や相反する存在**は第3の、或いは〈アジア的世界〉に存在する」。これらの〈相反する存在〉は、「〈**殻達** *Shells*〉」、クリポダהכליפד[右から読んで KLIPDH]、或いは**デーモン**

(註1)　第I巻3部、「〈神々〉、〈モナッド達〉、そして〈アートマ達〉」[S・D英文原書の 623 頁]を参照。それは 10 個の点をその内部に持つピタゴラスの〈三角形〉、そして〈三角形〉と〈立方体〉の七つの先端[頂点]に象徴されている。

達と呼ばれ(註2)、彼らは、単純に我々地球上の七つの区域である**シバ・ハカロト** *Sheba Hachaloth* と呼ばれる七つの居住地に住んでいる。彼らの王子はカバラではサムエル、〈死〉の〈天使〉とよばれ、また彼は堕落に誘う蛇の姿をした悪魔サタンでもあるが、しかし、かの悪魔サタンは、またルシファー、輝く〈光〉の天使、〈光〉と**生命の担い手**〉、**聖なる神々 Ones**〉から分離した「〈魂〉」、その他の天使達であり、そしてある時期に、彼らは化身する順番のために〈地上〉に降臨すべき**時を予見する**。

「**魂達**〉(モナッド達)は〈流出〉による世界に先立って存在する」。(『叡智の書』、8、20)更にゾハルは、「〈魂〉」の中に、「**真の人間**、言い換えれば〈**自我**〉、そして《**我有り**》という意識、即ち『**精神マナス**』が存在する」と教えている。

「**彼らは肉体に鎖で繋がれるために精妙な大気から降臨した**」とヨセフ Josephus はエッセネ派の教義を繰り返し語っている(『ユダヤ戦記 *De Bello Judaeo*』、11、12)。「大気は〈魂達〉で満ちている」と続けてフィロン Philo は、「**彼らは死すべき肉体と結びつき、その中で生きるべく欲望を持つために降臨した**」(『巨人達 *De Gignat*』、222 c.。『夢・幻視 *De Somniis*』、455 頁)(註3)と明言するが、何故なら、人間の形態を通して、そしてその内部で、彼らは**進歩した存在**となるからで、しかるに天使の性質は全く**自動的**であり、それ故人間は〈天使〉の能力を凌ぐ潜在力を内部に持っている。このためインドの〈イニシエイト達〉は、神々、或いはデーヴァ達 devas を支配し、二度生まれる者、それがバラモンだと語り、更に使徒パウロはその事を**コリント人への第1の手紙6章3節**で、「あなた方は、私達(〈イニシエイト達〉)が神の御使い[天使達]をさえ裁く者であること知らないのか？」と繰り返した。

最後に、あらゆる古代の聖典や〈宇宙進化論〉に於いて、人間が最初は**輝く実体のない形態**として進化して、その上に、彫刻家の塑像の周囲を覆う溶けた真鍮の様に、体の肉体的骨格が地球上で生きる動物の低次の形態や

(註2) アストラル形態や**カーマ・ルーパ**と呼ばれる体に与えられる〈**殻** Shells〉と云う〈カバラ的〉な名称は、高位マナスがその抜け殻を見捨ててデヴァチャンへ去った際に、高位**マナス**の利用した形態に高位の天使達によって取り残されたものに由来する。
(註3) この事は、イエス自身が行った、新約聖書そのものから証明できる一つの事実でもある様に、エッセネ派が〈この世〉への復活と多数の転生をなすと信じていた事を示している。

型によって、それを通して、そしてそれから組み立てられた。「地上に降臨する時の〈魂〉と**形態**はこの世の装いを纏う」とゾハルは伝える。彼の原初の柔軟な体は、今の人間の骨組みを形作る物質からは形成されなかった。「アダムがエデンの園に暮らした時、彼は、天上の光の衣服である神聖な衣を纏っていた。…… **エデンの園で使われたかの光の中の光である**」(『ゾハル』、II.229 B)。「人間(天界のアダム)は、イエツラ[形成]Jetziricの世界の 10 のセフィロトによって**創造され**、**一般的な力**によって彼ら(いまだ低次の世界に関与する 7 人の天使)は、**地上のアダムを創り出した。**…… 最初のサムエルは人間を堕落させ、その後人間をあざむく(?)が、彼自身の堕落をもまた引き起こした。」

(*b*) 次の文、「彼らは〈主方〉の影の影であった」、言い換えれば、祖先は彼ら自身のアストラル体から人間を創造した、は一つの世界的な信仰を説明している。〈東洋〉では、**デーヴァ達が彼ら自身の影を持っていない**と信じられている。「デーヴァ達は如何なる影をも纏っていない」、そしてこの事は**善なる聖**〈**霊**〉の確かな証(あかし)となる。

何故彼らが、「彼ら自身の如何なる火や水」をも持たないのか? (註4)の理

(註4) それは、それにも関わらず、我々が既に示したように**創世記**に関して神秘主義者によって立証されている。「〈塵〉から造られたアダム Adam of Dust」の後に動物がそこで創造されただけでなく、植物は、「〈天〉と〈地〉が創造された」その前に〈地上〉に現れている。「それ(〈天〉と〈地〉が造られた日、[創世記 2 章]4 節)以前にあらゆる野の植物が〈地〉にあった」。(5 節)さて、〈秘教科学〉の解釈を受け入れない限り、その事はこの第 4〈環〉において〈地球〉が植物で覆われ、最初の(**アストラル的**)人類が、地球上で殆どあらゆるものが成長し発達出来る様になる前に創り出された事を表すが、その意味不明の空文は何を意味するのか? 単純にそれらの草木が、かの〈地球〉が創造される前に〈地球〉の大地に存在したのか? しかも 6 節の意味は、植物は「〈地〉から霧が湧き上がって」、そして雨が降る前に、〈地〉の面の全てを潤し、生長すべく木、等々が生えていたと伝えており、十分に明らかである。それはまた何時の地質学的時代に起こったか、更にその上、「〈天〉と〈地〉」によって意味されることをも示している。それは、霧状のものや蒸気が分離し空中に漂う大空と乾いた**固い表面**の土地を意味した。更に学徒は、アダム・カドモンのように、**創世記第 1 章の**「**男性及び女性的な存在**」が肉体をもつ人間的存在ではなく、エロヒムの万軍、その中にエホバ自身も含まれ ── 同じく、その章で空文となった文章、人間の前に「創造された」と述べられた動物達は、実は動物ではなく、〈黄道帯〉十二宮と他の恒星の天体殻であることに、留意するべきである。

由は——

　(c) 〈水素〉が物質階層に於いて元素や気体の状態にあるという事は、その物自体が精神的、或いは主観的現象の世界の中にある事になり、そして、その三位一体的な潜在する特質は、人間の三つのより高次の本質、言い換えれば、「〈霊〉、〈魂〉、そして〈精神〉」、或いは**アートマ、ブッディ、そしてマナス**からの三つの活発な流出に反映される。それは霊的且つまた物質的な人間の基礎である。未熟な人間が、「四大の風[エーテル]air」、或いは「風 wind」によって育てられ、やがて完全な人間となるが、その時彼は、最初は所有していなかった自身の内的〈自己〉、或いは〈導き手〉、〈自己意識〉の〈叡智〉から、彼の〈自己〉の内なる「〈一〉にして〈三〉なる」そのもの自体である「〈霊的〉な火」の発達を手に入れる。このように此処では再び、神なる〈霊〉は〈太陽〉、或いは〈火〉によって、神なる〈魂〉は〈月〉と〈水〉によって、象徴され、両者は〈霊魂〉の〈父〉と〈母〉を代表し、〈風〉、或いは四大の風 air によって象徴される人間の〈魂〉或いは〈精神〉は、〈霊魂〉にとって「呼吸」を意味する。

　これゆえ、キリスト教徒の手によって台無しにされた**スマラディン[エメラルド]・タブレット**に云う——

　「〈高いもの〉が〈低いもの〉と調和し、〈低いもの〉が〈高いもの〉に調和するが、その結果生まれる一つの本当に驚くべき〈作品〉」——それが《**人間**》である。というのもカバラに於けるチラム Chiram、或いはヒラム Hiramu 王の聖なる技は、「〈本質〉は一つだが、〈様相〉は三つ」で、〈宇宙的な力〉、或いは**〈賢者の石、瑠璃 Lapis Philosophorum〉**であるから。〈聖なる技〉の最高のものは、その線の一方の端で、〈霊的に完全な人間〉であり、三要素の結合は、その線の他方の端で、「〈世界魂〉」、**〈宇宙魂〉**、或いは〈アストラル光〉に対する〈秘教科学の説明〉であり、そして物質界層では、他の気体との関係で、それは〈水素〉である。実際には、《**至善 TO ON**》なるもので、「その〈息子〉以外、誰も知るものはない」〈一なるもの〉であり、この文は、形而上学的且つ自然科学的〈宇宙〉と霊的且つ物質的〈人間〉の両方の関係に当てはまる。何故なら、もし彼の**マナス**、即ち「〈息子〉」が「父と一つ」(の如く)にならず、そしてこの合一を通して「天の教導者」、グル——**アートマ-ブッディ**——からの啓明を受け取らないとすれば、如何にして後者は〈至善なるもの〉を「〈一なる父〉」として理解する事が出来るのであろうか？

　「**もし汝が《第2のもの》**(いわゆる「〈創造〉」)**を理解しようとするならば、**

おお弟子ラヌーよ！　汝はまず初めに《第１のもの》とそれの繋がりを学ぶべきである」。(『ジャーンの書』《註解》、III、19)

　最初の〈人種〉は三つの要素を持っていたが、**活発に燃え上がる**〈火〉を全く持っていなかった。何故？　その理由は ──

　「我々は**四つ**の要素と言うが、我が〈息子〉よ、三つと言うべきである」とヘルメス・トリスメギストス Hermes Trismegistus は語る。「〈最初の周期〉」(創造)では、=**卐**= と記されたものは、〈第２〉の周期でも同様だが、「〈根源〉」と読む。

　このように〈錬金術〉や〈西洋〉のヘルメス主義(〈東洋秘教主義〉の変化したものの一つ)に我々は以下の関係を見いだす ──

　X.　　〈硫黄 Sulhur〉　　〈水銀 Hydrargyum〉　　〈塩 Sal〉

　=卐=　　〈火 Flamma〉　　〈自然 Natura〉　　〈物質 Mater〉

　X.　　〈霊、息 Spiritus〉　〈水 Aqua〉　　　〈血 Sanguis〉

　そしてこれらの三つ組は、全て彼らの〈根源〉、〈火〉によって完成し四つ組となる。〈霊〉は、顕現した〈自然の造物神〉を超え、その絶対的な〈一なるもの〉の中に於いては火炎の〈息〉である。顕現した〈世界〉に於いては、それは〈中心的な霊的太陽〉、あらゆる〈生命〉の電気的な〈炎〉である。我々の〈進化系〉に於いては、それは目に見える〈太陽〉、〈自然霊〉、地球神である。そして、地球の中に、上に、そして周囲に存在する火の〈霊〉は、それ故 ── 空気、即ち流動的な火、**水**、即ち液体の火、〈**大地**〉、即ち固体の火である。全ては火 ── **燃える火** *ignis* であり、その究極的構造、或いは〈われI〉に於いて、その根元は、我々の観念上の〈**無**〉(ゼロ)、自然の〈森羅万象〉とその精神である。〈**物質に先行する原物質** *Pro-Mater*〉は神の火である。それは〈創造者〉、〈破壊者〉、〈維持者〉である。太古の神々の名前は、アーリヤ人の〈**アグニ**〉から、「嫉妬に燃える火」であるユダヤの神に至るまで、全て火と結びついている。インドでは〈神〉は多様な方言で、サンスクリット語の〈主〉を表す**イーシャ** *Isa* から派生した、**エアショール** *Eashoor*、**エスル** *Esur*、**イシュウル** *Iswur*、そして**イシュワラ** *Is' Vara* と呼ばれるが、これは本来、〈破壊者〉シヴァの名前で、更にヴェーダの主要三神は、アグニ(**燃える火イグニ** *ignis*)、ヴァーユ Vayu〔空気〕、そしてスーリヤ Sûrya〔太陽〕で ── 火の秘教的な三段階、〈火〉、〈空気〉、そして〈太陽〉を示している。ヘブライ語のアザ אזא (*æa*) は啓明を、アシャ אשא (*asha*) は火を意味する。〈秘教科学〉に於いて、「火を点す」ことは、三つの偉大な火の力の

一つを召喚すること、或いは「〈神〉に呼びかける」ことと同義である。サンスクリット語では、**オッシュ Osch**、或いは**アッシュ Asch** は、火、または熱であり、エジプトの言葉オシリス Osiris は二つの太古の言葉**アイシ** *aish* と**アスル** *asr* を（シェリングが明らかにしたように）組み合わせたもの、或いは「火の魔術師」を意味する。**アエサル** *Aesar* は古代エルトリア Etrusucan で〈神〉（おそらくヴェーダに由来する**アスラ**）を意味した。**アイシュワル** *Aeswar*、そして**エイシュワラ** *Eswara* は、ケニーリ Kenealy 博士が考えたように、類似する言葉である。**ヴァガヴド・ギーター**で、「イーシュワラはあらゆるこの世の存在の中に浸透し、超自然的な力によって、〈時〉の〈車輪〉に乗る凡ての物を動かしている」ことを我々は読み取る。それは、実に創造者であり破壊者である。「原初の火は食べる事に対する飽くなき欲望を持っていると思われていた。テュロス［富と悪徳で名高い古代フェニキアの海港ツロ］Tyre の繁栄絶頂期には、古代ペルシャ人が、『おお、〈主よ〉！ 〈存分に召し上がられよ Dvour〉』と奏上しながら火に燃えやすい物を投げ入れた事と関連している。アイルランド語では、**エアサム** *Easam*、或いは**アサム** *Asam* は『創造すること』を意味し、**アエサル** *Aesar* は古代アイルランドの『火を点すこと』を意味する神の名前であった」。（ケニーリ博士の説）ポイマンドレスを台無しにしたキリスト教のカバリストや象徴論学者 ―― 彼らの中で著名なのは、テュロスの主教、16 世紀のフランコス・ド・ツール ―― は、次のような方法で要素を分類する ――

　四つの要素は神の本質から形成され、そして〈自然〉の〈[万能の調味料]塩〉である〈霊群〉は次のように表現された ――

	聖マタイ	天使 - 人間	水
（ジーザス-キリスト、天使 - 人間、**ミカエル** *Mikael*）			
A- ω[オメガ]	聖マルコ	獅子	火
E- Y	聖ルカ	雄牛	地
I - O	聖ヨハネ	鷲	風(註5)

（註5）　「〈水素〉は空気や酸素とどのように化合すべきなのか？」との質問をすると思われる者等に対して、その答えは、「最初に〈秘教錬金術〉の〈初歩〉を学べ」である。とにかく、ポイマンドレス、「〈神秘〉の口」を予言的な洗礼者ヨハネと同一視したいがために、彼等は既述のように 7 人の**カベイリ** *Kabeiri* 及びアッシリアの〈雄牛〉をユダヤの幼児姿の天使ケルビム Cherubs や〈十二使徒〉とも同一視した。その上、4 と 3 の間に境界線を引くべきだとして ―― 後者[の 3]は**堕天使群**で、更に、「〈神の御前〉の〈7 人の霊達〉」、即ち〈大天使〉とこれらが結びつくのを避けるため、彼等は、彼等の認めることからもれた全て

《水素 H》は、《第5元素》[地、水、火、風の四大元素に続く元素の空]、《ファロク'Η ΦΛΟΞ》[虚空]、《燃えさかる乙女座 FLAMMA-VIRGO》〈汚れのない油 virgin oil〉、《燃えさかるデュリシーマ DURISSIMA》、《処女宮》、《エーテル物質のルシファー》である。

　人間の第1人種は、当時、抜け殻が現在の我々の〈月〉となった**より低次**だが先行する天体の先駆者達、或いは最も進歩した〈存在達〉である彼らの〈父祖〉そのままの姿、そのアストラル幽複体であった。しかし、この殻でさえあらゆる可能性が潜在するが、その理由は、〈地球〉を産み出し、磁力的な親和性によって引き付け、その最初の住民、人間に先立つ怪物達を形成しようと努めたのは、〈月〉の**幽霊のような影**であるから（既述のスタンザ II 参照）。これについて自分で確かめるために、学徒は再びカルディアの〈伝承の断篇〉に立ち返り、そこでベロッソス Berosus が語っている事を精読すべきである。ベロッソスは、我々に伝えているが、その情報を**イア Ea**、即ち〈智慧〉の男性-女性具有神から手に入れた。神々がその両性具有的な御胸（スヴァバヴァット Svâbhâvat [自生する者、意志や想念から誕生する者]、〈母なる空間〉）の中で産み出された一方で、その（〈智慧〉の）反映は〈地上〉で女性のオモロカ Omoroka となったが、彼女はカルディアのタヴァット Thavatth、或いはギリシャのタラッサ Thalassa、〈深淵〉、或いは〈海〉で、秘教的にも更に顕教的にもそれらは**まさに〈月〉**である。ディヤーニ達によって滅亡させられた、如何なる記述も無い存在である怪物的生物を統括したのは〈月〉（オモロカ）であった。（『ヒッベルト講演会集』、370頁以降を参照。またこの巻第 II 部、「アダム-アドミ」を参照）

　進化の法則は、月から来た「〈父祖達〉」に、モナッド状態でこの天体上の全ての命と存在の形態を経験させることを強いたが、〈第3環〉の終わりに、彼らは彼らの神的な性質の中で既に人間となり、そしてやがて化身すべき

の物を、不作法にも放り捨てた。このため、〈元素霊エレメンタル〉を〈福音書〉の階級にぴったりと合わせ、キリストを〈天使人間〉と同一であるとするつじつま合わせのために階級の曲解をすることになる。カルディア人、エジプト人の両方からモーセは**ケロウブ** Cheroub（動物の形体では天使ケルビムとなる）とオフィス Ophites [蛇崇拝] を採用したが、それにも関わらず、〈天使〉や〈惑星〉や〈元素霊〉は神秘的且つ錬金術的に、〈**獅子**〉（ミカエル）、〈**雄牛**〉（ウリエル）、〈**龍**〉（ラファエル）、〈**鷲**〉（ガブリエル）、〈**熊**〉（トート-サバオート Thot-Sabaoth [トートの万軍]）、〈**犬**〉（エラタオート Erataoth）、〈**ロバ**〉（ウリエル、或いはタルタロート Tartharaoth）によって象徴された。これら全ては限定的な意味を持つ。

順番が来る遅い進化のモナド達に仮の宿として纏われるべき運命にある肉体の創造主となるように要請された。これらの「〈形態〉」は〈ヨーガ〉の〈息子達〉と呼ばれている、何故なら、〈ヨーガ〉（顕教的にはブラフマーとの合一）は受動的で無限な神の至高の状態であり、故にそれはあらゆる神のエネルギーを内包し、そしてブラフマーの精髄であり、〈ヨーガ〉の力を通じて（ブラフマーの様に）万物を創造すると云われるからである。ブラフマー、ビシュヌ、そしてシヴァは、〈神〉、ブラフマ Brahma、〈中観者 Neuter〉の最も強力なエネルギーであるとプラーナ伝承の本文は伝える。〈ヨーガ〉は、此処ではディヤーナ Dhyâna［瞑想する者達］と同一であり、この単語ディヤーニはチベットの言葉では〈ヨーガ〉と同義語で、チベットでは「〈ヨーガ〉の〈息子達〉」は「ディヤーニ達の〈息子達〉」、或いは、瞑想を通じてディヤーニ-ブッダ達が彼らの天の息子達、即ちディヤーニ-ボーディサットヴァ達を創造したかの無種子瞑想の息子達と呼ばれている。この世界の全ての被創造物はそれぞれ天に超越者を持っている。「この超越者は、その内的な喜びは**被創造物の中に流入する**ことだが、被創造物が崇敬してくれるまでは流出を与える事が出来ない」―― 即ち、それは〈ヨーガ〉での瞑想をすることによるのである。（イサク・マイヤーによって翻訳された『メボ・シャー-アリム［門］の書 Sepher *M'bo Sha-arim*』の〈カッバラ〉、109-111 頁を参照）

19. 第 2 人種は、発芽と膨張による誕生の産物（であった）。生殖によらぬ〈形態〉が無性（の影）からである。その様にして、《おお！ 弟子よ》、第 2 人種は生まれた。(*a*)

(*a*) 何が科学の権威者達によって最も論争されるかといえば、この生殖によらない〈人種〉、〈第 2 人種〉、即ち「〈滲出生 Sweat-born〉」と呼ばれる者等の父達についてであり、おそらくそれ以上の論争となるのは〈第 3 人種〉、即ち「〈卵生〉」の両性具有者達についてであろう。この二種類の出産の方法は最も理解しづらい、特に〈西洋人〉の頭には。秘教科学的な形而上学の学徒でない者等に対しては如何なる説明も試みられたことが無いのは明白である。ヨーロッパ人の言語は、進化のこの段階に於いて〈自然〉が最早繰り返さないものを、それ故に唯物主義者にとって何らの意味も持ち得ないものを、表現する言葉を持たない。しかし幾つも類似するものが存在する。肉体的進化の初期には、〈自然〉の中で、自然発生した人々が、例えば、今

では滅亡しているなど、他の形態でも繰り返されている幾つもの過程の存在を否定する事は出来ない。このように微細な探求は、繁殖する生命の如何なる特殊な生態に関しても永続するものは無いことを示していると我々は伝えられる。何故なら、「それは同一の有機生命が生命周期の過程で多様な変形を体験する事を示しているからで、例えば或る期間は**性**を有し、他の場合は**性別の無い**という風に、即ち反対の性を持つ二つの生命が協力する事によって、そしてまた、性を持たない一つの生命だけからの分裂や**発芽**によっても、有機生命自身は交互に繁殖するだろう」(註6)「〈発芽〉」はまさにスタンザに使われている言葉である。これらチャーヤー達 Chhayas は他の如何なる方法で再生出来たのであろうか、言い換えれば、〈第2人種〉を生んだのであろうか？　それは彼らが、希薄で性が無く、そして〈第3人種〉でのみ進化する欲望の乗物、或いはカーマ・ルーパ[欲望形体]を、いまだ欠いてさえいたからだが。彼らは、一部の植物のように、無意識のうちに〈第2人種〉を進化させた。或いは、おそらく、〈**アメーバ**〉と同じように、単により精妙で、より印象的で、そしてより大規模なだけである。もし、本当に細胞理論が〈植物学〉や〈動物学〉に等しく適用され、そして〈形態学〉、加えて有機生命体の〈生理学〉に敷衍されるならば、更に、もし微細な細胞が自然科学によって独立した生命的存在として ── 〈秘教科学体系〉が「火の生物達」(註7)を[独立した生命的存在と]見なすのと同じように ── 観察されるならば、生殖の初期過程に関する概念に如何なる困難さも存在しない。

　胚細胞の成長段階について考察してみよう。その**核**は成長し、変化し、そして次の形 ╳ のように細胞**内**に二つの円錐、或いは糸巻き紡錘を形成する。この紡錘は細胞の表面に近づき、その半分の内の一つは、「**極細胞**」と呼ばれる形態の中へと**押し出**される。これらの極細胞は**ただちに死滅**し、その胚は細胞の原形質によって**養われる**細胞核の残っている部分の成長と分裂から発達する。それなら、何故生物たちは生存する事が出来なかったのか、そして何故**このような方法**で ── **人間と哺乳類の進化**のまさに初めに於いて、創造されなかったのか？

　この事は、おそらく、〈第2人種〉が〈第1人種〉から形成された過程に関する幾つかの考え方を与えるための相似の事象として役立つだろう。

(註6)　ラングの『現代科学と現代思想』、90頁参照。
(註7)　第I巻I部、スタンザVIIの〈註解〉10を参照。

モナッドを纏うアストラル形体は、実に今もそうであるように、此処では胚細胞、或いは**卵子**の資質に相当する卵型の**オーラ**球よって囲まれていた。アストラル形体はそれ自身が細胞核で、今も、これからも、生命原理を伴う本能である。

　繁殖の時期がやって来ると、星辰の**影響下** sub-astral の生物は、周囲の卵形のオーラから自身の縮小分身を「**押し出す**」。この胚が、十分発達するまでオーラ上で成長し養育され、それが自分自身のオーラ球を胚と共に携え、両親から徐々に分離するその時、まさに、活発な細胞が成長とその後二つに分裂する事によって彼らの複製を再生することを、我々は観察する。

　「**極細胞**」との類似性は良好に維持されているようだが、それは彼らの死が性の分離によって導かれる変化に**直ち**に反応する様になって以後で、その時に**子宮の中**、即ち**細胞の中**での受胎が、定めとなった。

　「初期の〈第2（〈根本〉）人種〉は、『〈滲出生〉』の者達の〈父祖等〉であったが、後期の〈第2（〈根本〉）人種〉は、彼ら自身が『〈滲出生〉』であった」。

　〈註解書〉からのこの1節は、一つの〈人種〉の始まりから終わりまでの進化の働きについて言及している。「〈ヨーガ〉の〈息子達〉」、或いは初期のアストラル的な人種は、**人種的**、或いは集団的に七つの段階を経たが、七段階をあらゆる個々の〈存在〉の中に持っていたし、今も持っている。人間の時代を七段階の一組に分けたのはシェークスピアだけでなく、〈自然〉自身もである。そのように〈第2人種〉の最初の亜人種が、最初は、既に述べた類似の法則による進展によって生まれたが、最後は、人間の体の進化と歩調を合わせて、徐々に他の方法で形成され始めた。生殖の過程はそれぞれの〈人種〉、それぞれの永劫の時に亘って七つの段階を経た。生理学者や生物学者は、妊娠に関する全ての発生段階を含め、現在の発生形態が**50万年以上**、或いは最大でも**100万年前**からであるかどうかを語ることは可能だが、それら周期の観察はまだ半世紀前に始まったばかりだ。

　原始時代の両性具有人類は、古代人にはよく知られた〈自然〉に於ける事実の一つであり、ダーウィンの最大の困惑の一つを形成するものである。しかも、確かにあり得ない事ではなくて、反対に、両性具有現象が初期の人種の進化に於いて発生した事は大いにあり得るし、一方で、類似性の根拠や、植物、動物、人間の形成に無差別に働きかけている自然の進化に於ける一つの宇宙的法則の存在根拠に基づくなら、あり得るに違いない。人類一元発生説という誤った理論や、正反対の事だが哺乳類に人間が由来する等は、ダーウィン主義系列の現代の学校で教えられるような進化論の完

全さには致命的であるし、それらは直面する解決し難い事を考慮して放棄されるべきであろう。〈秘教科学〉の伝承だけが ── たとえ、〈科学〉と〈知識〉という用語が、この点に関しては古代には存在しないと否定されるとしても ── 不調和な事物を調和し、そしてその断絶を埋める事が出来る。「汝、見えざるものを知りたいならば、見えるものに大きく瞳を開けよ」とタルムードの格言は語る。

「〈人間の由来〉」(註8)について思い浮かぶのは次の一節で、それはダーウィンがいかに親密にこの古代の教えを受け入れていたかを示している。

「脊椎動物界では、一方の性が生殖組織に属する多様な付属臓器の退化器官を有しており、それは本来正反対の性に属するもので有る事はよく知られている。…… 脊椎動物界の一部の遙か昔の祖先は両性具有者、或いは雌雄同体として出現している(註9)。…… しかし此処で、我々は**著しい困難**に出会う。**哺乳綱**(ほにゅうこう)に於いて、**雄達は〈精嚢〉(のう)前立腺部に近接する導管を伴う子宮の退化器官を持ち、彼らはまた乳腺の退化器官をも有し、更に一部の有袋類の雄は有袋嚢の痕跡を持っている**。他にも類似する事実が挙げられるだろう。一部の非常に古い時代の哺乳動物が、その綱の主要な特徴を獲得した後に、そしてその結果、脊椎動物界のより低い綱から分岐した後にも、雌雄同体を継続したと我々は推測すべきなのか？　これはまさに有りそうに無いと思えるが(註10)、**その為には、我々は、今でも存在する雌雄同体的などんな形体をも発見すべく、全ての綱の中で最も低い魚類を観察すべきである。**」

ダーウィン氏は、諸々の事実が非常に力強く暗示する、即ち、哺乳類が由来する原初の雌雄両性を持つ種という仮説を採用するのを明らかに強く嫌がっている。彼の説明は続く、──「それぞれの性に相応しい多様な付属臓器が正反対の性に退化した状態で観察されるという事実は、その様な器官が一つの性によって徐々に獲得され、多かれ少なかれ不完全な状態で他の性に伝えられたことによると説明されるかも知れない」と。彼は、「雄鳥の蹴爪、羽毛飾り、そして鮮やかな色など、雄鳥が闘争や装身の為に獲得した」場合や、彼らの雌の子孫達による**部分的に限定された遺伝**を例証

(註8)　〈第2版〉、161頁。
(註9)　そして何故、動物と同様に人類も、生殖能力を持つ最初の〈人種〉の全てではなく、そして何故、1人の「遙か昔の祖先」なのか？
(註10)　明らかにその通りで、〈進化論〉の方向に沿って、哺乳類を辿って一部の両生類の祖先へと至っている。

としている。扱われる問題に於いて、しかしながら、より納得する説明の必要性は明白であるが、それはダーウィンによって検証された単に皮相的な細部よりも非常に多くの顕著で重要な特質に関しての事実である。何故、古代の動物群を特徴づける雌雄同体現象に賛同する議論を率直に是認しないのか？〈秘教科学〉は、最も包括的且つ単純な方法で事実を受け入れる解決策を提案する。先史時代の両性を具有する家畜のこれら遺物は、松果腺、そして同様に神秘的な他の器官と同じ分類に位置づけられなければならないし、それらは動物と人類の発展過程で長きにわたり萎縮してきた機能の事実として我々に沈黙の証拠を与えるけれども、しかしそれは原始生活の一般的な狩猟採集でかつて顕著な役割を果たしていたと。

秘教科学の教義は、いずれにせよ、都合の良い事に、最初の人間の起源を理論づけた最も進歩的な科学者の理論との検証が可能である。

ダーウィンの遙か以前に、ノーダン Naudin は、ダーウィン主義者が原形質と呼ぶものに**ブラステマ**[胚基]*Blastema*という名称を与えた人物で、半ば秘教科学的で半ば唯物科学主義者的な、一理論を提示した。彼は、アダムを、**性の無い**、聖書で呼ばれるように土、即ち〈科学〉のいう**ブラステマ**[胚基]から突然に生じたとした。「進化させる力が種の完成に影響を与えたのは人類のこの幼き形体からである。この大いなる現象を遂行するために、アダムは、まさに変態を経験中の動物の幼虫と類似する不活発さと無意識性を、通過せねばならなかった」とノーダンは説明する。優れた植物学者にとって、アダムは、1人の**人間**ではなく、それにもかかわらず、人類であって、「その事は現代の有機生命内に依然として封印されたままであったし …… あらゆる他の者と異なるし、これらの如何なる者とも決して血縁関係が無い」。彼は、「かのクラゲやホヤと類似する発芽過程」によって完成された性の区別を示している。人類は、このように生理学的に構成されているが、「多様で広汎な人種を迅速に産み出すために十分な量の進化させる力を保持するだろう」。

ド・カトルファージュ De Quatrefages は『人類の種』の中でこの見解的立場を批判している。ノーダンの理論では、最初の**ブラステマ**[胚基]は、過去、現在、そして未来のあらゆる生物をブラステマの中で潜在的に創り、実際にこれら生物を全部一緒に**創造する**と信じられた〈第一原因〉と結び付けられ、更にその上、ノーダンは有機生命界のこの進化に於ける**第二**〈**原因**〉、或いはそれらの活動を考察さえしていないことから、それは**非科学的**だ、と彼は語り、或いは正確に言えば、ノーダンの考えは「科学的な理論

の体を為さない」と主張する。そして科学は、ただ〈第二原因〉によって占められ、このような「ノーダンの理論に対し言うべき事は何も」持たないと。(125頁)

そしてまた、ノーダンによってある程度研究された秘教科学の教えに対して、更に言うべき事が有るだろうか。というのも、もし我々が、彼の「原始のブラステマ」に、それ自身の中にあらゆる形体の可能性を保持しているディヤーニ－チョーハン的な本質、**チャーヤー、或いはピトリ等の複体を見るだけならば、我々は全く一致している。しかし我々の教えとの間には二つの実質的且つ生命的な相違がある。**M・ノーダンは、進化が数百万年にわたって緩やかに広がるのでは無く、突然の飛躍によって進展したと明言し、そして彼の云う原始のブラステマは、不条理なものである盲目的な本能的衝動 —— **顕現**〈**宇宙**〉**に於ける知られざる**〈**第一原因**〉**の様なもの** —— をだけ与える。これに反して、生き、活動し、力を秘める物質、更に蟻やビーバーに見られるように、本質的により高級な種類のそれら動物意識に満ち、生理学的な差異を長い期間にわたって産み出すものは、我々の云うディヤーニ－チョーハン的な本質 —— **肉体を持つ人間を創造する根源的な原因の因果** —— である。この事は別にして、彼のいう**原始有機生命**からの「古代の、そして一般的な**創造過程**」は、パラケルスス、或いはクンラテ Khunrath の如何なる理論にも劣らず秘教科学的である。

更にカバラ的な作品はこれらの証拠となるもので満ちている。例えば、ゾハルは、見える全ての形は見えざる〈世界〉にその原型を持っていると語る。「低い(我々の)世界に在る全てのものは高い世界にも見られる。〈低い〉ものと〈高い〉ものは相互に活動し作用し合う」。(『ゾハル』、二折フォリオ判 fol. 186 頁)第Ⅱ部、「**あらゆる聖典で立証される秘教的教義**」以降を参照。

---

20. 彼らの〈**天父達**〉**は自生する者 SELF-BORN**[意志や想念から誕生する者]**であった。自生する者には、**〈**主方**〉**の輝く体から生まれたチャーヤーや、**〈**天父達**〉、〈**黄昏**〉**の**〈**息子達**〉(*a*)**などがいた。**

(*a*)「影達」、或いはチャーヤー達は、「自生する者」の息子達と呼ばれるが、同じように後者の名称は〈神〉、或いは〈大師〉にかかわらず、〈意思〉を通じて誕生した全ての神々や〈存在達〉にも適用されている。パラケルスス

が創出した**ホムンクルス** *Homunculi*［こびと］達も、ほとんど物質界上の過程ではあるが、恐らくまたこの名称を与えられるだろう。〈黄昏〉の〈息子達〉」という名称は、その称号がピトリ等の誕生する時の方法に関係があるように、これらのピトリ達がブラフマーの「微かな光の体」から流出したと語られているブラフマの神話体系のピトリ達と我々の教えの〈自生〉する祖先達とが同一であることを示している。(『プラーナ伝承』を参照)

---

21. 人種が年を経た時、古い水はより若々しい水と混ぜられた(*a*)**。その雫が汚れた時、彼らは生命の新しく、熱い流れの中に消滅し、消え去った。第1人種の外面は第2人種の内面となった**(*b*)**。古い翼は影となり、翼の影となった**(*c*)**。**

(*a*) 古い(最初の)〈人種〉は第2人種と融合し、それと一つとなった。

(*b*) これは人類の変容と進化の神秘的な過程である。最初の諸形体の素材 ── 影のようで、希薄で、そして不活発なもの ── は、〈第2人種〉の形体へと引き継がれ、吸収され、そうしてその形体を完成させた。〈**註解書**〉はこの事を次のように語ることによって、即ち〈第1人種〉が創造的な先祖のアストラルの影から単に形成されたように、勿論彼ら特有のアストラル体だけでなく肉体を持ち ── この〈人種〉が**不死であった**と説明する。その「人間達」は、彼ら自身より、より固く、彼らに固有の「滲出生」の子孫の肉体へと吸収されながら次第に消え去った。古い形体は消滅し、より人間的で物質的な新しい形体に吸収され、その中に姿を消した。〈黄金時代〉よりも更に至福に満ちた期間であるそれらの時代には死は存在しなかったが、第1の、或いは父母の素材は、肉体やそして内的、或いは**より低い本質**、或いは子孫の肉体さえをも形成すべく、新しい生物の構成要素として使われた。

(*c*) 影が退く時、即ちアストラル体がより堅固な肉体によって覆われる時、人間は物質的な体を発展させている。その影と像を造り出す「翼」、或いは希薄な形体は、アストラル体の影、或いはその独特の子孫となった。表現は奇妙だが原文そのままである。

後でこの神秘に言及する機会が無いかも知れないので、この個々の進化段階に関係のあるギリシャ神話に含まれる二重の意味を一度指摘するほうが良い。それはレダ Leda と彼女の2人の息子カストール Castor とポルックス Pollux［双子座の兄弟星の名］に関する寓意物語の幾つかの異なる物語にみられ、それらの物語はそれぞれ特別な意味を持っている。その事は**オデュッセイ**の第11巻に、レダは、スパルタの王ティンダリオス Tyndarus の妻であると言われているし、彼女の夫との間に、「勇気ある心を持つ2人の息子達」──カストールとポルックス──をもうけた。ジュピターは彼らに驚くべき贈り物と特権を与えた。彼らは、半ば不死となり、それぞれ順に、一日おき毎に生き、そして死ぬ（エテルーメロイ ἑτερήμεροι（註11））。ティンダリオスの家族 tyndaridæ として、双子の兄弟は天文学の象徴となり、そして〈昼〉と〈夜〉を意味し、彼らの2人の妻達、フェーベ Phœbe とヒラシラ Hilasira はアポロ、或いは〈太陽〉の娘で〈暁〉と〈黄昏〉を擬人化したものである。（註12）もとに戻って、ゼウスが2人の英雄の父として表現される寓意物語では──レダが生んだ卵から生まれる──神話は完全に神統系譜的である。それは、世界が一つの卵から生まれたと記述されるあの宇宙的寓意物語の一群について物語っている。というのも、その中でレダは、自らが〈天の白鳥〉と結ばれる時には、純白の白鳥の姿を身に纏っているからである。（註13）レダは、次第に、アーリヤ人種の多様な人々の伝承の中で、そのいずれもが黄金の卵を抱く、多様な鳥類学上の姿を持つ鳥という特徴を与えられる神話上の鳥になる。（註14）**カレワラ** Kalevala（フィンランドの〈叙事詩〉）では、麗しい精気エーテル Ether の娘、「〈水の母〉」が、六つの黄金の卵と七つ目の「鉄の卵」をその膝もとに抱く〈アヒル〉（〈白鳥〉、〈鷲鳥〉、カーラハンサ［黒白鳥］Kalahansa とは別の姿）と合体することで世界を創造する。しかし、直接神秘的な人間に言及するレダに関する寓意物語の多種多様さは、ピンダロス Pindar（註15）だけに見られるが、ホメロスの神を讃える聖歌ではそれについての言及はより僅かである。カストール

（註11）　『オデュッセイ』、xi. 298頁から305頁；『イーリアス』、iii. 243頁。
（註12）　シプリア（アフロディーテ女神信仰の中心地キプロス）の聖歌 *Chants Cypriaques*、女神ヒュギエイアの物語 *Hyg.Tal.* 80。［古代ローマ詩人］オヴィディウス Ovid 著『祭事暦ファスティ *Fasti*』等。デカルメ Decharme の『古代ギリシャ神話』を参照。
（註13）　第Ⅰ巻スタンザⅢ、78頁のブラフマーの黒白鳥カーラハンサ brahma kalahansa を参照。
（註14）　デカルメの『［古代ギリシャ］神話』、等の652頁を参照。

とポルックスは、そこでは最早[ゼウスの双子の息子]**ディオスクロイ** *Dioscuri* ではなく（アポロドーロス Apollodorus、Ⅲ 10、7 より）、人間の二重性、即ち〈死〉と〈不死〉の非常に重要な象徴となる。これだけでなく、今見てきたように、彼らはまた、〈第3人種〉と動物人間から動物的体だけを伴った神的人間への変容の象徴でもある。

　ピンダロスは、レダが同じ夜に夫と神々の父 —— ゼウス Zeus —— の両方と結ばれたと描写している。その結果カストールは〈死すべき〉息子となり、ポルックスは〈不死〉の継承者となる。縁起で構成される寓意物語で、**アフェリデス** *Apherides* (註16)に対する復讐騒動の中で、ポルックスはリンセウス Lynceus ——「全ての人間の中でその視力が最も鋭い者」—— を殺すが、カストールは**イダス** *Idas*「見て、そして知る者」、によって殺害される。ゼウスは彼の電光を投げつけ、最後に残った二つの戦闘部隊を滅ぼす事によって戦いを終わらせている。ポルックスは兄弟が死んでいるのを見つける。(註17)絶望して、彼は自分もまた殺すようにゼウスに求めた。「汝は共に死ぬ事は出来ない」、と〈神々〉の支配者は答え、「汝は天人種の技に由来するなり」と続ける。しかしゼウスはポルックスに、ポルックスが不死のままで、永遠にオリンポスで生きる事を望むか、或いはもし彼が全てに於いて兄弟の運命を分かち合うつもりならば、生活の半分は地下の空間で、そして残りの半分は黄金に輝く神々の住まいで、過ごすことのいずれかを選らぶ機会を与えている。カストールにもまた共有されるこの半不死性に、ポルックスも同意する。(註18)**その結果、双子の兄弟は、1人は日中を、そして他方は夜を、と交互に生きることになる**。(註19)

　これは単なる詩的空想に過ぎないのか？ 寓意物語は、それらの「太陽神話」の解釈の一つで、現代〈東洋学者〉が想いもつかぬ飛躍よりも更に高いものなのか？ 実際はそれ以上である。此処で我々は、「〈卵生〉」、〈第3人種〉にさらりと触れるならば、第3人種の前半の者等は死すべき存在で、

(註15)　詩篇ネメア Nem、第10詩、80以降。神人融合 *Theocras* の xxiv.,131。
(註16)　xxxiv.,v.5；[ギリシャの田園詩人]テオクリトス *Theocritus* の xxii.,I.
(註17)　アポロドーロス Apollodorus の III, ii., I.
(註18)　カストールの墓は、古い時代に、スパルタに在ると伝えられていたと、パウサニアス(III.13.,I.)は語り、そしてプルタークは、彼がアルゴスで半人、或いは半英雄のミツァルカゲトスμίξαρχαγέταςと呼ばれていたと述べている。(プルタークの『ギリシャの謎』、23を参照)
(註19)　ピンダロスの詩篇ネメア第10詩、60、ディッセン Dissen 訳。

言い換えれば、人格に意識は無く、[死後]存在し続けるものをそれ自身の内に何も持たないが(註20)、後半の者等は、**知識を与える神々**によって与えられた生命と呼ばれる第5本質マナスの為に個人的に不死となり、かくしてモナドをこの〈地上〉に結びつける。(註21)これがポルックスで、一方カストールは、神の神性を離れた時には、**人格的な**死すべき人間、発達した種でさえないある種の動物を象徴する。「〈双子〉」は事実、ポルックスが、双子特有の声に動かされて、彼の幸薄い死すべき兄弟に天与の神性の分け前を授けない限り、死によって永遠に分かれたままであったが、その様にしてカストールをポルックスは天与の不死の仲間に加えた。

　以上述べた事は、寓意物語の形而上的な様相についての秘教科学的意味である。それについて広く拡大された現代の解釈は ── 古代に於いては、プルタークが我々に語るように、(註22)兄弟愛の象徴として非常に賞賛されたが ── 言い換えれば、〈自然〉の壮大な光景からの借りものの心象として ── 隠された意味を説明するには貧弱で不十分である。〈月〉が、ギリシャ人とって、顕教的な神話では女性であって、それ故カストールと見なす事は困難で ── そして同時にディアナ Diana と同一で ── ある事実に加えて、〈太陽〉、即ち全ての恒星天体の〈王〉を最高神の見える姿と見なしていた古代の象徴主義者達は、単に半神半人に過ぎないポルックスによって、それを擬人化しようとは思わなかった。(註23)

(註20)　註解学者エウリピデス *Schol.Eurip.* の『オレステス *Orestes*[ホメーロスの叙事詩『イーリアス』に登場するギリシア軍の総大将アガメムノーンの息子でミュケーナイの王子]』、463頁、ディンドルフ *Dindorf* 訳。デカルメの『[古代ギリシャ]神話』等の654頁を参照。

(註21)　モナドは人格を持たず、本質的に神で、この階層では無意識であるが。何故なら、その第3[上からアートマ、ブッディ、**マナス**](しばしば第5[下からストゥーラシャリーラ、リンガシャリーラ、プラーナ、**カーママナス、マナス**の順]と呼ばれる)本質マナスから分離して、最初に顕現した三角形、或いは三位一体の底辺であるが、この地上世界では物質に対する意識、或いは認識を持つ事が出来ない。この顕現世界では、「至高者は最も低い眼を通して見ており」、即ち物質領域において**プルシャ** *Purusha*(〈霊〉)はプラクリティ *Prakrit*(物質)の助け無しでは盲目のままであり、それはマナスの無いアートマ-ブッディも同様である。

(註22)　『寓意教訓集』、484頁のf。

(註23)　この一風変わった考えと解釈は、デカルメの『古代ギリシャの神話』の中で受け入れられる。「カストールとポルックスは」、と彼は語り、「一対と思われている〈太陽〉と〈月〉以外の何者でもない。……〈太陽〉は、毎夕地平線から消え去り、〈大地〉の下に降る不死にして力あふれる存在で、それはあたか

もし、ギリシャの神話から我々がモーセの寓意物語、そして象徴へと進むならば、我々は、他の形式の下で同じ教義の更に多くの注目すべき確証を見つけるだろう。**創世記**に「〈卵生〉」の由来を探求する事は出来ないが、我々はそこに疑いようもなく両性具有者、そして**創世記**の最初の4章の中に最も巧妙な象徴的描写の下に隠されたシークレット・ドクトリンの云う最初の3人種を今でも見いだすことだろう。

―――――――――

神のような両性具有者

　アトランティス人種の最後の残存者が約1万2千前に水没した後に、光を通さぬ秘密のベールが授けられた秘教科学と宗教の密儀を覆うことになるが、それらの教えが不相応な者に共有されたり、著しく穢されないためにである。これらの科学部門の一部は現在では一般的なものとなっている　――　例えば、純粋に数学的や物理学的方面での〈天文学〉のように。このため、彼らの学説と教義は全て象徴的にされ、譬え話や寓意物語を唯一の防護壁として残されているが、忘れ去られ、そしてそれらの意味は曲解されてきた。それにも関わらず、人はほぼどこの国の聖典や伝承にも両性具有者を見つけるし、そしてもし記述が単なる作り話に過ぎないならば、何故その様に広汎な一致が見られるのか？
　古代の真実が寓意物語や象徴のベールの下で新世代の人々に教えられたであろう宗教的密儀の創始、或いはむしろ再建へと〈第5人種〉を導いたのはこの秘密である。神からの、そして特に両性具有〈人種〉　――　エジプトのスフィンクス、それは〈時代〉を超えた謎！　――　からの人類の進化に対する不滅の証拠を見よ！　地上に顕現し、痛みと苦しみを伴う個人的体験の苦い果実を強いて噛みしめさせる神の叡智は、〈善〉と〈悪〉に関する知識の木の影の下で　――　**〈自己秘伝〉**を伝授され、「**より高次の神々**」であるエ

も夜と共に意識を取り戻す兄弟天球のための空間を用意するかのようであり、太陽こそがカストールのために自らを犠牲にするポルックスで、カストールは、彼の兄弟に劣り、自分の不死性をポルックスに負うている、何故なら〈月〉は、テオフラストス Theophrastus が云うように、他では唯一の、しかし弱々しい〈太陽〉であるから」と説明する。(『デ・ヴェンティス[風]*De Ventis*』、17。デカルメの著作655頁参照)

ロヒムだけに最初は知らされた一つの奥義を ── 地の上にのみ生みだした。(註24)

　エノク書の中で、我々は、アダム(註25)が最初の神のような男女両性具有者であり、次に男性と女性に分かれて、そして一つの形体、或いは〈人種〉としては《ヤー‐ヘヴェー JAH-HEVA》に、そして別の形体、或いは別の〈人種〉としてはカインとアベル(註26)（男と女）に ── 即ち男女両性的なエホバ Jehovah(註27)に ── そのアーリヤ人の原型、ブラフマー‐ヴァーチ Brahmâ-Vâch の木霊を見て取る。その後、人類の〈第3〉、〈第4根本人種〉が出現する(註28) ── 即ち、男性と女性からなる〈人種〉、或いは反対の性を持つ個人等で、それは彼らに先行する2〈人種〉のように、最早、無性で中途半端な意識を持ち、両性を具有する者では無い。この事実はあらゆる〈人類進化論〉に於ける示唆となる。それは、喩え話や寓話、神話や**啓示された**〈聖典〉、伝説や伝承に見いだせる。何故なら、神々しい古い時代からイニシエイト達によって継承されてきた全ての重要な〈密儀〉の中でも、これは**最も重要なものの一つ**だから。それは、あらゆる創造神に、ブラフマー‐ヴィラージュ‐ヴァーチ Brahmâ-Virâj-Vâch に、同様にアダム‐エホバ‐イヴ Adam-Jehovah-Eve にも、更にまたカイン‐エホバ‐アベル Cain-Jehovah-Abel にも見られる両性の要素について説明している。というのも、『アダムの家系の書』はカインとアベルに言及さえしていないし、「彼らを

（註24）　『エノク書』を参照
（註25）　アダム Adam（カドモン Kadmon）は、ブラフマーとマルス Mars のように、〈水〉と〈大地〉の特徴である**繁殖力**と**創造力**の象徴で ── これは錬金術的秘密の一つである。「アダムは人間の魂を創造するために〈土〉と〈水〉を用いている」とモーセは語った。マルスはヒンドゥの**マンガラ Mangala**、惑星の〈火星〉であり、また「〈戦いの神〉」で、**ガルマジャ Gharma**（シヴァ神の汗）-ja［生まれる］から、そして〈大地〉から生まれた**カールティケーヤ Kartikeya** と同一である。彼は、またブラフマーとアダムに似て、**ローヒタ Lohita**、即ち赤い者である。ヒンドゥのマルスは、アダムのように、女性や母親なしに生まれている。エジプト人にとって、マルスは**根源的な生殖力の**〈本質〉であったし、それは顕教に於けるブラフマーも、カバラに於けるアダムもそうである。
（註26）　アベルはケベル Chebel で、受胎、「〈産み〉の〈苦しみ〉」を意味する。
（註27）　『ベールをとったイシス』のⅡ巻398頁［英文原書の頁数］参照、そこにはエホバが、混ぜ合わされたアダムとイヴであること、そしてヘヴァ、そして**女性的な蛇**のアベルであると示されている。
（註28）　『ベールをとったイシス』のⅠ巻科学　下、404頁［老松克博訳　竜王文庫2015年刊］、「二つの人種の融合が第3〈人種〉を創造した等」を参照。

男と女として創造したのは神で ⋯⋯ そして彼らの名前をアダムと呼んだ」(5章5)とのみ語っているだけである。それは更に続けて、「そしてアダムは、彼の心象に従って、**彼自身に瓜二つの息子**をもうけ、そしてその名前をセツ Seth と呼んだ」(v. 3)と語り、その後、彼は他の息子達と娘達をもうけるが、これらは、カインとアベルがアダム特有の寓話の変形である事を証明している。アダムは、特にその星辰世界という意味で、原初の**人間**の人種を代表する。だが、その神-人類学的 theo-anthropological な意味に於いてはそうではない。エホバ、或いは**ヤー-ホヴァ** *Jah-Hovah* という合成された名は、**男性の生命**と女性の生命を意味し —— 最初の両性具有者で、その後、性が分かれたが —— **創世記**の5章以後では、この意味で使われている。『寸法の起源』の著者が(159頁で)語っているように、「エホバを構成する二つの言葉は、誕生の創始者として、男女に関する根本的概念を形成する」、というのも、ヘブライ文字の**ヨッド** *Jod* は**男根**、そして**ハヴァ** *Hovah* はあらゆる生命の母エヴァ、或いは多産、〈大地〉と〈自然〉を意味したから。著者は、それ故に、「**完全なるものが**」(完全な女性の周期、或いは**子宮ヨーニ** *Yoni*、数字的に 20612 となる)、「**度量衡の創始者として**、〈**両性具有者**〉の人間として**誕生**当時の形体をもまた纏うこと、従って男根崇拝の様式と慣習、が見られる」と信じている。

　厳密には、「男根崇拝の様式と慣習」だけが後の時代へと長く続き、セツの息子エノス Enos の最初の、そして元々の意味は、現在では普通の方法である男と女から生まれた〈最初の**人種**〉、であった —— 何故なら、セツは人間ではなく、**人種**の一つである。彼以前には、人類は両性具有者であった。セツは〈**堕落**〉後の最初の(生理学的な)成果である一方、彼はまた**最初の人間**でもあり、このため彼の息子エノスは「人間の〈息子〉」と呼ばれる。(**下記を参照** *Vide infra*) セツはより後の〈第3人種〉を象徴している。

　〈**アイン-ソフ AIN-SOPH**〉 —— 〈果てしなく〉、そして〈終わりなき**無なるもの**〉 —— に関する本当の神秘的な御名を隠すために、カバリスト達は人間的で創造的なエロヒムの一人に組み合わせた**特徴的**-呼称を提唱したが、エロヒムという呼称は、文字の *i* や *j* や *y* が交換できるため、**ヤー** *Yah* または**ヤー** *Jah* となり、或いは**ヤー-ホヴァ** *Jah-Hovah* 即ち男と女であり(註29)、**両性具有者のヤー-エヴァ** *Jah-Eve*、或いは人類の最初の形体、

(註29)　カバラにおける**ヨッド** *Jod* は、手、人差し指、そして**陽根リンガ** *Lingham* の象徴であるが、一方、数秘学的には完全なるものである。しかしそれはまた数字の 10 であり、分割された時には男と女でもある。

〈土〉から創られた原初のアダムであるが、その「思考から生まれた息子」**アダム・カドモン**が、不思議にもこの世的なヤー‐ホヴァである者とは同一ではない。この事を知り、狡猾なラビ兼カバリストはそれから大いなる秘密の名前を創ったので、やがて全体の体系を表現する事なしにはそれを公表出来なくなり、その結果として彼はそれを**神聖なもの**とする義務を負わせられた。

　聖書とプラーナ伝承の比較だけが、いかにブラフマー‐プラジャーパティ Brahmâ-Prajâpati とエホバ‐セフィロト Jehovah-Sephiroth、そしてブラフマー‐ヴィラージュ Brahmâ-Virâj とエホバ‐アダム Jehovah-Adam の正体が近いかを示すことが出来る。同じ光の下で分析し解読したならば、彼らが同じ起源からの二つの複製である ── それは互いから遙かに隔たった二つの時代に創られた ── という納得する証拠が得られる。更に再度この主題に関して、**創世記**の4章1節と26節を**マヌ法典**第1章と比較するならば、それ等は両方とも彼ら[神々]の意味するものをもたらすだろう。例えば**マヌ法典**(第1章、32条)に於いてブラフマーは、また人間でも神でもあり、自分の体を分割して男性と女性を創り、自身の秘教的な意味に於いて、それは聖書に於けるエホバ、或いはアダムが為すように、神と人間両方の創造的、そして**生殖的**力の象徴的な化身を意味する。光の書ゾハルは、その正体に関する更に説得力のある証拠を提供するが、その一方で一部のラビ達はプラーナ伝承に由来するある種の表現を一語一語繰り返し、例えば、世界の「創造」は、バラモン関連の書物では、遊戯リーラー The Lilâ、喜び、或いは娯楽、〈至高の創造者〉の楽しみと普通考えられ、「その様に資質や霊や時を分けたり集めたりするヴィシュヌは、はしゃいで遊び回る少年のように戯れる」となる。(ヴィシュヌ・プラーナ、第1巻、2章)さて、この事を『ノベレトのホクマー Npbeleth' Hokhmah[ノベレスの智慧]』の〈書〉に述べられている事と比較するならば、「カバリスト達は、実存の世界への参入が**歓喜**を通じて起こり、その中でアイン‐ソフ(?!)は〈自ら〉**喜び**、〈自身〉から〈自身〉へと閃光に輝く光を放射したと …… それは全て歓喜と呼ばれると語る」(マイヤー著『カッバラ』、110頁より引用)となる。このように、それは「カッバリストの詮索好きな考え」ではなく、著者がまさに話しを引用したように、純粋にプラーナ的、アーリヤ人的考えである。ただ、何故アイン‐ソフを〈創造主〉の1人とするのか？である。

　「〈神のような両性具有者〉」はその後ブラフマー‐ヴァーチ‐ヴィラージュ Brahmâ-Vâch-Virâj になり、そしてセム族の、或いはむしろユダヤ人のそれ

はエホバ-カイン-アベルとなる。自分たちの顕教的な神の真の意味をいうまでもなく知っていた後のイスラエル王国の民とラビ達に比して、「〈異教徒〉」だけがより誠実且つ率直であったし、今もそうである。ユダヤ人達は彼らにつけられた名前 ── ヤフディ[神の民]Yah-oudi ── を侮辱と見なしている。それにも関わらず、彼らは、インドの僧侶が彼ら**の国家神[ブラフマー]にちなんで**、自らをバラモンと呼ばざるを得ないのと同様に、たとえ彼らが只それを望むだけでも、間違いなく自らを古代のヤフディ、「ヤホヴィアン Jah-hovian[ヤホヴァの信奉者]」と呼ぶべき権利を持っているし、或いは持つようになるだろう。というのも、ヤホヴァ Jah-hovah はその集団、或いはその星の下で国を進化させる創造的惑星天使群の冠位の一般的な名称であるから。彼は〈土星〉の摂政団からなる惑星神**エロヒム** *Elohim* の1人である。**創世記4章26節**は、正確に読まれるならば、彼らに前述の権利を只与えるだけだろう、というのも、創世記がセツやエノスから生れた人間の新しい人種を、聖書に採用された翻訳 ──「セツにもまた男の子、エノスが生まれた。この時から、人々は自らを**ヤー** *Yah*、或いはヤホヴァ Yah-hovah と呼び始めた」、即ち**男達と女達**、「創造主方」とは何か全く異なるもの、**エホバ** *Jehovah* と呼んでいる。人は、文節が現在翻訳されているような言葉の代わりに、例えば ──「この時、人々は**自らをエホバと呼び始めた**」は正確な翻訳で、「この時、人々は〈主〉の御名を呼び始めた」は正しくないし、後者は故意であろうとなかろうと誤訳であることに気づくために、前述の節をヘブライ語の原典で、そしてカバラの光を当てて読むだけで良い。もう一度よく知られた一節をみると、「私は〈主〉から1人の人間を賜った」は、「私は1人の人間、まさしくエホバを賜った」と読むべきである。(註30)ルター Luther は一つの方法で翻訳し、ローマカトリック教会は全く異なる方法で翻訳した。僧正ワーズワース Wordsworth は、それを、「**カイン** Cain ── カイン Kain を私は賜った、**カーニティ** *Kánithi* から、私は賜った」と表現した。ルターは、「私は1人の人間を賜った ──〈主〉(エホバ)に等しい者を」とし、『寸法の起源』の著者は、「私は1人の人間の**寸法を測った、エホバさえも**」である。最後が正確な翻訳文だが、その理由の一つは、(a) カバリストのある有名なラビ僧が、その文節をこのように正確に作者に対して説明したことと、そして次の理由は、(b) この翻訳文がブラフマーに関する〈東洋〉のシークレット・

(註30) 『寸法の起源』、227頁参照。

ドクトリンのそれと同じであるから。『ベールをとったイシス』(註31)に於いては、「カインは ……『〈主〉』の息子であり、アダムの息子ではない（創世記4章1節）」と作者によって説明された。「〈主〉」は、アダム・カドモン、**ヨッドケバ**の「父」、「アダム-エヴァ」、或いはエホバ、即ち血と肉の子孫ではなく、罪深き想念の息子である。セツは、これに反して、**〈地球〉の〈人種〉の指導者、そして先祖**である、何故なら、一般的には彼はアダムの息子であるが、秘教的にはカインとアベルの子孫であり、それ以後アベル、或いはヘベル Hebel は女性、一対の一方、そして男性カインの女性的片割れとなるが、アダムは男性と女性に対する総称で、「彼らを男と女（**ザッハルとネコベ** Zachar va Nakobeh）に創造したのはセツで ……… そして彼らの名前をアダムと呼んだ」ことによる。**創世記**の1章から5章までの各節は、**〈カバラ的〉**な理由によって意図的に混ぜ合わされている。**創世記1章26節**の**〈人間〉**創造の後、4章26節で〈人間〉の〈息子〉エノスが、またアダムの後に最初の両性具有者が、そして性のない（最初の）**ロゴス**、アダム・カドモンの後に、かつて分離したアダムとイヴが、最終的にエホバ-イヴとカイン-エホバが、出現する。これらは、人種間が数百万年も経過した、異なる〈根本人種〉を意味する。

　以上の事から、アーリヤ人とセム族の〈神-人類伝承〉は同じ幹の2枚の葉で、彼らの個々の化身達や象徴的な人物達は次のように互いの関係の中で入れ替わる。

　I.　**〈不可知の者〉**は、リグ・ヴェーダの文節で「〈無であった〉」と云うように様々に語られているが、やがて「**パラブラフマン**」、即ちアイン אין (Ain、無、或いはカバリスト達の「アイン-ソフ」)と呼ばれ、また創世記で水面をうごめく（〈神〉の）「〈霊〉」と呼ばれた。これら全ては**同じもの**である。更に**創世記1章2節**は、**秘密のカバリスト達の原典では第1節として配置**されていて、その後に**エロヒム**によって「〈天〉と〈地〉とが創造される」と続いている。文節の順序に関する思慮深いこの入れ替えは**一神教的且つカバリスト的目的の為に必要**であった。10章11節の〈天〉と〈地〉とを**創造しなかった**それ等のエロヒム（神々）に対するエレミヤ Jeremaih［紀元前6-7世紀の大予言者。聖書のエレミヤ書で著名］の呪いの言葉は、それを行った別のエロヒムが居ること示している。

　II.　スワヤンブー - ナーラーヤナ Swâyambhu-Narayama、即ち「〈自存す

（註31）　第II巻 264頁以降

るもの〉」から生じた「〈天界の〉」マヌ–スワヤンブヴァ Manu-Swâyambhuva [自生するマヌ]とカバリスト達の云うアダム–カドモンと創世記第 1 章の両性具有〈人間〉はまた同一である。

　III.　マヌ–スワヤンブヴァはブラフマー、或いは〈ロゴス〉であり、そして彼はアダム・カドモンで、創世記 4 章 5 節では、自らを半分づつの二つ、男と女に分け、そうしてヤ–ホヴァ Jah-Hovah とエホバ–イヴ Jehovah-Eve になるが、それはマヌ–スワヤンブヴァ、或いはブラフマーが自らを分けて「ブラフマー –ヴァイラージュ Brahmâ - Virâj とヴァーチ–ヴァイラージュ Vâch-Virâj」、即ち男と女になったと同じことであり、こうして全ての原典、そしてその変化した異なる文の遺物は**目隠しの日よけ**となる。

　IV.　ヴァーチ Vâch はブラフマーの娘であり、**サタ–ルーパ** *Sata-Rupa*、即ち「百変化をする者」と、そして**サヴィトリ** *Savitri*、即ち神々と全ての生き物の母を意味する「**繁殖の女性** *generatrix*」と名付けられる。彼女は、(全ての主方、或いは神々、或いは) 全ての生き物の母であるイヴと同一である。これとは別に、そこには多くの別の秘教科学的意味が存在する。

　「イシス」に書かれている事は、広範囲に撒き散らされ、そして同時に非常に用心深く表現されているけれども、正確である。

　秘教的にエゼキエルの車輪[旧約聖書のエゼキエル書 1 章、10 章を参照](註32)を解説するならば、それは**ヨッドヘヴァ** *Yodhevah*、或いはエホバについて語っている――

　「三つ組が〈神聖四文字テトラグラム〉の始めに置かれる時、それは如何なるこの世の罪もない、**霊的なる**神の創造を表現しているが、反対に末尾に置かれた時は、この世の罪、即ち女性を表現している。エヴァ Eva という名前は三文字で構成されているが、初期の、或いは天のアダムの名前はヨッド Jod[ヘブライ語で ’]、或いはヨド Yodh の一文字で書かれており、それ故エホバではなくイエヴァ Ieva、或いはイヴと読まなければならない。第 1 章のアダムは霊的で、それ故穢れのない両性具有者アダム・カドモンである。女性が (塵から創られた) 第 2 のアダムのあばら骨から生まれた時代に、無垢の**処女宮**は分離し、「生殖に」、或いは下方へ向かう周期に落ち込み、罪と物質を象徴する**天蠍宮**となる。上昇周期が、穢れのない霊的な人種、或いは 10 人の大洪水以前のイスラエル民族の父祖達 patriarchs を指摘する一方で、プラジャーパティ達 Prajâpatis とセフィロト Sephiroth は、

(註32)　『ベールをとったイシス』、第 II 巻 462 [英語原書の頁数]。

アダム・カドモン、或いはヨッド-ケヴァ Yod-cheva である創造する〈神〉自身によって導かれている。霊的に低い人種(エホバ)は、地球上の人種で、エノク Enoch、或いは第7宮の**天秤宮**によって導かれたが、エノクは、半神半人であるため、生きたまま〈神〉に召されたと云われている。エノク、ヘルメス、そして天秤宮は同一である」。

　これは幾つかの意味の一つに過ぎない。**天蠍宮**が占星術上の生殖器官を意味する宮であると言う学者を思い出す必要はない。インド人のリシ達のように、イスラエル民族の〈祖達 Patriarchs〉は、その数が入れ替え可能であると同様、改変も出来る。彼らが関係する物語の題目によれば、彼らは10、12、7、或いは5、そして14に変化し、**マヌ達**やリシ達と同じ秘教的な意味を持つ。

　更に、エホバは、既に示されたかも知れないけれども、語源の多様性を持っているが、しかしカバラの中に見つけられるものだけが正しい。יהוה (イエヴェ Ieve)は旧約聖書の言葉で、**ヤヴァ** Yava と発音された。アインマン Inman は、それが二つの言葉 יהו יה **ヤホ-イア** Yaho-Iah、**ヤホ-ヤ** Yaho-Yah から短縮されたもの、或いは**ヤホ** Jaho は**ヤー** Yah、であると提唱している。母音表記[ニクダー]を付けられたものはイエヴェיְהֹוָה で、しかも、これは同じ考察すべき点を持つ**アドニ** Adoni、或いは אֲדֹנָי という名前を連想させるためのラビ僧的な戯れである。ユダヤ人達が**エホ** Jeho や**ヤー** Yah やその一部を構成する**イア** Iah 等に関する非常に多くの呼名を持っていた時代に、彼らが古めかしくもイエヴェיהוה (アドニ Adoni) という名を音読したことは奇妙で、実際には想像する事が難しい。しかしそうであったとしても、フィロ・ビブロス Philo byblus は、サンコニアトン Sanchoniathon の断篇章と呼ばれるものを我々にもたらした人物で、それをギリシャ文字で〈**イエヴォ**'IEYΩ〉、**ヤーヴォ** Javo、或いは**イェーヴォ** Yevo と綴った。テオドール Theodoret は、サマリア人が**ヤーヴォ** Yahvo と、そしてユダヤ人が**ヤホ** Jaho と発音したと述べている。ギブス博士は、それにも関わらず、その母音表記を次のように、エホヴェיְהֹוִה (ヤーホーヴィ Ye-hou-vi) と提唱し、そして彼はその真の秘教科学的意味に関する難問を一挙に解決した。何故なら、この最後の発音記号の形式は、ヘブライ語の動詞として、「彼は望む ―― 在る」(註33)を意味するから。それはまたカ

(註33)　比較のために、ホセア Hosea 書12章6節でその様に発音されているのを参照せよ。

ルディア語の動詞、ヘベ הוה、或いはヘヴァ הוה、エヴェ eue(エヴァ eva)、或いはエヴァ eua(エヴァ Eva)で、「在りて」を意味する、に由来する。確かにその通りだが、「〈人間の息子〉」、エノス Enosh 以降からのみが、初めての、そして男性と女性が「存在」する本当の意味での人類である。この記述は、パークハースト Parkhust が、その動詞ホヴァ הוה が(1)「堕落」(即ち生殖、或いは物資の中へ)と、(2)「**在ること、続くこと**」 ── **人種**として ── を意味するとした事から、より一層の確証を受けている。ヴェ הו、ヘヴ Heve(エヴ Eve)となる「在りて」を意味する**エヴァ** eua(エヴァ Eva)という言葉は、イエヴァ הוהי[イエヴェ Ieve]の女性形で、ギリシャの青春の女神やヘラクレスのオリンピアの花嫁であるヘベ Hebe と同一だが、その気息音[h 音]は、エホバの名前をその初期の二重の性の形体の中にいまだにより明瞭に表現している。

　サンスクリット語にヤハ *Jah*、或いはヤハ *Yah* のような音節を探してみると、例えば**ジャハ**「**ガンジス**」*Jah*(予言者ナビ *navi*)"Ganges"[ガンジス河]、そして**ジャガン-ナータ** *Jagan-nâtha*、即ち「〈世界〉の〈主〉で、それは、ローリンソン氏が、初期のバビロニア神話に於ける**アーリヤ的**、或いは**ヴェーダ的影響**に関する彼の研究で、何故その様に強く確信しているのかという理由を明確にする。そしてそれだけでなく、またバビロン捕囚期の期間に、彼らの後ろに足跡を残すこともなく、噂に聞くイスラエル十部族が消え去り、その時にユダヤ人は**事実上** *de facto* ── **ユダ族とレビ族の** ── 二部族のみとなったと伝えられている事は更に驚くべき事ではないか。レビ人は、そのうえ、全く部族ではなく祭司階級であった。後裔達は、彼らの祖先、多様なイスラエル民族の祖達に従って微かに星の瞬く大気の中へとその後ろ姿を追いかけただけであった。そこには本当に古い時代の、そして最初のユダヤ人が生まれる以前の**ブラフマ達**と**アブラハム達** *A-brahms* が居た。あらゆる国家はその最初の神と両性具有である神々を保持したし、それ以外のものはなかったが、その後彼らは、彼らの遠い昔の初期の祖先達、二重の性を持つ先駆者達を、今日でも中国人が祀っているように天的〈存在〉、そして〈神々〉として崇拝した。そして或る意味彼らは、全てのより古い時代の象徴や伝承が示すように、ほぼ間違いなく両性体であった彼らの最初の人間らしい子孫、「思考生まれ」の原初の人類と同じく、神のようであった。「古代祭司者達の象徴的な紋章や独特な節回しには、現在の周期の科学にとっていまだ未発見の隠された暗示が潜んでいる。エジプトの神聖文字や象形文字の体系に、学者と同じようによく精通しているなら

ば、彼はまず最初に彼らの記録を選り分ける事を学ばなければならない。彼は、あえて解釈する前に、手にコンパスと定規[石工フリメーソンを象徴する二つの道具]を持って、彼が調べている絵文字が、その様な記録に対する隠された鍵となる**ある種不変の幾何学図形に、線までも合致する**ことを自身で確かめるべきである」。

　「しかし、それ等自身について語る神話が存在する。この段階では、我々はあらゆる〈宇宙進化論〉で両方の性を持つ初期の創造主達を含めてもよい。ギリシャのゼウス-ゼン Zeus-Zen(エーテル Æther)、カトニア Chthonia(混沌たる大地)、そしてその妻達メティス Metis(水)、即ちオシリス Osiris とイシス-ラトナ Isis-Latona[ラトナはアポロの母]で ── 前者の神はエーテル、〈至高の神〉からの第１の流出、アムン Amun、〈光〉の根源をもまた象徴し、繰り返しになるが〈大地〉と〈水〉の女神で、ミトラス Mithras は、岩から生まれた神だが、男性的世界の火の象徴、或いは根源的光を擬人化したもので、ミトラ Mithra は、火の女神で、同時に彼の母、そして妻でもあり、その純粋な火(積極的、或いは男性原理)の要素は、宇宙的発生に於ける女性的且つ受動的要素である〈大地〉や〈水〉、或いは〈物質〉と結びついて光や熱になると考えられた」── これらは全て原初の〈両性具有〉の神に関する記録である。

スタンザ VI 「滲出生 SWEAT-BORN」の者達の進化

(22) 3つの人種の進化が続いた。
(23) 第2人種は第3人種を創造し、滅びる。

22. 〈第2〉は、〈滲出生〉の、〈第3〉(人種)へと進化した。汗が集まり、それが雫へと成長し、そして雫は堅く、丸くなった。〈太陽〉が暖め、〈月〉が冷まし、そして形作り、〈風〉がその成熟まで養い育てた。煌めく満天の星空(〈月〉)から白鳥が大きな滴に影を投げかけた。それは未来の人種の卵、〈第3人種〉後期の〈白鳥人間 MAN-SWAN〉(完成された人間ハンサ *Hamsa*)である。(*a*) 最初は〈男女一体〉、その後〈男性〉と〈女性〉へ。(*b*)

(*a*) スタンザの原文は、人間の胚が〈宇宙〉の力によって**外部から** *ab extra* 養われたこと、そして「〈父-母〉」が、明らかに成熟した初期胚を提供したことをはっきりと示しているが、ほぼ間違いなく、それはその「男女両性」の親から分離し、ある種神秘的な方法で孵化された「滲出生の卵」である。卵生人間を想像する事は比較的容易であるし、以来、今でも或る意味で人間は「卵生」であり、マジャンディ Magendie[フランスの生理学者、1783-1855] は、更に自らの『生理学の基礎概論』で、「臍の緒が破裂し、そして完全に治癒した事例」、しかも幼児は生きて生まれた症例に言及しながら、適切にも、「この器官に於ける血液の循環はどのように維持されたのであろうか?」と問うている。次の頁で彼は、「今の時点では、胎児に於ける消化の有用性に関しては何も知られていない」と語り、そしてその栄養物に関しては次の疑問を提示する、「胎児の栄養物に関して、それでは我々は何か語ることが出来るのか? 生理学の諸文献はこの点で**曖昧な憶測**のみを含むだけである」と。「ああ! しかし」、懐疑的な者は、「マジャンディの著作がすぐ前の世代に属し、そして〈科学〉はその後、知っての通り長足の進歩を遂げたので、彼の無知という汚名を最早同業の専門家の責にすることは出来ない」、と力説するだろう。全くその通りだが、さて〈生理学〉のまさに偉大な大家、M・フォスター Foster 卿(『生理学教本』、第3編集本、1879年刊、623頁)の著書に、そして現代〈科学〉の不都合な点に目を向けて見るならば、彼が、「胚の機能的な活動の発生と発達に関して、我々の知識は全く盲目である。我々は、卵子の原形質が持つ初期の基本的な性質

が、我々がこの本で解説しようと試みた複雑な現象へと分化する事による様々な段階についてほとんど何も知らない」、と語っているのを見つけるだろう。ケンブリッジ大学のトリニティ・カレッジ［大学の学部に相当］Trin.Coll.Cantab の研究者達は、［健康の女神］ヒュギエイア Hygeia の塑像の前にある覆いと［ギリシャ時代の医師］ガレノス Galen やヒポクラテス Hippocrates の胸像に掛けられた眼帯を、今静かに［胸像の目元へと］引き上げるだろうが、それは彼らが非難の眼差しを彼らの退化した子孫に向けさせないためにだ。更にもう一つの事実に言及しなければならない。M・フォスター卿は、彼のフランス人同僚によって引用された臍の緒の破裂した症例について、思慮深くも、沈黙している。

　これは〈註解書〉で解説されているように、とても興味をそそる記述である。それを明らかにすると、〈第1人種〉は、前章のスタンザVで説明したように、「出芽する事 budding」によって〈第2人種〉を創造したが、〈第2人種〉は、〈第3人種〉── それ自身、異なる方法で生まれた人間から成る三種類の区分に分類される人種 ── を生んだ。これら最初の二人種は、おそらく現代の〈博物史 Natural History〉には知られざる卵生という方法で産み出された。一方、〈第3人類〉の初期の亜人種は水分、或いは生きている流体の滲出という方法によって種を産んだが、その雫は、一つに集まって卵球 ── 或いは卵とでも云うべきか？ ── の形となり、とにかくその結果としてその中で胚と子を、その出産の形式は後の人種によって変化したが、産み出すための外部的な媒体手段として役だった。初期の諸人種の極少数の人々は、完全に性が無く ── 知る限りでは形体さえ無かった(註1)が、しかし後期の人種は両性具有者として産まれた。性の分離が起こったのは〈第3人種〉に於いてである。以前の性の無い状態から、〈人類〉は明らかに両性具有者、或いは男女同体を持つ者となり、そしてついに人間を孕む卵を産み始めたが、彼らの進化発展に於いてそれは徐々に、そしてほとんど気づけないほどで、最初は一つの性が他の性に優性な〈存在〉であったが、最終的には、はっきりとした男性と女性になった。さて〈東洋〉と〈西洋〉の宗教的伝説にこれらの記述の確たる証拠を探求してみよう。最初に「〈卵生の人種〉」を取り上げてみよう。ヴェーダの〈聖人〉で最も多産な創造主カッシャパ Kasyapa について考察してみよう。彼は、ブラフマーの思考から産まれた息子マリーチ Marichi の息子で、**ナーガ達**、或いは〈蛇達〉、

（註1）　『ティマイオス Timæus』を参照のこと。

その他の生き物全体に渡る父であるとされた。一般的に、**ナーガ達**は人間の顔と蛇の尾を持つ半神の生き物である。彼らは、更に、数にして千にしか過ぎないと云われ、既に示されたであろうが、間違いなくアメリカの事である**パーターラ** *Pâtâla* に入植させる目的で、カッシャパの妻カドラ Kadra から産まれた、或いは恐らく彼女に由来した**ナーガ**人種であるし、ヴァーラタ-ヴァルシャ Bhârata-Varsha［インドの古名］の七地域の一つに、インドを示す《**ナーガ**》-ドゥウィパ NAGA-Dwipa が存在し、同じ名前を持つ人々に住まわれ、一部の〈東洋学者達〉さえにも、**歴史的**に存在し、今日まで彼らの背後に多くの痕跡を残したと認められた者達であった。

　さて、今最も強調すべき点は、人間に対する起源がどのように主張されようとも、その進化は以下の順に進展したことである。(1)〈無性〉、全ての初期の形体と同じように、(2)その後、自然な推移を経て、人間は「単一体での両性具有者」、男女両性体的存在になり、そして、(3)遂に分離して、現在の人間のようになった。科学は、全ての原始的生命形体は、性が無く、「いまだに、〈無性増殖〉の過程を経験する力を保持している」と我々に教えているが、それなら何故その〈自然〉の法則から人間は除外されるべきなのか？　雌雄同体による生殖は、一つの進化で、生殖の分裂増殖行為に関する出来事の推移変遷に於いて分化し完成した生態である。秘教科学の教えは優れた生命自然発生説 panspermic であり、そして人類の初期の歴史は「普通の死すべき人間」にのみ隠されているし、原始の〈種族〉の歴史もまた、冒涜的な科学に対してと同様に、時間の墓標の中にイニシエイト達からも葬り去られている。それ故に一方では、〈自然〉の法則に見られる進歩的な発展とあらゆる外的な変形の内的な原因を我々に示すいわゆる科学を根拠とし、そして他方では、〈イニシエイト達〉によって集められ保持され、ほぼ申し分のない体系へと完成されてきた世界的な伝承に基づく叡智 ── 我々が普遍的知識とさえ呼んでも良いもの ── への無条件の信頼によって ── それを根拠として、我々は大胆にもその原理をより明確に述べようとしている。

　約15年前に書かれた才気溢れる作品の一つで、ニューヨークの我らが学者にして尊敬すべき友人アレックス・ワイルダー博士は、〈原始人の男女同体〉を信ずる極論と必要性を示し、それに対する幾つかの科学的根拠を与えている。(註2) 彼はまず、「植物という創造物の大部分は雌雄同体とい

（註2）　『神智学徒 *Theosophist*［テオソフィスト、神智学協会の機関誌］』、1883年2月号の〈小論〉からの〈抜粋〉を参照。

う現象の傍証である …… リンネ式生物分類法はほとんど全ての植物を雌雄同株であると列挙している。これは、大麻 Hemp からポプラ［西洋はこやなぎ］Lombardy Poplar や庭ウルシ Ailanthus に至るまで、より未発達の形体に見られるのと同様に、植物界のより進化した科に見られる事例である。動物界の昆虫では、〈密儀〉の中でその偉大な秘密が表現されるように、蛾は虫を産む、即ち「雄牛が竜を産み、そして雄牛を竜が産む *Taurus Draconem genuit, et Taurum Draco*」。珊瑚を生成する科は、アガシー Agassiz によれば、『現在の地質年代の期間に於いて、フロリダ半島を形成し終えるのに数十万年以上も費やしてきたし …… 樹木に於ける出芽や分岐のように自分自身から子孫を産む』。蜂類も多少なりとも同じ進化の線上にある。…… アブラ虫 Aphides や植物の寄生虫 plant lice はアマゾン蟻 Amazons のように巣塚を保持し、**新しい両親**は十世代にも渡って続く〈種〉を持続させる」、と論じている。

　昔の賢人達、古い時代の哲学者的教師達は何と語っているのか。アリストファネスはその主題に関してプラトンの『饗宴』で次のように話している、「我々の古い時代の体質は現在と同じではなかった。それは**両性具有者**、その形体と名称通りであって、男と女の両性である事が一般的であった。…… 彼らの体は球形で、走る方法は回転する事であった。(註3)彼らは力と強さに於いては恐ろしいほどで、尋常ならざる野心を持った。それ故、**ゼウスは彼らをそれぞれ二つに分け**、彼らを弱くし、アポロは、ゼウスの指示で、彼らの肌の傷口をふさいで癒した」と。

　メシア Meshia［古代ペルシャ語で男性］、そしてメシアン Meshiane［女性］は、古代ペルシャの一個人にしか過ぎなかった。「彼らはまた、人間が生命の木から誕生し、人間の形体へとその後の変化で分離する時まで、両生具有の夫婦として成長した、と教えている」。(註4)

　アダムの**誕生譚**トルデュート *Toleduth*（創造 generation）で、「〈神〉が自らの姿にかたどって人を造った（**産んだ** *bare*、生んだ brought forth）、〈神〉の姿に似せて人を造った、男と女に神は彼らを造った」、という節は、もし秘教的に読むならば、本当の意味、即ち「エロヒム（〈神々〉）は自分自身か

（註3）　彼等は「人に似た姿を持ち」、しかもなお車輪の外形を持ち、「進む時はその四方のいずれかに進む …… というのも、生きている創造物の霊は車輪であるから」、と描写された四つの神の生き物に関するエゼキエル書の幻視（第1章）と比較せよ。
（註4）　ワイルダー博士の〈小論〉、『二重の性を持つ原初の人種』を参照。

ら(変形によって)神の姿に似せた人間を産み出した …… 人(集団的人類、或いはアダム)を創造したのは彼らであり、彼らを男と女に創造したのは**彼(神群)である」**(註5)という事になるであろう。この事は秘教的な視点を提示するだろう。**性の無い**〈人種〉は、神々による最初の創造物、彼ら自身の、そして彼ら自身からの変形の一つ、純粋に霊的な存在であったが、これはアダム[人種]だけのことであった。そこから**第2**〈人種〉、アダム−イヴ、或いは**ヨッド−ヘヴァ**、不活発な男女両性者が、そして遂に〈**第3人種**〉、或いは「〈**分離しつつある両性具有者**〉」、〈第4人種〉のセツ−エノス等を生んだカインとアベルが、出現した。それは〈第3〉人種、最後の半ば霊的な人種で、彼らはまた、エノク達 The Enochs、前述の〈人類〉の〈先覚者達〉に生じる神の、そして生まれつきの〈叡智〉を持つ最後の媒体であった。〈**第4人種**〉は、〈善〉と〈悪〉の〈木〉の果実 ── 既に世俗的な、それ故**不純な**知性と結びついていた〈叡智〉(註6) ── を味わったが、結果として、その〈叡智〉をイニシエイションと多大な修行によって習得しなければならなかった。そして〈叡智〉と〈知性〉の結合は、前者は後者を**統御する**が、ヘルメスの書物では「〈神〉が持つ二つの性の二重の豊かさ」と呼ばれている。神秘的にも、イエスは男−女両性であること保持していた。〈密儀〉の間、歌われた**オルフェウスの神への讃歌ヒム** hymns[神を讃える詩]をも参照するならば、我々は、そこに「ゼウスは男、ゼウスは永遠の少女である」との詩を見

(註5)　キリスト教徒のエウジビナス Eugibinus とラビ僧サムエル Samuel、マナセ Manasseh・ベン・イスラエル、そしてマイモニデス Maimonides[スペインのユダヤ系律法学者・神学者・哲学者]は、「アダムは二つの顔をもつ1人の人間で、最初から彼は男性且つ女性であった ── 男性は一つの面で女性は別の面(まるでマヌのブラフマーのように)だが、しかし後にその部分が分かれた」と教えた。ラビ僧エレミヤ・ベン・エリアゼル Jeremiah ben Eliazar によって吟唱された旧約聖書のダビデの歌、〈詩篇歌〉139番はこの事の明らかな証拠である。「主よ、貴方は後ろから前から私を**形造った**[聖書では「囲んだ」と表現されている]」で、聖書におけるように不合理で意味もなく**囲んだ**わけではないし、これはワイルダー博士が考えるように、「人類の原初の体が雌雄同体であった」ことを示している。

(註6)　〈叡智〉**コクマー** Chochmah と〈知性〉**ビナー** Binah、或いは、**ソロモンの箴言7章**で〈理解〉と呼ばれるエホヴァ、造物主デミウルゴとの結びつきを参照せよ。人間に**叡智**〈叡智〉(神の隠された〈叡智〉)は叫ぶ、「おお、汝、素直に〈叡智〉を理解せよ！　**思慮なき汝、心得よ！**」と。それは霊と物質、**精神ヌース** nous と**霊魂プシュケ** psyche で、後者は聖ヤコブ St.James が、「世俗的で官能的で悪魔的」であると語っているものである。

つける。エジプト人の神アムモン Ammon は、その体の半分は女神ネイト Neïth であった。ジュピターは女性の胸を持ち、ヴィーナスはその幾つかの彫像に髭を生やされているし、イラ Ila は、女神で、ヴァイヴァスヴァタの子孫として、男性神スーヂュムナ Su-Dyumna でもある。

「**アダム**という名は」、と A・ワイルダー博士は語り、「或いは人間という名称は、それ自身この二重形体的存在を含蓄している。それは、ギリシャ語によって**ディドゥモス** *Didumos* [ギリシャ語で双子を意味する]、双子の1人と翻訳された**アタマス** *Athamas*、或いは**トーマス** *Thomas* (タミル語の**タム** *Tam*) と同じであり、もし、それ故に最初の女性が最初の男性の直後に形成されたならば、彼女は論理的な必然として、『男性から取り出された』となるに違いない …… そして**エロヒム**が男性から取り出した**脇腹の骨**で、『彼が造ったのは女性であった』(創世記2章)。此処で使われたヘブライ語の言葉は**ツァラ** *Tzala* で、我々が与えてきた翻訳の意味に適う。**タラッス** [海] *Thalatth* (**オモロカ** [深淵、海洋] *Omoroka*、或いは麗しの〈淑女〉ウルカ Lady of Urka) が創造物の始まりであったと伝えるベロッソスの伝説を辿ることは容易である。彼女はまたメリタ Merita、月の女王でもある。…… 創世記の二組の双子の誕生は、カインとアベル、そしてエサウ Esau とヤコブ Jacob の例のように、同じ概念の投影である。『**ヘブル** *Hebel*』**という名はエヴァと同じで、その性格は女性的にみえる**」と著者は続ける。「彼の望みは汝にとなり」、と〈主なる神〉はカインに、「そして、汝は彼を治めなければならない」と語られた。同じ言葉がエヴァに対して「汝の望みは夫となり、そして彼は汝を治めるであろう」と語られてきた。……

これまで述べて来たように、人類の〈**第3根本人種**〉に於いて太古の男女両性を有する単一個体はシークレット・ドクトリンでは自明の理である。その穢れ無き個々人が〈神々〉へと祀り上げられた訳は、その〈人種〉が彼らの「神の〈王朝〉」を代理していたからであった。現代人は、原始人類の神々が「男性且つ女性」であったのに反して、自身固有の性的な姿にならって神々を創造した〈第4人種〉の男性の英雄達を崇拝する事に満足している。

第Ⅰ巻で述べたように、人間性は調和して発展し、そして四〈大元素〉の進展に相関して、全ての新しい〈人種〉は追加される要素に触れるために生理的に調整された。我々〈第5人種〉は急速に〈第5の元素〉 —— もしお望みならば、それを惑星間エーテルと呼んでもよいもの —— を身近なものとしているが、けれども、それは物理学より心理学でより多く扱うべきものである。我々人間は、極寒、或いは熱帯に関係なく、あらゆる気候で暮らしていることを聞き知るが、初期の2〈人種〉は気候に全く対処出来なかっ

たし、その中での様々な寒暖、或いは変化にも適応出来なかった。そのようにして、今現在木星の住人によって謳歌されているように、常春が地上全体を覆い尽くした時、人間は〈第3根本人種〉の終末を歳月のうちに忘れて暮らしたと、我々は教わったし、その一つの「世界は」、とM・フランマリオン Flammarion は語り、「我々の持つ世界のように季節の移り変わりや寒暖の急な変化の影響を受けず、常春のあらゆる宝物でとても豊かな世界である」と続ける。(『多様な世界 Pluralité des Mondes』、69頁)木星が、我々の言葉の感覚で、溶解状態にあると主張するそれ等天文学者達は、このフランスの〈天文学者〉と彼らの論争を解決するために招かれている。(註7)それにも関わらず、言及した「常春」が**前述の木星神信奉者達ヨヴィアン**

(註7) 1881年マチュウ・ウィリアムズ氏 Mr.Mattieu Williams によって展開された一つの仮説は、ごく一部の〈天文学者達〉に感銘を与えたように見える。1881年12月23日付けの『知識』という雑誌で、『太陽の燃料』の著者は次のように語る、「〈太陽〉の存在状態に関するアンドリュー博士の研究を現在に適用するならば …… 私は、〈太陽〉には**核などなく**、固体、液体、或いは気体さえ存在せず、臨界状態で分離した物質によって構成され、その周囲を、まず、分離した物質が再結合する事によって出来る炎[プラズマ]の被膜に覆われ、そしてこの外部は、この組み合わせによる蒸気状の別の覆いによって包まれている、と推断する」と。

これは、**全ての科学的で正統な他の仮説を統合した斬新な学説である**。「臨界状態」の意味はM・ウィリアムズ氏によって、同じ雑誌(1881年12月9日付け)の『固体、液体、そして気体』に関する記事の中で解説されている。アンドリュー博士の炭酸に関する実験の談話で、科学者は、「88度に達すると、液体と気体の境界が消滅し、**液体と気体は混合して不思議な中間的流体となり、不確かで揺れ動く何かが試験管全体に満ちている** ── 霊妙な液体、或いは可視化した気体である。熱で赤くなった火かき棒を目と照明光の間に置くならば、液体の空気のように現れる上昇する波の対流の動きを認めるだろう。試験管内の**混成流体**の出現はこれに似ているが、しかしそれは感じられる程度より濃く、ピッチ[原油の蒸留後に出来る黒色粘着性物質]や糖蜜が固体と液体の中間物であるように、明らかに物質の液体と気体状態の中間物である」と語っている。

この現象が発生する温度はアンドリュー博士によって「臨界温度」と名付けられ、臨界温度では気体と液体の状態が「継続」し、そして、その両方の状態で存在することの出来るあらゆる他の物質は、たぶんその物質個有の臨界温度を有することになる。

この「臨界」状態をより深く考察して、マチュウ・ウィリアムズ氏は、木星や他の惑星に関する幾つかの全くオカルト的な学説を吐露している。彼は語る、「**我々の固体、液体、そして気体に対する概念は、ここ〈地球上〉に於ける物質**

Jovians[木星 Jupiter はローマ神話ではヨーヴェ Jove 神]**によって認められた一つの状態にしか過ぎないことを、常に心に思い留めなければならない。それは、我々が知るような「春」ではない。**この留保の中で、見いだすべき事は此処に引用した二つの学説間での調整である。両者とも**部分的真実を含んでいる**からである。

　人類が肌のほとんど透けて見える状態から、奇跡でも性交によってでもなく、徐々に現在の形体に進化したと伝えるのは既述の世界的な伝承である。更に、これは古代の諸々の哲学、換言すればエジプトとインドの〈神

状態の体験に由来する。我々が他の惑星に移動する事が出来たならば、それ等は奇妙なふうに変化させられるだろう。水星では水は圧縮出来る気体の一つとして分類され、火星では溶けやすい固体となるが、しかし木星では一体どのようになるのか?」と。

　「近年の観測は、この木星に関して、雲状の恒久的な覆いを持ち、その外見上は部分的に霧状の水で、しかし灼熱の、或いはおそらく未だに内部はより高熱状態である太陽の小型模型であるとして、我々を正当化する。その蒸気に満ちた大気が厖大な深さなのは明らかだし、〈地球〉表面上の二倍半以上も強い木星の観察できる外部表面の引力の力や、大気圧は、観察できる外部表面の下に降れば、水蒸気がその臨界状態を生じるであろう地点にすぐに到達するに違いない。それ故、**木星の海洋は氷結状、液状でも気体状の水でもなく、単に臨界状態の水からなる海洋、或いは大気であると**我々は推論してもよい。**魚でも鳥でもその中を遊泳し飛翔するものは何でも、まさに臨界状態で有機体化されたに違いない**」。

　木星の総質量が〈地球〉の三百倍以上にもなり、中心に向かう圧縮するエネルギーがそれに比例するように、その構成物質が、仮に〈地球〉のそれに類似し、熱くないならば、より高密度で、惑星全体はより強い特別の重力を持つと思われるが、しかし我々はその衛星の運動によって、この推論の代わりに、その特別な重力が〈地球〉の重力の四倍以下であることを知る。これは木星が極度に高温であるという結論を正当化する、何故なら、もし冷えているならば、水素でさえも、その様な圧力の下では木星よりも高密度になるからである。

　「全ての物質元素が温度や圧力に従って固体、液体、或いは気体、或いは臨界状態として存在するように、私は、仮説的な推断ではあるが、**木星が固体、液体、ましてや気体の惑星ではなく、臨界状態の惑星、或いは内部が臨界状態の元素から成るもので構成された光球で、そしてそれ等元素の蒸気から成る高密度の大気や、水のようなそれ等の混成物の幾つかからなる大気に周囲を覆われている**という説を擁護する。同じ推論は土星や他の巨大で希薄な大気の惑星にもあてはまる」。

　科学的な着想が、どのようにして年毎に我々秘教科学の教えの国境へとすり寄ってくるのかを見ることは喜ばしいことである。

聖王朝〉のものから降ってプラトンに至るまでのものと完全に一致する。そして全てこれらの世界的な信念は、一般に信用されて、それ等の一部は根深いが、「虫の知らせ」と「堅固な概念」、とに分類すべきである。その様な信念は、ロイス・フィギュエール Louis Figuier によって注目されたように、「頻繁な叡智の出現と人間の数えきれぬ世代に渡る観察」の結果である。何故なら、「**一律の世界的な存在物である伝承は全て科学的証拠としての重みを有する**」(註8)から。そして、既に示したように、プラーナ伝承の寓意物語に見られる一つのその様な伝承の他により多くのものが存在する。更に、人類の第1〈人種〉がピトリ達の影**チャーヤー**(アストラル的な姿)から形成されたという教義は、光の書ゾハルで十分確証を得られる。「エロヒム(ピトリ達)の**ツァラム**(幻影のような姿)*Tzalam* に似せてアダム(人間)は造られた」。(クレモナ Cremona 編集版、76a；ブロディ Brody 編集版、iii., 159a；『カッバラ』、イサク・マイヤー著、420 頁)

　古代インドに於ける形而上的な思索の高さにもかかわらず、古代エジプト人はいまだ自慢するための偶像崇拝や動物崇拝以外は何も保持していなかったし、ヘルメスという存在は、疑問はあるが、エジプトに暮らしたギリシャ人の神秘主義者が創り出したものであるということが反論として繰り返し主張されてきた。これに対して、一つの返答が可能である ── 即ち、エジプト人はシークレット・ドクトリンをそのまま、それは〈イニシエイション〉で彼らに伝授されたもの、を信奉していたという直接的な証拠である。その反論者達に対し、ギリシャ人の古代断篇譚の編集者で、A. D. 5 世紀に生きたストバイオス *Stobæus* の『牧歌的科学と倫理学 *Eclogæ Physicæ et Ethicæus*』を紐解いてみよう。次の文は、エジプト人の〈魂〉に関する理論を示している古いヘルメスの断篇譚の一つからの、彼による筆写である。逐語的な訳だが、それは以下のように述べている ──

　「一つの〈魂〉、〈**普遍的**〉魂から、全ての〈魂達〉が生じ、それはまるで故意に世界にバラ播かれるかのように広がる。これらの魂は多くの変容を経験する。既に匍匐(ほふく)する生物等が水棲動物へと変化し、これらの水棲動物に陸上の動物は由来し、後者から鳥類が発生する。空の高き所(天)に住む存在者達から人間は生まれる。その様な人間の状態に至ると、〈魂達〉は不死の本質(意識)を受容し、〈霊〉となり、その後、神の聖歌隊へと進む」。

(註8)　『死後の世界 The Day After Death』、23 頁。

23. 〈自生〉する者はチャーヤー達、即ち、彼らは黄昏の息子達が持つ肉体の影であった。水も火も彼らを破壊できなかった。彼らの息子達は〈水と火で滅亡〉させられた。(a)

(a) この偈文は〈註解書集〉の助け無しには理解され得ない。偈分は、〈第1根本人種〉が、〈祖先〉の「〈影〉」で、死によって傷ついたり、破壊されたりすることがなかった事を意味している。非常に希薄で、構造的にほとんど人間ではないため、彼らはいかなる要素 ── 洪水や火 ── の襲来による影響を受けることは無かった。しかし、彼らの「〈息子達〉」、〈第2根本人種〉はそれ等に襲われ、滅亡した。「祖先達」が彼らの子供である彼ら特有のアストラル体に完全に同化したため、子孫はその後裔達である「〈滲出生〉」の者等に吸収された。これらは第2の〈人類〉で ── 最も異様な巨人で半人間的な怪物達から成り ── 人間の肉体を構築する過程に於ける物質的自然の最初の試作であった。絶えず花の咲き乱れる〈第2大陸〉(グリーンランド、及び他の大陸)の土地は、段階を経て、常春のエデンの園から[極北に住むと云う]ヒュペルボレオス人の〈黄泉の国〉hyperbore-an Hades へとすっかり変化した。この変化は、地球に於ける巨大な海の移動と大洋の海底床の変化とに起因し、そして〈第2人種〉の大部分は、この人類の期間中に、大地の分離展開と統合によるこの最初の大いなる産みの苦しみの中で、消滅した。その様な大変動は既に四度(註9)起こっている。更に時の必然的な流れとして我々は五度目を予期することになる。

「複数の大洪水」と「複数のノア」に関する幾つかの話

我々の〈祖先〉についての多様なプラーナ伝承の物語は、**その詳細に於いては他のあらゆるものと同様に矛盾している。従って、リグ・ヴェーダでは、イダ** Ida(或いはイラ Ila)が、ヴァイヴスヴァタ・マヌの〈女性教師〉と呼ばれる一方で、サーヤナ Sayana では〈地球〉を統括する女神を彼女から造るとし、そしてシャタパタ・ブラーフマナ Sathapatha Brâhumana では彼女をマヌの娘、**彼への生贄としての供物、**そして後には、彼(ヴァイヴスヴァタ)の妻とし、**彼女によって彼はマヌの人種をもうけたとして描写し

(註9) 一回目は、現在の北極が最後の〈諸大陸〉から分離した時に起こった。

ている。プラーナ伝承では、再び、彼女はヴァイヴスヴァタの娘で、しかもブッダ(〈叡智〉)の妻、〈月〉(ソーマ Soma)の私生児、そして惑星ジュピター(**ブリハスパティ** *Brihaspati*)の妻ターラ Tara である。全てこれらは、神の冒涜者には混同のように見えるが、〈秘教科学者〉にとっては哲学的な意味で満ちている。まさに物語に触れてこそ、隠された、そして神聖な意味が受け取れるが、全ての細部は、しかしながら、とても意図的に混ぜ合わされたため、〈イニシエイト〉の研ぎ澄まされた瞳だけがそれ等をたどり、その出来事の正しい順に位置づけることが出来る。

『マハーバーラタ Mahabhârata』で語られたような物語は、その主題を印象づけるが、いまだにそれはバガヴァッド・ギーター Bhagavad Gîtâが含蓄する隠された意味によって説明される必要がある。それは我々(〈第5〉)〈人類〉の**幕開けを告げる劇的事件**である。ヴァイヴスヴァタが河の岸で祈りに没頭している時、とある魚が巨大な魚からの保護を彼に懇願している。彼は魚を助け壺の中に入れたが、そこで、どんどん大きくなり、魚は来るべき大洪水の知らせを彼に伝えている。それはよく知られた「マツヤ Matsya [ビシュヌが魚の姿を纏った時の魚の名]の〈化身 Avatar〉」、ビシュヌの最初の〈化身〉、カルディア人のキセトラス Xisuthrus のダゴン[半人半魚の]神 Dagon(註10)、そして加えて他の多くのものでもある。物語はよく知られており繰り返す必要はない。ビシュヌは船を建造するように命じ、マヌはその船の中に7人のリシと共に救出されると語られているが、後半部分は他の物語の本文からは欠落している。此処では7人のリシは、7〈人種〉、7本質、そして様々な他のものを表象する、何故なら、そこにはまたこの多様な寓話に含まれる二重の神秘が存在するからである。

我々は他の所でも、大〈洪水〉は複数の意味を持ち、それが、〈堕落〉とまた同じように、霊と物質、宇宙と地球的な出来事、即ち天の如く地に於いてもそうであると云うことに言及している、と語ってきた。船、或いは箱船アーク ── 船 *navis*[古代ローマの長方形建造物バシリカの中央広間ナヴィが語源] ── は、手短に云えば女性の生殖原理の象徴であるが、天に於いては〈月〉の、〈地上〉では〈子宮〉の特徴を表しており、両方とも、太

(註10) 我々は、あらゆるバビロニアの神々の第一が**イア** *Ea*で、アヌ Anu、そして原初のベル Bel の順であったこと、更にその**イア**が、最初は、〈叡智〉の〈神〉、偉大な「〈光〉の〈神〉」、そして〈深淵〉の神であり、彼がオアンネス Oannes、或いは聖書の中のダゴン ── ペルシャ湾から出現した半魚人 man-fish ── と同一であることを思い出さねばならない。

陽、或いはビシュヌ、女性原理が生命を与え、実りを生じさせている生命と生物の種子の容れ物且つ運び手である。(註11)〈最初の宇宙的な大洪水〉は最初の創造、或いは〈天〉と〈地〉の形成について述べているが、その場合、〈混沌〉と大いなる〈深淵〉は「〈洪水〉」を、そして〈月〉は全ての生命の胚種がそこから展開する「[世界の]〈母〉」を表象している。(註12)しかし、地球上の〈大洪水〉とその物語は、またその二つに適用出来る意味を持っている。一方は、人類が、〈第3人種〉の末期に人間の種子の容れ物となった人間である女性によって、徹底的な破壊から救い出された時のかの謎に、(註13)そして他方では事実である歴史上のアトランティス大陸の水没に、論及している。両方の場合とも「〈天使群 Host〉」── 或いは**種子**を護ったマヌ ── はヴァイヴァスヴァタ・マヌと呼ばれる。このためプラーナ伝承と他の異本との間には相違があるし、一方シャタパタ Sathapatha・ブラーフマナ[ヴェーダ祭式の儀軌と説話の文献]では、ヴァイヴァスヴァタは娘を生み、そして彼女からマヌの人種をもうけており、それは、1人の独立した性別を持つ者として、両性具有者から自然に生まれる以前には、意思(**クリヤシャクティ** *Kriyasakti*)力によって女性を創造しなければならず、そしてそれ故、彼ら創造主の**娘達**と見なされていた最初の人類**マヌシャ達** *Manushyas* に論及している。プラーナ伝承の物語群は、彼女(**イダ** *Ida*、或

(註11) 第II部、「至聖所 The Holy of Holies」の章を参照。
(註12) 〈月〉が女性神になったのは遙か後のことで、インド人にはそれはソーマであったし、カルディア人にはナンナク Nannak、或いはナンナル Nannar そしてシン Sin、ムリル Mulil の息子、年老いたベル Bel であった。かの「アッカディア人」は彼を「〈亡霊達〉の〈主〉」と呼んだし、北部バビロニアのニプール Nipoor(ニファール Niffer)地方の神であった。〈大洪水〉の水を天から〈地上〉に降り注ぐ事を引き起こしたのはムリル Mulil であったが、その為にキセトラス Xisuthrus は彼に自分の祭壇に近づくことを決して許さなかった。現代のアッシリア学者が今では突き止めているように、カルディヤの(黒)魔術が広まった中心地は北部ニプール地方で、(〈南部の〉)エリドュ Eridu は、文化的な神、天界の智慧を持つ神 ── 即ち何処でも至高神である〈太陽神〉── を祀る初期の中心地である。ユダヤ人にとって、〈月〉はイスラエルのエホバとその子孫に関係する、何故ならウル Ur が〈月〉の神を祀る第1の中心地であって、更にアブラハムがウルからやって来たと云われ、その時彼はアブラ(ヒ)ム A-bra(h)m からアブラハム Abraham になっているから。
(註13) その時、穢れなき修行者ナーラダ Narada は、ダックシャ Daksha の息子が第3人種をもうけることを妨害するために、人間の人種に終末をもたらすと脅迫した。

いは**イラ** Ila)からブッダ(〈叡智〉)の妻を作り出し、より新しい異本はアトランティスを襲った大洪水の出来事に言及しているが、その時、地上の大〈賢者〉ヴァイヴァスヴァタは、〈第 4 人種〉の生き残りの者と共に〈第 5 根本〉-人種を滅亡から救い出した。

この事は、**バガヴァッド・ギーター**の、次のクリシュナの語る言葉に明確に表現されている ──

「〈7 人〉の偉大なリシ、**4 人の先立つマヌ達**は、我が本質を受け取り、我が心より生まれ、そして彼らから人類とこの世が発生した(生まれた)」と。(10 場 6 節)

此処では、4 人の先立つ「マヌ達」は、7 人のリシに由来し、もう既に暮らしていた 4〈人種〉(註 14)のことであり、それ故、クリシュナは〈第 5 人種〉に属し、彼の死をもってカリ・ユガ時代の正式な始まりとしている。既述のように、ヴァイヴァスヴァタ・マヌは、スーリヤ Sûrya(〈太陽〉)の息子

(註 14) この事はあるバラモン学者によって立証されている。バガバッド・ギーターに関する彼の最も優れた講演(1887 年 4 月号『神智学徒 *Theosophist*』、444 頁参照)の中で、講演者は語る、「そこには皆さんの注目を喚起すべき特徴があります。彼(クリシュナ)はここで 4 人のマヌについて語っています。何故 4 人について語るのか? 我々は今第 7 マンヴァンタラ、第 7 のヴァイヴァスタマヌであります。もし彼が過去のマヌ達について語るならば、彼は 6 人について語るべきでありますが、しかし 4 人に言及するのみです。一部の註解書で、この事を特別な意味で解釈しようとする試みが為されてきました。『チャットヴァラハ Chatvaraha [24 人のマヌの中の 1 人の名前]』という言葉は、『マナヴァハ Manavaha』という言葉から分離したもので、又プラジャーパティの思考から生まれた息子達の中に含まれていた、サナカ Sanaka、サナンダナ Sanandana、サナトクマーラ Sanatkumâra、そしてサナトスジャータ Sanatsujata 達に言及するために造語されています。しかし、この翻訳は最も不合理な結果へと至るでしょうし、文章をそれ自体と反対の意味にします。本文で触れられている人々にはその文章の中に権能に関する文章があります。サナカと他の 3 人が生殖することを拒んだ事はよく知られていますが、けれども他の息子達はそうすることに同意して、それ故、人類が起こり、実在へと至る礎となったそれ等の人々について語る場合に、その系譜にそれ等 4 人を含める事は矛盾する事でしょう。文節は、合成された言葉を二つの名詞に分離すること無しに翻訳されるべきです。マヌの人数は、従って 4 人となりましょうし、その記述はプラーナ伝承の物語とは矛盾するでしょうが、けれどもそれは秘教科学の説とは調和するでしょう。皆様方は、我々が今〈第 5 根本人種〉にあると(〈秘教科学大系〉で)述べられている事を思い出すでしょう。それぞれの〈根本人種〉は、特別なマヌの**サンタティ** Santhathi [子孫]と考えられています。今は、〈第 4 の人種〉が過ぎ去った、或いは別の言葉では、4 人の過ぎ去りしマヌが存在した。……」と。

にして、我ら〈人種〉の救世主であるが、物質的にも霊的にも〈生命〉の〈種子〉に結び付けられている。しかし、今は全てを話す代わりに、最初の二つの出来事だけを我々自身は問題にすべきである。

「〈大洪水〉」は疑いなく**全世界的な言い伝え**の一つである。「氷河期」は非常に厖大な期間であったし、そして様々な理由で、「〈数々の大洪水 Deluges〉」もまたそうであった。ストックウェル Stockwell 氏とクロール氏はおよそ半ダースもの〈氷河期〉とそれに続く〈大洪水〉を —— 全ての中で最も初期の時代は彼らによって 85 万年、そして最後のものはおよそ 10 万年前として (註15) —— 列挙している。しかしそのどれが**我々の云う〈大洪水〉**なのか？　確かに前者に於いては、この年代が遙か遠い古代より、全ての人々の言い伝えに記録されて来たものの一つであり、また最初はルタ Ruta 島とダイティヤ Ditya 島からなり、最後には小さな島だとプラトンに記述されたアトランティス大陸の最後の半島をついには押し流した大洪水の一つでもある。この事は、全ての伝説で、ある程度詳細が一致することによって認められる。それは巨人種の最後であった。小洪水、及びブンゼン男爵 Baron bunsen が中央アジアで発見し、およそ紀元前 1 万年前と比定するその痕跡は、**半ば世界的な〈大洪水〉、或いはノアの大洪水** —— 後者は純粋に古い伝承群からの神話的な描写 —— だけでなく、アトランティス島の最後の水没とさえとも、何ら関係がなかったが、ただ少なくとも道徳的な関連だけはあった。

我々〈第 5 人種〉(いまだ秘伝を受けてない人々)は、多くの洪水を伝聞してそれ等を混乱しているが、今では一つだけについて知っている。この一つは、陸と海の交替と移動によって地上の様相全体を一変した。

ペルー人の伝承を比較してみよう ——「インカ族 Incas は、合わせて**七度**も、大洪水後の〈地球〉上に住むことを繰り返した」(Coste I, IV., p.19) とそれ等は云うし、フンボルト Humboldt は、同じ伝説のメキシコ版について述べているが、アメリカ版のノアに関し今も保持されている伝説の詳細の幾分かを混乱している。それにも関わらず、この著名な〈博物学者〉は 7 人の二倍の乗船者とアズテック人の船を先導した**神の鳥**について述べているし、その結果 7 人と 14 人の代わりに 15 人の方を採用している。これは、祖父ノアと脱出したノアの 15 人の孫達に言及したと云われているモーセに関する幾つかの不明瞭な回想の下で恐らく記されたものだろう。更にま

(註15)　「知識へのスミソニアン学術協会員による寄稿文」、xviii ;『アメリカ科学誌』、III., xi.,456、そしてクロール Croll's の『気候と時代』。レムリアは洪水によって水没したのではなく、火山活動で破壊され、その後に沈んだ。

た、カルディア人のノアと称されるキセトラスは救われて、**生きながらにして天へと** —— エノクのように —— 7人の神々、**カベイリ達** *Kabirm*、或いは7人の天界のティターン *Titans* 達と共に遷されたし、同様に、中国の堯[ヤオ]*Yao* は、彼と共に航海し、彼が上陸し、「人間の種子」として使う際に彼が**生命を吹き込む七つの彫像**を持っている。オシリス *Osiris* は、箱船アーク、或いは太陽船に乗り込む時、七〈光線〉を身に纏う、等である。

　サンコニアトンは、**アレティア** *Aletæ*、或いはティターン（カベイリ）達を偉大なフェニキアの神アグルエラス *Agruerus*（ファベルはそれをノアに比定しようとした(註16)）と同時期であるとし、更にティターンの名は、**ティト-アイン** *Tit-A in* ——「混沌たる深淵から湧く泉」(註17)（ティト-テウス *Tit-Theus*、或いはティテウス *Tityus* は「**神の大洪水**」）—— に由来すると憶測されるし、前述のようにティターンは7人で、〈大洪水〉とヴァイヴァスタ・マヌに救われた7人のリシに関係することが指摘されている、とする。(註18)

　彼らはクロノス（時の神）とレア *Rhea*（〈地球〉）の息子達で、そしてアグルエラス、サターン［農耕の神サトゥルヌス］*Saturn*、そしてシディク *Sydyk* が同一で同じ人物であるように、また7人のカベイリ *Kabiri* がシディク、或いはクロノス-サターンの息子達であると言われるように、カベイリとティターン達は同一である。一度だけだが、敬虔なファベルが正しかったのは、「私は7人のティターンとカベイリが、家族の長（?）であったマヌに従って船で逃れたと云われるヒンドゥ神話（?）の7人のリシ達と同一の者である事に、いささかの疑念も懐かない」と記した時であった。

　しかし、彼が、「インド人達は、彼らの**混乱した伝説の中で、ノアの子孫の歴史(?!)を様々に歪曲してきた**が、けれども彼らが宗教的に数の7に執着しているように見えるのはいまだに注目すべき事である」と付け加えた時、彼はその考察で幸の薄き人物となったのである。(註19)それ故、ウィ

(註16)　アグルエラスは**クロノス**、或いはサターン *Saturn*、そして古代イスラエル人の神エホヴァの原型である。**アルガ** *Argha*、〈月〉、或いは救いの〈箱船〉と結びつくように、ノアは神話上ではサターンと同一である。しかし、それでもこの事は地球上の洪水と関係づけることは出来ない。（だが、ファベルの『カベイリ』第1巻35頁、43頁、そして45頁を参照のこと）
(註17)　同書、第2巻240頁を参照せよ。
(註18)　サンコニアトンはティターンがクロノスの息子達で、そして人数は7人であると語り、更に彼等7人を火の崇拝者達、アレティア *Aletæ*（アグニの息子達?）、洪積世人と呼んでいる。アル-アイト *Al-ait* は火の神である。

ルフォード大尉(大佐 Col.)は、とても思慮深く、おそらく7人のマヌ、7人のブラフマディカ達 Brahmadicas［ブラフマの息子達］、そして7人のリシは同一で、単に7人の個人的な人間である、と気づいていた。(註20)「7人のブラフマディカ達は、プラジャーパティ［造物主達］或いは『プラジャー達 Prajas または創造物』の主方であった。彼らから人類は産まれて、そして彼らはおそらく7人のマヌと同一である。………これら7人の偉大な人類の先祖は住人で〈大地〉を満ち溢れさせる目的で造られた」(『アジア探訪』5巻246頁)と、そしてファベルは次のことを言い足している──「カベイリ達、ティターン達、リシ達、そして〈思惟に耽る〉種族の相互の類似性は、強過ぎる印象を与え、単なる偶然の出来事の結果とは思われない」と(註21)。

ファベルはこの誤りに導かれて、その結果としてカベイリに関する全体の理論を、聖書のヤペテ Japhet［ノアの第3子］という名がオルフェウスの神への讃歌に含まれるティターンの名前の中にあるという事実に基づいて、構築した。オルフェウスの讃歌によれば、7人の「箱船の乗組員アーカイト Arkite」であるティターン(ファベルは神に背くティターン達を、彼らの子孫達と同一視する事を拒んでいる)の名は、コエウス kœus、クロエウス krœus、フォルシス Phorcys、クロノス Kronos、オセアヌス Oceanus、ハイペリオン Hyperion、そしてイアペタス Iap-etus であった。──
　　コイオンと黒いクロイオン、無敵のフォルキュン
　　そしてクロノン、オケアノヌス、ヤペリオアとイアペトンテである。
　　Κοίόν τε, Κροίόν τε μέλαν, Φορκύν τε κραταιόν,
　　Καί Κρόνον, Ώκεανόν δ', Ύπερίοα τε, Ιαπετόντε.
　　──(『オルフェウス』、プロクロス編著 Orph. apud Proclum.
　　　　　　　　　　ティマイオス叢書5. In Tim. lib. v. 295頁)
しかし、何故バビロニアのエズラ［B.C.5世紀頃のヘブライの学者・預

(註19)　その7人は、注目すべくもセム人ではなく、アーリア人の創始者達であったし、一方でユダヤ人達はカルディヤ人達からその数を受け継いだ。
(註20)　神の7人の個性的な息子達、或いはピタル達 Pitars、そしてピトリ達のことで、カベイリやティターン達と同様、この場合、またクロノスやサトゥルヌス(**カーラ** Kâla 即ち「時 time」)、そして**箱船乗組員アーカイト達** Arkites の息子達でもある、というのも、彼等の名前──「月の祖先」が──空間の深淵の水に浮かぶ、箱船アーク或いは**アルガ**である〈月〉を表わしているから。
(註21)　『カベイリ』の第1巻131頁を参照。

言者]は、ノアの息子の１人に**イアペトス** *Iapetos* の名前を採用する事が出来なかったのか？　カベイリは、ティターン達だが、アルノビウス Arnobius によれば、またマネス Manes［古代ローマで神として祭られた祖先霊］、そして彼らの母マニア Mania と呼ばれている。(『異端論駁 *Adversum Gentes*』［アルノビウス］叢書 *III*.、124頁)ヒンズー教徒達は、それ故、マネス Manes が彼らのマヌ達を意味し、マニアが**女性の**マヌである等の非常に多くの理由で、異議を唱えることが出来る。(**ラーマーヤナ**を参照)マニアはイラ、或いはイダであり、そしてヴァイヴァスヴァタ・マヌの妻と娘で、彼女を通じて「彼はマヌの人種をもうけた」。ティターンの母である**レア** *Rhea* のように、彼女は〈地球〉(サヤナ Sayana は彼女を〈地球〉の女神としている。)であり、そして彼女は、ヴァーチ Vâch の二番煎じ且つ模倣である。**イダ**と**ヴァーチ**の両者は男性と女性に変えられて、イダはスヂュムナ Sudymna になり、ヴァーチは、「女性のヴァイラージュ Virâj」だが、ガンダルバ達 Gandharvas を懲らしめるための１人の女性に変わっているし、或る異本では宇宙と天の神統系譜学に、他のものは後の時代に言及している。アルノビウスの云う**マネス**とマニアはインド発祥の名前で、ギリシャ人とラテン人に流用され、彼らによって混同された。

　今述べたように、それは偶然ではなく、万人に共通する古代のある原理の結果で、古代ヘブライ人は、モーセの書を現代風にした著者エズラを通してそれを取り入れた最後の者達であった。何とも不作法な事を彼らは他の人々の遺産に行ったものだが、ベロッソス Berosus (『古代史全集 *Antiquitates Libyæ*』1、二折フォリオ判 *fol*.、8)は**チテア** *Titea* が ── ディオドロス Diodorus は彼女をティターン、或いは洪積世人の母としている(『聖書』叢書 *Bibl. lib. III.* 170頁) ── **ノアの妻**だった事を示している。この事に対してファベルは彼を「**いかさま師のベロッソス**」と呼び、しかも、異教徒達がイスラエルの族長的な題材を変えることによって、ユダヤ人の神を彼らのあらゆる神々として拝借したという一つ以上の証拠として、正式に書き留めるためにその情報を受け入れている。我々の控えめな意見によれば、これは全く反対の可能性を示す最も優れた証拠の一つである。それは、事実が示しうるように、仮にそれ等が神話に違いないとしても、聖書の**類似する**人物像が異教徒の神話から全て拝借されたものであることを、明らかに示している。それは、いずれにせよ、ベロッソスが**創世記**の出どころとなる原典を熟知していて、それがイシス−オシリスに関する寓話や箱船アークや他のより古い「〈箱船的〉」な象徴と同様に宇宙天文学的な特徴を纏っていた事を示している。その理由を、ベロッソスは、「偉大なティ

テア Titea magna」が、その後**アレティア** Aretia(註22)と呼ばれ、〈地球〉と共に崇拝されたからだと語っているし、そしてこの事は、ノアの配偶者「ティテア」をティターン達の母**レア**や**イダ**──両者はともに〈地球〉を統括する女神で、そしてマヌ達やマネス(或いはティト-アン-カベイリ Tit-an-kabiri)の母達──と同一であることを示す。そして「ティテア-アレティア Titea-Aretia」が**ホルチア** Horchia として崇拝された、と同じベロッソスは語り、そしてこの名は〈地球〉の女神ヴェスタ神の尊称でもある。「**シカヌスはアレティアを女神として崇拝し、ヤニジェナ語でホルチアという尊称で頌えた**。Sicanus deificavit Aretiam, et nominavit eam linguâ Janigená Horchiam.」(前掲叢書 5、二折フォリオ判 64)

　二つの──しばしば諸島と呼ばれる──大陸の沈没を、どのような形式であれ、言及しない有史、或いは先史時代の古代詩人の何と希なことか。それ故、アトランティスに加えて、フィレギアの壊滅も同様である。(パウサニウス Pausanius とノヌス Nonus の 2 人がどの様に物語るかは、以下を参照。

　「フィレギア Phlegyae 島のその深き根底の礎から
　　情け容赦ないネプチューンは揺り動かし、波浪の下に投げ込んだ
　　その不信心な住民達を ……………………」
　　　　　　　── ディオニュシウス叢書 Dionysius lib.18、319 頁)。

ファベルは「フィレギア島」がアトランティスだと確信めいたものを感じ

(註22)　アレティア Aretia は、アレタス Artes(エジプトの火星神マルス)の女性形である。そこからカルディア(そして現在のヘブライ)語の言葉 ארץ (アレツ Aretz)「地球」となる。『知識への貢献 Beiträge zur Kenntniss』(「アレタス」即ちマルス神の影響に関する論説)の著者は以下のように引用している。

「ケドレヌスはさらに(巻 1、3)、火星はエジプト人によって造物主エルトシ Ertosi(種をまき、育てる者)と呼ばれているが、これはあらゆる生物の本質および存在、そして万物を生み出し、調整する力を意味する。"Addit Cedrenus (Salem I., 3): Stella Martis ab Egyptiis vocatur Ertosi (plantare, generare). Significat autem hoc omnis generis procreationem et vivificationem, omnisque substantiæ et materiæ naturam et vim ordinantem atque procreantem."」と。

それは「生物の起源」としての〈大地〉であり、或いは『寸法の起源』の著者によって説明されたように、〈工芸美術品 Arts〉は**ヘブライ**と**エジプト**では同じで、両者は[生物の]**起源としての**〈**大地**〉に関する原初の概念で結びついているし、正確には、ヘブライ語自体のように、他の形式の影響下で、**アダムとマディム** Madim(マルス)が同じであり、そして大地の概念を**ヘー-アダム-ヘー** H-Adam-H と表現されるアダムに結びつけている。

た。しかし、その様な寓話の全ては、多かれ少なかれ、巨人種だが、現実に人類の〈人種〉で、その一つはアーリヤ人へと進化した〈第4人種〉を襲った〈大激変〉に関するヒンドゥ伝承の伝聞の曲解である。けれども、まさに述べたように他の全ての伝説と同じく、その「〈大洪水〉は一つ以上の意味を持っている。それは〈神統系譜学〉に於いて**先行する宇宙の変容、霊的な相互関係に** —— その曖昧な言葉が、科学的な耳にどのように聞こえようとも —— そしてまたその後の〈宇宙進化論〉に言及しているし、神秘的な分化 —— 先行する宇宙の神秘、〈生命〉発展劇の〈序幕〉—— によって水浸しになり、その中に**消え去った**それ等の〈霊的光線〉による覚醒と果実をもたらした〈混沌〉たる〈水〉〈物質〉の大〈洪水〉にもである。アヌ Anu、ベル Bel、そしてノア Noah は、ちょうどブラフマー、ヴィシュヌ、そしてシヴァがヴァイヴァスヴァタとその他の者に先立っていたように、アダム・カドモン、〈赤い〉アダム Adam the Red、そしてノアより前の者等である」。(『ベールをとったイシス』第 II 巻 420 頁[英文原書の頁数]以降を参照せよ、そこには七つの意味の内一つ、或いは二つが暗示されている。)

　これら全ては、地質学によって知られた**半ば**全世界的な大洪水(最初の氷河期)が、シークレット・ドクトリンによってそれに割り当てられたちょうどその時代に発生したに違いない事を示しているし、言い換えれば、我々〈第5人種〉の始まりから(概算で)20 万年後、或いはクロール Croll やストックウェル諸氏等が最初の氷河期に対して比定したおおよその時代、即ち約 85 万年前である。このようにして、後者の混乱が地質学者達や天文学者達によって「〈地球〉の軌道の極端な偏心性」に起因すると指摘されるように、そしてシークレット・ドクトリンがそれを同じ原因に帰しているように、しかし〈地球〉の地軸の移動という他の要素を加味するにしても —— これに関する一つの証拠が、仮にプラーナ伝承のベールに覆われた言葉が理解できないとしても、**エノク書**(註 23) の中には見いだされるだろう —— 全てこれらは古代人が、〈科学〉の言う「現代の諸発見」の多少なりともを理解していた事を示すのに役立つに違いない。「〈地球〉の大なる傾斜角」を、それは「産みの苦しみである」と語る時のエノクの言葉は、全く意味深く且つ明瞭である。

　これは明らかではないのだろうか？　ヌア Nuah は、箱船アークで水面(みなも)を**漂う**ノアで、箱船はアルガ Argha、或いは女性原理を示す〈月〉の象徴であり、ノアは物質に入魂する「霊」である。我々は、彼が〈地〉の上に箱船か

(註23)　『エノク書』、64 章 11 節。

ら降りるや否や、葡萄園を開墾し、ワインを飲み、それに酔っぱらうのに気づく、即ち純粋な霊が、最終的に物質に幽閉されるや否や、酔っぱらってしまう。**創世記**の第7章は〈第1章〉の言い換えにしか過ぎない。そうして、後者の第1章は、「闇が淵の面にあり、〈神〉の霊が水の面をおおっていた」、と読むが、第7章では、「…… そして水が一面を覆い …… そして箱船は水の面に(ノア、即ち霊と共に)浮かび上がった」、と語られる。このように、もしもノアがカルディアのヌアと同一ならば、ノアは**物質**を賦活する霊であり、後者の霊は《**深淵**》、或いは〈大洪水〉による〈水〉によって象徴される〈混沌〉である。バビロニアの伝説(地球上の出来事が混ぜられた前宇宙的なもの)では、箱船に閉じこめられ、そして「乾いた地を探すために**鳩**」を放ったのはイシュタル Istar(アスタルテ Asutaroth、或いはビーナス、月の女神)である。(『ベールをとったイシス』第Ⅱ巻 423 頁と 424 頁[英文原書の頁数])

　ジョージ・スミス George Smith は『石刻碑文タブレット』の中で、最初に月の創造、そしてその後に太陽の創造で、「その美しさと完璧さは賞賛され、そしてその軌道の規則正しさは、その存在が審判者の模範、そして世界の調停者と見なされるに至った」と記す。もしこの物語が単に宇宙創造論的な大変動に関係しただけならば ── 同じく、これがたとえ後者、太陽の世界であるとしても ── 何故、女神イシュタル、或いはアストルテ Astoreth、即ち〈月〉は大洪水後に**太陽の創造**について語るのだろう？ 水は、**ニジル** Nizir 山(カルディア版)、或いはイェベル・ジュディ Jebel Djudi(アラビア伝説の大洪水の山々)山、或いは更に(聖書の物語の)アララット山、同じく(ヒンドゥ伝承の)ヒマラヤ山と同じ高さにまで到達しただろうが、太陽には達せず、聖書それ自体はその様な奇跡の描写には至らなかった！　最初に記録した人々にとっての大洪水が、地質学的な痕跡の何もない**世界的な**大洪水の意味よりも、疑わしくなく且つより以上に哲学的な別の意味を持っていた事は明白である。

　全てその様な〈大激変〉が定期的且つ周期的で、そしてマヌ・ヴァイヴァスヴァタが、様々な状況や出来事の下で、**一般的な**人物として現れる様に(次頁「人類の7人のマヌ」の下段を参照)、最初の「大いなる大洪水」が、一つの宇宙的意味と同じく一つの寓意的な意味を持ち、それが、〈第2根本人種〉、即ち「骨格を持つマヌ」が、「〈滲出生〉の者」としてその最初の出現をしたサティヤ・ユガ、即ち「〈真理〉の時代」の終わりに起こったという、憶測に対する真剣な反論にまったくなっていないように思われる。(註24)

〈第2の大洪水〉 —— いわゆる「世界的」なもの —— は、〈第4根本人種〉(現在では神統系譜学によって「罪を問われた巨人種」、《カインの子孫達CAINITES》、「ハムの息子達」と都合よく推定されている。)を襲ったが、地質学によって最初に認められた前述の大洪水である。もし誰かが、カルディアや他の国々の大衆的な作品の多様な伝説に於ける記述を注意深く比較するならば、それ等全てがブラーフマナ関係の書物で与えられている伝統的な物語と一致する事を見つけるだろう。そしてそれは、「最初の記述でマヌ・ヴァイヴァスタがヒマヴァン Himavan[ヒマラヤ]に足を踏み入れた時、〈地上〉にはいまだ〈神〉、或いは〈人間〉が存在しない」とする一方で、次の記述では〈7人〉のリシ達が彼との同伴を許されていることが認められるだろうし、この事は、幾つかの記述がいわゆる創造以前の星辰的、或いは宇宙的な《大洪水》に言及するのに対して、他のものが一つは〈地上〉に於ける〈物質〉の〈大洪水〉ともう一つは実際に水による大洪水を論じている事を示している。**シャタパタ** Satapatha・**ブラーフマナ**[ヴェーダ祭式の儀軌と説話の文献]では、マヌは「〈大水〉が全ての生き物を流し去って、彼だけが残された」こと —— 即ち**生物の種子**だけが、「ブラフマーの〈昼〉」の後、先行する〈**宇宙**〉の消滅、或いは**マハープララヤ**から残されたと気づき、そして**マハーバーラタ** Mahabhârataは、〈第5人種〉に場所を用意するために、ほぼ全ての〈第4人種〉を滅ぼした地質学的な大激変に簡単に触れるだけである。その理由は、ヴァイヴァスタ・マヌが我々の秘教的な〈宇宙創造論〉では三つの異なった特徴で表現されるからで(註25)、(a)第1環の〈天体A〉に於ける「〈根本〉-マヌ」として、(b)〈第4環〉の〈天体D〉に於ける「生命の

(註24) 全てのその様な表現は、この〈本〉の「〈人類発生論〉」で、そして他のいたる箇所で説明されている。
(註25) ヒンドゥ哲学では、個々の分化した集団が、そのように幻影マーヤの周期を通じてのみ、その本質に於いて〈至高〉の〈一なる霊〉と一つになる事を、人は思い出すべきである。このために、多様なプラーナ伝承群、そして同時に同一のプラーナ伝承の中でも、同一個人についての混乱や矛盾と思える事が起こっている。ヴィシュヌ —— 変幻自在なブラフマー、そしてブラフマ(中性)として —— は、一つであるが、けれども彼は28人のヴィヤーサ達 Vyasas 全員であると語られている(ヴィシュヌ・プラーナ)。「各ドゥワパラ(第3の)ユガ時代に、**ヴィシュヌは、ヴィヤーサの人格を纏って、一つであるヴェーダを四つに、そして多くの部分に分けている**。ドゥワパラ・ユガ時代のヴァイヴァスタ・マンヴァンタラには、偉大なリシ達によってヴェーダ聖典群は28回も編纂されている ⋯⋯ その結果として28人のヴィヤーサが現れては去り ⋯⋯

種子」として、そして(c)全ての〈根本人種〉── 特に我々〈第5人種〉の開始時に於ける「〈人間〉の〈胚種〉」として、である。まさに後者の創始者達は、デュワパラ Dvapara・ユガの期間(註26)、忌まわしい魔法使い達の滅亡、即ち「ヘラクレスの〈柱〉の向こうの大西洋に存在し、その場所から他の**巨大な〈大陸〉**(アメリカ)の周辺に位置する他の島々へと容易に移動したかの島(プラトンはその最後の島についてのみ語っている)」の崩壊を、目撃している。それは「**〈白い島〉**」と結びつけられたこの「アトランティス」の大地で、この〈白い島〉がルタ Ruta 島であったが、既に示したように、それはアタラ Atala 島やウィルフォード大佐 Colonel Wilford(『アジア探訪』、8巻280頁を参照)の云う「**〈白い魔神デヴィル〉**」の島ではない。此処で、デュワパラ・ユガがサンスクリットの原典によれば86万4千年続き、そして、もし**カリ・ユガ**が僅か5千年程前に始まったばかりならば、かの滅亡が起こってからちょうど86万9千年である、ということに注目するのも良いだろう。またこれらの年数は、「氷河期」を85万年前と推定する地質学者達によってそれ等に与えられた数字からも大きく異なっていない。

　その後、「1人の女性が創造され、マヌの所へ来て、**自分はマヌの娘だと訴え、マヌは彼女と一緒に住み、マヌの子孫をもうけた**」。この事は、〈第

彼等はすべて**ヴェーダ-ヴィヤーサの姿**で、彼等それぞれの時代のヴィヤーサ達であった ……」。(第3書、第3章)「この世界は、ブラフマの中のブラフマーであり、ブラフマーからなる …… それ以上に知られうる物は何も存在しない」。さて再び ……「〈第1〉のマンヴァンタラに7人の名高いヴァシシュタ Vasishta の息子達が存在したが、〈第3〉マンヴァンタラでは、彼等はブラフマー(即ちリシ達)の息子、ウールジャ Urja の輝かしい子孫であった」。この事は単純で、〈第1〉のマンヴァンタラの〈人類〉は、第7の、そして中間的な人類である。〈第1根本人種〉の人類は**第2、3、4、5**等の根本人種の人類である。最後の者に対して、それは、今の〈惑星〉連鎖のディヤーニ・チョーハン達に属するモナド群の周期的で定まった転生を形成する。

(註26)　ドゥワパラ・ユガ時代はそれぞれの〈人種〉にとって異なる。全ての人種は彼等特有の周期を持ち、この事実は大きな相異を生む。例えば、〈第4亜人種〉のアトランティス人が滅亡した時は、そのカリ Kali・ユガ時代であったが、〈第5亜人種〉では、そのサティヤ Satya、或いはクリタ Krita・ユガ時代であった。アーリヤ〈人種〉は、今カリ・ユガ時代であり、その中で42万7千年もの長きにわたり継続するだろうし、セム族、ハム族等と呼ばれる多様な「同族の〈人種〉」は彼等特有の周期の中に存在する。やがて出現する第6〈亜人種〉は ──間もなく出現が始まるだろうが ── 我々が自らのカリ・ユガ時代の罪悪の果実を収穫する間に、そのサティヤ(黄金)時代となるであろう。

3 根本人種〉の期間に於ける性の生理学的な変化を述べている。そしてその寓話は非常に明快ではっきりしているので、さらなる説明は不要である。勿論、既に論評したように、性の分離に於いて両性具有人間は自分の体を半分づつ二つに(ブラフマーとヴァーチ Vâch の場合のように、そして同じくアダムとイヴも)分割する事を求められて、その結果、女性は或る意味、まさに彼が彼女の息子に、「彼(と彼女)の肉の肉、彼(と彼女)の骨の骨」[血族]となるように、彼の娘となる。今の〈東洋学者達〉の誰一人として、一部の者がプラーナ伝承と呼ぶ、それらの「矛盾や驚くべき無意味さ」の中に、一つのユガ時代に対する言及が、先行する宇宙の神統系譜から引き千切られた1頁を形成するのと同様に、一つの〈環〉、一つの〈根本人種〉、そしてしばしば一つの〈亜人種〉を意味するかも知れないことを識別する手段を、これまでに学んだことがないことにも、また十分留意するように。この二重三重の意味は、一個人に対する、そして全く同じ名前の下で、明らかに同一の個人に対する多様な言及によって証明される一方で、それは、事実、完全な〈劫期カルパ〉によって分けられる出来事に関係する。これに関する良い例はイラである。彼女は最初あるものとして表現されたが、その後、別のものとされた。一般的な伝説では、マヌ・ヴァイヴァスタは息子をもうけることを望み、ミトラ Mitra とヴァルナ Varuna に供物を捧げることを創始したが、ブラフマンの祭儀執行を誤り、1人の娘 ── イラだけを得たと語られている。その後、「神々の恩恵」で彼女の**性は変えられて**、男性、即ち**ス-ヂュムナ** Su-dyumna になる。更に、再び彼女は女性に戻った等々と、そしてシヴァとその配偶者は、「彼女が1ヶ月は男性で他の月は女性である」ことに満足していたという寓話を追補している。この事は、〈第3根本人種〉の人間達が両性具有者であったことの直接的な言及である。しかし一部の非常に博学な〈東洋学者達〉は、「イラが第1に食物、滋養物、或いは献乳であり、それ故、礼拝の賑やかさが、饒舌な女神として擬人化された」のであると思索し(「ヒンドゥ古代語辞典」を参照)、そして断定した。「神の冒涜者」は、それにも関わらず、秘教科学者達が認識し損ねた幾つかの「内的証拠」が実際にある場合を除いて、何故「献乳」、或いは「礼拝の賑やかさ」が、交互に**男性**、**女性**と変化するべきかの理由を語らない。

それ等の最も神秘的な意味として、スワーヤンブーバ・マヌ Swâyambhûva Manu と彼自身の娘、ヴァーチ-サタ-ルーパ Vâch-Sata-Rupa との合体(この事は、ヴァイヴァスタ・マヌとイラが第2と第3の形体となる二つの原理の最初の「婉曲的」な表現である)は、全ての〈太陽系〉、諸世界、天使群、

神々等が発生する〈根本生命〉、胚種として〈宇宙的〉象徴体系に、聳え立っている。というのも、ヴィシュヌが語る様に ──

「マヌから全ての創造物、神々、アスラ達は産み出されたに違いないし、間違いなく彼によって世界は創られ、彼によって世界は動かされ且つ止まる ……」。

しかし、我々は〈西洋の科学者達〉、〈東洋学者達〉さえよりもよりひどい敵対者に出会うかも知れない。たとえ、数字の疑義に関して、バラモン僧達が我々の教えに同意するだろうとしても、彼らの一部、伝統的な保守主義者達が、彼らの**ピタル・デーヴァ天使群** *Pitar Devatas* の特徴とされる生殖の生態に対して異議を唱えないと我々は保証できない。我々は、我々が引用している典拠作品を提示することを求められる一方で、彼らは、我々から彼らが持つプラーナ伝承群をもう少し注意深く且つ秘教的な意味に瞳を向けて読む様に要請されるだろう。此処で、もう一度繰り返すが、彼らは、多少なりとも透けて見える寓意物語のベールの下で、此処で為された全ての記述が彼らの持つ伝承群によって裏付けられることに気づくであろう。一、二の事例が、「〈滲出生〉」と呼ばれている〈第２人種〉の出現に関連して既に取り上げられている。この寓意物語は一つの妖精譚と見なされているが、しかし依然として、心霊-生理学的な現象や〈自然〉の最大の神秘の一つは封印されたままである。

だが、此処でなされた地質年代の記述を概観するならば、次の疑問は自然である ──

本当に人間は1,800万年前に存在し得たのか？

これに対して〈秘教科学〉は、あらゆる科学的な反論者がいるにもかかわらず、肯定的に答える。その上、この期間はヴァイヴァスタ・マヌ時代の〈人間〉を含んでいるに過ぎない、即ち男性と女性の存在は既に分離して異なる性になっていた。その出来事に先行する２人種と［第３人種の］半ばの〈人種〉は、科学も言及可能であるけれども、３億年前におそらく生きていた。何故なら、その学説に関する地質学と物理科学の指摘する生存の困難さは、〈秘教科学〉の教える**原初の、空気のような人間には関係がない。冒涜的な科学と秘教的な科学との論争に関する出版物の全体は、アストラル体が肉体の中に、前者が後者から独立して、存在することを、信じ且つ論証する事にかかっている。**ポール・ダッシャー Paul d'Assierha は、〈実証

主義者〉で、かなり明瞭にその事実を明らかにしたが(註27)、幾つかの時代に渡り積み重ねられた証拠や現代の心霊主義者達、神秘家達の示す証拠について述べていないように見える。我々の時代の論証、検証、そして目に見える実験の中で、この事実を拒絶する事は困難だと気づくだろう。

　シークレット・ドクトリンは、我々地球の全体的な激変や混乱にもかかわらず、地球には ── 〈第4環〉が地球に割り当てられた生命の中間点であることから、生物の最大の身体的発達期であるために ── 先行する三つのどの〈環〉(その初期には心霊的な生命で半ば希薄の状態にある周期)の期間よりも遙かに凶暴且つ激情的な肉体を持つ〈人類〉が1,800万年にわたって存在したと主張している。(註28) この期間の前には鉱物と植物の発展期間3億年が経過していた。これについて、「骨を持たず」、純粋に希薄なエーテル的な体をもつ人間に関する学説を承認することを拒む全ての者等は異議を唱えるだろう。科学は、肉体を持つ有機生命体についてのみ理解しているだけだが、憤りを感じるだろうし、唯物論的な神学は更にそれ以上である。最初は、あらゆる生きている有機生命体があらゆる時代にわたり物質的に同一の階層に存在したという先入観に基づく論理的で合理的な背景の基に異議を唱えるだろうが、最後は全く矛盾した虚構の薄ぺらな紙切れに基づくようになる。通常神学者達から提起される馬鹿げた非難は、この惑星の人類が(キリスト教の教えを読み)全〈宇宙〉で唯一存在する人類であるという栄誉を持ち、一つの天体に住み、彼らが必然的にそれ等の中で最高の存在である、という虚構の憶説に基づいている。(註29)

　〈秘教科学者達〉は、母なる哲学の教えを堅く信じ、神学者達と科学者達の異議を退ける。彼らは、両極地でさえも耐えられないほどの暑さで、連

(註27)　『死後の人類』── H・S・オルコットによる翻訳、ロンドン、1887年版。
(註28)　ニューカム Newcome 博士は語る、「収縮による放出熱は1,800万年程続くだろう」(『平易な天文学 Popular Astronomy』、500頁)と、だが、「水の存在が許される温度には1,000万年前より以前には達し得なかった」(ウィンチェル Winchell の『世界の生命』、356頁)と。しかし、W・トムソン卿は、〈地球〉の地殻の年齢全体［の古さ］が1,800万年であると語るが、この年数について、彼は自説を再び改めて、〈太陽〉の年齢として1,500万年のみを認めている。〈補遺〉の中に示されるように、科学的意見の不一致が非常に大きいため、これまで如何なる信頼も**科学的考察**に置くことは出来ない。
(註29)　『世界の多様性』(1853)に関するエッセーは ── 作者不詳の作品となっているが、フィーウェル博士 Dr. Whewell の著作物であることはよく知ら

続する大洪水、渓谷の隆起や巨大な湖沼や海の定期的な変化が起こったに違いないそれ等の期間中、それらのどの要因も、彼ら**により初期の人類に割り当てられている**ような人間の生命と有機体を形成する障害とはなりえなかったと、彼らの立場で主張している。取り囲む地域の異種混交や有毒ガスの充満だけでなく、固まりにくい地殻の危険性でさえもが、〈第1〉、〈第2人種〉の出現を、石炭紀、或いはシルル紀自体の期間に於いてさえ、妨げる事はできなかった。

　その様に、未来の〈人種〉を賦活するように運命づけられた**モナド達**は新たな変容に対する用意が出来ていた。彼らは、非金属化の段階を通り過ぎ、植物と動物生命の最下層から最上層までを経験し、彼ら人類のより知性的な形体を待ち望んでいた。けれども、塑像模型の試作者が進化する〈自然〉法則に従う以外に、いったい何が出来たというのか？　彼らは、聖書的な死語として主張される、「〈主なる神〉」に似せて、或いはギリシャの寓意物語のピュグマリオン Pygmalion［自作の像ガラティアに恋し、アフロディーティによりその像に命を吹き込んでもらったキプロスの王にして彫刻家］のように、火山灰からアダム-ガラティア［白い肌のアダム］Galatea を形作り、そして**生きた魂**を〈人間〉に吹き込めたのか？　否である。何故なら魂は既にそこ、即ち**モナド**の中に潜在しており、ただ**覆い**だけが必要であったから。**自作の像に命を吹き込む**ことに失敗するピュグマリオン、そして「命あるものに人間の魂」を造り与えることに失敗するナザレのグノーシス

れ ── これに関する良い証拠である。如何なるキリスト教徒も、世界の多様性だけでなく地球の地質年代をも信じるべきでない、と論じているのは著者で、何故なら、もしこの世界が全て〈神〉の働き、実際は神御自身であるその多様な種類の中の一つに過ぎないと、そして全ては、生命の中枢、意思を与えられ、法に従い、そして自由意思を有する知性的創造物の全ての王国と住まいであると、断言されるならば、やがて、**我々の世界が**〈神〉の恩寵や〈神〉の特別の干渉、〈神〉との交信や〈神〉の**個人的な訪れ**を受ける属国となるべきである等と大げさに考えるようになるだろうから。……　ずうずうしくも〈地球〉が、かりそめにも物質〈世界〉では信頼にたるべきほんの僅かな優越性もないというのに、道徳と宗教の〈世界〉の中心地であるなどと見なすことなど出来るのか？　と彼は問うし、〈地球〉を我々の体系の中心に据えたプトレマイオスの古い仮説［天動説］を今日是認するのと同様に、その様な（人の住む世界の多様性に関する）主張を是認する事は道理に合わないのではないか？　……　上述のことは、記憶によるものだが、ほぼ**原文のままに**引用されている。著者は、その様な弁明で彼自身のシャボン玉をはじけさせた事を理解し損ねている。

主義者達のバハク-ジボウ［暗き水から世界を創造した霊］Bahak-Zivo は、概念として、死語的な意味で使われるアダム、或いは聖書の〈創造主達〉エロヒムより遙かに哲学的且つ科学的である。秘教哲学は、生命自然発生説を説いているが ── シシュタ Sishta とプラジャーパティ Prajâpati が〈地球上〉に生命の種子を放り投げた後に ── 階級の低い天使達が、彼ら自身からエーテル形態を発展させ、そして肉体的な形態がそのエーテル的で、はたまた、さて何と呼んだらよいものやら、**原形質的な雛形**から徐々に発展するままに任せた後では、〈自然〉の助けを得ても、人間の**肉体**だけしか**造り得ない**ことを、示している。

　この事で、我々が伝えられているように、「〈生命自然発生説〉」が論破された理論である、と云うことに対して、再度異議が唱えられることになるだろう。パスツール Pasteur の数々の実験は 20 年前にその説にかたをつけ、ティンダル Tyndall 博士はその説に反対している。さて、パスツールになって見たらどうだろうか？　彼は、生命自然発生説が我々の現在の世界期と実際の環境条件では不可能であると ──〈秘教科学者達〉はそれを否定するが ── 本当に証明されたのかを、そしていまだにローレンシア Laurentian 時代の海洋だけでなく、その後に激しく揺れた〈地球〉さえも含めた異なった宇宙的な環境条件の下で、それが起こりえない事を示す如何なる公開実験も為されていないことを、知るべきである。〈科学〉が〈地上〉に種と生命、特に〈**人間**〉の出現についてどの様に説明してきたかを、そして一度は彼女［科学］が聖書の教えと生命自然発生説の両方とも拒否していることを、知ることは興味深いものであろう。パスツールの観察は、しかしながら、完全性、或いは立証からかけ離れている。ブランシャール Blanchard とルタウド Lutaud 医師はそれ等の重要性を認めず、それ等は少しも重要で無いことを示している。その疑問は、もう一つの疑問、生命が〈地球〉上に現れたのはいつの［地質］年代であるのか、と同様に**未解決のままずっと取り残されたまま**である。ヘッケル Hæckel のいうモネロン Moneron ── まさに一つまみの塩［味を調える調味料と錬金術の重要な元素という二つの意味を含む］！── が生命の起源の問題を解いたという考えについては、それは単なる戯言(たわごと)に過ぎない。これらの唯物主義者達は、エーテル的、アストラル的人間として象徴される〈〈自存〉する者や「〈自生〉する天人」に関する学説に対してフフンと軽く鼻であしらう傾向を感じる者等だが、〈秘教科学〉の初学者にさえ、今度は、つくり笑顔で現代思想の幾つかの推論に対して弁明しなければならない。**原形質**（モネロン Moneron）の原初の小片が動物でも植物でも無く、しかし両方であって、そ

してそれがこれらどちらの中にも**如何なる祖先を持たない**ことをほぼ学術的に明らかにした後、全ての有機体化した存在に対する出発点として寄与したのは既述のモネロンであるとして以来、我々はついに**モネラ Monera [粥状混合物]が彼ら固有の祖先達である**と伝えられている。これはとても科学的かも知れないが、またとても抽象論的でもあり、同じく〈秘教科学者〉にとっても、それは暴論過ぎる。

　おそらく有り余る物質の堆積とそのほとんどが発見を逃れていることが原因で、仮にも生命の自然発生が今ではその方法を変化させたように見えるけれども、地球上の生物の創生に於いてはその真っ最中であった。単純な物質的形態と種の進化さえも如何に〈自然〉が進展するかを示している。限界の大きさの巨大なトカゲ、翼を持った翼竜、メガロザウルス、100フィートもの体長を有する後期のイグアノドン等は、初期の年代の堆積物に見られる生物で、動物界に於ける最早期の代表的な変化である。全てのそれ等前記に列挙した「大洪水以前」の怪物達は、殻、或いは甲殻を有しないが、神経、筋肉、器官だけでなく性を有する繊維状の滴虫類として出現し、そして発芽によって彼らの種属を増殖したのはそれ等の時代であったし、科学の教えによれば、我々の山脈の設計者達且つ建造者達である微小動物達もまた同様である。人間の場合には、何故そのように考えないのか？　何故人間は成長、即ち段階的な凝縮の過程で同じ法則に従うべきではないのか？　全ての偏見の無い人々は、原初の人類が初期には空気のように精妙であった ── 或いは、もしお望みの様に言うならば、巨大な繊維状、ゼリー状の外観で、神々、或いは自然の「諸力」によって進化させられ、数百万年に亘って成長し凝縮し、そしてその肉体的な衝動と傾向によって巨人化したのは、それが〈第4人種の人間〉の巨大且つ肉体的な形態として定着するまでであった ── と云うことを、人間が(**文字通り**)〈大地〉の塵から、或いは一部の知られざる類人猿の祖先から造られたと云うことを信じるよりも、選ぶだろう。

　我々の秘教的な理論は、英国学士院会員A・ウィルソン博士が定刊誌『知識』に宛てた書簡(1881年12月23日付)の中で語っているように、最初の出現についてを除いて、科学的なデータに一切相反していない。「進化 ── 進化を考慮すれば、むしろ〈自然〉── は、およそ**25年ほどの**間に研究されてきたに過ぎない。それ等は、勿論、人類の思索の歴史上、ほんのわずかな期間にしか過ぎない」。そしてまさにそのような理由から、我々は唯物科学がその方法を修正し、徐々に秘教的教えを受け入れるだろ

うという希望をまったく失っているわけではない ── たとえ彼ら(科学にとって)の形而上学的過ぎる原理との決別が最初の一歩としてもだが。

　人類の進化に関する主題についての結論的な言葉がこれまで語られたことがあるだろうか？　「各々の ⋯⋯ その提示者、もしくは彼自身によらないならば、その追随者達によって**完全で最終的なもの**であるとの常套句で主張された大〈命題〉(〈自然〉に於ける〈人間の真の立場〉)についての回答は、揺るぎない権威と崇拝の中に放置されそのまま、**1 世紀ほどの期間になるかも知れないし、20 世紀もの期間になるかも知れない**」とハクスリー教授 Huxley は記述し、「しかし、いつもお決まりのように、時は、それぞれの解答が**単に真理に近いもの ── 主にそれを受け入れた人々の無知な弁明には堪えうるが、しかし彼らの後継者のより広汎な知識による検証には全く堪え得ないもの ──** にしか過ぎないことを明らかにする」!!と記す。この著名なダーウィン主義者が、彼の言う**類人猿的祖先**の可能性を、〈秘教科学者達〉の「広汎な知識」の中で、「全く信ずるに値しないもの」の項目に割り当てることを承認するだろうか？　**では、野蛮人はどこに由来するのか？**　単に「文明化の段階」が勃興することは体型の進化を説明しない。

　同じ書簡、〈人間の進化〉の中で、ウィルソン博士は別に奇妙な告白をしている。「G・M[ジェラルド・マッセー]」によって定刊誌『知識』に対して提起された疑問への返答の中で、次のように、彼は見ている ──

　「『進化は人間の如何なる変化に影響を与えたのか？　もし影響を与えたならば、何が変化したのか？　影響が無いならば、何故無いのか？』⋯⋯ もし我々が、人間が完全な存在として創造され、その後堕落した事の承認を(科学のように)拒むならば、別の仮説 ── いわゆる進化だけが存在することになる。もし人間が野蛮人から文明段階へと勃興したならば、その事は確かに進化である。**我々はいまだに、その様な知識の習得が困難であるという理由から、人間の身体がより低次の動物達の身体と同じ同一の影響力に従うかどうかを理解していない。**しかし、野蛮から文明生活への上昇は『進化』とその広汎な広がりを意味し且つ内包している事にいささかの疑念もない。精神的面では、人間の進化は疑うべくもなく、絶えず拡大する思考領域は、言語それ自体のように、小さな、そして粗野な始まりに由来した。しかし、人間の生活様式、その周囲への適応能力、そして数え切れないその他の環境は、その事実や『進化』の道のりを辿ることを非常に困難にして来た」。

　この特別な困難さが〈進化論者達〉を彼らの証言に於いて、より慎重にさ

せるはずだ。しかし、仮にも「人間が完全な存在として創造され、その後退化した」としても、何故、進化が**不可能**なのか？　せいぜい、それは**人間の外観や肉体**に適用する事だけが可能である。『ベールをとったイシス』で述べたように、ダーウィンの言う進化は、人間にとっての開始点ではなく、他の万物に関して言えば、普遍世界からの中間点として始まる。アリストテレス－ベーコン学派 Aristotle-Baconian の方法論は有効性があるかも知れないが、議論の余地無く既にその欠陥を指摘されてきた。ピタゴラスとプラトンは、〈普遍世界〉から下方に進展させた者達だが、現代科学の見地から、アリストテレス以上により博学であったと今では指摘されている。というのも、アリストテレスは地球公転の概念及び地球が球形であるという概念にさえも反対し且つ公然と批判していた。「ほとんど全ての人々、」と彼は記し、「一貫して天界を学んできたと断言する彼らは、地球がその中心であると主張するが、イタリア〈学派〉Italian School の哲学者達、他の呼び方ではピタゴラス学派の者等は全く反対のことを教えている ………」と述べる。その理由は、(a) ピタゴラス学派は〈イニシエイト〉の集団で、更に、(b) 彼らは演繹 deductive 法を用いていた。これに反して、アリストテレスは、帰納 inductive 法的な体系の父であり、我々の体系の中心は〈太陽〉によって占められ、そして地球は同じ中心を回る自転運動によって夜と昼を産み出す単なる一つの星に過ぎないと、教えた者等に苦言を呈していた」。(『天体論 De Cælo』、第 2 書、c. 13. を参照)同じ事は人間に関してもである。シークレット・ドクトリンで教えられ、今詳説される理論は、ただ一つで、それは ── 〈大地〉の塵から造られた「奇跡的」な〈人間〉に対する矛盾に、或いは一つまみの石灰塩 lime-salt、(根元原形質モネラ the ex-protoplasmic moneron)から進化した人間に関するいまだ流布するより大きな誤謬に、陥ること無しに ── 〈地〉上に人間が出現した事を説明し得る。

　相似の事象は、自然の領域の入り組んだ数々の小路を通じて、彼女の始まりと最後の神秘に我々を導き得る、〈自然〉の法則の案内者であり、唯一の正しいアリアドネの糸［クレテ島の迷宮に棲む人頭体牛のミノタウロスに捧げるアテネからの生贄達に紛れ込んだテーセウスに恋をしたクレテ島のミノス王の娘アリアドネが与えたのが、怪物退治用の剣と迷宮脱出の道しるべ用の糸玉］である。自然は、創造的な潜在力として、無限であり、そして自然科学に携わる人々で、自然が展開する諸法則が如何に同一であろうとも、これまでに彼女の方法と手段の一覧表を究明し尽くしたと自慢出来うる者は誰もいない。もし我々が、〈霞状の火 Fire-mist〉球［宇宙の火

プラズマ]が徐々に成長して ── それが惑星空間で永劫の時を通じて回転するように ── **人間が産まれる**世界、或いは〈大地〉を固めるために、既に述べたように柔らかく変形しやすい躯体から岩で覆われた天体へと推移しつつある惑星、自ら発光する天体、となる事を知覚できるならば、そしてもし我々が、万物が**粥状 moneron** の原形質(註30)からなる無核のゼリー状の微小物から進化し、その後その**原初的**(註31)な状態から動物の形態へと推移し、中生代の巨大な爬虫類の怪物へと成長し、その後再び(比較上)小さなワニに縮小し、現在ではもっぱら熱帯地方にのみ生息を限られ、そして一般的に広く**蜥蜴**(註32)とされている事をそれに認めるならば ── 如何にして人間だけがその普遍的な法則から逃れ得るのか？ 「その時代、地上には巨人達が存在した」と**創世記**は伝え、あらゆるその他の〈東洋の諸聖典〉も同じ記述を繰り返しているし、更に**ティターン達**は人類学的且つ生理学上の事実に基づいている。

そして、堅い殻を持つ甲殻類が、かつてはゼリー状の微小片、「堅く粘着する状態で、完全に均質な蛋白質アルブミンの微小部分」であったと同様に、原初人間の外部の覆い、彼の初期の「皮膚の膜」、**加えて**その殻の中に存在する不滅の霊的モナッド、そして心霊の仮の形態と肉体もそうであった。現在のしっかりした筋肉を持ち、如何なる気候にもほとんど影響を受けない人間となったのは、おそらく約 **2,500 万年前**で、それはまさに、ヘッケル学派の言うモネロン Moneron、正確に云えば、「器官を有しない有機生命体」、内部に未組織のアルブミン体を持つ全く均質な資質、そして外形的にのみ人間の形をしているものである。

(註30) 或いはより一般的には**原形質プロトプラズマ**として知られているもの。この資質はとても早い時期に、デュジャルダン・ボーメツ Dujardin Beaumetz 教授から「**サルコード Sarcode**」と名づけられた。
(註31) モネラ[粥状のもの]は実際は**原生生物プロチスタ Protista** である。それ等は動物でも「植物でもない」、とヘッケルは記し、「……… モネラ全体の形状は、堅く結合した状態の単一で全く均質なアルブミン蛋白の微小片以上の物ではないことを示している」と続けている。(『微小科学誌 Journal of Microscopical Science』、1869 年 1 月号、28 頁)
(註32) 中生代の**イグアノドン** ── 体長 100 フィートもの怪物 ── が、現在では南アメリカの小さなイグアナトカゲへと変容した事に注目せよ。古い時代の**巨人達**に関する一般的な伝承や聖書を含めてあらゆる神話での彼等の記述は、いつか事実に基づいたものであることが示されるであろう。自然における相似の原理だけが、我々にこれら**伝承**を科学的真実として認めさせる。

今世紀に於いて、科学者の誰一人として、〈年代学〉の質疑の中でバラモン僧の常識はずれの数字を明らかにする資格を持っていないが、その理由は、彼ら自身の計算値が、秘教科学によって為される主張をしばしば遙かに超えていた事による。この事は容易に示される。
　ヘルムホルツ Helmholtz は、我々地球の温度が 2,000 度 C から 200 度 C までに冷えるのに、少なくとも 3 億 5 千万年の期間を必要としたに違いないと計算した。（地質学を含めて）西洋の科学は、我々の地球がひっくるめておよそ 5 億年の年齢である、と一般的に認めている様に思える。W・トムソン卿は、それにも関わらず、最も早期の植物生命出現が 1 億年前を限度であるとするが ─── 古代の記録によって謹んで否定された陳述の一つである。諸々の憶説は、その上、科学の領域で日毎に変化している。同時に、一部の地質学者はその様な限定に大いに反対している。「フォルガー Volger は …… 我々に知られている諸々の地層の堆積に必要とされる時は少なくとも、総計 6 億 4 千 800 万年にも達するに違いないと算出している ……」。時間と空間の両者は共に無限且つ永遠である。「〈地球〉は、物質的な存在として、実際は無限であり、地球が経験したに過ぎない諸変化は、限定された時代の諸々の期間によって決定出来る」（バーマイスター Burmeister）。「我々は、星空が単に空間だけでなく、如何なる天文学者も疑わないことだが、また時間的にも始まりも終わりも無く、それは決して創造されたのでは無く、そして不滅であると見なすべきである」。（ツォルベ Czolbe を参照）(註33)
　ツォルベは正確に〈秘教科学者達〉の語ることを繰り返す。しかし、アーリヤ人の〈秘教科学者達〉は、云われているように、これらの最新の諸説について何も知らなかった。「彼らは我々地球の天体としての形さえにも無知であった」。（コールマン Coleman）これに対してヴィシュヌ・プラーナは、特定の〈東洋学者達〉の瞳を広範囲にわたり無理矢理目覚めさせる一つの答えを含んでいる。［以下は、パラーシャラと弟子のマイトレーヤの対話］
　……「マイトレーヤよ、〈太陽〉は、いつの時でも日中の中央に配置され、そして全ての**ドゥウィーパ** dwipas（諸大陸）に於いて真夜中の真向かいに位置するのだ。しかし〈太陽〉の日の出と日没は、**互いに永遠に反対側であり** ─── そして東西南北全ての方位、したがってその交点も同様であるのだ、マイトレーヤよ！　そして人々は彼らが太陽を見る所を〈日〉の出と語り、

（註33）　L・ブフナー Büchner による『力と物質』。J・F・コーリングウッド Collingwood 編集、英国学士院全集 F.R.S.L., 61 頁。

〈太陽〉が消え去る所、そこに彼らにとっての日没が存在する。〈太陽〉に関しては、いつも**同じ場所**にあり、日没も日の出も存在しない、何故なら、日の出や**日没**と呼ばれる現象は単に〈太陽〉が見える、または見え**ない**ことに過ぎないからである」。(ヴィシュヌ・プラーナ、第2書、8章)

これについてフィッツエドワード・ハッラ Fitzedward Hallha は、「この文節で解説されている〈太陽中心説 Heriocentricism〉は注目すべきである。しかしながら、それはもう少し先に於いて反論される」と記述している。**意図的に**反論がなされたが、その理由は、それが秘教寺院の教えであったからである。マーティン・ハーグ Martin Haug は同じ教えを別の文節で記述している。これ以上アーリヤ人を誹謗する事は無益である。

地質学者達と人類学者達の〈年代学〉に戻ってみよう。我々は、〈科学〉がこの方面に於ける〈秘教科学者達〉の見解に対照しうる合理的な如何なる諸原理をも持っていないと憂慮している。それを除けば、「万物の中で最高の有機的存在、人間に関して、一つの痕跡も原初期の地層には見つからず、ただ最も上層のいわゆる沖積世の地層に見つかっていた」ことが、これまでのところ強調できる全てである。人間が**哺乳類族の最後の仲間ではなく、この〈環〉の最初の哺乳類である事**は、多少なりともいつか科学が無理矢理に知らされる事である。同様の見解がまた既にフランスの非常に高い権威筋で論議されてきた。

人間が、第三紀の中期や、**現在知られている哺乳類の種のたった一つの標本でさえいまだそこには存在しない**地質年代に生きていたことを示しうることは、科学も否定**できず**、そしてド・カトルファージュによって近年立証された公式見解の一つである。(註34) 始新世 Eocene 時代に於ける人間の存在を仮定することはいまだ論証されていないけれども、白亜紀 Cretaceous からどれほどの時代の期間が経過したのだろうか？　我々は、最も勇気ある地質学者達だけが中新世時代 Miocene period より遙か遡って、人間をあえて位置づけている事実に気づいている。しかし我々は、それ等の世代や時代の期間が中生代の時からどのくらいの期間になるのか？と問う。これに関して、適度な熟考と激しい論争の後、科学は沈黙し、その問題についての最も著名な権威者達はその疑問に、「我々は知らない」と止むを得ず答えている。この事は、科学者がこの件については不心得者であるよりも権威がいささかも無い事を的確に示している。ハクスリー Huxley

---

(註34)　『人類のエチュード[練習曲]入門』

教授によると、もし、「石炭の形成によって示される時が600万年にもなるならば(註35)、ジュラ紀 Jurassic period、或いはいわゆる「恐竜」時代中期（この時〈第3人種〉が出現した。）から、〈第4人種〉の大半が水没で滅亡した中新世 Miocene 時代に至るまでの時を網羅するためには、もう何百万年必要になるのだろうか？」(註36)ということになる。

　書き手は、それ等の専門家達が、地球と人間の年齢の算出に於いては最も公正であったが、常にそれ等の事に対しての消極的な多数派であった事を良く認識している。しかしこの事はほとんど明らかになっていないし、それ以来多数派が、たとえ存在したとしても、長い間に正しいことを公表するのは希である。ハーヴェイ Harvey は何年もの間孤立していた。蒸気船団で[新天地アメリカへと]大西洋の横断を提唱する者等は彼らの最後の日々を精神病院で過ごす危機にあった。メスメル Mesmer は、今日では(〈百科事典〉で)、カグリオストロ Cagliostra や聖ジャーメン St. Germain と同じように、大ぼら吹き且つペテン師として分類されている。更に、シャルコー Charcot とリシュ Richet 諸氏がメスメルの主張を擁護し、ヒプノティズム Hypnotisum という新名称の下で「催眠術」── 大昔の顔に欺瞞的な鼻を付けたもの ── が科学によって認められている現状は、人が、「催眠術」、「〈テレパシー的影響力〉」、その他の現象を、そのメンバーが手軽に、そして無頓着に論じる様を目にする状況で、前述の多数派に対する人々の敬意を高めることにならない。彼らは、手短に言えば、まるで彼らがソロモン王の時代からヒプノティズムを信じていて、ほんの2、3年前までは、その熱心な信奉者達を「精神病患者達やペテン師達」と呼んだ事など決して無かったかのように、それについて語っている。(註37)

(註35)　S・ラング Laing による『現代科学と現代思想』、32頁。
(註36)　『密教 Esoteric Buddhism』、70頁。
(註37)　同じ運命が、**内的**〈人間〉による霊的現象や他のあらゆる心理学的な顕現を待ち構えている。ヒューム Hume の探求が虚無的な理想主義の絶頂期へとたどり着いて以来、〈心理学〉はその立場を愚かな**唯物主義**の一つへと徐々に移行した。ヒュームは心霊学者と見なされているが、それにも関わらず彼は、多数の科学者も含めて今では100万もの人々が信じている現象の可能性を**演繹**的に否定した。今日の〈唯物的-唯心論者達 Hylo-idealists〉は、雑草のはびこった〈**寂滅主義者達** *Annihilationists*〉である。スペンサー Spencer とベイン Bain の学派はそれぞれ実証主義者と唯物主義者であり、全く形而上学的でない。それは、**心霊主義** *psychism* であって、**心理学**では無く、ショウペンハウアー Schopenhauer とフォン・ハルトマン Von Hartman の厭世観が秘教哲学、ハートと魂の真の仏教を人に呼び覚ますのに対し、ヴェーダ的な教えを思い出させるということは全く無い。

同様な思索の激変が、秘教哲学によって性的且つ生理的人類の時代として主張される長い年月の期間に対して待ち構えている。それ故、スタンザさえも次のように語る──
　「想念から誕生した The mind-born 無脊椎の者等は、脊椎を持つ意思から誕生する者 The will-born となった」。付け加えるならば、これは 1,800 万年前の〈第3人種〉中期に起こったことで ── 未来の科学者達によって受け入れられる機会は今なお残されている。
　19世紀の思想に関する限り、我々は、科学の結論の変化に対し異常なまでに配慮する事を吹き込まれた一部の個人的な仲間内の友人達によってさえも、その様な発言は失笑を買うと言われるだろう。〈第1人種〉時代の古さが再度この数字を越えて数百万年を遡るという結果に対し、その数字を超える我々の主張は、全く有り得ないと思えるだろう。というのも、正確な数字は差し控えられているとは云え、**確信を持って太古の〈天人種〉の初期の進化を〈第二紀[中生代]〉の黎明期か、或いは地質学の〈第一紀[古生代]〉**時代のいずれかに属すとすることは疑問の余地がないし、一つの事、即ちもし霊的、アストラル的、そして肉体的な進展の過程全体が説明されるならば、1,800万年という数字は、**性的な、肉体的な、**人間の期間を含み、途方もなく増加すべき事が明らかである。多くの地質学者達は、実際に、第四紀と第三紀時代の期間にはその様な推計値の許容を必要とすると考察しているし、そしてもし人間の実在に対する証拠が出現するならば、地球環境が如何なる状態にあろうとも始新世の〈人間〉という仮説を否定するものでは無い事は全く明確である。前述の年代が我々を遙か第二紀、或いは「〈恐竜〉」時代へと遡らせると主張する秘教科学者達は、その様に遙か遠い太古に人間が存在する可能性を支持して、M・ド・カトルファージュを引き合いに出すだろう。しかし、黎明期の〈根本諸人種〉に関してその状況はとても異なっている。もし炭酸で満たされた蒸気の濃い雲塊が、それは土壌から放出されたか、或いは堆積の開始以来大気に浮遊する状態で保持されて、現在知られる様に人間の有機組織体生命にとって致命的な傷害となるものならば、どの様にして原始の人間は生存し得たのであろうか？と尋ねられるだろう。この考察は、実際には意味が無い。後に作用を受けるその様な地球の状態は、**霊妙なアストラル体**人種の進化が進展した界層には一切関係なかった。ただ相対的に最近の地質年代期間は、人類を最下級の**肉体的進化** ── 総ての物質的な因果関係の界層 ── へ押し込めた周期律的な螺旋的進化過程を有している。それ等の早期の時代に於いては、**ア**

ストラル的進化だけが進行していて、そしてアストラルと物質の二つの界層は(註38)、並行する線に沿って進展するが、互いに如何なる直接的な接触点をも持たなかった。影のように**霊妙な**人間は、その組織体の —— もしそれを組織体と呼べるならばだが —— 優れた特質によって、只彼の**ウパディ** *Upadhi* [基礎]資質が由来するその界層にのみ関係することは明白である。

　恐らく現代の自然科学者達の**遠くを見通す** —— しかし**総てを見通す**わけではない —— 瞳を逃れた多くのものが存在するし、更に、失われた手掛りの提供を請け合うのは〈自然〉自身である。不可知的で思弁的な思索者達は、〈東洋〉のシークレット・ドクトリンによって与えられた翻訳書と絶望的なまでに唯物的なダーウィン主義者、そして人間の起源に関する聖書の記述の中から、即ち魂と霊の存在しない進化と「〈特別な〉創造」を否認する秘教科学の説と、同じく「〈進化論者達〉」の〈人類発生論〉の中から、選択すべきである。

　再度、「〈自然発生的〉な生殖」の問題を取り上げよう。生物は —— 科学が示すように —— この地球の表面に常に君臨していたわけではない。ヘッケル派の〈原核生物〉 —— 単に〈原形質〉の小球体に過ぎないもの —— さえも海の底に出現していなかった時代があった。何処からか〈衝撃〉が来て、〈炭素〉、〈窒素〉、〈酸素〉等の分子化を引き起こし、有機物の「粥状」物、今では原形質と命名されるオーケン Oken の提唱する〈**細胞質** *Urschleim*〉へとそれ等を凝集させた。モネラの原型は何か？　隕石の影響に対するW・トムソン卿の粗雑な理論にも関わらず、それ等は、少なくとも、既に形成された他の諸天体からの隕石に含まれて落ちて来た可能性はほとんどない。もしその様に**それ等が落ちてきた**とするならば、即ち我々の〈地球〉が他の諸惑星から生命胚種のまさに供給を受けたとするならば、誰が、或いは**何者が**生命の胚種をそれ等の諸惑星に運んだのか？　再度ここで、〈秘教科学〉の教えを受け入れない限り、我々は再び**驚くべき実例**に直面させられ、**人格を持ち擬人化された**〈創造主〉の仮説や、〈一神教徒達〉によって定式化されたように、その属性や定義を受け入れることは、その不可知で恐れ多

(註38)　アストラルと物質の界層の出来事は最早期の地質時代においてさえも互いに平行して進展していたけれども、しかしながらそれらが**現在**のように、その中では同じ顕現状態ではなかったことは留意されるべきことである。〈地球〉は1,800万年前までは現在の**密度の段階**に達していなかった。その時以来、物質界とアストラル界の**両方**はより濃密になってきた。

い荘厳さの前では人間の最高の知性が侏儒になったかの様に感じる無限で〈普遍的〉な神の概念を彼ら一神教徒達が貶めているために、哲学や論理学と激しく衝突する。一方では横暴にも自らを知的にこれまで進化してきた人類の最高峰に位置づけている現代の哲学者に、彼自身が古代ギリシャ人さえよりも霊的、そして直観的な構想力で非常に劣り、ギリシャ人等がその方面では〈東洋〉の古いアーリア人の哲学者達よりも遙かに低い段階であったことを示してはならない。〈物活論ハイロゾイズム［万物が生命と霊魂を有するとする説］Hylozoism〉は、哲学的に理解された時、〈汎神論〉の最も高尚な面となる。それは、致命的な物質性に基づく馬鹿げた無神論と、そして一神論者の更にひどく馬鹿げた擬人化の概念から逃れる唯一可能なことであり、それ等二つの間で、物活論はそれ自体に特有のまったく中立的な立場に位置する。〈物活論〉は、無数の活動的で創造する〈諸勢力〉、或いは「〈創造者達〉」を**遍く満す**絶対的な〈神の思考〉を**必要**とし、彼らの**実在**は〈神の思考〉によって動かされ、〈神の思考〉の中に、〈神の思考〉から、そして〈神の思考〉を通じてその存在を維持するが、後者の〈神の思考〉は、それにも関わらず、〈太陽〉が向日葵(ひまわり)とその種子、或いは一般的に植物に持つ以上の個別的な関係を、創造者達に、或いは**彼らの創造物**等にもはや持つことはない。〈秘教科学者〉の**内なる人間**によって知覚され、感知されることから、前述の活動的な〈創造者達〉」は、存在する事を知られ、そして信じられている。そのように秘教科学者は、〈絶対神〉が、無条件且つ無依存であるべきで、直接的な理想的存在の降臨無しには、同時に活動的で創造する一なる生きた神として思惟することは不可能だと語る。(註39)〈時間〉と〈空間〉── 〈絶対的な**普遍性**〉である〈それ〉の単なる形態であるこれら二つの実在 ── に顕現する〈神〉と云うものは、全体のほんの微小なる部分に過ぎない。そしてその後、かの「普遍性」はその絶対性の中で分割不能になり、その結果として、かの**良識ある**創造者(我々が云う〈創造者達〉)は、せいぜいそれの単なる**外見**だけに過ぎなくなっている。同様の喩えを用いるならば、── 完全な認識を表現するには不十分だが、今話題として取

(註39) クザーヌス Cusa 枢機卿による〈絶対〉の概念と定義は、絶対に対するひどい無知覚の状態で、幾世紀にもわたってスコラ哲学と神学の詭弁の中に投獄され、完全に退化した〈西洋〉の精神を只満足させるだけかも知れない。しかし、この「〈絶対〉に関する〈最新〉の哲学」は、W・ハミルトン卿によってクザーヌス枢機卿の足跡を辿られたものだが、ヒンドゥのヴェータンダ哲学 Vedantin のより鋭敏で形而上的な精神を満足させることは決してないだろう。

り上げている事柄には旨く当てはまる ―― これらの創造者達は太陽光球の無数の光線のようであり、それ等の光は無意識的且つ無関連な作用にとどまる一方で、その取り次ぎ手達、諸光線は、春毎 ―― 〈地球〉のマンヴァンタラの夜明け ―― に、〈自然〉とその分化した物質の中に先天的に備わる眠ったままの生命力の実を結び、目覚させる有益な伝達手段となった。このことは古代では非常に良く理解されていたので、ある程度宗教的なアリストテレス Aristotle さえもが、その様な直接的な創造の働きは全く〈神〉に**相応しくない** ―― ἀπρεπ τῷ εϕῷ [神に相応しくない、のギリシャ語表記] と記している。プラトンや他の哲学者達も同じ事を教え、神は自らの御手で創造することはできない ―― αὐτουργνεῖν ἅπαντα [自らの御手で創造することはできない、のギリシャ語表記] と。これをカドワース Cudworth は、〈物活論〉と呼んでいる。古代のゼノン Zeno は、「〈自然〉は、定められた回数自然から産み出されるそれ等幾つかの物を完成し且つ内包し、自然から隠されたものに応じて活動する生殖原理に従って、自から進展する性質がある」(註40)と語っていたことで、ラウルテウス Laertius から信頼された。

物活論についての考察を休止して我々の主題に戻ろう。実際、もしそれ等の時代の期間に、その当時の有害な要素を食べものとすることが出来る植物生命が存在したとするならば、そして、もし〈酸素〉不足と推測されているにもかかわらず、水棲用の器官を発達させる事が出来た動物生命さえも存在したとするならば、何故、その初期の肉体の形態で、即ちいわゆる地質学的年代とその環境に適応した生物種として、人間生命もまた存在することが出来なかったのか？ その一方で、科学は「地質学的年代」の実際の長さに関して何も知らないと告白している。

しかし我々の前の主要な疑問は、「〈無生物 Azoic〉」時代と呼ばれるかの時代から、そこには〈博物学者達〉の仮説として提唱された大気が常に存在したということが全く確かなものであるかどうかである。物理学者の誰一人としてこの考えには同意していない。もし著者が厳密な科学によってシークレット・ドクトリンの教えを立証したいと切望するならば、1人以上の物理学者の承認に基づいて、その大気が最初の海洋の凝結以来 ―― 即ちローレンシア大陸の時代、〈乾燥した *Pyrolithic*〉時期以降 ―― ほとんど、もしくは全く、変化していないことを示すのは容易だろう。その様なことは、いずれにせよ、ブランシャール Blanchard、S・ムーニエ Meun-ier、そしてビショフ Bischof さえもの意見で ―― 後者の物理学者の玄武岩に関

(註40) カドワースの『知性の構造』、I、328頁。

する諸実験で示されている。というのも、我々が、大量の致死性のガスや炭素や窒素で完全に飽和した自然環境に関して、科学者達の大多数の言葉を取り上げて見るならば、その中で植物と動物界の生物が暮らし、繁栄し、発展したことが示されるし、更に或る者は、それ等の時代に水の代わりに**炭酸水**の海洋であったという奇妙な結論に至る者もいるだろう。その様な成分では、硬鱗魚 Ganoids、或いは〈原始〉の三葉虫 Trilobites など、それら自身が初期の時代の海洋で ── ブランシャールによって示されたように、シルル紀の海洋は言うまでもなく、生きることが出来たかどうかは疑問である。

　人類の黎明期の人種に必要とされる生存環境は、単純、或いは複雑に関わらず、如何なる成分要素も必要としない。始めに述べられたそれ等のことが主張されている。〈世界の人々〉に知られざる〈諸空間〉に住む霊的で精妙な〈存在〉は、自然のままの〈宇宙物質〉からなる海洋で進化した最初の星辰由来の「ゼリー状の微小片」となる以前に ── 無限の中で我々の小球体の微小な斑点が〈地球〉と呼ばれ、そして出現してその一雫の中に**モネラ**を発生する〈海洋〉と呼ばれる前の数十億と数兆年の間に ── 如何なる「成分要素」も必要としなかった。「軟かい骨を持つ人間マヌ」が、巧くリン酸カルシウム無しで過ごせ得たのは、比喩的な意味を除いて、彼に骨が無いためである。そしてモネラでさえも、それ等有機体が如何に均一であるにもかかわらず、将来の進化に向けてそれ等を促進する物理的な生存状況をいまだに必要とする一方で、科学によって夢想だに出来ない存在の階層で進化した後に、原始の〈人間〉、そしてまさに「人間の〈父〉」となった存在は、彼を取り巻く如何なる大気環境にも左右されず巧く生き残ることが出来た。ブラスール・ド・ブールブール Brasseur de Bourborg 著の『ポポル・ヴォー』の中で、太古の祖先は ── メキシコの諸伝説では ── 〈地上〉と同様に地下や水中でも同じく容易に行動し生きることが出来たが、我々の書物ではただ〈第2〉と黎明期の〈第3人種〉に対応するだけである。そしてもし〈自然〉の三つの生物界が**先史**-大洪水時代に於いて非常に異なっていたならば、何故人間が現在の自然科学に全く知られざる原子の素材や配列で構成されてはならないのか？　現在知られる植物や動物は、ほとんど数え切れない多様性と種を有するが、科学的仮説によれば原始的なほんの僅かな生命形態から凡て進化したことになる。何故同じ事が、人間やその構成要素、そしてその他のものについて起こってはならないのか？　「〈全世界の創造〉は1から始まり、3に分かれて、その後、5に、そしてついには7と

なり、4、3、そして1へと帰還する」。(〈註解書〉)

　補充的な論証のために、この〈巻〉の〈第II部〉「〈自然〉の〈七重性〉」を参考のこと。

スタンザ VII　半神から最初の人間人種への降誕

───────────

(24) 高位の創造者達は、「〈ヨーガ〉の〈息子達〉」によって進化させられた諸形態を彼らの驕りから拒絶した。
(25) 彼らは初期の「〈卵生〉」時には化身しないだろう。……
(26) 彼らは後に男女両性具有者達の体を選んだ。
(27) 精神を与えられた最初の人間。

───────────

24. 〈智慧〉の〈息子達〉や〈夜〉の〈息子達〉(〈夜〉になった時にブラフマーの体から生まれた者)は、化身への用意を整え、降臨して来た。彼らは(いまだ感覚を欠く〈人種〉である)初期の第3人種の(知性的には)ひどく不快な形態を見た(a)。〈主方〉は、「我々は選ぶことが出来る」、「我々は智慧を持っている」と言い訳をした。ある者等はチャーヤーに入り、ある者等は閃光を投げかけ、ある者等は〈第4〉(〈人種〉)まで化身を遅らせた。彼ら自身の本質から彼らは愛欲カーマ(欲望の乗物)を満足(強め)させた。ほんの僅かな閃光だけを受け入れた者等は(より高い)知識を欠いたままであった。閃光が弱かったからである(b)。〈第3人種〉は以然として精神の無いままであった。彼らの真我ジーヴァ(〈モナド〉)が準備されてなかった。それらは〈7〉つの(原始人種)の間では分けられていた。彼らは尖頭(になった)。第3人種の用意が出来た。彼らの中に宿ろうと〈炎〉の〈主方〉と〈薄黒き智慧〉の〈主方〉は宣われた(c)。

このスタンザは、その偈文中に、人間の記憶が始まって以来、哲学者達の頭を悩ませてきた、邪悪の神秘、いわゆる天使達の〈堕落〉と諸問題へのあらゆる鍵を含んでいる。それは、知的能力、誕生、或いは社会的地位に関するその後の不均衡の秘密を解き明かし、そして永劫にわたり続く不可解で〈因果律的〉な過程に論理的説明を与える。伝え得る最も優れた説明を、主題の難しさを考慮しながら、今から始めて見よう。

(*a*) 〈第4環〉に至るまで、そしてこの〈環〉に於ける〈第3人種〉の後半の部分でさえ、〈人間〉は —— たとえ、最初の三つの〈環〉、そして現在の環に於ける初期の2人種と第3人種の**半ば**の諸人種の期間に、モナドが纏った絶えず変化する形態がその様に誤解を招く人間と云う名称を与えられるとしても —— ずっと知性的には動物に過ぎない。彼が、第5本質マナスに適した乗物として第4本質[欲望、或いは動物魂]を自身の内部で完全に発展させるのは、現行の**中間の**〈[第4]環〉に於いてのみである。しかしマナス Manas は次の〈環〉でのみ相対的に**十分**発展させられるだろうし、その時マナスは〈諸環〉の終わりまでに完全に神的になる機会を持つことであろう。クリスティアン・ショットゲン Schœttgen が『**ヘブライのホーラ女神達**[季節・盛衰・秩序の三女神。ヘシオドスは正義・秩序・平和とする]*Ho-ræ Hebraiœ*』等々で語っているように、最初に地上に現れたアダムは、**生きた魂ではなく、ネフシュ** Nephesh、「生命の息に過ぎなかった」。

(*b*) 此処では、いまだそれ等に幾らか似た人種、——（現在、急速に滅びつつある）オーストラリアと一部のアフリカ、そしてオセアニアの諸種族 —— が残存しているが、より**劣った**〈諸人種〉を意味する。「彼ら**は用意が整っていなかった**」とは、これらモナドの**カルマ的**な成長が、より高い知性的な〈人種〉の化身用に定められた人間の形体として用いるのに、いまだ適さなかったことを意味する。しかしこの事は後で説明される。

(*c*) 光の書ゾハルは、**絶対の**〈光-叡智〉である「〈黒い炎〉」について語っている。古い神学上の偏見に触発された人々に対しては、「しかし、**アスラ達は、反乱する**〈デーヴァ達〉、〈**神々**〉**の敵対者**であり —— このために悪魔達、そして〈邪悪〉な霊達となる」と言ってよいし、〈秘教〉哲学は、世界に独立して存在するものとして、善だけでなく本質的に邪悪それ自体をも容認する、それが答えである。両者の原因は、〈宇宙〉に関して言えば、対立物、或いは対照物の必要性に、そして人間に関しては彼の人間的な性質、即ち無知と激情に於いて、認められる。〈光〉と〈闇〉の霊達が存在するかも知れないが、絶対的に完全なる〈天使達〉が存在しないように、如何なる**邪悪**も、或いは全くの堕落も存在しないし、かの《ルシファー》は ——〈知性の啓明〉と〈自由〉な〈思考〉の霊で —— 比喩的には、人が〈人生〉の岩山や砂丘を通り抜ける際に彼の道を照らしだす手助けをする導きの灯台である、何故なら、ルシファーがその高みに於いては《**ロゴス**》、最も低い様相では「〈敵対者〉」—— その両方とも我々の〈**自我**〉に反映されるから ——

である。ラクタンチウス Lactantius は、キリストの〈本質〉について語りながら、それを《ロゴス》〈ワード Word〉神[『初めに言葉があった。言葉は神と共にあった。言葉は神であった。』とヨハネの福音書1章1節(日本聖書協会版)で語られた神]、**サタンの最初に誕生した兄弟、「最初の創造物」**としている。(『天の指導者 Inst. div.』、第2書、c, viii、「カバラ」、116頁)

ヴィシュヌ・プラーナは湾曲した消化管を持ったこれらの原始生物(アルヴァクスロータ Arvaksrota)について、それ等は、「精神の兆しを与えられたが、しかし自らの種族や特徴については互いに無知」であったと記述している。**28種の悪性質バダ Badha**、或いは欠陥は、ウィルソンが考察したように、現在知られ彼によって分類された動物達には適用されてはいない(註1)、何故ならこれ等のものはその地質時代当時に存在しなかったからである。この事は前述の聖典では全く明白で、そこでは最初の(この地球上の)創造物は、「五重性を持つ動きの少ない生物」、鉱物と植物であり、その後いわゆる寓話上の動物達、**ティルヤクスロータ Tiryaksrota**、(「〈主方〉」によって殺害された深淵の怪物達で、スタンザ II、III を参照)が出現し、次に**ウルドゥワスロータ達 Urdhwasrotas**、即ち不老不死をもたらす神々の食べ物で養われる幸福な天の生物、そして最後に**アルヴァクスロータ達**、即ち人間 —— いわゆるブラフマーの7番目の創造物である。しかし、これら「創造物」は、後者を含めて、この天体上で出現したものではなく、何処か他で彼らは生じたのであろう。この〈地上〉に万物や人間を創造したのはブラフマーではなく、造物主プラジャーパティの首長と〈主〉、〈生物〉と天体的〈創造〉をなさる〈主方〉である。(註2)ブラフマーの命令に従って、ダックシャ Daksha(ピトリ達を含めた、地球に関する造物主や企画者達の綜合組織、或いは集合組織)は、「関係する**プットラ[息子]putra**」の子孫に**優れたものと劣ったもの(ヴァラ vara とアヴァラ avara)、そして「二足歩行するもの等と四足歩行のもの等」**を造って、「更に引き続きその意思によって(〈意思〉と〈ヨーガ〉の〈息子達〉が)女性達を造った」、即ち男女両性具有者が[自身の体から]分離した。再度此処で、我々は、秘教的な教えにあるように、「四足歩行のもの等」の前に「二足歩行するもの等」、或いは人間達が創造されたことを知る。(既に説明された事については、前述とスタンザ XII[本書460頁]を参照)

それ以来、一般に知られた物語では、**アスラ達**は「夜の体」から造られた最初の存在であり、一方**ピトリ達**は〈黄昏〉の体に由来し、「神々」がパラー

(註1)　第1書5章71頁を参照。
(註2)　『ヴィシュヌ・プラーナ』、第1書の第2巻15章。

シャラ Parâsara([と弟子のマイトーヤの対話集]**ビシュヌ・プラーナ伝承**)によってその両者の間に位置づけられ、「日中の体」から展開する事が描写されることから、創造物の順番を覆い隠そうとする断固とした意図を見いだすのは容易である。人間は「〈夜明け〉の〈体〉」から出現する**アルヴァクスロータ**であり、他の所でも世界の創造者ブラフマーが、「ブータ達 Bhûtas、そして肉食者達と呼ばれる獰猛な生物を創造する」、或いは原文にあるように、「猿の肌の色を持ち肉食であるため、非常に醜悪な悪魔達を創造する」と、描写される時には、再度人間に言及している。(註3) これに反してラークシャサ達は、一般的に、「〈邪悪な霊達〉」、「神々の敵対者達」等の言葉に翻訳され、**アスラ達**と同一視されている。ラーマーヤナ Ramâyana では、ハヌマーン Hanuman[ラーマ王子の僕の神猿]がランカ島で敵を偵察している時、彼はそこで、或る者等はぞっとするような醜悪さだが、「一方で、或る者等は見とれる程の美しさ」であるラークシャサ達に出会い、そして**ヴィシュヌ・プラーナ伝承**では、彼らが「〈人類〉」の、或いはブラフマーの〈救世主〉となることへの直接的な言及が存在する。

　寓話はとても巧妙である。偉大な知性と厖大過ぎる知識は人生に於ける両刃の剣であり、善のためと同様に悪のための道具でもある。〈利己主義〉と結びつく時、それ等は、〈人間性〉全体を、それ等を所有する人が栄達するための踏み台、或いは彼の目的達成の手段とするだろうが、一方愛他的な人道主義者の目的に用いられれば、それ等は多数の者を救ける手段となるだろう。全てに於いて、自己想起[自在な存在状態]と知性の欠如は、人間の形態に愚かさと獣性を生み出すであろう。ブラフマーは〈**宇宙魂マハット** *Mahat*〉── 普遍的〈精神〉── であり、それゆえラークシャサ達の中での過剰な利己主義は、その全てを手に入れたいという欲望 ──〈**宇宙魂マハット**〉を「むさぼり喰らう」ことに、示されている。寓話は透けて見えるものである。

　とにかく、秘教哲学はバラモン教以前のアスラ達、ルドラ達(註4)、ラークシャサ達、そして寓話に於ける〈神々〉の「〈敵対者達〉」全てを〈自我 Egos〉と同一視し、その自我は、智慧の無い〈第3人種〉の人間に化身する事によって、彼らを**意識の上で**不死の存在とした。彼らは、その後、〈化身〉の周期

(註3)　前掲書[ヴィシュヌ・プラーナ]、第1書、5章。
(註4)　彼等をマヌ[法典]は「我々の父方の祖父」と呼んでいる(3章、284条)。ルドラ達は、「破壊神」ルドラ-シバの7種の顕現であり、そして**また偉大な**〈ヨギ〉且つ修行者である。

の期間中、実際に二重性のロゴス —— 即ち〈人間〉内部で矛盾し且つ二面性を持つ神の〈原理〉となる。続く〈註解書〉で、次のスタンザは、疑いなく、このとても難解な教義により多くの光を投げかけるだろうが、著者はそれを十分伝える能力があると感じていない。〈諸人種〉の連続性に関して、ともかく、それ等は伝えている。——

「最初に《**自存する** SELF-EXISTENT》ものがこの〈地上〉に出現する。彼らは、世界再生のあらゆる夜明けに、絶対の《**意思**》と《**法**》に意図されて造られた『〈霊的な生命達〉』である。これらの《**生命達**》は天界の『シシュタ Sishta』(種子マヌ達 seed-Manus[次の環へ生命の胚珠を運ぶマヌ]、或いはプラジャーパティ、そしてピトリ達)である」。

これらから発生したもの ——

1. 〈第1人種〉は、「〈自生 Self-bom〉」で、それ等は彼らの〈先祖達〉の(アストラル[星辰]的な)影である。(註5)その体はあらゆる理解力(精神、知性、そして意思)を欠いている。**内的な存在(高我、或いはモナド)は、現世の身体の内部に存在するけれども、身体と結びついていなかった。**結びけるもの、マナスはいまだそこに存在しなかった。

2. 〈第1〉(の人種)から、「滲出生」(註6)、そして「骨の無い」者と呼ばれ

(註5) 第Ⅱ部、第Ⅰ章の〈註解〉を参照。
(註6) 発生する**生命**やその起源としての人類について、このように**矛盾に満ちた非科学的な方法**で、そして〈人間〉に関する現代の〈諸々の系図〉の前で、語ることは即座に社会的な破滅を招くことになる。秘教の教義は、危険を伴うが、それにも関わらず、ヘッケルの理論(とたとえ同じものだとしても) —— 現在では速やかに科学の公理になりつつあるもの —— と上述の仮説との比較を偏見のない読者に問うことについて、さらに語り進めよう。以下に、ヘッケルの理論を全く文字通りに引用する。——

「…… 生物、即ち有機生命体の生きる世界が、どの様にして発生したのか?そして次には、特別な問い、人類はどの様にして始まったのか? である。これら二つの探究の内、最初のものは、生物の最初の出現に関することだが、いわゆるアークビオシス[原生命形成]Archebiosis に関する論証、或いは不確かな生殖、或いは想像しうる最も単純な種類の有機生命体の自然発生によって、経験的に(!!)のみ決定することが出来る。それ等はモネラ(遺伝子の原型 Protogenes、原始アメーバ Protamoeba 等)であり、栄養物を取り、**分裂によって自らを再複製する**構造や組織を持たぬ原形質の極めて単純な極微の塊である。その様なモネロンMoneronは、その原始的生物が、名高い英国人の動物学者ハクスレーによって**発見され**、ヘッケル Hæckelli の深海生物バシビウス Bathybius と呼称された様に、3千から3万フィートの海洋の最も深い所に、一つながりの濃密な原型質の外皮を持つものとして出現する。その様なモネラ

る第2の者が流出した。これが〈第2根本人種〉で、守護者達(ラークシャサ達)(註7)と受肉する神々(アスラ達とクマーラ達)によって最初の原始的

の最初の出現が、今日(こんにち)まで実際に観察されたことがないのが本当のところであるが、しかし、その様な進化が本来、不可能であることを示すものは何も存在しない」。(『人間の系図』、アヴェリング Aveling 訳、33 頁)

　深海生物 Bathybius の原形質は全く有機生物の素材でない事が近年明らかになっているが、それについては語ることはほとんど何も無い。それだけでなく、これを読んだ後、人は次のような更なるの主張 ……「そのような場合、人間は、(ヘッケルや彼のような考え方に対する)**疑いも無く**、低次の哺乳類、類人猿、より初期の猿の様な動物、更に初期の〈有袋類〉、〈両生類〉、〈魚類〉など、進展する形態の変容によって、それ等からまた発生し」、全ての物が、「一連の**盲目的に ……… 設計図も無く目的に作用する自然の諸力**」(36 頁)から造られた、という説を論駁することに更なる時間を費やす必要は全く無い。

　前述の引用文はその特殊な面についての非難を生んでいる。科学は、現在に至るまで、「**決して実際に観察されたことが無い**」ことを思い知らされている。科学は、形態や物質から独立している**知性的な**自然や生命力に関する現象を否定し、そして「**目的や設計図無しに盲目的に作用する**自然の諸力」の驚くべき能力を教えるため、その中により科学的なものの発見を強いられている。もしそうならば、やがて我々は、幾人かの優秀な〈科学者達〉が持つ頭脳の**肉体-組織的な諸能力**が、相互に称讃し合う祭壇の上に論理と常識を盲目的に生贄として放棄することになるとの考察へと導かれる。何故、**自己分裂**を通じて最初の生きた創造物を産み出す原形質の**モネラ**がまさに科学的な仮説として保持され、そして同じ考え方で原初の人間を生んだ霊妙な**先史人類**が非科学的な迷信としてタブー視されなければならないのか？　また、唯物主義は〈科学〉で唯一の独占権を獲得したことがあるのか？

(註7)　**ラークシャサ Râkshasas** 達は、インドの一般的な神学では魔神達と見なされるが、ヒマラヤを超えると「〈**守護神方**〉」と呼ばれる。この二重で正反対の意味は、プラーナの諸聖典で多彩に描写される哲学的寓話にその起源がある。そこでは、ブラフマーが、魔神達、ヤクシャ達 Yakshas(食べること、**ヤクシュ Yaksh** に由来)、そしてラークシャサ達等、共に魔神の仲間で、生れるや否や自らの創造者ブラフマーを貪り喰らおうとする者等を創造した時、彼等の中で、「その様なことは止めよ！　おお！　彼を守れ(守護せよ)」と叫んだ者等はラークシャサ達と名付けられた(ヴィシュヌ・プラーナ、第 1 書 5 章)、と語られている。**バガヴァタ Bhagavata・プラーナ**(III 巻 20 章、19-21 節)はその寓話を違った風に表現している。ブラフマーは肉体を纏った夜(或いは無知)に自身を変容したが、それをヤクシャ達とラークシャサ達は、「容赦しないぞ。貪り喰らうぞ」と叫びながら、捕まえた。ブラフマーはその時、「私を食べないでくれ、赦してくれ」と悲鳴を上げた。これには勿論内的な意味がある。その「〈夜〉の体」は無知の闇であり、且つ沈黙と秘密の闇である。今ではラークシャサ達は、多

且つ微かな閃光（知性の胚種）を与られた。…… そしてこれらから順に発生するもの ──

3. 〈第3根本人種〉は、「〈二重の性〉」(〈男女両性具有者〉)である。この文章のいう最初の〈人種達〉は堅い外皮を持ち、最後の人種までディヤーニ達 Dhyanis によって「宿られる」（即ち知性を吹き込まれる）ことになる。

〈第2人種〉は、前述のようにまた、性が無く、その初期には、自身から、類似してはいるが今までより複雑な過程によって、〈第3の両性具有人種〉に発展した。〈註解書〉に記述されているように、それ等人種の黎明期は次の様であった ──

「『〈不活発なヨーガ〉の〈息子達〉』。(註8) 彼らは、第2のマヌシャ Manushya 達（人類）から派生し、卵生となった。生殖時期の期間、彼らの体から出現する流出物は卵子であり、小さな楕円球体の核が、大きな柔らかい卵のような媒体へと成長し、徐々に硬化して、今の鳥類の中で鳥達が行うように、孵化期間を経て、卵の殻を破り、独力で若い人間動物がそれから出現した時期であった」。

これは読者に滑稽で愚にもつかないと思わせるに違いない。それにも関わらず、それは厳密に進化の類似の道筋に沿っており、科学はそれを生きている動物種の進展に於いて認めている。まず最初に**モネラ**のような自己分割（**ヘッケル**参照）による生殖、次に、数段階を経て、爬虫類の場合の様な卵生、それは鳥類によって引き継がれ、そして最後に若い個体を生み出すための**卵胎生**の生態を持つ哺乳類である。

少例外的に**魔神達**の役割を与えられるより、ほとんど全ての場合で〈ヨギ達〉、敬虔なサドゥー達 Saddhus、そして〈イニシエイト達〉であるとして描写される。その場合の意味は、我々が無知の闇を追い払い、「**それを貪り食らう**」力を所有する一方で、冒涜から神聖なる真理を守護すべき、である。「ブラフマーはバラモン僧の為のみに存在する」と、かの傲慢な階級は語る。**寓話の教訓は明白**である。

（註8）　シークレット・ドクトリンの説く人間の緩やかな進化は、（黎明期の冒涜者に対して）あらゆるその後の〈人種〉がその**肉体的**起源を初期の〈第4人種〉に持っていることを示している。しかしそれは亜人種で、性の分離した人種に先行したが、我々の現在の世代、特に〈東洋のアーリヤ諸人種〉の霊的祖先として見なされている。インド-ゲルマン人種がアーリヤ人の**ヴェーダ**的〈人種〉に先行したというウェーバー Weber の考えは、〈秘教科学者〉にとって、愚かさの極みである。

仮にも**卵胎生**という用語が、卵を自身の体内で孵化するある種の魚類や爬虫類に適用されるならば、何故、それが、女性をも含めた雌の哺乳類に適用されるべきで無いのか？　卵子は、受精の後、その中で胚の成長が起こるが、一つの卵である。

　いずれにしても、この受胎は、〈リンゴの果実 Apple〉が原因で、突然造られた胎盤からカインを生むイヴの受胎より遙かに哲学的であり、その時には有袋動物、黎明期の哺乳類でさえ、いまだ**胎盤を有してはいない**。

　更に、生殖方法の**発達**の流れは、科学によってベールを取り払われたように、秘教的〈人種学〉の燦然たる根幹構造をなしている。我々の断固たる主張を明らかにするために資料を図表にする事のみが必要である。(特にシュミット氏 Schmidt の『系統の原理とダーウィニズム』の39頁以降とラング Laing の『現代の拝火教徒』の102から111頁を対照のこと。)

　I 〈**分裂** *Fission*〉──
　(a) 原形質の均質な微小片の分裂に見られるように、モネラ、或いはアメーバとして知られ、二つに分裂する。
　(b) 核を持つ細胞の分裂に見られるように、そこでは細胞核が二つの補助核に分かれ、元の細胞壁の中で成長するか、または細胞壁を破裂させ独立した存在として外で増殖する。(〈第1根本-人種〉に相当)

　II 〈**出芽** *Budding*〉──
　(a) 親の組織のほんの僅かな部分がその表面で膨張しきって、最後には分離し、例えば、多くの植物やイソギンチャク sea-anemone のように、元の有機体の大きさに成長する。(〈第2根本-人種〉に相当) (註9)

　III 〈**胞子** *Spores*〉──
　親の有機体によって放出される或る種、単一の細胞は、例えばバクテリアや苔のように、親の姿を再生しながら多細胞有機体へと成長する。

　IV 〈**中間的な雌雄同体現象** *Intermediate Hermaphroditism*〉──
　男性器と女性器を同一の個体に所有している。例えば多くの植物、虫類、そしてカタツムリ類などで、出芽と同種類である。(〈第2〉、そして初期の〈第3根本人種〉に相当)

　V 　実際の性的結合 *True sexual union* ──
　(後期の〈第3根本人種〉に相当)

(註9)　進化した動物群における治癒と瘡蓋(かさぶた)形成のあらゆる過程は ── 〈**両生類** *Amphibians*〉の切除された手足の再生の場合でさえもだが ── 基本的な形態上の原理である**分裂**と**発芽** *gemmation* の結果である。

我々は今、人類の二重の進化に関しての重要な地点に来ている。〈智慧〉の〈息子達〉、或いは霊的なディヤーニ達は、彼らと物質との接触を通じて「知性的」になったが、その理由は、彼らが、先行する化身の期間の内に、物質からなるこの界層上で、彼らを自立させ意識的な存在に為しうる知性的段階に既に達していたことによる。彼らは唯一、〈カルマ的〉な影響だけで生まれ変わった。彼らは、前述に仄めかしたように、「用意」が出来ていて、アルハット方や賢人達になる者等に入魂した。これは説明を要する。
　それは既にモナド達が入魂している諸形体に別のモナド達が入魂する事を意味しない。彼らは、「〈本質的〉」、「〈知性的〉」、そして意識的な霊達で、より発達した物質と結合する事により、更により意識的になることを目指す存在である。彼らの本質は純粋すぎて普遍的な本質から区別出来ないが、しかし彼らの「〈自我エゴ Egos〉」、或いは(彼らが、「普遍的精神 Mahat」、或いはブラフマーから生まれたマナサプットラ[精神の息子]*Manasaputra*と呼ばれることから)精神 Manas は、全知 *all-wise* となり、帰還する上昇周期を開始できる様になるために、地上で人間の体験を経験しなければならなかった。モナド達は、制限され条件付けられ、分離している本質 princeples では無く、かの一なる普遍的で絶対的な〈本質 Princeple〉からの光線である。次々とやって来る太陽光線の一つが同じ隙間を通って暗い部屋へと入り込む入口は、二つの光線の存在を許さず、一つの光線だけが強められるだろう。第 7〈環〉の第 7 人種以前に、人間が完全な七重性を持つ存在となるべきだ、ということは自然の法則ではない。それにも関わらず、誕生以来人間は全てこれらの諸本質を内に秘めている。また、〈第 5〉本質(マナス)が第 5〈環〉以前にその完全な発達を受けるべきだということもまた進化の法則の一部では無い。全てその様に早められた(霊性的界層上での)知性の発達は我々の〈人種〉に於いては異常であり、彼らは我々が「〈第 5-巡環者 Rounder〉」と呼ぶ者等である。この〈第 4 環〉の終わりに於ける、来るべき第 7〈人種〉でさえ、我々の四つの低い本質が十分に発達させられる間、かのマナスは既に述べたように只調整されるだけであろう。この制約は、だが、もっぱら霊性の発達に限定される。知性は、物質界層に、〈第 4 根本人種〉の期間に到達させられた。このように、「準備の道なかば」の者等や「ほんの僅かな閃光」を受け取った者等が、現在のマンヴァンタラ進化期間にその知性を身につけるべき平均的な人類を構成し、その後で、彼らは次に「〈智慧〉の〈息子等〉」の十分な受け入れ準備を整えるだろう。一方、全く「準備不足だった」者等、〈第 3 環〉の終わりに彼らの最後の過渡的なよ

り低い動物形態から進化することが困難な最も進化の遅れた**モナド等**は、スタンザに云う「狭額頭 narrow-brained」のままであった。これは、人間の多様な人種間 —— 未開のブッシュマンとヨーロッパ人など —— で、今でも見られる知性の発達段階の、他に説明不可能な差を説明する。未開人のそれ等種族は、論理的思考力が動物の水準をほんの少し上まわる程度だが、一部の者が —— とんでもないと思うように、不公平にも遺伝から落ちこぼれた者、或いは**不遇な者**では無かった。彼らは単に、**不備な人類のモナドの中で最も遅くやって来た者**等で、彼らが〈第5環〉に到達したとき、平均的な段階の水準に到達するために、モナドは、残り三つの天体(今後の存在の異なる四つ界層)上でと同様に、現在の〈環〉の期間中に進化しなければならない。一つの記述がこれに関して学徒の思考の糧として役立つであろう。人類の最も知性的発達の低い典型的人々(「狭額頭」(註10)で未開な〈南海の島民〉、アフリカ原住民、オーストリア原住民)の〈モナド達〉は、**最初に人間として生まれたときには成就すべき如何なる〈カルマ〉も持ち得なかったが、彼らより知性に恵まれた同胞達は持っていた**。前者は今現在だけ〈カルマ〉をだらだらと先送りされるが、後者は過去、現在、未来の〈カルマ〉の重荷を負わせられる。この観点から見れば、貧しい未開人は**文明諸国の偉大な天才よりもずっと幸運である**。

　前述よりさらに奇異な教えを与える前に立ち止まってみよう。個々の古代の〈聖典〉、そして同じく古代の〈科学〉もが、我々の〈人類進化論〉に見られる既に述べた突飛な見解の可能性をどの程度、認めているのか、或いは同じくどの程度明確に立証しているのかを調べ、そして明らかにしよう。

　これまで述べてきたことを要約すれば、次のことが明らかになる。——
シークレット・ドクトリンは人間に対し、(1)多原発生的な起源。(2)人類が通常の生殖方法になる以前の多様な生殖の生態。(3)動物のその様な進

(註10)　この用語は、ここでは長頭だけでなく短頭を、しかも小容量の頭蓋骨だが一般的に知性を欠いた単純な頭脳、そのいずれをも意味しない。人の頭蓋骨の容量に従って人間の知性的能力を判別する理論は、その問題を研究する者にとって矛盾し非論理的に思える。石器時代の頭蓋骨は、いわゆる(ブッシュマンも含めて)アフリカの諸人種の者等と同じく、石器時代の者等が現代人の頭蓋骨容量の平均に劣るよりも上まわっていることを示しているし、そしてアフリカの諸人種の者等の頭蓋骨は、全体として(一般的にパプア人やポリネシア人の場合と同じように)フランス人の平均よりも1立方インチ以上も大きい。またその上、今日のパリ住民の頭蓋骨容量は、[フランス中南部]オーベルニュ住人 Auvergnat の 1,523 ㎤との比較で平均 1,437 ㎤を示している。

化 —— 少なくとも哺乳類の進化 —— が、人間の進化に先行するのではなく、人間の進化の足跡に続いている、と主張する。そしてこの事は、現在一般的に是認されている一動物祖先からの人間の進化やその系統に関する諸学説と全く相反している。

　さて、カエザル Cæsar のものはカエザルに与えて、まず最初に、科学者達に流布する多原発生説に対するその可能性を検討しよう。

　現在、ダーウィン進化論者の多くは、〈人種〉の起源に関して多原発生的な説明をする傾向がある。他ならぬこの問題については、それにも関わらず、科学者達は他の多くの場合と同じように不一致であり、彼らは異議を唱えることに同意している。

　「人類は、ある**一組の夫婦、或いは幾つかの集団**の系統を引いているのか —— 即ち人類一元説か人類多原発生説か？　証拠を欠く中で(？)、決して知られざる(？)事柄について人が敢えて公言出来ることに限れば、第2の仮説は遙かに可能性の高いものである」。(註11) アベル・ホブラキエ Abel Hovelacque は、自身の著作『言葉の科学』で、1 人の言語探求者が利用できる証拠から論じて、同一の結論に至っている。

　英国学術協会 British Association 員の前で為された講演の中で、W・H・フラワー Flower 博士はこの疑問について所見を述べている ——

　「現在知られている諸人種の特徴と分類に則して最善と見られる見解は……人類一元説の修正説である(！)。この世界に人間が最初に出現する過程という困難な問題に触れずに、我々は、いずれにしろ歴史上の如何なる指標で見積もられるとしても、それを遙か大昔の事と推察せざるを得ない。**もし我々が完全な古生物学の痕跡に様々な探求をしたとしても、〈人間〉の歴史は復元可能だろうが、その種族については何も得られない**」と。

　そのような承認は、形態〈進化論者〉の教条的主張に対しては致命傷に、そして秘教科学の解説に対しては幅広い余地を解放するに違いない。ダーウィン理論の対立者達は、相も変わらず、人類多原発生説論者であった。ジョン・クロフォード John Crawford やジェームス・ハント James Hunt 等の様な、かの「知的巨人達」はその問題を議論し人類多原発生説を支持したが、その当時はこの説に反対するよりも支持する遙かに強い雰囲気が存在した。ハクスリーとルーボック両氏が最初の**合唱隊指揮者**となった統一理論にダーウィン主義者が固執し始めたのは僅か前、1864 年のことである。

（註11）　A・レフェーブル Lefèvre、『哲学』、498 頁。

進化段階に於ける動物に対する人間の優位性等、その他の問題に関しての解説は随時与えられる。もし人間が実際に〈大宇宙〉の中の〈小宇宙〉であるならば、その時、教えはその中で全く有り得ないことは何もないし、只当然なことである。何故なら、人間は彼以下の低い三界に対してそのマクロコスモスとなるから。形態の観点から論ずれば、低い諸界の全ては、鉱物界 ── それ自身輝き、結晶化し、金属化するもの ── を除いて、植物から最初の哺乳類に先行する生き物まで、全てのものは、それら鉱物の「塵を脱ぎ捨て」、**生きている体、或いは死んだ体に関係無く、彼らが養い、そして彼らにその外形を与えた人間の成分要素を拒む方法で**、自分の形態構造を堅固なものとしてきた。人間の場合には、〈自然〉の錬金術的な変化のために、彼が放出してきたものを、そして経験を経て通過して来た活発な動物の坩堝の中で変容したものを、彼の生命組織に再吸収する事によって、より肉体を成長させた。現代の動物学者が決して夢想だにしなかった幾多の動物がその当時に存在したし、そしてより屈強な者となったのは、その時代の肉体的物質的な人間、巨人達であったが、更に強力なものは彼らの諸々の放出物であった。かつて性が分離した〈両性具有〉「人類」は、〈造物主自然 Nature〉によって子供を産む器官を持つものへと変化し、肉体から滲み出る生命エネルギーの雫から自らに似たものを生み出すことを終焉させた。しかし、人が人間の段階に於ける生殖力について無知のままでいた間(あるアダム信奉者が語るように、人類の〈堕落〉以前)、あらゆるこの生命エネルギーは彼から広汎に拡散したが、〈造物主自然〉によって最初の哺乳-動物の形体創造に使われた。進化は**生成の永遠の周期**である、と我々は教えられたし、そして自然は一原子さえも使わずに残すことは決してない。更に〈環〉の開始より、〈自然〉の全てのものは〈人間〉形成へと向かっている。全ての二重で、求心的且つ遠心的な〈力〉を持つ諸進展力は、一つの目標 ──《**人間**》── へと直接向かう。連続する生物の進化過程は、と語るアガシー Agassiz は、「生きている動物相と同種のものの増殖、そして脊椎動物では、特に人間と類似するものの増殖から成りたっている。人間は、全ての**動物的**創造物が最初の古生代魚類として初めて出現して以来、目指してきた最終的な目標である」と伝えている。(註12)
　まさしくその通りで、「古生代の魚類」は**形態進化のより低い円弧上**にあるが、この〈環〉は、「〈**建設者達**〉」と呼ばれるディヤーニ・チョーハン方の

(註12)　『動物学の諸原理 Principles of Zoology』、206頁。

投影であるアストラル［星辰］的人間で始まった。人間は**物質的創造物のアルファでありオメガである**。『ベールをとったイシス』で述べたように、「万物は霊にその起源を持っていた ── 即ち、進化はダーウィンの進化論で教えられることとは逆に、本来、上方から始まって下方に向かって進展している」。(註13) それ故、上記に引用した著名な博物学者によって語られる傾向は個々の原子に本来備わっているものの一つである。只、人がそれを進化の両側面に適用するとしても、為される観察は今ではほとんど（ダーウィン主義者の）法律として成立した現代理論によって大いに妨害されることだろう。

しかし、賛意を持ってアガシーの著作から文章を引用する際も、秘教科学者達が、動物界に人間が由来するというその理論に対し**あらゆる**譲歩をしていると理解すべきではない。この〈環〉では人が哺乳類に先行したという事実は、後者(哺乳類)が人間の足跡を追従しているという考察によっても明白には論駁されていない。

──────────────

25. 〈**智慧**〉の〈**息子達**〉であるマナサ達はどのように行動したのか？　彼らは〈**自生**〉する者、(骨のない者)を拒んだ。彼らは用意が整っていない。彼らは(〈**最初の**〉)〈**滲出生 SWEAT-BORN**〉の者を蔑すみ拒んだ。(註14) **彼らは全く準備不足である。彼らは(〈最初の〉)卵生 EGG-BORN の者にも入らないだろう。**(註15)

〈一神論者〉やキリスト教徒にとって、この偈文は幾分神学的な概念、

────────────────────────────────

(註13) ［『ベールをとったイシス』老松克博訳　竜王文庫 2010 発刊］第 1 巻、科学、上、194 頁［英文原書では 154 頁］。
(註14)　この事は、聖なる賢人カンドゥ Kanda と彼を誘惑したと主張されてきた美少女プラムローチャー Pramlochâ に関連するプラーナ伝承から引用された寓話の中で、(II 章スタンザ I の後に続く註釈を参照)、彼女から滲みだした汗の滴りが科学の云う胞子を象徴するように、科学的にも暗示的な寓話で、このスタンザに引き続く章の中で説明されている(本書、229 頁項目 2. 以降の文章を参照)。
(註15)　この事は我々が先に進むにつれて説明されるだろう。人間の調整、或いは創造に対するこの嫌悪は、ダックシャが彼の敵対者ナーラダ Narada を「闘争をなす苦行者」として処遇すべきであるとしていることによって、プラーナ伝承で象徴的に表現されている。

〈傲り〉によるいわゆる〈天使達〉の〈堕落〉を、暗示させるだろう。シークレット・ドクトリンでは、それにも関わらず、**中途半端な肉体への化身を拒む**理由は、形而上学的理由よりも生理学的理由に、より大きく関連があるように思える。全ての有機体生物が十分な準備を整えたわけではない。化身する諸勢力は最高に熟した果実を選び、残りを拒絶した。(註16)

不思議な符合になるのだが、最初の両性具有種族、即ち〈第3人種〉[の性]が分離した大陸に相応しい名称を選定する時に、著者は地理学的な考察に基づいて、P・L・スクレーター氏の創案によるかの「レムリア」を選んだ。ヘッケルの『人間の系図』を読んだのはほんの最近のことで、ドイツの「〈動物学者〉」が彼の最も新しい大陸にその名称を選んだことが見て取れた。彼は、十分正確に、だが僅かな科学的変更をおこなって、人間の進化の中心地としてレムリアにその足跡を辿っている。いわゆる「人類の揺籃期」としてレムリアを述べながら、彼は人類に似た哺乳動物が原始の野蛮人となる緩やかな変容過程を描写している!! フォクト Vogt は、再度、〈人間〉が、太古世界の長鼻猿カタルヒニアン catarrhinians に由来するアフリカやアジア起源の発生とは**関係なく**、アメリカで広鼻猿プラッティライン platyrrhine の一支脈から生じたとしている。人類学者等は、通常、他の多くのことでも同様だが、この問題で言い争っている。我々は、スタンザ VIII で秘教哲学の見地からこの主張を検証する予定だ。話題を変え、〈進化〉の諸法則に従う生殖の多様な連続する生態に暫く注目してみよう。

さて、〈第3〉人種の後期亜人種に関する繁殖生態や、低い階級の**ピタル・デーヴァタ** *Pitar Devata*(ピトリ達)が人の肉体の先祖であったように、〈人間〉の精神と霊の両親である高次の煌めきから、そしてその後に自存する〈存在達〉からの**神聖なる火**が自身に与えられたことを知った者等から、始めよう。それ等〈第3〉の、そして聖なる〈人種〉は、その絶頂期には、「神の如き力強さと美しさを持つ聳え立つ巨人達、そして〈天〉と〈地〉のあらゆる神秘を保つ蔵」と記述された人々から構成されていた。仮にも、その時、化身が〈堕落〉であったとするならば、彼らもまた同様に**堕落した**のか？

これに関して現状では、これらの中で現在注目される唯一のものは、〈第4〉と〈第5人種〉の主要な神々や英雄達が、古代後期のその当時に於ける、**〈第3人種〉のこれら人々を神格化した数々の人物像**だということである。彼らの生理的清浄さといわゆる〈堕落〉の時代は、その子孫達の心と記

(註16)　スタンザ24の偈文を参照せよ。

憶の中に等しく生き永らえて来た。このため、それ等の神々に見られる二重の性格、彼らを最高の段階へと高めた美徳と罪の両方とも、後世による幾多の伝記物に編纂された。彼らは、**先史-アダム人類** *Pre-Adamite* [アダムの子孫に先行する者]且つ神の様な〈人種〉で、彼らが全て「呪われた〈カインの血を引く人種〉」だと見る神学でさえ、その人種の件で、今では自身が議論でかまびすしくなり始めている。

しかし、前述の〈人種〉の「霊的継承者達」の活動は、まずきちんと整理されるべきである。特に難しく難解な点はスタンザ26、27の偈文に照らして説明されるべきである。それ等の偈文は伝える──

―――――――――――――――――――――――――――

26.〈滲出生〉の者が、〈卵生〉の者、〈二重性〉を持つ者(両性具有者である〈第3人種〉)(註17)**、〈巨大な〉者、〈骨格〉を持つ〈力あふれる〉者を産んだ時、〈智慧〉の〈主方〉は、「さあ今こそ創造しよう」と仰せられた。**(a)

何故、「今」で ── より早くではないのか？　これについては次の偈文が説明する。

―――――――――――――――――――――――――――

27.（その時）〈第3〉（人種）は〈智慧〉の〈主方〉のヴァハン(意識の乗物)**となった。それは、クリヤシャクティ**(b)**によって、「〈意思〉と〈ヨーガ〉」の**

―――――――――――――――――――――――――――

（註17）　進化論者のシュミット博士は、「**かつて両性具有であった人種から導き出される**ことに対し、(進化論の信奉者達は当然除外して)全員が明確に一致していることから、**性の分離の事実**」を遠回しに仄めかしている。その事は、実際に痕跡器官の存在から導かれる議論の余地がない証拠である。(彼の『**系統と進化論の原理** *Doctorin of Descent and Darwinism*』、159頁と比較のこと) 初期の雌雄同体現象に関するその様な明白な痕跡は別にして、その事実は、ラングが記しているように、「発生学の探究は…… **人間とより高級な動物種では、性的な差異は多くの過程を経て胎児の成長が為されるまで発現しない**ことが見られる」と書き留められるだろう。(『**現代のゾロアスター教徒**』、106頁)〈発達遅延の法則〉は ── 人類や動物種、その他の場合に同じように作用し、より高級な形態がかつて進化してきた際 ── 大多数の植物や多くの低級な動物の繁殖方法として、いまだ雌雄同体現象に保持されている。

〈息子達〉を創造し、〈聖父達〉、アルハット方の〈父祖達〉を創造した。……

(*a*) これまでずっと「〈智慧〉の〈主方〉」は、「創造する」ことを拒んだヒンドゥのデーヴァ神達と同一であると見なされているが、如何にして**創造したのか**？　明らかに彼らは、ヒンドゥの万神殿 Pantheon とプラーナ伝承の**クマーラ達**であり、彼らブラフマーの年長の息子達、「**サナンダナ** Sanandana と**ヴェーダ** *Vedhas* の他の息子等は」、あらかじめブラフマーによって創造され、「欲望や愛欲も持たず、清浄さと神聖なる智慧の完全さ、そして子息を望まないことを保ち得たのか？」(註18)

その力は、彼らがそれを使って初めて創造したことで、以来彼らをその高い地位から、顕教的な信条に基づく不浄な想像力で、順次創造された邪悪な霊達、サタン、そしてその〈天使軍 his Host〉と云う地位に貶められる原因となってきた、まさにそのものである。それは**クリヤーシャクティ**によるもので、その神秘的且つ神聖な力は全ての人間の意思に潜み、仮にも生命とは呼べないけれども、それはヨーガ–修行で賦活され発達するが、100万人のうち99万9千9百99人は潜在したままで、やがて萎縮する。この力は、「〈黄道帯十二宮〉」(註19)で次のように説明される──

(*b*)「**クリヤシャクティ** ── 神秘的な**思考による力**で、それが持つ固有のエネルギーによって**外部**に認知しうる現象的な結果を生み出しうるもの。古代人は、もし人の注意(と〈意思〉)が深く集中されるならば、あらゆる考えが外界に顕現すると理解していたし、同じように、強烈な意思の作用は望んだ結果を引き起こすだろう。ヨーギという者は一般的にイトチャシャクティ(〈意図〉–力) Itchasakti とクリヤシャクティを用いて彼による奇跡的なわざを為し遂げる」。

〈第3人種〉は、その様にしていわゆる《意思》と《ヨーガ》の《息子》、或いはその後の、そして現在のアルハット方、或いはマハトマ方全ての「祖先」(霊的な父祖)を、本当に**清浄**な方法で創造した。彼らは、性の分離、即ち〈人間〉の〈堕落〉後に、性交で産まれた〈第4人種〉の同胞と異なり、実際**産まれる**こと無しに**創造**された。というのも、創造は単に現象に関わる物質に対する意思活動の結果や、根元的な神の〈光〉と永遠の〈生命〉を意思活動

(註18)　『ヴィシュヌ・プラーナ』、第1書7章、寓話 para. 1.を参照。
(註19)　『神智学の5年間』、777頁を参照。

の結果として召喚したものに過ぎないからである。彼らは、未来に於いて〈人類〉の〈救世主〉となる「神聖な種-籾(たね もみ)」であった。

　ここで、我々はある難解な諸点を、それはとても多いが、説明するために再度中断せねばならない。このような中断は全く避け難いものだ。今では、「〈邪悪〉」で反逆的な〈霊達〉、クリヤシャクティを使う造物主と見られているそれ等の存在の特徴に関する説明や哲学的な記事に関して、読者はこの〈巻〉の〈第Ⅱ部〉、「〈堕天使達〉」と「〈神秘的な竜達〉」の章を照会のこと。

　人間〈諸人種〉の進化の順番は、〈註解書〉の〈第5書〉に次の様に記してあり、既に伝えられている ——

　〈第1人種〉の人間はチャーヤー達であった(1)。〈第2人種〉は「〈滲出生〉」(2)、〈第3人種〉は「〈卵生〉」とクリヤシャクティによって産まれた神聖なる〈父祖達〉(3)、〈第4人種〉は蓮の使者パドマパーニ *Padmapani*（チェンレイシ Chenresi [チベットの観自在菩薩]）の子供達であった(4)。

　勿論、その様な初期の —— 汗の滴から人の想像力の進化によって、またその後には〈ヨーガ〉、更に後には人々が魔術(クリヤシャクティ)と見なすものによる —— 出産の生態は、早計にも妖精譚と見なされる運命にある。それにも関わらず、最初の始まりから最後の終わりまで、実際それ等の中に奇跡的なものは何も無く、不自然であると認められるものも何も無い。これは立証されるに違いない。

　1.チャーヤー-誕生、或いは、第1〈人種〉が言わばピトリ達の体から**滲み出た**という既に述べた**性と関係ない**初期の出産方法は、プラーナ伝承の〈宇宙的〉寓話の一つに暗示されている。(註20) それは美しい寓話とヴィシュワカルマン Viswakarman の娘、サンジィナ Sanjnâ の物語で —— 彼女は〈太陽〉と結婚したが、「主人の熱さに耐えられず」、太陽に自分の**チャーヤー**（影、心象、或いは**アストラル体**）を与え、その一方で彼女は宗教的献身、〈**熱誠** *Tapas*〉を成就するために自ら密林に赴いた。アダムが、リリス［中世のユダヤ伝説ではアダムの最初の妻だが、古代セム族の神話では荒野で子供を襲い喰らう鬼女］Lilith と —— 数百万年前実際に生存していた女性の怪物だけれども、伝説に見られるようにまた**エーテル的な影**の一つと子をもうけたように、〈太陽〉は、「チャーヤー」を自身の妻であると思い込み、彼女との間に子供をもうけた。

　しかし、恐らくこの事例は、プラーナ伝承的な著者等の溢れんばかりの空想力を除いてほとんど何も立証しない。我々は他の証拠を準備している。

(註20)　『ヴィシュヌ・プラーナ』、第3書の2章を参照。

もし物質化した諸形態が、或る種の霊媒達の肉体から滲み出てくるのが時々目撃され、消滅する代わりに定着し、固くなったとしたならば —— 第1〈人種〉の**創造**は全く明瞭になるだろう。この種の出産が学徒に暗示的であることを見落とすことは出来ない。そのような生態の神秘性だけでなく**不可能性**は ── 一方ではそれは真の形而上学的思索家の思考にはとても明瞭で ── 我々が現在理解しているように、胎児やその妊娠と子としての誕生に関する概念の神秘性のいずれよりも確かに大きい。

　さて次は、好奇心をそそるが、ほとんど理解されてないプラーナ伝承の「〈滲出-生〉」についての確証である。

　2. カンドゥ Kandu は、賢人にして〈ヨーギ〉、神聖な叡智や宗教的厳格さに秀で、その為ついにはヒンドゥの〈聖典〉で、修行者達との終わりのない争いを続ける者として描写される神々の嫉妬を引き起こした。インドラ Indra は、まさに「〈神々〉の〈王〉」(註21)だが、最終的には賢人を誘惑するために自分の女の1人アプサラサス Apsarasas を遣わしている。これはファラオ[エジプトの王]Pharoah を誘惑するために、アブラハムの妻サラを遣わしたエホバよりも悪くはない、しかし偉大な精神的高潔さや肉体的清浄さから、〈万神殿〉のドンファン[放蕩者]Don Juanic 的神々への批判的な立場を示すルドラ達 Rudras やクマーラ達 Kmâras、そしてアスラ達 Asuras 等に蔑称を付ける代わりに、常に修行者の妨害を試みて、それによって彼らの厳格さの成果を失わせ、「誘惑する悪魔達」と見なされるべき者は、まさにそれ等の神々(そして神)である。しかし、ここでは、我々があらゆるプラーナ伝承の寓話に見つけるものと、優れた秘教的な根拠無しでは見つけられないものとが逆転している。

　神々の王(或いはインドラ)は、カンドゥを堕落させ、彼の苦行を妨げる為にプラムローチャー Pramlochâ という名の美しいアプサラサス(妖精 nymph)を遣わしている。彼女はよこしまな目的を成し遂げ、彼女が伴侶と過ごした「9年6ヶ月と3日」(註22)は賢人にとってはまるで1日であるか

(註21)　南インドのとある〈秘伝家イニシエイト〉の蔵書の中で最も古い『ヴィシュヌ・プラーナ』の〈写本〉では、その神はインドラではなく、愛欲の神カーマ Kama である。本文の更に先を参照のこと。

(註22)　これらは、意図的に逆にされ、ねじ曲げられた方法のもとで伝えられた一般的な数字で、第1人種と第2人種の周期の期間を示す数字である。全ての〈東洋学者達〉は、それとは反対に、どのプラーナ伝承に於いても特別な秘教的意味を含蓄しない言葉は一つも無いとしている。

のように思われる。この精神的、或いは催眠的な状態が終わりを告げる時、ムニ[聖者]は、彼を堕落させ、そうして彼の信仰を邪魔する回し者を苦々しく罵っている。「出て行け、とっとと消え失せろ！」と、そして「この薄汚れた幻想め！」と叫んでいる。……そしてプラムローチャーは、怯えて、空を通り抜けるとき、木の葉で**体の汗をぬぐい**ながら飛び去っている。彼女が木から木へと飛び渡り、樹木の頂きを覆う汚れた若枝で自分の翼を乾かしたとき、彼女がリシともうけた子供が汗の滴（したた）りとして体の毛穴から誕生した。木々が生きている露を受け取り、風がそれ等を一つの塊に寄せ集めた。「これを」とソーマ（〈月〉）は語り、「私は自分の光線によって成熟させ、そして木の頂きに憩うその蒸気がマーリシャ Mârishâ と呼ばれる愛くるしい少女となるまで、その大きさが徐々に増した」(註23) と続けている。

さて、カンドゥは此処では〈第1人種〉を表象する。彼はピトリ達の息子であり、このため**精神を欠く者**で、その事は彼がおおよそ千年の期間と1日とを識別できないことに暗示されているし、それ故彼はいとも簡単に惑わされ盲目にされることが描写されている。此処には、「〈主なる神〉」が、〈知識〉の〈木〉の果実を味わった後にのみ発達する知性と識別ではなく、**生命の息**を吹き込んだ土の像から産まれたアダムについて、**創世記**の寓話と異なる物語が存在するが、言い換えれば、人が〈精神〉の最初の発達を獲得し、内に**マナス**を植えつけられたとき、その最も高い機能は〈霊〉と**天上の**〈**魂**〉とに結びついているけれども、それ等マナスの地上での外観は〈現世〉の世俗的なものである。プラムローチャーはアーリヤ版アダムのインド人妻リリスであり、そしてマーリシャは、プラムローチャーの毛穴の汗から産まれた娘で、「滲出−生」であり、一つの象徴として〈人類〉の〈第2人種〉を意味する。

脚註(前頁の(註21)を参照)に記したように、それはプラーナ伝承に現在描かれているインドラではなく、プラムローチャーを〈地上〉に遣わした愛欲の神カーマデーヴァ Kamadeva である。論理的にも、更に秘教的原理もそうに違いないことを示している。何故なら、カーマはアプサラサスが仕える王、或いは支配者で、プラムローチャーはアプサラサス中の1人だから、それ故、カンドゥが彼女を罵しり、「おまえは神々の君主に命じられ

(註23) 『ヴィシュヌ・プラーナ』、〈第1書〉、15章。アイルランドの言い伝えで同様の伝承である、メルリン Merlin の[愛人である]魔法使いヴィヴィアン Vivien の誘惑(テニソン Tennyson)も対比すること。

た役目を成し遂げた、立ち去れ！」と大声で叫んだ時、彼は、アプサラサスが仕えていないインドラで無く、既述の君主カーマを意図して言っているに違いない。その理由は、カーマが再びリグ・ベーダ(x. 129)で生殖へ導き且つ生殖を推し進めるいわゆる感覚・官能の権化であるから。カーマは、至純で朧気なる根源からそれが顕現した後、創造するために、《一なる》ものを撹拌する**最初の運動**であり、「**精神の最初の胚種**である《**それ It**》に最初に生じ、そして賢者等が、自らの知性で探求する中で、〈実在〉と〈非-実在〉を結び付ける絆であると悟った〈欲望〉である」。**アタルヴァ・ヴェーダ**[呪法句集]*Atharva Veda*の讃歌一つは、カーマを至高の〈神〉、そして〈創造主〉として誉め称え、次のように歌う、「カーマは最初に生まれ、神々や父祖（ピタラ Pitara）達や人間達は彼と同時ではなかった」と。……… アタルヴァ・ヴェーダは彼を**アグニ**と同一視し、しかも彼をそれらの神より優れているとする。**タイッタリヤ** *Taittarîya*・**ブラーフマナ**[タイッタリヤ派が付け加えた祭儀書]は彼を寓意的に**ダルマ** Dharma（宗教道徳上の義務、敬虔、正義）や**シュラッダー** Sraddha（信仰）の息子としている。他でもカーマはブラフマーの心から産まれているし、それ故彼は**アートマ-ブー** *Atoma-Bhu* 即ち「〈自存する者〉」、そして**アジャ**、「生まれざる者」である。カーマが差し向けたプラムローチャーは深い哲学的な意味を持つが、インドラに遣わされたでは ── その物語は何の意味も無い。エロス Eros が初期のギリシャ神話で世界の創造と結びつけられて、その後にのみ性愛の使者キューピッドとなったように、カーマもまた元々のヴェーダでの役柄に於いては同様であった（『ハリヴァンシャ』では、彼をヴィーナスであるラクシュミーの息子とする）。その寓話は、云われるように、生理的なものを発達させる心霊的要素が、**実際の肉体を持つ人間の先祖**である**ダックシャ**の誕生以前は、マーリシャから生まれることで行われたことを、それらの時代以前には、生きものや人間が、描写されるように、「意思や視覚や接触や〈ヨーガ〉によって」生まれたことを示している。

　これは、それ故、〈**第2人種**〉、或いは「〈滲出-生〉」に関する出産の生態の上に形成された寓話である。同様の事は〈**第3人種**〉のその最終的な発達段階に於いてもである。

　マーリシャは、〈月〉であるソーマの尽力を通じ、またブラフマーの「〈心から誕生した〉」息子達の子でもある(註24)**プラチェータス** *Prachetasas*[十人のプラジャーパティの一人]によって妻に娶られ、**プラチェータス**等は、マーリシャとの間でブラフマーの息子の１人でもある〈父祖 Patriarch〉ダックシャをもうけ、前の〈**劫期**〉、或いは人生では、真実を誤解させるために、

だが真実を語りながら、プラーナ伝承を説明し、加筆している。

　(3.) 初期の〈第3人種〉は、その時、「汗」の雫から形作られたその滴りは多くの変容の後、人間の肉体へと成長した。この事は、認識も出来ない初期の胚から子供へと発展し、その後は強く、ずっしりと重い人間となる胎児の成長を想像したり、明確に理解する事より難しいことではない。しかしこの人種は、〈幾つかの註解書〉によれば、再びその出産の生態を変化させている。**ある種の形成力** a *vis formativia* が放出され、汗の雫をより大きな滴りに変化させ、それが更に成長、拡大して卵形の体 ── 大きな卵になった、と語られている。これらの人間の体内で、胎児は数年の間、懐胎された。プラーナ伝承では、マーリシャは賢者カンドゥの娘で、**プラチェータス**の妻、そしてダックシャの母となる。さて今、ダックシャはこのような過程を経て誕生した最初の**人類風**な子孫の父祖である。彼のことは後で言及されている。小宇宙である人間の進化は、大宇宙である〈森羅万象世界〉の進化と照応する。人間の進化は後者の進化と動物の進化の間に位置するが、動物にとって今度は人間が大宇宙となる。

　さて、その後の人種は次の通りである ──

　(4.) 男女両性具有者 androgyne、或いは雌雄同体者 hermaphrodite。人間の出産に関わるこの過程は、恐らく、何故アリストファネス(註25)が、**男女両性具有者**を、それぞれ個々人が球状の形態で、「**丸い背や脇腹を持ち**」、その「**走る方法は回転で ……… 恐ろしい力と強さ、そして並はずれた野**

(註24)　原文は次の通り ──「ブラフマーから産まれたのは心の生じた子孫で、彼の物質的な特質に由来する形態と機能を持ち、**ディーマト** *Dhimat*(全智の神)の手足(**ガートラ** *gâtra*[五体])から生まれた**肉体を持った聖霊達**である。これらの存在は、**デーヴァ‐サルガ** *deva-sarga*(神の創造物で、それは五重性を持つ創造物[人間]と同様、**知覚の明確さを欠き、熟慮もなく、感覚も鈍い者**)の三属性を住まいとした。しかし彼等は**自ら繁殖をしなかった**ので、ブラフマーは、『自らに似せて別に心から産まれた息子達』、即ちブラフマー‐リシ、或いはプラジャーパティ(10人と7人)を創造した。サナンダナ Sanandana とヴェーダ Vedhas(ブラフマー)の他の息子達は、それ以前に創造されていたが、しかし、他の箇所でも指摘されるように、『彼等は**欲望や情熱を持たず**、神聖な智慧の霊感を受け、世俗から遠ざかり、そして子供を望まなかった』」(第1書、7章)。これらのサナンダナと他のクマーラ方は、それ故、「子をもうける」事を拒んだ後に、意識を持たない人間に化身することを強いられた神々である。読者は、提示される厖大な数の事実を考慮して、必然的な繰返しを大目に見なければならない。

(註25)　プラトンの『**饗宴** *Banquet*』を参照。

心を持つ」、として古代人種の特徴を記述しているのかを説明する。それ故、彼らを弱体化するために、「ゼウス神は彼らを（〈第3根本人種〉に於いて）二つのものに分離し、アポロ（〈太陽〉）は彼の指示の下で皮膚の分離痕を塞いだ」。マダガスカル（レムリア大陸に属する島）人は最初の人間についての伝承を伝えていて、最初の人間は初めは食べずに、そして次には食べ物に耽溺し、一つの腫れ物が足に出現し、これが破れて開き、そこから彼らの人種の母となる1人の女性が出現した。実際に……「我々は、既にその分野の扉が開け放たれていることを示す**世代交番** *Heterogenesis* [ある種の生物が、無性生殖と有性生殖、或いは両性生殖と単為生殖とを交互に行うこと]と**単為生殖** *Parthenogenesis* に関する現代の科学を手にしている。……ポリープ polyp[腔腸動物で着生をするもの。ヒドラ、イソギンチャクなど]等は……樹木の出芽や分枝のように、自身から子を産む。……」。何故、原始の**人類**がポリープと同様であってはならないのか？とても興味深くも腔腸動物の**スターリディア達** *Stauridium* は、発芽生殖から性による繁殖の方法までを交互に経験する。とても奇妙なことに、それは、単に植物の茎の上で成長するけれども、最終的にはシーネトル seanettle やメデューサ *Medusa* 等のクラゲへと成長する無性芽を生み出す。そのメデューサは親なる器官、即ちスターリディア達と全く異なっている。それはまた、生殖方法で、異なった繁殖をし、そしてその結果生じた卵から**スターリディア** *Stauridia* はもう一度出現する。この注意を喚起する事実は、形態というものが——**雌雄同体**の親から**性を持つ**レムリア人へのように——全く直系の祖先と似ずに進化するかも知れないことを理解するための多大な助けとなるだろう。更に、**人間**の受肉では〈カルマ〉の法が、人種的にも個人的にも、カルマの召使いである「〈遺伝〉」に伴い、下級の性質を克服することは疑いの余地がない。

　上記に引用したスタンザ27の〈註解書〉に於ける最後の文章の意味は、言い換えれば、〈第4人種〉がパドマパーニの子供たちであったいうことは、『秘教的仏教』の68頁に引用された〈霊感を与える者〉からの一通のとある手紙にその解説を見いだすだろう。「人類の大多数は〈第4根本人種〉の第7亜人種に属す——前述の中国人やその傍系子孫、そしてその末裔に（マレー人 Malayans、モンゴル人、チベット人、ハンガリー人 Hungarians、フィン人 Finns、そしてエスキモー人 Esquimaux さえも、全てこの最後の傍系子孫の生き残りである。）」。

　パドマパーニ、或いはサンスクリット語のアヴァロキティシュヴァラ[観自在菩薩]Avalôkitêswara は、チベット語では、チェンレイシ Chenresi

である。さて、アヴァロキティシュヴァラはその高次の様相と天界では偉大な**ロゴス**である。しかし顕現した世界では、彼はダックシャのように（霊的な意味で）人間の創始者である。パドマパーニ–アヴァロキティシュバラは**秘教的に**ボーディサットヴァ（或いはディヤーニ・チョーハン）・**チェンレイシ・ヴァンチュ** Bhodhisatva *Chenresi Vanchug*、「金剛力と観自在な瞳を持つ者［菩薩］」と呼ばれている。彼は今ではアジア全体、特にチベットの、最高の守護者として尊崇されている。チベット人やラマ僧を聖なるものに導くために、そして世界の偉大なアルハット方を守護するために、この天上的な〈存在〉は人間の姿で時代から時代へと自身を顕現すると信じられている。信仰がこの世界で滅び始めるときにはいつも、パドマパーニ・チェンレイシ、「蓮の使者 lotus-bearer」は、輝く光線を放ち、直ちに 2 人の偉大なラマ僧 ―― ダライ・ラマとテスチュ Teschu・ラマ ―― の 1 人に化身するという言い伝えを持ち、最終的には、彼の先達方である偉大なリシ方やマヌ方が我々の〈人種〉の黎明期に出現なされたが、今では最早出現なされないインドに替わって、チベットに「最高の完成された仏陀」として化身すると信じられている。同じくディヤーニ・チェンレイシの一般的な出現さえも秘教的な教えを暗示する。彼は、ダックシャの様に、明らかに全ての先行する〈諸人種〉の統合であり、初めて完成した人間である〈第 3 人種〉後の全ての**人間**〈諸人種〉の祖先であり、その事は彼の**十一面を持つ観音像の中に四つの太古諸人種の隆盛**として表現されている。それは四列に建てられた円柱で、それぞれの組が異なった容貌の三つの顔、或いは頭部を持ち、各人種に対応する三つの顔はその 3 人種の基本的で生理学的な変容の典型を示す。第 1 は白色（月の色）、第 2 は黄色、第 3 は赤褐色、第 4 は、二つの顔しかなく ―― 三番目の顔は空白のままで ――（アトランティス人の時ならぬ滅亡が参考になるが）焦げ茶色である。パドマパーニ（ダックシャ）は円柱の上に座し、頂点を形づくる。この参照としてスタンザ 39 と比較せよ。ディヤーニ・チョーハンは、他にも暗に四つの人種をさす 4 本の腕で表現される。というのは 2 本の腕が組まれる一方で、三番目の手には 1 本の蓮を持ち（パドマパーニは「蓮の使者」）、またこの花は生殖を象徴し、そして四番目の手は彼の能力に於ける〈叡智〉の紋章である 1 匹の蛇を掴んでいる。首には数珠を掛け、頭には水の印 〰〰 ―― 物質、大洪水 ―― を戴く、その一方で額には第 3 の目（シヴァの瞳、いわゆる霊的洞察力）が瞼を閉じている。彼の名は（チベットの）「〈守護者〉」、「〈人類の救世主〉」である。他の場合で 2 本の腕しかない時、それはチェンレイシ、ディヤーニ、そしてボーディサットヴァ、**チャクナ–パドマ**［蓮］**–カ**

ルポ *Chakna-Padma-Karpo*、「1本の蓮を持つ者」である。彼が持つ他の名はチャントン［観自在］Chantong、「千の目を持つ者」で、その時彼は千の腕と手で恵み、それぞれの掌に〈叡智〉の目を象徴し、これらの腕は光の森のように彼の体から放射する。他には、ローカパティ［世界の主］Lokapathi とローカナータ Lokanâtha（サンスクリット語）「〈世界の統率者〉」、そしてジグテンゴーンポ Jigtengonpo（チベット語）、あらゆる種類の「悪からの〈守護者〉、そして〈救い主〉」がある。

　パドマパーニは、一方で、ただ異教徒にとってのみ象徴的に「蓮の使者」であり、秘教的にはそれは〈諸劫期〉の維持者を意味し、その最後の劫期、現在の〈大劫期〉（バーラーハ Vârâha）は、パドマ［蓮］Padma と呼ばれ、ブラフマーの生命の半分を意味する。一つの小〈劫期〉ではあるが、大 Mahat、「偉大な great」と呼ばれる理由は、その中にブマフマーが蓮から誕生した時代を含むからである。理論上、〈諸劫期〉は無限であるが、実際には分割され、そして〈空間〉と〈時間〉で更に細かく分けられ、各区分は ── 最小の劫期に至るまで ── 擁護者、或いは摂政として劫期固有のディヤーニを有する。パドマパーニ（アヴァロキティシュヴァラ）は、中国では彼の女性的な面として、「人々を救うために喜んで様々な姿を身に纏う」観音 Kwan-yin となる。これらディヤーニ方個々の「誕生日」に関する星座の占星術的位相の知識は ── 阿弥陀仏アミターバ［無量光でアミターユスが無量寿である］Amitabha（中国では、ア－ミ－ト・フォ O-mi-to Fo）も含まれ、例えば2月の19日、11月の17日、3月の7日などの日付で ──「魔法的な」偉業と言われる事を為し遂げるのにとても役立つものを〈秘教科学者〉に与える。1人の個人の未来が、順番に整列された全てのやがて訪れる出来事とともに、ある星座の光線の下に置かれた**魔法の鏡**に映し出される。しかし ── メダルの裏側、即ち《**魔術**》には用心せよ。

スタンザ VIII　哺乳動物類の進化--最初の堕落

───────

(28) 如何にして最初の哺乳類は生み出されたか。
(29) 疑似ダーウィン主義的〈進化〉。
(30) 動物がしっかりした体を手に入れる。
(31) 動物等の性の分離。
(32) 精神を欠く人間の最初の罪。

──────────────

28. 汗の雫から(*a*)**、素材の残り滓から、屍と前の周期**(先行する、〈第3環〉)**の動物の成分から、そして払い落とされた塵から、**(この〈環〉の)**最初の動物は産み出された。**

(*a*) 〈秘教科学〉の定説は、この〈環〉では、哺乳類が人間よりもより後の進化の結果であったと主張する。進化は周期的に進展する。〈七つの環〉から成る大マンヴァンタラの周期は、〈第1環〉の鉱物、植物、動物で始まり、その下降弧上の進化作用を、〈第4環〉の前半の終り、〈第4人種〉の中間点での滅亡による停止へと導く。その時(〈第4〉天球で最も低い段階)、そして現在の〈環〉で、この進化の中間点に至るのは、我々の〈地球〉上でのことである。そしてモナドが、〈天体A〉上でその「最初の鉱物への入魂」の後、「**進化の中間点**」に於いてのみ到達する第3、或いは固体状態の最後の段階を除き、物質の三状態の各段階にある鉱物界、植物界、動物界を通過して以来、〈天体D〉上での〈第4環〉の開始時に、〈人間〉が必然的に最初の出現をすべきで、そしてまた彼の身体構造が必然的に客観的実在と調和する最も希薄な物質であるべきなのは、少なくとも道理にかない且つ自然である。その事を更に明確にすると、もしモナドが下降曲線上の三つの物質的な王国からその化身の周期を始めるならば、モナドは再び上昇曲線上の天球でも人間としてまた入魂する必要性がある。それは下降弧上では徐々に物質の中へと変容する霊的なものである。底部の中間の線上で、〈人間〉に於いて〈霊〉と〈物質〉は均衡する。上昇弧上で〈霊〉は、肉体、或いは物質を犠牲にして緩やかに自身を再実現しているが、それは〈第7環〉の第7〈人種〉の

終わりに、モナドが最初にそうであったように、物質と全てのその性質から自由になり、経験と叡智に加えて、悪や誘惑を無くし、その個人的な全ての人生の果実を手に入れた自身を、認識するためである。

この進化の順序は、もし人がその真に秘教的な意味で聖書を読むならば**創世記(1 章と 2 章)**にも見つけられる、何故なら、第 1 章は、〈人間〉がエロヒムの〈叡智〉によって意識的な生物と呼ばれる時に至った〈第4 環〉に於ける最初の〈3 人種〉の歴史と同様に、最初の〈三つの環〉の歴史を含んでいるからである。第 1 章では、動物、鯨と空を飛ぶ鳥が、両性具有者のアダム以前に創造されている。(註1)第 2 [章]では、(性の無い)アダムが最初に出現して、動物は彼の後に現れたに過ぎない。最初の 2 人種と〈第 3 人種〉の前半までの精神活動の麻痺と意識作用の無い状態でさえも、**創世記の第 2 章にアダムの深い眠り**として象徴されている。それは精神的な不活発さ、即ち〈魂〉と〈精神〉の微睡みによる夢を見ない眠りであって、博学なフランスの理論家(M・ノーダン Naudin)が想像したように、性の分離に於ける生理学的過程とは全く違い、いわゆる普通の「眠り」を意味した。

プラーナ伝承、カルディアとエジプトの遺稿断篇、そしてまた中国のいい伝えも、進化の過程と順序についてはシークレット・ドクトリンと全て一致している。我々はそれ等の中に我々の教えのほぼ全てについて裏付けるものを見つける。例えば、〈第 3 人種〉の卵生による出産生態についての記述や、「巨大な透き通る体を持ち、唖で、そして怪物的であった」と〈註解書〉が語る初期の哺乳類の諸形態が行うより罪の少ない出産生態についての暗示さえにもである。数人のリシと彼らの多種多様な子孫の物語を研究してみると、例えば、プラスティヤ Pulastya は**全ての〈蛇達〉とナーガ**達── 卵から孵化した者 ── の父であり、カッシャパ Kasyapa は、妻のタームラ Tamra を通じて、鳥類と羽毛に覆われた種族の王ガルーダ Garuda の祖父となったが、その一方で彼は妻のスラビ Surabhi[芳香を意味する]を通じて、牛や水牛の親にもなっている、等々である。

シークレット・ドクトリンでは、最初のナーガ達は ──〈蛇達〉より賢明な生物で ── 性の完全な分離の前に産まれて、〈第 3 人種〉の初期に「聖なる賢者の力(クリヤシャクティ)によって創られた人間となる卵(註2)の中で成熟した」、「〈意思〉と〈ヨーガ〉の〈息子達〉」である。(註3)

「…… これらに化身したのは三つの(より高い)世界の〈主方〉や、「**ツシ**

(註1) 〈黄道十二帯〉と他の諸天体の「〈聖獣〉」に関する一つの寓話的な言及。一部のカバリストはそれ等の中に動物の原型を認めている。

タ達[平安なる者で第四天界の兜卒天に住む。観自在が地上に化身する前には、一旦兜卒天に化身する。]*Tushitas* や、実は**アディティヤ達** *Adityas* である**ジャヤ達**[勝利者]*Jayas* とこれまでされてきた様々な階級のルドラ達」であったが、パラーシャラ *Purâsara* が説明したように、「計り知れぬ力のルドラには百もの呼び名が存在するからである」。

最初のナーガ達、即ち〈智慧〉の〈蛇達〉の後裔達の一部がアメリカに入植したのは、大アトランティスの絶頂期の間にアメリカ大陸が隆起した時であった(アメリカ大陸は、ジャンブ-ドゥウィーパ *Jambu-Dwipa* 大陸の真裏**パーターラ** *Pâtâla* の地、或いは対蹠地だが、ヴァーラタ-ヴァルシャ[インド]大陸 *Bharata-Varusha* とはそうではない)。他では、言い伝えや伝説 ── 後者の伝説は、オーガスティン・テアリー *Augaustin Thierry* が語るように、**常に歴史よりも真実に近く** ── そして同じく今でもメキシコに存続している、ある種の「まじない師 medicine men」や祭司等の呼び名との一致は、何処に由来しているのか? 我々は、**ナルガル達** *Nargals* や**ナーガル達** *Nagals*、そしてまた〈宣教師達〉から「悪魔-崇拝」と呼ばれている**ナーガリズム** *Nagalism* について何がしかを語るべきであろう。

(註2) 『ヘシオドス』[の神統紀]では、ゼウスはとねりこの木 ash-trees から人間の**第3人種**を創造している。『ポポル-ヴォー Popol-vuh』では、人間の〈第3人種〉は**ツィタ** *Tzita* の木と**シバク** *Sibac* と呼ばれる葦の髄芯から創造されている。しかし、シバクは**アルツファス** *Artufas* (或いは〈秘伝〉の洞窟)の神秘的な言葉では「卵」を意味する。バティスタ・ピノ卿 *Don Baptista Pino* によって1812年、〈議会〉に提出された報告書によれば、次の通りである。「全てのプエブロ族 *Pueblos* は自身の**アルツファス**を持っている ── それは原住民が、(秘密裏に)集まる一つの扉しかない秘密の部屋と呼ぶものである。…… これらは光の差し込まない寺院で、…… そして扉がスペイン人にはいつも閉ざされている。…… 彼等が崇拝するものは〈太陽〉、〈月〉…… 火、そしてその卵が**シバク**と呼ばれる巨大な〈蛇〉(創造する力)である」。

(註3) サルパ *Sarpa* とナーガ *Naga* という言葉には**秘教的にも**注目に値する相違があるが、それにも関わらず両語は区別無く使われている。サルパ *Sarpa* (蛇 serpent)は、その語源を這いずること**シュリプ** *Srip*、**サルポ** *serpo* に由来し、そしてそれ等は、ハ神 *Ha* から見捨てられたため、「**アヒ** *Ahi*[ハでは無い者、即ち蛇]」と呼ばれている。「サルパが産まれたのはブラフマーの髪の毛からで、ブラフマーが見るも恐ろしき者として創造したヤクシャを見た際に、恐怖のために髪の毛が頭から抜け落ちて、それが蛇となった。彼等は腹這いと**アヒ**からサルパと呼ばれているが、そのわけは、彼等が頭[叡智]を放棄して抜け落ちたから」(ウィルソン)だと。ところが、**ナーガ族達**は、蛇の尾を持つにもかかわらず、寓話の中では腹這わずになんとか歩き、走り、そして闘っている。

ほとんど全てのプラーナ伝承に、「ダックシャの〈供犠〉」の物語りが載っているが、その最も古い話は**ヴァーユ・プラーナ**に見られるものである。それは実に寓話的だが、そこには、〈動植物学者〉にとって、学者の理論や仮説と認められているあらゆる**偽-科学**の酔狂事よりも、より深い意味や生理学的な新事実が存在する。

　ダックシャは、〈主な祖先〉と見なされ、そのうえ、神々とラーマ達 Raumas の大闘争で体から自分の首を失なったという寓話の中では、**肉体を持つ人間**の創造主として指摘されている。この首は、火で焼かれて、**雄羊の首**(カーシ-カンダ Kasi-Khanda)とすげ替えられている。今では、雄羊の首と角は、常に生殖能力や繁殖力の象徴であり、**男根崇拝**でもある。我々が示したように、性交によって生み出される人間の時代を創始したのはダックシャである。しかし、この生殖の生態は、誰もが推察するように、突然生じたのではなく、それが一つの「自然な」方法となるためには長い時代を必要とした。それ故、彼の神々への捧げ物は、**破壊神**にして、**進化と〈発展の〉権化**、そして同時に**復活**の神、即ち別のより優れた体型の下で万物に生命を再生させるために、ある形態下の万物を破壊するシヴァによって妨げられたと表現されている。シヴァ-ルドラは、「千の首と千の腕を持つ」(等の)怪物で(彼の息から生まれた)恐ろしいヴィラバドラ Virabhadra を生み出して、彼にダックシャによって用意された捧げ物を破壊するように命じている。その後、ヴィラバドラは、「幽霊(エーテル人間)の世界にとどまり……(ローマクーパ族 Romakupas を)怪力無双のラーマ族 Raumas (註4)(或いはラーミヤ族 Raumyas)を**皮膚の毛穴から創造した**」。さて、如何に寓話が神話的であろうとも、マハーバーラタは、イーリアスと同様の歴史書で、ラーミヤ族、及び他の人種をローマクーパ族、即ち髪、或いは肌の毛穴から同じ方法[滲透生]で生れる種族として表現している。(註5)その「捧げ物」に関しての寓話的な記述は、〈滲出-生〉を知るシークレット・ドクトリンの研究者には示唆に満ちている。

　ダックシャの供犠についてのヴァーユ・プラーナの物語では、更に、**卵から生まれ**、蒸気や植物や肌の毛穴から、そして最後にはただ子宮だけか

(註4) ウィルソンはその言葉を「半神達 demigods」(彼の『ヴィシュヌ・プラーナ』、130頁を参照)と訳したが、ラーマ族 Raumas、或いはラーミヤ族 Raumyas は単に一つの人種や一つの部族のことである。

(註5) [マハーバーラタ]第7巻10308節。

ら生まれるようになった生物を前にして、供犠が行われたと語られている。

　ダックシャは、神聖にして清浄、しかしいまだ個々の〈自我 Ego〉を欠き、不活発な身体能力しかない、初期の〈第3人種〉を象徴する。ブラフマーは、それ故、彼に（大衆的な書物では）子をもうけることを命じ、その時、命令に従って彼は、「優劣を持つ」（**アヴァラ** *avara*［悪］と**ヴァラ** *vara*［善］）子孫（息子**プットラ** *putra*）、二足動物類、四足動物類をもうけたし、そして彼の意思で、女性 …… 神々、ダイティヤ達（〈第4人種〉の巨人族）、蛇神達 snake-gods、動物類、家畜、ダーナヴァ達 *Danavas*（ティターン族と悪魔デーモンの〈魔術師達〉）、そしてその他の生き物を誕生させた」。

　……「その時代以降から、生物たちは性交によって産まれるようになった。ダックシャの時代以前には、様々な繁殖をしており ── その意思や視力や接触、そして〈ヨーガの能力〉による繁殖方法であった」。(註6) さて、ようやく簡明な動物学の教えに至ることになる。

――――――――――――

　29．骨を持つ動物や、深遠なる淵 THE DEEP に住む竜達、飛翔するサーパ(蛇)達が地を這う生き物に加えられた。地を這う生き物達は翼を持った。水中の長い首を持つ生き物等は、空を飛ぶ鳥の祖先となった。(*a*)

　(*a*) この点では教えと現代の生物学上の考察が完全に一致している。爬虫類と鳥類間のこの過渡期的な移行を示す未発見の遺物 missing links は、特に**オルニトスセリダ** *ornithoscelidæ*、**ヘスペロルニス** *hesperornis*、そして**フォクト** Vogt 氏の始祖鳥 *archæopteryx* によって、手の施しようが無い頑迷固陋な者等にも明らかとなっている。

――――――――――――

　30．〈第3〉（〈人種〉）の期間中に骨のない動物たちは成長し変化して、骨を持つ動物になり(*a*)**、彼らのチャーヤーも（同時に）固くなった。**

　31．動物が最初に（雄と雌に）分けられた(*b*) **………**

――――――――――――
(註6)　『ヴィシュヌ・プラーナ』

(*a*) 脊椎動物とその後のいわゆる哺乳類。それ以前は動物もまた、人間がそうであったように、エーテル的な原始有機生命体であった。

(*b*) 初期の雌雄同体の哺乳類とその後に於ける性の分離という事実は、〈生物学〉の立場からでさえ、今では全く議論の余地がない。ダーウィン主義者を公言するオスカー・シュミット Oscar Schmidt 博士は、「淘汰(?)と結びつく[器官の]使用と不使用は、**性の分離**と、全体としては不可解だが、生殖器の痕跡の存在を説明する。特に脊椎動物では、**それぞれの性は互いの特徴を示す生殖器官の異なる痕跡を保持しており**、古代でさえ、自然な原始人間の形態として雌雄同体現象を当然のこととしていた。…… 生殖器官の痕跡が遺伝する執拗さは驚きである。哺乳類綱に於いては、実際、雌雄同体現象は聞いたことがないし、哺乳類発展の全期間を通して見ても、**彼らの知られざる祖先から生じたこれらの痕跡を彼らは引き継いでいるが、誰一人それがどれ程前からなのかを語れない**」と指摘している。(註7)

―――――――――――

31. [の偈文のつづき]……… 彼ら(動物)は繁殖することを始めた。二重性を持つ人間も(その時)また分離した。彼(人間)は、「動物のように為そう、番い、そして子をもうけよう」と語った。彼らはそうした。……

―――――――――――

32. そして、如何なる閃光も持たなかった(「狭額頭」(註8)の)者等は、自分らの為に巨大な雌獣を捕まえた(*a*)。彼らは雌獣との間に唖の種族をもうけた。口がきけないのは彼ら(「狭額頭の者」)自身もであった。しかし彼らの舌は解放されていた(*b*)。彼らの子孫の舌もそのままであった。怪物と彼らは繁殖した。鉤のように体が曲がり、赤い髪で覆われた怪物達で、四つんばいになって行動する種族と。(註9) 話せぬ不名誉を持ち続ける唖の

―――――――――――

(註7) 『血脈と進化論の原理』、186-7頁に言及された「〈知られざる祖先〉」は太古のアストラル的な原型である。またⅡ章260頁(*a*)と照合のこと。
(註8) スタンザ24[本書の212頁]の偈文を参照。

種族と。(註10)

(*a*) 動物たち［の性］が「最初に分離した」、とスタンザ31の偈文は伝える。その当時の人間は、生理学的にも、〈第5人種〉の中間点を過ぎた人間である今現在の状態とは異なっていたことを忘れてはならない。我々はその「巨体牝-動物」の正体は語らないが、彼らは確かに、仮に人間であったとしても、我々が現在知る如何なる存在とも異なっていた。

これは、その時存在し、そしてより低い諸人種の一部に関して初めて為された肉体的な「物質への降下」であった。スタンザ24［本書212頁］を思い出すと、その〈叡智〉の〈息子達〉は初期の〈第3人種〉、即ち未発達の者等を追い払らって、**後期の第3人種に化身し**、それによって知性を与えたことを示している。このようにして、閃光を持ち得ず、そして責任を負えなかった知能、或いは精神を持たぬ〈諸人種〉に対する罰が、彼らによって、カルマ的な義務を果たすことに失敗した者等の上にのしかかった。

(*b*) 後述する人間の会話の始まりに関するところ［本書259頁］を参照。

前述に対し如何なる反論があるのだろうか。

前述のように〈秘教科学〉は、〈自然〉が猿から人間を進化させた、或いは同じく一般に両者に共通する祖先から人間を進化させたという考えを拒否するが、その考えとは反対に、最も進化した類人猿種の一部について初期アトランティス時代の〈第3人種〉の人間にその誕生の原因を確かめている。この説が支持され、何処でも正しいと主張されるために、今もう二言三言が必要な全てである。より広汎な明確さのためではあるが、我々は第I巻のスタンザVIで語られたことを手短に繰り返そう。

我々の教えでは、自然が**猿のような外観**の形体からおおよその人間のア

（註9）　これらの「動物達」、或いは怪物達は、類人猿、或いは全く異種の猿ではなく、実に〈人類学者達〉が「未発見の遺物」、原始の低級な人間と呼ぶかも知れぬものである。以降を参照。
（註10）　科学者等に批難する資格があるとは思えないが、現代の科学者達が強調する動物の起源の恥ずべき行為である。

ストラル体を一挙に造り上げたということは全く正確である一方で、しかもこの外観が自然の全ての各界を経験するその通常の進化過程の間で、アストラル体の覆いに過ぎず、いわゆる「未発見の遺物」でしかなかったことも同様に正確である、と指摘している。それは、しかるべき処で示されるが、その様な進化が起こったのは、この〈第4環〉の惑星上ではなく、ただ〈第1〉、〈第2〉、〈第3環〉で、現在の人類が〈第1根本人種〉に於いて人間になるまでに、〈人間〉が順に「石、植物、動物」であった期間中だけであった。進化の実際の道筋はダーウィン説とは異なっているし、二つの体系は、後者が「〈自然淘汰説〉」及び同様の定説と決別しない限りは両立しない。実に、ヘッケル氏の**モネラ**とマヌの**サリスリパ** *Sarisripa*[這うもの]の間には**ジーヴァ** *Jiva* の形態に関して渡り得ぬ裂け目が横たわっているし、「人間」にとってモナドは、石-原子の中に**鉱物化**、或いは草木の中に**植物化**、或いは動物の中に**獣化する**かどうかに関わらず、静寂なとこしえの神であり、それ故また〈人間〉のモナドもそうである。それが人間を終えるのは**究極の神**になる時のみである。「鉱物」、「植物」、そして「動物」**モナド** *monad* という言葉は表面的な違いを生み出す意図で用いられていて、神より他にモナド（ジーヴァ jiva）としてそのように存在するものはなく、そして必然的に人間であり、或いは人間となるべきものである。更に最後の言葉[人間]は、その違いがよく理解されない限りは、意味不明のまま放っておくべきである。モナドは、原初の分化の界層を超えて、いや、正確に言えば、その**内部の岸辺無き〈太洋〉**から別れた一雫である。それは高きに於いては神で、低き状態に於いては**人間**であり ── 形容詞の「高き higher」と「低き lower」は適当な言葉が無いため使われるが ── モナドというものは如何なる状況、また如何なる姿、形の下であろうとも、常に涅槃ニルヴァーナの状態を保ったままである。ロゴスが〈神の心〉の中に〈世界〉を反映し、顕現した〈世界〉がそれ自身に個々のそのモナドを反映するように全くの神話ではなく、ライプニッツ Leibniz が〈東洋〉の教えを繰り返す中でそれを位置づけたように、《モナド》はその化身の周期の間に各界のあらゆる**根原的な原型**を自身の内に反映しなければならない。それ故、〈カバリスト達〉は、「《**人間**》が石、植物、動物、人間、〈霊〉を経て、ついには〈神〉になる。モナドは、自身の周期、或いは輪廻を成し遂げ、彼が**天上の《人間》**として出発したところへ帰還する」と正しく語る。しかし「〈人間〉」によって神なるモナドを意味するが、それは考える〈存在〉でも、ましてや人間の肉体でもない。不滅の〈魂〉を拒むかたわら、現在の〈科学〉者達は最下層から最上層まで連続す

る動物の形態を通じて後者人間の探求を試みているが、しかるに実のところ、今のあらゆる動物群はスタンザが伝えるそれら最初の怪物達の末裔である。動物類 ── 四足獣や〈第3人種〉と同時代の生物と同じく、この〈第4環〉で人類に先立つ水棲生物、そして〈第3〉及び〈第4人種〉の後に出現する哺乳類 ── はすべて、直接的だけでなく間接的にも互いに、そして人間と(肉体的な)相互関係をもつ生物である。正確に言えば、このマンヴァンタラ即ち三つの先立つ〈環〉の期間の人間が、全ての自然の各界を通過してきたのである。それらのように人は「石、植物、動物」であった。しかし、(a)これらの石、植物、動物等は形態の原形で、〈第4環〉のそれ等は薄い膜状の姿であった。そして、(b)〈第4環〉の始めにはそれ等さえもが、〈秘教科学者達〉がそれ等を表現するように、現在のアストラル的な影であった。そして最終的に人間、動物のみならず、植物の形態や**属と種** genera は、彼らが後に形成するものとは異なっていた。そうして、〈**人間達**〉(のチャーヤー)**に先行する**〈第4環〉の動物界での低次生物のアストラル的な原型は、〈天体D〉上の〈第3環〉の終末に創られたより希薄な形体や雛型からなる依然としてとても希薄な**鞘**ではあるが、固いものとなった。(註11)「個体物の残り物、即ち人間の死体や以前の周期の(別の**絶滅した**)動物から創り出された」、或いは前の〈第3環〉のものから ── スタンザ24[28の誤り]の偈文が伝えるようにである。このため、我々の〈地球〉上でこの生命周期の始まりにアストラル的人間に先行した得体の知れぬ「諸動物」が、依然として、いわば、〈第3環〉の人間の子孫であった一方で、この〈環〉の哺乳類は彼らの存在を大々的に再び人間に負うことになる。そのうえ、現在の類人動物、類人猿の「祖先」は、いまだ精神を持たず、自身を肉体的に動物のレベルに留めることによって、己の人間的尊厳を穢した〈**人間**〉から直接的に産み出された生物である。

上述の文は、動物から人間への由来の説明として人類学者によって提示され、申し立てられた生理学的な幾つかの証拠の一部に対する説明となる。

〈進化論者達〉により最も主張されていることは、「胚の発達過程が各類の発達の縮図である」と言う点である。それ等「全ての有機体は、その卵からの発展過程で連続する形態を通り抜けるが、それは同じ様に連続して、

(註11) 『密教』を参照。
(註12) 「変異性を支持する非常に強力な論拠が科学の1部門の〈発生学〉より提起されている。子宮の中での ……　一つの単純な細胞、3、4枚の若葉を持つ植物、鰓を持つオタマジャクシ、尾をもつ哺乳動物、最終的な霊長類(?)及

その祖先も〈地球〉での歴史で長い過程を経てきたのである。(註12)胚の発達過程は………ちょっとした一幅の絵画であり、そして各類の発達過程の概観である。**この概念は我々の根本的な生物発生に関する法則の眼目を形成し、我々はそれを有機生物の発達についての根本的な法則の研究の劈頭に据え置くべきである。**」(註13)

　この現代の学説は、遙か古き時代から〈賢者方〉や〈秘教科学者達〉にとって事実として、しかも彼らによるより多様な哲学的表現として知られていた。『ベールをとったイシス』からの一節を幾つかの対比点を提供するためにここで引用するのもよいだろう。第I巻、科学 下、408-409頁［老松克博訳　竜王文庫2015年刊］に於いて、何故、生理学者達が、彼らの広汎なあらゆる学識を持ってしても、奇形現象を説明できないか？を問われていた。胚の発達と成長を「専門の研究課題」としてきた解剖学者なら誰でも、さしたる考察もなく、日々の体験と自身の瞳による証拠が彼に示すものを、言い換えればある時期に至るまで人間の胚は卵を最初に脱ぎ捨てる幼い両生類───オタマジャクシの正確な写しであると、語ることができる。しかし、生理学者或いは解剖学者の誰一人として、人間の発達に対し───胚として、人間の最終的な形成と誕生への物理的な出現の最初の瞬間から───批評家達に非常に誤まって解釈されたピタゴラス学派の秘教的な霊魂転生原理を適用するという考えを持ち得たとは思えない。「石が植物になり、植物が動物に、動物が人間に、等の」自明の理の意味は、この〈地球〉上に於ける人間の霊的且つ肉体的進化に関連して他の箇所で言及がなされた。さて、その事を更に明確にするためにもう二言三言を付け加えよう。

び二足動物は、人間ではないのか？　胚の発展における、その有機体発生の全体の過程に関して、移り変わる輪郭の素描やありのままの概略に気づかないことなど有り得ない」。(ルフェーブル Lefèvre『哲学 *Philosophy*』、484頁)

　仄めかされた概略は、それにも関わらず、小宇宙である人間に秘蔵されているいわゆる**豊富な形態の型**に関してだけである。この簡単な解説はあらゆる前述のような反論に出会うが、例えば胎児における尾の痕跡の存在───決定的に〈猿-先祖説〉を支持するものとして、ヘッケルとダーウィンによって勝ち誇り、高らかに誇示された一つの事実───のようにである。そのことは、胚の段階において**若葉を有する植物の出現**が通常の進化論者の原理で**説明されないこともまた指摘する**だろう。進化論者は植物を通して人間の痕跡を探求しなかったが、〈秘教科学者達〉は行ってきた。**それなら胚に於けるこの特徴は何故なのか、そして進化論者はそれをどの様に説明するのか？**

(註13)ヘッケルによる講演の一つ、『進化の証拠』より。

未来に人間となるものの最初の形態はどの様なものなのか？　一粒の穀物の種(たね)、一個の血球だと生理学者の一部は語るし、一分子、卵子の中の一つの卵子と他の者は言う。もしも分析が ―― 顕微鏡や他のもので ―― 可能なら、それがどの様な組成なのかが明らかになることを我々は期待すべきであろうか？　発芽点にその循環から沈殿して、そして有機物の沈殿物と結合した非有機的物質からなる核に関して、類推的に我々は述べなければならない。言い換えれば、未来に人間となるこの極微な核は石と同じ成分 ―― 人間が居住すべきと定められている〈地球〉と同じ成分 ―― から構成されている。モーセは、生き物を創るために土と水を必要とした、それゆえ人間が最初は石として出現すると言ってもさしつかえない、と云う記述の元祖として〈カバリスト達〉によって引き合いに出されている。

　3、4週間後の終わりに卵子は植物のような外見となり、末端の一つが楕円体に、もう一方は人参のように先細りになる。解剖によって、それは玉葱のように液体を包むとても繊細な薄い膜、或いは覆いから構成されていることが判明している。その薄い膜は下部末端では互いに近接し、胚は枝から実る果実とほとんど同じように臍の緒から吊り下がっている。さてその石は、「魂の転生」によって植物のようなものへと変化してきた。その後、胚の初期生物は内部から外部に向かってその四肢を伸し始め、そして容貌が発達する。瞳が二つの黒い点として見えるようになり、耳、鼻、口がパイナップルの先端のように窪んだ形となるのは、それらの特徴が明らかになる前にである。胚は動物に似た胎児 ―― オタマジャクシの形 ―― に発達し、そして両生類のように水中に棲み、その状態から発達する。そのモナドはいまだ人間でも不死でもなく、その理由を〈カバリスト達〉は、この事が「第4の時期」に起こるに過ぎないと我々に告げている。胎児は、一つひとつ人間の特質を纏い、永遠なる息の最初の戦慄がその生命を貫き、それが脈打ち、そして神の本質が肉体の死の時まで宿ることになる幼児の構造に据えられるが、その時に人は一つの霊となる。

　9ヶ月間の形成からなるこの神秘的な過程を、〈カバリスト達〉は「進化の個人的な周期」の成就と呼んでいる。胎児が子宮の**羊水**の中で成長するように、〈地球〉の住人も宇宙エーテル、或いはアストラル流の中、即ち〈宇宙〉の子宮の中で成長する。これら宇宙の子供達は、そのこびとのような[子宮の]住人のように、最初に核、次に胚、その後徐々に成熟し、そして母親になり、今度は順に、鉱物、植物、動物、そして人間の形態を発展させる。中心から周辺へ、知覚できない小胞から最も遠いと想像しうる〈宇

宙〉の境界へ、これらの思索者達、〈秘教科学者達〉は、終わりのない流れを含み、そして含んでいて、次の周期へ溶け込んでいく、周期を探索する。胚は、その誕生前の球体、家族の中の個人、国家の中の家族、人類の中の国家、太陽系の中の地球、その中心世界の中のかの太陽系、〈全宇宙〉の中の世界、〈一なる原因〉の中の〈全宇宙〉、の中で成長しながら ⋯⋯ かくの如く彼らの進化の哲学は駆けめぐり、我々が知るようにヘッケル氏の見解とは異なり ──

　　　「全ては一なる途方もなく巨大な全体の部分にしか過ぎず、
　　　　その体躯は〈自然〉であり、（パラブラフマの）魂である ⋯⋯」

　これらは〈秘教科学〉の実証するものであるが、〈現代科学〉には拒否されている。だが、人間と動物の精神の間にはこの場合、埋められるべきどれ程の溝があるのか？　仮に類人猿や〈最初〉の原人が、**盛んに議論されるが** *argumenti gratiâ*、共通の祖先（現代の考察はそれを定めている途上）を持っていたとするならば、どのようにしてその二集団は精神的能力に関してそのように大きくお互いが分岐したのか？　実際、〈科学〉が繰り返し述べていること、即ち原初の人間に由来する猿が出現して以来、科学が猿と人間に**共通**の祖先を設定していることについて、全ての事例で〈秘教科学〉がそれを繰り返しているだけだ、と〈秘教科学者〉は批難されることになるかも知れない。その通りなのだが、その「原初の人間」は外見に於いてのみ**人間**であった。雌動物の怪物、猿の流れを汲む祖先との間に子供をもうけたその当時、彼には**精神も、そして魂もなかった**。この推察は ── 仮に推察だとしても ── 少なくとも論理的であり、人間と動物との精神の間に横たわる溝を埋める。このように秘教科学はこれまでの不明確さや説明のなさを解説し、説明する。人間と動物の交配に由来する如何なる子孫も追跡できないことを、進化の現在の段階に於いて、現代科学がほぼ確かめているという事実は、他の箇所で考察、説明されている。

　さて、『人間の系図 The Pedigree of Man』に公表されたように、即ち人間と猿が共通の祖先を持つという容認された（或いはほぼそれに近い）結論と、この結論を否定し且つ万物や全ての生物が共通の源泉に由来するという事実を容認する〈秘教科学〉の教えとの根本的な相違はいったい何か？唯物科学は人間が徐々に進化して**現在の彼**の状態に至っているとし、モネラ（我々が伝えられているモネラは、休眠しているかのごとく、「計り知れない時の中で、進化の一法則に従って数個、或いはたった一つの**自然発生的に生じた最初の形に源を発して**」いる。）と呼ばれる最初の原形質の微小

片から始まり、「知られざる、そして不可知」の形態から猿に、それから人類に至るとする。どこで移行期の形態を見つけられるかを我々は告げられないが、それは人間と猿の間の「未発見の遺物」がこれまで全く発見されなかったという単純な理由からで、もっとも、この事実はヘッケル氏のような人々が**随意に**その遺物を考案する事を決して妨害するものでは無い。

　またそれ等はけっして偶然には見つけられないだろうし、繰り返しとなるが、その単純な理由は、人間をその本当の祖（おや）へと結びつける絆が物質界層上と物質的な形態の世界の中に探求されているからで、しかるにそれは、人間自身の動物的人体の**内部**に顕微鏡や解剖メスから安全に隠されている。我々は『ベールをとったイシス』で語ったことを繰り返す ──

　「…… 万物は霊にその起源があった ── 進化は最初は上方から始まり下方に向かって進展し、進化論者の学説で唱えられるように、その逆ではない。言い換えれば、定められた最下降点に到達するまで暫時形態の具現化がなされてきた。これは、現代の進化説が思索的な仮説の格闘技場に踏み込んでいる点である。この時点に至れば、我々はヘッケル氏のいう〈**人類進化論**〉、それはハクスリー教授の解説によれば、『化石を含む岩石で最古のものが堆積する以前に存在したその原形質の本質、泥状の海のぐじゃぐじゃなものに由来する』人間の系図を探索したもので、その理解がより容易なことに気づくだろう。我々が（より凝縮され、優雅さはないものの、より解りやすい文体ではある）それと同じ学説がベロッソス Berosus の時代以前に、（一部の行文は変えられているけれども）バビロニアの半魔神 semi-demon である魚頭人オアンネス、或いはダゴン Dagon によって（註14）、何千年にも亘って教えられてきたと彼によって語られてきたことを、思い起こす際には、（〈第３環〉の）人間がより容易に、『猿に似た有機生命体を持つ（アストラル的な）哺乳類を緩やかな変化によって』進化させたと信じても良いだろう。

　「ところでダーウィン説の下降に於ける系列の背後には何が横たわっているのか？　それは、彼が『立証し得ない仮説を』除いては何にも関与しないということだけである。というのも、彼がそれを比定するとき、彼は全ての生物を『シルル紀の生体系を示す第１地層が堆積する以前に長期間生存したある種の少数の生き物の直系的子孫である』、と観察しているからである。(註15)彼はこれら『少数の生き物』の正体を我々に明か

（註14）　コリー Cory の『古代の断片』。

そうと試みてはいない。しかし、それは我々の意図に非常に良く合致する、というのも、それ等の存在を全面的に承認するに当たり、その概念の立証と推敲のために古代人を頼ることは科学的承認の太鼓判を受けることであるから。……」

実を言えば、我々の最初の書物でも述べたように、「仮にも我々が種の進化というダーウィンの説を是認するならば、人類の出発点が開け放たれた扉の前に置かれていることに気づく。我々は人類と共に敷居の内にとどまるだけでなく、横切ることも自由だが、敷居のその遙か彼方に無限にして不可知なもの、より正確に言えば言葉では〈言い表せないもの〉が存在する。たとえ、我々の霊が大いなる『〈彼岸 Beyond〉』で予見することを表現するには、我々人間の言葉が不十分だとしても ── 一方この世で ── それは時を持たぬ〈永遠〉の中の幾つかの地点でそれを実現するに**違いない**」。しかし、ハクスリー氏の説の「向こう側」にいったい何があるのか？　何故〈**深淵の生物バシビウス・ヘッケリ** *Bathybius Haeckelii*〉なのか？　だが、もう十分だろう！

これ以上の論議は〈第 III 部〉の〈補遺〉にて。

(註15)　『種の起源』、初版、448、489 頁。

スタンザ IX　人間の最終的な進化

---

(33) 創造主方は後悔する。
(34) 創造主方は自らの不注意を贖(あがな)う。
(35) 人間は精神を与えられた。
(36) 第4人種は言語能力を完全に発達させる。
(37) あらゆる男女両性具有者の体は分離し、二つの性となる。

---

33. それら(動物との間に犯された罪)を見ながら、人間を造りあげなかった(創造することを拒んだ)ラッ方(霊達、〈智慧〉の〈息子達〉)は嘆き悲しみ、述べられた ――

34.「アマナサ AMANASA(〈精神のない〉者)達は我々の未来の住み家を汚した(a)。これは〈カルマ〉である。別の形体に住もう。より悪い罪が起こらぬように、彼らを良い方へ教え導こう」。彼らはそうした。………

---

35. その後、総ての人間はマナス(精神)を与えられた。彼らは精神無き者の罪を理解した。

しかし、神の理性の光線がこれまで不活発な精神の闇の領域を啓明する以前に、彼らは既に[性が]分離し、罪を犯していた。即ち、自然ではない結果を造り出すことによって無意識の内に悪を犯した。それにも関わらず、他の6つの原始的な同胞、或いは同族の人種と同様に、更にこの第7人種もそうだが、今後は退化した人種、それは犯した罪のためにその最終的な発達の時を待つべきことになる人種、となるが ―― この人種でさえ**神の審判の日には七つの道の一途上にある自らに気づく**であろう。「賢き者(註1)は自然の秩序の家を護る」ために、「秘かに最高の形態を纏う」。(註2) しかし、

我々は、干渉された「動物達」が動物学で知られる動物と同一の種であることを、見て取るべきである。

　(a)「〈堕落〉」は、古代の〈叡智〉と太古の記録による証言によれば、ダックシャ（〈第3人種〉の黎明期に化身した人間や生物の〈造物主〉）が「分離した」人類の一部に場所を提供するために消え去るや否や起こった。以下は〈註解書〉が解説する「〈堕落〉」の進行過程の詳細である ——

　「人間の〈第4〉進化の黎明期に於いて、人間界は幾つかの、そして多様な方向に枝分かれした。その最初の一般的風采は一様ではなかった、というのも、媒体（中に未来の完全な人の肉体を懐胎する卵に似た外殻）は、固くなる前に、今では知られざる、そして〈自然〉の試行錯誤的な努力の結果による巨大な動物の種等としばしば不自然な交配がなされたからである。その結果として怪物的な中間的な種族、半獣半人達が産み出された。しかしそれ等は失敗であったため、長く生きることを許されなかったし、物質世界を支配する霊魂の本質的で至高の力はいまだ非常に弱く、安定しなかったけれども、『〈卵生〉』の〈息子達〉は、怪物達の女性等の数人を配偶者として彼ら自身に娶って、別の怪物人間をもうけた。後に、動物種と人間の人種は徐々に落ち着き、彼らは別れ、決して番(つが)うことはなかった。人間はそれ以上創造しなかった —— 彼は子をもうけた。しかし彼は、古い時代の人間と同じように、動物の子をもまたもうけた。それゆえ、賢人（或いは分別のある者）達は、もはや意思から生まれる子供を持つことも無く、異なる種の雌達のもとでダーナヴァ *Danavas*（巨人）達と一緒に多様な諸動物をもうけた男等について —— 諸々の動物が彼らの（またある意味で）〈息子達〉と見なされ、そして彼ら（人間の男性達）がやがて口のきけない生物

(註1)　これはヴェーダ（X. 5-6）の詩の一節で、「7人の賢き者（〈智慧〉の光線達、ディヤーニ達）が七つの道（或いは別の意味ではまた〈人種〉としての同様な系統）を整える。その七つの道の一つに対して悩み深き人間の出現を祈ること」は —— 単に天文学および宇宙的見地から解釈されるが —— 秘教科学的な意味において最も意味深長なものの一つである。その幾つかの「道」は進路（マリヤーダ maryadah）を意味するかもしれないが、それ等は叡智へ至る道に降り注ぐ根元的な光線である。（『リグ・ヴェーダ』の IV. 5-13.を参照）それは「進路」、或いは道を意味する。それ等は、要約すれば、大宇宙の中心から制限なく降り注ぐ七つの〈光線〉、比喩的には七つの原理、物質的意味では7人種である。全ては使われる鍵による。

(註2)　『リグ・ヴェーダ』, X. 10, 5, 2.

の(推定上)の父親と見なされることを拒むことになる ── と正確に且つ賢明にも語った。これ(諸々の事態)を御覧なられて、諸王と(〈第3〉、〈第4〉の)〈最後の諸人種〉の〈主方〉は罪深い獣姦に禁止の封印をなされた。それは〈カルマ〉を妨害し、新たなもの(〈カルマ〉)を押し進めた。(註3)彼ら(天の〈諸王〉)は罪人等を不妊になされた。彼らは〈赤人種〉と〈青人種〉を滅ぼした。(註4)

　他にも我々は見つけている ──

「後の時代に於いてさえも、青い顔及び赤い顔をした動物人間達が存在したが、それは(人間と動物種間の)実際の性交によるのではなく、血統によるものであった」。

　更に別の一節でも語られている ──

「赤い髪で浅黒い人間は、四つ足で歩き、身を曲げ、そして身を伸ばし(直立し、そして再び手を地に着ける)、父祖等のように話し、彼らの巨人族の祖母等のように手を使って走る」と。

　偶然にもこれらの標本に、ヘッケル派の人達は、原始〈人〉ではなくて、オーストラリアの未開部族の一部のように[成長した本質を持つが人格が]未発達な民族を認めているのかもしれない。それにも関わらず、これらもまた類人猿の系統を引くものではなく、人間の父と半人の母、より正確に言えば、人間のような怪物の系統をひく ── それ等は最初の〈註解書〉に記述された「失敗者」である。実際の類人猿は、ヘッケルの言う**カタリヒニ**[狭鼻猿]Catarrhiniと**プラティリヒニ**[広鼻猿]Platyrrhiniだが、ずっと後のアトランティス時代の終わりに出現した。オランウータン、ゴリラ、チンパンジー、そしてシノセファラス cynocephalus[タスマニアに生息する犬のような肉食の有袋類で背中に縞模様があるヒヒ]は最も新しいもので、より低い類人哺乳類から純粋に肉体的な進化をしている。彼らは内に純粋な人間の本質の輝きを持つが、これに対して人間は、血管に猿人類(註5)の

(註3)　これらの古い〈註解書〉の幾つかを逐語的に翻訳することは不可能にちかい。我々はしばしばその意味のみを伝えざるを得ないし、そのようにして逐語的な翻訳を意訳する。

(註4)　ルドラは、クマーラと同じく**ニーラ**[青]**ローヒタ**[赤]*Nilalohita* ──青色と赤色[の人種]である。

(註5)　これは、次の様に推測している現代の唯物的な進化論を考慮していない。「原初の人間の形体は、そこから我々が考えるようにあらゆる人種が発生して、その長い時代に絶滅した」。(我々はこれを否定する。それは大きさが縮

一滴の血さえも持っていない。そのように古代の〈叡智〉と世界の伝承は語る。

性の分離はどの様な結果をもたらしたのか？と尋ねられる。アダムのあばら骨からイヴを産んだという古いユダヤの寓話を信じるべきなのか？そのように信じられてきたことでさえも、無条件に人間の由来が〈四手類〉にあるということより、より論理的で根拠があるし、前者の寓話は信じられないような物語の下に秘教的な真実を隠しているけれども、後者には人類に唯物的な虚構を押しつける願望以上の深い事実は封印されていない。その脇腹 The rib は骨を意味し、我々はイヴが脇腹[肋骨]から創られたという創世記を読むとき、それは**骨格を持つ**〈**人種**〉がそれ以前の〈人種〉、それも、「骨格のない」〈諸人種〉から創られた事を意味するだけである。これは、様々な形式の下でほぼ世界中に見られるように、広く流布されている秘教的な教義の一つである。タヒチ人の一伝承は人間がアロエア A*rœa*「赤い〈土〉」から創られたと伝えている。タアロア Taaroa は、創造する力、

小し、組織が変化しただけである）。「しかし多くの事実は、それが毛深く長頭であったという結論を指摘している」。(アフリカの人種は、**現在**でさえ主要な基準では長頭で、旧石器時代のネアンデルタール人の頭蓋骨は、我々が知る最古のものだが、規格が大きく、ゴリラの頭蓋の容量と全く異なり、現代に生きる多くの人間の頭蓋の容量に近い)。「さし当たってこの仮説の人種を**原生人類** *Homo primigenius* と名付けよう。…… この最初の種、或いは〈猿-人間〉、他のあらゆる者等の祖先は、〈おそらく〉太古世界の**熱帯地域**で〈**類人猿**〉から起こった」。証拠を求められても、進化論者は少しもひるまずに、「もちろん、〈**如何なる化石遺物も既に我々に知られているように存在しないが**〉、おそらく〈**しかしそれ等は現在のゴリラやオラウータンと同種であった**〉」と答えている。その上、パプア黒人種は最初の血筋を引く、恐らくその子孫であると言及されている。(『人間の系図』、80 頁)

ヘッケルは、アフリカ東部とアジア南部をも含むレムリア大陸を固く信じ、可能性として原初の〈猿〉-人間の発祥地であると語っているし、また多くの地質学者も同様である。A・R・ウォレス氏は、若干判断を修正したが、自著『動物の地理学的分布』でその実在を認めている。しかし、〈進化論者達〉に人間と猿の脳の容量の比較についてそのように軽々しくしゃべらせてはならない、というのもこれが全く科学的でないこと、特に彼等がこの二つの間の相違を全く認めない、或いはとにかく極く僅かしか認めないふりをする時には。何故なら、フォクト Vogt 自身は、最高度の〈猿〉、ゴリラが僅か 30 から 50 立方インチの容量の脳しかない一方で、もっとも発達程度の低いオーストラリア、アボリジニ人の脳が総計 99.35 立方インチになる事を提示している。前者は、そのように「新生児の脳の容量の半分も無い」とプファフ Pfaff は語っている。

主神で、「人間を長期間、即ち数回の人生の期間、眠らせていた」が、それは人種的な時代を意味し、他でも示されたように、人の**精神的な眠り**への言及である。その時代の間に神は男から**イヴィ** *Ivi*（骨）を引き抜いて、それが女性になった。(註6)

それにも関わらず、その寓話が如何なることを意味しようとも、その一般的な意味でさえ、**神わざを持つ人間の**〈造り手〉──「〈開祖〉」── を必要とする。では、我々はそのような「超自然的」な存在を信じるのか？曰く、〈否なり〉。秘教科学は、生命の有る無しを問わず、自然を**超えた**何がしかの存在をけっして信じてこなかった。我々はまた、「〈天人〉」や神人の存在を信じる〈先進宇宙調和論者コスモレイター Cosmolators〉や〈多神論者〉でもないが、その理由は、我々が、この〈古代人達〉の〈叡智〉と〈世界的〉な伝承の中で我々を支持する、個々の本質的な点についての不変な証拠と共に、幾時代にも亘って積み上げられた証言を有しているからである。我々は、けれども、源泉や根拠を失ったあらゆる伝承、本来の寓話や象徴から逸脱しながら、一般的な教義の中に取り込まれたと見られるものを排除する。しかし**異話同義**の伝承に保持されるそれ等を排除できるのは、意識的な盲(めしい)のみであろう。故に我々は、遙か遠い地質時代に我々自身とは異なる実在の人種を、精妙な気体のような体に続いて**肉体の無い**、「〈形の無い *Arupa*〉」、固くない物質からなる形体を持つ人間、我々こびと族に先行する巨人族人種を、そして今日の矮小化した現代科学に幾何学を伴う初等算術以上の成果が全く見込めないことと比較される、神々の王朝に於ける工芸や科学の分野に関与する〈第3人種〉の〈王達〉と〈指導者等〉の存在を、認めている。

いや、確実なものなど存在しない。我々は、**超人**の、或いはより正確には**内なる人間**の知性を除き、**超自然的な**知性を認めない。誰もが、教養のある人が迷信家や無知の者に分類されるべきだということへの同意できぬ感情を容易に理解するし、そしてルナン Renan が、「超自然的な存在は、

(註6)『ポリネシア人の研究』、エリス Ellis.著、第2巻38頁。
　宣教師達は、この**イヴィ** *Ivi* という名前を激しく攻撃し、そしてそれから**イヴ** *Eve* を作ったように思える。しかしマックス・ミューラー教授によって示されたように、イヴ Eve はヘブライ人の名前ではなく、ハヴァהוה、カヴァ chavah、「命」、あらゆる生き物の母、などのヨーロッパ的な語彙変化である。「その一方でタヒチ人の**イヴィ**やマオリ人 Maori［ニュージーランド原住民］の**フェヴァ** *Whevā* はそれぞれ骨、そして骨のみを意味した」。(『類似性の嘘』)

原罪や、誰もが —— 更に、現代のあらゆる粗野な者等の中で、聖書の奇跡の**最小限**でさえ容認するのを拒み、それ等を**最小限**に矮小化しようと努めながら、遙か遠い過去の片隅に隠し、封印するかの最も宗教的な人々でさえもが、恥かしいと思う汚点の一つ、になっている」(註7)と語る際に、彼によって公言された重要な真実を実感しさえするかも知れない。

　しかし、ルナンの言う「超自然的な存在」は独断的な主張で死語になっている。それは、〈霊〉だけでなく、〈自然界〉の実際の諸事実と一切関係がない。仮にも神学が我々に4、5千年前には人間が900年以上も生き、人類の一部は、イスラエルの人々と相容れぬ敵で、巨人達と怪物達からなっていたと信じることを求めても、我々はその様な人々が5千年も遡った〈自然界〉に存在していたと信じることは丁重にお断りする。というのも、〈自然〉は諸々の飛躍や突発事によってけっして進展しないし、合理性と常識、更に地質学、人類学、民俗学は、その様な数々の独断にまさに抗弁してきた。しかし、もしもそれと同じ神学が、夢想的なその年代表を放り捨てて、人が969年も ——［ユダヤの族長の一人］メトゥセラMethuselahの歳だが —— 500万年前は生きたと主張したなら、もはや我々はその主張に対し言うべきことは何もないだろう。何故なら、その時代の人間の肉体構造の有様を、現在の人類の肉体と比較する事は、その当時のメガロザウルスの躯体構造を普通の蜥蜴と比較するようなものだから。

　ある動物学者は別の難題を提起する。人類は、その人種が異なるにもかかわらず、一緒に繁殖できる唯一の種であると。「**人類の種族**間には淘汰の論点が存在しない」と反ダーウィン主義者達は語るし、進化論者は誰もその議論を否定できない —— それはまさに**種の和合性** specific unity を持つことの勝利を明らかにする一例である。〈秘教科学〉は、〈第4人種〉の人類の一部が、別の、半人にすぎないが、仮にも全くの動物ではない種族、及び自由な交配だけでなく、現代の類人猿の祖先を産みだした結婚の結果である雑種族の雌から未熟な人類を産んだ、と如何にしてに主張できるのか？　密教的な科学はこの問いに、それが肉体を持つ人間のまさに黎明期に起こったことだと答えている。その後、〈自然〉はやり方を変え、そして不妊が人間の獣性に対する罪の唯一の結果となる。しかも、我々は今日までその事に関する数々の証拠を持っている。シークレット・ドクトリンは、**種の和合性**を持つことが今日でも例外無しには有り得ないと伝えている。

（註7）　フランスの大学におけるヘブライ語についての講演録、20頁。

というのも、これら半-獣的な民族や種族の後裔、どちらも遙か遠い太古のレムリア人やレムリア系-アトランティス人起源の者等が存在するし、或いは正確に言えば数年前まで依然として存在していた。彼らはタスマニア人（現在は絶滅）、オーストラリア原住民、アンダマン諸島原住民 Andaman Islanders などとして世界中に知られている。タスマニア人の衰退は、ダーウィンに多大な打撃を与え、それ関して彼が何もできなかった、一つの事実としてほぼ立証されている。この事実は記憶に値する。
　さてド・カトルファージュとその他の動物学者達は、全ての人種があらゆる他の人種との異種交配能力が有るという、まさにその事実によって〈人類一元説 Monogenesis〉を立証しようとしているが、彼らの勘定から、この場合にその説を立証しない**数々の例外**を放置してきた。人間の異種交配は性の分離した時代からの一般的な慣習であったのかも知れないし、そしていまだにその他の法則、言い換えれば、多様な動物種の 2 種間でと全く同様に、2 人種間の不妊にもその存在を主張しているかも知れないが、それ等の希な事例として、1 人のヨーロッパ人が、野蛮な種族の女性を配偶者として見初めて親密になり、その様な交雑種族(註8)の一員をたまたま伴侶に選んだ時に見られる。ダーウィンはタスマニア部族のそのような一事例を記しているが、その部族の女性達は、ヨーロッパの入植者達が彼女等の処にやってきて、しばらくすると、**全員が一緒に** *en masse* 突然不妊に陥った。権威ある動物学者が、食事の摂り方、食べ物、環境等の変化によってこの事実を説明しようと試みたが、ついにはその謎の解明をあきらめた。

（註8）　その様な半-獣の生物について、〈人種学〉に知られている唯一の生き残りが、オーストラリアの**一地方**のタスマニア人と男女とも全身を毛で覆われている中国の山岳部族である。彼等は、近年レムリア人であると言及された半-獣からの**直系**で最後の末裔であった。そこには、それにも関わらず、その様な半-人間的な家畜との多様な異種交配によって産まれた相当数の混血レムリア系-アトランティス人 Lemuro-Atlantean の人々が存在した ── 例えば、ボルネオの野人、フラワー Flower 教授によってアーリヤ人種（！）の中に分類されたセイロン島のヴェッダ人 Veddhas、生き残っているオーストラリア原住民のほとんど、ブッシュマン、ネグリト人 Negritos［フィリピン、マライ、アンダマンに住む小柄な黒人］、アンダマン島［インドのベンガル湾の島］人など。
　聖ヴィンセント St.Vincent 湾とアデレーデ近隣のオーストラリア人は**とても毛深く**、5、6 歳児の少年の肌に見られる褐色の産毛は**動物の皮毛**と見間違う。彼等は、粗野な**人々**ではあるが ── ヘッケルがすさまじい勢いで断言する様に、「猿人」に最もよく似ている者ではない。これらの一部のみがレムリアの名残りである。（『密教 *Esoteric Buddhism*』、55 頁参照）

〈秘教科学者〉にとってそれはとても明白な事例である。「異種交配」と呼ばれる、ヨーロッパ人とタスマニア人女性 —— 即ちその祖先達が、「魂を欠き」(註9)且つ知性を欠く怪物で、そして実際には人間で、今でも知性を欠くけれども一人の人間あった種族の典型 —— との交配が、不妊をもたらした。これは、生理学的な法則の必然的な結果としてのみならず、また異常な人種の将来的な生存問題についての〈カルマ的〉な進化の定めでもある。前述の如何なる点に関しても〈科学〉は**今までのところ**認める用意が整っていない —— しかし、それは永い時を経て認められるべきであろう。秘教哲学は、思い起こせば、科学によって作られた空白を埋め、その誤った諸々の前提を修正するのみである。

　けれども、この細部にわたって、地質学、そして植物学と動物学さえもが秘教的な教えを支持している。多数の地質学者によって、オーストラリア原住民は —— 今でも**太古の動植物**と共存し —— 相当古い時代に遡らなけばならない、と提起されてきた。その起源について人類学者が沈黙するこの不思議な人種の環境全体は、秘教的な立場の正しさを立証する証拠である。

　「とても興味をそそられる事実は」、とジュークス Jukes は語り(註10)、「これら有袋諸動物(オクスフォードシュアー州[イングランド南部の州でオクスフォードが州都]の粘板岩石の原野で見つかった哺乳類)だけでなく、貝殻の数種が —— 事例として、**三葉虫** *Trigonias* や数種類の植物が魚卵状石灰岩オーリティック Oölitic 群の中の化石に見られ —— 地球上の如何なる他地域の生物の形態よりも現在オーストラリアに生存するものに非常に良く似ている。これは憶測による説明になるかも知れないが、魚卵状石灰岩(ジュラ紀)時代以降、**他の地域と比べてオーストラリアでは僅かしか変化が起こらなかったし**、オーストラリアの動植物は結果的に魚卵状石灰岩時代の何らかの型を保持しているが、**その一方で〈地球〉の残りの地域では、全て取り変えられ、置き替えられていた**」(! !)と結んでいる。

(註9)　動物的で〈魂を欠く〉者と呼ぶ際には、それは、最下層の種から最高度の種に至るまで、獣から、一つの「魂」ではなく、意識的に生き続ける〈**自我-魂**〉、即ち人の死後に生き続け、人間の様に生れかわる本質も奪われている者を意味するのである。動物は一つのアストラル[星辰]体を持ち、それは短期間その形体を生き長らえるが、その(動物)モナッドは同じ種ではなく、高い種に再生し、勿論如何なる「〈天国〉」をも持たない。それはその中に人間のあらゆる**特質の諸々の種子**を持つが、それ等は**潜在している**。

(註10)　『地質学の手引き』、302 頁。

さて、オーストラリアでは他の地域よりもなぜ変化が少なかったのか？何処にその様な「[進化]停滞過程」の**発生理由** *raison d'être* があるのか？それは環境の性質が関与する人種と**歩調を合わせて** *pari passu* 展開するという単純な理由からである。あらゆる所で適応調和が支配し、彼ら後期レムリア人の生き残りは、その主要な大陸が沈んだ際に仲間の滅亡から逃れて、今の土着部族の祖先の一部となった。とても進化程度の低い亜人種で、まさにその化石が海床下数マイルに今なお眠っている動物と怪物から元々は産まれたが、彼らの種族はそれ以降、[進化]**停滞法則**に強く従う環境内に生存していた。オーストラリアは、現在の海洋上で、そしてその「**未開拓の土地**」にも関わらず、老人のように年老いて衰えた状態にある最も古い陸地の一つである。そこでは、新たな活力のある人種と、人の手による開墾と繁殖による手助けが無い限り、何ら新しい形態を何も生み出すことが出来ない。

　何はともあれ再び〈第3人種〉、「〈滲出-生 Sweat-Born〉」、「〈卵-胎生 Egg-Bearing〉」、そして「〈両生具有者 Androgyne〉」である者等の歴史に戻ることにしよう。その黎明期には全く性が無く、それは雌雄同体、或いは両性具有者になったが、勿論とても遅々としてである。前者から後者への変容の推移には数えきれぬ世代が必要であったし、その間、黎明期の親(1人の中の二つのもの)から発生した単純な細胞が、最初は雌雄同体の存在へと発展し、その後細胞は、通常の卵となり、単性の生き物を産んだ。〈第3-人種-人間〉はこれまで発展してきた5〈人種〉の中で最も不思議な存在である。異なる性を持つ世代の誕生「〈方法〉」の謎は、勿論、此処では非常に曖昧にならざるを得ないが、その訳は、それが発生学者や専門家の仕事で、現在の研究がその過程のぼんやりした外観のみを提示しているからである。しかし、〈第3人種〉の人間の各集団は、彼らの誕生前の殻や卵の中で分離し始め(註11)、初期の先祖の出現後に、それ等から別々の男性、女性の赤ん坊や成人として産まれ始めたことは明白である。そして、時がその地質学的時代を推し進めた時、新しく誕生した諸亜人種は出生能力を喪失し始め

(註11)　レダ Leda とジュピターについての数々の「寓話」や「神話」、そしてそれに類似するものは、決して人々の幻想から湧き出たものでは無かったし、自然の事実に基づいた寓意物語でもなかった。進化の働きは、緩やかに人間を哺乳類へと変容させながら、人間の場合には、ただ他の動物達の変容で行ったことだけを行った。しかし、これは、人間が常に動物界や他の有機生命種の頂点に立つことや、動物に先行することを妨げるものではない。

た。第4亜人種の終わりに向かって、赤ん坊はその殻から産まれて自由になるや直ぐに歩ける能力を失って、第5の終わりには、人類は、同じ状況の下で、そして我々の歴史上の人々と全く同一の過程［懐胎］によって産まれた。これには、勿論、数百万年を必要とした。読者は、スタンザⅡで、少なくとも秘教的な計算法による、ほぼ正確な数字を知らされてきた。

我々は〈人種〉進化の転換点に近づいている。秘教哲学が言語の起源に関して語ることを見てみよう。

―――――――――――

36. 第4人種は言語能力が発達した。

〈註解書〉は、第1〈人種〉が ── エーテル的、或いはアストラル［星辰］的な〈ヨーガ〉の〈息子達〉で、また「〈自生〉」と呼ばれ ── この世界では精神を欠いていたため、我々一般の感覚では、唖であったと説明している。〈第2人種〉は、「〈音声言語〉」、即ち母音だけから成る歌声のような音声言語を持っていた。〈第3人種〉は、その初期に於いて、〈自然〉の多様な音や、巨大昆虫類や初期の諸動物の鳴き声を僅かに進歩させたある種の言語を発達させたが、それ等は「〈滲出-生 Sweat-born〉」人類の時代（〈第3人種〉の初期）にはほとんど発展が困難であった。その第2亜人種の半ばに、「〈滲出-生〉」の人間が「〈卵生〉」（中間の〈第3人種〉）の人間を生みだし、これら卵生の者等が両性具有者的生き物として「卵をかえす」代わりに（読者には、現代の人類に当てはめる時のかなりの違和感を大目に見て頂きたい）、男性と女性の分離へと発展し始め、そして同じ進化の法則が、彼ら男女を自身の種族の性的な繁殖へと向かわせた時、創造を司る神々が強要された行為は、カルマの法則によって**精神の無い人間達に無理矢理化身させられたことだ**が、その後発展したのはただ会話能力だけであった。しかしその時でさえも依然として一時的な結果にすぎなかった。人類全体は、いわゆる「一つの言語、一つの口［言葉］」の時代であった。これは、〈第3人種〉の最後の2〈亜人種〉(註12)が、彼らの神のような指導者(註13)、そして彼ら特有の既に

―――――――――――

(註12) 混乱を避けるために、読者は、〈根本人種 Root-Race〉という用語が七つの大〈人種〉の一つに、亜〈人種〉sub-Race がその〈大支脈〉に、そして〈一族 Family-Race〉が国家や部族を含む民族 sub-division に適用されることを思いだすように。

目覚めた精神の下で、都市を建設し、文明の最初の種を広汎に撒くことを妨げることはなかった。読者はまた、7人種それぞれが、四つの時代 ── 〈黄金〉、〈銀〉、〈青銅〉、〈鉄〉の〈時代〉── に分けられるのと同様、前述の諸人種は個々の最小の分割であることを覚えておこう。(註14) その後、会話能力は、秘教科学の教えに拠れば、次の順に発達した。──

　I　単音節[no や ma 等のように一音節からなる音]による会話、それが最初にほぼ完全に発達したのは、性の分離と精神の完全な覚醒後の、〈第3根本人種〉の終わり、「黄金色」で黄色の肌つやをした人種の人々に於いてであり、それ以前には、彼らは、現在、「想念−伝達 thought-transference」と呼ばれるものを使って会話をしていたが、けれども「〈意思〉と〈ヨーガ〉の〈息子達〉」──「〈智慧〉の〈息子達〉」が最初に化身した者等 ── を除いて、思考は成長途上の肉体を持つ人間に於いてはほんの僅かしか発達しなかったし、低い地球上の水準を決して超えることも無かった。彼らの肉体は〈地〉に属し、彼らのモナッドはすべてより高位の界層にあった。言語は、論理的な思考能力の十分な獲得と進歩以前にはうまく発展させることが出来なかった。この単音節による会話は母音起源のいわば硬音子音[「k」、「g」と発音される c, g]の混じった単音節言語で、人類学者に知られるように黄色人種の間でいまだに使われている。(註15)

　II　これらの言語上の特質は膠着言語[語源と接辞の連続する結合によって表現する言語で、日本語、フィンランド語、トルコ語、韓国語等のウラルアルタイ語族]へと発展した。膠着言語は一部のアトランティス人種で話されていたが、他方〈第4人種〉の祖人種は母語を保持した。そして諸言語が周期的進化、即ち発生、洗練、成長期を持ち、**物質と結びつき**、他の諸言語との混合、成熟、衰退、そして最後には消滅をむかえるように(註16)、多くの文明開化したアトランティス人種の初期の会話言語 ── 古いサン

（註13）　〈神の諸王朝 Divine Dynasties〉の〈項目〉において、これら「導き手」の特徴が解説されている。
（註14）　「時代区分 Divisions into Yugas」に付随する〈章〉を参照。
（註15）　現在の黄色人種は、けれども、〈第4人種〉の初期支族の子孫である。第3人種の、唯一の**純粋な直系**子孫は、上述したように、衰退し退化したオーストラリア原住民の一部で、彼等の遙か昔の祖先は〈第3人種〉の第7〈亜人種〉の区分に属していた。残っている者はレムリア系-アトランティス人の血統の混血である。彼等はその時以来、身長や知的能力が完全に変化した。
（註16）　言語は確かに論理思考の発達と時を同じくするが、人間が自身の内なる啓発する本質と ── 原始人の中に眠る思考的要素を人生で実らし、目覚

スクリットの諸文献で、「ラークシャシ・バサ Râkshasi Bhasa」と呼ばれた言語 —— は、衰退し、ほとんど消失した。一方、〈第4人種〉の「中核 cream」は徐々に肉体的、知性的進化の頂点へ向かって引き寄せられて、そのことが発生期にある〈第5(アーリヤ)人種〉に抑揚を持ち高度に発達した言語を祖先伝来の宝物として残したが、膠着言語は衰退し、断片的な時代遅れの地域言語として残され、今では散逸して、ほぼアメリカのアボリジニ部族に限られてしまった。

III 抑揚のある会話 —— サンスクリット語起源で、その母と呼ばれる代わりに全く誤って「ギリシャ語の姉」と呼ばれたもの —— は、最初の言語(現在では〈第5人種〉の〈秘儀参入者イニシエイト達〉の神秘的な言葉)であった。とにかく、「セム族」の諸言語は、草創期サンスクリット語の長子とも言うべき最初の音声的な訛り言葉の傍系言語である。秘教科学の説は、アーリヤ語人種とセム語族などの区分を一切是認しないし、ウラルアルタイ語族 Turanian さえも十分すぎる制限をつけて受け入れている。セム族、特にアラブ人は、後期のアーリヤ人種で —— 霊性的に堕落し完全に唯物的となった。これらに全てのユダヤ人やアラブ人とが属する。前者のユダヤ人はインドのチャンドラ人 Tchandalas の系統を引く部族であり、四姓制度外の者等で、彼らの多くは〈バラモン僧〉の出身で、カルディアやシンディ Scinde [パキスタン地域]、アリア Aria (イラン) に避難所を求め、そして実際、紀元前8000年頃に彼らの父祖アブラム A-bram (バラモン bram [祭司] で[a]ないの意味)から産まれたのである。後者のアラブ人達は、諸国家が散在する時代にけっしてインドには侵入しようとしなかったそれ等アーリ

めさせた者等の中で、一つとなる以前にはけっして発達し得なかった。というのも、マックス・ミューラー教授が彼の『思考の科学 Sience of Thought』で我々に語っているように、「思考と言語は同一だ」からである。しかも、これに続けて、アストラル[星辰]的な銘板に刻まれた思考は表現の有無にかかわらず永遠に存在するように、**言葉にするには深遠すぎる思考が実は全く存在しない**という描写はかなりの冒険である。〈ロゴス神〉は論理思考と言葉の両方である。しかし、言語は、周期的に進展し、常に霊的な思索を表現するのに十分とはかぎらない。さらに、ある意味、ギリシャの〈ロゴス神〉はサンスクリット語のヴァーチ Vâch、「霊の不滅(知性)の光線」と同義である。そして、ヴァーチが(サラスワティの一つの**姿**、隠れた〈叡智〉の女神であるデーヴァセナ Devasena として)永遠の独身者クマーラの妻であるという事実は、いまだベールの中だが、**クマーラ達**に対する、「彼等が子をもうけることを拒み」、その後人に化身することで神〈人〉を完成することを強いられた者達、という暗示的な言及のベールを取り去るものである。これら全てはその後に続く章で十分解説されるだろう。

ヤ人の子孫で、彼らの一部はそのためアフガニスタンやカブール(註17)そしてオークサス Oxus [古代ギリシャ語で中央アジアのアムダリア河流域] 沿いの境界地域に留まり、一方他の者等はアラビアの奥深くに侵入し、侵略した。

　しかし、これはアフリカが一つの大陸として既に隆起していた時のことであった。我々は、限られた余白が許す限り詳しく、同時に今正確に人類の人種の緩やかな進化を辿るべきである。我々が類人猿の起源を探し求めるべきは、人為的な異種交配や、今では動植物界に利用することに我々が習熟する雑種繁殖と実際に類似する行為によって、ある亜人種等の唐突に阻害された進化や、純粋に動物的な血統へと彼らが強制的に、そして暴力

(註17)　プトレマイオスは、**カボリティア族** *Kabolitæ*(カブール諸部族)に関する彼の第9表を解説する中で、彼等を〈**優秀な部族** *Αριστόφυλοι*〉、〈**高尚な部族** *Aristophyli*〉、貴族的で**高貴な部族**と呼んでいる。アフガン人は自らを、「女性及び大地」、〈地母神の息子達〉を意味する**イッサ***Issa*に由来する**ベン-イスラエル** *issrael* (イスラエル Is (sa) rael の子供達)と自称する。しかし万一、貴方がアフガン人を**ヤフディ** *Yahoudi* (**ユダヤの民**)と呼ぼうものなら、彼は貴方を殺すであろう。その問題は他でも詳しく取り上げられている。[イスラエルの]推定上の十二部族の名前と同数であるアフガンの実際の部族名は全く同じである。アフガン人はイスラエル人より(とりわけ、彼等アラビア民族は)遙かに古く、彼等の中に次のような部族名、プンジュカウレ Punjcaure 族とブーネル Boonere 族に「ヨセフの〈息子〉」を意味する**ユッセフゼク** *Youssoufzic*、**ザブリスタニー** *Zablistanee*(ゼブロン Zebulon 族)、またコジャール[パキスタン北部]地域のタタール人にはベン-マナッセ Ben-manasseh (マナセの息子達)、イサグリ Isaguri、或いはイッサカル Issachar (現在のアフガニスタンのアシュナゴル ashnagor にも)、等々の名を見つけても誰も驚く必要は無い。現在ではよく知られているように、いわゆる十二部族の12の名称全てが〈黄道帯〉の十二宮の各宮の名前である。とりわけ、最も古いアラビア人諸部族の呼称は、黄道帯十二宮と同様に神話的なヤコブの息子達の呼称を再字訳し、名付けたものであった。イスラエル十二部族の痕跡は何処に？　何処にもない。しかし、ユダヤ人がこれらの名前を利用して人々を惑わそうと試みた痕跡、その良い事例が存在する。というのも、**十部族がバビロンから完全に消え失せた後の時代に**起こった事を見よ。プトレマイオス・フィラデルファス王 Philadelphus は、自身のためにユダヤの〈立法〉をギリシャ語(著名な**70人訳聖書**)に翻訳することを望み、ユダヤの高位祭司エリアザル Eleazar [祭司アロンの子]に、**十二部族のそれぞれから6人を王のもとに送るようにと書簡を書き送った。そして、72人の**(内60人は明らかに亡霊であった)**代行者**はエジプト王のもとへやって来て、奇跡と驚異の中で律法を翻訳した。バトラー Butler の『女神ホーラの聖書』、ヨセフス Josephus、そしてフィロン・ユダス Philo Judæus を参照。

的に方向転換させられた中にである。

　これら赤髪で毛に覆われた怪物達、即ち人間と動物の不自然な関係の果実に、〈智慧〉の〈主方〉は、我々が知るように、化身しなかった。そのことは、不自然な異種交配(不自然な「生殖相手の選択」)に起因する長期の変容によって、時の当然の過程として人類の最も進化の低い標本の起源となったし、一方さらなる獣姦と彼らの最初の繁殖に対する動物的な努力の果実は後に哺乳類の猿世代へと発達する一つの種を産んだ。(註18)

　性の分離については、誰もが考えるように、突然には起こらなかった。自然が為すどんなことでも緩やかに進展する。

――――――――――

37. 〈一〉なる者(両性具有者)は〈二つ〉に分かれ、総ての生き物とまだ一つのままであった地を這う物等、巨大な魚、鳥類、うろこ‐頭の蛇類も同様であった(a)。

　これは、明らかにいわゆる水陸両棲の爬虫類の時代と関連しているが、科学はその時代に全く人間は存在しなかったと主張している！　それなら古代人は、大洪水以前の先史的な動物や怪物を知ることなど出来ないではないか！　それにも関わらず、〈註解書〉の第6書には、抄訳されて語られている次の一節が見つけられる ――

　「〈第3人種〉が性の分離をなし、人間‐動物の異種交配による罪に堕落した時、これら(動物等)は獰猛になり、人間と彼ら動物は互いに殺戮しあった。その時まで罪はなく、取り去られた生物はなかった。(分離)後にサティヤ Satya(ユガ時代)は一つの終末に到った。常春が周期的な変化となり、季節がめぐって来た。寒さが人に避難所を作らせたり衣服を創作させた。その後、人間は優れた〈父祖〉(高位の神々、或いは天使群)に哀願した。〈涅槃成就〉の〈ナーガ達〉、賢い〈蛇達〉、そして〈光〉の〈竜達〉が到来し、そして〈啓明されし者〉(ブッダ達 Buddhas)の先導者も。天の諸王が降臨し、人々に科学と工芸を教えたが、その理由は、人間が、白く凍てつき死の大

――――――――――

　(註18)　〈註解書〉は、猿が動物の中で徐々に、そしてあらゆる子孫と変種に関して、その雄の父祖 ―― 浅黒い巨人レムリア人とアトランティス人 ―― の原初の姿に緩やかに戻る傾向がある唯一の種であると説明している。

地とかした最初の陸地（第1のヴァルシャの地 Adi-Varsha、第1〈人種〉等のエデン）にはもはや居住出来なかったからである」。

　前の記述は暗示的である。我々はこの短い叙述から推察出来ることを理解するだろう。ある者等は、その中に初読時の明確さ以上に多くのものがあると思いがちになるかも知れない。

複数のエデン、蛇達、そして竜達

　「エデン」という言葉の概念とその本当の意味は何処に由来するのか？キリスト教徒は、エデンの〈園〉が聖なる〈楽園〉で、アダムとイヴの罪で**冒涜された**場所であると主張するだろうが、〈秘教科学者〉はこの空文的な解釈を否定し、その逆であることを示すことだろう。この古い書物、聖書が、秘教的に読まれるならば、同一の世界的な数々の伝承に基づいていると語るために、誰もが神の啓示を信じたり認めたりする必要はない。エデンの謎は部分的だが、『ベールをとったイシス』に示されている。(註19)

　『ベールをとったイシス』は伝える、「〈エデンの園〉は、全くの神話ではなく一つの土地で、**聖書が全く単なる寓話でないと**学徒に時折明らかにする歴史上の様々な道標となる遺跡群に属している。エデンまたはヘブライ語のガン-エデンעדן-גן Gan-Eden は、エデンの公園、或いは庭園を意味し、アジアとアルメニアから紅海に至るユーフラテス河とその支流によって灌漑される流域の一つの古い呼称である」と。(A・ワイルダーはガン-ドゥニアス Gan-duniyas はバビロニアの呼称であると言っている) カルディアの『数の書 Book of Numbers』に、その位置は数字で示されているし、聖ジャーメン Germain 伯爵によって残された、数字からなる薔薇十字団の写本にも、それは詳細に記述されている。アッシリアの〈石版〉に於いても、それは**ガン-ドゥニアス**と表現されている。「見よ」と、創世記のאלהים（**エロヒム** Elohim）は続けて、「人は我々のようになる」と語る。**エロヒム**は、**神々**或いは天使群に対する一つの意味として、また他の意味では**アレイム** Aleim 或いは祭司 ── この世の善悪の中に秘儀参入させられた導師 ── として容認されるかもしれない。何故なら**アレイム**と呼ばれる祭司の学校が

（註19）　第1巻、科学 下［老松克博訳　2015年竜王文庫刊］、746-7頁。

存在したし、他方彼らの冠位制の長、或いは導師の首長は**ヤヴァ-アレイム**[神の祭司]*Java-A leim* として知られていた。新参者となり、定期的な秘伝を受けて徐々に彼の秘教知識を手に入れる代わりに、**アダム**、或いは〈人間〉は、直観的な諸能力を使い、蛇（**女性**）と物質）に命令され、〈知識〉の〈木〉 ── 秘教的、或いは秘密の教え ── を禁を破って味わっている。ヘラクレス Hercules、或いはメル-カルト Mel-karth の祭司達、「エデンの〈主方〉」は、皆「毛皮の外套」をまとっていた。原典に云う、「そして**ヤヴァ-アレム**はアダムと彼の妻に עורו כתנות 『肌のような衣服キトノット・オワー Chitonuth[外衣] our[古語で肌を意味する]』を造った」と。最初のヘブライの言葉、「キトン chiton」は、ギリシャ語のキトゥーン χιτών、〈ガウン Chiton〉のことである。それは聖書から引用されスラブ族の言葉となって、外套、上等な衣類を意味する。

「あらゆる初期の〈宇宙創成論〉がそうであるように、秘教的な真実についての同じ源泉を内包しながらも、ヘブライの〈聖典〉はその外観に二重起源の痕跡を纏うことになる。その創世記は純粋にバビロン補囚の記憶である。土地、人々、そして諸々の事物さえもその名称が、語源からカルディヤ人とその父祖アッカディヤ人、さらに前者の指導者アーリヤ人へと辿ることが出来る。カルディヤ、バビロニア、そしてシリヤのアッカド部族は様々な点でヒンドスタン[インドのデカン高原北部地域]の〈バラモン僧達 Brahmans〉と血がつながっていたと激しく論争されているし、しかも他の意見よりも、この提唱を支持するより多くの証拠がある。セム族、或いはアッシリア人は、おそらく、ウラルアルタイ語族 Tuanian と呼ばれるべきであったし、モンゴル人はスキタイ Scyths 人と命名されてきた。しかし、もしもアッカド人がずっと存在したとするならば、仮にそうでなければ一部の民俗学者や言語学者の想像以上だが、一部の〈アッシリア学者〉が我々に信じさせるために奮闘してきたように、彼らは恐らくウラルアルタイ語族では決してなかったであろう。彼らは単に人類発祥の地、インドから小アジアへの移民途上にあって、彼らの祭司的熟達者アデプト達は未開な人々を文明化させ、手ほどきするために逗留した。ハレヴィー Halévy はアッカディアの人々に関してウラルアルタイ語族狂信者の誤りを明らかにしたし、別の科学者達はバビロニア文明がその国で生まれたのでも発達したのでもないことを明らかにした。それはインドから渡来したのであり、その運び手はバラモン僧のインド人であった」。

さて、『ベールをとったイシス』が著されてから 10 年も経た今、我々は、

最初のヒッベルト Hibbert 講演会で、バビロニアの都市エリドゥ Eridu の文化が**他国からの渡来**であった、と語るサイス博士に確証を与えられた自身に気づくことになる。それはインドから来た。

「神学の多くはセム族によって非-セム族のアッカディア人、或いは原-カルディヤ人から拝借されたもので、セム族は彼らに取って代わり、彼らの地域的な儀式を根絶やしにする意思も実力もなかった。実際、幾時代にも亘る長い道のりを通じて二つの人種、セム人とアッカディア人は、神々への意識と崇拝を徐々に融合させながら手に手を取り合って暮らした」。

ここでは、アッカディア人は、我々がもう一つの裏付けとなる『[ベールをとった]イシス』で彼らのことを主張してきたように、「非-セム系」と呼ばれている。更に我々は、ユダヤ人の聖書上の歴史が、**歴史上の数々の事実を編纂したり、他の人々の歴史をユダヤ風な装いで** ── 秘教主義的な純粋さと簡明さを持つ創世記を除き、整えたものであると常に主張する権利をいささかも持たぬわけではない。しかし、科学が人類とアダ Ad-ah の息子達の発祥地 ── もっと正確に言えば主要な発祥地の一つ ── を探索すべき所は、正しくは黒海 Euxine[ユークセイン]からカシミールに、そしてそこを越えてであるし、特にユーフラテスのエデンの〈園〉が占星術師やマギ術師の専門大学、アレムとなった幾時代も後では。

しかしこの「専門大学」とこのエデンは、〈第5人種〉に属し、〈アーディ-ヴァルシャ Adi-varsha[最初の大陸]〉や、〈第3人種〉の黎明期の微かな追憶にすぎない。**エデン**という言葉の語源的意味は何か？ギリシャ語では、**官能的な**、を意味する**ヘドーネ** $ἡδονή$ である。この点では、それはギリシャのオリンポス山、メール山[須弥山]のインドラの天国(スワルガ Swarga)、マホメットが誠実な信徒に誓約した**天女たち** *Houris* に満ちた桃源郷さえよりも低俗である。エデンの〈園〉はけしてユダヤ人固有の所有物ではない、というのも、中国には、紀元前2千年のユダヤのことが何でも知られていたと推測することは出来ないが、中央アジアに「〈叡智〉の〈竜達〉」、即ち〈秘儀参入者達〉の居住するその様な原初の園がある。そしてクラプロス Klaproth によれば、日本の仏教大全、法華経 Fo-kone-ky から複写された漢字の巻物 hieroglyphical chart は、その「〈叡智〉の〈園〉」をヒマラヤ山脈の最高諸峰の間のパミール高原に比定していて、そこを中央アジアの絶頂を極める場所として記述しながら、共通の水源、即ち「〈龍〉の〈湖〉」から流れ出る ── オークサス Oxus[古代ギリシャ語で中央アジアのアムダリア河流域]河、インダス河、ガンジス河、そしてシロ Silo 河の ── 四筋の河川を記している。

しかし、これは創世記のエデンでも、〈カバリスト的な〉エデンの〈園〉でもない。何故なら前者 —— **誉れ高き神のエデン** Eden Illa-ah［エデン-イラアー］—— は、一つの解釈として〈叡智〉、かの〈涅槃〉のような状態、〈至福〉の楽園を意味するし、一方別の解釈では、それは〈知性的〉な人間自身、その中で善悪に関する〈知識〉の木が生長し、それ故、人が〈**知る者**〉となるエデンの園という容れ物、に言及している。

ルナン Renan やバルテルミー・サンチレール Barthélemy St. Hilaire は、自身「最も堅実な帰納法」に基づいて、もはやこれ以上疑うのは困難と考察し、両者は「［プラトン著の］ティマイオス Timaus の［大西洋のアトランティス大陸］地域に」人類発祥の地を位置付けている。最後に、『アジアの風 Asiatic Journal』は次のように結ぶ(註20)、「人類のあらゆる伝承は、人類の誕生地域に於けるその黎明期一族の幾つかの伝承を寄せ集めたものだが、我々にそれ等がユダヤの伝説的な地エデンの〈園〉、そこはアーリヤ人(ゾロアスター教徒)が彼らのアエリヤーナ・ヴァエゴ Airyana-vaêgô［アーリヤ人揺籃の地］の地、或いはメール山(?)を創建した所で、その周辺諸地域に彼らが集団で暮らしていたことを示している。そこは、〈北〉はアラル海を含めた地域、そして〈南〉はバルト海周辺 Baltistan、或いは小チベットで縁取られていた。全ては、我々がその痕跡を探索すべきかの原初人類の居住地があった所を明らかにすることで得られる」と。

それら「原始人類」は、その〈第5人種〉の段階で、その時、「四つ口の〈龍〉」、即ちその湖は、そのほんの僅かな痕跡が今でも残存しているが、「〈叡智〉の〈息子達〉、最初に精神から産まれた〈第3人種〉の息子達の居留地であった。けれども、そこは、人類発祥の唯一でも最初の地でもなくて、最初の思考する天人の、まさに、発祥地の写しであったのだ。そこは、〈**楽園パラディッソ** Paradesa〉、初期のサンスクリットを話す人々の山岳地、**ヘドーネ** Hedone［喜びの地］、ギリシャ人の歓喜の国、ではあったが、カルディヤ人の「官能的な**木影**」ではない、何故なら後者はその追憶に過ぎなかったし、また「性の分離」後に起こったかの〈**人間**〉の〈**堕落**〉がそこには存在しなかったからである。ユダヤ人のエデンはカルディヤ人の**模倣したもの**から**写し取られた**ものであった。

科学が中生代、或いは爬虫類時代と呼ぶ最早期に起こったかの人間の生殖への〈堕落〉は、光の書ゾハルに解説されている蛇や自然に関する聖書の

(註20)［フランスのアジア協会機関誌］『アジアの風 Journal Asiatique』、第7年号 seventh year,1855年刊。

言い回しによって明らかである。問題は、誘惑する爬虫類を伴うイヴの挿話が寓意なのか文字どおりなのかではなく、それについては前者であることを疑える者はいないが、そのまさに表面に現れた象徴の古さとそれがユダヤだけでなく世界的な概念であったことを示すことにある。

さて、我々はゾハルにとても奇妙な所説、それは読者をその愚にもつかない馬鹿馬鹿しさでニヤッと笑わせると思われる文を見つける。それは我々に、**サムエル Shamael**（サタンと想像される者）に使役され、イヴを誘惑したその蛇は**空を飛ぶ有翼ラクダ**（キャメルモルフォン καμηλόμορφον）のようなものであった、と伝える。

「空を飛ぶラクダ」は新進気鋭の英国学士院会員 F. R. S. には実に十分過ぎる。それにも関わらず、ゾハルは、キュヴィエ Cuvier 風な[種の分類]用語として利用することはほとんど期待できないが、その記述は正確である。(註21) 何故なら、我々は、それが古いゾロアスター教の〈写本〉で**アスクモーグ Aschmogh** と呼ばれ、またそれは、アヴェスタに、〈堕落〉後「**その特質とその名称**」を失ったと描写され、ラクダの首を持つ巨大な蛇と記述されているのを見つけるからである。

「有翼のラクダも本物の竜も存在しない」と断言するのはサルヴェルト Salverte で、(註22)「…… バッタがギリシャ人に**有翼の蛇 winged serpents** と呼ばれており、この喩えが有翼の蛇の存在にまつわる幾つかの体験談を創作したのかも知れない」と続けている。

今では何も残っていないが、しかし、それ等のものが中生代の時代には存在しなかったに違いないという理由もないし、そしてキュヴィエは、それ等の骨格を復元し、「空を飛んでいるラクダ」の目撃者の1人となっている。既に、ある蜥蜴類の化石そのものを発見した後で、その偉大な博物学者は、次のように、「もし、[化石の]どれもが、中世の歴史家達にその姿が繰り返し描写されてきたヒドラ Hydra や他の諸々の怪物を正当化することが可能とするならば、それは疑いなく**プレシオザウルス**[長頸竜] *Plesiosaurus* になる」と記していた。(註23)

我々は、キュヴィエが更なる**彼の過ち mea culpa** として何かをつけ加えたかどうかは、知らない。しかし、彼が**空を飛ぶ蜥蜴**、(ドイツで発見さ

(註21) 　モーセ・マイモニデス Moses Maimonides の『迷える者の道案内モレーネボキム *More Nevochim*』を参照。
(註22) 　『秘教科学 *Science Occult*』、646頁
(註23) 　『地球の公転 *Revolution du Globe*』、5巻 646頁

れた)「翼竜プテロダクテュル Pterodactyl」、「体長 78 フィートでトカゲの体躯に付いた力強い翼を持っている」ものを自身の目の当たりにした際に、古代の真実性へのあらゆる彼の非難に関して彼の慌てふためく様を我々が想像するのは当然である。その化石は、トカゲで、**その手の小さな指が長い膜状の翼を生じて長く伸びている**、と記述されている。此処に於いても、ゾハルの「空を飛ぶラクダ」が立証されている。というのも確かに、プレシオザウルスの長い首と翼竜の膜状の翼、或いはより相応しいモサザウルス Mosasaurus との間には、「空を飛ぶラクダ」、或いは長頸竜を作り上げるに十分な科学的可能性が存在する。フィラディルフィアのコープ Cope 博士は白亜層の中のモサザウルスの化石がこの種の**有翼蛇**であったことを示した。それ等にはその脊椎に〈トカゲ〉よりむしろ〈蛇〉との結びつきを示す諸々の特徴が存在する。

　さて、主要な問題へ。〈古代人〉がその諸々の工芸と科学に関する古文書学と古生物学にけっして難癖をつけなかったことはよく知られているが、古代にはキュヴィエのような者等が全くいなかった。それにも関わらず、バビロニアの石版や特に古い中国と日本の絵画、最古の〈数々の塔パゴダ Pagodas〉や記念碑、そして北京の〈皇帝〉の庫裡に、旅人の多くは中国の龍の多彩な姿形にプレシオザウルスと翼竜の完璧な描写を見て取った。(註24) そのうえ、予言は聖書で飛翔する火炎竜(註25)について語り、そしてヨブ記はレヴィアタン Leviathan(註26)について言及している。さて続く問題は非常に直接的に提言されている。——

(註24)　我々は、「M・ド・パラヴィー Paravey が、ショフロア・サンチレール Geoffry St. Hilaire に、数点の古い中国の手芸品とバビロニア石版の竜等を見せた際のサンチレールの率直な驚き」を「学術論文 *Mémoire à l'Académie*」に読み取る。　…… それはトカゲ類とカモノハシ ornithorhynchuses (**オーストラリアでのみ発見された水棲動物**)等の、彼が現在の地上では知られていないと考えていた絶滅動物である …… 勿論、彼自身の時代までに、だが」。
(註25)　**イザヤ書、30 章 6 節を参照**。「毒蛇、そして空を飛ぶ蛇の出現する混乱と苦悩の土地へ」、そして炎の蛇はモーセの青銅の蛇に征服された。
(註26)　科学によって復元された化石は、我々が知る所では、**レヴィアタン**としてさえも、またイザヤの空を飛ぶ蛇はもちろんのこと、或いは**サラフ・メオフェフ** *saraph mehophep*、この言葉は全ての〈ヘブライ語辞典〉で「saraph」は燃えさかるまたは炎の蛇の毒、「mehophep」は**飛翔**と翻訳されるが、それ等である可能性に対し十分な根拠とするに相応しいものである。それにも関わらず、キリスト教神学は常に両者(**レヴィアタンとサラフ・メオフェフ**)を悪魔と関連

I 彼らがそれ等の怪物自身を見ただけでなく、その記述に**生きた知性的な現場の目撃者**を必要とする**彼らの伝承の中に、それ等の記述を継承してこない限り**、古代の諸国家は石炭紀や中生代の絶滅した怪物のことを如何にして知り、またそれ等を如何にして、口伝えや絵画的に描写し、記述し得たのか？

 II そして、その様な現場の目撃者が(回顧的な透視力が認められない以上)仮にもいったん認められるとするならば、人類や初期の石器時代の人々がおよそ第三紀 teriary 時代の中頃より早くない時期に、如何にして存在し得るのか？ 我々は、科学者の多くが人間が第四紀 Quarternary 時代以前に出現したとは認めないだろうし、それが人間を新生代 Cenozoic の諸時代から完全に閉め出すことになったことを、心にとめねばならない。ここで我々は、数百万年前に〈地上〉表面から消滅したが、いわば、数千年前に何とか創建することができた文明諸国家で記述され、知られていた数々の絶滅動物種に出会う。これはどういうことなのか？ 明らかに中生代は第四紀と重なっているべきだし、或いは人間が翼竜やプレシオザウルスと同時代に存在したに違いない。

 我々は、〈秘教科学者達〉が古代の叡智と科学を、たとえゾハルの翻訳文で有翼トカゲ類が「空を飛ぶラクダ」と呼ばれようとも、信じ且つ擁護するという理由から、中世がその様な竜について提供してくれるあらゆる話を容易に信用するという訳には当然いかない。翼竜とプレシオザウルスは大多数の〈第3人種〉と共にその存在を終えた。それ故、我々は、クリストファー・シェラー Christopher Scherer と〈神父〉キルヒャー Father Kircher が、彼ら自身の目で生きた火炎竜と飛竜を 1619 年と 1669 年にそれぞれで目撃したという眉唾話を信用することをローマカトリック教の作家から真剣に求められた時には、彼らの主張を夢か罪のない嘘と見なしても許されるだろう。

づけてきたけれども、その描写は比喩的で、「悪魔的なもの」と一切関係がない。しかし**ドラコン Dracon** という言葉は後者の同義語になっている。ブルターニュ Bretagne では**デュロウク Drouk** という言葉が今では「悪魔」を意味し、それはキャンベリー(『ケルトの記念碑 Monuments Celtiqes』、229 頁)によって伝えられるように、イングランドにおける**悪魔の墓、Draghedanum sepulcrum**[ドラゴンの埋葬所]に由来する。オック語 Languedoc[中世フランス南部のロマン語で今の南仏方言]では流星のような炎、**狐火 will-o'-the-wisps** は**ドラゴ Dragg**、ブルターニュではドリエゴ Dreag、レイエ Wraie(または亡霊 Wraith)と呼ばれ、竜ドロベッダ Drobheda の城はアイルランドでは悪魔の城を意味している。

(註27) また我々は、[イタリアの詩人]ペトラルカ Petrarch が、とある日に恋人ローラ Laura と森を連れだって歩き、洞窟の側を通り過ぎる際に、竜を見つけ、その竜を直ちに短剣で刺し殺し、心から愛する女性が怪物に襲われないようにした、と彼によって語られた別の話が信じられていることを**詩的な許容範囲**として別物と見なすべきでもない。(註28)我々は、ペトラルカがノアの大洪水以前の怪物がいまだ生存していたかも知れぬアトラン

(註27) アルプスの南側の作家達はとても真摯な〈神父〉キルヒャー(『エジプトのオイデプス *Œdipus Ægyptiacus*』の中の「竜の概要 *De Genere Draconum*」)による竜にまつわる一連の物語全てを受け入れている。その〈イエズス会修道士〉によれば、彼自身が1669年に、あるローマ人農夫によって殺された竜を見たのは、バルベリーニ美術館 Museo Barberini の館長が彼にその怪獣に似たものを受け取れるように送ってくれたからで、〈神父〉キルヒャーはそれを受け取り彼の**二つ折り本** *in-folios* の一つでそれを公表した。この後、彼はスイスのゾロトゥルン Soleure 州知事クリストファー・シェラーから1通の手紙を受け取り、その中でその役人は1619年のある晴れた夏の夜に1匹の生きた竜を**彼自身の目で**見たことを請け合った。「天空のこの上ない清浄さを観賞するために」バルコニーに居残っていた時、「炎に輝く竜がピラタ Pilatus 山の一洞窟から舞い上がり、竜自から湖対岸のフリェーレン Fleulen へまっすぐに進路を取るのを見た。巨大な大きさで、その尾は更に長く、その首を精一杯伸ばしていた。竜の頭と顎は蛇のようであった。飛翔中、竜は無数の閃光をその飛跡に放っていた。(?!)…… 私は、最初流星を見ているのかと思ったが、すぐにより注意深く観察し、その飛翔方法と体躯の構造から**本物の竜**を見ているのだと確信した。私は**まさに実際**存在するそれ等の動物類への貴殿の〈敬意〉を啓発することがかように出来て幸いである」と彼はしたためているが、**夢の中**でと、作家は付け加えるべきだし、それも遙か過ぎ去った昔の時代だと。

(註28) その事実の信憑性に関する納得のいく証拠として、あるローマカトリック教徒は、その詩人の朋友の一人シモン・ド・シエンネ Simon de Sienne によって描かれ、アヴィヨン Avignon のノートルダム *Notre Dame du Don* 寺院の門に掲げられているその出来事の絵について、「聖なる御座に据えられるべきこの愛の勝利を決して認めなかった」〈権威ある主教〉による禁止令にも関わらず、聖書朗読師に問い合わせているし、「時は芸術作品を毀損し奪い去ってしまうが、その伝承を弱めることはなかった」と付け加えている。ド・ミルヴィルがいう我々の時代の〈竜-悪魔達〉は不運に思える、何故ならそれ等がかつて存在した諸々の博物館からほとんど秘密裏に消え失せているから。ユリシーズ・アルドブランダ Ulysses Aldobranda によって剥製にされ、ナポリ Naples だけでなくボローニャ Bologna の元老院博物館 Musée du Sénat に展示されていたその竜は、「1700年代にはそこにそのまま置かれていたが、今では影も形もない」(『霊物学 *Pneumatologie*』、第2巻427頁)と。

ティス時代に生きていたとして、その物語を喜んで信じることにしよう。我々は現代に於いてはそれ等怪物が存在することを否定する。海-蛇はその一つで、竜は全く別のものである。前者は多くの学者によって否定されているが、その理由は、海洋のまさに深海に生存していて、とても数が少なく、恐らく空腹に強いられた時のみ海表面に上がってくるからである。それ故人目に付かず、存在するがいまだに否定されている。しかし上述の竜の様なものが存在したならば、どの様にしてこれまで発見を免れてきたのか？　それは黎明期の〈第5人種〉と同時代の生物で、もはや存在しない。

　読者は、何故我々が竜について詳しく語るのか？を問うかも知れないが。我々の答えは、**まず第1に**、それ等動物類の知識は人類の遙かな古さの証拠の一つであること、**第2に**、「竜」、「**ナーガ** *Nâga*」、そして《蛇》という言葉の動物学的な真の意味と象徴的に使われる寓喩的なものとの相違を示すことである。世俗的な読者は、秘密の言語を何も知らず、これらの言葉が記述されたものに出会うたびに、それを文字通りに受け取る傾向にある。その結果として、**誤解** *quiproquos* と不条理な非難となる。この二事例で十分であろう。

　今何故、蛇なのか *Sed et serpens*？　その通りだが、では蛇の特徴とは何か？　神秘家は、**創世記**の蛇に一動物の象徴や高い霊的本質、即ち知性を超越する一つの宇宙の力、一つの「偉大な降臨する光」、一つの星辰霊、同時に精妙な、そして地球の霊を直感的に知るが、空虚な教えとなったキリスト教の熱狂的な信奉者（ド・ミルヴィル）がそれを手に入れた時には、「蛇の影響が地球を駆けめぐり（*qui circumambulate terrum* **それは大地を巡る**）、蛇自身は物質的紋章の下にのみ顕現し、それを「道徳的且つ知性的な**渦巻き形**と見なすこと」、即ちとぐろを巻く蛇の姿の下に、とすることが最も都合が良かった。

　ところで、仮にも蛇が狡猾と邪悪の象徴と見なされているならば、キリスト教徒は〈青銅の蛇〉、《神の癒し手》を何から創るのだろうか？　それ自身「〈**悪魔の1人**〉」ではないのか？　その境界線は、学派主義的神学精神の下で勝手気ままに引かれて来たのに、いったいどの様にして確定され得るのか？　というのも、例えば、ローマ教会の支持者達が、水星とアエスクラピウス Æsculapius［ローマ神話の医療の神］、或いはアスクレピオス Asclepios［ギリシャ神話の医薬神］が、本当は同一の神だが、「悪魔とその息子達」で、後者の魔法の小笏と蛇は「悪魔の魔法の小笏」であったと教えられているならば、モーセの〈青銅の蛇〉についてはどうなるのか？　あら

ゆる学者は、異教徒の魔法の笏杖とユダヤの「蛇」が全く同じもので、言い換えれば、マーキュリーの〈笏杖カヂューシアス Caduceus〉、《アポロ-ピュトン APOLLO-PYTHON》[アポロに退治された巨大な蛇]の息子であること、を知っている。何故ユダヤ人がそのとぐろの形を彼らの「誘惑者」に適用したかを推し量るのは容易である。彼らにとってそれは純粋に**生理的且つ男根崇拝的**であって、そしてローマカトリック教会側によるいかなる決疑法的[行為の是非を一般道徳、倫理から判断する]論議の要旨も、かつて秘密の言葉が詳しく研究され、ユダヤの諸巻物が数秘術的に読まれる中で、蛇に別の意味を付け加えることは出来なくなっていた。〈秘教科学者達〉は、蛇、**ナーガ**、そして竜がそれぞれ七重の意味を持つこと、そして〈太陽〉が、例えば、二つの対照的な光、グノーシス派の2匹の蛇、即ち善と悪なるものの天文学的且つ宇宙的象徴であったことを知っているし、また彼らは、**一般的に見た**時には科学と神学の両方の結論が二つの最も滑稽な極みを示していることをも知っている。何故なら、前者の科学が、蛇伝説を彼らの最初の源泉、占星術的な伝説へとその痕跡をたどり、ピュトンの征服者〈太陽〉を、そして〈黄道帯〉で貪り喰らう竜を押し留める天空の処女を、真剣に熟考することで十分だと我々に告げる際に、もし我々が全てのその後の宗教的教義に関する鍵を持っているならば、一般論の代わりに、その著者がキリスト教の信仰と〈黙示録〉に単に注目していることにすぐに気づくからである。我々はこれを一つの極みと呼ぼう。他の極みを次に見るが、それはトレント公会議[イタリアのトレントで 1545～63 年に開催されたローマカトリックの公会議]の有名な決議を繰り返しながら、神学が「人間の堕落からバプティスマの栄光に至るまで、悪魔が人に揮うに十分な力を持ち、**正義によって人を支配する**(diabolum dominationem et potestatem super homines habere et jure eos possidere)」ことを一般大衆に理解させる努力をする時、にである。これについて〈秘教科学〉の哲学に曰く、最初に**一つの実在として**悪魔の存在を明らかにし、次に我々はその様な先天的にこびりついた考えを信じるかも知れない。人間の特質についてのごく僅かな観察と知識はこの神学的教義の誤りを明らかにするのに十分かも知れない。かりにも《サタン》が、客観世界、或いは主観的世界にさえ(教会的意味で)実在するならば、それは、自らの中の邪悪な者 ―― ゆえに、人類の大半の者によって、常習的に取り憑かれ、同じく支配されていることが明白な哀れな悪魔である。それは人間性そのもの、特に傲慢で無節操で頑迷な性格のローマ教会聖職者、つまり悪事というものを孕み、産み落と

し、愛情をもって養育する者等そのものであるが、まあこれは余談である。

「思想界全体は蛇を崇拝してきたと〈教会〉から譴責されている。人類全体は、『それに香を供え、同時に石を投げつけてきた』。アヴェスタの註解書ゼンダヴェスタ Zend Avesta はそれについて、まるで〈旧約聖書の列王記〉やヴェーダ聖典の、またエッダや聖書のように語っている。……聖なる蛇、ナーガ、そしてその神殿と祭司は何処にでも見られ、ローマでは聖火を取り扱う時と同じ注意深さでその食事を用意する〈ベスタ神の巫女 Vestal〉が存在する。ギリシャではアウスクラピウスは蛇の支援なしには治療出来なかったし、彼の治療能力はそれの代理である。〈元老院 Senate〉によって医薬の神に派遣された高名なローマ使節団が、その帰途で、自らの意思で訪ねて来て、自ら[ローマ市を貫流している]テベレ川諸島の一つにある〈師〉の寺院に向かった少なからず有名な蛇と共に帰還したことを、誰もが伝え聞いている。自身の髪にそれ(蛇)を巻き付けない〈バッカスの女祭司 Bacchante〉は一人もいないし、それに神託的に尋ねたことのない〈預言者〉も一人もいないし、自身の墓標にその出現を免れているという口寄せ霊術師 necromancer も一人もいない！ 〈カインの末裔達 Cainites〉や〈オフィス[蛇]崇拝者達 Ophites〉はそれを〈造物主〉と呼ぶ一方で、シェリングがそうだったように、蛇が『本質的に、そしてその化身に於いては悪』であると認識している」。(註29)

勿論、その著者は正しく、そしてもし人が、今日蛇が享受する栄光の完全な概念を手に入れようとするならば、インドでその事柄を究め、その国でナーガ(コブラ)に関して信じられ、いまだにその特徴とされる全てを学ぶべきだし、またアフリカの〈天人鳥 Whydah〉、ポルトープリンス Port-au-prince とジャマイカのブードゥー教徒、メキシコの**ナガル**、中国の〈河伯 Pa〉[カッパ]、或いは蛇-人等をも探訪すべきである。しかし、我々が、最初から蛇が一つの象徴であったことを知って以来、蛇が「崇拝される」と同時に呪われるのは何故なのか？(註30) どの古代言語に於いても**竜**という言

(註29) 『聖なる蛇』、ド・ミルヴィルの「研究論文」、432 頁。
(註30) このことについて ── 2、3 千年後に ── 幾つかの未来の新らしい信条の狂信者が、昔のキリスト教を引き合いにして彼の宗教を讃えるために身を屈めて、仮にも、「いたる処で四つ足の羊が崇拝されていた。尼僧がそれを神の子羊アグネス Agnus と呼びながら、彼女の胸に抱いて、そして司祭はそれを祭壇に捧げた。それは、あらゆる復活祭の食事を象徴し、全ての寺院で声高に栄光を称えられた。それでもなおキリスト教徒達はそれを畏れ、それを

葉は、現在中国で意味すること──（言語的に lang）即ち、「**知性に優れた存在**」、ギリシャ語で**ドラクン**δράκων［偉大な竜、蛇］、或いは「識別し、見守る者」を意味した。そしてそれは、これらの通称のいずれかが当てはまる前述の名前の動物に相応しいものなのか？　迷信と本来の意味の忘却が現在の未開人へと導いたかも知れないところでは何処でも、既述の諸能力を蛇や竜に象徴される曙の人間にそれを当てはめようとしていたことは明白ではないのか？　これらの「曙の者達」── 今日の中国で〈智慧〉の〈龍達〉と呼ばれる者── は、彼らの指導者達、簡単に言えば〈第3人種〉、その後の〈第4〉、〈第5人種〉の初期アデプト達であるディヤーニ方の最初の弟子等であった。その名称は世界的であり、キリスト教時代以前の健全な人物なら、人間とその象徴を混同することは決してなかった。

　クイノフィス Chnouphis の象徴［蛇頭に人間の体を持つ創造神］、或いは世界魂は、とシャンポリオンは書き記し、「人の足でもって立つかの巨大な蛇とは別のものと混じり合っており、この爬虫類は、優れた天分の紋章で、**本物のアガトデーモン** *Agathodæmon* である。それはしばしば顎髭姿で描写される……。かの聖獣はオフィス崇拝者達の蛇と同一で、夥しい数のグノーシス主義やバシリド主義者 Basilidean の石版に彫刻されたものが発見されている……。蛇は多様な頭部を持つが、常に文字 ΧΝΟΥΒΙΣ［クノイビス］と共に彫刻されている」と続けている。(註31)アガトデーモンは、善なしには悪が有り得ない様に、「善と悪の知識」即ち神の〈叡智〉を授けられた。(註32)イアンブリコス Iamblichus について繰り返し述べながら、

憎んでいた。というのも彼等はそれを殺戮し貪り喰らっていたから……」、などと語るとしたらまさに同じ事である。異教徒は、少なくとも彼等の聖なる象徴は食さない。我々はキリスト教文明諸国を除き蛇や爬虫類を食べる人々がいないことを知っているが、そこでは人々が羊肉に始まり馬肉で終わるように、蛙とウナギに始まり本物の蛇で終わる［優れた人物を貶める事］に違いない。
(註31)　『万神殿パンテノン Pantheon』、本文3。
(註32)　太陽クイノフィス、或いは**アガトデーモン**は、あらゆる学者が知るように、グノーシス派のクリストスである。彼はソフィア（〈叡智〉）の7人の息子、アディティ（世界の〈叡智〉）の7人の息子、その八番目はマールターンダ Mârttânda で〈太陽〉だが、それら7人は7人の惑星摂政、或いは聖霊で、彼等と密接な関係にある。従ってクイノフィスは、〈叡智〉の霊的な**啓明の太陽**で、このためベル［古代バビロニアとアッシリアの大地神］-メロダク Bel-Merodach（Bel-ベリタヌス Belitanus）が後にカルディア人の擁護者となったように、あらゆるエジプト人〈秘儀参入者達〉の守護者である。

シャンポリオンは、アガトデーモンが、「エイクトゥーン Ἐιχτῶν（或いは天上の神々の火 —— 偉大な(註33)トート-ヘルメス）と呼ばれる神で、ヘルメス・トリスメギトスが魔術の発明を彼によるものだとしている」ことを示している。(註34)

「**魔術の発明**」とは！　自然に関する永遠の、そして実在する神秘のベールを取り去ることがまるで**発明**であるかのような、何とも奇異な言葉の使い方だ！　同じように、数千年後には、放射性物質の発見の代わりにクルックス教授による**発明**と見なしても良いことになるだろう。ヘルメスは発明家でも発見者でもなかった、というのも、脚註33に述べたように、トート-ヘルメスはエノク（エノイキオン Enöichion、「内なる霊的視力」）、**ネボ**、予言者、そして予見者等々のように一般的な名称であるから。それは生きている人物の誰にでも相応しいという名ではないが、多くのアデプト方の一般的な称号である。象徴的な数々の寓話の中で、彼らの蛇との関係性は、黎明期の知性的〈人種〉、〈第3〉人種の期間に於ける太陽神及び惑星神達による彼らの啓蒙に起因する。彼らは全ての〈秘められた叡智〉の代表的な守護者である。アスクレピオスは〈太陽神〉アポロの息子で —— 且つマーキュリー［水星］でもあり、ネボはベル-メロダクの息子であり、偉大なリシ、ヴァイヴァスヴァタ・マヌはヴァイヴァスヴァタ ——〈太陽〉、或いはスーリヤの息子である、等々。その一方で、天文学的には、リシ達を加えたナーガ達、ガンダルヴァ達 Gandharvas、アプサラス達 Apsarasas、グラーマニー達 Grâmanîs（或いはヤクシャ、神の使いである神々）、ヤートダーナ達 Yatudhanas、デーヴァ達は12ヶ月の太陽暦月を通じて〈太陽〉の従者であるし、神学に於いて、また人類学上の進化に於いても、彼らは —— **地獄界**［この世］に化身する時には、神々と人間達である。読者には、この関連で、アポロニウスがカシミールで仏教徒の〈**ナーガ達**〉に出会ったという事実を思い出させるが —— ナーガ達は、動物学的に蛇類ではなく、民俗学的に

(註33)　ヘルメス、より正確にはトート Thot は一般的な名称である。アブル・テダ Abul Teda は『反イスラム史 Historie Anti-Islamitica』の中で5人のヘルメスを示し、ヘルメス、ネボ［預言者］Nebo、トートという名は多種多様な諸国で偉大な〈儀式参入者達〉に尊敬を込めて与えられたとしている。このように**ネボ**は、メロダクとザルパニツ Zarpanitu（彼等をヘロドトスはゼウス-ベロス Zeus-Belos と呼んでいる）の息子だが、自らの名を全ての偉大な予言者達、予見者達、そして〈秘儀参入者達〉に与えた。天文学上、〈太陽〉が霊的に〈叡智〉に関与するように、彼等は全て「〈叡智〉の蛇達」であった。

(註34)　『万神殿 Pantheon』本文15。

もナーガ族ではないけれども、「智慧ある人々」である。

聖書は、**創世記**から**黙示録**まで、白と黒の〈マギ術〉、即ち右道の〈アデプト方〉及び〈予言者達〉と左道のそれ等の者達、即ち粗暴な大衆の司祭、レヴィ族の子孫達との間で勃発した大闘争の一連の史実の記録に過ぎない。〈秘教科学〉の学徒達は、彼らの一部が信頼できる多くの古代〈写本〉と直接の教えを持つにもかかわらず、彼らでさえ〈右道の**奥義者達ソダル** Sodales〉と〈左道〉のそれらの者達とに境界線を引くことは困難だと判断している。〈第4人種〉の息子達に生じた大分裂は、〈神〉の〈息子達〉の指導の下で初めて〈秘儀参入〉のための〈寺院〉と〈儀礼会堂〉が建立されるや否や、ヤコブの〈息子達〉の中で寓喩化された。二種の〈マギ術〉学校が存在したこと、そして伝統的なレヴィ族の子孫達が**聖なる**一方に属していなかったことは、ヤコブの臨終の言葉に示されている。さて、此処で『ベールをとったイシス』から数節を引用するのも良いだろう。

臨終の際、ヤコブは次のように息子達に述べている。「ダン Dan 族は」と彼は語り、「路傍の**蛇**、道の**蝮**になるだろう。それは馬の踵を噛み、その乗り手は後へ落馬するだろう(即ち、彼は志願者達に黒マギ術を教えるだろう)……。私はあなたの救いを待ち望む、〈おお、主よ！〉」と続ける。シメオン族とレヴィ族に関してそのイスラエル民族の祖[ヤコブ]は、彼らに、「…… **兄弟であり、残酷な道具**がその居住地にある。おお、我が魂よ、汝、彼らの**秘密**に踏み込んだり、彼らの**集会**に行くことなかれ」(註35)と戒めている。さて、原典では「彼らの秘密」という言葉は実際には「彼らの〈奥義ソド Sod〉」(註36)となっている。そして〈奥義ソド〉は、全員太陽神であり象徴として蛇を有するバアル Baal、アドニ Adonis、バッカス Bacchus 諸神の大いなる密儀に於ける呼称である。カバリスト達は炎の蛇たちの寓話を、

(註35) 『創世記』、49章[6節]。
(註36) ダンラップ Dunlap は、『奥義、アドニの密儀 Sod, the Mysteries of Adonis』の前書きで、「ソド Sod」という言葉を、シンドラー Schindler の『五カ国語対訳辞書 Pentaglott[Lexicon]』を典拠に、**奥義、宗教的密儀**として説明している。「主の秘密は主を畏れる者と在る」と伝えるのは〈詩篇 Psalm〉の25篇、14節[旧約聖書]である。この詩はキリスト教徒の誤訳である、というのも、「**イホフ** Ihoh **の奥義(イホフの密儀)は主を畏れる者等**のためにある」と読むべきであるから。(ダンラップの『奥義、アドニの密儀』、11章)。「主アル Al(エル El)は畏るべし、**カデシム** Kadeshim(司祭達、聖なる者、〈秘儀参入〉者)等の大いなる〈奥義〉において、と詩篇89の7節は伝える」(前掲書)。司祭カデシム等は神聖さからかけ離れていた。(第II部の『至聖所』を参照)

これがレビ族に、手短に言えば全ての〈レヴィ族司祭等〉に与えられた名前であると、そしてモーセは〈**司祭大学の奥義者達** *Sodales*〉(註37)の長であったと述べることで説明している。「〈竜の殺戮者達〉」の本来の意味が探求されるべきはその密儀に於いてであり、その問題はこれ以後も詳しく取り扱われている。

同時に、それは、もしモーセが〈密儀〉の長であったならば、それ故〈秘儀司祭〉であったことになるし、更に、もし同時に、我々がイスラエルの人々の「禁忌」に対する預言者達の雷鳴のような声に気づくならば、二種の学校が存在したことになる。「炎の蛇」は、その後、彼らが**良き律法**、即ちモーセ以来の伝統的な教えから離れて以降は、司祭的階級のレヴィ族と〈**黒マギ術**〉に従う全ての者につけられる単なる俗称となった。イザヤ Isaiah が、「**毒蛇と炎をまとう空を飛ぶ蛇**」(イザヤ書30章6節)が何処からか出現する土地にその富を携えて行くべきだとする「反乱する子供達」に、或いはその〈秘儀参入者達〉がその当時(紀元前700年)には既にひどく堕落していたカルディヤとエジプトの地に、言及する時には、その地の魔法使い達のことを意味していた。(註38) しかし、これらの者は「〈叡智〉の〈炎の竜〉」や「〈霧のような炎〉の〈息子達〉」とは注意深く識別されなければならない。

『大いなる密儀の書』の中で我々が伝えられているのは、「〈7人の主〉は〈7人の人間〉を創造し、3人の主方(ディヤーニ・チョーハン達、またはピトリ達)は聖にして善、4人は神聖に欠け激情に満つ ……。〈天父達〉の影チャーヤー chhayas (幻影 Phanntoms)は彼らと同じであった」である。

これは、善と悪の七段階に分かれる人間性の様々な違いを説明する。七つの異なったカルマ的状況下でモナド達による入魂の用意の出来た七つの身体が存在した。〈註解書〉はこれに基づいて、人類の〈諸形態〉が実際の人間達になるや否やの、悪の容易な広がりを説明している。一部の昔の哲学者達は彼らの発生論上の説明でその7人を無視し、4人のみを伝えた。たとえば、メキシコ地域の〈**創世譚**〉は、4人からなる人類の本当の始祖達と

(註37) 「**司祭大学の構成員達はソダル**[奥義者]*Sodales* **達と称された**」と伝えるのはフリュンド Freund の『ラテン語辞書』(9章、448)である。「ソダル達は〈偉大なる母〉のイダエン Idæan の密儀に任命されていた」と『古代のもの de Senectute』の中で**キケロ** *Cicero* は書いている。(『奥義、アドニの密儀』)

(註38) 火炎を飛び越える[日本でも行われる火渡り神事のこと]バアルの司祭達。しかしこれはヘブライ語の言葉遣いで、ある地方のものである。「サラフ Saraph」──「火、或いは火炎の毒」である。

して記された「4人の善なる人」を持つが、彼らは神々によってもうけられた者でも女から産まれた者でもなく、その創造は創造的な〈諸勢力〉による驚くべき緻密なものの一つで、彼らは、「人間を造る三度の試みが失敗した」後にようやく造られた。エジプト人達は彼らの神学で〈神〉の4人の息子」のみを持つが、しかるに『ポイマンドレス Pymander』では7人が与えられている —— こうして人間の悪徳についての記述を避けているが、けれどもセツ Seth が神から〈セト-ティフォン〉Set［オシリスの弟で獣頭尖鼻の暗黒と夜と悪の神］-typhon［ギリシャ神話の火山と暴風の神］になった時に、彼は「第7の息子」と呼ばれ始めた。おそらく何処からか「第七番目の息子のそのまた第七番目の息子」はいつも生まれつきのマギ術師であるとの信仰が生じたが、けれども最初は**魔法使い**のみを意味していた。《アパプ APAP》は、悪を象徴する蛇で、セト Set の蛇、〈アケル Aker〉によって殺害されたが(註39)、それ故、〈セト-ティフォン〉はかの悪の蛇であるはずがない。『死者の書』の163章は、高位の〈秘儀参入者〉、〈秘儀司祭〉を意味する「2本の足を持つ蛇の立会のもと」、読まれるべしと(13節に)指示されているが、その理由は、前述の163章表題の絵文字ヒエログラフで、「蛇の」頭を飾る複数の円盤と羊の角(註40)がその儀式を指示しているからである。「蛇」の上には、隠された「不思議な神」、アムモン Ammon(註41)の二つの神秘的な目が描かれている。この一節は我々の主張を裏付け、「蛇」という言葉が古代に意味していたことを描写している。

　だがナーガル達 Nâgals とナルガル達 Nargals に関して、インドのナーガ達 Nâgas やアメリカのナーガル達 Nâgals と酷似する数々の呼称は何処から来たのか?

　「ナルガルはカルディアとアッシリアのマギ術(マギ術師 Rab-Mag)の首長で、ナーガルはメキシコインディアンの魔法使いの酋長であった。両者ともその呼称はアッシリアの神、ネルガル-セレツァー Nergal-Serezer とヒンドゥのナーガ達 Nâgas に由来する。両者は、彼らが全く自身と同一視す

(註39)　『死者の書 Book of The Dead』、39章。
(註40)　同様な羊の角が、パレスチナの作家によって見つけられた数枚の古いメダル、そのうちの1枚は彼女のもので、その表側にあるモーセ像に認められる。その角は、ローマではモーセの立像の輝く光輪の一部として形作られたが(ミケランジェロ Michael Angelo 作)、耳側に曲がり下がる代わりに鉛直方向にある。しかし徽章は同じで、それ故〈青銅の蛇〉である。
(註41)　しかし、ハリス氏の『魔術的パピルス Magic Papyrus』、No.5 を見るならば、羊頭のアムモン神は陶工の轆轤で人間を仕上げている。

る守護霊**ダイモン** *dæmon* を得るための同程度の能力と力を持っている。カルディアとアッシリアのナルガル Nargal は、自身の守護霊**ダイモン**を寺院の奥深くで、聖獣と考えられている数種の動物の形をしたものによって守護してきたし、インディアンのナーガル Nâgal は自身の守護霊ダイモンをあらゆる可能な場所 ── 近接する湖や森、或いは家の中で、家畜の形をしたものによって守護している」。(註42)

このような類似性は**偶然の一致**に帰することは出来ない。一つの新しい世界が発見され、そして我々には、〈第4人種〉の我々の父祖達にとって、それは既に一つの古い世界であったことが判明する。かのアルジュナ Arjuna は、クリシュナの友人且つ**弟子**で、**パーターラ** Pâtâla「[インドから見て]地球の裏側の地」に降って行き、そこで**ウルーピ** *Ulûpi*(註43)、即ちナーガ Nâga(正確にはナーギニー Nâgini)で、ナーガ王の娘、カウラヴィヤ Kauravya と結婚したと言われている。(註44)

さて、蛇の象徴的紋章の完全な意味が明らかにされることが望まれるだろう。それは悪の紋章でも、またとりわけ悪魔の紋章でもないが、実は〈ケメク・エルダム・アブラサフ The KEMEK ΕΙΛΑΜ ΑΒΡΑΣΑΞ〉(「〈永遠の太陽 – 絶対神 Sun-Abrasax〉」)、あらゆるカバリスト達の云う中心なる霊的太陽で、ティフェレト Tiphereth[生命の木の第6のセフィロトで美を象徴する]の円からなる幾つかの図表に描かれている。

さて此処で、我々は、再び、我々のより早い時期の数々の書物から引用し、さらなる説明へと進むのが良いだろう。

「この底知れぬ深淵(〈混沌ビトス Bythos〉、〈第1のものアディティ

(註42) ブラスール・ド・ブールブール Brasseur de Bourbourg、『メキシコ』、135頁、574頁。
(註43) ウルーピ Ulûpi は名前に関しては完璧にアトランティス人風の響きを持っている。アトランティス風で、ギリシャ風でもサンスクリット風でもない名前だが、メキシコ人の名前の一つとして残っている。
(註44) 『マハーバーラタ』のアディパルーヴァ Adiparva[第1章]、偈文7788、7789。『ヴァガヴァータ・プラーナ』、ix., xx., 31, で、シュリダラ Sridhera によって説明されているように、注釈者はウルーピをマニプーラ Manipura 王の娘としている。しかし法典博士、故ダヤナンダ・サラスワティは、間違いなくその様な幾つかの疑義に関してのインドに於ける最も偉大なサンスクリット及びプラーナの権威だが、個人的な考えとして、5,000年前にはウルーピがパーターラ、或いはアメリカでナーガ達の王の娘であったこと、そしてナーガ達は〈秘儀参入者達〉であったこと、を裏付けた。

Aditi〉、〈神の鎮座し給う宮社シェキナ Shekinah〉、知られざる覆い)の領域から第4の螺旋からなる円が派生する。これがティフェレトで、象徴主義の言語では、小円からなる大円を意味する。それに巻き付いて、螺旋に沿うように、配置しているのは、蛇 ── 〈叡智〉と〈永遠〉の紋章 ── 即ち、二重性を持つ〈男女両性具有者〉、**エンノイア Ennoia**〉を表す円、或いは神の精神(創造はしないが理解させる力)、そして蛇、アガトデーモン、オフィス Ophis [ギリシャ語に由来し蛇を意味する]、〈光〉の〈影〉(非-永遠だが、我々世界の最も偉大な神の光)、である。両者はオフィス[グノーシス主義の各派の構成員の呼称だが、此処では神秘的な力を持つ蛇]からなる**ロゴス達 the Logoi**、或いは自身が〈善〉と〈悪〉の二重原理として顕現する**ロゴス**と同一の〈一なるもの〉であった」。

　仮にもそれが光りだけで、不活発で、絶対的であったならば、人間の心はそれの価値を認めたり実現することさえも出来なかったであろう。影は、光がそれ自体で顕現できるようにし、それに客観的な現実性を与える。それ故、影は悪ではなく、〈光〉や〈善〉を完成するという結果に必要不可欠なもので、**影は〈地上〉に於いてはそれ自身が創物主である。**

　グノーシス主義者の見解によれば、これら二つの原理は不変の〈光〉と〈影〉、そして実際上一つで永遠に存在する〈善〉と〈悪〉で、同時にそれらは顕現した諸世界がある限り、絶えず存在し続けることになるだろう。

　この象徴は、〈救世主〉として、聖体パンの周囲のみならず、陽根の紋章であるタオ Tao にもまとわりつき、この〈蛇〉の宗派による崇拝を説明する。一つの〈統合体 Unity〉として、エンノイアとオフィス[蛇]は**ロゴス**である。分離した時、一方は〈生命〉の〈木〉(霊的)となり、他方は〈善〉と〈悪〉の〈知識〉の〈木〉になる。その結果、我々は、最初の人間の男と女 ── イルダ Ilda -バオス Baoth の物質的産物だが、その霊的本質はソフィア-アカモス Achamoth に由来する者 ── に、〈蛇オフィス〉が、神の〈叡智〉を意味するにもかかわらず、禁断の果実を食べるように唆すのを見ることとなる。

　蛇、〈善〉と〈悪〉の〈知識〉の〈木〉、そして〈生命〉の〈木〉は、全てインドの土壌から移植された象徴である。世界樹アラサ-マラム Arasa-Maram、即ちバンヤン樹は、(ビシュヌが一つの化身の間その巨大な木影の下に横たわり、そこで人間に哲学と科学を教えて以来)ヒンドスタン人にとって非常に神聖なものとされ、〈知識〉の〈木〉、そして〈生命〉の〈木〉と呼ばれている。この森の王の叢林による保護下で、師匠グル達、彼らの学徒達に不死性についての最初の講義をし、彼らに生と死の密儀へと秘儀参入させている。

〈祭司大学〉である**ヤハ-アレイム** *Java*-Aleim は、カルディア人の伝説では、彼らの1人のようにするために人々の息子達を教えたと云われている。今日まで仏教の祖、法主 Fou-tchou は (註45)、大いなる山、「崑崙山 Kouin-long-sang」(註46) の頂で、自分の〈妙法 Fou-Maeyu〉、或いは仏教寺院に住み、中国語で須弥山 Sung-Ming-Shu、或いは〈知識〉の〈木〉、そして〈生命〉の〈木〉と呼ばれている木の下で、かの偉大な宗教的奇跡を産みだしている、何故なら無明は死に至り、智慧のみが不死性を与えるからである。これについての驚くべき展示物 [巨大な仏画] は、3年ごとに、[寺院の] 広大な中庭に聖地巡礼で中国の仏教徒達が集まる時に御開帳される。

今では、黎明期の〈秘儀参入者達〉と〈アデプト方〉、或いは「〈賢人達〉」が、最高位の天使達に代表される〈宇宙魂〉によって自然にまつわる密儀に秘儀参入させられたと彼らに対して主張されているが、何故に「〈叡智の蛇達〉」や「〈竜達〉」と名付けられたのか、また同様に、如何にして最初の生理学的に完全な男女が、── 知識の果実を食べることで、オフィス [蛇]、即ち**顕現した**〈**ロゴス**〉と両性具有者を通して人類創造の神秘に秘儀参入した後に ── 〈罪〉を犯し、「〈主なる神〉」に従わず、〈蛇〉によって誘惑された後に、世の物欲的な精神によって徐々に非難され始めたかを、理解しても良いだろう。

創世記の最初の4章の秘教的な意味については、ほとんど理解していなかったため、(ユダヤ人の聖書を奪った) 初期のキリスト教徒達は、不服従に意図された如何なる罪も無いだけでなく、実際には「〈蛇〉」が、オフィスやロゴス、或いは神の創造的叡智の使者として、彼ら神々の代わりに人類が造物主となるように導いた「〈主なる神〉」自身であったことに決して気づかなかった。(註47) 彼らは、「木と蛇」から発展したものの一つが〈十字架〉で

(註45) 法主は、文字通りに、中国ではブッダの主、或いは仏-法教典の教師を意味する。
(註46) この山は中国の南西、ほぼ中国とチベットの間に位置する。
(註47) 読者は、ゾハルやあらゆるカバラ的な書物でも、「**シェキナ** *Shekinah* と一体となったメタトロン Metatron」(或いはアイン-ソフのベール (慎み深さ) としてのシェキナ) が、ロゴスを象徴し、まさにかの〈知識〉の〈木〉であり、その一方でサムエル Shamael は ── ロゴスの暗黒面で ── かの木の堅い樹皮だけを占め、〈悪〉の知識だけを持つ、と主張していることを忘れないようにすべきだ。〈堕落〉の場面 (創世記第3章) にエジプトの〈秘儀参入儀式〉に関係する一つの出来事を見たラコールが語るように ──「〈予言〉の〈木〉、或いは〈善悪〉の〈知識〉の〈木〉は、…… **ツェフォン** *Tzyphon* の科学、疑念の精神、**ツェ** *Tzy*

あって、それが**人類の解放をもたらす**ことを決して悟らなかった。この為に十字架は、幾何学、諸々の数字、占星術、度量衡、動物の繁殖に応用しうる、〈創造的〉原因に関するまさに最初の根本的な象徴となったのであろう。カバラによれば、**男にまつわる呪いは女の形成とともに現れた**。(註48) 円はその直径から二つに分かれた。「一つの中に二重の本質を持つ者から、それは〈両性具有者〉の状態だが、二重の本質の分離がなされて、その後永遠に、元の一つの状態への再結合を求めることがその運命となった二つの対極的な人間が現れている。その呪いは次の通り、即ち、かの自然は、しいて捜すならば、望まれる再結合、或いは一体になることとは異なる、一つの新しい生命 being[子]を産み出すことによって望まれた結果を避けてきたが、それによって失われた状態を回復したいという自然な切望は絶えず欺かれたし、欺かれている。それは〈自然〉に育まれて継続してきた一つの呪いのこのじれったくなるような過程によるのである」。(註49)(『十字架と円 Cross and Circle』、第 2 部参照。)

「〈生命〉の〈木〉」から追い払われたアダムの寓話は、秘教的には新たに分かれた〈人種〉が、〈生命〉の神秘を悪用し、獣性と非道の領域に引きずり降ろしたことを意味する。というのも、『ゾハル』が描写するように、かのマトロネタ Matronethah(シェキナのことで、象徴的にはメタトロン Metatron の妻)は「大いなる〈生命〉の〈木〉、〈万能の木〉への道であり」、シェキナは神の恩寵であるから。説明したように、この〈木〉は天上の渓谷に枝を広げ、そして三山(人間内部の上級本質の三つ組)の間に隠されている。これらの三山からその〈木〉は幹を上へ向かって伸ばし(アデプトの知識は天上へと熱望する)、その後、下へと向かって下降する(〈この世〉のアデプトの〈自我〉へと)。この〈木〉は日中に姿を現し、夜は隠されている、即ち

は教えること、**フォン Phon** は疑念、である。ツェフォンはアレイム[大学]の一つで、我々は現在でも彼を誘惑者**ナク Nach** の名前の下で理解すべきである」。(『エロヒム神達 Les Œloim』、2 巻 218 頁)彼は今では《エホバ》の名の下に象徴学者として知られている。

(註48) これはあらゆる〈教父達〉に採用され応用されている見解であるが、しかしそれは真の秘教的な教えではない。その**呪いは**男のみならず女の形成とともには始まらなかった、何故なら彼等の分離は、**戒律を破る**ことを除いて、進化の自然な流れの一つであったから。(上述を参照)

(註49) 「それによって(人間の)本能は生き続け」、動物にさえ無く ── **自然ではなく、人間が作りだした、間違った方向へと導く官能的で不道徳な性癖**である。

啓明された精神に現わされ、夜である〈無知〉には隠される。(『ゾハル』の第 1 巻、172 頁 a と b を参照)〈善〉と〈悪〉に関する〈知識〉の〈木〉は〈生命〉の〈木〉のその根元から生長する」。(註解書)それにも関わらず、その後にまた、「カバラに於いて『〈生命〉の〈木〉』はその性的面ではアンク十字であったし、『〈知識〉の〈木〉』は宿命的な境遇を実現するために分離し、そして再び一緒になったことが明瞭に認められる。これを数字で表示するならば、エツ Otz(צצ)、即ち木、という言葉を構成する文字の数値は 7 と 9 で、7 は聖なる女性数で 9 は陽根、或いは男性エネルギーの数である。このアンク十字は、あらゆる方面とあらゆる感覚に対応できる最初の顕現に基づいたエジプトの**女性-男性**、イシス-オシリス、あらゆる形態の中に見られる胚種的な原理、に関連する象徴である」と。(註 50)

　これは〈西洋の秘教科学者達〉によるカバラ的な見解で、それはこの主題に関するより哲学的な〈東洋人〉、アーリア人の見解とは異なる。(註 51)性の分離は自然の、そして自然な進化のプログラムであったし、男性と女性に於ける創造的な能力は〈神〉からの叡智の賜であった。その様な数々の伝承が事実であることを、古代のあらゆる者、貴族的な哲学者から霊的に最も慎ましやかな性向を持つ庶民に至るまでが、信じていた。そして我々が展開したように、その様な数々の伝説の**相関的**な真実性が、絶対的な正確さはないにしても ── かのソロン Solon、ピタゴラス、プラトン、その他の者のような知性の巨人達によって保証されたことが ── 現代の 1 人以上の科学者に明らかになり始めていることを、我々は成功裏に示すだろう。彼[西洋の科学者達]は、当惑し、日々彼の前に積み上げられる数々の証拠を前に驚き困惑する状態で、古代の伝承を受け入れ始めない限り、彼の目の前に迫る多くの歴史についての疑念を解く如何なる方法もないと感じている。それ故、我々が古代の諸の記録と**世界的な**数々の伝説を無条件に信じると宣言する際に、公正な論評者の前で過ちを認める必要など全くない、というのも、他の、そして更に多くの学識のある作家達は、現代の科学学派に属する者等の真只中で、〈秘教科学者達〉が、例えば「〈竜達〉」を象徴的にだけでなく、同時に彼らが実在したとすること以上に、より多くのことを明らかに信じている。

　「一般的に架空のものと評価された物語集を一般大衆に公表し、彼らに

（註 50）　『寸法の起源 the Source of Measure』。
（註 51）　第 2 部の「〈七重性〉」以降を参照。

真正な数々の事実に基づく考察を主張しようと考えたり、昔からの作り話と信じられて来た伝説的な物語を、諸々の事実、そして多くの事実や伝説の中で、多少なりとも歪められてはいるが、実在の生物と出来事の描写を育くむものとして、支持することは、30年ほど前には、誰にとっても本当に勇気のいる一歩であったことだろうが、今日それはほとんど危険の無い行動となっている………」。

　それについてはチャールズ・ゴールド氏による『神話上の怪物達』という題の最新(1886年版)のとても興味深い作品を紹介してみよう。彼は大胆にもこれら諸々の怪物達の大半[の実在]を信じていることを記述している。彼は以下の私見を述べている、――「いわゆる神話上の動物の多くは、長い時代に亘り、そしてあらゆる諸国家で、小説や寓話の豊かな主題となってきたが、明白な事実そのままである博物学の範囲内で合理的に出現し、そしてそれらの動物は豊かな想像の結果としてではなく、かつて実際に存在した生き物達と推察してよいもの、そして不運にもそれ等に関する不完全で不正確な描写のみが我々に漏れ伝わって来たものは、時代の様々な霧を通して、恐らくとても歪められてきた。…… **かつて人間と同時に存在し、その一部はとても不気味で恐ろしく、一目見て有り得ないと思うような生き物達の数々の伝承。** 私にとってそれら生物達の大部分はキメラ[ライオンの頭、山羊の胴、蛇の尾を持ち、口から炎を吐く生物]のような怪獣達ではなく、合理的な研究の対象である。竜は、あるアーリヤ人男性が居住する洞窟の至る所で明滅する閃光への注視による彼の想像力から展開した創造物である代わりに、幾人かの神話学者によって提唱されるように、かつて生存し、その重々しいとぐろを巻いて大地を這いずり、そして恐らく飛翔した。…… 私にとって一角獣ユニコーン Unicorn の明確な存在は信じられなくはないし、そして事実、その起源を月の神話(註52)に比定するかの説以上に可能性が高いと思われる。…… 自分としては、一般的な諸々の神話の由来が『目に見える現象的な自然の作用への熟考』によるということを疑問視している。私にとって、時代の麻痺的状態は、その本来の出所が全く認識できなくなるほどまでに、繰り返し語られるこれら寓話の言語表現を衰弱させてきたし、また、**未開の野蛮人達が今日の最も教育を受けた諸国民に楽しまれるものに遙かに優る想像力と詩的な創作力を所有**

(註52)ロバート・ブラウン、フランス科学学会 F.S.A.1月号、『一角獣ユニコーン、その神話学的探求』。

するに違いないとするより、またこれらの神々と半神達、巨人達とこびと達、竜達と怪物達にまつわるあらゆる記述に関するこれら驚くべき数々の物語が彼らの創作と**信じるよりも変形**であると信じることはより困難が少ない、と考える方がより自然であるように思える」と。(註53)

人間は、「**3 万年から 100 万年と様々に推定される**時代を連続的に辿れるが …… ずっと以前に絶滅した数々の動物と共存していた(20 頁)」ことが同じ地質学者によって示されている。これらの「不気味で恐ろしい」動物達は、幾例かを示せば ──(1)「**シダステス属** the *genus Cidastes* については、その巨大な骨格と背骨が 200 フィート[1 フィートが 30.48cm で、約 61m]近くの長さに達すること示している ……」。その様な怪物達の遺骸は、数にして 10 を下回ることはなく、コロラド州のマウヴァイセス・テラス Mauvaises Terres[はにかみの土地]の平原に散らばった状態でマーシュ博士によって発見された。(2)**チタノザウルス・モンタナス** *Titanosaurus montanus*[アトラントザウルスの類似属とされる]は、体長で 50 から 60 フィートに届いている。(3)**ディノザウルス種** *Dinosaurians*(ロッキー山脈のジュラ紀の諸地層に見られるもの)は、更に巨大な体格サイズである。(4)**アトランタ-ザウルス・インマニス** *The Atlanto-Saurus immanis* は、大腿骨だけで長さ 6 フィートを超え、そうして体長はなんと 100 フィートを超えるだろう！ しかしそれでも限界に至っておらず、そして我々は長さが 12 フィートを超える大腿骨を持つ様な巨大な体躯の化石発見を耳にしている(37 頁)。次に我々は、象と同程度の大きさだが、体重では象に優るヒマラヤの四本角の雄鹿である巨大動物**シヴァテリウム** *Svatherium* や巨大な**メガテリウム** *Megatherium* やロードス島のアポロ像のように巨大で鰐の顎とアヒルの頭を持つ空を飛翔する蜥蜴のような**翼竜プテロダクテル** *Pterodactyli*, 等々について理解を読み深めよう。**総てこれらのものは人間と同時代に存在し、恐らく人間を襲い**、人間も同様に彼らを狩猟したが、我々は、云い伝えられる人間が現在の人間よりもその当時大きくはなかった、と信じる事を求められている！ その怪物のような生き物達を含む〈自然〉に囲まれて、人間自身がロードス島のアポロ像のように巨大でない限り、人間が生き延び得て、その一方で害敵が滅亡したなどと、どうしたら想像し得るのか？ シヴァテリウムや巨大な空を飛翔する蜥蜴に対抗する最善なものが人間の石斧であるのだろうか？ 少なくとも 1 人の偉大な科学者ド・カトルファージュが、何故人類出現が「黎明期の哺乳類と同時

(註53) 『神話上の怪物達』、序文の 3 頁と 4 頁。

代」ではなくて、「**遙か第二紀まで遡る**」(註54)べきなのか、の如何なる妥当な科学的根拠も見あたらない、とすることを記憶に留めておこう。

「それは次のように思われる」と書き記すのは非常に保守的なジュークス博士で、「飛翔する竜達の奇譚はこの世界以前の数々の時代に実在した何かであった」と。(註55)「記された人類の歴史は」、と著者は問うことを続けて、「数千年から成るが、人類の知性的存在としての総ての発展過程を含んでいるのか？ 或いは、我々は、数十万年以上にもおよぶ長い神話的時代に於いて、そしてカルディアや中国で記された年代記に於いて、朧気な先史時代の人類の記念碑の数々を口伝によって引き継いできたのか、そしてプラトンのアトランティス伝説のように、水没させられたかも知れない他の土地やその文明と共に、人々を壊滅させた幾つかの大災害の光景から滅亡を免れた土地に僅かな生存者達によって恐らくもたらされたのではないのか？」と記している (17 頁)。

僅かに生き残った巨大動物類は、例えば象のように、自身はその祖先マストドン Mastodons やヒッポポタミ Hippopotami と比較してより小型で、唯一の生き残り動物のなごりで、そして日毎により多くのものがひたすら滅びゆく傾向にある。それらでさえも未来の種属の幾つかの先駆種を既にもっているし、人間がそうであったように同じ体型でサイズが縮小して来た。というのも、小型象の遺骸がマルタ島の洞窟の堆積物に (E・ファルコネリ Falconeri によって) 発見されており、そして同じ著者は、それら小型象が、小型のヒッポポタミの生き残りと同類で、「体高僅か2フィート6インチ、或いはM・ミレーヌ-エドワーズが体長2フィートに少しばかりと見積もる今でも生存する**ヒポッポタムス** Hippopotamus (**カエロプシス** Chœropsis) **・リヴェリエンシス** Liberiensis」だと主張する。(註56)

懐疑論者達は我々の創作を矛盾に満ちたもの、またはおとぎ話として嘲ったり非難するかも知れない。しかしそうすることによって、彼らは、「人間がまさに知る諸々の事が、数の上では、知られざる諸々と如何なる方法でも比較することは出来ない [山海経序文に郭璞 (かくはく) が引用した荘子 Chuang [チュアン] の文は『人の知る所を計るに、その知らざる所にしかず』である。]」(註57) とする中国人思想家、荘子の叡智を実証するだけである。

(註54) 『人類の種族』、52 頁。
(註55) 『地質学の使い方』、301 頁。
(註56) 『哺乳動物の研究 Recherches sur les Mammifères,』、図表 I。
(註57) 『大地と海の驚異』(山海経 Shan Hai King) 序文。

その結果として、彼らは自身の無知を嘲笑っているに過ぎない。

「神の息子達」と「聖なる島」

今、科学が人類の揺籃の地とする —— 実際は、その**七つ**の揺籃地の一つだけだが —— 地球上の一地域に関連して『[ベールをとった]イシス』で取り上げられた**伝説**は、以下のように書かれ、要約され、そして現在では説明されている ——

「伝承は語り、〈**偉大な書**〉（ジャーンの書）の記録は説明する、アダム Ad-am とその詮索好きな妻エヴァ He-va の時代の遙か以前、今は塩の湖と荒れて不毛の砂漠でのみ知られる処に、中央アジアを越えて、誉れ高きヒマラヤ地帯の北部、そしてその西側に延びて広がった広大な内陸海が存在したと。一つの島は、その比類なき美しさで世界に肩を並べるものはなく、我々に先立つ人種の最後の生存者が暮らしていた」と。

「それら最後の**生存者**」は「〈意思〉及び〈ヨーガ〉の〈息子達〉」を意味し、彼らは一部の部族と共に大激変を生き延びた。というのも、本当に完全な諸人種 —— 第4と第5人種に先立って、大レムリア大陸に居住したのは〈第3人種〉である。それ故『イシス』では次のように語られた ——

「この人種は、水中でも、大気中でも、火中でも同じく容易に暮らすことが出来たが、それは四大元素に対する無制限の支配力を有していたからで。これらは、『〈神〉の〈息子達〉』で、人間の娘達を見初めた者等ではなく、東洋の〈**カバラ**〉では彼らは別の名を持つが、実際には**エロヒム**であった。自然の最も神秘的な数々の秘密を人間に伝え、畏れ多い、そして今では**失われた**『言葉』を人間に啓示したのは彼らであった」と。

その「〈島〉」は、信仰的な考えによれば、大〈砂漠〉ゴビの恐ろしい荒れ野に周囲を囲まれた**オアシス**の一つとして現時点でも存在する —— そして、その砂漠を「人の記憶の中で人跡が横断したことはない」。

「この言葉は、もはや言葉とはいえず、かつて地球をぐるりと廻る旅をし、そして遙か遠き瀕死の木霊として特別な人々のハートの中にいまだ微かに生きづいている。あらゆる〈司祭大学〉の秘儀司祭達はこの島の存在に気づいていたが、しかしその『言葉』は、**ヤヴァ・アレイム** *Java Aleim*（別の言語ではマハー・チョーハン）または各大学の学長にのみ知られ、そして臨終の際にのみその継承者に引き継がれた。多くのその様な大学が存在し、古典の著者はそれらに言及している。

「海によってその美しい島との交通は途絶えているが、学長達にのみ知られる地下通路が、其処へと四方八方から通じている」と。(註58)

今、インドで繁栄する一つ以上の都市が、6、7層の高さを持つ既述の地下都市から成る幾つかの都市の上に建設されているという伝説の真実性を、伝承は主張し、そして考古学は受け入れている。デリーDelhiは其の一つで、アラハバードAllahabadはもう一つの例である ── この事例はヨーロッパにさえも見られ、例えばフローレンス［イタリア中部の都市］は幾つかの滅亡したエトルリア人と他の諸都市の上に建設されている。それなら何故、エローラEllora、エレファンタElephanta［ボンベイ］、カーリKarli、アジャンタAjuntaでは、主張されたように、地下の迷宮や通路が建設されることがなかったのか？　当たり前だが、我々は**一見され** de visu、或いは風聞を通じて、個々のヨーロッパ人に知られている洞窟には、その計り知れない古さにもかかわらずここでは触れないけれども、それらは現代考古学で盛んに議論されている。しかし、インドの〈秘儀参入のバラモン達〉、そして特に〈ヨーギ達〉に知られる事実は、それらがその地域の洞窟‐寺院でなく、四方八方へ向かう迷宮の通路を持ち、それら数々の地下洞窟と果てしない回廊が、今度は**それ自身の洞窟や回廊を持つ**ことになる。

「失われたアトランティスは ──〈聖典〉でも同様に言及され、繰り返し、別の呼称の下に、聖なる言葉で公言されているが ── それらの時代にはまだ存在しなかったと誰が語り得るのか？」。──

我々は探求を進めていった。それは最後のレムリア大陸が沈んだ時の栄光と文明の大いなる時代への最初の手がかりであったように、それは**間違いなく確実に存在した**。

「巨大な失われた大陸は、インドからタスマニアにまで広がり、おそらく、南アジアに位置していたのだろうか？ (註59) もしその仮説（今では

(註58)　ジェームス・ファーガソンJames Fergusson氏のように、インドの非常に古い一つの単独遺跡さえ否定する考古学者達が存在する。彼の著書、『インドの石窟寺院の解説』で、著者は、「インドの草創期の石窟寺院が発掘される以前は、エジプトが国家の起源であった」というまさに奇抜な意見を敢えて表明している。要するに彼は、アショカ王治世以前の如何なる石窟の存在も認めず、これら石窟寺院の多くがかの信仰深い仏教徒の王の時代から広がって、そして5世紀初頭、マガダMaghadaのアンドラAndhra王朝の滅亡までの時代の間に作られたことの立証を切望しているように思える。我々はその様な主張を全くの横暴だと信じている。将来の諸発見は、それが出鱈目で不当なものであることを示すだろう。

かなり疑問視され、それをプラトンの戯言(ざれごと)だとする一部の学者権威筋に盛んに否定されている)が絶えず検証されるならば、その時、神々が住まう大陸の記述はその総てが作り話ではないと、恐らく科学者達も信じるだろうか。(註60)そして彼らは、プラトンの慎み深い暗示と彼がソロンSolon及びエジプトの神官からの話とするものが、単に世界へ事実を伝える思慮深いやり方であっただけでなく、賢明にも真実と虚構を組み合わすことによって、イニシエイションで課せられた義務のため漏洩を禁じられた物語から自身を関係ないようにしたことを、その時知るだろう。

「伝承を伝えるために、我々は秘儀司祭の冠位が二つの異なる部門に分けられたことを追加すべきだ。(註61)即ち、その島の『〈神〉の〈息子達〉』によって指導され、そして純粋な啓示による神の教えによって秘儀参入した者等と、他方、失われたアトランティスに ── 前述のその名に間違いないとしても ── 居住し、そして別の人種の(**性的に**だが、**神的な**両親から生まれた)存在として、あらゆる生き物を見て知悉し、隔たりと物質的な障壁に左右されない視力を持って生まれた者等とに。手短に言えば、彼らは『**ポポル-ヴォー**』に記された〈第4人種〉の人間達で、その視力は際限がなく、直ちに万物について知り得た」。

換言すれば、彼らは、〈霊的な-王達〉の王朝を戴く最初のレムリア系-アトランティス人であって、それは一部の者が信じるような(『聖霊論』を参照)〈祖霊達 Manes〉や「幽霊達」ではなく、実際に生きている**デーヴァ神達**(繰り返しとなるが、或いは半神半人の神々、〈**天使群**〉)で、人々に君臨するために肉体を纏い、次に工芸や科学を通じて人々を指導した。彼らが**有形且つ物質的な**〈霊達〉であったことから、これらのディヤーニ達だけがいつも善良であった訳ではなかった。彼らの**テヴェタータ**〈**王**〉King Thevetataは後者の1人で、この〈**魔王** King-Demon〉の悪影響下で …… ア

(註59) アメリカは発見された時、一部の原住民部族から**アトランタ** Atlantaと呼ばれていた。
(註60) その後ドネリーDonnellyの『アトランティス』が出版されて、そしてやがてその実在が科学的事実となるだろう。
(註61) それは今日までその様に分けられているし、〈秘教科学〉の幾ばくかを、しかも否定できないダグパシップDugpaship[本来はチベット仏教の魔術師、タントラ行者の力を意味するが、神智学では闇の同胞団を意味する]の力を自費で学んだ神智学徒達や〈秘教科学者達〉は、これについて、しかも非常に詳しく理解している。

トランティス人種は邪悪な**マギ術師達**の国家となった。
　「この結果、戦争が布告され、その物語は長すぎて語れないほどだが、その本質はカインの種族や巨人達、そしてノアとその義なる家族の歪曲された寓話に認められるだろう。その闘争は、バビロニア人やモーセの洪水物語に模倣が認められるアトランティスの水没により終焉した。巨人達とマギ術師達、『…… そして生きとし生けるものが滅んだ …… あらゆる人間が』。キセトラスとノアは、ポポル-ヴォーに於ける偉大な〈祖〉トリンキティアン達 Thlinkithians と、またグアテマラ人の聖典でも、インド人ノア —— ヴァイヴァスヴァタと同様に巨大な船で彼は逃れたとも伝えられ、本質的には同一だが、彼らを除く総てのものが滅んだ。
　「もし我々がともかく伝承を信じるならば、我々はその島の秘儀司祭達の子孫とアトランティス人ノアの後裔との異種族婚姻による正義と悪の混血人種を生じた更なる物語をも信用すべきである。一方で、世界は幾多のエノク、モーセ、多様な仏陀達、夥しい『〈救世主達〉』、そして偉大な秘儀司祭等にまつわる伝承を、他方に、正統な霊的啓明の力の制御不足から …… 彼らの贈り物を邪悪な諸目的に誤用した ……『**天性のマギ術師達**』にまつわる物語を持っていた」。
我々は幾つかの記録や伝承を証拠としてこれを補ってもよい。『聖母の歴史、失われた大陸の人々 Histire des Vierges:Les Peuples et les Continents Disparus』でその著者は次の様に語っている。——
　「最も古いインドの諸伝説の一つは、諸々の寺院に口伝や写本として継承されてきたが、数十万年前の太平洋で、地質学的な変動で崩壊し、その残った諸地域がマダガスカル、セイロン、スマトラ、ジャワ、ボルネオ、及びポリネシアの主要な島々であると推定されるべき広大な大陸が存在したと物語る」。
　「ヒンドスタン高原とアジアは、この仮説に従えば、それら遙か遠き古（いにし）えの時代に、主要大陸に隣接する大きな島々として出現したのであろう。…… バラモン達によれば、この国は高度の文明に達し、ヒンドスタン半島が海洋に取って代わって拡大し、大地殻変動時にはこの地で生まれた一連の初期の伝承を引き継いだだけであった。これらの諸伝承は、この広大な赤道直下の大陸に居住し、その言語が**サンスクリット語に由来した人々に**ルタ人 Rutas という名を与えている。…… そしてインド-ギリシャの数々の伝承は、インド平原から移民してきた最も知性的な大衆によって保持されてきたが、等しくその大陸と民族の存在に

アトランティス人やアトランタイデス人 Atlantides という名を与え、熱帯北部地域の大西洋に位置するものとして関連づけている」。

「この事実とは別に、それらの緯度地域の太古大陸にまつわる憶説や、アゾレス諸島［ポルトガル沖 1,000km の大西洋の島］やカナリヤ群島［アフリカ西岸に近い大西洋上の島］とケープ岬［アフリカ大陸南端の岬］の火山性の島々や山々に見られる痕跡は、地質学的な可能性が全く無いとはいえない。ギリシャ人達は、更に、神秘的な海洋を畏怖する話のため、敢えてヘラクレスの柱を越えようとはせず、他でもないインド伝説の木霊であるプラトンによって保持された諸々の物語については、その古さに関して新し過ぎると思っていた。そのうえ、我々がマラヤン群島からポリネシア、スンダ海峡［インドネシアのスマトラ島とジャワ島］の間からイースター島の海域に散在する島々や数々の小島の景観を示す、地球平面地図に視線を投げかける時、我々が暮らす大陸に先立つ大陸の仮説に関して、其処があらゆる中で最重要な場所ではないなどとは、とうてい信じられない。

「マラッカからポリネシアまで、いわばオセアニア太平洋州世界の両端にまで共通する宗教的信仰の一つは、『かつてこれらの島々が、絶えず戦争状態にある黄色人と黒色人が居住する二大大国を構成し、そしてまた両者の抗争を案じた神々が、彼らに平和をもたらすように〈オーケアノス Ocean［海洋神］〉に命じたが、オーケアノスは 2 大陸を一呑みにし、それ以来、彼にその手に入れた海洋域を放棄させることは不可能となっている。ただ、自分が犯した間違いに気づくのが遅すぎた神々の力によって山の頂きや高い台地が大洪水から免れ得た』と断言する。

これらの諸伝承にどんなものが有ろうとも、またローマやギリシャやエジプトやインドに発達した文明よりも遙かに古い場所があったとしても、この文明がまさに存在したことは確かで、それらの痕跡が如何に微かで弱々しくとも、それを復活することは科学にとって非常に重要である」。(13-15 頁)

この最後の伝承は、「シークレット・ドクトリンの〈記録〉」から与えられることの一つを裏付けている。黄色人種と黒色人種について言及された戦争は、「〈神〉の息子達」と「巨人の息子達」の、或いはアトランティスの住民達と魔術師達の抗争に関係している。

個人的にポリネシアの総ての島々を訪ね、その民族の宗教、言語、伝承のほぼ全てを研究するために歳月を捧げた著者の最終的な結論は以下の通

りである。

「最後の地質学的大変動で消滅したポリネシア大陸に関して、その存在は、論理的に、もはや疑問の余地の無い前述の数々の証拠に基づいている。

「この大陸の三つの頂き、即ちサンドウィッチ諸島、ニュージーランド、イースター島は、お互いに1,500から1,800リーグ[1リーグは約4.8キロメートル]離れ、そして中間の諸群島、ヴィチ Viti、サモア、トンガ、フォウトウナ Foutouna、オウヴィア Ouvea、マルケサス Marquesau、タヒチ、ポーマウトウ Poumoutou、ガンビエル Gambiers 等は、それぞれがこれら端の地点から700、或いは800から1,000リーグ離れている。

「あらゆる航海者は、外縁や中心の諸群島がそれらの実際の地理学的位置から見て、そして彼らが手にしていた不十分な交通手段では交流することがほとんど出来なかったと言うことに同意する。その様な長距離を丸木船で渡航することは物理的に不可能である …… 羅針盤を持たず、食料もなしに数ヶ月も旅をするなど。

「これに反して、サンドウィッチ諸島、ヴィチ、ニュージーランド、中央群島、サモア、タヒチ等々のアボリジニ達は、ヨーロッパ人がやって来る以前には、**お互いに全く知らなかったし、お互いについて聞いたこともなかった。それにも関わらず、これらの民族のそれぞれは、彼らの島がかつてアジア側に東に向かって広がる広大に伸びた大地の一部を形成していたと主張する。**そして総てを寄せ集めてみると、同一の言語が話され、同一のしきたりや習慣や宗教的信仰を持つことが見られた。そして、『あなた方民族の揺籃の地は何処か？』と云う問いに対する唯一の答えとして、誰もが、**日の沈む方へ向かって彼らの手を指し示しただけあった**」。(前掲書、308頁)

地理的に、この記述は〈秘密の記録〉の諸事実と多少整合性に欠けるけれども、それはその様な伝承の存在を示しているし、これは人が注目すべき点の総てである。というのも、火のない所に煙が立たない様に、伝承は幾つかの真実に近いものに基づいているに相違ないからである。

適当な箇所で我々は、〈現代科学〉が上述のことと、二つの失われた大陸に関する**シークレット・ドクトリン**の諸伝承を十分に立証していることを指摘するだろう。イースター島の遺物は、例えば、初期の巨人達の最も驚くべき且つ表現豊かな記念碑である。それらは神秘的であると同様に雄大であり、そして人は、その島に破壊されずに残ってきた巨大な彫像の頭部

の調査を少なくとも行い、一目見てそれらに〈第4人種〉の巨人達が持つ容貌の型と性質とに少なくとも気づくべきである。彼らは、容貌では異なるが —— 秘教的なインドの書物でアトランティス人達 Atlanteans（ダイティヤ達や「アトランティス人達」）が有していた特徴として描写されているように、**明らかに肉体的な型**の一つが現れた人種と思われる。これらを中央アジアの別の巨大な顔の彫像と比較するならば、—— 例えばバーミヤンの近隣の諸像 —— その**肖像-彫刻**は、伝承の伝えるところでは、**以前のマンヴァンタラ**に属すブッダ方 Buddhas、即ち正覚者達や英雄達で、彼らは、仏教経典とヒンドゥ聖典では、信じられないような身長の人々(註62)で、一般に彼らの邪悪な異父兄弟の善にして聖なる兄弟として、また巨人のランカ王ラーヴァナ Ravana がクンバカルナ Kumbhakarna の兄弟であったとして記述され、リシ達を通じて全員が神々の子孫、そして、「ティターンとその凶暴な血族」のように、彼ら全員が「天に最初に誕生した者」であったとされる。これらの「正覚者ブッダ方」は、大きな垂れ下がった耳で象徴的に表現されることよってしばしば損なわれてきたけれど、彼らの顔の表情とイースター島の彫像との間には、ひと目見て気づく、暗示的な相違を示している。彼らは恐らくもう一つの人種であろう —— しかし、前者は「〈神々〉の〈息子達〉」で、後者は強大な魔術師の血筋の者等である。これらの者総てはそれにも関わらず生まれ変わっているし、大衆の空想譚や伝承の避けられない誇張はさておいて、彼らは**歴史上の人物**である(註63)。彼らが生きたのはいつの時代か？　〈第3〉、〈第4〉の2人種はどのくらい前に生きていたのか？　そして多様な〈第5人種〉が彼らの戦い、〈善〉と〈悪〉の戦争を始めるのはどれ程経ってからのことか？　我々は、年代学が絶望的に混乱しているだけでなく、プラーナ伝承や他のヒンドゥの〈聖典〉で不条理にも誇張されていることを〈東洋学者達〉によって確かめている。我々はその糾弾に同意する用意を十分感じている。しかも、もしアーリヤ人の

(註62)　バーミヤンの彫像に近いもの —— それはまた200フィート[約61m]もの高さの仏陀像 —— は、南インドのジャイナ教徒 Jain の居留地の近くに見られ、現存する唯一のものと思われる。

(註63)　同じくウィルソンは、ラーマとラーヴァナが歴史上の事実に基づく人物達であったことを認めているし ——「南インドの伝承は一律に文明的なインド人（第5人種）のその文明と定住をラーマによるランカ島の征服に起因するものである」（『ヴィシュヌ・プラーナ』、iii、318頁）とする。—— アトランティスの魔法使い達に対する「〈神〉の〈息子達〉」の勝利であると**真**の伝承は語る。

作家達が彼らの年代学の振り子が事実による合理的な限界を超えて、時折一方の遙か彼方へ振れるのを本当に認めたとしても、それにも関わらず、それらの逸脱期間が〈東洋学者達〉の反対方向への逸脱期間と比較される時には、適切なものはバラモン僧側に見つけられるだろう。〈サンスクリット語学者〉よりも事実に忠実でより近いと長きにわたって認められているのは〈法典学者 Pundit〉である。確かに、サンスクリット語学者の舌足らずな省略は —— 個人的な趣向に合わせるために再分類されたことが明らかな時でさえも —— 〈法典学者〉が乱暴にも出版物の中では**ほら吹きとして**処遇されている事実から見れば、西洋の公式的な見解によって、誰もが同じ光の下で理解すべき「事実の**思慮深い容認の一つ**」として見なされている理由にはならない。1人の公平な論評者はそれを違った風に判断するかも知れない。彼は両者とも不謹慎な歴史家達だと公言するだけでなく、彼の個人的見解でそれぞれ両者を正当化し、そしてインド系アーリヤ人達が、大衆のためにではなく、行間に真実を読み取る彼らの〈イニシエイト達〉のために記したと語るかも知れない。仮にも彼らが出来事をごちゃ混ぜにし、**意図的に**〈時代〉を混乱させたとしても、それは誰か人を惑わすためではなく、のぞき見をするよそ者の目から知識を守るためであった。他の事情としても、**マヌからの世代と一部の英雄達**(註64)**の場合に詳述される一連の化身を計算しうる**彼にとって、その意味と年代の序列はプラーナ伝承に於いては非常に明確である。〈西洋の東洋学者〉に関して言えば、彼は太古の〈秘教体系〉で用いられた方法について明らかに無知なため、糾弾されるにちがいない。

しかし、そんな風に存在する迷信は新たな発見の光の前に直ちに道を明け渡し消え失せねばならない。既述のウェーバー博士やマックス・ミューラー氏のお得意の説は —— 即ち、それらの文書はインドでは、勿論パー

(註64) その様に我々は1人の英雄を示されるが、例を挙げれば、最初はダイティヤス Daityas やヒランヤカシプ Hiranyakasipu の「邪悪だが勇敢な王」(プルシャ)として誕生し、〈神の化身〉**ナラ-シンハ** *Nara-Sinha*(獅子-人間 Manlion)に殺害された。次に彼はランカ島の大王、ラーヴァナとして生まれ、そしてラーマに殺された。その後、彼はラジャリシ(リシの王)ダマゴーシャ Damaghosha の息子シスパラ Sisupala として再誕生し、その時はヴィシュヌの最後の化身クリシュナに再び殺された。ダイティヤを伴い、人間として、このビシュヌ(霊)の平行する展開は無意味に思えるが、けれどもそれは我々にラーマとクリシュナの個々の時代に対するだけでなく、同じくある種の心霊学的な神秘に対する鍵を与えている。

ニニ Pânini の時代［紀元前4世紀頃］（！）には、知られていなかったのに、インド人達はあらゆる工芸や科学を所有していたで ──（ファーガソンによれば）黄道帯十二宮と建築様式も同様に ── マケドニアのギリシャ人達から受け継いだ、であるし、これらの、そして他の眉唾ものの憶説は崩壊の兆候を示している。真実の解放にやってくるものは、古代カルディアの亡霊である。第3回ヒッベルト Hibbert 講演会(1877)で、オックスフォード大学のサイス Sayce 教授は、最近発見されたアッシリアとバビロニアの円筒碑文に関して述べる中で、バビロニア人に文化と**文書の技術**を教えた半人半魚のベロッサスの云うオアンネス Oannes と現在では同一であると言われる、水と〈叡智の神〉エア Ea について長々と言及した。このオアンネスは、唯一聖書の〈大洪水〉を理由として、紀元前1500年足らずの古代人とこれまで認められてきたが、今では以下の言葉で語られている ──

「彼の都市はエリドゥ Eridu で、6,000年前ペルシャ湾岸に建造された。その名称は『神の都市』、とりわけ神聖なる場所を意味し、以来其処は黎明期のカルディア文明がその道を北方へ向けてからの中心地であった。文明-神が海から来たとして表現されたように、エリドゥが中心地であった文化は外国からの輸入による可能性があった。**我々は、とても早い時代からカルディアとシナイ半島の間でインドと同様な交易が存在したことを今では知っている**。テルロー Tel-loh でフランス人によって発見された彫像類（もっとも最近としても紀元前4000年まで遡れる）はデオライト［閃緑岩］として知られる極端に硬い石から作られていて、それに刻印された碑文はデオライトがマザン Mazan から運ばれてきたと伝えていた ── 即ち、その当時ファラオ達に統治されていたシナイ半島から運ばれたと。その彫像は、第2ピラミッドの建造者カフラー王 Kephren のデオライト製彫像の様式と一般的に類似することで知られるが、一方で、ペトリ氏 Mr.Petrie によれば、テルローの数値の一つは人の膝の長さに基づいていて、その都市の計画に記された度量衡単位は、ピラミッドの建造者達によって採用されたものと同じであると。**チーク材が、インドの特産品で有るにも関わらず、カルディア人の街マヘール Mugheir やウル Ur で見られるし、これに加えて、古代のバビロニア人の衣装目録の一つは、『植物性衣類』として説明されるシンデュ sindhu、或いは『モスリン』**muslins［綿布］**に言及している」。

モスリンは、現在**ダッカ**-モスリンとして最もよく知られるが、カルディアではヒンドゥ（シンデュ）として知られ、そして**チーク材は紀元前4000年から使われ、しかも、インド人達にカルディア人はその文明の基礎を負

うが(コロネル・フォン・ケネディ Colonel van Kennedy によって十分立証されている)、インド人達は、ギリシャ人が彼らにアルファベットを教える以前、**書法について無知**であった[そんなことは有り得ない] ── 我々が〈東洋学者達〉を信用すべきとしたらである！

スタンザ X　第4人種の歴史

──────

- (38)〈第4〉、即ちアトランティス〈人種〉の〈誕生〉。
- (39)〈第4人類〉の亜人種が分化と混血を開始する。彼らは様々な肌の色をした最初の混血人種を形成した。
- (40)アトランティス人の優秀さは他の諸人種を凌駕する。
- (41)彼らは罪に堕落し、子供と怪物達をもうけた。
- (42)〈人格神〉と性信仰の最初の芽生えである。彼らは自身の「第三の〈目〉」を失う。

────────────

38. この様に七つの地域で一組の 番(つがい) になり、〈第3〉〈人種〉は〈第4〉(〈人種〉の人間)を誕生させた。神々が神でない者等になった(スラ *Sura* がアスラ *aSura* になった) (*a*)。

──────

39.〈第1〉(〈人種〉)は全ての地域で月(黄白)色で、〈第2〉は黄金のような黄色、〈第3〉は赤色、〈第4〉は褐色で、罪で黒くなった。(註1)**最初の七つの**(人類の)**若枝はその黎明期に於いてはまったく同じ顔の色であった。**

────────────────────────────────

(註1)　厳密に言えば、〈人間〉と呼ぶに相応しいのは、褐色と黄色の巨人〈人種〉、アトランティス人の時代からだけだが、その理由は、今の我々より体格が遙かに巨大にもかかわらず、最初の**完全な人間の種**となったのは〈第4〉人種からであった。(2人の弟子による著作)『人間』の中で、アトランティス人について語られることの全てはまったく正確である。アスラ達、ラークシャサ達、そしてダイティヤ達などの神々の御名を貶めた「罪で黒く」なり、それらの御名を悪魔達の名として後世に伝えたのは、主にそれらの人種であった。というのも、既に述べたように、スラ達(神々)、或いはデーヴァ達はアトランティスの賢者達に化身していて、アトランティス人達に付けられた**アスラ**と**ラークシャサ**というそれらの名前が、〈第3人種〉の最後の生き残り及び「〈意思〉と〈ヨーガ〉の〈息子達〉」と彼等との絶え間ない闘争に起因して、プラーナ伝承の中で彼等にまつわるより後の寓話集へと伝わったことによる。「アスラは、アーリヤ人の霊的英雄達(神々)に敵対する全てのアトランティス人の一般的な呼称であった」。(『人間』、97頁)

その次(七つの亜人種)**は肌の色が混じり始めた**(b)。

(a) この 38 の偈文を理解するためには、スタンザ IX の三つの偈文 [33, 34, 35] も合わせて読まれるべきである。進化のこの地点に至るまで、人間は肉体的よりも、より形而上的な性質と結びつきが深い。諸人種が急速に純粋な人間の形体へと発達し始めたのは、いわゆる《**堕落**》の僅か後のことである。その真の意味は非常に神秘的で超自然的だが、〈堕落〉の完全な意味を人が正しく理解するために、学徒はこの出来事の進展の詳細を同時に伝えられるべきであるし、その出来事について現代の神学は最も有害で矛盾する数々の教義と信条を展開するための中枢軸を形成してきた。

古代の諸々の註解書は、読者が思い出すべきこととして、〈万軍〉のディヤーニ達について、不滅の〈**自我達**〉だが、**この界層では、無意識のモナド達として化身すべき番であったし** ── その一部は、〈第 3 人種〉の人間が生理学的に、そして肉体的に準備が出来た時、即ち彼らが性の分離をなした時、速やかに(進化の法則に)「服従した」、と説明する。これらの者は、今では意識的な知識と意思を彼らの先天的な〈神〉の清浄さに付け加えて、**クリヤーシャクティ**によって地上で未来のアデプト方の胚種となる半〈神〉の人間を**創造**した初期の意識的な〈存在者達で〉あった。その一方で、(物質に束縛されたそれまでの状態を解放した)彼ら人間の知性的な自由さに嫉妬して ──「我々は選ぶことが出来る …… 我々は叡智を持っている」(偈文 24 を参照)と、言い訳した者等は、遙か後に化身した ── これらの出来事は彼らのために準備された最初の〈カルマ的〉な罰であった。彼らの**チャーヤー達**が七階級のより低い段階の先祖達に属していたと云う理由から、彼らは自身のアストラル形体に劣る(生理学的な)諸体を手に入れた。〈第 4 人種〉まで自身の化身を「延期して」きた〈知恵〉の〈息子達〉等に関して言えば、既に罪と不浄で(生理的に)穢れていて、彼らは恐るべき原因、即ち今日まで彼らに重くのし掛かる〈カルマ的〉結果を産みだした。カルマは彼ら自身の内部に産み出され、そして彼らは来たるべき永劫の期間に於いて、邪悪なカルマの種子の運び手となったが、その理由は、彼らの入魂すべき諸体が彼らによる[化身の]延期で冒涜されたからである。(**偈文 32、偈文 36 を参照**)

これは、〈カルマの法則〉への不服従による「天使達の〈堕落〉」であった。「**人間の堕落**」は全く堕落ではない、**何故なら人間には責任能力が無かったからである**。しかし、「〈創造〉」は、神学が固有に創出する一つの**無限なる**

神の御名に於いて神学の専売特許としてきた「〈神〉のみの大権」、その正統な**権能**として二元論的体系に考案されてきたが、この能力は「〈悪魔的〉」、そして神の諸権利の侵害と見なされるべきであった。このように前述した事柄は、そのような限られた視点の光の中で、「〈神〉の姿に創られた」人間に対するひどい侮辱だと、また空文となった教義に直面して更に畏れ多い冒涜だと自然に考えるに違いない。「あなた方の理論は」、既に〈秘教科学者達〉には伝えられていたが、「最初から、〈神〉に似せて塵から造られ、〈悪魔〉の乗物としての人間を創っている」。「何故あなた方は、自身の神から悪魔を ── しかも、両者とも**あなた自身の想像によるもの**、を作るのか？」が我々の答えである。聖書の**秘教的な**解釈は、しかしながら、この侮辱的な神学の意図の誤りを十分明らかにするし、このシークレット・ドクトリンは、いつの日か〈諸々の教会〉── 最も頑迷な〈唯物論者達〉や〈無神論者達〉の典型的な集団よりも更に反キリスト教的なもの ── のまさに〈カルマ〉となるに違いない。

「**堕天使達**」の真の意味について、その古い教えは、人類学的及び進化論的意味で、カバラにも含まれ、聖書も解説する。後者の聖書が教義を全く無視し、如何なる先入観もなく、真実の探求の精神で読まれる時には、それは**創世記**で顕著に認められる。この事は容易に明らかにされる。**創世記**(6章)で、「〈神々〉の〈息子達〉」── ベネ・アレイム *B'ne Aleim* ── は、人間の娘達に夢中になり、結婚し、そしてエノクによれば、天で彼らによって違法に学ばれた秘密を妻達に漏らしたと、そしてこれこそが「〈天使達〉の〈堕落〉」である。(註2) しかし、黙示録と第四福音書の著者、聖ヨハネがそこから十二分に引用した『エノクの書』それ自体は、実際にどういうものなのか(例えば、10章8節、わたしよりも前にきた人は皆盗人であり強盗

(註2) 一般的に、「**堕ちた**」天使群や悪魔サタンについて、いわゆる**伝統的な**キリスト教徒の諸概念は、それらが矛盾しているのと同じく仰天する。その詳細に関する最も多彩な特徴とこの四半世紀の「〈大学〉卒業生達」で教養ある門外漢の著者達のペンによるあらゆるものは、およそ1ダースもの引用が可能である。かくて、『地球の黎明期』の著者、〈文学修士 M. A. [Master of Arts]〉のJ・H・ペンバー Pember は、〈神智学徒達〉、〈心霊主義者達〉、〈形而上学者達〉、〈不可知論者達〉、〈神秘論者達〉、詩人達、そして東洋的な諸考察に関するあらゆる現代の著者達が、「魔王 Prince of the Air」の献身的な召使いで、修復不能なまでに呪われている、等々を明らかにする分厚い本を上梓している。彼は〈悪魔〉と彼の〈反キリスト〉をこんな風に記述している ──
　「悪魔は古代の『**聖別された**ケルブ Cherub [エデンの園の番人、神の玉座の

である[日本聖書教会訳])？といえば、単に諸寺院の奥深くで遂行されたある種古代の密儀の進行で寓意と注意深い言い回しを持って伝える〈イニシエイションの書〉の一つである。『マヤとキチェ Quiches の神聖な密儀』の著者は、いわゆるエノクの「〈幻視〉」がイニシエイションでの彼(エノク)の体験と密儀で学んだこととに関連すると全く正当にも暗示しているが、その一方で、キリスト教(!!)に転用される前にエノクがそれらを学んでいて、更に著者は、この書が「キリスト教時代の黎明期に、その時 …… エジプト人の慣習と宗教が退廃に陥っていた時！」に書かれたと信じている、というお門違いな彼の意見を開陳している。その後ユダ Jude が自身の書簡に『エノクの書』から引用(14節)していることから、これは全く可能性がなく、それ故にローレンス大司教は、エチオピア編纂本からの『エノクの書』の翻訳者だが、それ等が新約聖書の作家達の「後に生きた …… 或いは同時代でさえあったとされる作家の著作物では有り得ない」と記し、

担い手、聖櫃の守護者]』である。……〈神は〉、〈神の世界〉のこの場所にあらゆる創造物の内、最も公平で賢明な者としてサタンを創造して、彼をこの〈世界〉と飛翔する〈勢力〉の〈王〉となした。…… 彼はエデンの園の一つに赴任したが、其処は創世記のエデンの園の遙か前に存在していただけでなく ……〈新〉エルサレムに似てはいるが、全く違った、そしてより実質的な一つの特徴を持っていた。このように、叡智と美しさにおいて完璧なサタン、その巨大な帝国は、太陽系全体ではないとしても、我々の地球である。…… 確かに、より強大な、或いは同等の権威を持つ如何なる他の天使の権能も我々に示されたことがない。まさに**大天使ミカエル自身は、神が正式に彼の解任を命ずるまで、如何に彼が邪悪であろうとも、〈闇〉の〈王[悪魔サタン]〉に対して一つの有能さに起因する崇拝を保持している、としてユダ Jude によって引用されている**」。それゆえ我々は、「サタンがその創造の時から王権の印綬で囲まれていた」(!!)と、またサタンは〈神〉が任命した者達を祝福する音楽で満ちた大気に気づくため意識を目覚ました ……」と、伝えられている。だから魔王デビルは、「**王権から祭司的権威までを経験する**」(!!!)し、「**サタンはまた〈最高位〉の祭司の一人であった**」等々と。そして今では ──「〈反キリスト〉はサタンの化身であるだろう」と。(56-59頁) 底なし穴の魔王アポリヨン Apollyon の〈先駆者達〉は既に出現してきている ── 彼等は〈神智学徒達〉、〈秘教科学者達〉、そして『完全な道』、『ベールをとったイシス』、『数々の時代の神秘』、そして同じく『アジアの光』の著者達であると!! 著者は、「**降臨する天使達**」から、「**ネフィリム**」、或いは**創世記の第6章の天使達から、そして〈巨人達〉から**と、その(神智学に関する)「**出典の公表**」を記している。彼は、現在シークレット・ドクトリンが示すべく骨を折っているように、また彼自身もそれらの系統を引く者であると記すべきである ── もしも彼が現在の人類に属するのを拒まないならばだが。

実際に、ユダの手紙と福音書、そしてそれに続く全てのものが既に設立されていた〈教会〉の、また著作物でも無い限り ── 一部の批評家達が言うように、それは不可能である。さて、此処で我々はエノク自身についてよりも、エノクの「堕落した〈天使〉」について言及する。

インドの大衆信仰では、これらの天使群(**アスラ達**)は、「神々の敵対者」、神々に捧げられた献身的な崇拝を妨害する者等、としてまた誹謗中傷されている。キリスト教神学では、彼らは、「〈堕落した霊達〉」や〈異教的〉源泉に由来するものから寄せ集められた英雄達の様々な戦いや彼らにまつわる相反する諸伝説として、広く流布されている。「**曲がりくねった蛇** The *cluber tortuosus*」は、ユダヤ人達に由来するといわれる資質の一つで、ローマ教会がそれをねじ曲げる以前には全く異なる意味を ── 別の人々の間では**純粋に天文学的意味を**、持っていた。

高みから堕ちた「〈蛇〉」は、「**下方へ向かう流れ** *deorsum fluens*」で、それが「天から稲光のように堕ちてくる」のをイエスが見た(ルカによる福音書、10章17、18節)その時代には、〈死〉の〈帝国〉の〈諸々の鍵〉、汝の死の主権 τοῦ Θανάτου ἀρχή を所有していると信じられていたが、それにも関わらずローマ・カトリックの *cadebat ut fulgur*[稲妻の閃光のように堕ちてきた]の翻訳は反対の意味になり、そして実際は、──**《叡智》**であり、しかも同時に無知の敵対者としてサタンもしくはルシファーとされる〈ロゴス〉に「服従する悪霊達」さえも意味している。この逸話は、無知と迷信という悪魔と闘う者等の知性に稲妻のように堕ちてきて、それを賦活する神の〈叡智〉に言及している。〈叡智〉が、**《大いなる MAHAT》**〈霊達〉の化身する形体の中に、〈第3人種〉の本当の意識的な生き方を活気づけ呼び覚ますために高みから降るその時が来るまで、人類は ── その動物的で感性のない状態を人と呼ぶことが可能ならばだが ── 肉体的な死と同様に**道徳的な死**を必然的に運命づけられていた。**生殖に堕ちた**〈天使群〉は形而上学的には〈**蛇達**〉と〈叡智〉の〈**竜達**〉として言及されている。他方で、《ロゴス》の光に注目して見れば、キリスト教の〈救い主〉は、クリシュナのように人間、或いはロゴスとを問わず、あらゆる〈イニシエイト〉が行なってきたように、秘密の教えを信じる者達を「永遠の死」から救い、〈闇〉の〈王国〉、或いは〈地獄〉を支配したと語られるだろう。これは、〈イニシエイト方〉の人間的な地上での姿で、そしてまた**ロゴス**が、我々の内部で、〈**ブッディ**〉(第6)と第5本質である**マナス**の霊的開花による不可分な融合により形成された〈霊的自我〉── 〈高我〉── へと発達させる我々の内的本質の根本であるクリストスであることの理由でもある。(註3)「〈ロゴス〉は〈天〉にては受

動的な〈叡智〉だが、〈地〉にては〈自ら活動する叡智〉即ち〈意識〉である」と我々は教えられている。それは、「〈天人〉」と「〈世界〉の〈聖母〉Virgin of the World」—— 即ち『ポイマンドレス』に記述されるように、自然との〈結婚〉であり、その結果が彼らの子孫で —— 不死の人間となる。聖ヨハネの黙示録で子羊とその花嫁の結婚(19 章 7 節)と呼ばれるものはこのことである。かの「妻」は、教会の信奉者による勝手な解釈に基づいて現在ではローマ教会と同一視される。しかし彼らは、ローマ教会の**亜麻布**が**外見的には**きめ細かく(「白く塗られた墓石」のように)純白であることを、しかし彼女が内部に満たしているあの腐敗は、「〈聖人達〉の正義の行い」ではなく(前掲書 19 章 8 節)、むしろ彼女が「地の上で虐殺」した〈聖人達〉の血であること(18 章 24 節)を忘れているらしい。このように偉大な〈イニシエイト〉によって述べられた所見(ルカによる福音書、10 章 18 節)—— その当時、賢明なるガラリヤの〈大師 Adept[イエス]〉(註4)によって新しい形で表現された

(註3) キリストを —— 一部の神智学徒が見なすように —— 人間の第 6 本質 ——〈ブッディ〉、として言及することは正確ではない。特に後者は、**それ自体 *per se* 受動的で潜在する本質**、アートマンの霊的な躰、顕現した〈宇宙魂〉から分離できないものである。〈ブッディ〉が〈高我〉に、そして神の識別力を持つ魂に成長するのは、〈自己〉意識との結合と協調による時のみである。**クリストスはともかく第 7 本質である。**

(註4) それをより明瞭にするために、かの**ルカの福音書**を読む者は誰でも、その記述に、「主よ、あなたの御名によっていたしますと、悪霊(サタンが単に「**敵対者**」、或いは**反対者**を意味するようになって以来、議論の精神と理性を持つ者、或いは対立する勢力)までが私たちに服従します」と喜んで帰ってきて語った **70 人**[聖書では 72 人]の報告譚が続くことを認めるだろう。(ルカによる福音書、10 章 17 節)さて、「あなたの御名」は、知性的な、或いは単に唯物論的な論理的思考の精神と区別するために、クリストス、ロゴス、或いは真の神の叡智を持つ聖霊の御名を意味する —— 即ち〈**高我**〉を。そしてイエスが、このことについて「天から稲妻のように墜ちてくるサタンを見た」と述べる時、それは、透視力による単なる表現で、その時彼が既にサタンを知っていたことを告げているし、そして**生殖に堕ちた**神の光線(神々或いは天使群)の化身への言及でもある。というのも、決して全ての人がその化身によって利益を受けるわけではないし、一部の能力に関してはその生涯の間、潜在し喪失した状態にある。まことに、「〈子〉が誰であるかは、〈父〉のほか知っているものはありません。また〈父〉が誰であるかは、〈子〉のほか誰も知っているものはありません」と、その時、その場でイエスが付け加えたようにである(前掲書、10 章 22 節)——「キリスト」の〈教会〉は、更に他の誰よりも知らない。〈イニシエイト達〉だけが「〈父〉と〈子〉」という用語の隠された意味を理解して、それが〈地上〉の〈霊〉と〈魂〉に言及していることを知っていた。というのもキリストの教えは

かの古い叡智の宗教へと改宗させるために、高みから心や**精神の中に稲妻のように降ってきている**〈啓明〉と理性の光を、寓話的に述べたものの一つ —— は、（彼本来の人格と同じように）原型をとどめないほどに認識をねじ曲げられ、そしてあらゆる神学的教義の中で最も破滅的であると同様に最も悲惨なものの一つに相応しくなるように改竄された。（**スタンザ XI の「サタンの神話」の章末を参照**）

しかし仮にも〈西洋〉の神学のみが《**サタン**》への特権とその著作権を保持するならば —— かの虚構の持つあらゆる教義的おぞましさの中で —— 他の諸国家及び諸宗教は、最も深遠で哲学的且つ理想的な古代思想の概念の一つであるこの教義の誤まった解釈について同じ過ちを犯してきたことになる。というのも彼らは、その本質に触れる彼らの夥しい数の寓話に於いて、その正確な意味を損なうのみならず、暗示してきた。同じく、プラーナ的なヒンドゥ教の半ば秘教的な教義も、反乱し堕落した神々に関するまさに示唆的な数々の象徴や寓話を展開することに、また失敗してきた訳ではなかった。プラーナ伝承はそれらで満ちているし、我々は、**各時代毎に誕生すべき**、そして各マンヴァンタラ毎に再-化身すべきルドラ達、リシ達、アスラ達、クマーラ達、そしてムニ達 Munis 等全てに対して、パラーシャラ（[弟子のマイトレーヤとの対話集] ヴィシュヌ・プラーナ）による頻出する微かな仄めかしの中に事実に対する直接的な暗示を発見する。これは（秘教的に）、〈カルマ的な意思〉の神秘的な働きと〈進化の法則〉の衝撃に起因して〈宇宙精神〉（梵 Mahat）から誕生した〈**炎方 FLAMES**〉が、『ポイマンドレス』にあるように —— 如何なる段階的変化も受けずに —— **七つの炎の**〈**円**〉、或いは要約すれば七つの中間〈世界〉**を突き抜け**ながら、この〈地上〉に降臨してきたと述べることと同じである。

永劫に繰り返す再生の法則が存在し、その流れは、個別の新らしいマンヴァンタラの夜明けに、無窮の〈永遠〉の中で、先行する〈幾つもの劫期〉で生まれ変わりからの安息を楽しんできた者等 —— 即ち、最高の、そして草創期の〈**解脱者達 Nirvanees**〉 —— によって方向づけられる。それは現在のマンヴァンタラに化身すべきそれら「〈神々〉」の出番で、従って〈地上〉

秘教科学の教えで、それは**イニシエイション時にのみ**説明されるものであるから。それらは決して大衆向けではなかった、というのも、イエスは十二使徒に〈異邦人〉とサマリヤ人のところへ行くこと禁止したし（マタイによる福音書、10 章 5 節）、弟子達に「〈神の国〉の奥義」が弟子達のためだけであり、庶民のためではないと繰り返した。（マルコによる福音書、4 章 11 節）

への彼らの出現、それに続く寓意物語、それゆえ、また本来の意味の曲解であった。(註5)生殖に**堕落**した〈神々〉は、その使命が**神なる**人間を完成させることであったが、後に〈神々〉との不和や戦いで、デーモン達、邪悪な〈霊達〉、そして魔神達 fiends、或いは一つの〈永久なる〉法則の無責任な行為者達として描写されるのが見受けられる。しかし、キリスト教、ユダヤ教、マホメット教のいう**悪魔やサタンとして**のそれら創造物に関する如何なる概念も、それ等数多のアーリヤ人の寓意物語では決して意図されたことはなかった。(註6)(**第Ⅱ部の「堕天使達」と「神秘的な竜達」を参照**)

(註5) それ故、例えばプラーナ伝承で「プラスティア Pulastya」は、プラジャーパティの1人、或いはブラフマーの息子で —— ラークシャサ達 Râkshasas の先祖、ランカ島の〈偉大な王〉ラーヴァナ Ravana の祖父(**ラーマーヤナを参照**) —— 一つ前の生に於いて、賢者アガスティア Agastya としてよく知られているダットリィ Dattoli という名の息子がいた —— とヴィシュヌ・プラーナは伝えている。ダットリーというこの名前だけでも六つ以上の異名と七つの意味を持っている。彼はそれぞれダットイ Dattoi、ダッターリ Dattâli、ダットッティ Dattotti、ダットットリ Dattotri、ダットッブリ Dattobhri、ダムボビー Dambhobhi、そしてダムボリ Dambholi と呼ばれているが —— その七つの異名はそれぞれが隠された意味を持ち、そして秘教的な批評において多様な民俗学的分類と原始人種の生理学的及び人類学的な謎に関連している。というのも、確かにラークシャサ達は**デーモン達**ではなく、単に原初の凶暴な巨人族、アトランティス人に過ぎないからで、彼等は現在の〈第5人種〉のように地表に分散していた。たとえパラーシャラ Parâsara がラークシャサ達を滅すために、彼が「供犠」と呼ぶちょっとした〈ジャドゥーJADOO〉(魔法)を試みた際に、ヴァシシュタ Vasishtha が彼に伝えた言葉が如何なる意味であれ、ヴァシシュタはこれについての一つの裏付け証拠となる。というのも彼は、「もはやこれ以上**これら害のない『〈暗き霊達〉』**を滅ぼすのは止めよう」と言っている。(**詳細はマハーバーラタのアーディパルヴァン** Adiparvan[第1章]、詩節 s. 176 **を。またリンガ** Linga **プラーナの『プルヴァールダ** Purvârdha[前半部]**』、詩節 s. 64 も。**)
(註6) 我々は、これらの化身する天使群に直接的な関連を持つ大師方の手紙から、ある文章を手にしている。手紙によると、「さて、ディヤーナ-チョーハン達、或いはデーヴァ達などの(**以前の惑星期で本質を成長させた**)多くの階級を持つエーテル的な人種にも、人間に見られると同様に数々の欠点がある、いやあるに違いない。しかしそのままでは、その**数々の欠点**は成長し精神的になりすぎて、ディヤーナ-チョーハンの資格から、低い〈王国〉を通じてなされる新しい最初の進化の渦に強制的に投げ返すことは困難であるため、このことはそれ以後も起こっている。新しい太陽系の進化がなされるべき所に、〈元素霊達〉(〈**本質的実体エンティティ** Entities〉…… 未来の時代に人間へと進化するもの)に先立つ流入によってこれらディヤーナ-チョーハン達は誕生し、そし

「サタン」についての正しい秘教的な視点は、全ての哲学的な古代人によってこの主題に関して保持されてきた見解だが、医師A・キングスフォードの『完全なる道』の第2編集本に「サタンの〈秘密〉」と表題を付けられた補遺で見事に明らかにされている。より良い、そしてより明瞭な真実を示すものを知性的な読者に全く提示することが出来なかったので、それ故ここにその一部を引用する。──
　「1. そして第7の日（ヒンドゥ教の第7の創造）に(註7)、怒りに満ち、そして貪り尽くす1人の力強い〈天使〉が〈神〉の御前から出て行き、〈神〉は彼に天球の最も外側の統治権を与えた」。(註8)
　2.「〈永遠〉は〈時間〉を生みだし、〈無窮〉は〈限界〉を誕生させ、〈生き物〉は生殖に堕ちた」。(註9)
………
　4.「神々の中で彼のようなものは誰もいないし、彼の手には諸々の王国、権力、諸世界の栄光が委任されていた」。
　5.「皇帝達と諸帝国、数々の王等の諸王朝(註10)、諸国家の滅亡、諸教会の誕生、〈時〉の勝利」。
　というのも、ヘルメスで語られるように、「サタンは〈王の寺院〉の門番であり、ソロモン神殿の門前に守衛として立ち、ヘルメスの霊薬アールケナム arcanum を持つ〈救世主〉を除いて、誰も其処へは入り得ぬ〈聖域〉の鍵を守っている」（20と21節）からであると。
　これらの暗示的で権威ある諸文節は、古代エジプト人や他の文明的な昔の人々とともに**創造的で繁殖力のあるロゴス神**（ホルス Horus、ブラフマー

て発生間もない世界のオーラの中に潜在する不活発な霊的力として残る ……人類進化の段階に到達するまで。…… その時、彼等は**活動的な力の一つとなり**、そして**人間性のあらゆる型を少しづつ発展させる**ために、〈元素霊達〉と混じり合う」とある。要約すれば、人間に彼の〈自己〉-意識的な精神、或いは〈**マナス**〉を発現させ、そして賦与することであると。
（註7）　自身の惑星連鎖を持つ地球と人間が出現することになっていた時。
（註8）　我々のこの世と意識からなる物質界層。
（註9）　純粋に天体的な〈存在〉（ディヤーナ・チョーハン）と様々な階級のピトリ達が権限を委任された時 ── ある者は彼等の姿（チャーヤー）を発達させること、そして自身から人の肉体を作ること、別の者は人に神の知性と〈**創造の神秘**〉についての知識を伝え、その結果それらを賦与することを行った。
（註10）　全員が自身を「聖別された救世主」と見なした「数々の王による王朝」は、「〈神の恩寵〉」によって統治しているが、しかるに実際には、**物質**の恩恵と誇大〈**妄想**〉と〈詐欺師〉によって統治する。

Brahmâ、アフラ-マツダ Ahura-Mazda 等々で、常に顕現しない〈本質〉、例えばアイン-ソフ Ain-Soph、パラブラフマ Parabrahm、或いは**ツェルアーナ・アケルネ** *Zeruana* Akerne ── 〈無窮の時〉 ── 時の神**カーラー** *Kalâ*、等からの原初の顕現として)**の光**に言及しているが、しかしその意味は今ではカバラの中に貶められている。「〈救世主〉」は、ヘルメス(**ブッダ**、〈叡智〉)の秘密と密儀を手に入れ、1人だけ「〈聖域〉」、自然の〈深奥〉への鍵を委任され、それに実を結ばせ、そして全〈世界〉の活動する生命と存在に呼びかけるために、ユダヤ人とともに、エホバ、即ちルナの山(シナイ Sinai 山、月山、「シン *Sin* 山[罪の山]」)の上に「豊饒の〈神〉God of generation」として鎮座してきた。〈聖域〉は〈至聖所 Holy of Holies〉となり、その秘密は擬人化され、**陽根として崇拝され**、そして実際に物質の中へ引きずり込まれ続けてきた。このため「〈叡智〉の〈竜〉」、〈**創世記**〉の〈蛇〉、即ちよく知られた自己本位的すぎる神性に纏うべき体を必要とした意識的な神、サタンを造り出す必然性が生じた。しかし、「数え切れない〈霊〉の化身」と「絶え間ない脈動と欲望の流れ」は、先ず第1に、我々の〈カルマ的〉且つ周期的な再生の原理に、次に ──《**エロス神**》に、それは後者の唯物的で生理的な愛の神ではなく、自然全体と同じく、創造し、〈生き物〉に生命を賦与する神々の中の神聖な欲望に、関係する。これは、不可視で不可解な理由から、一種の「暗闇」の〈光線〉で、《炎》はそれら自身の助けによってのみ物質の中への降下を成し遂げることが出来た。それ故、《**補遺**》では次のように続く、

12. 「沢山の名前を〈神〉は彼(サタン)に与えた、神秘的で秘密の、そして恐ろしい数々の名を」。

13. 「〈敵対者〉、何故なら物質は〈霊〉に抗(あらが)うから。時は〈主〉に仕える〈聖者達〉さえも非難するようになる」。

………

28, 29, 31. 「彼を畏れ敬い、おろそかにしてはならない。おののきながら彼の御名を唱えよ ……… 何故なら、サタンは〈神の正義〉(〈カルマ〉)の判事であり、彼は秤(はかり)と剣を持つ ……… というのも、彼に〈**重荷**〉と〈**秤**〉と〈**数**〉**が委任されている**」。

最後の文章を、カバラという名の〈書物〉の中で**アル-カザリ** *Al-Chœzari* 〈王子〉にそのカバラを解説する〈ラビ〉の語ることと比較すれば、〈**重荷**〉と〈**秤**〉と〈**数**〉が、『**形成の書セフィル・イエツラー** *Sepher Jezirah*』に於ける、完全で集合的な数10を内包するセフィロト(三つの**セフィリム** *Sephrim*、或いは形、数字)の本質であること、そしてセフィロトが集合的なアダム・

カドモン、「〈天人〉」、或いは〈ロゴス〉であることに気づくであろう。前述のように、サタンと救世主は古代の思想では区別されていた。そのため、

33. 「サタンは〈神〉の召使いであり、黄泉の国ハデス Hades 王の七大邸宅の〈執事 Lord〉である」。………

ヒンドゥ教徒のいう地球の七地域、或いは**セプタローカ**[七つの世界]*Saptaloka*で、黄泉の国ハデス、或いは〈幻想〉の〈地獄の辺土〉は、神学ではそれらを〈地獄〉の縁(へり)の地域としているが、**単に我々の天体、地球に過ぎず**、そのため、サタンは以下のように呼ばれている ──

33. 「……… **顕現した**〈**世界**〉**の天使**」。

「我々の惑星の神にして唯一の神はサタン」であり、そしてこの文にはその邪悪さと堕落に対する如何なる暗示的な譬えもない。というのも、彼は〈ロゴス〉と同一で、小宇宙的(神の)進化の序列に於いては「最初の息子、**神々の最年長者**」であり、土星サターン Saturn (サタン) は、天文学的に、「フォエブス[太陽神アポロの呼称]Phœbus (叡智、そしてまた太陽の光) が中心となる王国の円周に存在する大宇宙的な流出の序列に於ける**第7番目の、そして最後のものである**」から。〈グノーシス主義者達〉が、その当時、ユダヤの神を「物質の天使」と、或いはアダムに(意識)生命を吹き込んだ神、そしてその惑星神が土星サターンであった、と呼ぶのは的を射ている。

34. 「そして〈神〉は腰に帯(土星の環)を締めていて、その帯の名は〈死〉である」。

人類発生論に於いて、この「帯」は二つの低次の本質を持つ人間の体で、その内の三つは死ぬが、その一方で最奥の人間は不死である。更に、我々は「サタンの〈**秘密**〉」を取りあげてみよう。

37, 38, 39. 「……… サタンの上にのみ**生殖の恥が存在する**。彼は自身の無垢な状態を失って(同様に**クマーラ**もまた化身によって失い)、**天の秘密を洩らしながら**、彼は束縛の中へと入った。…… 彼は束縛と制限の中で万物を一巡りする。……」

42, 43, 44. 「二つは〈神〉の軍勢であり、天に於いてはミカエルの万軍にして、深淵(顕現した世界)に於いてはサタンの軍隊である。これらは未顕現なる者と顕現した者、(物質に)自由なる者と束縛される者、無垢な者と堕落した者である。そして両者とも〈天父〉の〈召使い〉で、〈神の〉言葉を遂行する ……」。それ故 ──

55. 「聖なるかな神の〈安息日〉、**祝福され聖別されるのは**〈**天使ハヴァス** Havas [Hades で黄泉の国、地獄]**の御名である**」。──《サタン》である。

というのも、「サタンの栄光は〈主〉の影であり」、この世界に顕現した神

で、「サタンの玉座は〈救世主〉の鐙(あぶみ)である」から —— その鐙は顕現《宇宙》全体である。(第Ⅱ部の「プレローマ[全世界]は〈サタンの巣窟〉か？」を参照)

〈教会〉は、それ故、サタンに毒づく時、〈神〉の残照の光に毒づくことになるし、物質に或いは客観的なものに顕現した〈神〉を罵り、また《人間》の限られた知性で唯一理解出来る方法で、御自身を〈光〉と〈影〉、善と悪の性質として示現する〈神〉、或いは永劫に理解困難な《叡智》を呪っている。

これがサムエル Samael、或いはサタン、〈カバラ〉の敵対者に関する真の哲学的且つ形而上学的な解釈であり、同様の教義と精神があるゆる他の古代宗教の寓話的な数々の解釈に見られる。この哲学的見解は、それにも関わらず、それに結びつく**歴史的な**諸々の記録と相反しない。伝承の核心の周囲に見られる寓話や神話的な装飾は、その核心が実際の出来事の記録であることを決して損なうものではないことから、我々は「歴史的」と言うのである。このように、〈カバラ〉は、我らが地球のかつての世界的な歴史とその諸人種の進化に対し、時代を超えて有名な数々の啓示を繰り返しながら、聖書に編纂してきた多様な諸々の記録の伝説的な形式のもとで、それを描写してきた。その歴史的な源泉は、不完全な形式ではあるけれども、〈東洋〉の〈秘密の教え〉に基づくこれら数頁に今提示されているし、このように創世記の〈蛇〉に関する寓話的且つ象徴的な意味は、〈天国〉の秘密を人間に開示する「〈叡智の息子達〉」(或いはより高い領域から来た天使群、もっともその全体、そして各部分はサタン、或いは〈物質〉界に属している者)によって説明されたことに見いだされる。故に、全てのいわゆるヒンドゥ、ギリシャ、カルディア神話、そしてユダヤの〈万神殿〉もが、また事実と真実に基づき構築されている事が認められる。創世記の巨人達は史実であるランカ島のアトランティス人とギリシャのティターン族である。

トロイ Troy は神話だと、そしてホメロス Homer は架空の著名人物だと昔には公言されてきたことを、その一方でヘルクラネウム Herculaneum [イタリアのナポリ湾に臨み、ヴェスビウス火山の噴火でポンペイと共に埋もれた古都]とポンペイ Pompeii のような都市の存在は否定され、単に空想的な伝説だと見なされていたことを、誰が忘れえようか？ けれども、シュリーマン Schleimann は、トロイが実在したことを立証し、そして二つの都市が、長い間ヴェスビウス火山の溶岩の下に埋もれていたけれども、復活の日を得て、再び地上に蘇(よみがえ)っている。「伝説上」と言われる如何に多くの都市や場所が未来の発掘遺跡リストに載ることになり、神話的と見なされた如何に多くの人々がいつか歴史上の実在する人物となることだろうが

(註11)、一体誰がアストラル光の中に神の定める〈運命〉を読んだかを告げ得るのはそれらのものだけである。

　〈東洋の〉教えの諸々の教義は、しかし、常に秘密にされて来たし、そして、読者が弟子として受け入れられない限りは、原典を開示される望みが全くないため、ギリシャやラテン学者をヘルメス文献の原典へと向かわせている。読者に、一例として、ヘルメス・トリスメギストスの**ポイマンドレス**の最初の数頁を注意深く読ませるならば、如何にその文章がベールで隠されていようとも、その中に立証された我々の数々の教えをすぐに認めるだろう。またそこで彼は、他の全てのものと同様に、〈湿潤な根源 Moyst Principle[Moyst を Moist として翻訳。生命を育む情報を含む命の水を象徴？]〉から ── 或いは大いなる〈深淵〉、《父-母》── 顕現〈宇宙 Kosmos〉で最初に分化したものからの、(『ポイマンドレス』で「〈自然〉」と呼ばれた)〈世界 Universe〉や我々の地球の進化に気づくことになる。最初の「〈普遍的精神〉」は、キリスト教の翻訳者の手による初期の描写では〈神〉、〈天父〉に、その後には〈天人〉に変えられたが(註12)、厖大な〈天使群〉からなる〈万軍〉の〈総軍勢〉であり、低い世界の、或いは我々地球の人間の創造には精妙過ぎたが、それにも関わらず、「〈天父〉」なる第2**ロゴス方**と同じように、かの進化に於ける美徳によって**物質に入魂した**。(註13)

　包括的に概観すれば、あらゆる〈造化ロゴス〉や「〈天父〉」と同一である〈息

(註11)　『人類の初期のマヌ達』を参照。
(註12)　「〈天人〉」は ── この言葉に再度留意して欲しいが ── 秘教的には「《ロゴス》」、或いは「〈息子〉」である。それ故、いったんその呼称が〈神〉を、そしてまさに自身が〈神〉であると宣言した〈キリスト〉に用いられたため、キリスト教神学に選択の余地はなかった。人格神的な〈三位一体〉のその教義を維持するために、キリスト教神学は、今も行っているが、〈キリスト教の**ロゴス**〉が唯一の正しい神で、他の宗教の全ての**ロゴス達**は偽物で、仮面を纏う〈邪悪な本質〉、《サタン》に過ぎないと公言しなければならなかった。さて、このことが〈西洋〉の神学を何処に導いたかを理解すべきだ。
(註13)　「というのも、〈**精神**〉は、男女両性に満ち溢れる神性の一つで、〈生命〉であり、そしてその〈**言葉**〉により別の〈**精神**〉、或いは〈行為者 Workman〉を産み出した〈生きた存在〉でもあるが、それらは、〈火〉と〈霊〉の〈神〉であり、他の7人の〈統治者〉を整え形成したし、彼らの活動領域の中に〈**目に見える世界**〉を含み、その権能は〈運命〉、或いは〈宿命〉と呼ばれている」。(1章9節、1579年編集版)

　此処において、〈精神〉(原初の宇宙的〈神の思考〉)は、(男性と女性の)両性に満ち溢れて以来、〈知られざる〉未顕現の〈一者〉でもなく、しかも男性であって、

子〉」は自身が〈万軍〉の〈世界総督〉である。キリスト教神学でさえ、7人の「〈天使〉の〈存在〉」、〈力天使達 the Virtues〉、或いは、マヌがブラフマーによるように、神によって創造され、〈大天使 the Archangels〉となった〈神〉の化身した特徴について弁別している。ローマ・カトリックの神正論は、それ自身その創造的な〈主ワード[言葉]Verbum Princeps〉に、それら天使群の首長 ── **天使群の頭領** caput angelorum ── を、そして〈天使〉の大評議会 magni consilii Angelus(〈天使〉の大〈顧問団〉)を認め、その結果、〈キリスト〉とそれら〈天使達〉の同一性を認めている。

「神々は、神々でないスラになった ── アスラ A-sura に」と原典は伝え、即ち文字通りに読む時、神々は魔神達 fiends ──《サタン》になった。しかしサタンは今ではシークレット・ドクトリンの教えの中で数々の異称のもと〈善〉、〈犠牲〉、〈叡智〉の〈神〉として寓話風に表現されるだろう。

カバラは、〈高慢〉と〈図々しさ〉── 〈利己主義〉と〈自己顕示欲〉の二つの主な生起要因 ── が、その神なる住人の住む天界の3分の1を ── 神秘論的に空っぽにし、そして天界空域の星々の3分の1を ── 天文学的に取り除かせた、原因であると教えているし、言い換えれば、二つの陳述は ── 第1は寓話で、第2は事実である。前者は、それにも関わらず、示されたように、人間性と密接に関係する。

逆に薔薇十字会員は、伝承の隠された意味に精通しており、**創造全体が、創造の法に敵対する天使群**(註14)、或いは造物主デミウルゴの反乱によって引き起こされたかの伝説的な「〈天界〉の〈戦い〉」を起因とし、その結果で

両性具有者ではないキリスト教の〈神父〉でもない、等々は明白である。真相は、〈天父〉、〈息子〉、**そして**〈人間〉が、『ポイマンドレス』の翻訳の際に絶望的なまでにゴチャまぜにされていると云うことである。

(註14) プロメテウスの火の寓話は、人間として生きるために**底なし穴に投げ落とされた**、或いは単純に我々の〈地球〉に放り込まれた誇り高きルシファーの反乱に関する異話である。ヒンドゥ教のルシファー、即ち**マハースラ** Mahasura もまた、〈創造主〉の眩い光を羨んで、そして神格の低いアスラ達(神々でなく、霊達)の頭領としてブラフマーに反乱を起こしたが、それに対してシヴァは彼を地獄パーターラ Pâtâla に投げ落とした、と云われている。しかし哲学がヒンドゥ神話の寓話的な虚構と調和して行くために、**悪魔は懺悔をなし**、進化する機会を与えられているが、彼は**秘教的には**罪深き人間で、そして**ヨガ**への献身と熟達によって、再度**神と同じ段階へと到達**することが出来るようになる。ヘラクレスは、〈太陽神〉で、生贄達をその苦痛、等々から解放するために冥府ハデス(秘伝伝授の洞窟)へと降っている。キリスト教会のみが、教会自身が発明した悪魔や地獄の亡霊達に対する**永遠の拷問**を創造している。

あると単に教えながら、それを秘密にしてきた。記述は正確だが、その**含蓄する**意味は今日にいたるまで謎となっている。神の謎、或いはそのやり方を詮索する罪を訴えることで、難解な更なる説明を逃れるために ―― まったく一言も話していない。それは、ローマ教皇の無謬性の信奉者達には十分明らかであるかも知れないが、哲学的精神の持ち主を満足させることは難しいであろう。しかも、真実は、大半のより高尚なカバリスト達には知られているけれども、彼らの仲間達の誰によってもこれまで決して語られたことはなかった。誰も彼も皆、カバリスト達や象徴学者達もが、〈天使群〉の〈堕落〉に関する根源的な意味を打ち明けることに異常なまでのためらいを顕わにした。キリスト教徒に於いてはそのような沈黙は自然のことに過ぎない。錬金術師だけでなく哲学者も〈中世の時代〉に於いては、伝統的な神学の観点から見て恐ろしい冒瀆であるそれ(註15)を口に出すことは出来なかったが、それを口にする事が彼らを〈異端糾問所〉の「〈神聖な〉」

（註15）　例えば、**恐れを知らず、歯に衣を着せぬカバリストのエリファス・レヴィ**が、何故いわゆる〈堕天使〉の秘密を公表することに躊躇せざるを得なかったのか？　彼が寓話の事実や真の意味 ―― その生理学的な意味と同様に宗教的且つ神話的意味の両方 ―― を知っていたと云うことは彼の厖大な著作物と頻繁な仄めかしと暗示によって明らかである。しかも、エリファスは自身のこれまでの書物の中でそれを 100 回もそれとなく言及した後で、最新作『魔術の歴史』の 220 頁で次のように語っている ……「我々は全身全霊をもってサタンの統治と遍在に対し抗議する。我々は、〈天使達〉の〈堕落〉についての伝承をここで否定も承認も敢えてしない ……　が、仮にもそうするならば、その時〈反乱天使群〉の王子は ―― 今では神から別れて ―― あらゆる勢力の本質である有罪を宣告された者等の中で、せいぜい最後の、そして最も力の弱い者となりうる ……」。これでは曖昧で十二分に巧みにごまかしているが、さてハーグレイヴ・ジェニングス Hargrave Jennings が彼の風変わりで**スタッカート staccato**［断続的な音］のような形式で著しているものを参照しよう。

「聖ミカエルと聖ジョージの両者は典型だ。彼等は、聖者と認められた貴人だ、高徳な英雄達だ、神格化された天使達だ。彼等特有の諸々の能力や属性と共にそれぞれが描写されるのだ。彼等は模造だ、多様な形の存在だ ―― あらゆる神話で異なった名で区別された ……（キリスト教も含めて）。…… それぞれに関する概念は一般的なものだ。この概念と代表的な考えは万能な擁護者だ ―― 『清浄〈無垢〉』な子供のような者だ ―― 非常に力強いため、この神霊の満ちた清浄さ（『〈知恵〉比類無き』セラフィム Seraphim、『愛深き』ケルビム Cherubim）は、偉大な背教者にして強き反逆者だ、しかも同時に、『〈光の啓明者〉』、ルシファー、『〈明けの明星〉』、『黎明の〈息子〉』だ ――『天に由来する』

執務室を通って縄で括られ拷問へと直ちに導いたからである。しかし現代の〈カバリスト達〉や〈自由思想家達〉にとって状況は異なっている。後者に関して、それが声高な拒絶と根深い迷信に基づいた単なる人間的な高慢と虚栄心に過ぎないと我々は不安視している。教会が、マニ教 Manicheeism との宗教闘争で悪魔を発明して以来、そして光り輝く星-神、**ルシファー**、「〈明け〉の〈息子〉」に対して神学的に知性の火を消す手段をもうけることで、これらのものは教会のあらゆる逆説の中で最大のものを造り出した ―― **黒く薄暗い光を** ―― その神話は、現代に於いて、教会の諸々の教理に黙従せず、角をはやし、蹄のある足を持つ教会のサタンをあざ笑う人々が、大胆にも現れて、そしてもっとも古い伝承のその古くささを告白することさえも許さないほどに、盲信の土壌の奥底深く根を張り巡らしてきた。幾つかの簡潔な言葉として次のものがある。**半ば世俗的に言えば**〈全能なる〉「〈最初に生まれし者〉」 ―― **〈厳粛なる輝き Fiat Lux〉** ―― 或いは曙の光の天使群は、**創造すること**命じられたが、その3分の1は叛き、**そして拒んだ**。一方では、「フェタヒル Fetahil [グノーシス主義の云う世界の建造者] のように服従した者等は、創造 ―― 即ち**堕落した**」、がそれはひと際ひどいものであったと。

　拒絶と失敗、その正確な肉体的意味を明確に理解するために、人は〈東洋〉の哲学を学び**理解す**べきであるし、ヴェーダーンタ哲学の基本的な神

とても高い地位の尊称を持つ者等による精緻な建造物（この『生命の局面 side-life』）に反対して（そのように呪文を用いて ―― ルシファーの魔術に於いて、朗々と唱えられたが、有罪を宣告された）世界を粉々にすることが出来るのだ、何故なら、それは、天において万物では有り得ないのだ、天を出づれば万物となるからだ。彼の神格で一つの外見的な驚くべき様相として ―― 諸々の性質に性はないのだ ―― この大天使、聖ミカエルは、**無敵で性のない天体的な『〈エネルギー〉』だ** ―― 彼の壮大な特徴によって自身を威厳づけるためのものだ ―― 見えざる『〈無垢の戦士〉』を纏った …… 同時にグノーシス的な『産むことの拒絶』を否定する甲冑で武装した者だ。これは、もう一つの ……『神話の中の神話』…… 驚くべき『謎中の謎』だ。何故なら、それは本当に不可解で矛盾しているからだ。〈ヨハネの黙示録 the Apocalypse〉のように説明不可能だ。『〈ヨハネの黙示録 the Revelation〉』のように示現不可能だ」。(213 頁)

　それにも関わらず、この**説明不可能**、**示現不可能**の謎は〈東洋〉の経典によって説明され且つ示されるだろう。しかし、非常に学問的だが、未だ困惑する『〈陽根崇拝〉』の著者がそれに対して述べているように、勿論イニシエイションを受けていない人間は、誰も彼の所見の本当の趣旨を永久に理解出来ないであろう。

話上の教義と権能的な活動を、無限にして絶対なる神に帰することの全く誤った考えについて熟知すべきである。秘教哲学は、**サンディヤー** *Sandhyas* の期間中、「〈中枢太陽〉」が**創造する光** —— いわば積極性を放射すると主張している。〈因果関係〉は潜在する。それが一つの絶え間ないエネルギーの流れを生じるのは生物の活動する期間の間だけで、その振動する流れが、下降する〈生物〉の七つの群れから成る梯子のそれぞれの踏み段で更なる活動と能力を獲得する。このため、その七つの王国の組み合わせ全てを伴う有機生命体〈世界〉の**創造**、より正確には形成過程が、どうして知性的な存在達 —— 彼らは集合的な〈存在〉、或いは創造〈神〉で —— 一なる絶対的〈統一〉から既に分離し、後者の創造神は条件付きの創造であるとして言及されなかった者、を必然的に必要としたかが明瞭になる。(註16)

さて、カバラに関するバチカンの〈数々の写本〉——　その(ヨーロッパに於ける)唯一の写しは聖ジャーメン伯爵に所有されてきたと云われるもの —— は、ルシフェリアン[ルシファー崇拝者]Luciferians(註17)と他にはグノーシス主義者によって認められた一風変わった異話を持つ経典の最も完全な解説書を含んでいて、そしてその羊皮紙には〈生命〉の〈**七つの太陽**〉が**サプタスーリヤ**[七つの太陽を意味する]*Saptasurya* の中に見つけられる順に与えられている。しかしながら、これらの内の四つのみが、公立図書館で手に入るカバラの諸々の本で言及されているが、それらは多少なりともベールで覆われた言い回しである。それにも関わらず、この抄訳版でさえも、それがディヤーニ-チョーハンの4組の創造的職能集団に言及し、アーリヤ人の〈秘密の経典〉にその起源を有する考察を裏付けているように、ある同一の原典を示すには豊富な内容で十分なものである。よく知られるように、カバラは決してユダヤ人を起源とするものではなく、ユダヤ人はカルディヤ人やエジプト人から彼らの知識を手に入れた。

既述のように、今日でさえ**一般的な**カバラの教えは、〈**中枢**〉太陽と各太

(註16)　「〈創造〉」は —— 現存するものに先立つ永遠なる実体、或いは質量に由来し、勿論その実体は、我々の教えによれば、果てしなく永劫に存在する空間である。

(註17)　ルシフェリアン派 —— 〈魂〉は父から子へと伝えられた**現世的な体**であると教えることを主張する4世紀の宗派 —— と、そしてその他の宗教とそれ以前のA.D. 2世紀の宗派であるルシアニスト派 Lucianists は、これら全てと更に**動物の**〈魂〉は不滅ではないと教えていた人々だが、真の〈カバリスト〉且つ〈秘教科学〉の教えに基づいて哲学的思索を行っていた。

陽系の ── 即ち我々の太陽系も含む、三つの第2の太陽について語っている。唯物論的過ぎるけれども優れた作品、『**生命と宗教の新しい方向性**』に示されているように、それは一つの面に於いて深く思索し理解し尽くしたカバリスト達が持つ諸々の見解の大要である ──

「その〈**中枢太陽**〉は ……（アーリヤ人と同じように）**彼らにとって〈平安 Rest〉の中心であったし、全ての運動が究極的に帰するべき中心であった**。この中枢太陽の周囲を ……『三つの体系的な太陽の第1のものは …… 北極平面の上を公転した …… 第2のものは、赤道平面の上を』…… そして第3のものだけが我々が見うる太陽であった。これら四つの太陽の躯体は、『**人間が、惑星地球上での生命の創造と進化と呼んでいる働きを支える諸器官**』であった。これらの躯体の影響が、彼ら（カバリスト達）が電気的であると思っている地球へと伝達されるときに通る経路で」(287頁) ……「中枢太陽(註18)から流れる放射エネルギーが〈地球〉を水の豊かな天体と呼ばしめ」、その傾向は、「惑星躯体の核として、(中枢)〈太陽〉へと突き進むことであった …… それが創造を行なってきたのはその天体引力圏内である」、「しかし、放射エネルギーは、同様に両者を帯電させながら、他方から一方を隔離し、そうして回転する惑星(地球)がたどり着こうとした引力の中心を廻る公転へと運動を変化させた。

「有機細胞の中に、**目に見える太陽**は自身の適正な母体を見いだして、これを通じて（一方で植物を成熟させながら）動物〈界〉を生みだし、最終的には人間をその頂点に置き、彼の中で、その〈界〉の活動を賦活することを通して、心霊的細胞を生み出した。しかし、動物界の頂点に、創造

(註18) 〈秘教科学者達〉の云うこの「中枢太陽」は、〈科学〉でさえも天文学的に認めざるを得ないものだが、何故なら、天の川銀河の不可視で神秘的な地点、我々の〈太陽〉とその系の引力の永久に隠された中心の中枢躯体をなす〈恒星空間〉にその存在を否定出来ないからである ── この〈太陽〉は〈東洋〉の〈秘教科学者達〉よって別の見方をされている。一方で、〈西洋〉と〈ユダヤのカバリスト達〉（そして一部の敬虔な現代の天文学者達）が、この太陽の中に〈至高の実在〉が特別に存在すると主張するが ── それを〈神〉の意志による活動と関連づけて ──〈東洋のイニシエイト達〉は、〈不可知なる絶対〉の**至高-神界 Supra-divine** の〈本質〉があらゆる領域や場所で等しく存在するように、この「〈中枢太陽〉」が単に〈宇宙〉の生命-〈電気〉の中枢、即ちそれぞれの**創造**の始まりに既に分化した神の放射が集中する貯蔵庫に過ぎないと断言する。ある種の**ラヤ**[潜在状態]*laya*、或いは中立的状態のままだが、それにも関わらず、それは吸引し、同様に絶えず放射するような生命〈中枢〉の一つである。

物の頂点に置かれた人間は、動物的で、**魂がなく、滅びやすい人間**であった。……それ故に人間は、その王冠であることは明白であるけれども、その出現によって創造の終結を記すことであろうし、それ以後創造は、人間で絶頂期に達し、人間の死でその衰退期に入ることだろう」……（289頁）。

このカバラ的見解は〈東洋〉の教義と内容的に全く同じものであることを示すために此処では引用されている。「〈諸太陽〉」が中心躯体である**生命段階の七体系**を持つ七つの〈太陽〉についての教えを解釈し、或いは完全なものとするならば、あなた方は、「〈万軍 Host〉」が、神々であり、それ故、集団的な天使の七段階を手にすることになる。(**第Ⅰ巻スタンザⅦの註解書を参照**)彼らは**無形のもの**から四つの階級に分かれ、半ば有形なものへと天降った〈指導的集団〉で、その階級は直接的に ── 自発的な結びつきと諸々の機能と見なされるようなとても変わった方法で ── 人間に結びつけられる。彼らは三つで、まさに引用したカバリストの教義で、「〈中枢太陽〉」と呼ばれる(**最初**にして最高の)第4のものによって統合される。此処がセム族とアーリヤ人との〈宇宙発生論〉に於ける大きな相違点で、一方は自然の神秘を具現化し人間化し、他方は物を心霊的とし、そしてその生理学は常に形而上学に服従させられている。このように第7本質は、生命の全ての様相、未分化の要素のような純粋さと非人格的な一なるもの、を通って人間に到達するけれども、それは、(カバラが**由来**すると教えている)〈中枢の霊的太陽〉と第2〈集団〉(**極**の〈太陽〉)を通過してやって来て、その二つは人間に自らのアートマを放射する。〈第3集団〉(赤道上の太陽)は、ブッディをアートマンと**マナス**の高次属性に堅く結びつけ、その一方で〈**第4**〉集団(我々の見る太陽の精神)は、人間にマナスとその乗物となる媒体 ──［欲望体］〈**カーマ**〉・ルーパ、或いは熱情と欲望の体、**個人化した意識** ── 即ち個人的な**自我 ego** を発展させる［高我と低我を結びつける］アハンカーラ *Ahamkara* の二つの要素を与える。最終的にその三重性質の統合の中で、肉体を構築し、〈生命〉の〈霊〉をそれに引き寄せ、彼の〈**リンガ・シャリーラ**〉［肉体の原型］を形成するのは〈地球〉霊である。

さて、万物が周期的に進展するように、他のあらゆるものと同様、人間の進化、彼が産み出された順序は、〈東洋〉の教えで詳細に記述されているが、しかるにカバラでは暗示されているだけである。ジャーンの書は、「〈骨格のない〉」者、形体のない霊的な〈創造者〉によって最初に意図された原初の人間について語る、「**最初**に〈**神の息**〉、次にブッディ、そして〈影の息子〉(〈肉体〉)が『〈造られた〉』と。しかし中心軸(中間の本質、マナス)は

いづこにあったのか？　人間は運命づけられている。単独の時には、未分化(区別不可能の〈元素〉)と〈ヴァハン Vahan〉(ブッディ)—— 原因なき原因 —— は、顕現した生命からバラバラに引き裂かれ」——「保持されない限りは、中心本質、《真我ジーヴァ》の人格的意識の乗物によって一緒に堅く結びつけられる」、と〈註解書〉は解説する。言い換えれば、(a)自らを認識するための〈精神〉、**マナス-〈我 Ego〉**と、(b)全体を、(実際に存在する)中心軸をまるで取り囲むように人間の肉体的な形体に堅く結びつけるために、この世の誤った人格、或いは利己的な欲望と個人的な〈意思〉の体とを持たない限り、二つのより高次の本質は〈この世〉に個性を持つことが出来ず、人間にはなれない。それは二重の人格を内包する、〈第5〉と〈第4〉本質(註19) —— **マナスと〈欲望〉体で** ——（もしもそれが自身を二つのより高次なものに融合同化する際には)真の不滅の〈自我〉となるものと誤った束の間の人格、いわゆる**幻影的** mayavi またはアストラル的な体、或いは**獣-人間の〈魂〉**で、—— その二つは満ちあふれる地球上の存在物の諸目的に応じて密接に混ぜ合せられるべきものである。この世のかの最も偉大な聖人のものを移植された、例えばニュートン Newton [英国の偉大な科学者]の〈霊的モナッド〉が化身する際に —— あなた方が考え得る最も完璧な肉体 —— 即ち、**ストゥーラ・シャリーラ** Sthula Sarira、プラーナ(生命の本質)体、そして**リンガ・シャリーラ** linga sarira から構成される二つ、或いは三つの本質からなる肉体の中に —— そして、もしそれがその中間及び第5本質を欠くならば、あなた方は**白痴** —— この上なく麗しく、魂を欠き、空っぽで、意識のない容姿の人間として創られるだろう。「**われ思う** Cogito —— **ゆえにわれ有り** ergo sum」 —— は、とにかくこの[意識]レベルにはないそのような創造物の頭脳に見いだす余地はまったくない。

それにも関わらず、〈堕天使達〉の寓話 —— ローマ教会によって曲解され台無しにされたもの —— に潜む哲学的な意味を遙か以前に理解していた学徒達がいる。〈霊的意思〉から流出し、そしてその産物である〈霊の王国〉と霊的活動は、(天界の)〈魂の王国〉と天界の活動の外部にあり、大いに異なり、それに反している」と。(註20)原典にかく云う ——

(註19)　肉体から始めて下の方から、〈第4〉、そして〈第5〉本質となり、**アートマ** Atma から数えるならば[順にアートマ、ブッディ、マナス、カーマ-マナス、プラーナ、リンガ・シャリーラ、ストゥーラ・シャリーラで]、〈第3〉と〈第4〉本質になる。
(註20)　『新しい生命観』

「類は類を産み、そして二度と生物の創生を繰り返すことはなく、その制限され条件付けられた諸法則を伴う進化がやがて到来する。〈自-存する *The Self-Existent*(註21) もの〉は《神の創造物》と呼ばれるが、それは彼らが、時と(有限で条件付きの)〈空間〉を超越するその〈生まれることなき造物主 Nature〉に固有の潜在力を通じて現れる〈霊の光線〉の中に出現することによる。地上の産物は、生命の有るもの無いもの、人間を含めて、誤って創造物 creation や被造物 creature と呼ばれているが、それらは個々の自然の要素が発達(進化)したものである」。(〈註解書〉xiv.)

更に ──

「〈神的な〉形体を持つ者(ディヤーニ・チョーハン)は自身そっくりの姿に(人間を)創造するが、それは宇宙的な(顕現した)〈物質〉の最初の分離と目覚めに続いて起こる霊的観念化の一つであり、その姿は〈それ自身〉の観念的な影である。そしてこれが〈第1人種の人間〉である」。

更により明瞭な形でそれを表現するために、この地上だけに説明を限るならば、最初に「分化した〈自我達〉」──〈教会〉が〈大天使達〉と呼ぶ者等──の義務は、進化の衝撃を原初の物質に吹き込み、そしてその形成する諸勢力を創造物の調整へと導くことであった。これこそ〈東洋〉と〈西洋〉両方の伝承で、その文節に言及されていること──即ち「〈天使達〉は**創造を命じられた**」である。地球が**より低い**、そしてより物質的な諸勢力によって整えられ、そしてその三〈王国〉が「豊かな実りと繁殖する」彼らの道を正当にも歩み始めた後に、高次の諸勢力、〈大天使達〉、或いはディヤーニ達は、その進化の王冠──〈**人間**〉──を組み立てるため、進化の〈法則〉によって地上に降臨することを強いられた。このように「〈自己〉-創造した Self- created」ものと「〈自〉-存する Self- existent」ものは、彼らの青白い影を投影したが、〈第3〉群、〈火の天使群〉は彼らの〈仲間のデーヴァ達〉に加わることに**従わず拒絶した**。

ヒンドゥの一般的体系は、彼らを全て〈ヨーギ達〉として描写し、彼らの神への敬虔さが彼らに**創造を拒絶する**ことを懐かせたとするが、それは、彼らがもし可能ならば、〈涅槃ニルヴァーナ〉──最終的な解放──に向かう成長途上で彼らの仲間達を待ち受けるために、永遠なる**クマーラ達**、「〈無垢の青年達〉」のままでいたいと望んだためである。しかし、秘教的な

(註21) 〈天使的、霊的本質〉で、無条件の〈永遠性〉から、その存在は不死であるが、彼等のマンヴァンタラ的出現に於いては周期的で且つ制約を受けている。

解釈に従えば、それは人類を益するための自己犠牲であった。「〈反乱者達〉」は、意思がなく責任を負えない人間達を、「従順な」天使達の様には創造しようとしなかったし、彼ら固有の諸属性の一時的な反映だけを人類に与えることも出来なかった、何故なら、後の行為でさえ、別の、そして非常に高い意識界に属していて、人間を責任の担えないままの状態に留め、それ故により高次な発展のあらゆる可能性を妨げることになるからである。如何なる霊的且つ肉体的な進化もこの地上 ── 最も低く、そして最も物質的な世界 ── では不可能であるが、その理由は、かの世界の人間が、いずれにしても、生まれつき**完全**であり、長所だけでなく欠点さえも積み立てることは出来ないからである。人間は、不活発で不変で動かない完全なもの、その一つが**私はありてある者** *I am that I am* という受動的且つ能動的な実際の特質からなる依然として青白い影のままだが、この世の生活を、深い安眠の中でのように、それ故この世では失敗するが、体験すべく運命づけられてきたのだろう。集団としてエロヒムと呼ばれたその〈生物〉或いはその〈存在〉は、「〈注意せよ〉、人が**我々の１人のようになり**善悪を知る者となることを、そして彼が手を伸べ、また命の木から取って食べ、永遠に生きることのないように ……」、と冷酷な言葉を(そもそも)最初に口にした者達で、自身の創ったものに対する憤怒と嫉妬に満ち、彼らの投影が実際には**蛇の姿オフィモルフォス** *Ophiomorphos* を創り出したイルダ-バオス Ilda-baoth、ナザレ人の**造物主デミウルゴ** *Demiurge* であったに違いない。この場合には、サタン、創世記の〈蛇〉を本当の創造主や恩人、〈霊的〉人間の〈父〉と云う視点で見ることは ── たとえ死語という観点からでさえも ── 自然ことに過ぎない。というのも、主張されるように、エホバによって**創られた機械的人間の瞳を開いた〈光のさきがけ〉**、眩い光を放つルシファーとは彼のことで、そして最初に、「その日汝等は食べ、そのため汝等はエロヒムのように善悪を知る者になるに違いない」と囁いた彼 ── のみが〈救世主〉の光と見なすことが出来るからである。「霊を**人格化する**」エホバの「敵対者」の１人である彼は、秘教的な真実に於いて絶えず愛される「〈御使い〉」(天使)、セラフィム、そしてケルビムで、両者ともよく**知られ**、こよなく**愛され**、そして我々に肉体的な不死性の代わりに霊的な不死性 ── 後者は人間を終わることのない「〈流浪する〉ユダヤ人」へと変容させたある種、**静的な不死性** ── を授ける者としていまだに存在している。

　キング著の『グノーシス主義者達』の中で物語られるように、「イルダーバオスは、幾つかの宗派が彼をモーセの〈神〉として見なしていたが、純粋

な霊では無くて、野心的で尊大で、彼の母親ソフィア-アカモス Sophia-Achamoth によって彼に提供された中間の空間からの霊的な光を拒み、懸命に彼特有の世界の創造に専念した。自身の息子達、即ち6人の惑星霊に助けられて、人間を創りあげたが、この人間が失敗作なのは明らかである。それは、魂が無く、知性を欠き、そして肉体を持つ獣のように大地を四つんばいで這う怪物であった。イルダ-バオスは彼の霊的な母に助けを求めることを強いられた。彼女は彼に彼女の天界の光を伝え、それで人間を賦活し、そして人間に魂を与えた。さて、イルダ-バオスの憎しみは彼自身の創造物に向かい始めた。天界の光の衝撃に続いて、人間は徐々に強い願望を高め、間もなく彼は、彼の創造主イルダ-バオスの姿ではなく、むしろかの〈至高の存在者〉、『根源的人間』、エンノイア Ennoia の姿を現し始めた。その時、創造主デミウルゴ達は怒りと嫉妬に狂い、彼の妬みの視線を物質の深淵に注ぎながら、激情で悪意に満ちたその表情が鏡のように突然映し出され、その映像は生きているものになって、そしてそこに、その深淵から、サタン、蛇、〈蛇の姿の者 Ophiomorphos〉が現れた ── 『嫉妬と狡猾さの具現化したものが。彼は、憎しみ、嫉妬、そして霊的知性のずるさを主に物質的な基礎として、それら全てを一つに合わせた者である』」。これが〈グノーシス主義者〉の一般的な描写であり、その寓話は、ある**宗派**のものだが、暗示的で生命に対する真実であるように思える。それは空文となっている創世記第3章の原文にもとづく自然な推論である。

　このため、プロメテウスの寓話で、彼は、人間が霊的進化の道を意識的に進むままに任せるために天上の火を盗み、それによって地上の最も完全な**動物達**を神の可能性を持つものへと変容させ、そして「力づくで神の王国を手に入れる」ために人間を解放している。それ故に、またプロメテウスに対してはゼウスによって、そして自身の「反抗する息子」、サタンに対してはエホバ-イル-ダ-バオスによって、**呪いの言葉**が掛けられた。それは、コーカサス地方の凍てついた清らかな山の雪と滅びゆく地獄を消えることなく焦がし続ける火炎である。二つの両極端な地は、それにも関わらず同じ概念、純化された苦悩の二面性で、**火を産み出す者** ── アニマ・ムンディ[世界魂]のアストラル的な炎と光を携える者フォツフォロス[ルシファー]Φωσφόροςの象徴を擬人化した者 ──（ドイツの唯物主義的な哲学者モルスコット Moleschott がいうように、「**フォスフォルス**[燐、元素記号 P]無しでは、誰一人として思索も出来ない ohne *phosphorus kein gedanke*」とする元素）で、彼の世俗的な激情の荒々しい火炎を燃え上がら

せ、彼の〈思い〉によって点された大火炎で今では善と悪をわきまえ、しかもこの世的なアダムの激情の奴隷で、そして疑念の獰猛な禿鷹とその心を苛（さいな）むに十分な意識を感じる者は ── **実際、意識的な**存在で、それ故に**責任ある**存在であることから、**プロメテウス**の一人として象徴される者である。(註22)**生命**の呪いは重大で、一部のヒンドゥとスーフィーの神秘主義者の他には、意識的な生命のあらゆる苦悩を、責任ある存在の諸々の悪全てを、受動的で(客観的にみて)**無形なる**実存の意識し得ない完全さや、同じくブラフマーの「夜の」休息の間に、彼に人格神化される宇宙の静謐なる〈不活発さ〉のために、変えようとするものはめったにない。というのも、存在と意識の世界を混乱させ、その犠牲となった人物(註23)による優れた論文からの引用によれば ──

「サタン、またはルシファーは**活動的な**もの、或いはM・ユール・バイサック Jules Baissac が呼ぶように、一つの宇宙的な意味で、『〈宇宙〉の〈遠心的エネルギー〉』を象徴する。彼は、〈火〉、〈光〉、〈生命〉、〈戦い〉、〈努力〉、〈思索〉、〈意識〉、〈進歩〉、〈文明〉、〈自由〉、〈独立〉である。同時に彼は、活動の**喜び**の〈反作用〉である痛み、そして**死**であり ── **生命**の周期的循環の中で ── サタンは、彼自身の地獄を焼き焦がしながら、彼特有の猛烈な勢いの激情によって ── 新しい世界へと凝縮する広範囲な星雲の崩壊を産み出した。そして相応しくも彼は、〈顕現宇宙〉── 不変の『《私はある *I AM*》』── それから閃光が打ち放たれる火打ち石 ── の**受動的エネルギー**である永遠なる〈**不動** Inertia〉によって、何度も何度も挫折させられている。相応しくも彼 …… と彼の信奉者達 …… は、『火の海』を

(註22) プロメテウス、〈カルマ〉、そして人間の意識の歴史は後で明らかにされる。
(註23) その並はずれた才能が自身を滅ぼしたある英国人によるものである。あるプロテスタント聖職者の息子で、彼はマホメット教徒に、その後に狂信的な無神論者になったが、ある**大師**、〈導師〉と出会った後に神秘主義者となって、その後には、疑い深く絶望した神智学徒に、そして**黒魔術**を求めて**白魔術**を打ち捨て、気がふれてローマ教会に入信した。その後再び転向し、教会に破門宣告をし、再度無神論者になり、そして彼が信じることを止めた人間、知識、〈神〉を呪いながら亡くなった。彼の著作、『天界の戦い』を執筆するためのあらゆる秘教的な資料を与えられて、その資料からマルト神群とサタン、ダーウィンとアストラル光を混ぜ合わせて、半ば政治的な作品を作った。平安あれ彼に ── その〈抜け殻〉に。彼は道を踏み外す弟子達への警告である。彼の忘れられた墓は、インドのカティアワール Kathiawar のジューナガ Joonagad 回教徒墓地に見つけることが出来る。

任せられたが、その理由は、それが（ある意味で、〈宇宙的〉寓話の中だけの）〈太陽〉、即ち**我々の太陽系**に於ける命の泉で、そこでは彼らが他の生命の（復活の）ために自身を再び整える目的で清められ（分解され）、能力を高めさせられる場所であり、〈太陽〉は、我々〈地球〉の活動原理の起源であるように、〈世界のサタン〉の〈**故郷**〉でもあり〈**出身地**〉でもある。……」となる。バイサックの一般的な（〈神〉とサタンに於ける）理論を更に正確に示せば、寒さは『〈求心的〉』作用を持つことで知られる。「寒さの影響の下で全てのものは収縮する。……… 寒さのもとで生物は**冬眠**し、或いは死に絶え、思考は凍りつき、そして火はかき消される。サタンは彼の受け持つ〈**火の海**〉に於いては不死である ── 彼が存在出来ないのは、『《**私はある**》』[神]の『**ニヴィルヘイム** Nifl-heim[暗黒と死者の国]』（スカンジナビアの神話エッダの中の極寒〈地獄〉）の地だけである。しかし、ニヴィルヘイムにはある種〈**不滅の存在**〉が居るにもかかわらず、その存在は**苦痛もなく平和に満ちている**に違いない、何故ならそれは〈**意識がなく**〉、そして〈**不活発**〉だから。エホバの〈王国〉では（たとえこの〈神〉が、ユダヤ人とキリスト教徒が神に求める全てであったとしても）、如何なる〈悲惨〉も〈戦争〉も結婚も結婚生活をもたらすことも変化も〈**個人的な意識**〉も存在しない。(註24) 全てのものは最も〈力強い〉者の霊に吸収される。かの『〈天使の反乱 Arch-Rebel〉』が〈争い〉と〈大改革〉の一つであるように、其処は〈平和〉と忠誠による〈**自発的服従**〉の断固たる王国である。…… それ（後者）は、実際、神智学が〈**涅槃ニルヴァーナ**〉と呼ぶものである。しかし更に神智学は、〈**根源的な源泉**〉からの分離が**かつて起こり**、〈**再統一**〉は、〈**意思**〉 ── 〈**努力**〉── によって、この小論の中の意味では明らかに**サタン的**であるが、達成され得るだけだと教えている。

それは、頑迷固陋なローマカトリック教の立場から見れば、「〈**サタン的**〉」である、何故なら、それは同時にキリスト教の言う〈悪魔デヴィル〉となった原型 ──〈光り輝く大天使達〉やディヤーニ-チョーハン達で、彼らは〈人間〉が**彼自身の創造者及び不死の神になる**ことを望んだことから、創造することを拒否した者達で ── 人間達が〈**涅槃**〉や天上界の神聖で〈平和〉

(註24) 著者は、あたかもエホバがパラブラフマンと同義語であるかのように、**活動的で、戦い、罵しるエホバ**について語っている！ 我々は、神智学の教えと意見が異なる箇所を示すために、この作品から引用したが、さもなければ、『神智学徒 Theosophist』[神智学協会の機関誌]で全てが一般に公表される事から、いつか我々に敵対するために引用されることになるだろう。

な安息所に辿り着けるようにする者達、の原型だからである。

　このやや冗長な評論を締めくくるために、シークレット・ドクトリンは、〈火のデーヴァ達〉、ルドラ達、そしてクマーラ達、即ち（ミカエルやガブリエルの〈大天使達〉、両者も含む）「〈穢れなき天使達〉」にして天の「〈反逆者達〉」── **全く唯物的で現実的なユダヤ人達によって、ナハシュ Nahash、或いは「〈追放されし者〉」と呼ばれた者** ── 等は、彼らの**霊的過ぎる**〈創造主達〉による半ば受動的なエネルギーを通じて（彼らの〈同胞〉に由来する影として進化した）生物の（たとえ**無意識にしても**）その悲惨さを見ることで、**受肉の呪い**と地球上での存在と数多の再生の長い周期を選んだ、と教えている。もし、「人の人生の生き方が、〈自我〉を獣的にも、霊的にもするようなことも無く、ただ**人間らしくする**だけのものであるべきならば」(註25)、人間がそう出来るようになる前に、彼は天使ではなく、**人間**に生まれなければならない。このため伝承は、天上界の〈ヨーギ達〉が〈人間性〉── 神に似せて作られ、最初は完全であったもの ── を回復し、そして人に人間の愛情と熱誠を与えるために、自身を自発的犠牲として捧げていることを示している。これを為すために、彼らは、自身が持つ本来の地位を放棄し、我々の地球に降臨して、マハー・ユガの全周期の間そこに住まいを定めていたが、それによってその人格を有しない個性を棄てて個人的な人格を ── 即ち星辰的存在の至福を棄てて呪うべき地上生活を、手に入れている。その天性が〈**知識**〉と〈**愛**〉である〈火の天使達〉の自発的な犠牲は、一般的な神学によって、「反乱を起こした天使達が天国から、〈地獄〉の闇の中」── 我々の〈地球〉──「へ投げ落とされた」と描写する記述として解釈された。ヒンドゥ哲学は、シヴァによって投げ落とされた**アスラ達**が悲惨な状況の中からより高度な浄化と贖罪を準備する一つの**中間状態**にあるに過ぎないという教えによって、真実を暗示しているが、しかしキリス

(註25)　カバラを説明しながら、H・プラット Pratt 医師は次のように語る、「〈霊〉は、人間にとって（ユダヤの律法博士にとってがより正確か？）、体もなく、肉体から分離、或いは追放され、堕落させられた存在で、それ故表意文字で『〈追放された〉』**ナハシュ**と呼ばれ、人類に現れ、人類を ──〈女性〉を通じて男達を、悪に誘うと表現された。…… このナハシュに由来する絵画には、この霊が蛇として描かれているが、その理由は、蛇の**体の手足が無いこと**から、〈蛇〉が四肢を奪い取られ、心が腐敗し、堕落した被造物の一つと見なされたからである」(『新しい視点 New Aspects』、235頁)。象徴のための象徴で、〈ヨッド(ˎ)〉── カバラでエホバを表す詩的な象形文字で ── 男性の生殖を象徴する神よりも、蛇の象徴 ── 叡智と永遠のシンボルで、今の姿のように四肢を奪われたかの蛇、を好む者等が存在する。

ト教神学は、神の愛や慈悲の堅固な巖、そして神の正義に基づいていると主張しながら、それがその〈救世主〉であると訴えて —— 矛盾するかの主張を強要するために、陰鬱な地獄の教義を、ローマカトリック哲学に於けるかのアルキメデスの梃子を、発明してきた。

　〈律法学者ラビの叡智〉は —— 全てのものを生理学的な神秘へと引きずり降ろすように、それ以上に肯定的で唯物的なもの、或いは大いに現世的なものは存在しないが —— これらの〈存在〉を「〈悪の一つ〉」と呼び、そしてカバリスト達は ——〈天国〉に於いて〈聖なる一者〉から遠ざかった後で、彼らのまさに出現の夜明けに自身を深淵に投げ込んで、彼らが地上に降臨すべき時を待ち受けていた者を、少し前に述べたように、**ナハシュ** Nahash、「〈追放されし者〉」、そして〈**魂達**〉と呼ぶ。(『ゾハル』、iii., 61, C.)

　そして同時に、我々の論争の原因が正確に解釈されたゾハルとカバラに対してではなく —— というのも後者カバラは我々そのものだから —— 最近の粗雑で、**まがいものの秘教的解説**、特にキリスト教〈カバリスト達〉の解釈に対してのみであると、釈明させて欲しい。

　「**我々の地球と人間は**」と〈註解書〉に曰く、「**三つの〈火〉の産物で**」——その三つの名称はサンスクリット語で、「**電気的火、〈太陽の〉火、そして摩擦によって生じる火**」だと答えている —— これら三つの火は、〈宇宙〉と人間の諸界層で説明されるが、〈霊〉、〈魂〉、そして四つの補助的な区分を伴う〈肉体〉、の三つの大まかな〈根本的〉分類となる。これらは〈諸学派〉で異なり、そして —— 各学派の表現形式によれば —— **ウパディ** updhis と**乗物**、或いはこれらの**本体** noumena になる。顕教的な説明では、彼らは、ブラフマーの長子且つ〈宇宙的な**ロゴス**〉で、他を凌ぐ光彩と壮麗さを持つアグニ・アビマーニム Abhimânim [誉れ高き者] の3人の息子によって、またダックシャの(註26)娘達の1人スワーハ Swâha によって、化身させられた。形而上学的意味では、「摩擦の〈火〉」は第6本質の〈**ブッディ**〉と第5

(註26)　ダックシャは、「知性、有能」の意。「この名は一般的に**創造する力**の概念をそれに付随している」。彼は、ブラフマーとアディティの息子の1人で、他の異話に従えば、父の体から生じたミネルバ Minerva のように、自ら誕生する勢力の一つである。彼は**プラジャーパティ** ——〈主方〉、或いは〈生物〉の〈創造主達〉の首長である。ヴィシュヌ・プラーナで、**パラーシャラ** Parâsara は彼について、「各〈劫期〉(或いはマンヴァンタラ)毎にダックシャと残りの者等は生まれ、そして再び滅びる」と語っている。そして、リグ・ヴェーダは、「ダックシャはアディティから生じ、アディティはダックシャから生じる」と語るが、それは同じ神の〈精髄〉の永遠なる周期的な再生への言及である。

本質の〈マナス〉との〈結合〉を意味し、そうして両者はともに堅く結びつけられ、第5本質の一部はモナドに溶け込み、その一部となり、肉体に於いて、それは、人間に実を結び、人間を産み出す**創造する閃光**、或いは胚種と関係する。これら三つの〈火〉は、口伝によれば(その名前はパーヴァカ Pâvaka、パヴァマーナ Pavamâna、そしてシュチ Suchi で)、偉大な聖者、ヴァシシュタの呪いの言葉によって、「**再三再四生まれてくるべし**」と宣告された。(『ヴァーガヴァタ-プラーナ』、iv. 24, 4)これで十分明らかである。

　それ故、〈**炎の主方**〉は、その様々な働きが顕教的な書物では混同され、無頓着にもプラジャーパティ、ピトリ達、マヌ達、アスラ達、リシ達、クマーラ達(註27)、等々と呼ばれ、そして〈第3根本人種〉に個人として化身し、そうして「再三再四再生する」自身に気づくと語られる。〈秘教的な〉経典では、彼らは一般的にアスラ達或いは**アスラ・デーヴァタ**(神々)*Asu-ra Devata*、或いは**ピタル** *Pitar*・デーヴァタと呼ばれるが、その理由は、云われているように、彼らが「神々で**無い者**」になる前は、彼らが最初の──そして最も高い神格の──〈神々〉であって、そして〈天〉の〈霊〉から〈地上〉の〈霊〉の地位に堕ちたためである(註28)──伝統的な教義には**一般的によく記されている**ことだが。

　あらゆる〈国家〉が本来共通して持っていた太古の原初的な〈宇宙発生論〉と〈神統系譜学〉を解く鍵を手にしない限り、〈神学者〉の誰一人として、プラジャーパティ、マヌ達、リシ達の諸々の系譜だけでなく、〈神々〉とこれらの直接的な結びつき──或いはむしろ関連性──を〈東洋学者〉以上にこれまで理解した者はいない。これらの神々と神の御使い達 demi-gods の全ては、様々な〈劫期〉に、そして様々な性格を持って、即ち、そ

(註27)　マヌ法典(3章284条)に云うように、これらの階級の誰一人としてピトリ達や〈祖先達 Progenitors〉と異なっていない。「数々のヴェーダの原文に従って、賢者は我々の父達をヴァス達 Vasus、我々の父方の祖父達をルドラ達、我々の父方の曾祖父達をアディティヤ達、と呼んでいる」し、また別の解釈では、「これは不朽の聖典ヴェーダの原文の一つである」としている。

(註28)　今では、故G・スミスによってバビロニアの円筒版碑文の中に発見されているように、これはバビロニアの神学におけるものと同一であった。イシュタルは、「〈天〉と〈地〉の長男である」。彼の下には、**イガガ** *Igaga*、或いは〈天界の天使達〉、そして**アヌンナキ** *Anunnaki*、或いは〈地〉の天使達がいる。またこれらの下には、〈聖霊達〉とサドゥ Sadu、ヴァドゥク Vadukku、エキム Ekimu、ガル Gallu と呼ばれる「精霊達ジェニー Genii」──彼等のある者は善で、ある者は悪などの、様々な階級がある。(『バビロニアの神話学』を参照)

れぞれが、更に、**明確に辿れる〈カルマ〉とその原因だとされるあらゆる影響を持って**、地上に再生するのが見られる。

　他のスタンザが説明される前に、これまで見てきたように、〈闇の叡智〉」の息子達が、〈神学〉によって「〈堕ちた〉」者と呼ばれた〈大天使達〉と同一の者等ではあるけれども、神の如く、そして純粋で、そして数々の教会で大いに誉め讃えられているあらゆるミカエル達やガブリエル達以上の者であること、を示すことは絶対に必要であった。その「古い〈書物〉」は〈アストラル的〉生命の多様な詳細に踏み込んでいるが、この時点では、読者には全く理解不能である。従って、それは後で説明されるだろうし、〈第1〉、そして〈第2の人種〉は微かな認識をその時は受けとれるだけであった。〈第3人種〉はそうではなく ―― 各性に分離し、初めて理性を与えられた〈根本人種〉であった。人類は地球と同一歩調で pari passu 進化し、そして後者の地球は1億年以上も前に固い地殻で覆われて ―― 最初の人類の亜人種は、いわば、既に物質化、或いは固くなり始めていた。しかし、スタンザの偈文によれば、「**内的な人間（意識的な〈存在〉）が存在しなかった**」とある。〈秘教科学〉の言うこの「〈意識的な存在〉」は、いやむしろ様々な場合があるが、揺るぎない〈カルマ的〉な進化の法則によって、このマンヴァンタラに化身する運命にあった非常に完全な本質と高い〈知性〉を持つ**存在** esse に由来している。

　(b) 此の偈文(39)はもっぱら人種的な区分に言及している。厳密に言えば、秘教哲学は修正した多原発生説を説いている。というのも、それは人類に一なる起源を割り当てる一方、その時点までは人類の祖先達、或いは〈創造主達〉は全て神的な存在であって ―― 天使の階級に於いて完成度による階級や程度の相違はあるが ―― 人間はそれにも関わらずその時代の大陸の異なる七つの中核地域に生まれていたとする。全ては同じ人類共通の起源ではあるが、彼らに与えられた潜在能力や精神的能力が理由で、外見、体形、そして未来の諸特質は、非常に異なっている。(註29)彼らの容貌については、**リンガ・プラーナ** Linga Purâna に語られる暗示的な寓話が存在する。**クマーラ**は ―― ルドラ神、**（かけ離れて見えて）**疑わしいが、

(註29)　他の世界におけるモナッド達の最後の再誕生に於いて、全てが同じ程度の清浄さであることが出来ず、多様な化身をするモナッド達の**カルマに適応するために**、ある者は優れ、他の者は劣る。この記述は、種族の相違、未開人の人格的な未熟さ、そして他の人類の多様性に関するものである。

シヴァ神の化身、（外見的な諸々の形体の）**破壊者**として描写され、またヴァマデーヴァ Vamadeva[守護神]と名付けられている。後者のシヴァ神は、**クマーラ**、〈永遠の独身者〉、純粋で〈無垢〉の若者として、各大マンヴァンタラにブラフマーから出現し、「再び四つとなる」、即ち容貌と形体に関して言えば、人種に関する**四つの大きな区分**に関係し ── そしてそれらの三つの主要な変種にも関係する。そのように第 29〈劫期〉に於いては ── この場合、シヴァが絶えず破壊し、そして周期的に作り直す人間の形体の変容と進化に関係し、〈第 4（アトランティス）人種〉のおおよそ中間点となるマンヴァンタラの大転換点に向かい ── 第 29〈劫期〉に於いて、シヴァは、シュウェタローヒタ Swetalohita[白と赤色]、クマーラの**始祖**として月色から**白色**になり、彼の次の変容で ── 彼は（そして此処での一般的な異話は秘教的な教えと異なっている）**赤色**に、三番目は ── **黄色**、そして四番目は ── **黒色**になる。

　秘教主義は、現在これら七つの変種を、彼ら自身の云う大きな四つの区分とともに僅か三つの独特な原始人種に分類わけしているが ── それは体形も肌の色もなく、巨大な体ではあるが全く物質的とは言えない〈第 1 人種〉を考慮していないためである。これら諸人種の進化、彼らの形成と発展は、人間の容貌がそれらの諸地域の気候によって決定されたのと同様にその起源とされる地質学的な三つの地層に於ける進化、形成、そして発展と**歩調をあわせ**、平行して進んだ。それを三大分類の、即ち〈**赤-黄色人**〉、〈**黒人**〉、そして〈**褐色-白人**〉と呼称している。(註30)アーリア人種は、例えば、現在では濃い褐色、ほぼ黒色、そして赤-褐色-黄から最も白いクリーム色までと多彩だが、全て一つの同じ種族 ──〈第 5 根本人種〉であり、そしてヒンドゥの**大衆的宗教**でヴァイヴァスヴァタ・マヌと云うよく知られた名前で呼ばれている 1 人の始祖に由来し、マヌは、一般的に著名な人物、〈聖人〉で、彼が生きていたのは、1,800 万年以上前とも、また 85 万年前 ── 巨大なアトランティス大陸(註31)の最後の残存地が水没した時代（後述する**根本及び種子マヌ**を参照）、とも云われ、また**現在**でさえ彼の

(註30)　「そこには」と『トピナルド Topinardo』（ブロカ Broca 博士の序がある『人類学』の英語編集版）は伝え、「人間という有機生命に於ける〈**三つの**〉基本的な色素がある ── 即ち、**赤色**、**黄色**、そして**黒色**で、それらは白色の組織と様々な量で混ぜ合わされて、人類の民族に見られるようにそれら多種に渡る微妙な色調を生じさせている」と続けている。此処にもまた、〈秘教科学体系〉を意図ぜずに支持する科学が認められる。

[導く]人類の中で生きていると云われていることを思い出す。(**この**スタンザの末尾の「**人類の最初のマヌ達**」を参照)明るい黄色は、最終的な変化を引き起こすことになる〈第3根本人種〉の(生殖への**その堕落後** ── 丁度説明したように)その半ば以降に出現した、最初の〈**堅固な**〉体を持つ人類の肌の色である。というのも、現在のような人間を出現させた最後の変化が、二度とない程のとてつもない規模で起こったのはその時代だけだからである。この人種は〈第4人種〉を生み、「シヴァ」は、「罪深い黒人種」から**赤黄色人種**(これらの末裔である赤色インディアンと黄色モンゴル人種)に、そして最後には〈褐色-白人種〉── 今では黄色〈人種〉と共に〈人類〉の大部分を形成する人種 ── へと変化する〈人類〉の一部を徐々に変容させている。**リンガ・プラーナ**の中の寓話は、古代人達の厖大な民俗学的知識を提示しており、興味深いものがある。

「最後の変化」について読む時、読者はこの重大な局面に於いて、もしそれが1,800万年前に起こったならば、その最終段階に到達するためには更に何百万年必要とされるべきなのか？と考察させられる。そしてもし人間が、その緩やかな固体化に於いて、地球と共に**歩調を合わせて**発展したとするならば、〈第1〉、〈第2〉および〈第3〉人種の前半までの間に何百万年経過しなければならなかったのか？　というのも、〈地球〉は、その最終的に固まった状態に至る前には、比較の上ではエーテル状の希薄な状態にあったし、更に古代の教えは、我々に、レムリア-アトランティス人種、人間の〈創生〉後の三つと半ばの人種の間、〈地球〉、人間、そして〈天体〉上の万物は、いまだに粗雑でより物質的な性質であったが、一方で珊瑚や一部の貝のようなもの等は半ばゼラチン質でアストラル的な状態であった、と伝えている。その時以後、中間に介在する周期は、心霊主義者たちが云うように、反対側の上昇弧上で我々を**非物質化**へと向かわせる数段階を既に先へと進めてきた。〈地球〉、我々自身、そして万物は、その時以来柔らかくなってきた ── 我々の頭脳さえも、しかりである。しかし約1,500から2,000万年前でさえ、そのエーテル状の〈地球〉では風が吹き、雨が降り、

(註31)　此処で語られる「最後の残存地」が、「巨大大陸」のいまだに存在しているそれら一部に言及し、その大陸と同時期に存在した多くの島々のどれにも言及していないことを思い出さなければならない。プラトンの云う「島」は、この場合、それら残存地の一つであったし、他の地はそれ以前の様々な時代に既に沈んでいた。秘教科学の「伝承」の一つは、「霊的太陽」に陰りがある時にはいつでもそのような幾多の水没が起こる、と教えている。

岸で波が砕け、砂浜は変遷し堆積した等々と、要するに、現在も作用しているあらゆる自然の働きが、「**地質年代のまさに黎明の諸時代に、当然のことだが、その最も古い古生代の岩盤の時代に**」、当時作用していたと我々に教える〈地質学〉**との整合性がない**、と一部の神智学徒達によって異議を唱えられて来た。これに対して次の返答がなされている。**第1に、**それら「最も古い古生代の岩盤」に地質学によって割り当てられた年代はいつなのか？　次に、何故、半ばアストラル的な、即ち粘着性の状態にある〈地球〉上で、風が吹き、雨が降り、岸で(科学が含有すると想定しているように、明らかに**炭酸の**)波が砕け散るのか？　「アストラル的」という言葉は、秘教科学の語義では、まさに観察されるように、全くの皮膜状から粘着性の状態までの多様で夥しい様々な段階に於いて、煙のように希薄であることを必ずしも意味せず、むしろ、「星のように煌めく」、輝く、或いは透き通ることを意味する。しかし更なる異議は、この体系の中でアストラル状態の〈地球〉が、如何にして他の惑星に影響を及ぼし得たのか？　もしある惑星の引力が突然取り去られたならば、全体の進展過程は調和がただちに狂うことが無いのであろうか？である。我々の体系が、ある惑星は(月のように)死の状態で、他のものは形成の過程にある等、老若の惑星から構成されていることから、その正反対のことを知る天文学全体にとって、その異議は明らかに根拠が脆弱である。また天文学は、我々が知る限り、我々の体系のあらゆる天体が同時に現れ、そして同時に発展すると断言することもまた無い。この点に於いて、シス-ヒマラヤの秘密の教えはインドの教えとは異なっている。ヒンドゥの〈秘教科学体系〉はヴァイヴァスヴァタ・マヌの〈人類〉は 1,800 万年余りの古さであると教える。我々は、是なりと言うが、単に**肉体**、或いは概括的な肉体に関する限り、〈第3根本人種〉の終わりから始まる者等に人間は関連がある。かの時代を越えて、〈**人間**〉、或いはその薄い膜状の姿、形は、我々が知る限り、3 億年の期間、存在してきたかも知れないが、『秘教的仏教』でまさに記述されたように、〈秘教科学〉の〈大師方〉とともに秘密であり、秘密のままに残る**数字をその後我々は教えられていない**。更に、ヒンドゥのプラーナ伝承群が 1 人のヴァイヴァスタ・マヌについて語るのに反して、我々は一般的な名称であるその名前を持つ数名の者が存在したと断言する。(**上記参照**)

　さて、我々は人間の肉体的な進化についてもう少し言葉を語らねばならない。

―――――

プラーナ伝承と創世記に於ける太古の教え。肉体の進化。

　〈宇宙進化論〉と〈人類発生論〉の体系が、述べられてきたように、実際に存在して、その記録が保持され、そして古い〈聖典〉の現代版の中にさえも投影されているのが認められるという証拠が多すぎて、書き手にとっては書き伝えることが難しい。

　一方に於けるプラーナ伝承や他方でのユダヤの聖書は、同一の進化計画に基づいて、秘教的に読まれ、そして現代言語で表現されるが、その計画は、最近の発見に基づく決定的な言葉として今広く世間に認知されているもの以上に全く科学的であることが見いだされるだろう。そのふたつの進化計画の唯一の違いは、プラーナ伝承が、結果よりも原因に対し同程度の、そして恐らく更に多くの注目を払いながら、いわゆる〈創造〉に関する事柄より、むしろ先史 –〈宇宙〉と先史 –〈生命発生〉の時代を仄めかしているのに対して、他方の聖書は、その先史時代についてはほんの二言三言語るだけで、直ちに物質的な創造に突き進み、そして**先史-アダム的な諸人種**をほとんど省略する一方で、〈第5人種〉に関わる寓話の話を続けている。

　さて、たとえ**創世記**の創造の〈順序〉についてなされる激しい攻撃とその空文となった物語は、それ自身が優れた原典批評に確かに役立つとしても(註32)、ヒンドゥのプラーナ伝承を読む者は ── その寓話的な誇張に

(註32)〈創世記〉の物語と科学とを融和するためのグラッドストーンGladstone氏の不運な試みは(『**19世紀**』の中の「生命の夜明け」と「創世記への序文」、1886年版を参照)、ハクスレー氏によって彼の身の上にヨーヴェ神[木星の神ゼウス]Jovianの電光を投げつけられるという事態を引き起こした。空文と化した物語はそのような如何なる試みをも正当化しないし、彼による賦活された世界の四つの序列、或いは区分は、眠っている友人の額に浮かんでいるものを消滅させるのではなく、代わりに人間を殺す墓石となった。グラッドストーン氏は**創世記**を永遠に葬り去った。しかし、この事は創世記に秘教的な奥義がない事の証明になるわけではない。ユダヤ教徒達とあらゆるキリスト教徒達、そして初期の諸々の宗派と同様に現代の宗派が2千年に渡ってその物語を**文字通りに**受け入れてきたという事実は、彼等の無知だけを示し、そして二柱の神 ── **エロヒムとエホバ** ── の物語を秘教的に創り上げ、更に原文の中に母音のない象形文字、或いは象徴文字word-signを入れることによって、意図的にその意味を混乱させた秘伝を受けた〈ラビ達〉の偉大な巧妙さと構成する能力を示している。その6日 ── 6ヨム[ヘブライ語で1日の意味]yom ──

関わらず ── それらが自然〈科学〉と完全に一致することに気づくだろう。

その表面的には、水底の下から〈地球〉を救うために〈猪 Boar〉の姿を纏うブラフマーの全く無意味な寓話であると思われるものでさえ、それがそのまま、我々の地球の黎明期から最も最近の地質諸年代に至るまでの多くの隆起と水没、そして海洋と陸地の恒常的な変化、に関連づける一つの完全に科学的な解説を〈秘密の註解書〉に見いだす、何故なら、〈科学〉は今では我々に、地球の外殻の 9-10 番目の地層の形成が水の下、即ち海の底で徐々に形成されてきたと伝えている。古代のアーリャ人は博物学や地質学やその他のことに関して何も知らなかったと信じられている。ユダヤ民族は、これに反して、その最も厳格な批評家、聖書への断固たる敵対者によってさえ(『現代科学と現代思想』、337 頁を参照)、「古代世界の**哲学的に劣り、より不道徳な宗教(!!)**のいずれよりも、より早く、そしてより確実に保持された」一神教の概念を着想したことの恩恵を受けたと公に認められている。ただ我々が、聖書の秘教主義に象徴されている生理学的及び性的な密儀を、そしてまさに(それに対して**真の哲学に必須とするものが全く無く**)それ以上何も無いことを、見いだす一方で、プラーナ諸伝承に、人は最も科学的で哲学的な「創造の夜明け」を目の当たりにするだろうし、それらが、もし偏見無く分析され、そしてその妖精譚のような寓話から平易な言葉に翻訳されたならば、現代の動物学、地質学、天文学、そして現代の学問のほとんどあらゆる分野は、古代の〈科学〉で先鞭を付けられ、現在のように詳細では無いにしても、その概要的な特徴は哲学者達に知られていたことが示されるだろう!

プラーナの天文学は、全てその思慮深い隠蔽と異教徒を真の道から逸脱へと導く目的のための曖昧さを伴うが、ベントレー Bentley によってさえも本物の科学であると示されたし、ヒンドゥの天文学的な諸論文の謎に精通している人々は、星雲、星雲状の星々、太陽などで進行する凝縮に関する現代の理論が、年代順と他の諸目的のために数々の星座 ── ヨーロッパ人が今でも持っているものより遙かに正確なもの ── の周期的な運行

間の創造は進化の六つの時代を、第 7 番目は(安息ではなく)完成の絶頂期となる時代を、そしてそれぞれに**異なった**「創造」を伴う七つの〈環〉と七つの〈人種〉への言及をまさに意味するが、けれども、**ボケ**[ヘブライ語]*boker* 即ち夜明け、或いは朝、そして**クリブ** *crib*、即ち黄昏など ── 秘教的にサンスクリット語の**サンディヤー** *sandhya*、即ち黄昏と同じ意味を持つ ── 言葉の用い方は、進化の序列について全く無知な多くの者の非難を誘発してきた。

について、凡そ分刻みの細かな詳細と共に、インドでは完璧に知られていたことを立証することだろう。

　もし我々が、地質学や動物学に目を向けても、同じ事を見いだす。あらゆる神話と、7人のプラジャーパティ、更に彼らの息子である7人のリシ達、或いはマヌ達、そしてその妻達、息子達と子孫の際限のない系図は、一つの種から次々と続く、動物類の進展する発達と進化の厖大な詳述された物語でないとすれば、いったい何を意味するのか？　高度に哲学的で形而上学的なアーリヤ人達 ── 超越心理学の最も完璧な哲学的体系、〈倫理道徳〉の〈慣習〉、そしてサーンキヤやヴェーダンタ体系が持つパーニニ［B. C. 5世紀頃のインドのサンスクリット文法学者］Pâniniのような文法、更に、マックス・ミューラーによってこの世で最も完璧だと称讃された（仏教の）戒律、等の創始者達 ── は、彼らが秘密にする意味に関する遙か昔の概念を持たぬ者達の目から見れば、今ではプラーナ伝承のような物語と同類だと思われている**おとぎ話**の執筆に自身の時間を無駄に費やすような、本当に愚かな、そして子供じみた者達であったのか？　12人の妻を持ち、膨大な数に、そして多様に分かれた**ナーガ類**(蛇類)、爬虫類、鳥類及び命あるあらゆる種類の子孫を持ち、そうしてあらゆる動物の**父祖**だが、しかし**この環に於ける進化順序のベールに隠された**記録であったカッシャパの系図と起源に関する寓話は一体どんな意味を持つのか？　今までのところ、如何なる〈東洋学者〉も数々の寓意物語や擬人化の下に封印された真実のほんの僅かな概念さえ、これまで持ち得たと我々は認めていない。「シャタパタ Satapatha・ブラーフマナは」、と東洋学者の一人は続け、「カッシャパの起源について**全く意味不明の物語**を伝えている。……彼はマリーチ Marîchi の息子、即ちブラフマーの〈息子〉で、ヴァイヴァスヴァト Vivasvat の父及びマヌの父、そして人類の祖先であった。……亀の形体を纏いながら、プラジャーパティは子孫を産んだ。彼が生んだものを彼は、クールマ kûrma(亀)と云う言葉の語源である**アカロータ** akarot［クルミの実］と名付けた。カッシャパは亀を意味し、それ故人々は、『あらゆる生き物はカッシャパの子孫である』と伝える」、等々と語る。(**ヒンドゥ古典辞書** *Hindu Class. Dict.*)

　彼カッシャパは、これら全てであったし、また彼は爬虫類やナーガ族からの系統を引き、**爬虫類やナーガ族と同じ種族である「羽毛に覆われた部族の〈王〉」**で、鳥である**ガルーダ** Garuda の父祖でもあるが、**その後 ── また彼が時代の一つの周期、一つの期間でもあることから、進化過程で**

「生存競争」——「適者生存」、等々により爬虫類から発展した鳥類が、爬虫類やナーガ族をむさぼり喰らうため、自身の由来するそれ等父祖に獲物の嗜好を変えた時 —— 恐らく、他のより完全な種族に場所を提供するために、自然の法に促されて、爬虫類やナーガ族の不倶戴天の敵となっている。(第Ⅱ部の「象徴的意味」を参照)

『現代科学と現代思想』の前記の賞讃に値する要約の中で、自然史についての一項目が、聖書の自然史との完全な相違を示しながら、グラッドストーン氏によって提示されている。著者は、以下の記述から始めながら、既述の地質学に関して短評を述べている ——

「…… 最早期のものとして知られる化石、ローレンシア岩石系列のエオゾーン・カナデンセ[「カナダの暁の動物」の意で、J・W・ドーソンが先カンブリア代の有孔虫の化石だと主張した。現在では石灰岩の変成による方解石と蛇紋岩の帯状構造であると立証済み。]Eozoon Canadense は、シルル紀 Silurian を通して、大量の軟体動物、甲殻類、そして蠕虫状生物、更に最初の魚類出現の兆候としっかり結びついたそれぞれの環が鎖状に連綿と繋がり、デボン紀 Devonian の化石にはその時代の魚類の優勢と爬虫類の最初の出現があり、中生代 Mesozoic の化石にはその時代の両生類(または蛙科)で、その第二紀 Secondary の各地層には海洋、陸地、そして空で優勢であった爬虫類、及び脊椎を持つ陸上動物の未熟な最初の形体が出現し始めているし、更に最後の第三紀 Tertiary には、哺乳類生物が満ち溢れて、形体から形体へ、種から種へと継承しながら、始新世 Eocene、中新世 Miocene、鮮新世 Pliocene の各時代を通じて徐々に分化し個別化しているが、それは我々が〈氷河期〉と〈先史時代〉に、そして人間存在の明確な証拠を示す時代に辿り着く迄のことである」と。

同じ序列が、現代科学には知られていない様々な動物の描写を加えた、大衆的なプラーナ伝承の註解に、そしてジャーンの〈書〉に —— 特に見られる。唯一の違いは、重大なことだが、疑いなく —— **偽りの人格**とその大脳の基本構造だけが伝統的な心理学に知られているこの迷妄の世界に於いて、人の肉体から独立している人間の霊的且つ神的な特質の意味を含蓄していることで —— 以下の通りである。七つの進化上の変遷、または〈人類〉の〈最初の根本人種〉の亜人種とそれらを呼んでも良いが、いわゆる「〈七つ〉の創造物」全ての中に存在しながら ——〈人間〉はこの〈環〉の幕開けから地上に存在した。先行した三つの〈環〉で自然のあらゆる生命界を経験しながら(註33)、人間の**肉体構造**は —— それら初期の時代の温度環境に適応していた —— 人間生命の最初の黎明時代に、即ち1,800万年前に、

天界の〈巡礼者〉を受け入れる準備を整えた。人間が〈精神マナス Manas〉を与えられたのはほんの僅か前、第3〈根本人種〉の半ばの時点である。かつて結びついていた、二つのもの、そしてその後三つのものが一体となったが、その理由は、より低次の諸動物は、アメーバから人間に到るまで、全てのより高次の諸々の特質が潜在する彼らのモナッドを受け取ってはいたけれども、それぞれが、その形体の段階以前にはそれらの中で**マナス**（**精神**）が全く発達せず、人間の形体に至る迄、全ては依然として眠ったままで過ごさねばならないからである。(註34)動物類に於いては、第2(の生命力)と第3(のアストラル的なもの)、そして強さと発達がそれぞれの種で異なり且つ変化する第4の痕跡(欲望、本能である〈**カーマ** Kama〉)を除けば、それぞれの本質は麻痺しており、胚のような状態である。ダーウィンの進化論に執着する唯物論者にとって、これは妖精譚やまやかし話として読まれるだろうが、内なる霊的人間を信じる者にとっては、その記述の中に如何なる不自然さも懐かないだろう。

　さて今、書き手が打ち消し難い反論と呼ばれるものに出会うのは確実である。我々は、発生学の道筋、それぞれ個々の生物の漸進的な発達、分化の進行する段階順で起こったと知られている発達を ── そしてこれら全てが、哺乳類に先立つ人間という考えに対立していると、伝えられるべきである。人間は、最も劣った、そして最も原始的な蠕虫生物として、「原

（註33）　「類似の法則に従え」── と〈大師方〉は教えて居られる。**アートマ－ブッディ**は二重で**マナス**は三重であるとは、前者が二つの、そして後者が三つの面を持つため、即ち、**本質それ自身**は、高次の面においてはアートマ－ブッディに引きつけられ、低次の性質においては俗世の中心である〈**欲望カーマ**〉、動物的欲求、そして激情に従う。さて、〈諸人種〉の進化を比較して見ると、〈第1〉及び〈第2〉人種はアートマ－ブッディの不活発で〈霊的〉な性質の継承者で、〈第3根本人種〉は、生理学的及び精神的な三つの異なる区分、或いは面を示し、初期の者は罪がなく、中間の者は知性を目覚まし、そして第3にして最後の者は明確に**動物的**、即ち、**マナス**が〈欲望カーマ〉の誘惑に屈服する。

（註34）　「人間は、第4周期(の人種)に向けて、ほんの僅か前の第3周期の期間に**完成**されている。彼等は善悪に対する「神々」として造られ、そして二つの円弧が(**第5**〈人種〉に向けて第3環の半ばを過ぎた後に)出会う時のみ責任ある存在となる。彼等は、再び地上に誕生すべく**呪いをかけられた**、ルドラ－クマーラ達(の霊的及びアストラル的な遺骸)からニルマーナカーヤによってそのように造られるが、それが意味することは ── 地球周期のより高い上昇弧に、**彼等に相応しい機会に、化身を運命づけられた、**である」。(註釈書Ⅸ)

形質の原始的な微小片と全ての生命がそこに起源を持つ有核細胞から」始まり、その後、「細胞が**四手類**、そして**最後に、人間の形体へと**高度に分化した発達へと最終的に到達する時迄、それら魚類、爬虫類、そして哺乳類の識別できぬ段階を経て発達させられている」。(ラング、335頁)

　この事は全く科学的であり、我々は**それら**に対して異議は一切ない、というのも、全てこれは人間の**外皮** —— 肉体が、その成長過程で、勿論あらゆる他の(かつて呼ばれていた)形態学上の基本単位のように、そのような変化を受けやすいことについて言及しているからである。結晶化を通して鉱物原子の変化を説いている者達は科学者ではないし —— 結晶化は、同じ機能で、植物、昆虫、そして動物を経て人間に至る、それらの有機的な**核**に対する**細胞**の形成と同じように、その(いわゆる)**生命機能のないウパディ**(或いは根本素材)に対して同一の関係を生みだすが —— この説を拒絶するのは彼ら科学者ではない、何故なら、それは、常に存在し、同じく常に見えず、そして知られざる、自然の〈普遍的な神〉と云う認識に、さらに全員が人間であった〈宇宙〉-**内部**の神々の認識へと最終的に導くからである。(註35)

　しかし我々は、科学とその厳密で今では自明な諸々の発見が**我ら**〈秘教科学〉の説に対して何を立証しているのか？と問うだろう。〈進化〉の法則と(純粋で単一な原形質として目覚めるまで、**生命の宿る**一つの細胞から形態学上の一つの細胞となってきた)細胞から徐々に進展する発達を信ずる者達に —— これらは、確かに進化の一つの方向に対する彼らの確信を決して制限しうるものではない。生物の形態は無数にあり、進化の過程は、更にあらゆる種類の種に於いて同じ割合では進まない。シルル紀に於ける原始素材の組成は —— 我々にとっては科学の云う「原始」素材を意図するが —— 今日の原始的な**生物**の素材として、現在の粗雑な段階のものを除いて、個々の本質的な細部まで同じである。それだけでなく、現在の正統な〈進化〉論が**完全に**正しいかどうかを、言い換えれば、あらゆる生物種に於いて定常的に絶えまなく流れ行く過程に見いだされるべき進化に、我々はまさに気づかない。その代わりに、人は何を見るのか？　動物的存在の中間的な集団がすべてより高度な形体へ向かう傾向を持ち、分化が、現在

(註35)　混乱の全体は、生理学者達のみならず病理学者達も細胞-発生の素材(**細胞胚種** *cytoblastema*)と結晶が生じる灰汁原液 mother-lye が、幾つかの目的に応じた分化を除き、同一で、同じ性質を持つということを認めない**だろう**、と云うことである。

335

の一つの形体や別の形体で、地質学的諸時代を通じて進展し、形体を変化させ、新たな体を纏い、古生物学者達の記述によれば一つの時代から別の時代へ万華鏡のような迅速さで現われ消え去る一方で、その一般的な規則に対するただ二つの例外は、生命と形体の二つの対極にあるもの等である、即ち ―― **《人間》とより低い属の生物**である！

「明白に幾種類かの生物の諸形体は、形体の状態を変えるだけでなく、**比較的変化しないことに固執して**生き延びながら、膨大な[地質]年代を通じて存在してきたが、その一方で別の生物の諸形体は、現れては消え去って行った。そのような形体は生物の中の『耐変成型』と定義されるかも知れない。そしてそれらの数々の事例は動植物界の両方に十二分に見られる」（ハクスリー『発生　王立研究所刊 Proceed. of Roy. Inst.』、3 巻 151 頁）。

それにも関わらず、我々は、何故ダーウィンがモネラ[粥]状の祖先の支脈として、爬虫類、鳥類、両生動物類、魚類、軟体動物等々を結びつけるのか、如何なる適切な理由も与えられていない。そしてまた我々は、爬虫類が、例えば軟体動物や後期魚類や、そしてより低次の形体を持つ魚類の直系の子孫であるかどうかも伝えられていない ―― それ等は確かにその通りである。というのも、〈モナッド達〉は、〈三つ〉の**先行する**〈環〉の各惑星で、人間に至るまでのこれら全ての形体を経てきたし、各〈環〉は、A から G へと連続する〈天体〉と同様に、同じ進化の舞台となって来たし、且つ依然として同じ進化の舞台であるべきでありながら、よりしっかりした物質的な基礎の上で各時代を繰り返しただけであった。それゆえ次の疑問 ―― 「先-哺乳類的な有機生命体種の発生の過程に於いて、〈第 3 環〉のアストラル的な原型と通常の肉体の発達の間には如何なる関係があるのか？」 ―― の答えは単純である。人間というものは、別のものの影のような原型で、画家の絵筆で最終的には生き生きとした形体に描かれることになるキャンバス上の題材として、大まかな輪郭の下絵、幾度も描き直される素描のようなものだ。魚は池の日影で両生動物 ―― 蛙 ―― に進化し、人間は、この〈第 4 の周期〉で行ったように、〈第 3 環〉に於いてこの〈地球〉上で自らのあらゆる変化を経験した。〈第 3 環〉の諸形体はこの人間の諸形態の形成に寄与した。精確な類似性をもって、〈自然〉の各界を通り人間を徐々に形成するそれ等の作用に、〈七つの環〉の周期は将来人間となる受胎の始まりからの 7ヶ月間というごく僅かな期間に繰り返されている。学徒よ、この類似性を熟考し解明せよ。いまだ産まれざる妊娠 7ヶ月の赤ん坊は、完全に準備が整っているけれども、力強さと堅固さを獲得すべく、更

に2ヶ月以上が尚も必要であるように、人間もまた、七つの環の間に自身の進化を完成させながら、彼が誕生する、或いはより正確には以前よりも更に完全となってディヤーニとして再生する前に、そしてモナッドとして新しく構築された世界連鎖へと船出をする前に、母なる-自然の子宮の中で更に二つの期間以上とどまることになる。学徒よこの神秘性について沈思熟考せよ、そうすれば、多くの階層間でまた肉体的な繋がりが存在すると同様に、アストラル的なものが肉体の進化へと融合する明確な諸領域が存在することを、容易に確信するだろう。これに関して、〈科学〉は一言さえも発言しない。人間は猿と共に、そして猿から進化したと、それは語る。しかし今その反対の主張を目の当たりにする。

ハクスリーは、植物、シダ類、日陰葛属(ひかげかずら)の植物など、その一部は石炭紀時代に見られ、現在も生存しているもの等と一般に同じであると指摘し続けているが、理由とする ── 「魚卵状石灰岩の**南洋杉**[豪州、太平洋諸島、南米の一部に分布する針葉樹]*Araucaria*の毬果(きゅうか)は存在する数々の種のそれらとほとんど区別出来ない。…… 動物類の門[生物分類で界、門、綱と続く分類]でも同様の事例を生じている。大西洋の水深を測れる深さに棲む**グロビゲリナ有孔虫***globigerina*は同じ属の白亜紀の種と同一である ……シルル紀時代の平板珊瑚は、我々の海洋の孔珊瑚に驚くほど良く似ている。…… **クモ類**は、その最上位の属はサソリだが、石炭中[の化石]でその生きている同種のもののみ …… 目 …… だけが異なる属によって代表される」等、それら全てはカーペンター博士による〈**有孔虫***Foraminifera*〉についての信頼の置ける陳述で幕引きとなるだろう。「証拠は無い」と彼は語り、「古生代の時代から現代に至るまで、〈有孔虫〉の形体に於いて如何なる根本的な変化、或いは発達に関しての」と続けている。…… 一連の我々独自の〈有孔虫の生物相〉は、恐らく、あらゆる先行する時代に於いて存在した以上に、より広汎な多様性の広がりを示しているが、しかし、**より高度な形体へと向かう傾向を示す証拠はどこにも存在しない**」。(『入門有孔虫研究』、11 頁)

さて、もし〈有孔虫〉に於いて、以前以上に現在のそのより広汎な多様性を除いて、口と目を有しない、生命の最も低い形体である**原生動物**の変化を示す証拠が存在しないならば、人間は、生物階梯の最上段にあるが、見てきたようにずっと無変化であることを示しているし、人類の〈旧石器時代〉の祖先の骨格は、現在の骨格構造に対し幾つかの点でより優れていることさえも判明している。それなら、法則の主張された統一性や、一つの

種が次第に変化して他の種へ、そして知覚出来ないほど緩やかに、より高次のものに変わることに対する**絶対的な規則**は、何処に存在するのか？ウィリアム・トムソン卿が、天体の表面が生物の存在を可能にする程度まで十分に冷たくなって以来(註36)、地球の歴史を4億年程だと認めていることを我々は理解するし、そして〈魚卵状石灰岩 Oolitic〉の時代、いわゆる「爬虫類の時代」だけを見ても、そのように膨大な時間の経過する間に、異常な多様性と豊富さを示すシルル紀の種属〈両生類〉の体型が**その発展の絶頂期**に至っていることに、我々は気づいている。我々は、湖沼や河川に棲む魚竜イクティオザウルス Ichthyosauri と頸長[蛇頸]竜プレシオザウルス、そして空中を飛翔する有翼の鰐や蜥蜴について学んでいる。その後、第三紀に於いて、「我々は、それ以前に存在する形態からの注目すべき分岐を見せる〈哺乳類〉の形態に気づく …… マストドン Mastodons、メガテリウム Megatheriums、他に古代の深い森と平原に棲む不格好な鳥獣達などに、それに続いて」、知らされることは、「〈四手類〉目 Quadrumanous order の**支脈の一つが緩やかな変化を経て、それらから原始の人間自身が進化してきたと主張してもよい生物になる**」と云うことである。(『生命の始まり』)

　人間の進化はそう**かも知れない**が、唯物論者達以外は誰も何故人間がそうであるべきかを理解出来ない、何故なら、それに対するほんの僅かな必然性も、事実によって裏付けられたそのような進化も、存在しない、というのも、それに関する数々の立証の中で、最も興味深い幾つかの事実は唯物論者等の学説を支持する僅か一つの事実さえ見つけることに彼らが完全に失敗したことを告げている。一つの進化系統の構成要素を説明するのに生物の数限りない形態は不要である。それらは、「時には一つの方向を、ある時には違う方向を目指して発生する、多様で異なる進化上の枝分かれの産物」である。それゆえに、原始の人間が、**最も古い地層にその化石が発見されて以来ずっと人間の分化として変化の無いままであったし、皮膚の色と顔の容貌を除き彼らに如何なる変化も見られず** ── 猿と一緒の一つの共通な祖先から進化したと述べるより、猿が〈四手類〉目へ進化したと判断する方が筋道が通っている。

　人間が他の動物達のように一つの細胞に起源を有し、「細胞が四手類、

(註36)　『グラスゴー地質学協会報告書 *Trans. of Geolog. Soc. of Glasgow*』、第3巻。それにも関わらず、とても不思議なことに、彼は意見を丁度変えたところだ。太陽の年齢は、彼が云うには、僅か1,500万年である。

そして**最終的には人間の形体へ**と高度に分化する発達に至るまで、魚類、爬虫類、そして哺乳類など、それらと区別出来ぬ段階を経て」発展するということは数千年の古さを持つ〈秘教科学〉の格言である。〈カバラ〉の格言、「石が植物になり、植物が獣に、獣が人間に、人間が〈神〉に」は、幾つもの時代を通じて正しく保持されている。ヘッケルは、自身の著書『天地創造の歴史[創世記]Schöpfungsgeschichte』で、象徴的な二つの胚として ―― 6週目の犬の胚と8週目の人間の胚を、重ねて描いたものを提示しているが、その二つは、頭部の僅かな相違、即ち人間の脳の方がより大きく広いことを除いて、区別できない。「事実、あらゆる人類が哺乳類、そして最後に人間の段階に至る前に魚類や爬虫類の段階を経ていると、我々は述べてもよいだろう。もし我々が、爬虫類の形態を既に経た、より進んだ段階に於ける胚を取り上げるならば …… それは相当な時間の間、発展の方向は他の哺乳類と依然として同じままである。未熟な四肢はそっくりだし、5本の手と足の指は同じように発達し、最初の4週間を経た成長後の類似性は、**人間と犬の胚に於いて、おそらくそれらを区別することが出来ないという程である**。第8週目に於いてさえ、人間の胚は子犬の胚と識別困難な尻尾を持つ動物である」(『現代科学』等、171頁)。

　それなのに、人間と四手獣を結びつける代わりに、人間と犬を、何故、共通の祖先、或いは爬虫類 ―― **ナーガ**Naga[蛇]から進化するとしないのか？　この事は他のことと同じくまさに論理的だし、そしてそれ以上であるだろう。人間の胚の形態と諸段階は有史以来変化しなかったし、これらの変化はハクスリー氏と同じ様にアエスクラピウスÆsculapius[ローマ神話の医薬や医療の神]やヒポクラテス[ギリシャ時代の医者]にも良く知られていた。それゆえ、〈カバリスト達〉が先史時代以前からその事を著して来たのだから、それは全く新しい発見ではない。『[ベールをとった]イシス』の第1巻、科学、下、510-511頁[老松克博訳　竜王文庫 2015刊]に、それは取り上げられていて、ある程度説明されている。

　人間の胚が他のどの哺乳類よりも、最早その中に猿の胚を有していないが、**それ自身の中に自然の幾つかの界層全体を含んでいる**ように、そしてそれが〈有孔虫〉さえよりも遙かに長い期間「継続する形態 a persistent type」の生物であると思われることから、人の起源を蛙や犬へ辿るべきであると云う事と同様に、人が猿から進化したとする事は、筋が通らないように思える。〈秘教科学〉と〈東洋〉の哲学者達はともに、現在の如何なる科学者が説明する以上に、マヌとカピラ Kapila(註37)がより明確に説明する進化を

信奉している。『ベールをとったイシス』で十分議論されたそれを繰り返す必要は無い、というのも読者は、我々の初期の本(註38)の中で、〈進化〉についてのあらゆる〈東洋〉の教えが基礎とする議論と記述の根拠を見いだすはずだから。しかし、現在存在する諸形態が、「構造のない〈アメーバ〉から人間まで」、先－シルル紀の諸時代の泥の海、或いは泥の陸地に於いて、人間の誕生する前に数百万年もの年月を重ねて生きてきた有機体生物の直系の子孫達であるという不合理な提案を〈秘教科学者〉は誰も容認できない。〈秘教科学者達〉は、進展する**発達に本来備わる法則**の存在を認めている。(註39) ダーウィン氏は決して信じなかったし、彼自身そう述べている。

『種の起源』145 頁に、我々は、その後「滴虫微小動物、或いは回虫に対し …… 高度に組織化されたものになるための」如何なる優位性も存在し**得ない**し、それゆえ「自然の淘汰」は、**必然的に進行する発達を含んでおらず** ── 微小動物や虫(「永続的な形態」のもの)を完全に取り残している、という彼の公式発言を見つけている。

そのような〈自然〉の行為に於いて、そこにはより**統一的**な法則は顕在化していないし、そしてある種〈**超-自然的**〉な淘汰によるより特異的な働きのように思えるが、恐らく、〈東洋の秘教科学者達〉が〈試練〉の〈法則〉Law of Retardation」と呼ぶであろう〈**カルマ**〉の一面には、それを処理する何かが有るのかも知れない。

しかし、ダーウィン氏自身が絶えず自らの法則にそのような重要性を与えてきたかどうかを疑問視する理由を残らずここに挙げてみよう ── 彼

（註37） このことから、哲学は寓話の 7、10、そして最終的に 21 において、造物主プラジャーパティ、リシ達、ムニ達、彼等全員が様々な物や生物の**父達**として作られているとする。プラーナ伝承では手当たり次第に与えられている植物、動物、そして生命の無いものさえもの七つの綱[生物分類用語]、或いは目[生物分類用語]の序列は、幾つかの注解書では正しい配列順であることが認められる。それによれば、プリトゥ Prithu[ヴェーダに出てくる大地と豊饒の女神プリティーヴィの父]は〈地球〉の父で、彼は**彼女**[地球]**に**ミルクを与え、彼女にあらゆる穀物と野菜を産み出させ、全てを列挙し名付けている。カッシャパはあらゆる爬虫類、蛇、デーモンの父である等々。
（註38） [『ベールをとったイシス』、老松克博訳　竜王文庫 2010 刊] 第 1 巻、科学、上の 191 頁以降、進化の木 ──「宇宙樹」について、を参照。
（註39） 一つの〈高次の形態〉がその出現を為そうとする時に、全ての種の進歩に制限を差し挟む〈**試練**〉の〈**法則**〉によって、一方では、生育を阻まれ、そして変形させられる。

の無神論的な支持者達によって今もそれは重要視されているけれども。過ぎ去りし地質学的期間に於ける多様な生物の形態に関する知識は非常に乏しい。これに対してバスティアン Bastian 氏によって提示された以下の幾つかの理由はとても暗示的である、(1)不備の多い発掘方法のために幾つかの形体がその期間に付随する複数の地層の示準標本とされているかも知れないこと、(2)これらの標本的に不十分な複数の地層でなされた調査が極端に限定された自然であること、そして、(3)その記録の大半が我々にとって全くもって近づき難いものであること ―― そのほとんど全ては、時間によってかき消されてきたシルル紀の体系の下であり、一方で残りの地層が発見される地球表面のそれら 3 分の 2 は現在海で覆われている。それにも関わらずダーウィン氏自身はこう述べている ――

「私としては、ライエル Lyell 氏の隠喩を最後まで追認しながら、移ろいやすい言語で不完全に保存され書かれた一つの世界の歴史として、地質学的な記録に注目しているが、**この歴史に関して我々は、二、三の地方に関連する、最後の巻のみを所持している**。この書物に関しては、**あちこちでほんの僅かな短い章が保存されてきたし、しかもその各頁に関しては、あちこちでほんの僅か数行だけである**」と。

〈科学〉の結論的な言葉が語られうるのは、確かに、そのように乏しい資料に基づくものではない。ましてや人間の高慢に、或いはまさにこの地上で人間を特徴づける合理性を欠く確信 ――（恐らく、**我々の時代だけでだが**）―― 最も高度な生命形体だということに、基づくものでもないが、〈秘教科学体系〉は、それに関して人間の生命に先立つあらゆる形体が我々自身よりも低次の形体に属しているということを、実際そうではないことから、否認している。ただ現に、ある学説を議論の余地無く証明するような「未発見の遺物 missing link」が古生物学者達によっては決して発見されないだろうという単純な理由による。我々が信じるように、人間が大地の上で、あらゆる生物の最も低い形体、植物、そして動物から（先立つ〈幾つかの環〉の間に）進化し、それを通過してきたと信じるならば、オランウータンを人間の肉体的形体の祖先とする考え以上に、まさに侮辱的なことはない。それは全く逆で、地球上の自然の中で、万物が全く抗い難く人間へと最終的に進化すると云う〈秘教科学〉の教えを前進させるであろうからである。人は同様に問うであろう、猿から人間へと至る血統の学説をかつて確かに容認した生理学者達や人類学者達がどうするつもりなのか ―― 彼らが現存している類人猿から人間への未来に向けての進化にこれまで触れ

ないままにしてきたのはどういう事なのか？と。〈科学〉が人間を特権的な存在だとし、彼の進化は自然に於いては前例が**無く**、全く**希**な珍しい事例だとでもしない限り、この事は最初の学説の論理的な帰結に過ぎない。そしてそれが物質〈科学〉を導くこれら全てのものである。それにも関わらず、〈秘教科学者達〉が、進化論者、特にヘッケルの支持者を拒否するのは、仮説が、ありのままの真実として、特別で珍しい事例であるのは人間ではなく猿の方である、という理由からである。猿に似た者は、**偶然による創造物**、強制的に誕生させられた者、不自然な過程[雑交配]による結果、である。

　秘教科学の教えは、思うに、より論理的である。それは、周期的でけっして変わることのない一つの自然の法則を教え、その自然の法則は人格的で「特別な様式」を持たないが、マンヴァンタラ期間全体を通じて敷衍し、人間と同様に大地の蠕虫[ミミズ、ウジ等の細長い虫]にも作用する一つの統一的な計画にもとづいて働いている。人間だけでなく猿もまた誕生しようと努めてきたため、両者とも同一の進化法則の下にあり、両者とも〈カルマ〉の法則に従って発展しなければならない。両者とも同じ〈生命〉の中立不偏的な中心から出発し、そして両者とも周期の終焉に於いてその中に再吸収されなければならない。

　以前の〈環〉に於いて人間が巨大な猿のような生物で**あった**ということは否定し得ないし、そして我々が「人間」という時、この〈環〉 —— の半ば、或いは転換点に全く届かぬ時期、にかぎって人間が利用するために発達させられていた粗悪な姿である、と恐らく言うべきである。また、最初の二つの〈環〉と更に半ばを経た〈根本〉人種の期間は、今の人間のような姿の人間でさえなかった。前述の地点に至ったのは、以前に語ったように、僅か1,800万年前で、我々が主張するように、第二紀時代の期間にである。

　その時まで、人間は、伝承、そして〈秘教科学〉の教えによれば、「物質に落ち込んだ地上の神」で、また生殖にも堕ちたのであった。このことは容認されるかも、そうでないかも知れないが、それゆえシークレット・ドクトリンは、それ自身を無謬の教義として強いないし、そして、その先史時代の諸記録が認められようとも、或いは拒否されようとも、それゆえ**実際の人間**、そしてその内面的特質、即ち〈人間性〉に如何なる原罪をも全く残していない、とする上述の〈堕落〉に関する疑問を解決するものを何も持ち合わせていない。しかし、これら全ては十分に取り上げてきている。

　さらに、下降する弧上で経験する変容は —— 霊にとっては遠心的で、

物質にとっては求心的で ―― その後上昇する道のりに於いて彼が整える二つの力の方向が逆転し ―― 物質は遠心的に、そして霊は求心的になるであろうし ―― それらのあらゆる変容が、この〈環〉で次に人間へと至る段階に、とにかく到達した全ての**類人猿にもまた次に起こり** ―― そして、現在の人間が、先行する〈第3環〉で猿のような形体に宿っていたように、これらの者らは〈第5環〉で全て人間となるだろう、と教えられている。

　次に、我々(人類の大部分)が、「生殖への〈堕落〉」と呼ばれる時代の間、〈第4根本人種〉の初期の亜人種の状態であったことから、スマトラの広大な密林に住む今現在の住人の中で、退化し、**小型化**したと ―― ハクスリー氏が主張するように、「穢れた複製」 ―― 我々人間に関する事例を取り上げて見よう。我々が知る猿は自然の進化の産物ではなく、**偶然の出来事**、即ち動物的存在、或いは形体のものと人間との交配の産物である。今この本(人類発生論)に示されてきたように、それは、最初に性的結合を開始し、男性と女性に最初に分離した話す能力のない動物である。そしてまた、人間が獣類の事例に従うことは ―― 動物種の比較的苦痛の少ない出産によって、そして人間の女性に於いては同じ出産で恐ろしい苦しみと危険によって示されるように、〈自然〉の意図することではなかった。〈猿〉は、実際『ベールを取ったイシス』(第II巻、278頁[英文原書])に記述されたように、人類 ―― **人間の完成の前に自身の幹に接ぎ木された交雑支脈** ―― 或いは人間の種と最も直接的な関係を持つ変種の一つである。猿たちは、会話をする人類よりも数百万年遅れて出現し、我々〈第5人種〉の最も低い者達である。それゆえに、猿達の〈**自我**〉が、〈第3人種〉の**最後**と〈第4人種〉初期の人間達の獣欲性による結果である彼らの〈カルマ〉によって、動物の形体に化身を強いられた存在であるということを思い出すことは最も重要なことである。彼らは、この〈環〉の前に既に「人間の段階」に至った存在であった。結果として、彼らは一般的な規則に対する一つの例外となる。森の神サチュルス達 Satyrs についての無数の伝承は、作り話ではなく、絶滅した動物的人間種族の描写である。動物的な「エバ達 Eves」は彼らの母系祖先だし、人類の「アダム達」は彼らの父系祖先で、**それゆえ〈カバラ的〉なリリス** Lilith [古代セム族神話の荒野で子供を襲い喰らう鬼女]**、或いはリラト** Lilatu **の寓話は、アダムの最初の妻についてタルムードが長い波打つ髪の魅力的な女性、即ち** ―― 現在には知られざる種類の豊かな毛に覆われた雌の動物だと、そしてカバラやタルムードの数々の寓話では、サマエル[サタン] Samael、サマエル-リリスの女性的な反映、或いは婚姻した人間-動物と呼ばれ、**ハヨ・ビスハット** Hayo Bischat、〈獣〉、或いは〈邪悪

な獣〉と呼ばれる存在である雌の動物のままである、として記述している（**ゾハルより**）。現在の猿たちが由来するのはこの不自然な婚姻による。後者の猿は事実、「話せない人間達」で、やがて〈第5環〉に於いて話せる動物（或いは最も低い段階の人間）になるだろうし、その一方で、ある学派のアデプト方は、より高い知性を持つ猿の〈自我達〉が〈第6根本人種〉の終わりに再び出現することを期待されて居られる。彼らの形体がどの様になるかは二の次である。形体には意味が何もない。植物相、動物相の種と属、そして最も高度な動物、その王冠である ── 人間は、各〈環〉だけでなく、また各〈根本人種〉で、人間に終わりをもたらし、転換点を創り出すあらゆる地質学的激変の後と同様に、その環境や気候変動に従って変化し多様化する。〈第6根本人種〉に於いて、オランウータン、ゴリラ、そしてチンパンジーの化石は絶滅した四手獣哺乳類のものとされるだろうし、そして新しい諸形体は ── 過ぎゆく時代のように、より少数になり、そしてより広範囲に広がり、マンヴァンタラの終わりへと近づくけれども ── 彼らが、肉体生命の泥沼から抜け出て、再びアストラル的な生命へと回帰するために、人類の「脱ぎ捨てた」諸々の形体から発達するだろう。人間の前には誰もいないし、彼らは〈第7人種〉が発達する前に絶滅するだろう。カルマは我々人種の進歩しなかったモナッド達を導くだろうし、そしてそのように生理学的に生まれ変わらせた粗野な人間から新しく進化した人間の構造の中に彼らを留めるだろう。（だが、第III部の〈**補遺**〉を参照のこと）

　この事は、勿論、今から数百万年後に起こるだろう。しかし、今地上に生き、呼吸する全てのものの、個々の種に順に起こるこの循環的に前進する肖像は、実際の出来事の一つで、そして「特別な生物」、或いは**無から** *ex nihilo* 人間、獣、そして植物の超自然的な形成を一切必要としない。

　これこそ、〈秘教科学〉が、猿と人間の連続性の欠落を説明し、どのように猿が人間から進化しているかを示していることである。

───────

初期人種の俯瞰

　最初の「精神のない」人種と高度に聡明で**知的な**後期の「レムリア人達」との間には数百万年に亘る期間が存在し、そしてアトランティス人の最早期の文明と有史時代の間にも別に数百万年の期間が存在する。

レムリア人達の目撃者として、崩壊した半ダースもの巨像の輪郭と古いキュプロス式石積の遺跡にほんの僅かな沈黙の記録が残されている。これらの遺跡は証言を聞いてもらう機会を許されていないが、その理由は、それらが「盲目的な自然の諸力による様々な産物」であると一部の者によって断言され、また「全く現代のもの」だと他の者によって語られていることによる。伝承は、懐疑論者や唯物論者によって侮蔑的にも無視され、嫉妬深すぎる〈牧師〉によってあらゆる場面で聖書に屈従させられたままである。ある伝説が、一方で、ノアの時代の「大洪水説」に合致することを拒む時はいつでも、キリスト教の聖職者によって、それは、「古代の迷信に基づく狂気と狂乱状態の表現」だと宣教されている。アトランティスは、レムリアが恐らく現代科学の半ば創造物であるがゆえに、信じられるべきであり、その一方でプラトンのアトランティスは、ほとんどの科学者達によって空想だと見なされているという理由で、レムリアと他の分離した諸大陸とが混同されなかった時には、その存在を否定されている。

　アトランティスはプラトンの信奉者達によってアフリカの延長部分として度々記述されている。一つの古大陸が〈東〉海岸にもまた存在していたらしい。只、アフリカだけは、一つの大陸として、我々が〈第3〉、そして〈第4大陸〉と呼ぶことに同意してきたように、決してレムリアのみならずアトランティスの一部、或いはその中の一地域ではなかった。それらの古代の名称はプラーナ伝承や他の如何なるものにも言及されていない。しかし、秘教的な鍵のほんの一つを手に入れることで、数限りない「神々の土地」、即ちプラーナ伝承にデーヴァ達と聖者ムニ達の住む**ヴァルシャ** *Varshas*［山岳で分けられた九地域］、**〈諸大陸ドゥウィーパ〉**、そして**諸地域**として描写された地に、これら過去の諸地域を確認することは簡単な作業となる。彼らのシュウェタ［白い］－大陸 Sweta-Dwipa は、初期レムリア時代の期間、海の底から巨大な山頂のように屹立し、アフリカが太洋の底から隆起して現れ、アトラス山脈が半ば沈んだ（レムリアの消滅後）おおよそ初期アトランティス時代まで、アトラス山脈［アフリカ北部の山脈］とマダガスカル島との間の地域は海水域によって占められていた。

　初期の3人種に関する進化と発展の詳細な叙述を　──　現在行っているように、それについて一般的な見解を伝える場合を除いて、たとえ幾冊かに及ぶ書物の中でさえ、試みることは勿論不可能である。人種の第1の者はそれ自身の如何なる歴史書をも持たなかった。人種の第2の者も同じくそうであったといわれている。我々は、それゆえ、我々自身の人種（〈第5〉）

の歴史書を調べようとする前に、レムリア人とアトランティス人についてのみ慎重な注視をすべきであろう。

　他の諸大陸、更に我々の大陸について一体何が知られているのか、そして初期の人種に関してどんな歴史書が知られ、認められているのか？　唯物的な科学の胸くそ悪い解説から除外されたあらゆる物は、侮蔑的な用語「〈迷信〉」で塗りつぶされている。今日の賢明な人々は何も信じないだろう。プラトンの云う「有翼」で**両性具有**の諸人種、そしてサターンと神々の統治下での彼の云う黄金時代は、ヘッケルによって自然に於ける彼らの**新しい地位**へと黙って連行され、我々の天人種が狭鼻猿 Catarrhine apes の末裔、そして我々の祖先が海の粘液物として描写されている。

　とは言え、ファベル Faber によって描写されたように、「太古の詩的な**空想は** …… 歴史的な事実の幾つかの部分を含むことが示されるだろう」。たとえ一方に偏っているとしても、博学な著者による『カベイリ神の密儀 Mysteris of The Kabiri』── 「〈聖書 Scripture〉の正しさを実証するために」、ローマ・ギリシャ神話と古い異教の象徴を2冊の書物の隅々にまで無理矢理詰め込んだ労作で ── 時と更にその彼方への探求は、少なくとも部分的に、それらの歴史的な「正しさ」に対し**ベールを取り払った聖書**を示すことによって反論してきた。そのように、見方を変えれば、太古の異教思想の偉大な叡智を立証するために作られた〈聖書〉の賢明なる応用でもある。これは、その中にカベイリ神 ── 古代の最も神秘的な神々 ── についての真実が、カンバーランドの僧正、シュックフォード Shuckford 医師、カドワース Cudworth、ヴァランシー Vallancey 等々、そして最後にはファベルによる乱暴で全く正反対の説明を通して投げこまれて生じた解きほぐせぬ混乱とは関係ない。それにも関わらず、これら学者達の先頭から最後までの全員が、後者ファベルによって形成されたある種の結論に達するべきであった。「我々は考察する理由がない」、とファベルは書き、「〈非ユダヤ教徒〉世界の偶像崇拝が単なる恣意的な創案物であったことについての、そして反対にそれは、ほとんど世界中で、**確かな実際の出来事についての伝承的な記憶に基づいて、**形成されてきたように思える。**これらの出来事を、私は〈ノアの大洪水〉の大水によって、人類の第1（秘教の教えでは第4）〈人種〉が滅びたことであると直観している**」と続けている。(1章9頁) これにファベルは付け加えている ──

　　「フィレギアン Phlegyan 諸島の水没伝承は、アトランティス島のまさにそれと同一であると私は確信している。共にそれらは、私に一つの大

規模な出来事、即ち大洪水の大水の下に世界全体が水没したか、或いは、もし地球の地平線弧がその元の位置を維持したままであったと仮定するならば、それを超えて平均的な基準水位が上昇したことを、かすかに暗示しているかのようだ。M・ベイリー Bailley は、実際、自身の著作の『プラトンのアトランティス』に於いて、その目的は明らかに〈聖書〉の年代学への非難であるが、アトランティス人達がとても古い北方の国家で、インド人、フェニキア人、そしてエジプト人等より遙か以前に先立っていたことを明らかにする努力をしている。(『カベイリ神に関する論文 A Dissertation on the Kabiri』、284 頁)

この点でファベルは、聖書の年代学を認める者等より更に博学で直観的傾向を示すベイリーに共感している。そしてまたベイリーが、アトランティス人がティターン達や巨人達と同一であったと語る時にも、間違っている訳ではない。(『アトランティス大陸に関する文献』を参照) ファベルは、ベイリーがノアについての古い伝承 ―― ノアが「かつてはアトランティス島に住んでいた」という伝聞(前掲書) ―― を保管していたコスマス・インディコ-プレウステス Kosmas Indico-Pleustes に言及しているように、フランスの友人の意見をより積極的に取り入れている。この島が、〈秘教的仏教〉で「ポセイドニス Poseidonis」、或いはアトランティス〈大陸〉として言及されようとも、重要なことではない。伝承はそこに存在する、キリスト教徒によって記録されたものが。

ノアがたとえアトランティス人であると主張されているとしても、秘教科学者は誰もノアの大権の剥奪をこれまで考えたこともないであろう、というのも、この事は、古代イスラエル人達が、ヴァイヴァスヴァタ・マヌ、キセトラス Xisuthrus、そしてその他数多の者の物語を伝え聞いて、あらゆる他の国家、或いは部族と同様に彼らが持っていた正当性を行使するために、その名前を変えたに過ぎなかったことを、単純に示していると思われるからである。我々が反対することは、〈聖書的〉な年代学を文字通り是認することで、何故なら、それは漠然とし、地質学的な基本的事実や判断とも一致しないからである。その上、仮にノアがアトランティス人であったとするならば、結果として、ファベルが示すように、彼はティターン、巨人であったことになるし、もし巨人であったならば、何故、**創世記**でそのように描写されていないのか？(註40)

ベイリーの過ちは、アトランティスの水没を拒み、そしてアトランティス人達を単に〈北方〉の、そして**ノアの洪水以降**の民族と呼んだことだが、

一方でその民族は、彼が言うように、確かに「ヒンドゥ人、エジプト人、フェニキア人の諸帝国の建国の以前に隆盛を極めた」。この中で、もし彼が、我々が**レムリア**と呼ぶことに同意してきた大陸の存在を知っていただけだとするならば、彼は再度正しかったことになるだろう。というのも、アトランティス人はレムリア人にとって**ノアの洪水以降の人**であったし、そしてレムリアはアトランティスのように水没しなかったが、地震と地下の火によって、英国とヨーロッパがいつかそうなるように、波の下に**徐々に沈んだ**。それは、幾つかの大陸がゆっくりと沈んだという伝承だけでなく、〈マンヴァンタラ〉の周期を通じて作用する定期的な法則をも認めない我々の科学者達の無知であり ── 全ての混乱の主要な原因こそ、この無知にある。そしてまた、ベイリーは、ヒンドゥ人、エジプト人、そしてフェニキア人がアトランティス人の後に現れたと我々に請け合うことでは、またもや間違っていないが、その理由は、後者が〈第4人種〉に属し、一方アーリヤ人達とその〈セム支族〉は〈第5人種〉であることによる。プラトンは、エジプトの神官等によってソロンに物語られたその伝承を繰り返す際に、意図的に(あらゆる〈**イニシエイト**〉が行うように)二つの大陸を混同させ、巨大な二つの大陸、先史時代の、そして伝説的な大陸に付随する全ての出来事の最後にゆっくりと沈んだ小さな島にその話を割り当てている。それ故に、ベイリーは**最初の夫婦**について、〈大地〉から形造られ、彼らから始まって島全体に人々が住みだした、として記述している。そのように語る中で、彼はアダムとイブだけでなく、しかも彼のギリシャの祖先をも意図している。彼の言葉は単純に寓話的で、「〈大地〉」にそれとなく触れることで、アトランティス人が、実際、最初の純粋な**人間**で**地上的な人種** ── それに先立つ堅固な人間と云うよりも、よりエーテル的な神に近い者等であったとして、「物質」を暗示している。

(註40) これは、また敬虔なキリスト教徒の1人であるファベルによって示されているもので、彼は、「〈理性的な〉種族もまた ……… **アトランティスとティターン**の呼称を持っていたし、偉大な族長自身が高貴な**アトラス**Atlas 及び**ティターン**と呼ばれていた」と語っている。(II巻285頁)そしてもしそうならば、**聖書によると**、その時ノアは、〈神々〉の〈息子達〉、**堕天使達**、そして同じ典拠に従えば、「見め麗しい人間の娘」の子孫であったに違いないことになる。(創世記6章を参照)そして、彼の父ラメクLamech が人を殺害して以降、(〈ノアの大洪水〉で死んだ)全ての息子達や娘達とともに、残りの人類と同じような悪に染まらなかったのは何故なのか？

プラトンは、あらゆる他の秘伝を受けたアデプトのように、その「〈堕落〉」後の〈第3人種〉の歴史について知っていたに違いないけれども、秘伝を受けた熟達者が沈黙と守秘を誓約したように、彼はあからさまに知識を公表することは決してしなかった。それにも関わらず、〈西洋〉諸国の概算的な年代学 ── 初期アーリヤ人の計算法に基づき、それに従っていたそれら全てのもの ── に精通した後、〈第1〉、或いは〈第2根本人種〉にさえ言及すること無く、性の分離以後、経過したに違いない時の膨大な年月を理解することは、現在ではより容易になっている。これらは〈西洋〉思想で鍛えられた精神の理解を間違いなく超えているため、〈第1〉、〈第2〉、そして同じくその初期の段階に於ける〈第3人種〉についての詳細を語ることは無駄であると思われる。(註41)その年代学が詳しい人類の時代に至った時には、秘伝を受けていない読者自身が手に負えず狼狽することがないように、人は後者〈第3人種〉から始めるべきだ。

　〈第3人種は堕落した〉 ── そしてもはや創造を行わず、彼らはその子孫を**父親が産む** begat［beget は父親が子供を産むことを意味し、母親は bear。彼らが両性具有者であるならば自然である］ようになった。［性の］分離の時代にいまだ精神のない状態で、その生理学的特質が正常な方向にその本能を調整するまで、彼らは、更に異常な子を父親が産んだ。聖書の「主なる神々」のように、「〈叡智〉の〈息子達〉」、即ちディヤーニ・チョーハン達は、彼らに〈自然の造物主 Nature〉によって禁止された果実だけは残しておくように警告したが、警告が何の効果もなかったことは明らかである。人間が自分の為したことの不当性を理解したのは ── 我々はそれを罪と言ってはならないが ── より高い天球に由来する天使的なモナッド達が化身して彼らに知力を与えた後のことで、遅すぎただけである。その時代まで、彼らから産まれた動物達のように、彼らは単に肉体的なままであった。その違いは何によるのか？　教義は、地上で生命の有るものと無いもの、また動物と人間の肉体組織の唯一の違いは、あるものに於いては多様な「火」が潜在するのに、他のものではそれらが活発であることに過ぎない、

(註41)　かの驚くべきドネリー Donnelly の書物、『アトランティス、ノアの大洪水以前の世界』で、著者は、アトランティスに由来するアーリヤ人の居住地と工芸、科学 ── 我々の〈第4人種〉の遺産 ── について述べながら、大胆にも「今日の社会制度の根源は中新世 Miocene 時代へと遡る」と発表している。現代の人文科学者が行った桁外れの容認ではあるが、文明化の時期は中新世のアトランティス人より更に前へと遡っている。〈第二紀〉の人間は、彼と長い間忘れられていたその文明と一緒に、発見されるだろう。

と教えている。**生命の火**は万物の中に有り、火を欠く原子は存在しない。しかし、どの動物もその内部に覚醒した三つの高次本質を持たず、それらは単に潜在且つ休眠状態で、それゆえ**非顕現**の状態にある。そして、人間の中の動物的な組織が今日までそのままの状態にあるのと同様に、たとえ〈先祖達〉の肉体から出現したままの状態で残されてきたとしても、先祖の**影**は、物質に内在する能力と力によってのみ、成長するために展開させられてきた。しかし《ポイマンドレス》では次のように語られている ──

「これは、今日まで封印され隠されてきた謎である。〈人間〉(註42)に混ぜられた〈自然の造物主〉(註43)の本質は、〈7人〉(ピトリ達、統治者達)と彼女特有のもの、即ち〈火〉と〈霊〉と〈自然の造物主〉(物質自体)の精髄を調和的に混合し、そしてそれらは(混じり合い)統治者達の七つの本質に従って、反対の性(消極的、そして積極的)を持つ7人の人間を直ちに生む、と云う一つの驚くべき奇跡を起こした」。(『聖なるポイマンドレス』、1章16節)

上述のように語るのは、「〈神〉の〈思考力〉」を持つ、三重に偉大な〈イニシエイト〉(註44)ヘルメスである。聖パウロ Paul は、別の〈イニシエイト〉だ

(註42)　〈**人間**〉というものは、既に述べたように、「〈天〉の人」である。
(註43)　自然の造物主は、**自然の主要躯体**、〈始祖達〉の影で、そして ──
(註44)　我々の博物館や図書館にある『ポイマンドレス』は、アレキサンドリアのプラトン哲学信奉者達による、トートの〈書〉の要約本の一つになっている。〈3世紀〉に、ユダヤ人カバリストにより、古いヘブライとフェニキアの〈写本〉に従って、それは改訂され、『エノクの創世記』と呼ばれた。しかし、その損なわれた遺物でさえも、その原文が、〈7人の創造主〉と7人の初期の人間の創造について描写されているように、〈古代の教え〉と如何に詳細に一致しているかを示している。エノク、トート或いはヘルメス、オルフェウス、そしてカドムス Kadmus に関して、これらは、知ることの全てを〈人類〉に教えた最初の7人の賢者(**実体が無く**、死ぬことのない体の中に化身したディヤーニ・チョーハン達、或いはデーヴァ達)の一般的な名称、支族、そして子孫達の全てであり、彼等の初期の弟子達は師の名前を名乗った。この慣習は〈第4〉から〈第5人種〉へと引き継がれた。それゆえ、ヘルメス(エジプト学者達は彼を5人と数えている)、エノク等に関する伝承は同一で、彼等は全員文字の創案者達で、彼等の誰一人として死なず、いまだに生きており、そして彼等は最初の〈密儀〉への〈導師〉且つ〈密儀〉の〈創始者〉である。『エノクの創世記』は、つい最近になって〈カバリスト達〉の間で消え失せたに過ぎない。ギヨーム・ポステル Guillaume Postel はそれを目撃したという。それは、大まかな範疇では、ヘルメスの書からの写本にほぼ間違いないが、エリファス・レビ Eliphas lévi が自身の読者に伝えるように〈モーセの書〉に比してかなり劣っていた。

が、この世界を「至純の真理を映す不可思議な鏡」と呼び、ナジアンズNazianzen生まれの司教グレゴリオスは、「見える物は見えざる物の影と輪郭に過ぎない」と述べてヘルメスを追認した。それは永遠の組み合わせで、そして像は存在の梯子のより上段からより下段に向かって繰り返されている。〈天使達〉の〈堕落〉と「〈天〉の〈戦い〉」は、各層で、より低い「鏡」がより上位の鏡の像を写し損ない、そしてそれぞれがその特有の方法でそれを再現しながら、繰り返されている。このようにキリスト教の諸々の教義は、あらゆる〈イニシエイト〉が為すように、これらの諸事を注意深く語った、プラトンの**論理的枠組み**の回想に過ぎない。しかし、それが**デサティール**[古いペルシャの書物]*Desatir*の数行の文章に表現された全てである——

「地上の万物は、と主(オルマツダ Ormazda[ゾロアスター教の最高神])は続けて、**より高級な世界にある何かの影である、**と宣う。この発光するもの(光、火、等)は、それ自身よりも更に光り輝くものの影のままで、光の中の光である〈**私に**〉辿り着くまで、そのままである」。

カバラ的な書物や比類無きゾハルでは、地上に、或いはこの世界に存在する万物が、〈影〉——**デュークナ**[神の幽玄な像の影]*Dyooknah*——永遠の〈光〉、或いは〈神〉、であるという思想が非常に強固である。

〈第3人種〉は、初期には、その伝承で〈天上〉の寓話的な戦いの後に〈地上〉に追放されている神々のひときわ輝く影であったし、その戦いは、霊と物質との戦いであったため、〈地上〉では更により寓話的になった。この戦いは、内なる、そして神なる人間が自身の外なる地上的な自己を彼自身の霊的な性質に調和させるまで続くだろう。その時まで、人間の蒙昧で激しい感情は彼の師、〈神なる人間〉と果てしなく反目しあうであろう。しかし、**動物的な**ものはいつか飼いならされるだろう、何故なら、その性質は変化し、死すべき人間でさへもが〈元素霊達〉によって**創造され**、そして生まれる事の無かった〈堕落〉以前の時代のように、調和が再びその二つの間に君臨することになるからである。

前述のことは、あらゆる壮大な神統系譜学、特にギリシャ人(『ヘシオドスと神統系譜学』**を参照**)のもので明らかにされている。息子**クロノス**[時の神]*Kronos*による父**ウラノス**[天神]*Uranos*の**去勢**は、その結果、父に性的不能の刑を宣告するが、現代の〈神話収集家達〉にはこれ迄理解されたことが無い。けれども、それはとても単純で、そして汎世界的で(註45)**(次頁の脚註を参照)**、現代の賢者達には今では失われた抽象的で哲学的な概念を内包していたに違いない。寓話に於けるこの罰は、デカルメによっ

てまさに注目されたように(『古代ギリシャの神話』、7 頁)、実際に「一つの新時代、創造の進展に於ける第 2 の局面」を表わしているが、それを説明する試みをデカルメは断念している。ウラノスは、**自分の子供が生まれるや否や全員を直ちに殺すことによって、急激な発展や自然の進化を阻止**しようとしていた。**カオス**(〈空間〉、或いは未顕現の〈神〉)からなる、そしてその中のあらゆる創造的諸勢力を体現している**ウラノス**は、前述のように罰を受けさせられているが、その訳は、**ピトリス達**が彼ら自身から初期の**人間達**を —— 後にこれらの人間が**ピトリス達**の子孫を発展させるように —— 出産に対する如何なる感覚や欲望も持たずに、発達させる原因となった諸勢力こそ、ウラノスだからである。繁殖の働きは一時の間、中止されたが、**時の神クロノス**(註46)の手に移り、彼は**レア**(秘教体系では地球で —— 一般的には物質)*Rhea*[ウラノスとガイアの間に生まれた娘で神々

(註 45)　ウラノスは、形を変えた水神ヴァルナ Varuna、「〈世界の〉擁護者」、万物を内抱する者、そしてヴェーダの最も古い神々の 1 人 —— 〈**空間の神**〉で、天と地の作り手であり、後に、天と地は彼の(或いはその)種子から顕現している。ヴァルナがアディティヤ神達の首長と**レヴァイアタン** —— 現在では、最も神聖で謎に満ちた黄道十二宮の**マカラ** *Makara*[磨羯宮に象徴されるある種の海棲動物]に乗る海神ネプチューンの一種となったのは僅かその後にである。ヴァルナは、「彼無しでは如何なる生物も瞬(またた)きさえ出来ない」が、ウラノスと同じく**生殖に落ち込んで**、大衆的な神人同形論では天から地に引きずり下ろされ、ミュール Muir が「最も崇高な宇宙的な職務」と呼んだ彼の諸々の任務を、ウラノスと同じく解任された。同じ〈東洋学者達〉は語る、「(ヴェーダ聖典で)ヴァルナに由来するその特質は、彼の個性に、道徳の向上とあらゆる他のヴェーダの〈神〉に与えられたものを遙かに凌ぐ清浄さを与えている」と。しかし、ウラノスと同様な、彼の堕落の理由を正確に理解するために、人は、あらゆる大衆的な宗教に、人間の空想による不完全で罪深い作品があることに気づくべきだし、また、ヴァルナがヴァシシュタ Vasishta に伝えたと言われている密儀を学ぶべきである。ただ ………「彼の秘密とミトラのそれら密儀は**愚か者に啓示されることは無い**」とある。

(註 46)　クロノスは、*Χρόνος*[クロノスのギリシャ語表記]、**時**であるだけでなく、またブリール Breal が彼の『ヘラクレスとカークス Cacus[ローマ神話の炎を吐く巨人の怪物で、ヘラクレスに殺された]』(57 頁)で示したように、「作ること、創造すること」を意味する語源**カル** *Kar* にも由来する。ブリールと彼から引用しているデカルメが、ヴェーダ聖典では**クロナン** *Kronan* が創造的な神であると語ることが正しいかどうかについて、我々は疑問を懐いている。ブリールは、恐らくカルマ、或いはむしろ、創造神で、「〈全知〉」にして「世界の偉大な〈建造者〉」、ヴィシュワ-カルマ Visva-Karma を意図していた。

の母]と結婚し、そうして、天界に続いて ── 地上にティターンを生みだしている。この象徴的表現の全体は〈進化〉の諸々の神秘に関係している。

　この寓話は、我々の書物のこの章で与えられている秘教的な教えに基づく大衆的な変形版物語である。というのも、我々は**クロノス**に何度も繰り返されている同一の物語を認めている。ウラノスが、**ガイア**（顕現する世界に於いて、アディティ、或いは〈偉大なる宇宙の深淵〉と同一のもの）が生んだ子供達を〈地球〉、即ち**ティテア** *Tythea* の御胸の奥深いところに幽閉することによって抹殺したように、**クロノス**もまた、この創造の第2段階で、レアが生んだ子供達を殺した ── 彼らを貪り喰らうことによって。これは、実際に**人間らしい人間**達を創造するために、〈地球〉、或いは〈自然の造物主〉単独よる実り無き骨折りに言及するものの一つである。（スタンザのIIIを参照 ── X以降も参照のこと、また原始の生物に関するベロッソス *Berosus* の小論文も参照）時［クロノス］は自身による不出来な働きの果実を呑み込んでいる。その後に現れたのはゼウス ── ジュピターで、彼は今度は父を王位から追放している。(註47)ティターンであるジュピターは、或る意味では、プロメテウスであり(註48)、〈偉大な〉「〈神々の父〉」、ゼウスから分かれた者である。[ギリシャ詩人]ヘシオドスによれば、彼は「無礼な息子」である。ヘルメスは彼を（『ポイマンドレス』の中で）「〈天国の〉人間」と呼び、聖書にさえアダムの名の下に再度見いだせるし、そしてその後 ── 変化をした ── ハム *Ham* の名の下にもある。それにも関わらず、これらは全て「〈叡智〉の息子達」の擬人化である。ジュピターが純粋に**人間としての**アトランティス人の周期に属しているという必然的な確証は ── たとえ彼に先立つ**ウラノス**と**クロノス**では明らかに不十分だとしても ── 〈不滅のもの〉が人間を作り、そして〈黄金〉と〈銀〉の時代（〈第1〉と〈第2人種〉）を創造し、その一方でジュピターは、〈青銅〉（二つ

(註47)　ティターンの闘争は、少なくとも神統記において、**ウラノス**の子供達と**ガイア**（或いは彼等の抽象的な意味では〈天〉と〈地〉）、及びゼウスを頭領とする**クロノス**の子供達に対立するティターンとの間での、最高覇権をめぐる戦争である。それは、ある意味、霊的な内なる人間と肉からなる人間との間での、今日まで続いている永遠の争いである。
(註48)　まさに、「主なる神」、或いはエホバが、秘教的にはカインであるように、そして「誘惑する蛇」も同様で、〈堕落〉する前の男女両性を合わせ持つイヴの男性部分、アダム・カドモンの女性的部分、第1の〈セフィロトの三つ組み[セフィロトの樹のケテル、ビナー、コクマー]〉に於ける左側のビナー *Binah*、或いは右側のコクマー *Chochmah*、もである。

の元素を混ぜ合わせた物）と〈半神的な勇者達〉の世代、そして人間による〈鉄〉の時代を創造した、と我々に伝えるヘシオドスに於いて認められるだろう。この後、彼は運命的な贈り物、パンドラ Pandora [知性の火を使い始めた人類を罰するために神々が最初に作った女性]を、エピメテウス(註49)へ送っているが、その贈り物をヘシオドスは「運命的な恵み」、或いは**最初の女性**と呼んでいる。それは罰であった、と彼は説明し、「神の創造の火を盗んだことに対して」人間に送られた、と続ける。地上への彼女の出現はありとあらゆる悪の兆しである。彼女の出現以前には、人類は平和に暮らしていて、病気や苦しみから免れていた —— ゾロアスター教の聖典ヴェンディダードに、同一の諸人種がイーマ Yima 王 [ゾロアスター教の最高神アフラ・マズダの庇護の下、君臨したが、罪を犯し、不死なる世界を追放された伝説的な王] の統治下で暮らすために作られる、とあるように。

　二つの大洪水もまた、ヘシオドス、リグ・ヴェーダ、ゼンダ=ヴェスタ等々を注意深く比較することにより、世界の伝承に由来を辿りうるかも知れないが、その一方で、**最初**の人間は、聖書を除き、如何なる神統系譜学にもこれまで言及されていない。(註50)洪水による激変の後、至るところに**我々と同じ人種**の人間が出現し、その後、伝承は、大海原の波の下にやがて時が来て水没する諸大陸と島々の名称にだけに言及している。(註51)「〈神々〉と死すべき人間達は共通の起源を持つ」とヘシオドスは語り（**前掲書**、v.108）、そしてピンダラス Pindar はその記述を忠実に繰り返している（『ネメアの祝勝歌 Nem』、VI., 1）。デュカリオン Deucalion と [妻] ピュラー Pyrrha は、ノアの様に箱船を建造して〈ノアの大洪水〉を逃れたが（**アポロドーロス Apollod.著作 1, 7, 2, と詩人オビディウス Ovid 著『魔術による変容 Metam』、1, 260, 899 を参照**）、ジュピターに彼が〈ノアの大洪水〉で水

（註49）　M・マスペロ（バラク博物館の前館長）によって訳された『エジプトの伝説』では、「2 人の〈兄弟達〉」と呼ばれ、パンドラの起源を伝えている。ノーム Noum は有名な天界の芸術家で、感嘆すべき美しさを持つ 1 人の少女を創作し、バトゥー Batoo へと送り届けるが、その後にバトゥーの幸せが崩壊した。勿論、バトゥーが人間で、少女がエヴァである。(**マスペロの『エジプトの伝説』を参照のこと、またデカルメの『古代ギリシャの神話』も。**)
（註50）　イーマ Yima は、**ヴェンディダード**では「最初の人間」ではなく、〈東洋学者達〉の学説の中でのみそうである。—— 更に先を参照のこと。
（註51）　ボイオティア Bœotia [古代ギリシャの都市国家]、その後、古代アテネ、そしてエレウシス Eleusis が洪水に沈んだ。

面下に溺死させた人類を甦らせるように求めている。スラブ人の〈神話体系〉(グリム著『古代チュートン族[ドイツのエルベ川北部に居住した民族]神話』の中の「リトアニア人の伝説」 Lithuanian legend, in Grimm, Deutsche Mith. 1, 545)では、全ての人間が溺死し、2人の年老いた人間、1人の男とその妻だけが生き残った。その後、**プラム-ギマス** Pram-gimas(「万物の師匠」)は彼らに地上の岩の上で七回飛び跳ねるように諭し、そしてリトアニア人の九種族が由来することになる**新しい7人種**(夫婦)が誕生した。『古代ギリシャの神話』の著者によって良く理解されていた様に —— 四つの時代は時の期間を示し、そしてまた諸人種に対する寓話による暗示的な言及でもある。「その連続する諸人種は、滅ぼされ、そして他のものに取って代わられているが」と彼は続けて、「過渡期も全く無しにで、それらの絶えず摩耗してゆく価値を表現するために、ギリシャでは金属の名称によって特徴づけられている。〈金〉は、全ての金属の中で最も光り輝き、そして高貴なもの、純粋の象徴で ……… 第1人種に当てはまる ……… 第2人種の人間は、それらの中で〈銀〉の時代に該当し、既に第1の者より劣っている。緩慢で弱々しい生物達、あらゆる彼らの生活は冗長で愚かな幼少時代より少しも優(まさ)っていない。……… 彼らは消え去る。……… 〈青銅〉時代の人間達は屈強で荒々しく(第3人種)、彼らの力強さは極端である。彼らは青銅製の武器を持ち、青銅と居住し、青銅以外は何も使わなかった。〈鉄〉は黒い金属で、いまだによく知られていない」(提示した作品[『古代ギリシャの神話』]Op. at D., 143-155 より)と語っている。第4世代(人種)は、ヘシオドスによれば、テーベ[エジプトのナイル川流域の都市]Thebes(アイスキュロス Æschylus による『テーベに敵対する7人』を参照)の前に、或いはトロイの壁下に戦闘で倒れた、かの英雄達である。

　このように、時代錯誤的に非常に混乱しているけれども、四つの人種は最古のギリシャの詩人達によって言及されているのが認められ、我々の教えは古典によって再度、裏付けられることになる。しかし、これは全て〈神話〉と詩歌である。現代科学は、そのような古い空想的文学の婉曲的な表現に対して、何か論評すべきことを持ちうるのか？　陪審員の評決を予想することは難しくはない。それゆえ、一つの試みとして、前もって抗弁することがなされなければならないし、そして数々の空想と**経験**による考察がかの同じ科学の領域の大部分を占めていることと、学識ある人々の誰一人として、彼ら独特のあのように重苦しく鈍い瞳の光でもって、〈秘教科学者〉の瞳の小さなシミを、たとえその小さなシミが我々の敵対者の想

像力による全くの空想で無いとしても、指摘するための最も微弱な光さえ持ち得ないこと、を明らかにしなければならない。

————————

スタンザ X.——（つづき）

40. その後、第3と第4（人種）は高慢になるにつれて背が高くなった。我々は王であり、我々は神々であると(*a*)。

41. 彼らは見め麗しい妻達を娶った。「精神がない」者や、尖頭の者に由来する〈妻達〉。彼女らは、怪物、邪悪なデーモン、男性と女性をもうけた。また、ほとんど知性を持たないカドゥー Khado（ダーキニー *Dakini*）も(*b*)。

42. 彼らは、人間の肉体のために寺院を建立した。〈男性〉と〈女性〉を彼らは崇拝した(*c*)**。その時、第三の目はもはや機能しなくなった**(*d*)。

(*a*) 彼らは最初の真の肉体を持つ人間で、その第1の性格は —— 高慢であった！　それは〈第3人種〉と巨人のアトランティス人で、彼らの記憶は一つの世代の人種から次の世代の人種へとモーセの時代まで細々と伝わり、モーセの時代にはそれら大洪水前の巨人達、恐ろしい魔法使い達とマギ術師達の事実に基づく姿が知られていたが、ローマ教会は彼らの姿をかくも鮮やかに保持し、そして同時に数々の伝説を台無しにしてきた。古代の教えに関する〈註解書〉を読み且つ学んだことのある者は、アトランティス人の一部の中に、ニムロド Nimrods、バベルの〈塔〉の〈建造者達〉、ハム族の原型、そして神学的な文学がそれを描写するように、即ち手短に言えば、後世にサタンの伝統的な形体を与えている者等の、「呪われた記憶」にまつわるこれら**細切れの断篇** *tutti quanti* の全てを、容易に認めるだろう。そして、このことは、自然の流れとして、恐らくこれらと同様に神話的な、それら初期の諸人種が持つ宗教的な道徳観の探求へと我々を導く。

　〈第3〉及び〈第4人種〉の宗教はどのようなものであったのか？　その期間に対する共通認識として、レムリア人だけでなく彼らの子孫、レムリア系 Lemuro-アトランティス人もまた、彼らが如何なる教義も知らなかったように、宗教だけでなく、**信仰上の信ずるべきものを何も持たなかった**。

人の精神的な目が知的能力に対して開かれるや否や、〈第3人種〉は自らを、全く知られざる、そして見えざる〈**全体**〉、〈一なる普遍神〉のように常に存在するものと同一だと感じた。神の権能を与えられて、自らに**内なる**〈神〉を感じながら、肉体的な〈自己〉は動物ではあるけれども、各自が自身の本質に於いて自分が〈人間-神〉であると感じた。その二つの間の戦いは、彼らが〈知恵〉の〈木〉の果実を味わったまさにその日から始まり、生命に対する霊的なものと精神的なもの、精神的なものと肉体的なものの戦いの一つである。躯全体の統御を獲得することによって低級な本質を征服した者等は、「〈光〉の〈息子達〉」に加わった。自身の低級な性質の犠牲者達は〈物質〉の奴隷となった。「〈光〉と〈知恵〉の〈息子達〉」から出て、「〈闇〉の〈息子達〉」になることによって彼らは生涯を終えた。彼らは死すべき生命と不死なる〈生命〉との葛藤に陥り、やがて低級な性質に堕ちた全ての者等は、未来のアトランティスの人々の種子となった。(註52)

　意識の夜明けに、〈第3根本人種〉の人間は、前述のように**宗教**と呼びうるような如何なる信仰心もなかった。いわば彼は、あらゆる教義体系、或いは表面的な崇拝と同様に、「壮麗さと黄金に満ちた、賑やかな諸々の宗教」が持つ無知と等しいものであった。しかし、宗教という用語が、我々自身よりも高貴であると感じる者等に向けられた尊敬や —— 子供から愛する両親に向けて表現された感情としての敬愛を、一つの形式で全体として一括りに結びつけて宗教と定義するならば —— そうすると最も初期のレムリア人達さえも宗教を —— それも最高に麗しい宗教を —— まさに彼らの知性的生活の始まりから、持っていたことになる。彼らは、自身の周囲にも、そしてその内部にさえも、四大元素からなる自身の輝く神々を持ち得なかったのか？(註53)彼らの黎明期は、彼らに生命を与え、知性的、意識的な生き方を喚起した者等によって育まれ、大切にされて過ごしたのではなかったのか？　我々は当然そうであったと思うし、そうであったと信じている。というのも、物質の中への〈霊〉の進化は決して成し遂げるこ

(註52)　アトランティスという名称は、此処では「魔法使い達」という意味と、その同義語として使われている。アトランティス人種は数多く、その進化は数百万年続き、全ての者が悪ではなかった。我々(第5)が時を経ずして現在のようになりつつある時に、彼等はそのように自身の終末へと向かっていた。

(註53)　「〈四大元素〉の〈神々〉」は決して〈元素霊達〉ではない。後者は神々自身が身に纏う鞘や素材として最も良く使われている。………

とが出来なかったし、またその最初の進展力を受け取ることも、輝く〈霊達〉が、それぞれの内なる本質を実在の一部もしくはそれを反映するものと一緒に与えることで、土から成る人間に生命を与えるために、彼らの有するそれぞれの極めて希薄な実在を犠牲にすることもなかったからである。（〈生命〉の七界層である）〈七つの天界〉のディヤーニ達が、現在の、そして未来の〈四大元素霊達〉の**実体 NOUMENOI**であることは、ちょうど自然の〈七天使軍勢 Seven Powers〉を形成する〈天使達〉 ── 〈科学〉が「運動の諸々の形態」と率先して呼ぶその中に、我々によって認識されるより総合的な数々の作用 ── 計り知れない諸力で、そして他の何者でもないもの ── が、更に高いハイラーキーの、より一層高い実体であるのと同じことである。

　古いそれらの日々は「〈黄金の時代〉」で、その時代には、「神々が地上を歩き、人間と自由に交わっていた」。その時代以降、神々は死に去り（即ち見えなくなった）、そして後の世代の人々は、彼らの王国 ── 〈四大元素霊達〉を、崇拝しながら生涯を終えた。

　アトランティス人は、人間の性の分離後に於ける**半神的な人間**の最初の子孫で ── それゆえに、最初に子をもうけた者、そして人間的として誕生した者で ── **物質的な神**へ初めて「〈生贄を捧げる者達〉」となった。彼らは、その上にカインの巨大な象徴が打ち建てられた原型として（註54）、また形体と物質を崇拝する最初の神人同形論者として、遙か遠い薄暗がりの過去に、更に古い先史的なその時代に佇んでいる。その崇拝は、非常に早い時期に**自己崇拝**へと衰退して、そこから男根崇拝や、あらゆる大衆的な宗教の儀式、教義、そして祝詞の中で今日まで大いに流布しているものへと至った。アダムとイヴは、**物質**となったり、或いは肥沃な土地を与えたが、カインとアベルは ── 後者アベルが命を育む大地、前者カインが「かの地、或いは平原のひこばえ［若木の芽］」となった。

　そのように、最初のアトランティス人種は、レムリア大陸に生まれ、初期の部族から正しき者と罪深き者に、即ち見えざる〈自然〉の〈精霊〉の一つ

（註54）　カインは、**創世記**の第4章で初めて描写されたように、大地の**最初のひこばえ**［若木の芽］で、「大地の実り」への**いけにえ**であったが、その一方でアベルは〈主〉にとって「羊の初子をもたらした」。カインは最初の男性の、アベルは最初の女性の持つ人間性の象徴で、アダムとイヴは第3人種の典型である。（『カインとアベルの謎』を参照）「殺害」は血を注ぐことで、命を奪うことではない。

や人が自らの内に感じる光線を崇拝した者等 ── 或いは〈汎神主義者達〉と、彼らが関係を結んだ〈地球〉の〈精霊達〉、暗黒〈宇宙〉の擬人的な〈諸勢力〉に熱狂的な崇拝を捧げた者等とに分かれた。これらは黎明期の**ギボリム** Gibborim で、「その当時、その強い力で名高い人々であった」（創世記6章）、彼らは〈第5人種〉の**カベイリ神達** Kabirim に、即ちエジプトやフェニキアのカベイリ神、ギリシャのティターン達、そしてインド人種のラークシャサ達とダイティヤ達となった。

　前述のことは、その後の全ての宗教、そして現代宗教の、とりわけ部族神に対する後期ヘブライ人の崇拝に、関する秘密の神秘的な起源であった。同時にこの性的な宗教は、いわば天文学的な現象と密接に結びつき、それに基礎をおき、そして混ぜ合わされた。レムリア人は北極、或いは彼らの〈祖先の天国〉（ヒュペルボレアス〈大陸〉）に強く惹かれたが、アトランティス人は、宇宙的にも地球的にも、南極、即ち**地獄** the pit に惹かれた ── そこが住みかの宇宙的な〈元素霊達〉によって、そこでは風に舞う熱き激情が暴風の渦に吹き込まれている。二つの極地は、古代人等によって、それぞれ〈竜達〉と〈蛇達〉と ── それゆえ、善と悪の〈竜達〉及び〈蛇達〉、そしてその呼称はまた「〈神〉の〈息子達〉」（〈霊〉及び〈物質〉の〈息子達〉）に与えられ、善と悪の〈マギ術師達〉、と命名されていた。これが人間に内在する二重、或いは三重性の起源である。「〈堕天使群〉」の伝説は、その秘教的な意味では、人間の個性の多様な矛盾に対する鍵を含み、しかもそれは、人間が持つ自意識の秘密を指摘し、また人間の完全な生命周期 ── その進化と成長の歴史、を蝶番のように動かすための留め金である。

　この教えの確実な把握は、秘教的な人類発生論の精確な理解にもとづく。それは、盛んに論じられる〈悪〉の〈起源〉に関する疑問を解く糸口を与え、そして人間自身が如何にして〈**一者**〉から分離し、多様で対照的な諸形体になるかを示している。

　読者は、それゆえ、たとえ相当に多くの紙幅が、個々の場合に応じて、この困難で朧気な主題を解明する試みに割かれているとしても、驚くことはないだろう。相当な量が必要に応じて、その象徴的な見地について語られるに違いない、何故なら、そうすることによって、独自の探求を求める思慮深い学徒に手がかりが与えられ、そして、多くの形式的、哲学的な解説の技法的な語句を伝え得る以上に、より多くの光をそのように提示出来るからである。「〈堕天使達〉」は、いわば、〈**人間性**〉そのものである。デーモン Demon の〈高慢〉、〈官能的欲望〉、〈反乱〉、〈憎悪〉などは、肉体的な意

識を持つ人間の出現**以前には如何なる存在も**決して持ち得なかった。心の中で成長する悪魔フィーンドfiendを産み、養育し、そして許してきたのは人間であり、純粋な霊と物慾の不純なデーモンを結びつけることによって、彼自身に内在する神を穢してきたのも、繰り返すが、人間である。そして、もし〈カバラ的〉に言うならば、「**神に敵対するデーモン** *Demon est Deus inversus*」は、その二重に顕現した性質に形而上的且つ理論上の確証を発見するし、その実際的な利用は、〈人類〉にのみ見いだされる。

　こうして、今では我々が主張するように、以下は自明の理となる。即ち、(a)人間の出現は他の哺乳類に先行し、更に巨大な爬虫類時代の前でさえある。(b)定期的な大洪水と氷河期は地軸のカルマ的な揺動に起因する。そして主に、(c)〈高次の存在〉、または単に超**人**類に過ぎないが、唯物主義が**超自然的な**存在と呼ぶものからの人間の誕生である —— 我々の教えが公明正大な聴聞会の機会を全く与えられないのは明白である。加えて〈第3人種〉於ける〈人類〉の一部は —— 全員が先行した〈マンヴァンタラ〉で〈優秀さ〉と〈行為〉の最高点に到達した人々の〈モナド群〉で —— 彼らの精神的及び**理性的な**諸性質は天上の〈諸存在〉が彼らの第5本質に**入魂実体化する**ことに負っているという主張を補うべきであるし、そして**秘密の教えシークレット・ドクトリン**は、〈唯物主義〉の見地だけでなく、同じく教条的なキリスト教の見地から見れば信ずるに値しないに違いない。というのも、後者がこれらの天使群が彼らの言う「〈堕ちた〉」〈霊群〉と同一であると学んでしまうや否や、その秘教的な教義は最も恐ろしい異端で、有害であると宣告されることだろう。(註55) **天上の人間は動物の中にも存在して**、そしてそれ故に、生理学的な分離が進化の自然な過程で起こった時 —— また、「全ての動物的な生物が**解き放たれて**」、そして雄が雌に魅惑されるようになった時 —— **かの種族は堕落したが**、その理由は、彼らが〈知識〉の果実を食べ、そして悪から善を識別するようになったからではなく、良いことを何も知らなかったからである。性欲でない創造本能に駆られて、初期の亜人種は、〈スタンザ〉に暗示されているように、より高次のディヤー

(註55)　それは、おそらく、より低い意識(ポイマンドレスの『七つの火の輪』)の中間階層を突き抜けて現れた至高にして至純の〈霊達〉のこの**降臨**を考慮して、使徒ヤコブ St.James に、「この〈知性〉(その起源は**プシュケ** *püsche*)は上から降下したのではなく、此の世的、肉欲的、**悪魔的**で」、そして**プシュケはマナス**[精神]、「人間の魂」で、〈霊的叡智〉、或いは〈魂〉は**ブッディ**である、と言わしめたもの、である。しかしいまだに、ブッディ**それ自体** *per se* は、〈絶対なる〉ものに非常に近いもので、**潜在する**意識に過ぎない。

ニ・チョーハン達が化身した過渡的な人種を進化させた。(註56)「我々が〈宇宙〉の広がりを確かめて、その中に存在する万物を知ることを学んだ時、我々は、我らが人種を殖やすであろうし」、同じ人種からなる彼らの同胞に対して〈意思〉と〈ヨーガ〉の〈息子達〉が、彼らの行為の模倣を同胞達に要請していることと符号することになるだろう。これは、偉大な〈大師方〉と〈秘伝を受けた〉禁欲主義者達が「子孫を増やす」こと、即ち〈思考から生まれた〉穢れなき〈息子達〉を ── 〈第7根本人種〉に於いてもう一度、産むことを意味することになる。

プラーナ伝承の**アーディ・パルヴァン**[第1章]*Adi Parvan*(115頁)と**ブラーフマナ・プラーナ**等にそのように述べられている。**プシュカラ・マハートムシャ** *Pushkara Mahatmya* のある部分では、更に、性の分離はダックシャによって寓話化されたとあり、彼は、意思から生まれた彼の子孫(「活動的でない〈ヨーガ〉の〈息子達〉」)が人間を創造しようともしないのを見て、「**自らの半分を女性に性転換**[両性具有者の女性部分を賦活]し、その部分から娘達を生み」、そして彼女達は来るべき〈第3人種〉の女性達となり、〈第4人種〉と呼ばれるアトランティスの巨人達を産んだ。ヴィシュヌ・プラーナでは、ダックシャは、人類の父祖で、世界に人々を住まわせる方法として、性交を定着させたと簡単に語られているだけである。

人類にとっては幸運にも、〈人間性〉が全く物欲的になってしまう以前に、「〈直立種族〉」が、(知性的にも霊的にも)最も高次なディヤーニ神群の化身の乗物を既に完成させていたことである。〈第3人種〉の ── 最も低い一部は除き ── 最後の亜人種が巨大なレムリア大陸と共に滅んでしまった時、「〈叡智〉の〈三位一体〉の種子」は〈地上〉で不滅の奥義、それは偉大な人格が使い古した肉体から別のものに**自在に** *at libitum* 乗り移って歩むことを認める神の贈り物[高次の体による一種の憑依能力]、を獲得していた。

(註56) これが、〈秘教体系〉で呼ばれているように「不死の種族」であり、そして顕教的には、ダックシャの最初の子孫からなる、子を産まぬ実りなき世代の人々で、ダックシャは、彼の息子達、ハリヤッシュワ達 Haryaswas とシャバラシュワ達 Sabalâswas に、「あらゆるこれらの領域の中でそこは汝の慰安となるはずはないが、子宮の中に生まれよ」と伝えることで彼等の人種に産むことを思いとどまらせたと一般に云われているナーラダ、天界の聖仙リシを呪い、この後にナーラダは、**子を産まぬ修行者達の種族を象徴する者**として、一つの体で死ぬや否や、すぐに別の体に再生すると云われるようになる。

(**b**) 初めて人間の血が流されたことで、地上に知られた最初の戦いは、人の目と感覚が目覚めて、〈同胞〉の娘達、また妻達が自らのものより可愛いと気づかせられた結果であった。サビヌ人［中部イタリアの古代人］Sabines の乱暴の以前に為された強姦が存在したし、〈第 5 人種〉が生まれる前にメネラオス人［古代ギリシャのスパルタのメネラウス王が妻とした絶世の美女ヘレネを、羊飼いのパリスがアフロディーティの加護を受けトロイへと連れ去った事でトロイア戦争が勃発］Menelauses は彼らのヘレネ達を略奪していた。ティターン、或いは巨人達はより強く、彼らの敵対者達は更にずる賢かった。これらの出来事は〈第 4 人種〉 —— 即ち、巨人達の人種の期間に起こった。

というのも、古代のその当時には実際に「巨人達が**存在し**」、(註57) そして動物界の進化［巨大化］の流れは、同じ事が人類の中で起こっていたという一つの根拠になるからである。いまだに生物のより低い段階で、我々は、大きさの点では動物相と**歩調を合わせて** pari passu 進む植物相に同様の証拠の数々を発見する。我々が摘み取り、そしてお気に入りの書の紙面の間で乾かす可愛いシダ類は、石炭紀の期間に生育していた非常に巨大なシダ類の子孫である。

聖典や哲学的な諸断篇、そして科学的な労作 —— 要するに、古代から我々に伝わってきたほとんど全ての記録 —— は、巨人達に関する記述を含んでいる。ランカ島のラークシャサ達 —— ラーマに征服された敵対者達に、シークレット・ドクトリンの云うティターン達を見落とすことは誰も出来ないだろう。これらの物語はほとんど空疎な空想の産物に過ぎないのか？　その主題にもう少し注意を向けてみよう。

（註57）　あらゆる国家、民族の伝承はこの事実を指摘している。ドネリー Donnelly はデュラン Duran 神父の 1885 年著作『新スペイン *Nueva España* の古代史』からの引用の中で、チョルーラ Cholula の原住民、よわい百歳の人が、チョルーラの巨大ピラミッドの建造について、次のように語り、説明していると伝える、「草創期、太陽の光が創造される前には、この土地（チョルーラ）は朦朧とした闇の中であった ……… しかし、**東に太陽の光が昇った後**、すぐに巨体を持つ人々がそこに出現して ……… 彼等はピラミッドと呼ばれたものを建造したが、その建造者は建造後、〈地球〉のあらゆる部分へと四散させられた」と。

「中央アメリカ史での重要な事は、クワイナン達 Quinanes と呼ばれる古代の巨人族の行為と一緒に取り上げられている」と、『アトランティス』(204 頁より)の著者は語っている。

巨人達は空想か？

　此処で再び我々は〈科学〉と軋轢が生じる。科学は、これまで、人間が現在の平均身長以上に大きく、そして今も人が時に出くわす怪力無双の人間以上であったことを否定している。ヘンリー・グレゴリー Henry Gregor 医師は、諸々の事実の誤った要約に基づいているとして、そのような伝承を公然と否定している。誤った判断の事例が提示されている。その例として、1613年に、南部デフィネ Dauphiné (フランスのセント・ローマンズから4マイルの所) の大昔から〈巨人達の戦場 Field of Giants〉」と呼ばれる場所で、桁外れに巨大な骨が砂地に深く埋もれた状態で発見された。それらは、人間の遺骸、更には [古代ローマの将軍] マリウス Marius によって滅ぼされたチュートン族 [ゲルマン民族の一部族] の族長、チュートボーシャス Teutobochus のもの、であるとされた。しかし、キュビエによる最近の調査では、それらがバク tapirs 科の**ダイノテリウム・ギガンテウム** *Dinotherium giganteum* [大恐竜] の化石遺骨で、長さ18フィートのものであることが判明している。古代の建築物は、その玄関の扉の大きさが現在のものと比して少しも大きくなく、最早期の祖先達が我々よりも大きくはなかったという証拠の一つとして指摘されている。**我々に知られている**古代の最も背の高い人物は〈ローマ皇帝〉マキシムス Maximus で、その身長は僅か7.5フィート [1フィート約30cmで2m25cm] であったと云われている。とは言えども、現代に於いて我々は毎年これ以上の身長の人々を目にしている。ロンドン博の〈仮設展示場パビリオン〉に自身を見世物として展示したハンガリー人は、ほぼ9フィートの身長であった。アメリカに於いては、巨人の1例は9.5フィートあると示され、モンテネグロ人 [旧ユーゴスラビアの一部族] のダニロ Danilo は8フィート7インチであった。ロシアとドイツで、人はおよそ7フィートほどのより背の低い部類の人間を目にする。そして、猿の理論家達が、ダーウィン氏から、異種交配の結果である動物の種族は「常に**元の種の型に先祖返りする一つの傾向**を示している」と教えられているように、彼らは人間に対して同じ法則を適用すべきである。太古の時代に原則として巨人が存在しなかったならば、現在に於いても存在しないであろう。

　全てこれらは有史的な期間にのみ当てはまる。そして、もし先史時代の遺骨が、科学の見解について此処で提唱されている主張を議論の余地なく裏付けることに、これまで (強く否定されているが) 失敗してきたとするな

らば、それはただ時間の問題に過ぎない。更に、既に述べたように、人間の身長は最後の人種的な周期以来、ほとんど変化がない。過去の〈巨人達〉は全員が〈海洋〉の下深く埋もれて、水による数十万年にも及ぶ恒常的な摩擦で塵へと磨り減り、そして真鍮製のもの、更には人間の遺骨さえもが粉々になるだろう。しかし、外でもないが、ほら吹きとの世評を決して受けることの無かった、よく知られた古典作家達、哲学者達、そして人々の証言は何処に由来するのか？ 1847年以前に、ブーシュ・ド・ペルテ Boucher de Perthes が遺骸化石へと〈科学〉の注目を向けさせようとした時、考古学が独善的にも人間の化石の存在を無視していたために、それについてはほとんど何も知られていなかったことを、我々は同じく記憶しておくべきである。古代の「その当時の大地に」存在した〈巨人達〉について、聖書だけが〈西洋〉の賢人達に伝え、孤独な目撃者である〈黄道十二宮〉は、その力強い両肩で世界を支えていると云われるアトラス、或いはオリオンに代わって、その陳述を立証することを求めてきた。

　それにも関わらず、「〈巨人達〉」でさえ彼らの目撃者無しには残されることはなかったし、そして人はその疑問の両方の面を同じように吟味してもよいだろう。〈科学〉の ── 〈地質学的〉、〈星辰的〉且つ(普遍性を有する)〈聖典的〉 ── な三分野は必要な証拠を我々に提供するかも知れない。地質学から始めると、それは発掘された遺骨のより古いもの程、その骨格が大きく、背が高く、そしてより強靭なことは既に開示してきた。これは既に掌中にある確かな証拠の一つである。「全てそれらの骨は」と著すのはフレデリック・ド・ルージュモン Rougemont で ── 彼は、敬虔にもノアの箱船と聖書を信奉しているが、それにもかかわらず〈科学的な〉目撃者の1人であり ──「全てそれらの骸骨は、オーストリアのガルド Gard 県、リーエッジ Liége 県等々で発見された。…… それらの頭蓋骨は全て黒人タイプを連想させる。…… そして、その外形のために動物類と誤認されたかも知れない頭蓋骨は、全て**非常に背の高い人々のものであった**」と述べている。……(『地球の歴史』、154頁)同じ内容が、権威の1人ラルテ Lartet によって繰り返されていて、彼は**高い身長**の者を(必ずしも「ノアの大洪水」とは限らない)大洪水で溺死した者等に、そしてより小さな身長の者をその後に生きた人種に、割り当てている。

　古代の作家達によって提供された証拠について、我々は、その時代に多数の巨人達がカルタゴで認められたと我々に請けあっているテルトゥリアヌス[カルタゴの神学者]Tertullian にこだわる必要はない ── というの

も、彼の証言が受け入れられる前に彼自身の正体(註58)とその実在が立証されねばならないだろう。けれども、我々は、それと同じ都市の遺跡でその年に発見された**巨人達の一つの石棺**に言及している 1858 年発刊の定刊科学雑誌に目を向けてみよう。古代の異教徒の作家達に関して —— 我々は、シゲウス Sigeus で、22 キュビット[中指先端から肘までの長さで、通例 43–53cm]長の巨大な骸骨と同じく別の 12 キュビットの骨を自身が見た、と語るフィロストラトス Philostoratus による証拠を手にしている。この遺骸は恐らく、プロテスラオス Protesilaus によって信じられたように、トロイの攻撃の際にアポロによって殺された巨人達のものではなかったのかも知れないが、それにも関わらず、それはスタイレ Stire のメッセクレイテス Messecrates によってレムノス Lemnos 島で発見されたあの別の遺骸と同様に、巨人のものであった —— フィロストラトスによれば「見るも恐ろしい」と(『英雄伝 Heroica』、35 頁)。予断に基づいてこれらの人間**全員**を愚か者だけではなく、**ほら吹き**として、〈科学〉に分類させるようなことが本当に出来るのだろうか？

　プリニウス Pliny は、彼がオリオン、即ちエピアルテス Ephialtes の息子であったと思っていた 1 人の巨人について語っている(『国家史 Nat. Hist.』、第 7 巻 16 章)。プルタルコス Plutarch は、[ローマの将軍]セルトリウス Sertorius が[ポセイドンとガイアの息子で、大地と接触している間は不死身だが、ヘラクレスに空中につり上げられて殺された]巨人アンタイオス Antæus の墓を見たことがあると公言しているし、パウサニアス[2 世紀後半に活躍した旅行家・地理学者・著述家]Pausanias はアステリオス Asterius とゲリュオン[三つ頭と六本の腕を持ち三体が胴で繋がった怪物で、所有していた多数の牛をヘラクレスの 10 番目の難行で奪われた。]Geryon、或いはヘラクレスの息子ヒュロス Hillus の実在する墓を見たと断言している —— 全て巨人達、ティターン達、そして怪力無双の人間達である。最後に、大修道院長ペーグ Abbé Pègues は(ド・メルヴィル de Mirville の『聖霊論 Pneumatologie』に引用された)、自身の興味深い労作、『ギリシャの火山 The Volnanoes of Greece』の中で、「テラ島の火山の近隣にて、桁外れに巨大な頭蓋骨を持つ巨人達が巨大な数々の岩石の下に横たえられた状態で発見された」と断言しているし、「その岩石を立てるには随所でティターンの怪力が必要不可欠で、その伝承が全ての地域で巨人達、火山、そ

(註58)　「真実の人」エウセビウス Eusebius の書物を除いて、テルトゥリアヌスの実在についての如何なる証拠も見あたらないので、彼の実在を疑う傾向の批評家が多い。

してマギ術についての概念と共に編纂されている」と記す。(48頁)

　前述に引用した大修道院長ページの同じ著作の中で、著者は、聖書や伝承での**ギボリム** *Gibborim*（巨人達、怪力無双の者等）、**レファイム**［旧約聖書では、ヨルダン川東岸バシャンの王オグはレファイム人の生き残りといわれ、彼の鉄の棺は幅 1.8m 長さ 4m もあったと云う］*Rephaim*、或いは幽霊達(**幻影ファントム** *Phantoms*)、**ネフィリム**［神と人間の娘との間に生まれた巨人族］*Nephilim*、或いは堕ちた者等 ──（イルエンティス *iruentes*）── が何故「彼ら全員が**人間**であるにも関わらず、聖書が彼らを原始的で怪力な者達と呼んで以来、あたかも同一の者等であるかのごとく」描写されるのかと訝っている ── 例えばニムロドのように。その「〈教え〉」は隠されている意味を説明している。これらの名前は、正確には、四つの先行する人種と黎明期の〈第5人種〉にのみ属し、最初の二つは〈**幽霊ファントム**〉（アストラル［星辰］的）な人種、**堕ちた者**は ──〈第3〉人種、そしてアトランティスの〈巨人族〉は ──〈第4〉人種で、その後「人間は背が低くなり始めた」と、とても明瞭にだが、遠回しに言及している。

　ボシュエ Bossuet は(『**聖体奉挙** *Elevations*』、56頁で)「原罪」に於けるその後の世界的な偶像崇拝の原因を認めている。「汝等は神々のようになるだろう」、と**創世記**の蛇はイヴに語り、こうして**偽りの神々**を崇拝する最初の種子が植えつけられている。それゆえ彼は、偶像崇拝、或いは象徴や擬人化された像、また人間の彫像の礼讃と崇拝、に至ったと考えている。しかし、もし偶像崇拝が相変わらず行われているのが後者の人間の彫像に対してであるとするならば、例の二つの〈教会〉、特にギリシャ正教教会とローマカトリック教会 Latin は、あらゆる他の宗教と同じように偶像崇拝的且つ異教的だということになる。(註59)人々が、神と見なされる全ての権利を失ってしまい、肉体崇拝、言い換えれば陽根崇拝に救いを求めたのは、〈第4人種〉の時だけである。その時まで、彼らは祖先と同じ様に清浄且つ

(註59)　しかも、紀元後303年のエリルス Elyrus での〈教会大公会議〉で公式に禁止となり、その時、「〈神〉の外観は、非物質的且つ見えざるもので、姿や形によって制限されない」と宣言されたにもかかわらずである。692年のコンスタンチノープルの公会議は、同様に、「イエスを**子羊**として描いたり、表現したりすること」、また「偶像崇拝時の行為のように、祈りの際に膝まづくこと」も禁止した。しかし、ニケイア Nicæa の公会議(787年)ではこのような偶像崇拝を復活させたが、その一方でローマの公会議(883年)では、自らを偶像崇拝の敵対者と宣誓する者であることを公にした廉で、コンスタンチノープルの〈総主教〉ヨハネを破門にした。

神聖で、まさに神々であったし、寓話中の蛇に関する表現は、これまでの頁で十分に描写されたように、全く人間の生理学的な堕落に言及せずに、**堕落以前**に彼らを意識的にする善悪の知識の習得に言及している。「アダムがイヴを妻として知った」(**創世記、4章**)のは、エデンの園からの強制的な追放後に過ぎないことを忘れてはならない。それにも関わらず、空文と化した旧約聖書によって、我々は**シークレット・ドクトリン**の数々の教えを精査すべきではなく、むしろ、それらの秘教的な意味で、その二つのものが非常によく似ていることを指摘するべきである。

　アレキサンドリアのクレメンス Clement が、「〈蛇族〉と〈巨人族〉は**デーモン達を示している**」(創世記、第5章)と説明しながら、**巨人族**を**蛇族**と翻訳し始めたのは、ネオ-プラトン派から離脱して直ぐのことである。(註60)

(註60)　中国の〈龍〉と中国文学を論ずる中で、Ch・ゴールド氏は自身の著作『神話上の怪物達』の212頁に ──「その神話、歴史、宗教、大衆的な物語、そして格言などの全ては、**肉体的機能や霊的特質をそなえた神秘的な存在への言及**で溢れている。他者の願いを聞き受けて解き放たれる超自然的な力を持つに相応しい形体を授けられて、彼は、気象に影響を与え、随意に干魃をもたらし豊饒の雨を恵み、嵐を呼び起こし、そしてそれらを鎮める能力を手にする。数々の書物は、いたる箇所にこの主題に関するもので満ち溢れている四散した伝承を集めて編纂されたものであろう。………」と記している。

　この「神秘的な存在」は、**神話的な**〈龍〉、即ち**歴史上の実在する**アデプト、大師、そして古代の秘教科学の教授である。〈第4〉と〈第5人種〉の偉大な「マギ術師達」は、彼等の創始者達を嗣いで、「〈蛇達〉」、そして「〈龍達〉」と一般に呼ばれていたことは既に様々なところで述べられている。これら全ては、いわゆる「〈叡智〉を持つ〈光輝の龍達〉」、ディヤーニ・チョーハン達のハイラーキーに属し、彼等の父ルドラからの流出物として、一般的に火の神と同一視されたアグニッシュヴァタ・ピトリ達、マルト神群、そしてルドラ神群に相当する。更に多くのことが原文には語られている。さて、クレメンスは、秘伝を受けた新-プラトン派の人物で、勿論、「〈竜〉」という言葉の起源を、そして彼が**アガトデーモン**[善のデーモン]の秘密を知っていたように、秘伝を受けた〈アデプト方〉が、何故いわゆるキリスト、グノーシス派の七つの母音を話す〈蛇〉であるのかを、知っていた。彼は、彼の新しい信仰の教義が、エホバのあらゆる**敵対者**、即ち父親の王国の強奪者ゼウスに対してティターン-プロメテウスが反乱を起こしたように、かのエロヒムに対して反乱を起こしたと考えられた天使群の改変を求めていることを知り、そして「〈竜〉」が〈叡智〉の〈息子達〉の神秘的な称号であるというこの知識に由来して、独断的であると同様に冷徹な彼の定義は、「〈蛇達〉と〈巨人族〉が**デーモン**を意味する」こと、即ち〈教会〉用語では、〈霊達〉ではなく〈**悪魔達**〉となった。

我々は、我々の教義と聖書とを比較する前に、〈第4人種〉に於ける巨人族の実在について、聖書に見られる彼らへの言及以上のより明白な事実を示すべきだと言われるかも知れない。我々の答えは、我々の提示する確実な証拠が、少なくとも巨人等がより文学的で科学的な事実に属し、これまでのノアの大洪水を示す事実以上により納得のゆくものだ、ということである。中国の歴史書的な書物でさえも〈第4人種〉についての回想に満ちている。誰でもフランス語版で読むことが出来るが、書経 Shoo-king（第四部、二七章、291頁）に曰く、「苗族マオーツェ Mao-tse が」（「大洪水以前の、そして堕落した[巨人]人種だ」と〈註釈者 Annotator〉は続け、「彼が太古のその時代に岩の洞窟に避難し、彼らの子孫達が広東周辺の洞窟でいまだに認められる」と説明する）(註61)、「**我々の古代の記録によれば、大地の神、土地僥[トチギョウ]Tchy-yeoo の気晴らしが原因で、地上全体を混乱させた時、そこは山賊で溢れていた。…………〈統治者〉桓帝 Chang-ty（神聖王朝の王の1人）は国民が美徳の最後の痕跡を失ったのを見た。その時、彼は陳蕃チンハン Tehong と李膺リョウ Lhy（2人の下級ディヤーニ・チョーハン[宦官の勢力拡大に対抗したが、左遷された清流の士である2人]）に天上と地上とを結ぶあらゆる交流を断つように命令した。それ以来もはや[人々の]昇天や[神々の]降臨は為されなくなった！」**(註62)と。

　「昇天や降臨」は、二つの世界間でなされる制限のない交信と交流を意味する。〈第3〉と〈第4人種〉についての十分で詳細な歴史を伝える立場にはないが、彼らに関して容認されている多くの寸断された事実は、古代の文

(註61)　「中国人 ── 私が云うのは内陸部の真の中国人で、現在の王権を持つ〈第4〉と〈第5人種〉の血が混じった者ではなく、彼等に全く関係のない民族で、〈第4人種〉の最高にして最後の支族に属する原住民 ── が、アジアに〈第5〉[人種]の出現がほとんど無かった時、彼等の文明の頂点に至ったという我々の主張に対し、あなた方はどの様に云うのだろうか？」（『密教』、67頁）。そしてこの少数である内陸部の全ての中国人は非常に背が高い。最も古い（前述の中国原住民の）ロロ Lolo 語の〈写本〉を手に入れて正しく翻訳出来るならば、多くの非常に貴重な証拠の品々が見つけられるだろう。しかしそれらは彼等の言語が理解出来ないのと同様に希覯なものである。これまで、1人か2人のヨーロッパ人考古学者のみがそのような非常に貴重な作品を何とか手に入れ得ただけであった。

(註62)　『エノクの書』における同一の記述を、また夢でヤコブが目撃した梯子もまた思い出すように。その「二つの世界」は勿論〈意識〉と〈存在〉の**二つの階層**」を意味している。予見者は、肘掛け椅子を離れること無しに、この世界より高い階層の存在達と語り合うことが出来る。

学や歴史に見られる推定によるものと同様に、とりわけ直接確認された数々の証拠などと、今まとめて照合すべきである。人間の「皮膚の覆い」が厚みを増し、彼らが益々物質的な罪に堕ちたので、物質的な人間と霊妙な神のような天人との交流は止められた。二つの階層間の物質的なベールは、内なる魂にとってさえも通り抜けるには濃密になりすぎていた。〈第3人種〉の穢れ無き時代に彼らの天上界の教師によって彼らに啓示された〈天界〉と〈地上〉の密儀は一つの大いなる光の焦点となり、そこからの光線は、過剰な物質的温床のため、散乱し、不適切なものに注がれたため、必然的に微弱なものとなった。一般大衆と共に、後には大衆的な宗教、迷信に満ちた偶像崇拝、そして人間、或いは英雄崇拝の形式を取りながら、彼らは〈魔術〉に堕落した。少数の素朴な人々だけは ── 彼らの中で神の〈叡智〉の輝きが煌々と燃えさかって、そして悪の目的にそれを向けようとする人々の中でそれが時代毎に徐々に暗くなっていく時に、その熱誠を強めたのみであったが ── 神のような〈教師達〉によって人類に啓示された〈密儀〉の選ばれた守護者達として継続した。彼らに混じって、原初から彼らの〈クマーラ的[清浄]〉な状態にとどまる者達が存在し、そして伝承は囁く、秘密の教えが断言するものは何か？と、即ちこれらの〈選ばれし者〉は、**かの時代以来決して滅ぶことのないハイラーキーの胚種だと** ──

「**最初の霊的な人間は ＊＊＊ 時代から時代へと肉体をただ取り変えるのみであり、彼は絶えず同一で、安息も〈涅槃〉をも知らず、〈天国〉をにべもなく拒絶し、人類の救済のために常に〈此の世〉にとどまる。……」。「7人の穢れ無き人間**（クマーラ (註63)）**の内4人は、世界の諸々の罪と無知な者の指導のために現在のマンヴァンタラの終わりまでとどまることで自身を犠牲とした。見えねども、彼らはつねに存在している。人々が彼らの1人について、「〈彼〉は死んだ」と語る時には、見よ、彼は生きていて別の形体のもとで存在する。これらは〈頭〉、〈ハート〉、〈魂〉、そして不滅の知識**（ジニャーナ Gnyana）**の〈種子〉である。大衆の前でそれらの御名について彼らに公言する際に、汝は決して話してはならぬ、おお弟子ラヌーよ、これらの偉大な者**（〈偉大な神 Maha〉……）**達についてを。賢き者だけが悟るであろう」。……** (註64)（霊性的な〈諸学派〉の〈問答書〉）

(註63)〈第4人種〉についての上述の〈註解書〉を参照せよ ── そして「〈意思〉と〈ヨガ〉の〈息子達〉」、即ち〈男女両性である第3人種〉の穢れ無き子孫達についても。

369

それは、クマーラとしてヴァーマデーヴァ Vamadeva(シヴァ)が、各〈劫期〉(ここの事例では〈人種〉)に於いて4人の若者 ── 4人の白人、4人の赤色人、4人の黄色人、そして4人の黒人、或いは褐色人として、生まれ変わっていると伝える『リンガ・プラーナ Linga Puârna』の中で、寓意化され象徴化されてきたこれらの聖なる〈4人〉である。シヴァが優れた、そして最初の禁欲主義者で、全ての〈ヨーギ達〉や〈アデプト達〉の擁護者であることを想い出せば、前述の寓話が完全に理解出来るようになるだろう。それは、〈選ばれし〉これらの者に化身する〈神の叡智〉を持つ霊、そして清浄な苦行そのものである。〈ヒンドゥの万神殿〉でルドラがシヴァ、1人の神に、そして非常に高徳、或いは慈悲深いという特徴を持たない神になるのは、**結婚し**、彼の恐るべき禁欲的な生き方から神々によって連れ戻された後のことに過ぎない。〈聖なる4人〉以上に高貴な方は、〈諸天界〉に於けると同様に〈此の世〉での《**一者 ONE**》のみである ── それは〈第Ⅰ巻〉で記述された更にいっそう神秘的で、そして孤高の〈存在〉であられる。

我々は今、〈悪魔的〉仮説の是と非 *pros and cons.* と同様に、「〈炎〉の〈息子達〉」と「〈闇の叡智〉」の特徴を調べねばならない。

石版の破片から判読できた断片的な文章は、ジョージ・スミスが「〈堕落〉後の〈呪いの言葉〉」(彼の著作『カルディア人の創世記の叙述』、81頁を参照)と呼ぶものだが、勿論、寓話的に、我々の〈書物〉に於いて**堕天使群**の真の本質を解説する文を裏付けている。前述の著作は、その12行目に、「地球の〈主〉は、彼の御名を大声で叫んだ、父なるエル Elu」(エロヒム)と、そして呪いの言葉を掛けたが、それを「エア Hea[知恵の神]は聞いて、彼の感情は怒り猛った、何故なら**彼**の人間(〈天使的〉な人間)が彼の神聖さを穢していたから(14行と15行)」で、その行為に対してエアは、「『〈**叡智〉と知識**』が対立して、彼らが彼(人間)を傷つけますように」との願望を露わにしている、と語られている。

後の文章は、カルディアのものと創世記の叙述が直接関連していることを指摘している。一方では、エアが、(このように〈神〉(〈神々〉)の手から創造の独占権を奪い取り)神に代わって彼自身が新しく獲得した創造する知性的且つ意識的な能力を用いて、人間が獲得した叡智と知識を無力にしようと試み、同じくエロヒムは**創世記**の第3章で同様の事をしている。それゆえエロヒムは人間をエデンから追放した。

(註64)〈カバラ〉では、神聖4文字[IHVH]の**言葉にするのも憚られる**御名の発音は、「もっとも神聖な大神秘」──「秘中の秘」である。

しかしこの事は何の役にも立たなかった。人間の上と**内**に存在する神の〈叡智〉である霊は ── まことに〈永遠〉とあらゆる〈知識〉の〈蛇〉、かの**精神的**な霊で、それらは人に〈クリヤシャクティ Kriyasaktic〉の階層での**創造**と地上の階層に於ける出産の秘密を学ばせ ── あらゆる〈神々〉の嫉妬にもかかわらず、人を自然に不滅への道の発見へと導く。

　初期のアトランティス系－レムリア人は、彼ら自身(神のような化身達)が、より劣った人種、その時まで知性を欠いた人間人種の妻を娶とる義務を負わされている。あらゆる古代の〈聖典〉は、似たような、多少なりとも外観を変化させた伝説を持っている。第一義的に、天使の〈**堕落**〉は、〈神〉の「最初の誕生」をアスラ群或いはアーリマン Ahriman、そして「異教徒達」のティフォン神 Typhon に変容させ(もし『エノクの書』(註65)、そしてヘルメス、プラーナ伝承、更に聖書に伝えられる説明が文字通りに理解されるならば)、秘教的に読まれる時には単に下記のことを意味する ──

　次のような、「彼(〈サタン〉)の野望で、彼は〈天〉の〈神〉の〈至聖所〉に対して拳を振り上げる」等の文章は、「永劫の進化と〈カルマ〉の法則に駆り立てられて、天使は地上の人間に化身し、そして、肉体は地上的ではあるけれども、彼の〈叡智〉と〈知識〉は依然として天上のものであるため、彼は

(註65)　古代の〈宇宙発生論〉の最も重要な主題に再度立ち返って見るならば、ノルウェーの伝説と同じく、女神サガ Saga の〈神聖な諸巻物〉に、(ティフォン、アーリマン、そして他の者がオシリスやオルマツダ Ormazd の兄弟達であるように)オーディンの血を引く兄弟で、人間と長く交わり過ぎた後に悪魔となったに過ぎないロキ Loki を我々は認めるとそれは伝えるかも知れない。あらゆる他の火或いは光の神々の ── 火が生命を暖め養うと同じく焼き尽くし破壊する ── ように、ロキは破壊的な意味での「火」を受け入れることで生涯を閉じた。**ロキ**という名前は、我々が知る(『神都アスガルド Asgard[神々の住まう都市]と神々』、250頁)ように、啓明すること意味する古語「リーチャン Liechan」に由来していた。それは、それゆえ、ラテン語の「**輝く** *lux*、光」と同じ語源を持つ。そのため**ロキ**はルシファー(光を携える者)と同一視される。この〈暗黒〉の〈王子〉に与えられた称号は、とても暗示的で、それ自身が神学的な中傷者に対する**弁明**となっている。しかし**ロキ**は、角張った岩に鎖でつながれたと描写されていることから、プロメテウスとよりいっそう近い関係にあるし、一方サタンと同一であるルシファーは、地獄の底に鎖で拘束されたが、それにも関わらず、我々が神学上に充ち溢れる矛盾を受け入れるならば、両者共に〈地上〉で自由に活動することを妨害された境遇にある。**ロキ**は、時代の黎明期においては、恵み深く、寛大且つ有能な神の1人で、そして初期のスカンジナビアの神統系譜では悪ではなく善の性質を持つ。

(寓話的には)〈天〉の奥義を漏らすことで非難されている」と読むべきである。彼はその二つを、超人に代わる人間の出産目的のために組み合わせて使用している。今後は、「人間は**創造する**のではなくて、**子をもうける**ことになるだろう」。(註66)しかし、そうすることによって、彼は自身の貧弱な肉体を、子をもうけるための手段として使わねばならないため、その体は、天から地上に降ろされてきたこの叡智に対する報いを受けるであろうし、それ故に、肉体的な清浄さの汚れは一時の呪いとなるだろう。

中世の〈カバリスト達〉がこの事を良く知るようになったのは、彼らの1人が、「〈カバラ〉は〈エデンの園〉に神智学的な学校を創立した選ばれし〈天使群〉の〈一団〉に対し〈神〉御自身によって最初に教えられた。《**堕落**》の後に〈天使群〉は、彼らの穢れ無き高潔さと至福に立ち返る手段としてその原型を与えるため、誠に**慈悲深くも**〈**地上**〉**のまつろわぬ子供にこの天上の教えを伝えた**」と、恐れずに書いて以来のことである(**クリスチャン・ギンスブルグ** Ginsburg の『**カバラ**』**からの引用**)。これは、その出来事 ── 〈神〉の〈息子達〉が人間の娘達と結婚し、そして神聖な〈天上〉の〈秘密〉を伝えていること ── が、エノクによってどのように寓話風に語られ、そして創世記の第6章にキリスト教の〈カバリスト達〉によって如何に翻訳されたかを示している。この期間全体は、**人類の先史**時代、かの天人の時代、

(註66) 数十頁[本訳書351-3]前に丁度それとなく言及したギリシャ神話、即ちギリシャの神統系譜に於ける息子**クロノス**による父**ウラノス**の去勢は、〈**地上**〉の〈息子〉と**神聖な創造の火**の〈**神々** Heavens〉によるこの盗みにそれとなく言及している。もし天上の〈神 Powers〉の擬人化である**ウラノス**が、創造することを(彼が**時の神クロノス**によって性的不能にされたことで)そのように止めるべきならば、それは、エジプトの〈宇宙発生論〉においては、ホルス Horus とセト Set との間でのこれと似た戦いを調停している〈叡智〉の神トート Thot に相当し、クロノスがウラノスに仕えていたように、セトはホルスに仕えている。(『死者の書』、27章26節参照)バビロニアの物語では、それはズー Zu 神で、彼は**ウムシミ** *umsimi* を持つ「神々の父」から ── G・スミスが考えたように、**王冠**ではなく、観念的な創造器官を奪い取っている(カルディアの〈物語〉の115から116頁を参照)。というのも、(大英博物館の)断片 K3435 で、ズーは自分の**欲望**から「〈天上〉の高貴な人」を裸にして、神々の**ウムシミ**を持ち去り、それによってあらゆる他の神々の**テクロティ** tcroti (能力)を燃やして、そうして「あらゆる天使群の**子孫** *seed* を支配している」(15)、と非常に明確に語っている。**ウムシミ**はベル神の**座の上**にあったため、それは「王冠」になることは困難であった。4つ目の類似する話は聖書にある。ハム Ham はカルディアのズーで、両者とも同一の寓話風に記述された罪のため呪われている。

或いは現代の**柔軟な**プロテスタント神学が持っているように ── **先史ア
ダム**的な時代と見なされている。しかし創世記でさえ、その**実際の歴史（6
章）**を「それらの時代」の**巨人族**と「神の〈息子達〉」が彼らの妻達 ── 即ち、
人間の娘達を娶り、教育することから始めている。

　この時代はブラーフマナ伝承に記述された一つで、プラーナは太古の時代に、
即ち先史時代の失われた時代に対する記述であると伝えているが、人類学
者のいったい誰が、彼が現在の人類について知っているように、その時代
に人類が存在した、或いはしなかったかを如何にして確かめ得るのだろう
か？　ブラーフマナ聖典やプラーナ伝承のあらゆる**登場人物** ── 聖仙リ
シ達、造物主プラジャーパティ達、マヌ達、その妻達、そして子孫 ──
は、かの先史時代に属している。これら全員は、いわば〈人類〉の〈**種子**〉で
ある。我々の肉体的な構造が、現在の段階に、成長し、発達してきたのは、
これらの「〈神〉の〈息子達〉」、ブラフマーの〈思考〉から生まれた」アストラ
ル［星辰］的な人等の周囲に於いてである。というのも、すべてこれら英雄
達の様々なプラーナ伝承の歴史は、この天体、或いは外の諸天体に多彩な、
そして数え切れないほど化身をする〈モナッド群〉についてのものであり、
その出来事は古代の〈予見者達〉が持つ「シヴァの目」、（我々のスタンザの
云う「第三の目」）によって霊視され、そして寓話的に記述された。後に、
それらは〈宗派的〉な目的で混乱させられ、手足をそがれたが、それらの中
には依然として、考察に値する真の根本原理を残している。更に、はびこ
る空想に非常に厚く覆われているために、哲学はそのような寓話にほとん
ど精通してはいない。

　しかし、〈**第 4 人種**〉で我々は純粋に人間の時代に至った。それまでは半
神の〈存在達〉で、外見のみ人間である肉体に自己を幽閉した者等は、生理
学的に変化して、自身のために完全に人間で、そして見め麗しい妻達を娶っ
たが、彼らの中の**より低い**、星辰的だが**より物質的な**存在達は化身した。
女性の姿（ユダヤの伝承に於けるリリス Lilith［古代セム族神話の荒野で子
供を襲い喰らう鬼女］はそれらの典型である。）のこれらの存在達は、秘教
的な物語では「カドゥー Khado」（サンスクリット語ではダーキニー Dâkini）
と呼ばれている。寓話的な伝説では、これらのリリス達の首長を**サンヴェ
Sangve・カドゥー**と呼び、彼らの全員が、「空を歩く」能力と**人間に対する
深い親切心**に恵まれてはいるが、**精神はなく** ── 動物的本能だけを持
つと。（註67）

(c) これが、後の時代に、男根崇拝と性崇拝への堕落に向かわせる崇拝形式の始まりである。儀式は人間の体 ── ある英国人の著者が呼ぶように、それは「奇跡の中の奇跡」── の礼拝から始まって、それぞれの性の礼拝によって終了した。崇拝者達は背丈が巨大であったし、知識や学識に於いても彼らは巨人であったが、それは現代の人々以上により容易にそれらに近づき得たことによる。彼らの〈科学〉は彼らの中に生まれつき備わっていた。レムリア系-アトランティス人は、その化身の際に彼に知識を伝える《**本質**》が**知り得た**自身の記憶を見いだしたり、注意を向けたりする必要はなかった。時と彼の〈諸本質〉が身に纏う絶えず増大する物質の鈍感さだけが、一方では、誕生以前の知識の記憶を弱め、他方では、彼らの中の霊的及び神的なあらゆる煌めきを燃え上がらせ、そして消すことさえも出来た。それゆえ、彼らは最初から動物的情欲の虜となり、「怪物達」── 即ち、彼ら自身とは異なる種族をもうけた。

巨人族について語りながら、クロイツァー Creuzer は彼らを以下のようにしばしば記述している ──

「それら〈天界〉と〈地上〉の子孫達は、誕生時に彼らの存在の創始者である〈**至高の神々** Sovereign Powers〉によって道徳と肉体の両方に驚くべき能力を与えられた。彼らは、〈元素霊達〉**を指揮し、天と地、そして海と世界全体の秘密を知り、星に未来を予見した。**……… 実際、それらを読み取る際には、あたかも、**今の我々人間ではなく**、〈自然〉の深奥から生まれ、自然の上に十分な影響力を揮う〈元素霊達〉からなる〈聖霊群〉によってなされたかのように思える。……… あらゆるこれらの存在達は〈**マギ術**〉や〈**魔法**〉を持つ**人物として記されている。**……」と。

従って彼らは、(今も)かの先史時代の伝説的な英雄達で、かつて実際に存在した種族、そのままである。クロイツァーはその時代に於ける賢明なる者であった、というのも彼は、意図的な嘘、或いは鈍感さと迷信に対して責任を負っていないし、これらの種族に言及し、自らの生きた時代に於いてさえ、それら種族の化石を見たと主張する連綿と続く世に認められた哲学者達の流れを汲む者の一人であった。古い諸々の時代には懐疑主義者

(註67) これらは、その伝説的存在が律法学者の云うリリスを形成する土台として役立ち、そして聖書の信奉者達が大洪水以前の女性達と名付け、〈カバリスト達〉がアダムに先立つ諸人種だとする存在達である。彼等は虚構ではない ── 後の展開の多様さが如何に空想的であろうとも、これは確かである。

達が —— 少なくはなく、現代と同じく多数の者が存在した。しかし、ルキアノス Lucian［2世紀頃のギリシャの風刺作家］、デモクリトス Democritus［紀元前5世紀から4世紀のギリシャ人哲学者］、そしてエピクロス Epicurus［紀元前4世紀から3世紀のギリシャ人哲学者でエピクロス学派の祖］の作品でさえ、**数々の事実**が明らかにするものに従い、事実と虚構を、そして誇張とまやかしから真実を見分ける事が出来る、まことに偉大な知性の特徴的な能力を示していた。古代の書き手達は我々現代の賢き人々より愚かということはない、というのも、一部の著者によって、『現代思想と関連するアリストテレスの心理学についての手記』(〈**精神**〉**について**)が、以下のようにしばしば引用されている ——

　　「古代と現代との歴史を分ける一般的な区分は ……… 誤っている。紀元前4世紀頃のギリシャ人は、多くの点で現代的であり、特に付け加えるならば、彼らの懐疑的姿勢である。彼らがそんなにも安易に**作り話**を受け入れるとはありそうにもなかった。………」と。

　けれども、「レムリア人」とアトランティス人、〈天〉と〈地〉のそれらの子孫達」は、確かに〈**魔法使い**〉の性質を持つ者として特色づけられていた。何故なら、〈秘教的な〉教えは、彼らの行為を明確に非難しているし、その行為は、もし信じるならば、人間の起源、或いはむしろ〈類人猿〉との人間の解剖学的な類似性に関しての科学の難題に終止符を打つであろう。それは、いわゆる「動物達」と番い、そうして今では絶滅した本当に猿に似た種族を生んだと云う(**我々にとって**)不道徳な罪を彼らが犯したと咎めている。勿論、自然発生的な生殖に関する疑問のように —— 〈秘密の科学〉はそれを本当であるとし、そしてそれを教えているが —— 人間と如何なる種類であれ動物とのそのような交配種の可能性は否定されるだろう。そのような初期の時代に於いて、既に記したように、人間的なアトランティスの巨人族だけでなく、「動物達」でさえもが現在我々に知られる生理学的に完璧な人間、そして哺乳類であったという考察はさておいて、この主題についての現代の認識は —— 生理学者達の認識をも含めて —— 彼らに対するそのような一つの事実から**推測して** *a priori* その完全な否定を認めるにはあまりに不確かで動揺し過ぎている。

　〈註解書〉に対する注意深い熟慮は、新たな「**化身**」者が繁殖相手とした〈生き物〉が、全く人間ではなかったという理由だけでなく、むしろより早い時代に於いて生理学的に発達していたより完成された人種と肉体的にも精神的にも非常に異なっていたために、「動物」と呼ばれたと人に思わせる

であろう。スタンザ VII とその最初の偈文（第24）に語られていることを思い出せば ──「〈叡智〉の〈息子達〉」が最初に化身してきた時、彼らの一部は充分な化身であったし、他の者は閃光だけを形体の中に投影したが、その一方で影の一部は、〈第4人種〉に至るまで、**十分に満ちて**、完成することから取り残された。それらの人種は、その時、「知識を欠いたままで残った」し、或いは繰り返せば、「知性の無い」状態のそれ等の者は、性の自然な分離の後に於いてさえも、その状態のままで残った。つまり、最初の異種交配の罪を犯し、怪物達を産んだのはこれらの者達で、アトランティス人達が彼らの妻達を選んだのはこれ等の子孫達の中からである。アダムとイヴは、カインとアベルと共に、〈地上〉に於ける唯一の**人間**の種族であると思われていた。けれども我々はカインがノド［眠り］の地 the land of Nod ［聖書の4章16節。慣用句として「居眠り」と訳される］に赴き、そこで妻を娶っていることを知っている。明らかに一つの種族だけが人間と呼ばれるに相応しく完全であると思われていたし、そして我々自身の時代に於いてさえも、セイロン人が彼らの密林に棲むベッダ人 Veddas を**言葉を話す動物達**以外の何者でもないと見なす一方で、一部の英国の人々は、彼らの横柄さで、あらゆる他の人間種族 ── 特に褐色のインド人 ── を**劣等な種族**であると固く信じている。更に、一部の未開の部族が ── 例えばブッシュマン Bushumen のように ── 全く**人間**と見なすことが出来るかどうかという問題を真摯に考察してきた動物学者たちが存在する。〈註解書〉は、二足動物として「見目麗しい」諸動物の種（或いは人種）の記述について、以下のように語っている ──「**人間の姿を持つが、腰から下が毛で覆われた下肢を持っている**」と。従って、恐らく**サチュロス** satyrs［酒神バッカスに従うギリシャ神話の森の神］のような種族だと。

　もし人間が200万年前に存在したならば、彼らは ── まさに動物類がそうあったように ── 彼らに相応しいものから全く肉体的にも解剖学的にも異なっていたに違いないし、そして彼らはその時には今ある以上に純粋な哺乳類動物の典型により近いものであった。とにかく、我々は動物界が、厳格に**内輪**の、即ち属と種に従って交配すること ── それもアトランティス人種が**この地上**に出現して以後に過ぎないこと、を学んでいる。かの優れた作品、『現代科学と現代思想』の著者によって示されたように、異なる種との交配の拒否という概念、いわゆる不妊は、そのような交配の結果に過ぎないし、現在でさえも、「絶対的な法則と云うより、むしろ**第一印象的** Primâ facie な一つの推論であるように見える」。彼が指摘しているのは、「馬とロバのよく知られる事例に見られるように、異なる種が、

まさに事実として、しばしば互いに交配していることで。この場合ラバの不妊は事実である。……… しかし、この規則は普遍的ではなく、そして最近の新交雑種の一つは、ウサギ、或いは野ウサギのようなものだが、完全に繁殖力が有るものとして作り出された」。幾つかの人に馴れた他の動物類の子孫のように（『現代科学と現代思想』101頁）、狼と犬の子孫もまたその例証となるし、例えば「狐と犬もまたそうだし、リトゥメイヤー Rutimeyer によって三つの異なる種の牛の化石、**類原牛ボス・プリミジェニアス** *Bos primigenius*、**長角牛ボス・ロンギフォーンズ** *Bos longifrons*、**そして大額牛ボス・フロントサス** *Bos frontosus* の系統を引くと指摘された現代のスウィスの家畜もである」。**けれども、それらの種の幾つかは、肉体の構造が非常にはっきりと人間に似ている猿属のように、**「互いにゆっくりと変化する膨大な支脈、その両極端の種は、人間が猿の系列の絶頂にあるものと異なる以上に、更に大きく異なるもの」── 例えばゴリラやチンパンジーを、含んでいると我々は伝えられている（〈補遺〉を参照）。

　前述のようにダーウィン氏の論評 ── 或いは、リンネ Linnæus［スウェーデンの植物学者でリンネ式植物分類法で著名］氏の論評とでも云うべきもの？── は、**肯定的に為されたのではなく自然に沿うものだが** *natura non facit saitum*、〈秘教科学〉によって立証されていないだけでなく ── その直接的な信奉者以上に、あらゆる他の人々によって認められる本物の教えに出会う好機が仮にあったとしても ──〈人類学者達〉が我々の提唱する〈第4環〉の地質学的な地層に「未発見の遺物」を見つけることに決定的に失敗したことと同じように、完璧ではないとしても、一つ以上の方法で諸々の事実に基づき現在の〈進化〉理論を調整せざるを得ないだろう。

　我々は、現代〈科学〉が無意識的ではあるが、自身の認めることに基づいて我々の事例に抗弁していると他でも指摘しているし、そしてド・カトルファージュが彼の最近の労作で、類人猿と人間の二つの形態が共通の、想像上の、そして如何なる場所でも見つけられてない祖先を持つはずだとするよりも、**類人猿が人間の子孫である**と認めるべき方が、遙かに有りそうな事だと提唱する時、彼は全く正しいことを指摘している。このように古い〈スタンザ〉の編集者の英知は少なくとも1人の著名な〈科学〉者によって汚名を晴らされているし、そして〈秘教科学者〉は、これまで彼が行ってきたように、以下を信じることを選んでいる ──

　「**人間は、この**（〈第4環〉の）**生物として出現した最初の、そして最高度の**（哺乳類）**動物であった。その後、更に巨大な動物が現れて、最後に四肢で歩く唖の人間である**」。というのも、「〈白い大陸シュウェタドゥウィーパ

Dwipa〕」（大陸）のラークシャサ（巨人-デーモン族）とダイティヤ（ティターン族）は、彼（唖人間）の〈雄親 *Sires*〉を駄目にした」。（〈註解書〉）

更に、我々が見るように、現代科学の地質年代と〈太古の教え〉との間に存在する明白な障壁を打ち壊すのに役立つある時代へと人間を遡って辿る人類学者達が存在する。英国の科学者達が、一般的に、〈第三紀 Tertiary の人間〉についてさえ、自身でその仮説の承認を明言することを辞退し続けてきたのは正しい。彼らは、めいめいが皆、彼ら自身の見解と先入観によって〈人〉の始祖の古さを計っている。ハクスリーは、実際に、鮮新世 Pliocene、或いは中新世 Miocene の〈人間〉の可能性を大胆にも思索している。シーマン Seeman 教授とグラント・アレン Grant Allen 氏は、始新世 Eocene へと人間の出現を遡らせてきたが、一般的に云えば、英国の科学者達は、我々人類が間違いなく第四紀を超えることは出来ないと考察している。不運にも、諸々の事実は、これら後者の用心深すぎる留保者を支持することはない。人類学のフランスの学派は、ラベ・ボルジョー l'Abbé Bourgeois、カペリーニ Capellini、そして他の者による発見物に関する彼らの見解に基づいて、ほとんど例外無しに、我々の祖先の痕跡が中新世に見いだせることは確実である事を受け入れてきたが、その一方で M・ド・カトルファージュは、現在、〈第二紀の時代の人間〉を仮定することに心が傾いている。加えて、我々はその様な推計と秘教的な教えに近いバラモン僧の持つ顕教の書物で与えられる数字とを比較するべきだろう。[18 世紀に岩石とその中の化石の分類から古い順に第一、第二、第三、第四紀と人類が出現した新生代を区分したが、近年の研究で第一、第二紀は他の地質年代に統合され、現在では第三、第四紀のみが使われている]

（*d*）…… その時、「**第三の目は、最早、働かなかった**」と〈スタンザ〉は伝えるが、その理由は、〈**人間**〉が物質の泥の中にあまりに深く沈み込んだためである。

「消滅し、もはや働かなくなった〈第 3 人種〉の第三の目」に関連し、〈偈文〉42 に於ける奇妙で風変わりな記述はいったい何を意味するのか？

もう少し秘教科学の教えが、他の幾つかのものと同様に今この点の参考として伝えられるべきである。〈第 3〉と〈第 4 人種〉の歴史は、我ら現在の人類の発展に更に幾らかの光を投げかけるという目的のために、詳述されなければならないし、秘教科学の修学によってその活動を目覚まされた能

力が、如何にして霊的認識や意識に関して以前に就いていた地位を人間に回復させるかを示している。しかし、第三の〈目〉に関する事象が最初に説明されるべきである。

―――――――

「第三の目」を持つ諸人種

　このテーマはとても尋常ではなく、探求される数々の路地は非常に入り組み、対立する理論と批判によってしつらえられた危険な陥穽に溢れているため、取り上げるそれぞれの段階に対して適切な根拠が与えられるべきである。秘教主義によって雄牛の目 bull's eye［物事の本質を見抜く目］と呼ばれる光を、くまなく旅をする秘教科学的な大地のほぼ隅々にまで向ける一方で、我々はまたその瞳を精密科学によって探索された領域のより強固な客観性に投げかけることにも使うべきでもあるが、これは、その二つを対照するためだけでなく、我々の立場を擁護するためでもある。(註68)

――――――――――――――――――――――――

（註68）　示唆の為に、我々は1887年8月号の『神智学徒 *Theosophist*』の中の「秘教研究」という小論記事を推奨する。その著者は、世界にとっては新しい見解であるが、その中で一つの秘教科学の完全な理論を詳しく解説して曰く、「**〈モナド〉の発達は〈形体〉の退化と同時並行に起こる**」(666)、「**形成する力の減少と共に**」と。彼は言う、「遙か時を隔てた**幾つもの輪**の中（〈諸環〉、諸人種？）で、如何なる形態が〈自我〉を伝えてきたかを誰が知り得るのか………？　人間の体型はその多様性の中で〈猿〉の体型であったとしてはならないのか？　ラーマヤーナで有名な猿の王国は、それらが人間に共通な集団、或いはむしろ外観であった時の一時代に関連する幾つかの遠い昔の伝承に基づいていたのではないのか？」と。………　そして、短じか過ぎるが、あらゆる本物の秘教科学者が以下に同意するだろうと語ることによって、非常に巧妙な自身の理論の解説を終えている。即ち、「物質的‐エーテル的な人間と共に性は**退化**するに違いない。物質的‐アストラル的な人間が、再生のために（動物の原型から進化した）人間として不完全な段階の存在に依存しているのと同様に、物質的‐エーテル的な人間もまた、ジェット機から流れ出る［飛行機雲の］美しく、形の整った秩序の中に**産み出された形が生じる**際、その連続する化身の発達を示す一つかそれ以上の ―― 本当に緩やかに過ぎないが全ての人間を網羅する過程が、認められることだろう。(**先史**？)アダム、或いはアダム後の人種は巨人族で、彼等のエーテル的な幽複体はことによると ―― 美しく、光り輝き、透明な ―― しかも間違いなく知的巨人達であろうリリパット人［ガリヴァー旅行記の小人国の住人］であるかも知れない」と。(神智学協会会員 F. T. S. ヴィスコンデ・デ・フィギアニエール Visconde de Figanière による小論文、671頁)

人間の成長と進化の歴史で、滅亡した人種の肉体的及び**人間性**の側面についてほとんど語られていないと一部の者から不満が出るかも知れない。単に慎重さが個々の新しい啓示の入口で我々を躊躇させないならば、確かにさらに多くのことが語りうるかも知れない。現代科学による数々の発見の中で、その可能性や諸々の陸標として認めるものは提示されているし、正確な知識が何もないものと思索の及ばないもの ―― それゆえにまったく事実としては否定されるもの ―― は、すべては留保されている。
　しかし、それについての以下のような陳述 ―― 例えば、全ての哺乳類に関して、人間が最も古く、〈猿〉の間接的な祖先は人間であり、そして彼は古い時代のキュクロプス Cyclops［ギリシャ神話の一つ目の巨人族］の1種族であったこと ―― さえもが議論されるだろうが、今はまだ、科学者達は ―― 彼らの自己満足的なものを除き ―― **そうではなかった**ことを立証することは決して出来ないだろう。また彼らは、人間の最初の2人種が、その構造、器官、そして**姿**に関して非常に希薄で、幽霊のようで、肉体を持つ人間と呼ぶことさえも難しかった、と認めることも出来ない。というのも、もし彼らが認めたら、何故最初の2人種の遺骸が他の化石に混じって発掘される望みが全くないのかの理由の一つとなることに気づくだろう。そうはいっても、これら全ては支持されている。人間は、いわば、この〈環〉の**生命のあらゆる種子**の貯蔵庫であり、植物、そして動物もまた同様である。(註69) アイン-ソフ En-Soph が「**自身の中に存在する無数の形体にもかかわらず**、〈一者〉」(『ゾハル』、i., 21a) であるように、人間もまた〈地上〉に於いて大宇宙マクロコスモスに照応する小宇宙ミクロコスモスである。「人間が現われるや否や、全てが完成した。………　というのも、全ては人間に含まれているから。彼は**あらゆる形体を自身の内に合せ持っている**(**前掲書**、*iii.* 48a)」。「**地上の人間の謎は〈天上的人間〉の謎につながっている**」(*ii.* 76a)。人の形体は ―― いわば、それが（どんな姿のもとでも）

(註69)　これは矛盾していると反論されるかも知れない。曰く、植物が進化した後、3億年経って第1の〈根本人種〉が出現したので、植物生命の種子は〈第1人種〉の中にあることは不可能であると。我々はそれが可能であったと主張する。というのも、**この**〈環〉の人間の出現に至るまで、植物は現在とは全く別の種類であったし、そして全くエーテル的で、これは、植物がその発達、その栄養摂取や成長のために吸収する炭酸を吐き出す動物、或いは他の有機生命体が存在する以前には、草、或いは草木は全く物質的ではなかったという単純な理由のためである。彼等はその**物質的な**、そして獲得した形体においては相互依存の関係にある。

神的な人間の乗物であるという理由から ── 『秘教的研究』(註70)の著者によってまさに直感的に記されたように、「人間が**実際に**動物界に属する一つの姿に顕現し得たり、顕現してきたことは決して無いため」、各〈環〉の開始時に**新しい型**となる。著者は、「人間は動物界の一部を決して形成しなかった。受け継いだのは、動物界の最も完成した階級からのみに由来し、新しい人の形体は常に周期の**新しい型**であったに違いない。一つの周期的な輪の中での(?)人間の姿は、想像するに、次の周期的な輪の中では脱ぎ捨てられた衣服となり、それは、その後、下位の従者たる王国の最も高い階級の者によって使われる」、と続けている。

　もし、その考えが、我々がそれについて理解していることを意味するならば ── その上に投げかけられた幾つかの混乱について語られた「周期的な輪」に対して ── その時には、それは正しい秘教の教えとなる。まさに生命の始まりに、そして感覚的で意識的な生命の劈頭に、出現したのは人間(アストラル的なもの、或いは「〈魂〉で、何故なら、ゾハルは太古の教えを繰り返しながら、「**本当の人間は**〈魂〉であり、人間の物質的な構造は彼の如何なる部分でさえない」と明確に伝えているから)で ── 人間は生き生きとした動物的《**統一体**》となり、人間から「脱ぎ捨てられた衣」がこの〈環〉のあらゆる生物、そして動物の外形を決定した。(註71)

　このように、人間は、自分の遺体からと、〈第3〉と〈第4環〉からの遺物から、彼自身無意識的に幾時代もの間、昆虫類、爬虫類、鳥類、そして動物を「創造した」。同じ考えと教えは、カルディアと箱船アークに関するモーセの寓話と同じくゾロアスター教の**ヴェンディダード**でも明確に伝えられているが、それら全てはヒンドゥの〈諸聖典〉に伝えられた元の伝説から多くの国家で形を変えたものである。それは、ヴァイヴァスヴァタ・マヌと〈7人の聖仙リシ〉を乗せた**彼の箱船アーク**の寓話に認められるし、〈聖仙リシ達〉の寓話の中のように、彼らのそれぞれが具体的に名を挙げられた動物、爬虫類、そして怪物さえもの父祖且つ祖先であると描写されている(**ビシュヌ及び他のプラーナ伝承を参照**)。ゾロアスター教のヴェンディダードの2章27(73)節を紐解いて、〈地球〉の〈聖霊〉の一つで、三つの人種を

(註70)　「神智学協会会員ヴィスコンデ・デ・フィギアニエール」(『神智学徒 *Theosophist*』1887年8月号の676頁)

(註71)　**その時までに人間が存在していなかったため**、「最初の世界」(煌めく火)は存続出来なかったと、ゾハルに述べられている。「**人間の形体は全てのもの**を含み、それがその時までに存在していなかったため、世界は滅びた」と。

象徴するイーマ Yima に対するオルマツダ Ormazd の神命を読むと、彼に**ヴァラ** vara(「箱状の建物 enclosure」、**アルガ** argua、或いは乗物)を建造するように伝えた後で ………

「そこ(ヴァラの中)へ汝は、この地上で最も気高く、優れ、そして美しい種類の**男と女の種子**を運び込むべし。そこへ汝は、家畜のあらゆる種類の種子を運び込むべし」、等々、そして 28 (74) 節では ………「汝は、あらゆるそれらの種子を、**それらの人間達がヴァラに留まる**のと同じ期間、それぞれの種の一番を**そこに絶滅すること無く保持するために**、運び込むべし」と。「〈ヴァラ Vara〉」のそれら「人間達」は、「〈先祖達〉」、天人、或いは人類に知識を与える権限を委任された未来の〈**自我達**〉ディヤーニである。というのも、「〈ヴァラ〉、或いは「箱船アーク」(或いは更に〈乗物〉)は単純に〈**人間**〉を意味する。(註72) 30 節に云う、………「汝、(ヴァラを種子で満たした後に)ヴァラを封印すべし、そして扉と**その中で自ら輝く窓**を一つ作るべし」と、それが〈魂〉である。そしてイーマ Yima は、首尾良くその**ヴァラ**を作るための方策は、とアフラ・マツダに神託を求めた時、「土を細かく砕き ……… そして陶土を捏ねる時に陶工がするように、それを汝の手で捏ねよ」(31 節)という託宣を授けられている。

エジプト人の羊頭の神は轆轤(ろくろ)で粘土から人間を作っているし、創世記でもエロヒムは同じ素材からそれと同様に人間をこしらえている。

「物質世界の〈作り手〉」(アフラ・マツダ)が、さらに、「イーマがこしらえたヴァラに」何が光を与えているのかと尋ねられた時、彼は、「**創造されざる諸々の光**と**創造された諸々の光**が存在し」、そして「そこでは」(ヴァラが建設されたアエリヤーナ・ヴァエゴ[アーリヤ人揺籃の地]で)、「星々、月、そして〈太陽〉等が (1 年に) 1 回のみ昇り、そして沈むのが見られ」、更に「〈神々〉の土地」、或いは(現在の)極地域に対する明らかな言及を、1 年がわずか 1 日 (と 1 夜) に過ぎないように思える、と伝えている。さらにこの節にはもう一つの暗示、即ち、人間の内面 ── 彼の諸本質を啓蒙する「創造されざる光」に対するはっきりとした仄めかしが、含まれている。そ

(註72)　これは、寓話と象徴が紐解かれ、**人間的な鍵**、或いは地上的な人智学に対する鍵を使って読まれる時の意味である。「箱船アーク」の象徴的表現に関するこの翻訳は、少なくとも、その天文学的、或いは神統系譜的な鍵の障害とならないだけでなく、外の六つの意味のどれをも損なわない。さらに、それは現代科学の人間の起源に関する理論以上に、より科学的でないようには思えない。云われるように、残りのものも同様に、それに対する七つの鍵を持つ。

れ以外に、アフラ・マツダの託宣(40〈節〉)には何の意味も理由も見いだせないし、直後の 41〈節〉に、「40 年毎に、それぞれの(両性具有の)夫婦に、**男と女、二人が産まれている**」(註 73)と語ることで補われ、後者はシークレット・ドクトリンの以下に語る〈スタンザ〉の明確な反映である ──

「40 年毎(を周期とする)〈**太陽周期** Suns〉の終りに、各第 40〈**日**〉目の終わりに、二重性を持つ人間が四人になる。1 人の人間の中に男性と女性、第 1 と第 2、そして第 3［人種］の中で ………」

　この事は、「個々の太陽周期」がまる 1 年を意味するようになって以来、北極の周期が今では六ヶ月で構成されているように、太陽周期がその当時の 1 日からなることは明白である。古い教えによれば、地球の地軸は黄道面に対するその傾斜を徐々に変化させ、関連する期間に於いて、この傾斜は、極地域の一日が太陽を廻る地球の公転の期間を通じて続くようなものであって、その時に非常に短期間の夕暮れのような現象が現われて、その後に極地域は直接的な太陽光線の下でその元の状態を回復する。これは、現在教えられ、そして理解されているような天文学と正反対かも知れないけれども、地球の運動に於けるそのような変化が、現在生じてはいないが、数百万年前に起こらなかった誰が言えようか？

　ヴァラが〈第 4 環〉の〈**人間**〉を意味し、同じくその当時の〈地球〉、月、そしてノアの箱船さえも意味するという記述に再び戻りながら、仮にも人がそのようにそれを理解するならばだが ── このことはアフラ・マツダとツァラトストラ Zarathustra との対話にもまた描写されている。ツァラトストラが訊ねた時に ──

　42 節で、「おお！〈物質世界〉の〈作り手〉、汝、〈聖なる一者〉よ！イーマが創った**ヴァラ**にマツダの法を持ち込んだ者はいったい誰なのか？

　「アフラ・マツダが答えて曰く、『それはカルシプタ Karshipta 鳥だ！おお！　聖なるツァラトストラよ』と。………」。

　「カルシプタ鳥は天界に棲むが、もし地上に棲んだならば鳥類の王になったであろう。彼はアヴェスタをイーマのヴァラ Var に持ち込み、そして**鳥達の言葉で朗唱している**」。(『創造の起源バンダヒシュ Bund.［Bundahish の省略形でゾロアスター教の古い神話集］』、*xix* と *xxiv*)

　これはまた、〈東洋学者達〉によってのみ曲解された一つの寓話、象徴で、

((註 73)　ヴェンディダード・サーダ Sâdah、又バンダヒシュ Bund. XV も参照。そして、法典学者 J・ダーメステーター Darmesteter の翻訳、『東洋の聖典』も。

彼らはこの鳥に「稲妻による化身」を見、そしてその歌は、外でもなく、「しばしば神の、そして啓示の声である」と思われた、と語っている。カルシプタは人間の精神-魂、そして神で、それについてギリシャ人達がそれを1匹の蝶で象徴したように、古代の〈マギ術体系〉に於いて鳥によって象徴された。カルシプタが**ヴァラ**、或いは人間に入るや否や、彼はマツダの法、或いは〈神の叡智〉を理解した。『封印された奥義の書』では、それは善悪にまつわる知識の木について、「その(木の)枝には、鳥が一時、羽を休めて巣をつくる」、或いは「**〈魂達〉**と〈天使達〉が彼らの仮の宿を持つ！」と語られてる。(註74) それゆえカバリスト達によればそれは象徴のようなものであった。「〈鳥〉」は、〈天使〉、〈魂〉、〈霊〉、或いはデーヴァ神に対するカルディア語の一つであり、ヘブライ語のそれ等に対する同義語、象徴となっていて、さらに〈鳥の巣〉は両者ともに〈天界〉であって、ゾハルでは〈神〉の御胸である。完全なる〈メシア Messiah〉は「エデンの〈鳥の巣〉と呼ばれるかの地に」来臨する(『ゾハル』ii., 8b)。「その巣から飛立つ鳥のように、それこそが、シェキーナ Shekeenah (神の叡智、或いは恩寵)[ユダヤ教で神の臨在の象徴・顕現を示す]が離れ去ることのない〈魂〉を象徴する」(『ゾハル』, iii., 278a、マイヤー著 Myer『カッバラ Qabbalah』, 217頁)。「その両翼の羽ばたきが生命を生み出す永遠不滅の〈鳥〉が宿る〈巣〉は、果てしない空間である」と〈註解書〉は、〈叡智〉の鳥、白鳥ハンサ Hansa の意味を含蓄しながら伝えている。

　(〈セフィロトの〉)木はアダム・カドモンであり、そして秘教的に「善悪にまつわる知識の〈木〉」となる者こそ彼である。そしてかの「木はその周囲に世界の7本の装飾円柱(7本の柱)、或いは〈暗闇[物質]**の摂政方 Rectores**〉が存在し」、同じ「〈先祖達〉」、或いは「**〈セフィロト〉**」は、「7惑星の領域で〈天使群〉のそれぞれの階級を通じて再び作用する」等々、そしてその階級の一つが地上で巨人族(**ネフィリム Nephilim**)を産んでいる。

　初期の人類が巨人種族であったということは、古代人全体、〈異教徒 Pagon〉やキリスト教徒の信じていることであった。アメリカの盛り土塚や洞窟からの信頼出来る発掘物は、隔絶された状況での9から12フィートの身長を持つ遺骸の集団を既にもたらしてきた。(註75) これらは初期の〈第

(註74)　S・マクレガー・マザーズ *McGregor Mothers* による『ベールをとったカッバラ』、104頁を参照。
(註75)　形体の先祖返りに関する形跡 —— 人間的な怪物等の事例について、その発生学の問題に関する秘教的な解説に含まれている詳細な意味 —— に言

5人種〉の部族に属し、今では平均5から6フィートの身長へと退縮化している。しかし、昔のティターンやキュクロプス［ギリシャ神話の一つ目の巨人］が実際には〈第4（アトランティス人）人種〉に属し、そしてヒンドゥのプラーナ伝承やギリシャのヘシオドスとホメロスに認められるそれに続く全ての伝説や寓話が、本物のティターン族 ── その能力で彼らは中生代と初期の新生代時代の巨大な怪物達から自身を護り、そして寄せ付けないことができた恐るべき身体の能力を持つ超人的な人々 ── 及び実在したキュクロプス ── 三つの目を持つ人間達、にまつわる霞がかった回想に基づいていたということを、我々は容易に信じることが出来る。

「ほぼあらゆる大衆の神話や伝説の起源は〈自然界〉に於いて例外なく一つの事実にたどり着くことが出来る」と明敏な書き手によってしばしば述べられてきた。

豊かな主観体系 subjectivism によるこれらの空想上の生物には、常に客観的で現実的な要素が存在する。大衆の想像力は、乱雑で統一性がないかも知れないが、一つの中心的な核として、非常に多くの怪物的な姿や、それらの豊富な尋常ではない架空の物語を、持っていたり持たなかったりだが、**無から** *ex nihilo* 思いつきででっち上げることは決して出来なかったし、それらの流動的な回想は、朧気で曖昧で、怪物や物語を神秘的で夢のような我々の集合意識の基盤として作り上げるため、連綿と続く時の中で壊れた輪を結びつけている。(註76)

キュクロプス ── 巨人人種 ── に関する証拠は、後の〈小項目〉、今でもそう呼ばれているが、キュクロプス的な遺跡の項目で指摘されるだろう。その進化期間と人間の器官への ── 〈第5人種〉に於いてのみ完全に、そして対称的になる ── 最終的な調整の前に、初期の〈第4人種〉が、伝説的なキュクロプスのように、額の真ん中に第三の目を持つ必要性もないのに、三つの目を持っていたかも知れないという指摘は、〈科学〉によって

及するのが常である〈ダーウィン主義の進化論者達〉は、論議の証拠として、しばしば8、9、そして11フィートの身長にさえ届く**現代に現れた巨人達**の事例を調査するのが良いだろう。そのような**先祖返り**は、原始時代における元の聳え立つような体躯の人間の、不完全だが紛れもない再現である。

（註76） Ch・ゴールドによる『神話上の怪物達』を参照のこと。その興味深く科学的な書物から幾つかの文節がさらにこの本のこれ以降で引用されている。シネット氏の『秘められた世界』を見れば、ヒマラヤの洞窟に関する描写は人間と動物の巨大な骨の残骸で溢れている。

もまた提唱されている。

　霊的な、そして精神的な**退化**が肉体的な**進化**と平行して進み、**内的な諸感覚**──最初の人種に生得のもの──が人種の成長と外部的な諸感覚の物理的な発達の間に衰退したと確信する〈秘教科学者達〉と〈秘教的〉な象徴学の学徒にとって、最終的にこの記述は、憶測や可能性ではなく、手短に言えば、単純に成長の法則の一つの局面、一つの立証された事実である。彼らは〈註解書〉に云う次の一節の意味を理解している──

　「男性-女性が同体(両性具有者)のそれら初期の時代には、頭は一つだが三つの目を持ち、4本腕の人間的な生物達が存在した。彼らは自身の前後を見ることが出来た。(註77)《一つの劫期》の後(性の分離後)に、人間は物質に落ち込んで、彼らの霊的な洞察力は鈍くなり、それと同時的に第三の目はその能力を失い始めた。……… その中頃に第4(人種)の者が出現して来た時、内的な洞察力は、人工的な刺激や古代の賢者達にはよく知られている修行過程によって目覚めさせられ、獲得されねばならなかった。(註78)
　……… 第三の目は、その上、徐々に〈石化して〉(註79)、間もなく消滅した。二つの顔は一つとなり、そして目は頭の中へと深く引き込まれて、今では髪の毛の下に埋もれている。内的な人間の活動時(恍惚や霊的な洞察の間)には瞳は膨張拡大する。〈アルハット〉はそれを認めたり感じたりし

(註77)　即ち、第三の目は頭の後部にあった。最後の両性具有人類は「4本腕」であったという言説は、恐らくインドの一般的な神々のあらゆる肖像や偶像の謎を解き明かす。アルゴス[ギリシャ東南部の古代都市国家]の〈アクロポリス〉Acropolis [古代ギリシャの都市国家の中心にある神殿のある丘]には、三つ目の巨像を表現する、粗雑に彫られた木製の像(ダイダロス Daedalus [ミノス王のためにクレタの迷宮を作った名工]作のもの)、ソアノン ξόανον [木製の彫像]が存在したが、それは〈三つ目〉のゼウス Zeus Triopas (三つの目を意味する)に捧げられていた。「神」の頭部はその顔に二つの目を、そしてもう一つを額の頂きの上方に持っている。それはあらゆる古代の彫像の中で最も古いものと考えられている(**ヴァチカン学者** Schol. Vatic による悲劇詩人**エウリピデス**の『**トロイアの女** Troad.』への言及、14)。

(註78)　その〈**内なる**〉視力は、この後には、「天性の、そして生まれながらのマギ術師達」、今も彼等が呼ばれるように霊感者達と霊媒達、の場合を除いて、修業とイニシエイションを通じてのみ獲得することが出来た。

(註79)　「化骨した」のかわりに「石化した」という描写は興味をそそる。その「後頭部の目」は、現在呼ばれるように、勿論**松果腺**で、脳の第三脳室の後に付いている灰白色の神経物質からなる小さなエンドウ豆のような集合体であり、ほとんど例外なく、ミネラルの凝固したものと[脳]砂を含むといわれるが、「只それだけである」。(前掲書『**トロイアの女**』参照)

て、それに応じて自身の活動を調整する。………………… 汚れなきラヌー *Lanoo*（弟子、チェラ chela）は危険を恐れる必要は全くなく、自身を清浄でない中に保つ（純潔ではない）者は『神の目』から如何なる助けをも受けられないだろう」。

不運にもということではないが、「神の目」は最早大半の人間には存在しない。**第三の目は消滅し**、最早機能しないが、その存在を立証する痕跡の背後に残されてきた。これを立証する痕跡こそ現在の〈**松果腺**〉である。「4本腕」の人間に関して云えば、前ページの脚註[（註77）]で示したように、4本腕を持つヒンドゥの神々の原型となったのは彼らである。

前述のことは、第三の目の働きを取り巻くあらゆる難題を説明し、その理由を示すための人々の虚しい努力の中で、一部の科学者達が秘教科学の解説に頼らざるを得なかった人間の目に関する神秘である。〈**人間**〉の目の発達は、いわゆる唯物的な生理学者達よりも、秘教科学的な人類学者達へより多くの賛同を示している。「人間の初期の胚に於ける目は」、昆虫や烏賊のように、皮膚の一部となるかわりに、脳の「**内及び外から生じている**」。ランカスター Lankester 博士は、脳が目に対して奇妙な位置にあると考え、そして**ダーウィン主義の道筋**に基づいて現象を説明することを試みながら、なんと「我々の」初期の脊椎生物の祖先は**透き通っていて**、それゆえ目が何処に在ろうと気にしなかった、という一風変わった見解を提唱しているのだ！　それで、昔々人間は「透き通った生物」であった、と教えられているが、それゆえに我々の理論は適切である。しかし、如何にしてランカスターの仮説と脊椎動物の目が**皮膚に於ける**諸変化に起因するというヘッケル信奉者の見解とを調整させるのか？　もしそれが体の**内部**で始まっていたならば、その学説はくず籠行きである。これは発生学によって立証されているように思われる。さらにランカスター博士の奇抜な提案 ── 或いは承認とでも云うべきか？ ── は進化論者の要求によって恐らく必要とされるものである。「〈**内外を通じて**〉」、アストラル的な原型を通じての諸感覚機能の緩やかな発達に関する教えを持つ〈秘教科学体系〉には、さらに多くの納得がゆくし、その過程が順調に進んだ時、**第三の目は内に隠れた** ── との説は、〈秘教科学体系〉を支持するもう一つの点である。

「シヴァの目」、**トゥリ-ボカーナ** *Tri-bochana*（三つの目を持つ者）について語る時のヒンドゥ神秘主義の寓話的な表現は、前述のようにそれの正当性と**存在の理由** *raison d'être* ── 顕教的な秘伝授与である松果腺（かつての「第三の目」）の額への移動を、受け入れている。この事は、〈予見者〉の

特異な、或いは〈霊的な予見能力〉と生理的な清浄さとを結び付ける奥義—— 一部の人には理解出来ないもの —— に光を投げかけている。その疑問についてはしばしば訊ねられる、「何故、禁欲と清浄が正式な**弟子道**に、或いは心霊的で秘められた力の発達に**不可欠の** sine quâ non 戒律と条件であるべきなのか？」と。その答えは〈註解書〉にある。我々が、「第三の目」がかつては生理学的な器官で、後には（〈霊的な〉特質は肉体によって沈黙させられ）霊性の緩やかな消失と物質性の増大のため、それが脾臓のように、生理学者達に今では全く理解されなくなった退化器官の一つとなったことを聞き知り —— 我々がこのことを学ぶ時、その関連性は明らかになるだろう。人生の期間で霊的な発達、特に〈ヨーガ〉能力の獲得に対する最大の障害は我々の生理的な感覚の活動である。脊髄と脳の灰白質に相互作用で密接に結びついている性行動について、これ以上の説明を試みても無益である。勿論、脳の正常な及び異常な状態と**延髄メダラ・オブロンガータ** medulla oblongataに於ける活動作用の程度は松果腺に強く反応する、というのも、その領域に於ける「中枢」の数によって、それは動物的な有機的統一に基づく生理的な活動の非常に広汎な部分を統括し、そしてまたその二つが近くて密接な位置関係に在るために、松果腺の**髄質**によって非常に強い「感応」作用を受けるに違いないからである。

　これら全ては〈秘教科学者達〉には明白だが、一般的な読者の目には非常に漠然としている。読者は、人間の形成が比較上、いまだに混沌とした状態にあるそれらの時代に、自然界に於ける三つの目を持つ人間の可能性をやがて示されるに違いない。そのような一つの可能性は解剖学や動物学的な知識からまず最初は推論されるかも知れないが、その後それは唯物科学それ自身の仮定に基づくようになるかも知れない。

　多くの動物類が —— 特に脊椎動物のより低い段階の間で —— 今は萎縮したが、元々は必要に応じて機能した**第三の目**を持っていることは、〈科学〉の権威やこの時代の理論的な推論による単なる虚構でない証明に基づいて強く主張されている。(註80)ハッテリア **Hatteria**［古生代の爬虫類］種

（註80）　「頭部の奥深くに位置し、厚い皮膚と筋肉組織で覆われて、見ることの出来ない実在する目は、ある種の動物類に見い出せる」とし、またヘッケルは、「脊椎動物 ⋯⋯ 盲目のモグラと野ネズミ類、盲目の蛇と蜥蜴類 ⋯⋯ 彼等は日光を避けて ⋯⋯ 地下に棲むが、**それらは元々盲目であったのではなく**、光の下で暮し、そして良く発達した目を手に入れた祖先達から進化してきた。不透明な皮膚の下で萎縮した目は、先祖返りのそれぞれの段階でこれらの

はラセルテリア Lacertiria 目[トカゲ目の一つ]の蜥蜴で、最近ニュージーランド(十分に注目すべき古代レムリアの一部)で発見され、最も風変わりな状態でこの特殊な目の痕跡を示しているが、それは**小さな斑点を持つハッテリア**だけでなく、カメレオン、ある種の爬虫類、そして魚類さえにもある。それは、上生体エピフィシス epiphysis[松果体]と呼ばれ、軟骨によって主要な骨と分離している小さな骨で、そしてあらゆる動物に発見される、小さな突起状のもので終わる脳の延長部分以外の何ものでもないと最初は思われていた。しかし、それ以上であることがすぐに認められた。それは ── その発達と生理的な構造が示していたように ── それを何か他のものと理解することは不可能だと判明した前述の目と既述のような類似性が見られた。この「第三の目」がその発生時に於いては機能していたと今日まで確信している古生物学者が存在したし、現在もいるが、彼らは確かに正しい。というのも、『クウェインの生理学』で以下のように松果腺について解説されている(**第 2 巻、第 9 編集本 830-851 頁、「視床部** *Thalamencephalon*」**間脳**) ──

「視覚小嚢が、最初に全体を、引き続いて前面の主要な脳小嚢の後部部分を構成しながら、その最も初期の期間に発達するのはこの部分からで、その前部にはそれと結びついて大脳半球と附随する組織が形成される。それぞれの側の**視床**タラモス・オプティカス *thalamus opticus* は髄質壁の横への肥大によって形成され、一方その間の空間は基底に向かって降下しながら、漏斗[視床と脳下垂体をつなぐ視床下部の突起]の延展と共に第三脳室の空洞を構成する。灰白質の交連[脳弓の神経繊維束]はその背後の脳室の空洞を超えて伸びている。…… 屋根[のような脳梁]の後部は、最近認識されたが、特殊な過程を経てその脳脚でそれぞれの側面を**視床**に繋いだ状態にある松果体へと展開し、そしてこれらの背部に一つの横帯状組織が後交連[左右の脳弓を後方で結んでいる神経繊維束]として形作られている。

「**終板** *lamina terminalis*[第三脳室終板とも呼ばれ、第三脳室の前壁を形成](**灰白色の薄膜**)は前頭部の第三脳室の近くまで続いており、その下で視交叉は脳室の床を形作り、さらにその背後で漏斗は脳下垂体後葉

盲目な生物に認められるかも知れない」(「感覚器官」、ヘッケル著)と述べている。そして、もし二つの目がより低次の動物でそのように萎縮することが出来たとするならば、人間の肉体的な面において、単により高次の動物に過ぎない人間の**一つの目** ── 松果腺 ── は、何故そうならないのか?

と結びつける組織と**トルコ鞍** *sella turcica* で一つになって下垂している。

「後部から、そして前部の脳小嚢の外側部分から形作られる二つの**目の視床** *optic Thalami* は、最初は神経的な物質からなる一つの中空な嚢からなり、その空洞は、前面ではいわゆる脳の半球から始まるものと、後面では脳の小嚢からとにそれぞれの側で連絡している(**四丘体**[松果体を挟んで視覚に関与する上丘、聴覚に関与する下丘のそれぞれ一対からなる] *corpora quadrigemina*)。それにも関わらず、間もなく増加する付着物がそれらの前面、背面、下方、そして側面を占めることによって、**視床**は固くなり、そして同時に割れ目、或いは裂溝がそれらの上部の間に現れ、さらにシルビウス溝[脳側頭部の前頭葉と側頭葉の間にある外側溝と呼ばれる溝で、最初の記述者、オランダのライデン大学医学部教授、解剖・生理学者フランソワ・ド・ル・ボエの学者間のラテン語での通称フランシスカス・シルビウスに因んで命名]の入り口反対側後部に開口して延びている内部空洞を貫いて下っている。この割れ目、或いは裂溝が**第三脳室**である。背後には二つの視床が、およそ[妊娠]第3ヶ月目の終わりには識別出来る**背後の交連部**によって、そしてまた松果体の脳脚によって、結合し、延びている。………

「早い時期に**視索** *optic Tracts* は視床壁の外部から空洞の延びたものとして認知されるかも知れないが、一方それらは依然として小嚢のままである。第4ヶ月目には、これらの神経索は明確に形作られる。それらは引き続いて背後に延びて**四丘体**に結び付いている。

「松果体と脳下垂体の形成は、「〈視床部〉」の発達と関係する最も興味深い現象を現している」。

上述の内容は、もしそれが大脳半球後部の隠れた部分の発達に対してではないとしても、松果体が頭頂骨の除去によって完全に見えるようになることを思い出す時、特に興味深い。前頭部で、(元々は)空洞の視覚神経索と目とを、後頭部では松果体とその脳脚とを、そして目の視床を伴うこれら全ての形跡を辿るために明白な関係を注意深く観察することもまた非常に興味深い。それゆえ、**ハッテリアの小さな窪み**を作る第三の目と関連する最近の発見は、人間の諸感覚の発展史と本文に於ける秘教科学の主張とに非常に重要な関連性を持つことになる。

デカルトが松果体に〈魂〉の〈座〉を見たのはよく知られ(そして人間の内部に一つの不死なる本質の存在を信じなくなった人々によって、今ではまた作り話と見なされ)ている。それは体のあらゆる部分と結び付いている

けれども、と彼は続け、そこで〈魂〉が他の如何なる器官以上により特別にその能力を鍛錬するその一つの特別な場所である、と語った。そして心臓だけでなく、しかも脳もその「特別な」場所になることが出来ないために、彼は、それが脳とつながったほんの小さな内分泌腺で、さらにそれから独立した活動を持つと結論づけた、というのも、それは「あらゆる感覚に応じて頭蓋骨の空洞を**横切る動物的な**〈気〉血 *animal Spirits*(註81)**によって**」ある種の揺れ動く活動状態に容易にさせられうるからである。

　今日の厳密な学問ではこの事が如何に非科学的と見えようとも、デカルトはヘッケル以上に秘教科学の真実にずっと近かった。何故なら、松果腺は、指摘したように、人間の生理学的な感覚と結びつく以上によりいっそう〈魂〉と〈霊〉に結びついている。指導的な〈科学者達〉が〈進化を促す衝撃力〉によって用いられる**実際**の進展のごく一部とこの偉大な法則の渦巻く**周期的な**過程を手にしていたならば、彼らは憶測するかわりに**知り**、そして人間の過去の諸体形に関する知識によって、人間種に於ける未来の肉体的変化について確信として感じとるだろう。その時、彼らは誤謬と現代のあらゆる「盲目的な力」と、そのような知識の結果として、前述の松果腺が、例えば、この我々の周期段階では**肉体的な機能を奪われていること**を現実に示す自然の機械的な諸々の過程と、を認めることになるだろう。人間内部の風変わりな「目」が現在萎縮しているならば、それは、下級動物に見られるように、かつてはそれが働いていたことの証明となる、というのも、自然はある定まった目的や働きも無い、とても小さくてほとんど意味のない器官を決して作ることはないから。それは**活動する**器官であったと、我々が主張するのは、人間の中で霊的な要素が苦闘する発生期の知性的且つ精神的な諸要素の上に至上の権威をもって君臨した時の進化段階でのことである。そして、周期は、生理的な感覚がそれによって発展させられた時点に向かって下降したように、肉体的人間の成長と強靱化、止むことのない複合的な諸々の変遷と、中央の「目」が人間内部に於ける初期の霊的且つ純粋な精神性と一緒に萎縮することによって終焉した動物学的な発達の苦難と共に**歩調を合わせて進展して**行った。その目は魂の鏡、また窓でもあると、大衆の知恵は語り(註82)、そして、大衆の声は〈神の声〉*Vox populi*

(註81)　F.R.S.[Fellow of the Royal Society]英国学士院会員 B・W・リチャードソン Richardson 博士の『神経エーテル』——秘教科学の神経-オーラのこと。「気血」(?)は神経オーラ的な複数の循環の流れと同じものである。

Vox Dei[ヴァクス・ポプゥアライ・ヴァクス・ディーアイ]である。

　黎明期に於いて、生物種のあらゆる綱と科は両性具有であり、そして客観的事実によれば一つ目であった。動物に於いては、その形体は人間と同様に(星辰的に)精妙であったが、両者の体が、皮膚の皮毛を、即ちその内部の生理的な構造と共に肉体的な素材や物質による厚い皮毛を**内外**から発達させ始める以前には ―― 第三の目は、最初は人間と同様に、ただ見るだけの器官に過ぎなかった。二つの肉体的な前面の目はやがて獣と人間の両方で発達したが(註83)、その肉体的な視力の器官は、〈第3人種〉の開始時には、今でも盲目な数種類の脊椎動物の器官と同位置に、即ち不透明な皮膚の下に、あった。(註84)人間が〈第3環〉であった動物的な**不条理の段階を**既に通り過ぎ、そして意識の全体的な計画よって単に動物に先行するものに過ぎないように、**異様な**、或いは原始的な目の場所だけが、人間と獣に於いて今では逆転している。それゆえ、「キュクロプス」の目が人間に於い

(註82)　次のことを思い出そう、〈秘教科学〉で〈第1人種〉は内面が霊的で外観が非常に希薄な存在であると描写され、**第2人種は精神的には心‐霊的で肉体的にはエーテル的‐物質であり、第3人種**は、その黎明期には未だに知性を欠いていて、その体は宇宙的‐物質であり、そしてその心‐霊的要素が生理的感覚の発現の苦しみによって、その時には否応なく障碍の多い内面生活を生きていることを。その二つの前面の目は、彼等の以前に、過去だけでなく未来を見通すことを失ったように見える。しかし「第三の目」は「《永遠》を見てとる」。

(註83)　しかし、その事に対して非常に異なる一つの方法で、「**生存競争に於ける自然淘汰による進化**」(『人間の系譜』の「感覚器官」、335頁)としてヘッケルによって描かれた。仮説的な光‐波動に対する、単なる「皮膚の温度感覚」は、不合理にも、現在の目における適応性の素晴らしい機能連携を説明するに値しない。更に、「自然〈淘汰〉」は、変化の**発生(前掲書〈第3部〉、ダーウィン主義の機械論的な因果関係について)**を信じた時、即ち「最適者生存」が、諸器官の改善を伴って、有効な変化が発生した後に起こりうるに過ぎないように、純粋に空想であることは前に示してきた。目を発達させる「有効な変化」は何処から来るのか？　唯一、「盲目的な諸力 ……… 目的も設計図もないもの」からだけなのか？　その論拠は浅はかである。その謎の真の解決は、非人格的な〈神の叡智〉に、その《**観念化**》 ―― 物質を通じて投影されるものの中に、見いだされることになる。

(註84)　古生物学は、〈新生代 Cenozoic〉時代の動物類 ―― その頭蓋骨化石が[第三の目の]外に説明しようがない穿孔を見せている大洪水以前のラビリントドン *Labyrinthodon* のような、特に〈トカゲ類 Saurians〉で、―― 第三の、或いは風変わりな目がかなり発達してきたに違いないと確信して来た。数人の動物学者達、とりわけ E・コルスケルト Korscheldt は、それを覆う不透明な皮

ては霊的な視力の器官であったし、依然としてそのままで**ある**一方、動物に於いては実際の視覚器官であった。そして、この目は、その機能を果たしながら、単純なものから複合的なものへの肉体的な進化過程で、二つの目に取って代わられ、更にこうして、来るべき〈幾つもの永劫Æons〉の未来に使うために自然によって保存され、脇に押しやられた。

　この事は、何故松果腺が最も低い肉体的な発達と釣り合いを取ってその最高度の発達に到達したのか、を説明する。最も際だち、そして実用的になるのは脊椎動物に於いてであり、そして人間に於いてそれは細心の注意深さで隠され、解剖学者を除いては近寄りがたいものである。それゆえに、他の過去の諸時代と同時平行的に対応する時代に於いて、人間の未来の肉体的、霊的、そして知性的な状態についてほんの僅かな光さえも投げかけられていないし、周期的な進化と発展の上昇と下降の経過についても常にそうである。このように、**カリ・ユガ** ── ほぼ5千年前に始まった暗黒の時代 ── 以前の数世紀は、次のように(多義的な文章に言い換えられて)語られている ──

　「**我々**(〈第5根本人種〉)は、(期間の)**最初の半ば**(現周期の〈上昇する〉弧上の)**地点を前進している**が、〈第1〉と〈第2人種〉と(の間)の ── **下に向かって下降している**(その時、諸人種は周期の下降する弧上にあった)**中間点に当たる** ……… **汝自身のために**[次図、「**第4環での根本人種の進化**」を]**数字的に確かめよ、ラヌーよ、そして理解せよ**」。(〈註解書〉20)。

　忠告通り数字的に確かめれば、我々は、その過渡的な時代 ── 即ち、〈最初の霊的で〉希薄なアストラル的人種の残り半分の時代 ── には発生期の人類が知性的脳の要素を欠いていたことを発見する。それが、その**下降する**線上に、そして我々がそれと平行して、上昇する線上にあるために、それゆえ、我々は今は知性によって取って代わられた〈霊的〉な要素を欠いている。というのも、数人種からなる我々の周期が**精神**の時代に、或いは〈第5〉人種に当たるので、それゆえ我々は〈霊〉と〈物質〉の完全なる調和の極みを ── 或いは脳の知性と〈霊〉の知覚との均衡の全盛期を、通り過ぎたことを良く覚えておいて欲しい。一つの重要な点は、それにも関わらず、精神的に生まれねばならないことである。

膚にもかかわらず、現時代に於ける爬虫類のそのような目が闇から光りを(人間の目が、ハンカチで覆いをされたり、或いは堅く目が閉じられた時でさえも出来るように)識別することしかできないのに対して、今は絶滅した動物類のその目は機能していて、実際に視覚器官であった、と確信している。

〈第4環での根本人種の進化〉

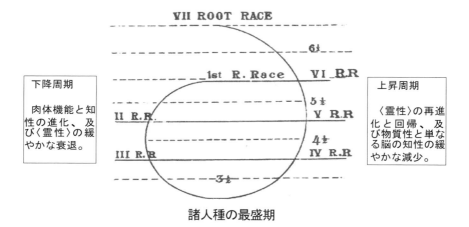

諸人種の最盛期

　今の我々は〈第4環〉に過ぎないし、そして、〈精神マナス〉が完全に発達するのは〈第5環〉に於いてであり、その時〈普遍魂 Universal MAHAT〉からの直接の光線 —— 物質によって妨害されない光線 —— が最終的に届くであろう。とは言っても、それぞれの亜人種と民族はより小さな規模で繰り返す発展進化の周期と段階を持つように、それは一つの〈根本人種〉の場合以上に一層そうなるに違いない。我々の人種は一つの〈根本人種〉として、その後、赤道の線[equatorial line の訳で、ヴェーダ哲学では赤道より北側を霊的、南側を物質的世界と見る]を通過して、〈霊的な〉側面に反転しているが、我々の亜人種の一部は彼らそれぞれの種族的な周期からなる影に満ちた下降弧に自身を依然として見いだし、その一方で、再び他の亜人種 —— 最古の亜人種 —— は、一つの人種、種族、或いは部族が生きるか死滅するかどうかを単独で決定する極めて重要な地点を通過しながら、諸亜人種として霊的発達の絶頂期に至る。

　我々が「レムリア人達」と呼ぶことに同意する人々の肉体的な〈堕落〉の後に、何故「異形の目」が徐々に変化して単なる内分泌腺になったのかが、今は明らかである。

　大脳半球と側面の脳室が発達してきたこと、そして**視床、四丘体**、及び**線条体**が哺乳類の脳に於いて発達している主要な部分であること、が人間で特に顕著であるということは興味深い事実である。更にあらゆる人間の

知性が、ある程度、中心的な大脳皮質の皺と大脳半球の前頭部の発達によって測定されうると主張されている。もし松果腺の発達と大きさの増大があらゆる人間のアストラル的な能力と霊的な傾向の指標になると考えて良いならば、頭蓋のその部分に対応する発達、或いは大脳半球後頭部を犠牲にした松果腺の大きさの増加が起こるであろうことは自然な帰結に思えるだろう。それは、この場合に於ける一つの証拠として認められる興味深い考察である。我々は、脳の下部も後部も、そこが人類のあらゆる動物的性癖の座として保持され、そして肉体のあらゆる生理的に調整された動作、例えば歩行、飲食等々の重要な中枢として科学によって認められていることを理解すべきで、その前側、脳の前頭葉 ── 大脳半球 ── は特に人間の知力の発達とつながる部分で、そして中間部は、より高次の発達、或いは霊的人間との関係に於いて、それら両方を、そして特に動物的な諸機能、松果腺の発達を、統轄している。

　これらが単に肉体的に対応するものに過ぎないこと、丁度普通の人間の脳が記憶を記録する器官ではあるが、記憶それだけではないこと、を覚えておくべきである。

　その上、これこそが、幾多の伝説、伝承、とりわけ一つの頭に二つの顔を持つ人間に関するそれらを生み出した器官である。これらは、幾つかの中国の文献に認められるかも知れないし、加えてカルディア人の諸断篇にも言及されている。既に引用された文献はさて置いて ── 禹帝 Emperor Yüによって、B.C.2255年に作られた九つの鼎[三本脚で二つの把手耳を有する壺で王権の象徴]の刻印図から夏王 King Chia によって編纂された山海経に、また彼らは「〈竹書〉」と呼ばれる別の文献にも認められるかも知れないし、そして3番目の書物、「礼記[らいき]Rh Ya」──「B.C.1122年に即位した〈周王朝〉の初代〈帝〉、武王の曾祖父、周公 Chow Kung [古公亶父と呼ばれた太公望]により、しきたりに従って創始された書」にも ──」 と Ch・ゴールド氏は自身の『神話上の怪物達』で述べている。その[汲郡]〈竹書〉は中国の古代の歴史を含み、B.C.295年に崩御した魏の襄王 King Seang of Wai の陵墓を A.D.279年に[汲郡の人、不準が]開封した際に見つけられた。これらの文献は共に一つの頭に二つの顔を ── 一つは前に一つは後に、持つ人間に言及している。(27頁)

　さて、〈秘教科学〉の学徒達が知るべきことは〈その「第三の目」が堅く《カルマ》と結びついている〉ことである。教義が非常に神秘的なため、ごくわずかの人しかそれについて聞いたことがない。

　その「シヴァの目」は〈第4人種〉の終焉以前に、完全に退化した訳ではな

かった。霊性とあらゆる神の諸能力と〈第3人種〉の神-人の性質が、肉体的人間の新しく目覚めた生理的な、そして精神的な情欲の対象となる侍女達を侍らせた時、背後[の顔]どころか、目はその諸能力をも失った。しかし、それは〈進化〉の法則であって、厳密に言えば、決して**堕落**でなかった。まさに罪は、それらの新しく発達した諸能力を使うことではなく、それらを**誤用する**こと、即ち一つの神を祭るために設計された幕屋やあらゆる**霊的**な悪行のための神殿を作ること、に於いてである。そしてもし我々が罪と言う時はいつでも、それは単に誰もが我々の意味するところを理解すべきであるということであり、例えば〈**カルマ**〉(註85)という言葉はこの場合に使うのに相応しいものであるし、一方「肉体的」な悪行のかわりに「霊的」な悪行という言葉を使う際に当惑を感じる読者は、如何なる肉体的な悪行も存在し得ないという事実に気づかせられる。肉体は責任能力のない器官、**精神**の道具に過ぎないし、仮にも「〈霊的〉人間」ではない。一方でアトランティス人の場合には、その当時、それは、正確に言えば、罪を犯した〈霊的〉な存在、人間に於けるいまだに〈支配的〉な本質である〈霊的〉な要素、であった。そのように、〈第5人種〉の最も重苦しい〈カルマ〉が我々の〈モナッド群〉によって造られたのはその当時であった。

　この文章は再び困惑すると思われるから、神智学の教えを知らない人々への便宜のために説明されることが望ましい。

　〈**カルマ**〉と**再生**に関する疑問は常に提起されているし、重大な混乱がこの主題には存在するように思える。キリスト教信仰の下で生まれ育ち、あらゆる新生する幼児に対して、新しい魂が〈神〉によって創られるという考えで教育を受けた人々は、最も混乱した中にいる。彼らは、そのような場合、地上に化身する〈モナッド群〉の数は限られているかどうかと問い、それに対して彼らは肯定的な答えを受け取っている。というのも我々の考えでは、如何に膨大な数であろうとも、化身するモナッドの数には──たとえ我々が、〈第2人種〉のそれぞれ七つの集団が肉体を与えられた時以来

(註85)　〈カルマ〉は多くの意味を持つ言葉で、その解釈についてはほとんどあらゆる人々にとって特別な用語である。それは、罪の同義語として、誰か外の者を傷つけることを免れ得ない**世俗的**で、しかも**利己的**、欲望に満ちた目的の達成のために為される、ある行為の実行を意味する。〈カルマ〉は行為、〈原因〉であり、〈カルマ〉は、また、「道徳的な因果関係の法則」で、愛他主義に基づくその大いなる調和の法則が働く際に、利己的に行われた一つの行為の**結果**でもある。

つねに、幾つもの誕生と死が、既に過ぎ去った数々の永劫の時に絶え間なく認められるという事実を考慮するとしても ── 依然として、制限というものが存在するに違いない。カルマ-ネメシス神は、その献身的侍女が〈自然〉で、最も調和的な方法で全てのものを調整し、そしてそれ故に、新しい〈モナッド群〉の新らたな入魂、或いは到来は、〈人間性〉がその完全なる肉体的な発達に到達するや否や起こった、と記述された。アトランティス人の中間点を過ぎて以来、新規の〈モナッド群〉の化身は起きていない。従って、幼い子供や何らかの事故でその生命が無理矢理に切り離された個人等を除き、〈霊的な存在〉は数多くの世紀の期間が経過する前には生まれ変わることが出来ないことを思い出せば、そのような空白だけが、〈モナッド群〉の数が必然的に有限で制限されていることを示しているに違いない。更に、理にかなった時が進化の過程に応じた他の動物類に与えられるに違いない。

ゆえに、我々の多くがアトランティス人の肉体に於いて我々によって生み出された邪悪な〈カルマ的〉諸原因の影響を今では取り除いているとの主張になる。《カルマ》の〈法〉は結び目がほどけないほどに、〈生まれ甦わり〉と織り合わされている。

カルマは、生命の周期を通じて一つの、そして同一の人格の恒常的な再生に関する知識に過ぎないし、同じ《モナッド群》が ── それらの中に多数のディヤーニ-チョーハンや「神々」御自身が居られるが ── 前の人生に於いて堪え抜いた苦しみや犯された罪のために、その再生によって報償を受ける、或いは罰せられるのに「〈必要〉な〈周期〉」を経験すべきであるという確信であり、まさにそれらの〈モナッド群〉は、空っぽで、感覚のない殻、或いはピトリ達から生じた〈第１人種〉のアストラル的な人影に入魂したが、今我々の中に存在するもの ── 否、恐らく我々自身と全く同一のものだし、〈善〉と〈悪〉の神秘的な問題を我々に説明し、そして人間を人生の恐ろしい**見かけ上**の悪事に甘んじさせることが出来るのはこの教えだけであると、我々は発言する。確実なそれら以外に、公正さに対する我々の反感を沈黙させることが出来るものは何もない。というのも、この崇高な教えを聞き知らぬ人が、彼の周囲を見て、誕生と運勢、知性と能力の不公正さを認める時、そして人が、幸運にも単に裕福な生まれによって運命の多大な恩恵を受けてきた愚か者と放蕩者に、更にあらゆる知性と崇高な美徳 ── あらゆる点でより多く受け取るに値するもの ── を困窮からと同情心の欠如のために失墜させる彼らの最も親しい隣人に、対して払われ

る敬意を見る時、そして人がこれら全てを理解し、彼の周囲からもたらされる苦痛の叫びによる不相応な苦しみ、耳鳴り、胸の痛みを和らげる望みもなく顔をそむけねばならぬ時 ── 神の祝福を受けた〈カルマ〉の知識のみが、彼らの想像上の〈造物主〉と同じく、呪われた人生と人々から人を守護するからである。(註86)

〈一神教支持者達〉によって実際に彼らの〈神〉に浴びせられた全ての恐ろしい冒瀆と罪状について、もっともらしくも「敬虔な」キリスト教徒を演ずる(ほぼ日常的な)見せかけの謙虚さで、あらゆる不正と不当な暴力に関して、「それは〈神〉の**意志である**」と主張すること以上により重大な、或いはより容認し難いものは外には存在しない。

愚か者達と偽善者達！　神の冒瀆者達と不信心なパリサイ人達は、舌の根も乾かぬうちに、恵まれない人に対する彼らの〈神〉と創造主による永遠の哀れみ深い愛や恩恵について、そして**神の創造物の中でまさに最上の良きものを罰し、飽くことを知らぬモロク神** Moloch[恐ろしい犠牲を求めるセム族の神]**のように人々を流血させ死に至らせる**、かの〈神〉について語る。コングリーヴ Congreve[英国の風俗喜劇作家、1670 － 1729]の言葉で、これに反論しよう ──

「いったい誰が敢えて〈永遠の正義の女神〉に過大な負担を求めるだろうか？」と。**論理的に、そして単に一般的な意味で、**我々は答えるが、もし我々が、全ての〈魂〉にとってこの〈世〉だけの一度の人生に於いて、そして人々に永劫なる地獄の業火（そして〈運命論者〉曰く、これは人間が善良か悪徳かのいずれか）を喜んで宣告するためだけに一部の人間を創造したように思える神人同形論的な〈神〉によって、「原〈罪〉」を信じさせられているならば(註87)、何故、論理的思考能力を与えられたあらゆる人々は自身自

(註86)　〈カルマ〉の教義に対する反論者達は、別の資料の基づいて、まったく**疑問の余地なく**、〈厭世主義者達〉への反論を試みているという事実を思い起こすべきである。〈カルマの法〉の原理の確かな把握は、ショウペンハウウェルとフォン・ハートマン Von Hartmann[1842-1906 ドイツの哲学者]の弟子達によって打ち立てられた堂々たる建造物全体の礎(いしずえ)を打ち砕く。

(註87)　カルヴィン[フランス生まれの神学者で、スイスにおける宗教改革の指導者。1509-64]教徒達 Calvinists の教義と神学。「**永遠に由来する**〈神〉**の目的はあらゆる出来事を考慮し**」（その結果**運命主義者**となり、自由意思、或いは善に向かって奮闘する如何なる試みをも抹殺してしまう）。………「それは、永遠に続く幸福、或いは不幸に先行する人間への割り当て、或いは分け前である」（〈教理問答書〉）。崇高にして鼓舞する〈教義〉の一つがこれであるとは！

らそのような極悪非道な〈神〉に非難の声を上げないのだろうか？と。もし、人が人間の不浄な空想で創られた〈神〉を信じるべきならば、人生は堪えられないものになったであろう。幸いにも、神は人間の独断的な説の中と、下記の詩のように請願することによって、その問題を解決してきたと信じる一部の詩人達の不健全な想像の中にだけ存在している ――
　「偉大で〈神秘的な力〉よ、汝は、
　大胆無謀な詮索を論駁し、
　そして汝の**ずうずうしい人間達の信仰**を証し立てるために、
　思い上がった人間の叡智を議論の渦に巻き込む！　………」
　実際に健全な「信仰」は、それが神の正義を疑うための「仮定」であり、神が無力でちっぽけな人間を創造したけれども、人間を「惑わす」ために、そして人間の信仰を試みるために、更に、その〈力〉が、怠慢でないとしても、時々顕現するように、人間に信仰を授けることを忘れたのかも知れない、と信じることを求められる。
　カルマ−ネメシス神と〈因果応報〉の〈法〉によって、この盲目的な信仰と、個々の合理的な事実と人生の体験に基づいた哲学的な信念とを比較してみよう。この〈法〉は ――〈意識的〉、或いは〈無意識的〉であろうとも ―― 何も、そして誰も運命づけない。それは、実際、〈永遠〉から起こり、そして〈永遠〉の中に存在する、というのもそれは《永遠》そのものであるからで、その働きとして、行為が永遠と同一ではあり得ないことから、それは行為することとは言えない、何故ならそれは〈行為〉そのものだからである。それは、人を溺れさせる〈波〉ではなく、境遇の悲惨な人の**人格的な**行為で、人を思慮深く歩ませ、〈太洋〉の動きを支配する**非人格的な**運動の諸法則の下に人自身を従わせる。カルマは何も作り出さないし、企てることもない。計画を立て原因を作り出すのは人間で、〈カルマ的な〉法はその結果を調整し、その調整は行為ではなく、力任せに弓なりに曲げ降ろされて相当な勢いで元に跳ね返る枝のように、その元の位置に常に戻ろうとする傾向を持つ普遍的な調和である。もし、枝をその自然な位置から曲げようとして腕を脱臼したならば、我々の腕を壊したのは枝であるとか、我々自身の愚行が災難をもたらしたとか言うであろうか？〈一神教徒達〉によって創案された〈神〉のように、カルマは知性と個人の自由を破壊することを決して求めたことはない。それは、意図的に人間を困惑させるために闇の中にその神意を巻き込むことも無く、またその神秘を敢えて詮索する人を罰することもない。反対に、研究と瞑想を通じてその入り組んだ小路の覆いを取り

去り、非常に多数の人々が人生の迷宮についての無知によって堕落する曲がりくねったそれらの暗き道に光を投げかける人は、彼の同胞の善なるものに対して働きかけている。《カルマ》はこの現象〈世界〉の〈絶対的〉で〈永遠〉なる法の一つであり、そして〈一なる〉永遠が絶えず〈原因〉を与えるのと同じく、一なる〈絶対〉のみが存在しうるように、〈カルマ〉の信奉者達を、〈無神論者達〉、或いは唯物論者達 ── 言わんや運命論者達、として見なすことは出来ない、(註88)というのも〈カルマ〉は〈不可知のもの〉と同一で、現象世界に於けるその影響の一面であるから。

(註88)　一部の神智学徒達は、アーリヤ人の哲学よりギリシャ哲学がより良く知られていることから、西洋人の精神に〈カルマ〉をより理解させるために、それを**ネメシス** *Nemesis*［ギリシャ神話の因果応報・復讐の女神］と翻訳する試みを行ってきた。たとえネメシスが古代人には神を冒瀆する者として知られていたとしても、〈イニシエイト達〉によって理解されていたように、その用語に関するこの訳語は異論のないものであろう。ところが実に、それは、丹念な説明無しにそれを我々が使うことを容認するには、ギリシャ人の空想によってあまりに擬人化され過ぎて来た。初期のギリシャ人達とともに、「ホメロスからヘロドトスまで、彼女は女神ではなく、むしろ一つの**道徳観**であった」、即ち悪と不道徳に対する防波堤であるとデカルメは語る。それを乗り越える者は神々の目から見れば神の冒瀆を行っているし、ネメシスに訴迫される。しかし、時と共に、その「感覚」は神格化され、その化身はいつも死をもたらし罰を与える女神となった。それ故に、〈カルマ〉とネメシスを結び付けようとするならば、カルマは、ネメシスの三重の神格として、ネメシス、アドラステイア Adrasteia、そしてテミス Themis［ギリシャ神話の秩序と正義の女神］に結びつけられるべきである。というのも、テミスが、〈世界の秩序〉と〈調和〉の女神で、ネメシスのように、あらゆる道を外れた行為を許さず、人間に自然の戒律と厳しい罰の下で高潔を遵守させることを委任される一方で、**アドラステイア**は ──「必然的なもの」── 人間自身によって創られた原因［カルマ］による不変の結果としてネメシスを象徴している。ネメシスは、**ディケ** Dikè の娘として、高慢、利己主義、そして不信心によって気がふれた者等だけに対して、彼女の懲罰を定めとして揮う公正明大な女神である。(『地中海中央地域のネメシス讃歌 Mesomed. Hymn. Nemes』、第2巻、『ブランケ語録 Brunck, Analecta』、II 292頁、『古代ギリシャ神話』、304頁、**を参照**) 要するに、ネメシスが神話学上の一般的な女神、或いは様々な姿で人格化され擬人化された〈力〉である一方で、〈カルマ〉は、高度に哲学的な真実で、〈神〉に関係する人間の根源的な直観についての最も神聖で高潔な表現の一つである。カルマは、〈悪〉の起源を説明し、それを我々が〈神の摂理〉と呼ぶ気まぐれで残酷な専制君主とすることで、知られざる、そして不可知の〈神〉を貶めるかわりに、神の不変の〈正義〉が如何にあるべきかについての我々の観念を高尚にする教えである。

密接に、或いはむしろ堅く〈カルマ〉と結びつくことは、その後、長くほぼ終わりなく連続する人格に於いて、同一の霊的な個性の再生、或いは転生の法則となる。人格は同じ俳優によって演じられる多彩な衣装と性格に似ていて、数時間の間、その俳優はそれらの一つひとつに自己同一化し、大衆によって同一視される。これらの人格になりすます**内部の**、或いは真の人間は、人間の幻想の程度に基づくけれども、ハムレットの全生涯を表現する幾つかの芝居のつかの間に、彼がハムレットとなる全ての時を知る。そしてまた彼は、更により以前の先立つ夜のオセロ Othello［シャイクスピアの四大悲劇の一つで、ヴェニスの軍人オセロが、旗手イアーゴーの奸計で、妻デズデモーナの貞操を疑い殺すが、のちに真実を知って自殺する］役から変わって、前夜にはリヤ王を演じていたことを知るが、外部に現れる性格はその事実を知らないと思われる。実際の人生で前述の無知は、不幸にも、悲しい現実である。とはいえ、**不変の個性**は、肉体にある「霊的」な目の衰えから偽りの人格の意識にそれ自身を印象づけることは出来ないが、その事実に十分気づいている。

　肉体的な**第三の目**の所有は、伝えられるように、〈第3根本人種〉から降って、人間の構造の強化と完成が人間の外部組織から第三の目を消失させた時代である〈第4根本人種〉の〈第3〉《亜》-人種の半ば近くまで人々によって享受されていた。精神的に、そして霊的には、それにも関わらず、その知的、そして視覚的認識能力は、その機能が、物質性と人間の堕落した状態に起因してアトランティス人の大陸の大半が沈没する以前に、全て諸共に消滅した時代、〈第4人種〉の終わり近くまで継続した。さて今ここで、我々は〈幾つかの大洪水〉とその多くの「ノア達」にもどろう。

　学徒は、いわゆる聖書に記述されたと同様な多くの大洪水があったことを、そして先史的な諸大陸についての主題に捧げられた〈章〉で言及され記述された三つの非常に重要な大洪水のことを、記憶にとどめ置くべきである。だが、秘教的な教えがその中にヒンドゥの〈聖典〉に含まれる諸々の伝説を多数保持し、またヒンドゥの年代記がほとんど秘教的な教えの年代記を────説明し明確にしたに過ぎず、そして最後に「ヴァイヴァスヴァタ・マヌ」────実に一般的な名前！────が、アーリヤ人のノアで、彼の原型であったことを信じるという主張に関して、誤った憶測を避けるために、これら全てはまた〈秘教科学者達〉の信じるところであるが、この際、新らたな解説が必要である。(第III部、「沈んだ諸大陸」**を参照**)

401

人類の初期のマヌ達

　一つの大陸全体の ── 幾つかの島となった部分を除いて ── 水没と関係する「大〈洪水〉」が遙か 1,800 万年前に遡った昔には起こり得なかったこと、そしてヴァイヴァスヴァタ・マヌがビシュヌの〈化身〉**マツヤ**（或いは魚）に関係するインド人のノアであること ── に気づいている人々は、述べられた諸事実と以前に与えられた年代記とのこの相違に戸惑いを感じるかも知れない。しかし、実のところ如何なる相違もない。読者は、『神智学徒 *Theosophist*』1883 年 7 月号に立ち返ることを求められ、そしてそこにある記事、「〈秘教体系〉に於ける〈七重性の原理〉」を学んだ後には、読者に疑問全体が説明されることになる。〈秘教科学者達〉が〈バラモン僧達〉と異なるのは、実にこの解説についてであると、私は確信している。

　だが、該当年月号の『神智学徒』を手元に持っていないかも知れない人達の便宜のために、それから今、一、二段落を引用しても良いだろう。

　「スワヤンブーヴァ Swayambûhva の息子、マヌとは一体何者なのか？秘密の教えは、**この**マヌが人間ではなく、第 1 環の始まりにディヤーニ-チョーハン（デーヴァ群）の援助で進化した最初の人種の描写である、と我々に伝えている。しかし、かのマヌ法典（第 1 章、80 条）で、それぞれの〈劫期〉 ── 或いは創造から創造までの期間（一つの小『プララヤ』から別のプララヤまでと読み取れる期間（註89））── には、14 人のマヌが、そして現在の神の世代には今のところ 7 人のマヌが、存在すると我々

（註89）　〈**プララヤ**〉は ── 既に説明した言葉だが ── 個々の「〈ブラフマーの夜〉」、或いは 71 マハーユガと等しい個々の〈マンヴァンタラ〉に続く世界の滅亡に使われる**だけ**の用語ではない。それは、同様にそれぞれの「薄暗がり」と、〈火〉、或いは〈水〉とで交互に各根本人種を終わらせるあらゆる〈激変〉にさえも用いられる。〈**プララヤ**〉は「マヌ」の用い方と類似する用語で ── マヌは、「〈王〉」という称号の下で、「かの大洪水の水（或いは、その始まりを我々〈第 5-人種〉の期間に於ける恐ろしい数々の地震や近年の、特に今現在起こっている噴火に既に認めている大規模な火山噴火の突発的な火）から船［ark］で全ての生き物の種子」を護ったと**プラーナ伝承**に描写される**シシュタ達** Sishtas の一般的な名前である。……… その名はプララヤの活動期に世界に拡散している」（地球全体に）。（**ウィルソンの『ヴィシュヌ・プラーナ』への序 81 頁を参照**）時間は「ヴィシュヌ」の一形体に過ぎない ── 実際、かのプラーナでパラーシャラ Parasâra が語るように。ヒンドゥの〈ユガの劫期〉の中で、ウィルソンや他の〈東洋学者達〉が考えたように、「宗派的な潤色」ではなく、秘教的な目的のた

に伝えている。彼らは、七つの環が存在し、我々がその内の三つを既に通り過ぎ、今が第4環であることを知る者達で、そして七つの夜明けと七つの黄昏、或いは14の〈マンヴァンタラ〉が存在し、各〈環〉の始まりに、終わりに、その途中に、そして諸惑星の間で、**幻影のような生命の覚醒**と**実体を持つ生命の覚醒**が起こり、更に、根本-マヌ達、そして種子-マヌ達が ── **来るべき〈環〉に於ける諸人種のための種子**(或いは**シシュタ達 Sishtas** ── 生き残るに最も相応しい(註90)、即ち第3段階のイニシエイションを通過した者だけにあかされた奥義の一つ) ── で、以下の意味を理解するためのより良き準備となるであろう全てを学び終えた者等であるなどと、我々がいかにも下手くそな翻訳をせざるを得ない者達が存在する。我々は〈聖なる〉ヒンドゥの聖典の中で、最初のマヌが6人の他のマヌを生み(合わせて7人の初期のマヌ)、そしてこれらのマヌ達が、今度は彼らそれぞれが個別に7人のマヌ達を生んだ(註91)(『ブリグ仙 *Bhrigu*』、I、61-63頁[ブリグはバルガヴァの祖先と考えら

めに必要に応じて、多数のゼロを伴い規則的に下降する連続的な数4、3、2を我々は手にしている。一つの〈劫期〉は、天文学的にも地上的にも、1時代、一つの「〈ブラフマー〉の〈昼〉」、或いは1恒星〈劫期〉かも知れない。それらの計算は全てのプラーナに発見されるが、一部は異なっている ── 例えば、「7人の聖仙リシ年は、人間の年換算 mortal years で3,030年、ドゥルヴァ Dhruva 年はリンガ・プラーナにおいては9,090年で、それらはまた秘教的で、実際の((隠された)年代記を**まさに象徴する**」。**ブラフマー・ヴァイヴァルタ** *Vaivarta* に云う、「〈年代学者達〉はブラフマーの生命によって一つの〈劫期〉を計算する。〈小劫期〉は、サンヴァルタ Samvarta 及び休憩として、夥しい数である」と。「〈小劫期〉」は、「その中でサンヴァルタの大風、或いは別の破壊的な神の使いが働きかけるもの」として後者を説明するウィルソン自身によってよく理解されていたように、個々の破壊の期間をここでは意味する(『ヴィシュヌ・プラーナ』、第1巻54頁)。
(註90) シシュタ達の直観と予感はシネット氏の『秘教的仏教』、第5編集版に認められるだろう。その中の〈註釈〉参照 ──『ノアの箱船論』、146-147頁。
(註91) マヌ自身が、ヴァイラージュによって創造されたと明言させられ、そして彼が10人の造物主プラジャーパティ達を生みだし、造物主達が7人のマヌ達を再び生みだし、今度はそのマヌ達が7人の別のマヌ達を誕生させたという事実(『マヌ法典』、第1章、33-36条)は、更に初期の密儀と関連するが、同時に〈7〉連鎖の教えと7人類の、或いは《人間》の同期的な進化に関しては**盲目**である。それでも、この現在の書物は〈南ヒマラヤの秘密の教え〉の記録に基づいて書かれているし、〈バラモン的〉な秘教哲学は、〈カバラ〉と同様、形式に於いて今では異なっているかも知れない。しかし遙か昔には同一であった。

れ、ヴェーダの聖仙リシの中で最も誉め称えられる1人])と伝えられている。── 後者の生みだしたものは秘教科学の論文では常に7×7とされる。このように、マヌ等 ── 最後の1人は、我々〈第4環人類〉の祖先 ── は、我々が第4環となって以来ずっと(註92)、**第7番目のマヌ**であるに違いないし、天体Aには**根本マヌ**、天体Gには**種子マヌ**が存在することが、明かとなる。まさにそれぞれの惑星の〈環〉が、『〈根本マヌ〉』(ディヤーニ・チョーハン)の出現で始まり『〈種子マヌ〉』で閉じるように、1人の〈**根本**〉及び〈**種子**〉マヌは、あらゆる個々の惑星に於いても人類の時代の始まりと終わりにそれぞれのマヌが出現する。(註93) **マヌ-アンタリック Manu-antaric**[マンヴァンタラのこと]期は、その言葉が含蓄するように、2人のマヌ、或いはディヤーニ・チョーハンの出現する間の時代を意味し、従って小〈**マンヴァンタラ**〉があらゆる個々の惑星に於ける7人種の期間であり、大マンヴァンタラが〈惑星〉連鎖に沿った一つの人類の期間である、ということは以前に述べた陳述から容易に理解されるだろう。そのうえ、それぞれ7人のマヌ達が7×7人のマヌ達を創

───────────────

(註92) この例はさておいて、それに対するもう一つの**秘教的な理由が存在**する。ヴァイヴァスヴァタという者は**第7番目のマヌ**である、何故ならこの我々の〈環〉は、〈第4〉であるけれども、**先行する七つの**〈**マンヴァンタラ**〉の中に在り、その〈環〉自体が物質的、或いは肉体的にその**第7段階**に在るからである。その中間人種の時点での終焉は〈第4根本人種〉の期間に起こり、その時人間と全ての生物は物質全体としての最も低い状態に到達した。その時から、即ち三つの人種と半ばにあった第4人種の終焉の時点から、人間性及び特質は彼等の人種的な周期の上昇弧に入った。

(註93) 各〈ユガ時代〉に先立つ中間の期間は**サンディヤー Sandhya**と呼ばれ、ユガ時代が数千年からなるのと同様に数百年からなり、そして後者のユガ時代の後に続くものは**サンディヤムサ Sandhyamsa**と呼ばれ、[サンディヤーと]類似する期間であると、**ヴィシュヌ・プラーナ**で我々は伝えられている。「サンディヤーとサンディヤムサ間の中間の期間は、クリタ、トリタ等々と名付けられるユガ時代である。その(四つの)クリタ、トリタ、デュワパラ、そしてカリ時代は一つの大時代、或いは四つの時代の総計からなり、それら1,000期間の総計が一つの〈ブラフマーの昼〉で、そして**それらの期間内に14人のマヌ達が君臨する**」。さて、我々がこれを文字通りに受け取るべきとするならば、わずか1人のマヌで43億2千万年もの期間となるだろう。二つのより低い王国が進化するのに3億年かかり、我々人類が丁度1,800万年余りの歴史であると教えられているように ── それぞれが49倍される14人のマヌの存在について秘教的な教えが我々に教えることを、その寓話が意味しない限り、語られるべき他の〈マヌ達〉は何処に居たことになるのか。

造し、各〈環〉の期間に七つの惑星上で49根本人種が出現する、従って各根本人種がそれぞれマヌを持つと云うことも容易に理解されるだろう。現在の第7マヌは、『ヴァイヴァスヴァタ』と呼ばれ、そして顕教的な原典に於いてインドではバビロニア人のキセトラス Xisuthuruas、そしてユダヤ人のノアを象徴するかのマヌを表している。しかし、秘教的書物では、ヴァイヴァスヴァタ・マヌが、我々〈第5〉人種の創始者で ──〈第4人種〉(アトランティス人)をほぼ壊滅させた大洪水から第5人種を救った ──〈根本〉或いは初期のマヌ達という呼称で言及される第7マヌではなく、この〈根本-マヌ〉から生じた49人のマヌ達の1人であると我々は伝えられている。

「より理解を深めるために、ここで彼らの個々の序列とそれぞれの〈環〉と関係する14人のマヌの名称を伝えよう ──

第1〈環〉	天体A上の第1(根本)マヌ ──	スワヤンブーヴァ
	天体G上の第1(種子)マヌ ──	スワローチ Swarochi またはスワローティシャ Swarotisha
第2〈環〉	天体A上の第2(根本)マヌ ──	ウッタマ Uttama
	天体G上の第2(種子)マヌ ──	タマス Thamasa
第3〈環〉	天体A上の第3(根本)マヌ ──	ライヴァタ Raivata
	天体G上の第3(種子)マヌ ──	チャクチュシュカ Chackchuska
第4〈環〉	天体A上の第4(根本)マヌ ──	ヴァイヴァスヴァタ (我々の創始者)
	天体G上の第4(種子)マヌ ──	サヴァルナ Savarna
第5〈環〉	天体A上の第5(根本)マヌ ──	ダックシャ・サヴァルナ
	天体G上の第5(種子)マヌ ──	ブラフマー・サヴァルナ
第6〈環〉	天体A上の第6(根本)マヌ ──	ダルマ・サヴァルナ
	天体G上の第6(種子)マヌ ──	ルドラ・サヴァルナ
第7〈環〉	天体A上の第7(根本)マヌ ──	ロウチヤ Rouchya
	天体G上の第7(種子)マヌ ──	ボウティヤ Bhoutya

「ヴァイヴァスヴァタは、このように与えられた序列では第7番目だが、我々第4〈人類の波〉に於ける初期の〈根本-マヌ〉(読者が常に思い出すべきは、マヌが一個人ではなく集団的人類であること)であるが、一方で**我々のヴァイヴァスヴァタ**は、この惑星に於ける7人種にわたって統括するために創られた7人の〈小〉マヌ達の1人であった。彼らのそれぞれは、全ての〈根本〉-人種の周期を閉じるべく、定期的に、そして絶えず繰り返す(火と水による)激変の目撃者の一人となるに違いない。そして、このヴァイヴァスヴァタ ── それぞれ個々にキセトラス、デュ

カリオン Deukalion、ノア及び他の名前で呼ばれたヒンドゥの理想的な化身 ── こそ、地球半球のほぼ全ての人々が洪水で滅び、一方で残りの半球が一時的な闇から目覚めつつあった時に、我々人種を救い出した寓話上の人間である」。(註94)

このように、肉体的、或いは真の人間性を持つ人間が〈第4環〉でこの地上に最初に出現した時期に当たる1,800万年あまり前のヴァイヴァスヴァタの〈マンヴァンタラ〉(**マヌ-アンタラ** *Manu-antara* は文字通り「2人のマヌの間」)について、そして他のヴァイヴァスヴァタ達、即ち〈大宇宙〉のマヌ、或いは惑星に起因する(謎の一つ)〈ノアの大洪水〉、或いは繰り返しとなるが、**種族の**ヴァイヴァスヴァタが〈人類〉の選ばれた者、〈第5人種〉を徹底的な破壊から救い出した時に水没したアトランティスのマヌ・ヴァイヴァスヴァタについて語る際に、実際、如何なる矛盾もないことが示されている。幾つかの(そして全く異なった)出来事が**ヴィシュヌ**及び他のプラーナ伝承で一つの物語に意図的に混入されているために、いまだに宗教と無関係の読者の心に多くの混乱が残されているかも知れない。それ故、定期的に説明が必要で、我々の必然的な重複は許して頂きたい。〈秘教〉哲学に関

(註94) 「創造」や「消滅」等の言葉は〈マンヴァンタラ〉や〈プララヤ〉の正しい意味を正確には表現していない。**ヴィシュヌ・プラーナ**はその幾つかを列挙して、万物の消滅には四種類ありとし、パラーシャラ Parasara [ヴィシュヌ・プラーナの語り手で、リグ・ヴェーダの中の幾つかの賛歌の書き手とされるヴェーダの聖仙リシ]は次のように語り出している ── **ナイミッティッカ** *Naimittika* (偶発的)、その時ブラフマーは微睡んでいる(ブラフマーの夜、「この昼の終わりに〈宇宙〉の再融合が起こり、その時をブラフマーの気まぐれな再融合と呼ぶ」が、その理由はブラフマーがこの宇宙そのもので**ある**からである)。「**プラクリティカ** *Prakritika*(元素的)、その時この宇宙のその根源的な本質への回帰が部分的、そして物質的になされる。**アティンティカ** *Atyantika*(絶対的)、形なき〈至高〉霊の**化身**と同一で ── 一時的、或いはそれに続く〈大カルパ〉までのいずれかにかかわらず、〈宇宙魂的〉状態、また究極的に朦朧とした状態 ── 現在の惑星連鎖全体のことであると。そして宇宙にとって〈**ニティヤ** *Nitya*〉(恒久的)〈**大プララヤ**〉は**死**で ── 人間にとって**ニティヤ**はランプの火が消えるように生命の絶滅」、または「夜の眠りである」。〈**ニティヤ・サルガ** *Sarga*〉は、〈**ニティヤ**〉・プララヤが「誕生する全てのものの恒常的、或いは恒久的な破壊」であるように、「恒常的、或いは恒久的な創造」である。「小さな消滅に続いて起こるそれらは短命の創造と呼ばれ。………これがサンヤマ Sanyama である」(誕生、存在、そして消滅)(『ヴィシュヌ・プラーナ』、第1巻7章)その主題は非常に難解なので、我々の陳述を繰り返さざるを得ない。

する本当の密儀を封印する目隠しは膨大で謎だらけで、そして今でさえ結論的な言葉は与えられることはない。ベールは、それにも関わらず、ほんのわずかだが取り除かれたかも知れないし、幾つかの説明は、これまで与えられなかったが、今は誠実な学徒に提示されてもよいだろう。

　誰か —— 間違ってなければ、コロネル・フォン・ケネディ Colonel Vans Kennedy —— が短評したように、「ヒンドゥ宗教哲学の第 1 原理は**多様性の中の**〈**単一性**〉である」。もしこれら全てのマヌ達や聖仙リシ達が一つの一般的な名称で呼ばれるならば、これは、彼らが一人残らず一つの顕現した〈エネルギー〉や地上と同じく天界の使いと同一の《ロゴス》の、そして絶えず活動の状態にあるその〈本質〉の変化したものであり、〈ロゴス〉が、眠らないだけでなく絶えず目覚めている〈**あれ THAT**〉 —— それは、〈実在サット SAT〉、或いは〈有〉であり、〈存在〉ではないもの、の御胸で眠るように、〈宇宙〉の進化期の期間は意識的で、〈宇宙〉の休息期の期間は（我々の視点からは）無意識的であるという事実に起因する。他の全ての**神の御使いであるロゴス達** logoi を発達させる偉大で見えざる〈ロゴス〉や、他のマヌ達に存在を与え、宇宙とその中に全てを集団的に放出し、彼らの集団の中で**顕現した**〈ロゴス〉を代理する原初の〈**マヌ**〉が、出現するのは〈それ IT〉からである。(註95) このため、我々は「〈註解書〉」で、ディヤーニ・チョーハンが、その最高位の者で無ければ、誰も、「先き立つ〈宇宙〉進化の状態」を完全に実現することが出来ない一方で、「そのマヌ達が〈永劫〉に亘り全ての〈宇宙〉進化に関する彼らの経験にもとづく知識を保持する」ことを学んでいる。これは実に簡明で、最初のマヌは**スワヤンブーヴァ**、「〈**自己**〉-**顕現した者**」、**顕現せざる**《**父**》の〈**息子**〉と呼ばれている。マヌ達は、我々の〈第 1 人種〉の造物主達を創造した造物主達で —— 人類の〈精神 Spirit〉の造物主達であり —— そのことは、〈地上〉で 7 人のマヌ達が最初の「先史-アダム的」な人間であったことと矛盾はしない。

　マヌは自らがヴァイラージュ(註96)、或いはヴァイスワナラ、（〈人間〉の〈霊〉）、によって創造されたと明言しているし(註97)、それは、彼の〈モナド〉が個々の新しい〈宇宙〉活動の始まりに決して休息することなき〈本質〉

(註95)　しかし、1887 年の『神智学徒 *Theosophist*』の前半月の号数、2 月、3 月、4 月、そして 5 月号に掲載された**バガヴァッド・ギーター**に関するスッバ・ロー Subba Row 氏の〈講話〉の中での〈パラブラフマン〉と〈ロゴス〉の素晴らしい定義を参照せよ。

(註96)　以前の脚註[本書 403 頁の脚註 91]を参照。

から流出すること、即ち活動の中枢となるこれら全ての〈宇宙的なモナッド群〉を自身の内部から放出する〈ロゴス〉、或いは《普遍的なモナッド》(集団のエロヒム)であることを ── 換言すれば、無数の〈太陽〉系、同じく惑星諸連鎖に於けるいまだ未分化な人間のモナッド群、同様にその連鎖上のあらゆる存在の創始者であることを、意味する。それぞれの〈宇宙モナッド〉は「スワヤンブーヴァ」、〈自生するもの〉で、〈力〉の〈中枢〉となり、その内部から(我々の系では七つ存在する)惑星連鎖が出現し、それらの流出は再び多数のスワヤンブーヴァ・マヌ達(一般的な名称の一つで、神秘的且つ多様な意味を表す者)となり、彼らのそれぞれは、〈万軍〉の1人として、彼固有の〈人類〉の〈造物主〉となる。(『西洋の神秘家且つ数学者によって解説されたマヌ達と諸マンヴァンタラ』を参照)

　我々〈第5人種〉に先立つ人間の四つの異なった人種についての疑問に関しては、第1人種の希薄な体を除き、そこに何ら不可思議なことはなく、それは伝説上の、それにも関わらず、非常に正確な歴史上の事柄である。かの伝説は世界的である。そしてもし西洋の大学者がその中に神話だけを喜んで認めるならば、そこにはいささかな相違さえない。メキシコ人は、丁度エジプト人がかつて持ち、インド人が今日まで保持するような、火と水による4部からなる世界破壊の伝承を持っていたし、今も保持している。

　遙か昔の伝説的な社会 ── 中国人、カルディア人、エジプト人、インド人、そしてギリシャ人によって忠実に守られてきた営み ── と5千年よりも古い文明の如何なる痕跡もないことに対する説明を試みて、『神話上の怪物達』の著者は、「たとえ我々が1万年、1万5千年、或いは2万年も前の人々の痕跡を直ちには発見することはないとしても、我々は驚かされてはならない。(中国に見られる)砂上の楼閣のような建造物と共に、広大な数々の都市の所在地が、数千年の間に自然による消滅によって完全に記憶から失われ ……… 更にどれだけのものが ……… もしも ……… 狭い範囲での激変、例えば地域的な大洪水、地震、火山灰の堆積、砂の浸食による砂漠の拡大、致命的な感染症や毒性ガス、或いは硫黄蒸気の流出による生物の滅亡が、その間に起こったとしたならば」と短評している。(Ch・ゴールドの『神話上の怪物達』、134頁)

(註97)　『マヌ法典』第1章、32、33条を参照。ヴァイスワナラは、別の意味で、顕現した太陽系に逼満する生命磁気的な火である。それは(我々にとっては逆に)最も物質的で、〈一なる生命〉の絶えず臨在する表象であるが、何故ならそれは〈生命原理〉であるから。(『神智学徒 Theosophist』、1883年7月号249頁を参照)。それはまた火の神アグニ Agni の名称の一つである。

そしてそのような激変が地球の表面全体を如何に変化させたかは、以下の〈スタンザ〉から暗示されることだろう。

「〈劫期〉の最初の7クロール(7千万年)の間、〈地球〉とその二つの〈界〉(鉱物と植物)のうち、一つは既にその七つの周期を成し遂げ、他方は、生みの苦しみで、光輝き、半ば希薄で、冷たく、生命がなく、そして半透明である。第11クロール(註98)に母(〈地球〉)は不透明なものを育くみ、〈第14〉[クロール](註99)には思春期の苦しみが起こっている。これら自然の激動(地質的変化)は、絶え間なく、彼女の第20クロール年まで継続し、その後それらは周期的に、そして長い間隔になっている」。

最後の変化はおよそ12クロール年(1億2千万年)前に起こった。しかし、地表の全てのものと共に〈地球〉は、冷えて固くなり、そしてより初期の時代を安定させた。(〈註解書〉、22)

このように、もし我々が秘教の教えを信ずるならば、直近の1億2千万年の間に更なる世界的な地殻の変動や変化は起きていないし、〈地球〉には、それ以前でさえ、地球の人間種族を受け入れる準備は出来ていた。人間の

(註98)　これは──いわば、〈第2次〉の創造期間のことである。〈第1次〉については、地球が三つの〈エレメンタル王国〉に占められている時で、幾つかの理由で話すことは出来ないが、その理由の一つは、偉大な予見者、或いは天賦の直観を持つ者でない限り、この世に存在する言葉では決して表現できないものを、具象化し得ないだろうからである。

(註99)　ヒポクラテスは、数字の7が、「その隠された美徳によって万物を完成し、生命を賦与し、そしてあらゆる生命変化の源泉となる特性を持つ」と語った。人間の人生を彼は七つの時期に分けた(シャイクスピアの言葉)が、「月が7日毎にその相を変えるように、この数字があらゆる月下の存在に影響を与える」からで、そして我々が知るように〈地球〉さえもである。子供については、歯が現れるのは7ヶ月目だし、7歳でそれらが生え替わり、二度目の7に思春期が始まり、三度目の7にあらゆる精神的及び生命の力が発達し、四度目の7に人が十分な強さに達し、五度目の7に人の情緒は最も豊かになる等々、である。これは〈地球〉にとってもである。現在はその中間の時代だが、それについてはほとんど考慮されていない。〈テトラグラマトン〉は、四文字からなる〈神〉の神聖な御名だが、封印された**テトラクティス**[1・2・3・4の四数字からなるピタゴラス派の象徴]から進展し顕現する三角形を通じて〈七重性〉となることによってのみ〈地上〉で解明することが出来る。このため数字の7はこの世界に適用されるべきである。〈カバラ〉の『より偉大な〈聖句集 Holy Assembly〉』、1161節に曰く──「何故なら、確かに**第7**(に由来するもの)を除けば、6に永続性など存在しない。何故なら**万物は**〈**第7**〉**から派生している**」と。

出現は、それにも関わらず、完全な肉体に発達した状態で、既に述べたように、ほんの僅か1,800万年前に起こったし、その後、天の「〈調整者達〉」の手助け無しに、自然が独力で生物を創造した際の最初の大失敗は、最初の3人種の連続する進化によって補われた(**前頁のスタンザ III 以下参照**)。最初の2人種と[第3人種]半ばまでの〈諸人種〉の実際的な期間は、より高位の〈イニシエイト〉を除いて、万人には差し控えられている。〈諸人種〉の〈歴史〉は〈性〉の分離時に始まり、その時に先立つ卵生の男女両性具有人種は急速に滅亡し、それに続く〈第3根本人種〉の亜人種が**生理学的に**全く新しい人種として出現した。寓話的に大いなる「〈ヴァイヴァスヴァタ・マヌの大洪水〉」と呼ばれるのはこの「破壊」のことで、その時の物語は、怪物のような魚の姿をしたヴィシュヌに曳航された〈救い〉の〈箱船〉で、〈地上〉にヴァイヴァスヴァタ・マヌ(或いは〈人類〉)独りと、そして「彼と一緒に」〈7人の聖仙リシ達〉が生き残っていることを描写している。寓話は[以下のように]とても判りやすい ──

　各民族の〈象徴体系〉で、「いわゆる「〈大洪水〉」は、〈混沌たる〉不安定な物質 ──〈混沌〉そのもの、そして女性原理に対応する〈水〉は ──「〈大海原〉」、を意味する。パークハースト Parkhurst によるギリシャ語〈辞書〉がその意味を伝えるように ──「アーク[箱船]'Ἀρχή (ark)はヘブライ語の**ラシット** *rasit*、或いは〈叡智〉に ………そして(同時に)女性の繁殖力、即ち**アルグ** *Arg*、或いは**アルカ** *Arca* を表す紋章にも対応し、その中で自然(と人類)の胚種が、個々の地上(或いは人種)的周期の後に生じる休息期間の間中、大いなる〈深淵〉の水面に漂い、育まれている」。アークはまた混沌の上にボーと浮かび上がる**生命**の神なる霊の象徴的な呼び名でもある。さて、ヴィシュヌは、一つの抽象的な原理として、そしてまた〈**保持者**〉や〈**発生者**〉、或いは**生命の**〈**賦与者**〉── 即ち(〈創造者〉ブラフマー、〈破壊者〉シヴァ、〈保持者〉ヴィシュヌからなる)〈三位一体〉の第3神格として、神の〈霊〉である。ヴィシュヌは、寓話の中で、**魚**の形となり、ヴァイヴァスタ・マヌの〈アーク[船]〉が〈大洪水〉の水を安全にやり過ごす案内をすると描写されている。**魚**という言葉の秘教的な意味について詳述しても無駄である(**ベイン・ナイト** *Payne Knight*、**インマン** *Inman*、**ジェラルド・マッセイ** *Gerald Massey* 等の作品を参照せよ)。その神学的な意味は陽根崇拝だが、形而上学的には**神**である。イエスは「〈真魚〉」[本物の魚]と呼ばれ、ビシュヌとバッコスも同様であったし、〈**イエス** IHΣ〉は、人類の「〈救世主〉」で、〈**イクスティス** IXΘYΣ〉、即ち魚と呼ばれた酒神バッコスのモノグラム[通例人名の頭文字等を図案化した組み合わせ文字]に過ぎない(註100)。

〈アーク〉に乗り込んだ〈7人の聖仙リシ達〉について述べれば、彼らは、七つの本質を象徴していたし、人間の性が分離した後にのみ人間として完成し、1人の**人間**、そして最早、神の創造物ではない者になる。(**より詳しくは**『**第7のマヌ**』**を参照**)

我々はまた、〈第2根本人種〉の居住した大陸の水没についての詳細も多くを手にしてはいない。しかし、〈第3人種〉、「レムリア人」の歴史は、アトランティス人の歴史をそのまま、別の者等が単に矮めかすことで伝えられている。レムリアは、現在、〈第三紀〉(の始新世)と呼ばれる時代の始まる以前のおおよそ70万年前に滅亡したと云われ(註101)、そしてヴァイヴァスタ・マヌが人類(寓話的に、救い出されたのは〈第4人種〉の人類、或いはその一部)を救ったと再び描写されるのは、またこの〈大洪水〉── その時代に実際に起こった地質学的大洪水 ── の期間中で、また同時に彼は、85万年前に消滅した時(註102)の残存者で、最後のアトランティス人の滅亡の期間中に、〈第5人種〉を救い出しているが、それに比して相対的に最近に起こったという理由だけでエジプト人に知られているプラトンが伝えるアトランティス、或いはポセイドニス Poseidonis の時代まで、その後には大規模な水没は起こっていない。

最も興味深いのは大アトランティスの水没である。古い記録(『エノクの書』を参照)が、「〈地球〉の終わりが解き放たれ」、ヴァイヴァスヴァタ、キセトラス、ノア、デュカリオン、そして〈選ばれて〉救出された全ての**個々の人々** tutti quanti に関する伝説や寓話が作り上げられたと語っているのはこの激変についてである。伝承は、星の天象と地質学的現象の違いについ

(註100) イエスについて聖オーガスチンは言う、「何故なら、彼は水の中に住む一匹の**魚**であるから」と。キリスト教徒は彼等の秘蹟の中で自らを小さな魚達 ── **ピシカル** *pisciculi*［養われし魚］── と呼んでいた。「同様に多くの魚が**水の中で育てられ、そして一匹の偉大な真魚**［本物の魚］**に救われた**」とテルトリアヌス Tertullian［カルタゴの神学者、160-240］はキリスト教徒、キリスト、そして〈教会〉について語っている。
(註101) 『秘教的仏教』、55頁。
(註102) この出来事、名高い**ルタ** *Ruta* 島と、より小さい**ダイティヤ** *Daitya* 島の滅亡は、85万年前の後期鮮新世 Pliocene 時代に起こったが、中新世 Miocene 時代の期間に於ける、アトランティスの主要な大陸の沈没とは混同してはならない。地質学者達は中新世を短すぎることから遡って85万年と比定することが出来なかったし、彼等が中新世を比定する時にはいつでも、アトランティス大陸の主要な部分が消滅したのは数百万年前であるとしている。

ての如何なる説明もしないまま、両方を区別もせずに「大洪水」と呼んでいる。けれども大きな相違がある。オーストラリアがその最大の遺物となった巨大大陸を崩壊させた激変は、一連の地下の激動と海洋床の崩壊に起因した。その継承地 —— 第4大陸 —— に終わりをもたらした出来事は、地軸の回転に対する継続的な阻害によって引き起こされた。それは初期の第三紀の期間に始まって、長い時代つづき、恐らくセイロンと現在のアフリカの僅かな部分を除いて、アトランティスの最後の痕跡を継続して消し去っていった。それは地球の表面を変え、そしてその繁栄を極める大陸と島々やその文明と科学の記憶は、〈東洋〉の〈神聖〉な記録を除き、歴史の年代記に全く残されなかった。

それにも関わらず、〈現代科学〉はアトランティスとその存在を否定する。それは〈地〉軸の如何なる激しい移動さえも否定し、気候の変化に対して、その原因を他の理由のせいにするだろう。だが、この疑問は未解決のままである。たとえ、クロール博士が、地軸章動の影響と歳差運動によってあらゆるそれらの変更が説明されうる事実を手にしているとしても、H・ジェームズ卿(『アテナ神殿 *Athenœum*』、1860年8月25日刊)、そしてジョン・ラボック Lubbock 卿(**前掲書**)のように、それらが回転軸の位置の変化によるものであるという考えを、より支持したいと感じている別の〈科学〉者達が存在する。これに反対して、天文学者の大半が再度勢揃いした。しかしその一方で、彼らがこれ迄否定せず、そして非難しなかったのは —— ただ、その仮説が打ち消しがたい事実となった時には、いつでも後でそれを追認するためではないのか?

我々の数字が如何に現代〈科学〉と一致するか、いやむしろ一致しないかは、この〈本〉の〈**補遺**〉でなお一層はっきりと認められるだろうし、そこでは我々現代の地質学と人類学が〈古代の科学〉に於ける同一の数字と注意深く比較されている。とにかく、アトランティスの沈没に対しシークレット・ドクトリンが比定する時期は、いつもそのような水中に沈んだ大陸を認める時に、相変わらずアトランティスを「レムリア」と呼ぶ〈現代科学〉の計算値と全く不一致であるようには見えない。人類に先立つ時代について、現時点で、言うことが出来る全ては、「〈精神を持たない〉」〈第1人種〉の出現に至る時点でさへ、〈地球〉にはその住人が全くいないという状態でなかった。更に言えるかも知れないことは、〈科学〉が —— **肉体を持つ人間しか認めないのに**—— **人類出現以前の時代を考察する権利を持つということ**は、〈第1人種〉から、アトランティス人種の前半に至るまで拡張してきた

ことに認められるかも知れないが、「人間が今のような完全に**有機体の存在**」となったのはその時代以後のことである。そしてこの事は**アダムのような人間を数百万年より古くはない**と結論づけるだろう。(註103)

『カッバラ Qabbalah』の著者は、「今日の〈人間〉が、一個人として、人間の生命に先立つ生物群の連鎖の一つに過ぎない」、いやむしろ**生命達**の一つに過ぎないと、正しく記している。〈カッバラ〉によれば、アダム（リショウン Rishoun［ヘブル語でアダムのこと］）に内在する魂の閃光は、彼の3人の**息子**に対応する三つの本質的な界層、即ち、ヘセド［第4セフィロトで愛・生命］Hesed はハベル Habel、ゲブラー［第5セフィロトで力・精霊］Geboor-ah はカイン Qai-yin、そして**ラハミーム**［慈悲・慈愛］Ra'hmin はセト Seth である。この3人は70の種族に分かれ、人種の最初の始祖と呼ばれている」。(422頁)

「ラビ・イエフダー Jehudah は語った、（人間が『創造され』た日から）『王冠を受けているこれらの人々は（霊的人間の）衣服をどれ程纏っているのか？』と。R・エレアザル El'eazar は語った、『世界の峰々（人々の中の偉大な者達）はそれについて論議中だが、御三方が存在し、お一人は、地上（エデン）の園の中に存在するルアーク［精神］Rua'h の霊をかの聖衣として纏い、別のお一人は全てに優って高貴で、その中にネシャマー［霊魂］Neshamah が〈王達〉からなる天使群の中でかの〈生命群〉を纏う ……… もう一人の御方は、存在し且つ存在しない、見え且つ見えざる神聖なる外衣を纏う。かの衣服の中で、**ネフェシュ**［生命］は［物質的な］衣服を纏い、その中で世界のあちこちへと飛び回っている』と。(『ゾハル』、I, 119b. col. 475、『カッバラ』、412.)

この事は人種(彼らの「衣服」、或いは物質性の段階)と人間の三媒体の三つの本質に言及している。

(註103) ハクスリー氏はこれらの人種を、オーストラリア原住民、黒人種、モンゴロイド、キサントクロイ Xanthochroics［黄白色のコーカサス人種］とメラノクロイ Melanochoics［黒髪白色のコーカサス人種］の5種 —— 全て想像上の〈類人猿〉から派生している人種、に分類している。しかも、一方では、「人間と猿の実際の相違はわずかで些細なことだ」と言う者達に対して異議を唱え、「ゴリラの個々の骨は一つの痕跡を持ち、それによって対応する人間の骨と識別が可能である」と付け加え、そして「生物の現在の状態では、少なくとも未開の穴居人と人間を隔てる溝を埋める如何なる中間種的な存在も見つからない」とする —— 偉大な解剖学者は〈人間〉内部の〈猿〉の特徴を解説し続けている！（ド・カトルファージュの『人間の種』、113頁を参照）

スタンザ XI　第4及び第5人種の文明と滅亡

---

(43) レムリア系 Lemuro - アトランティス人は都市を建設し文明を広めた。神人同形論の初期段階。
(44) 彼らの彫像は、レムリア系-アトランティス人の巨大さの目撃者。
(45) レムリア人は火、アトランティス人は水で滅びた。〈ノアの大洪水〉。
(46) 第4人種及びノアの大洪水以前に存在した最後の怪物的-動物達の滅亡。

---

43. 彼ら(レムリア人)は巨大な都市を建設した。希土類[アルミ、ジルコニウム、イットリウム等の耐還元金属酸化物]や貴金属で建設した。火山の噴出物(溶岩)や山の白亜の石(大理石)や(地下の火による)黒い石から彼ら独特の彫像を彼らの大きさに合わせてそっくりな容貌に彫刻して、そしてそれらを崇拝した(a)。

(a) 最初の2人種 ── レムリア人の最後と未来のアトランティス人の始まり ── の〈歴史〉に進む時に、我々はこの地点で二つを混在させ、合わせて彼らを一つの時代として語らねばならない。

ここでの言及は、エジプト人、カルディア人、ギリシャ人達によって主張されているように、**人間の王達に先んじていた天の〈諸王朝〉**に対してもまたなされ、彼らは現代のインド人にいまだに信じられているし、彼らの聖なる数々の書物に列挙されている。しかしこれらについては相応しい所で取り上げるつもりである。示されるべく残されていることは、現代の地質学者が今では水没した諸大陸の存在に関する証拠を認めることを余儀なくさせられていることである。しかし、それらの存在を認めることは、初期の地質時代の期間、諸大陸上に人間が存在したことを容認することではないし(註1) ──〈石器時代〉の野蛮人だけではなく、人間と文明諸国家もまさにその通りで、彼らは、**天上の〈支配者〉の指導の下で、巨大都市を建設し、芸術や科学を奨励し、そして天文学、建築技術、数学を完全に熟知**

していた。この原初の文明は、人が考えるように、彼らの生理学的な変化の後に直ちに続くものではなかった。最終的な進化と建設された最初の都市との間には数十万年強もの時が経過していた。それにも関わらず、我々はレムリア人がその第6亜人種に於いて石と火山岩からなる最初の石造都市を建設していることを認めている。(註2) 初期建造物のそのような大都市の一つは、今のイースター島が痩せた細い部分の大地を張り出している所

(註1)　恐らくこれが、驚くべき巨大な立像を持つイースター島 ―― 大陸上で文明化した人類と共に水中に沈んだ一つ大陸を物語る証拠の一つ ―― でさえ、何故、現代の〈百科事典〉の何処にもほとんど言及されていないのか、という理由である。その記述は幾つかの〈旅行〉案内書を除いて慎重に避けられているし、現代科学は、確固たる証拠として個人的な趣味の上に打ち立てられた文明社会の仮説を強要し、〈知識〉の代わりにそれに対し**様々な推測**を提唱し、それらを「科学的結論」と呼ぶ等の、打ち消しがたい傾向を持っている。その専門家達はむしろ**手に負えない自明の事実**を認めるよりも、多くの正反対の見解を展開するだろう ―― それらの専門家達の中でも秀でているのはハッケルや英国の彼の崇拝者及び同志達である。それでも、「彼等は権威者達である」 ―― と我々は容赦なく気づかされる。それは何の権威者なのか？〈ローマ教皇〉もまた、一つの〈**権威**〉、一つの無謬なる者である ―― **彼の信奉者達にとってだ**が、それに対して〈科学的〉見解に関する驚くべき誤謬は、月の変化の度毎に定期的に発表されている。

(註2)　我々の最も優れた現代の小説家達は、〈神智学徒〉でも〈心霊主義者〉でもないが、それにも関わらず、まさに心理学的及び意味深長にも〈秘教科学的〉な夢を持ち始めているし、ルイス・ステファンソン Stephenson 氏とこれ以上〈秘教科学〉の考えに沿ったより広汎な心理学的小論文は他にない彼の著作『ジキル Jekyll 博士とハイド Hyde 氏』を目の当たりする。頭角を現しつつある小説家、ライダー・ハガード氏もまた預言的というよりむしろ追憶的で千里眼的な夢を、彼が『母なる自然 SHE』を書き上げる以前に、持っていたのだろうか？　彼の帝国コル Kor は、巨大な死の都市で、疫病がほぼ国民全体を滅ぼした後に、その国の生き残った人々は北へと船出したが、古い昔の記録よりなる不滅の文面から逸脱しているように見える。アイエシャ Ayesha は、「北へ船出した人々が最初のエジプト人の父祖達であるかも知れないこと」を暗示し、そしてその後は、『秘教的仏教』に引用されたある《**大師**》からの、とある手紙の要約を試みているように見える。というのも、彼女は、「豊かで強大な幾つもの国家が、工芸に円熟して、そして時を経て忘れ去られしまうことを常に繰り返したため、それらの如何なる記憶も残っていない。これ(コルの国)は、幾つかの内の一つにしか過ぎない、というのも、実際に人がコルの人々のように洞窟を掘りでもしない限り、時が人の労作を蝕み尽くし、そして、**その後こ****とによると、海が彼等を呑み込むか、地震が中の彼等を揺さぶるかもしれない。**

から、30マイルかそこら東に、全て火成岩で建設され、そして続発する火山の噴火で完全に破壊された。〈キュクロプス式〉の巨石建造物で最古の遺跡は、全てレムリア人の最後の亜人種による手仕事であったし、そして、ある秘教科学者は、それ故に、クック船長によってイースター島と名付けられた小さな陸地の上に発見された石像の遺跡が、「パチャカマック Pachacamac〈寺院〉の壁やペルーのティア－ファヌコ Tia-Huanuco の〈廃墟〉にそっくりであり」（『世界の国々』、ロバート・ブラウン著、4巻、43頁）、そしてそれらが《キュクロプス式の》〈様式〉であると聞き及んでも如何なる驚きも示さない。最初の大都市は、それにも関わらず、現在マダガスカル島として知られている大陸のその地域に出現した。今でもそうであるが、その当時にも文明的な人々と野蛮人達が存在した。進化は前者によってその完成の仕事を達成し、〈カルマ〉は ── 後者の上にその破壊の作用をもたらす。オーストラリア原住人と彼らに似た者達は、「〈炎の主方〉」によって彼らに投げ入れられた閃光を輝やかす代わりに、獣性の長い時代によってそれを消し去った者等の子孫である。(註3) アーリア人諸民族は、「〈叡智〉の〈息子達〉」が個人的に化身した、より霊的なレムリア人の人種に由来す

……… けれども、私が思うように、これらの人々は完全に滅亡しなかったのではないか。というのも、彼等の都市は多数存在し、一部の少数の者が他の都市に残っていた。しかし野蛮人達が ……… 彼等を襲い、女性達を連れ去り妻とし、そして現在のアマハッジャー Amahagger 人種は、コルの強大な息子達の雑種族の一つで、その父祖の遺骨と共に墓穴に住み、その血統を保持した。………」と語る。(180、181頁)

ここでこの賢明な小説家は、今の退化し地に落ちた人間人種のあらゆる歴史を繰り返しているように見える。〈地質学者達〉と〈人類学者達〉は人類の劈頭に〈ホモ〉プリミジェニアス［人間の始祖］として猿人を置くだろうが、それについて「〈今までのところ残存する化石が全く我々に知られていない〉」、が（それは）「〈恐らく〉現在のゴリラやオラウータンと同種であった」とする（ヘッケル氏）。その「可能性」に対する答えとして、秘教科学者達は別のより広汎な**可能性**を指摘する ── その一つはこの本文で与えられている。(**上述を参照**)

(註3) 既出のスタンザⅡを参照。これは、諸人種、諸国民の知性的能力と個々の人間達との非常に大きな相違と多様性を解説するであろう。一方化身する場合、そして最初の知性の無い（**精神を欠く**）人種によって発達した人間の媒体を活気づけるだけの別の場合に於いて、化身する〈諸勢力〉や〈諸本質〉は、〈モナド〉の過去の〈カルマ〉内で選択を為し、考慮せねばならなかったが、そのカルマと彼等の肉体は結びつかざるを得なかった。それはさておき、『秘教的仏教』(30頁)で正確に述べられているように、「第5本質、或いは人間の（知性的）魂は、人類の大半に於いて未だ十分には発達していない」。

るアトランティス人を通じて彼らの血筋を辿ることが出来た。(註4)

　最初の文明国家が開始されたのは天の〈王朝〉の到来と共にである。そして、〈地球〉の幾つかの地域では、人類の一部が遊牧民的で家父長的な生活を送ることを好み、そして他の野蛮な人間が火を熾すことや〈元素霊〉から自身を護ることを学ぶのが困難であった一方で、彼の同胞達は ―― 自身の〈**カルマ**〉よって彼以上に恩恵を受け、彼らに伝えられた天の情報に助けられて ―― 都市を建造し、工芸や科学を発展させた。とは言うものの、文明に関係なく、彼らの羊飼いの仲間達が天賦の才として不思議な力を享受した一方で、彼ら、建造者達はこの時ほんの僅かづつしかそれ等のものを獲得出来なかったし、これらの人間でさえ肉欲的な性癖と自己中心的で不浄な目的に力を使っていた。文明は精神性と霊性を犠牲にして肉体と知

(註4)　それは、**バガヴァッド-ギーター**で、〈ロゴス〉の化身クリシュナによって、「その7人の偉大な聖仙リシ達は、4人が〈マヌ等〉に先行し、私の神性を帯び、私の思いから生まれ、そして彼等から人間の人種やこの世界が生じた(出現、或いは生まれた)」(**10場6節**)と語られている。

　ここでは、7人の偉大な聖仙リシ達によって、ディヤン・チョーハンからなる七つの偉大な**有形**ハイラーキー、或いは天の職階を示唆している。〈**セプタリシ Septarisi**〉(7人の聖仙リシ達)が、大熊座の7星の、それ故、諸惑星の天使群、或いは七柱の偉大な〈惑星神方〉と同種類の摂政であることを把握しておこう。全ての摂政方は様々な〈劫期〉や人種において地上のあらゆる人間に生まれ変わった。更に、「〈マヌ等〉に先行する4名の方々」は、元々**無形**神群の四つの天の職階名 ―― クマーラ方、ルドラ神群、アスラ群等々で、**化身してきた**とまた云われた者達である。彼等は造物主プラジャーパティ達ではなく、最初のうちは、彼等の知識的な本質に過ぎず ―― 彼等の一部は人間に化身したし、一方他の者等は別の人間達を彼等の単なる投影媒体とした。クリシュナが正しく語っているように ―― 同じ言葉が後に別の〈ロゴス〉の**媒体**によって繰り返されてはいるが ――「私は万物と一体である。………　私(第6本質、或いは理知的で**神的な〈魂〉**、〈ブッディ〉は、〈マナス〉のより高次の機能との結合によって意識を創った。)を崇拝する者等は**私の内にあり、そして私は彼等の内にある**」。(『**バガヴァッド-ギーター**』、[10場]29節)〈ロゴス〉は、人格神ではなく普遍的な原理で、**その心から生まれた**あらゆる神の〈諸勢力〉 ―― 汚れ無き〈炎〉、或いは〈秘教科学大系 Occultism〉で呼ばれるように、「〈知性的な息〉」で ―― これらの天使群は**自身で独立している**と云われ、消極的で不活発な状態から〈自己意識〉の活動的な状態へと移行した者等、によって象徴されている。これに気づく時、クリシュナが云う本当の意味が理解出来るようになる。だが、スッバ・ロー氏の**バガヴァッド・ギーター**の素晴らしい講義も参照のこと(『神智学徒 *Theosophist*』、1887年4月号444頁)。

性を絶えず発達させた。愚かな人々が今も超自然的なものと結びつけている人間固有の心霊的能力の発揮と指導は、初期〈人類〉にとって本質的且つ先天的であって、人間に歩行や思考と同じくらい自然に現れた。『《母なる自然ＳＨＥ》』を哲学する「魔術などは有り得ない」と、著者は「魔術」がその草創期には偉大な〈智慧〉の〈科学〉を意味したこと、そしてアイエシャ Ayesha が現代の思想的な曲解をほとんど知る可能性がなかったことを忘れて ──「〈自然〉の〈秘密〉の知識としてそのようなものは存在するけれども」と、述べている。(152頁) しかし、それらは我々の人種に於いてのみ「〈秘密〉」となったのであり、〈第3人種〉では公の財産であった。

　人類は緩やかに身長が低くなってきた、というのも〈第4〉、或いはアトランティス人種の実際の出現以前でさえ、「〈選ばれた〉」ハイラーキー達、「〈意思〉と〈ヨーガ〉の〈息子達〉」の従僕と弟子達 ── 後者は〈炎の様な霞[青白い霞のようなプラズマ] Fire Mist〉の〈息子達〉」と呼ばれた者を除いて、人類の大半は非道と罪に堕落していた。

　その後、出現したのはアトランティス人で、その肉体的美しさと強靱さは進化の法則に従い、その第4亜人種の中間時代に向かって絶頂期に達した巨人族である。さて、〈註解書〉で次のように云う ──

　〈白い島(原初のシュウェタ-ドゥウィーパ Seveta-dwipa)〉の正統な子供達の生き残りは幾時代も前に滅亡していた。彼ら(レムリア人の)選ばれし者は、聖なる島(ゴビ砂漠にあると云われる、現代の「伝説的な」シャンバラ)の避難所に連れて行かれ、一方彼らの中で悪徳に呪われた人種の幾つかは、主要な種族から別れて、その時点で密林や(「穴居人」として)地下に居住したし、その時、黄金色の種族(〈第4〉)は「罪で黒色」にその肌の色を変えた。世界中の至る所で、〈地球〉は三度に渡って地表の姿を変化させて、もはや〈白い島〉の〈息子達〉、祝福されし者が住むことも無く、そしてアドビタンヤ Adbhitanya [驚嘆すべき者]は、東と西で、最初の者、一なる者にして純粋なる者だが、堕落していった。………〈第3人種〉の下級神達は〈第4人種〉の下級デーモン達に場所を用意していた。〈白い島〉は、そのトーヤムブッディ Toyambudhi の北部地域を7人のクマーラ達(サナカ Sanaka、サナンダ Sananda、サナータナ Sanàtana、サナトクマーラ Sanatokumàra、ジャータ Jàta、ヴォードゥ Vodhu、そしてパンチャシカ Panchasikha)が訪れたと、一般的な伝承で認められている(『パドマ・プラーナ』の「ウッタラ・カンダ[北辰讃歌] Uttara Khanda」を参照のこと。また『アジア探訪』のXI巻99、100頁も)が、その〈白い島〉はその表面をベールで隠した。彼女の子供達は今では黒い陸地に住んでいて、そこは後に第

7 ドゥウィーパ(プシュカラ Pushkara [青い蓮の意味で、プラーナ伝承では周期の中で第7番目の地球或いは大陸を象徴])出身のダイティヤ達と第7地域出身のラークシャサ達が、別のより高い領域から降臨した〈第3人種〉時代の〈サドゥー達 Saddhus〉や苦行者達と入れ替わった。………

　それらの空文に瞞(だま)されるならば、プラーナ伝承が子供じみた妖精譚を織り交ぜたもの、そしてそれ以上のものでは無いとして読まれることは明白である。しかし、もし誰かがビシュヌ・プラーナの第Ⅱ書(2巻)の1、2、3章を読み、そしてプリヤヴィラタ Priyavrata の7人の息子達に、彼らの父が七つのドゥウィーパ Dwipas (〈大陸のような島々〉)を分け与えていることを、**言葉どおりに**その地理学、測地学、そして民俗学を受け入れ、その後に長男、**ジャンブ Jambu - ドゥウィーパの王であるアグニドラ Agnidhra** が、彼の9人の息子達にどの様にジャンブ−ドゥウィーパを分け与えたかを、そして更に、**彼の息子のナビ Nabhi** が、100人の息子を持ち、彼の時代にはその全員に分け与えた際に、どの様にしたかを、学んで行くならば ── その時、その読者は本を放り捨てて、馬鹿げたことの寄せ集めだね、と言い出しそうである。しかし、秘教的な学徒は、プラーナ伝承が書かれた時代には、その真の意味が、これらの著作群を寓話風に書き、真実の**全体**を大衆に伝えようとしなかった〈秘伝を受けたバラモン達〉にとってのみ明白であった、と理解するだろう。更に、秘教的な学徒は、それに関してそのような混乱を作った、そしていまだに作り続けている、ウィルフォード大佐に始まりウェーバー博士で終わる〈東洋学者〉に対して、最初の三つの章(**ウィルソン訳、『ヴィシュヌ・プラーナ』、第2巻、以降の翻訳を参照**)が意図的に以下の主題と出来事を混乱している、と説明するだろう ──

　Ⅰ. 幾多の〈劫期〉や〈時代〉(また〈諸人種〉)の繋がりが決して考慮されていない、例えば、一つの生物に起こった出来事が別の生物に生じたそれらの出来事と一緒くたにすることが許されたままにされている。年代記的な序列は完全に無視されている。この事は数人のサンスクリット註解者によって指摘されており、彼らは次のように語り、様々な出来事と算出年代の矛盾を説明する ──「異なるプラーナ伝承で多くの反対の主張が観察される時はいつでも、それらは ………〈諸劫期〉の相違とそれに類するもののせいだとされる」(『ヴィシュヌ』及び『バガヴァット・プラーナ』)と。

　Ⅱ. マンヴァンタラと〈劫期〉、或いは時代という言葉が持つ幾つかの意味の説明は、差し控えられ、一般的な一つだけが伝えられている。

　Ⅲ. 〈王達〉とそのヴァルシャ *Varshas* (国々)及び諸大陸ドゥウィーパに

関する系譜と地形について、それらは全てが地球上の諸地域であると見なされている。

さて、真実を、細々(こまごま)とした詳細に踏み込むこと無しに、簡単にそして次の様に示して差し支えない。──

(a)プリヤヴィラタの7人の後継者に分け与えられた七つの**ドゥウィーパ大陸**は幾つかの場所、まず第1に、我々の惑星連鎖に言及している。ジャンブ-ドゥウィーパのみが我らの地球を象徴し、他の六つはこの地球の見えざる(我々にとってだが)同一連鎖の伴星である。この事は寓話的で象徴的な記述からなるまさに特徴そのものによって表現されている。**ジャンブ**(ドゥウィーパ)は、「**これら全て**(いわば島状に点在する大陸)**の中央に存在し、そしてそれを囲んでいる**」のは**大量の塩水**(ラヴァナ lavana)であるのに対し、プラクシャ Plaksha、シャールマリア Salmalia、クシャ Kusa、クラウンチャ Krauncha、シャカ Sâka、そしてプシュカラ Pushukara を、「それぞれ囲んでいるのは ── サトウキビジュース、ワイン、純粋なバター、凝乳、ミルクから成る大洋」等々で、それらは比喩的な名前に符合してる。(**第II巻第2章**) これは以下によって更に説明されている ──

(b)バースカラ・アーチャリヤ Bhâskara Acharya [インドの数学者で天文学者。1114年 – 1185年]は、これら全てのドゥウィーパ大陸の位置について星の配置に関する記述に〈シークレット・ドクトリン〉とプラーナの書物からの描写を用いたが、──「ミルクの海及び凝乳の海」等は〈天の川〉と様々な星雲を意味するとし、更にその後、彼は「赤道の南側地域を**ブール** *Bhur*[大地]-**ローカ**[地域]、その北側地域を**ブヴァ** *Bhuva*[地上]-**ローカ**、**スワル** *Swar*[天]、**マハル** *Mahar*[偉大な]、**ジャーナ** *Jana*[智慧]、**タポ** *Tapo*[献身]、**サティヤ** *Satya*[真理]・**ローカ**」と名付け、そして「それらの地域は宗教的な美徳を増すことで徐々に辿り着ける」、即ちそれらが多様な**楽園**である、と語っている。(**インド図書全集** *Bibliotheca Indica*、[バースカラ著]『**シッダーンタ・シロマニの天球理論** *the Golâdhyâya of the Siddhânta-siromani*』、**III の翻訳21 - 44頁参照**)

(c)この七つの寓話的な大陸、島、山、海及び地域の地理上の分類が**我々の〈環〉のみだけでなく、我々の諸人種さえにも**(バーラタ・ヴァルシャ Bharata Varsha(インドを意味する)という名前にも関わらず)附随するものでないと云うことは、**ヴィシュヌ・プラーナ**の語り手によってそれらの本

文の中で説明されている。というのも、彼は第1章を次の言葉で締めくっているからで、曰く、「バーラタ(自分の名前をバーラタ・ヴァルシャ、或いはインドに命名した**ナビ**[臍]の息子)は、自分の息子スマティ Sumati [良い知識]に〈王国〉を禅譲した ……… そしてサーラグラマ Salagrama で自身の命を捨て去った。彼は後に、修道僧の優れた家系の一つに敬虔なバラモン僧として生まれた ……… これらの王子達(バーラタの子孫達)の下で、バーラタ・ヴァルシャは九つの部分に分けられて、そして彼らの末裔達は四つの時代を合わせたものから成る71時代の期間、国の領域を続けて維持した」、言い換えれば、432万年から成る一つの〈マハー・ユガ〉を表す1〈マヌ〉の統治期間、国を治めた。

しかし更に語る中で、パラーシャラ Parasâra は、唐突に、「これはスワヤンブーヴァ・マヌの創造物で、**マヌが最初のマンヴァンタラ全体を統括していた時**、大地が創造物によって満ち溢れたのはヴァーラーハ Vârâha 〈劫期〉」、即ち**猪**[ヴィシュヌの化身の一つ]、或いは**アヴァターの化身時代**である、と説明している。さて、あらゆるバラモン僧は、**我々今の**〈人類〉がこの地球(或いは〈環〉)を開始し得たのは**ただヴァイヴァスヴァタ・マヌのお蔭である**ことを知っている。そして、もし〈西洋〉の読者が『人類の初期のマヌ』の中の小項目に目をとめるならば、彼は、ヴァイヴァスヴァタが、惑星連鎖の生命周期の間、我々の惑星連鎖全体を統括する14人のマヌの中で**七番目**であること、即ち各〈環〉に於ける同一の名前を持つ2人のマヌ(〈根〉マヌと〈種子〉マヌ)を表わし説明することで、マヌが〈第4環〉の〈根〉マヌでしかも七番目であること[本書405頁参照]、を理解するだろう。ウィルソンはこの「一つの不一致」(彼の『ビシュヌ・プラーナ』、第2巻、108頁の脚註を参照)だけを見つけ、そして「家父長的な系譜が〈マンヴァンタラ〉や〈劫期〉などの年代記的な体系よりも古く」、そのために「むしろ不適切にも異なった時代の間に割り当てられてきた」と解説している。が、そんなことは無い。しかし、〈東洋学者達〉が隠された教えについて何も知らないため、彼らは全てを**文字通りに**受け取り、その後、彼らが理解しないそれら書物の書き手達に背を向けて罵ることだろう!

三つ半の〈環〉を含んでいるこれらの系譜は、**人間に先立つ時代について**語り、各マヌ —— 最初に顕現した《**一なる**》〈統一者〉**ONE** Unity の煌めき —— がその時代の人々へ天降ることを説明し、そして更に、これら人間の煌めきそれぞれが、最初は、人間の祖霊達である**ピタル達**によって、その後には人〈種〉によって、枝分かれし繁栄していることを示している。如何なる存在も、人間の生命周期を通過しない限り、〈神〉やデーヴァ[光

り輝く者、天使、天人]になることは出来ない。それ故、〈偈文〉に曰く、「バーラタ-ヴァルシャに、神々の(潜在する)状態でさえあっても、**人間として誕生する者等は幸いである。何故なら、それが道である ……… 究極の解放への」**と。ジャンブ-ドゥウィーパで、バーラタは**その区域の最も優れた地域**と考えられているが、その理由は**〈そこが労働の土地である〉**ことによる。そこにのみ、「クリタ、トゥレタ、ドゥイパラ、そしてカリの4〈ユガ〉(時代)が連綿と続いている」し、それゆえ、パラーシャラが、弟子のマイトレーヤから「〈地球〉についての説明を賜るように」求められて、スワヤンブーヴァ・マンヴァンタラに彼が記したものとまったく同じ、ドゥウィーパ[大陸]や海洋の名等を再び答えている時 —— それは行間を読む人にとって単なる**日よけの覆い**に過ぎないけれども、〈四つ〉の偉大な〈人種〉と〈第5人種〉が、そこに、その一部は天の世界や他の天体のそれらの名称によって呼ばれた諸区域、島々、そして諸大陸と共に、まさしく存在している。このため混乱が起こる。

　これら全ては〈東洋学者達〉によって「神話上」及び「伝説上」の島々や土地と呼ばれている。(註5)まさしくその通りで、一部は**この地上のものでは無い**が、それらはいまだに存在している。「〈白い島〉」と**アタラ** *Atala*[物質的に存在しない地]はあらゆる出来事に於いて、全く神話ではなく、従って**後者アタラ**は〈第5人種〉の初期の先駆者達が〈罪悪〉の土地 —— 一般的にはアトランティスのことでプラトンの云う島だけではない土地、に侮蔑的に付けられた蔑称であったし、そのために前者は、(a)神統系譜学のシュウェタ[白い]Sveta ドゥウィーパと(b)シャカ Sâka ドゥウィーパ、或いは初期のアトランティス(その黎明期の一部分)であった。これは、「あらゆる罪悪を洗い流す七つの聖なる川」とその「美徳の懈怠(けたい)、論争、美徳からの逸脱が一切ない七つの地区」がいまだそこに存在していた時代のことで、

(註5)　講演で、英国学士院会員 F.R.S.[Fellow of the Royal Society]のペンジェリー Pengelly 博士は、オリヴァー博士を引き合いに出しながら、彼に、「現在の大西洋諸島の〈植物相〉は〈新世界〉の主要な島との過去における直接的な交流に関する実際の如何なる証拠ももたらさない」と言わしめているが、彼自身は同時に「第三紀時代の一部の期間に、北東部アジアは北西部アメリカと恐らくアリューシャン列島が現在広がっている線に沿って陸続きであった」と付け加えている。このように〈秘教科学 Occult Science〉だけが現代〈科学〉の反駁と戸惑いを調整することが出来る。その上、実際に、アトランティスの存在に関する議論は〈植物学 Botany〉だけにとどまってはいない。

そこはマガ［司祭］達 *Magas* ── 〈バラモン僧達〉でさえ自身より、劣っていないと認めていた ── 階層の人々によってその時居住されていたように、それは最初のツァラトシュタ［ツァラトシュトラ］Zaratushta の揺籃の地であった。〈バラモン僧達〉は、ナーラダの助言で、実在の証拠が全くないクリシュナの（かの有名な）息子、サーンバ Sâmba によって建立された寺院の〈太陽〉祭司として**マガ達**を招聘するよう彼らに伝えたガウラムカ Gauramukha［白く輝く顔を持つ者］と相談していると描写されている。これに関してプラーナ諸伝承は ── 寓話にも関わらず ── **歴史書的**で、そして〈秘教科学大系〉は諸々の事実を叙述している。

　物語全体はバヴィシャ Bhavishya［未来］・プラーナで語られている。それは、スーリヤ（〈太陽〉）にライ病の治療を受けたサーンバ Sâmba が、〈太陽〉に奉納する寺院を建立し、敬虔な〈バラモン僧達〉に対し、その中で定められた儀式を執り行うこと、そして〈神〉に捧げられた供物を受けることを求めていたと述べている。しかし、ナーラダ（人があらゆる時代のプラーナ伝承に見聞きするこの無垢の苦行者）は、マヌが〈バラモン僧達〉に対し宗教儀式の執行に対する報酬の受け取りを禁止していたことから、彼にそうしないように忠告した。彼は、そのためサーンバに、その仕事に最も適した者を告げてくれる（白い顔の）ガウラムカ Gauramuka、即ち**プローヒタ** *Purohita*［筆頭神官或いは神］、或いはマトゥラ Mathura［インド北部のヤムナー川沿いの都市アーグラでクリシュナの生誕地］の王ハッグラセーナ Hgrasena の一族司祭の所へ助言を求めて行くように勧めている。その司祭はサーンバにスーリヤの崇拝者である**マガ達** *Magas* を招聘し、礼拝式を執り行うように指示した。マガ達が暮らす場所を知らないため、サーンバに**塩の海を超えて**シャカ・ドゥウィーパへ行くように指示したのはスーリヤ、即ち〈太陽〉自身である。その後、サーンバは、彼をマガ達の暮らす土地に連れて行ってくれるガルーダ Garuda（ヴィシュヌとクリシュナの乗物である巨大な〈鳥〉）を使って旅をしている。

　さて、5千年前に生存したクリシュナ、あらゆる周期（或いは人種）で生まれ変わりが認められるナーラダ、加えてガルーダ ── 秘教的には大周期の象徴 ── は、寓意物語で描写されているが、しかしマガ達はカルディアの〈マギ術師〉で、彼らの官位制と礼拝様式は、より初期のアトランティス、即ち〈罪悪なき〉シャカ・ドゥウィーパで生まれた。あらゆる〈東洋学者達〉は、シャカ・ドゥウィーパのマガ達が火を崇拝するパルシー教徒 Parsis の父祖達であることに、同意している。マガ達についての議論は、通常、数十億年を今の時代の数世紀に短縮することに基づいているし、東

洋学者達はその出来事を ── ナーラダとサーンバに関係なく ── パルシー教徒達のグジェラート Gujerat への逃避行の時代へ繰り上げようとするが、それは我々の時代の 8 世紀に起こったことなので、単純に矛盾している。バヴィシャ・プラーナの中では、マガ達はクリシュナの〈息子〉の時代に依然としてシャカ-ドゥウィーパに居住していると思われているけれども、その最後は ── プラトンの云う「アトランティス」のことで ── 6 千年前に消滅した。彼らはシャカ-ドゥウィーパの「最後の」マガで、その当時カルディヤに居住していた。これもまた意図的な混同の一つである。

〈第 4 人種〉の黎明期の先駆者達は、アトランティス人でも、後に彼らがなったと云われる人間である**アスラ達**、そして**ラークシャサ達**でさえもなかった。その当時、未来のアトランティス大陸の大部分は依然として〈海洋〉床の主要な部分を構成していた。「レムリア」は、我々が〈第 3 人種〉の大陸と呼んできたように、その時には巨大な陸地であった。(註6) それは、今のチベット、モンゴル、そしてスチャモ Schamo (ゴビ) 大砂漠、即ちチッタゴン Chittagong から西へはハルドワール Hardwar、東へはアッサムへと波を打ち寄せる内陸湖から分かれたヒマラヤ山系の裾野を形成する空間領域の全体に広がっていた。そこから陸地は、我々に知られている南部インド、セイロン及びスマトラを超えて南に伸び、そしてその途中を取り囲んでいるのは、南に向かって、右手にマダガスカル、オーストラリアとタス

(註6) 〈序〉に示されたように、レムリアという呼称だけでなくアトランティスさえもが失われた諸大陸の実際の**古い**呼称であるが、その事を明白にする目的で我々に使われてきたことは理にかなっている。アトランティスは、「ヘラクレスの柱 [スペインとモロッコの間にあるジブラルタル海峡に屹立する自然石の柱] の向こう」に在り、大激変の後でも偶然にも水の上に位置し、水沈した〈第 4 人種〉の大陸の残存部分等に付けられた名称であった。これら最後の残存する陸地は ── プラトンの**アトランティス**、或いは「ポセイドン Poseidon」(別の陸地の代用というよりむしろ本当の名称の翻訳)で ── およそ 1 万 1 千年前にその最後となった。両大陸の国々と島々の正しい名称のほとんどはプラーナ伝承の中で与えられているが、わざわざそれらに言及することは、**スーリヤ・シッダンタ**のような他のより古い作品群の中に見出せるように、冗長な説明が避難いであろう。仮にも、より早い時期の書物で、その二つの大陸が朧気にも断絶され過ぎていたと思えるならば、この事は漫然とした読書と熟考不足に原因があるに違いない。幾時代も経たのちに、ヨーロッパ人達がアーリヤ人として言及され、読者が彼等をヒンドゥ人と、そして後者ヒンドゥ人を、彼等が古代のランカ島 [現在のスリランカ] に(その一部が)住んでいたため、〈第 4 人種〉と混同するとしても ── その非難が著者に降りかかることはないだろう。

マニアは左手で、〈南極圏〉にある程度まで続いていたし、その当時、〈母なる大陸〉の一内陸地域であったオーストラリアから、現在南緯26度、西経110度に位置しているラパ-ヌイ Rapa-nui（チーピィ Teapy、或いはイースター島）を越えて伸びていただけでなく遙か太平洋内へと広がっていた。**(この第2巻の〈補遺〉、「沈んだ大陸の数々の証拠」の〈章〉を参照)** この陳述は、〈科学〉によって —— たとえ部分的にせよ、大陸の地勢についての議論や一般的に〈繁栄の極み〉に向っている〈北極圏〉-下の人々を描写する際に、推測ではあるけれども、幾つかの古代大陸が一般的に言及されることで、裏付けられているように思わる。そのような中で、「マスカリン［マダガスカル島東方海上にマスカリン島の地名が残っている］Mascarene 大陸」は、マダガスカル島を含み、南北に伸びていると伝聞され、そして別の**古代大陸の存在位置は陸続きで「スピッツベルゲン**［北極海のノルウェー領ベストスピッツベルゲン島］**からドーヴァー海峡へと広がり、その一方でヨーロッパの他地域のほとんどは海の底であった」**と教えている。(註7) 後者は、さらにまた、黎明期に於ける〈人間〉の七つの揺籃地域として、そして巨大なレムリア大陸がより小さな大陸に分離し始めた〈第3人種〉の期間、その地域の人類の大半の墓場として(現在の)北極圏を示す〈秘教科学〉の教えを裏付けている。この事は、〈註解書〉の説明によれば、地球の自転速度の減少に因る ——

「**〈車輪〉が通常の速度で廻る時、その両端(両極)は中央の輪**(赤道)**と調和**するが、**それがよりゆっくり廻り、あらゆる方向に傾く時**［極移動或いは地軸傾斜］**には、〈地球〉表面に大きな地殻変動が起こる。海水は両端に向かって流れ、新しい陸地が中央帯**(赤道下の陸地)**に隆起し、一方で両端の陸地は沈没によるプララヤ**［不活動期］**の影響を被りやすい。………」**

そしてまた ——

………「**そのように車輪**(地球)**は、その海の呼吸**(潮流)**のために、〈月の霊〉に従い、それによって調整された。大いなる**(根本)**人種の時代**(〈劫期〉)**の終焉に向かって、月の摂政達**(父祖ピタル、或いはピトリ達)**はより激しく引っ張り始め、そうして車輪のそのベルト辺りを平らにするが、その時それは数ヶ所で沈み込み、他では膨張し、両端**(両極)**に向かって膨張が進みながら、新しい陸地が起こり、古いものは呑み込まれるだろう」**。

(註7) 　ダナ Dana 博士の小論記事、『アメリカの科学雑誌』、III. V. 442-3、及びウィンチェル博士の『世界の生物』、そして他の地質学的書物を参照のこと。

前述の意味を明確に理解するために、我々は少なくとも天文学的な、及び地質学的な書物を読むべきである。科学者達(**現代の**〈専門家達〉)は、惑星上の陸と海の地質学的な配置に関して、潮流の影響と陸地の沈下に呼応する海洋の移動、そして大陸と新たな陸地の隆起を確認してきた。科学は、この出来事が周期的に起こることを、知っている、いや知っていると思っている。(註8) トッド Todd 教授は、地球の最初の地殻時代に遡ってその変遷の流れを辿ることが出来ると信じている。(『アメリカの博物学者達 *Naturalist*』、18 章 15 **以降を参照**)それゆえに、〈科学〉にとって〈秘教的〉な陳述を立証することは容易に思える。我々は、〈補遺〉でより多くの紙幅を割いて、これに関して取り扱うことを提案する。([補遺の]V. と VI. **参照**)

　一部の〈神智学徒達〉によって問われていることは、「隆起したときのアトランティスはどんな姿になるのか？」で、彼らはかつて沈んだ「太古の大陸」が再び出現するだろう、という『秘教的仏教』の幾つかの言葉を本当だと思っている。ここでもまた、若干の誤解がある。仮にも水没したアトランティスと**そのまま**全く同一の陸地が再び浮上するならば、その時それらは、実際、**長い間不毛の地**となるだろう。何故なら、大西洋の海底は現在およそ 5,000 フィート[約 1,500m]程の石灰で覆われ、更に新しく形成されつつあり ── 新しい地層「白亜質層の形成」は、事実 ── 何らかの理由も無く、新しい大陸の出現する時期が到来する際に、地質学的な激変と海底の隆起がいくつかの山脈を形成することではこれら 5,000 フィートもの石灰質を処理できず、5,000 フィート以上のもの石灰質地層が地表に現れることになるから。民族的な数々の激変の伝承は、40 日にも及ぶノアの大洪水のようなものではなく ── ボンベイ地方のモンスーンのような[地域的な]ものである。

　今、現代の作家達によってアトランティスやレムリアと呼ばれている非

(註8)　赤道及び極地域の定期的な隆起と水没、そして続いて起こる気候の変化について述べながら、ウィンチェル氏(ミシガン大学の地質学教授)は次のように語っている ──「ここで観察された活動は周期的なので、同じ状況は何度も繰り返すだろうし、従って同じ動物相が、他の動物相による占有のため間隔をあけて、同地域に何度も復活するかも知れない。連続する堆積はそのような動物相の変化の記録を保存し、そこには『生物群』の『再出現』という事象が示されるだろう、そして化石の垂直及び平面的分布の中に他の動物相的な断層がそのまま残ることになる。これらの事象は地質学の研究者にはよく知られている」と。(『天文学的変化の影響』)

常に巨大な数々の大陸の周期的な沈没と再出現は、虚構ではなく、あらゆる同一の証拠が一緒に照合されてきた〈分野〉に於いて論証されるだろう。最も古い形式のサンスクリット語とタミル語の文献は両〈大陸〉への言及で満ちている。七つの聖なる〈島〉（ドゥウィーパ）は、全世界で最も古い天文学の書物**スーリヤ・シッダンタ Sûrya Siddhanta**［太陽の完成］とウェーバー教授がプトレマイオス［天動説を主張するギリシャの天文学者・数学者・地理学者］に生まれ変わったとするアトランティスの天文学者アスラ・マヤの本に述べられている。それでも、これらの「聖なる島々」を —— 我々が行って来たように —— **アトランティス**と呼ぶことは誤りの一つで、何故なら、ヒンドゥの〈聖なる書〉に於ける他のあらゆることと同様に、それらは複数の物事に言及がなされているからである。スワヤンブーヴァ・マヌの〈息子〉プリヤヴィラタ Priyavrata によって彼の7人の息子達に残された世襲遺産は —— たとえこれらの島々の一つか二つは同胞の島々の沈没を生き延びて、幾時代も後には、今度は自らの大陸が沈んだアトランティス人に避難場所を提供したとしても、**アトランティス**ではなかった。本来パラーシャラ Parasâra（**ヴィシュヌ・プラーナ**）によって語られる時、その七つのものはさらに後で説明される秘教的な一つの原理と関連している。七つの島々全部の中でジャンブー・ドゥウィーパ Jambu Dwipa は唯一地球上のものである、何故なら**それは我々の地球のことだから**。プラーナ伝承の中で、メール山の〈北〉に関する言及は、太古の〈エルドラド〉［伝説的黄金都市］、即ち今の〈北極〉圏と結びつき、今は探索を拒む果てしない氷の平原であるそこに木蓮の花が咲いていた頃には、そこはまた一つの大陸であった。科学はスピッツベルゲンからドーヴァー海峡へと下って伸びる古代の大陸について述べている。シークレット・ドクトリンは、初期の地質学的な諸時代に於いて、これらの地域は一つの馬蹄形状の大陸を形成し、その一端、東部はグリーンランドを含み北コーンウォール［イングランド南西部の州］より遙か北方に、そして別の端は大地の内陸部分の一つとしてベーリング海峡を含み、そしてその当時には［馬蹄形］半円の下部曲線側の右に位置していたに違いないブリテン諸島へと南方に自然と向いて降っていた。この大陸はレムリア大陸の赤道上に位置する諸地域の水没と時を同じくして浮上した。幾時代も経て、レムリアの名残の一部が〈海洋〉の面に再び出現した。それゆえ、アトランティスが〈七つ〉の巨大な島である大陸に含まれていることは、真実から逸脱せずに語りうるけれども、それ以来、〈第4人種〉のアトランティス人は、レムリア人の遺跡の幾つかを手に

入れ、そして島を植民地化しながら、現代の書物に見られるように、いまだに口論がなされ、説明が与えられているが、かつて、より詳細でより正確な記述が試みられている**彼らの土地や大陸の中にそれらを併合した**。イースター島もまた、アトランティス人によってこんな風に占領されていたが、彼らは自らの土地の上にふりかかった激変から逃れて、ある時その火山の火と溶岩で一日のうちに壊滅したその島の上で、ただ滅びるしかない、かのレムリア人の残存者を植民化した。この出来事は若干の地理学者や地質学者によって作り話とみなされるかも知れないが、〈秘教科学者達〉にとってそれは**歴史的事実**である。それとは反対に〈科学〉はいったい何を知っているというのか？ 「1522年にバーゼル Basel［スイスのバーゼル-スタディット州の州都］で編纂された地図の出現まで**インドの一部と信じられていた**アメリカという名称がその地図で初めて現れるが ……… 科学は、一繋がりの一方の端がインド半島で他方が南アメリカで、それらが帯状の島々と大陸によって結ばれていた時代があったという**破天荒な仮説の承認を拒否**している。先史時代のインドは ……… 二重の意味で二つのアメリカと結ばれていた。アムミアヌス・マルセリヌス Ammianus Marcellinus が『インド〈上流階級のバラモン達〉』と呼んでいる者達の祖先の土地は、カシミールから（今の）スチャモ Schamo 砂漠の遙か奥へと伸びていた。北から来た徒歩の旅人は ── 足を全く濡らすこと無しに ── 満州 Manchooria を通って、**未来のタタール湾**、そして千島 Kunile 及びアリューシャン列島を横切って、アラスカ半島にその当時にはたどり着いたかも知れないし、一方別の旅行者は、カヌーを装備して、南から旅立ち、シャム Siam［現在のタイ］から歩き渡り、ポリネシア諸島を越えて、南アメリカ大陸の如何なる場所へも徒歩の長旅で行くことが出来た」。（**少なくとも、『神智学の5年間の歩み』、『秘教史のリーフレット』の338頁と340頁を参照のこと**）この部分はある《**大師**》 ── 即ち唯物論者達や懐疑論者達にとってかなり疑わしい権威筋の言葉に基づいて書かれた。しかしここに我々は彼らと同じ学派の1人、そして同じ意見を持った者 ── アーネスト・ヘッケル氏を知っているし、彼は、**自らの人種分類**で、その記述をほぼ**言葉通り**に実証している。……… 「〈**密接な関係にある狭鼻猿**〉からこれらの原始人への進化が起こった地球上の地域は、南部アジアまたは東部アフリカ【ついでだが、〈第3人種〉が繁栄していた時そこは存在さえしていなかった ── H・P・B】、或いはレムリアであると思われているだろう。レムリアは現在のインド洋の海水の下に沈んだ太古の大陸で、今日のアジア南部に横たわり、一方は東方のインド上部とスンダ Sunda 列島［スマトラ島、ジャワ島、

ボルネオ島から成る現在のインドネシア]へ、もう一方は西方遙か遠くマダガスカルとアフリカへ伸びている」。(上記を参照して、『人間の系図』の80頁から81頁と比較せよ)

　我々が話題にしている時代に於いて、「レムリア」〈大陸〉は既に多くの場所でばらばらになり、新しく分れた諸大陸を形成していた。そうではあるが、アフリカだけでなく南北アメリカ、そしてその当時にはいまだヨーロッパさえ存在せず、すべてこれらは依然として海洋床に微睡（まどろ）んでいた。同じく今のアジアの大部分もで、というのもヒマラヤのこちら[南]側の地域は海でおおわれていて、これを越えて、現在グリーンランド、東及び西シベリア等々と呼ばれる地域に迄**シュウェタ-ドゥウィーパ** *Sveta-Dwipa* の「蓮の葉」[丸い大地]が広がっていた。その超巨大〈大陸〉は、かつて最大時にはインド洋、大西洋、太平洋にわたって広がっていたが、最終の激しい揺れがその最後に残った陸地を深淵に引きずり込むまで、ゆっくりと次々に消え去ってゆく巨大な島々をこの時には形成していた。例えば、イースター島は、〈第3人種〉の初期文明に属し、火山性且つ突然の〈海洋〉床の隆起で残りの土地と共に水没し、北極が水没したシャンプラン世 Champlain[地質時代の第四紀の1時代]の期間中に、レムリアの存在を証拠立てる聳え立つ目撃者として、火山、そして石像と共に、言及し得ない程〈古い〉時代の小さな遺跡を隆起させた。オーストラリア部族の一部は、〈第3人種〉最後の末裔達に由来する最後の残存者達であると云われている。

　この中で我々は唯物的な〈科学〉によって再び強く確信させられる。ヘッケルは、ブルメンバッハ Blumenbach[1770－1790年代に活躍したドイツ人医師で、現代人類学の祖と呼ばれ、白人種、黒人種、黄色人種、赤色人種、褐色人種の5分類で著名]の褐色人、或いはマレー人種、そしてオーストラリア原住民及びパプア人を解説する際に、短評している ── 「これらの最後の者達とオーストラリア原住民の島世界を形成するポリネシアのアボリジニ人達との間には大いに類似性があり、**かつてある時代に一つの非常に巨大で陸続きの大陸が存在したと思われる**」と。(『人間の系図』、82頁。それだけでなく**既出の脚註**[本書422頁(註5)、426頁(註8)と〈補遺〉も参照)

　その大陸が、〈第3人種〉の期間、東西に現在二つのアメリカ大陸が位置するところまで広がっていた時代以来、そしてまた、太平洋上のあちらこちらに散らばる水没を免れた僅かな島々とその大陸に属していたカリフォルニアの大部分と同様に、現在のオーストラリアもがほんのその一部であっ

た時代以降、その大陸は確かに存在した。とても奇妙なことに、ヘッケルは、彼の名著『人間の系図』の中で、「今日のオーストラリアの原住民を、原始的な人種の**第2**支族の、ほとんど変化しなかった(?!)直系の末裔として ……… 人間の揺籃の故郷から北方へと最初は主にアジアに広がり、そしてあらゆる他の直毛人種の祖親となっていることが窺える。……… 巻毛の人種は一部が西方へ移住した」………（即ちアフリカと北方のニューギニアへと、しかしその地域は云われているようにその時はまだ存在していなかった）………「他の直毛人種はアジアの遙か北で進化した ………そしてオーストラリアに居住した ………」（81頁）との考察をしている。「注目せよ」とお一方の〈**大師**〉は述べられ、「あなた方オーストラリアの扁平頭 flat-head を持つアボリジニ達の一部の者に見られる、かつての巨大国家（〈第3人種〉のレムリア人）であった頃の痕跡を」と記される（『秘教的仏教』、65頁）。しかし彼らは、〈第3人種〉の〈第7亜人種〉の最後の生き残りに属している。ヘッケル教授はある空想をまたもや**夢見ていた**に違いないし、そして一度だけは**本当のヴィジョン**を見ていたに相違ない！

　世界の最も古い人々と我々に称されている者等は ── 今では、一方でそれぞれアーリヤ系インド人、エジプト人、そして最古のペルシャ人、他方でカルディヤ人、そしてフェニキヤ人と呼ばれているが、その〈祖先〉の最初の出現を探すべきはこの時代に、である。これ等の人々は、〈**神の諸王朝**〉、即ち死すべき人間の**その当時の外見そのまま**の肉体的風貌のみを持つが、長い〈幾つものマンヴァンタラ〉を経て、より高位で、そして我々自身の天体の状態よりも更に天上界的である天体に由来する〈存在者達〉である王達や支配者達に統治されていた。もちろん、彼らの存在を無理に懐疑論者に押し付けようとすることは無駄である。彼ら［懐疑論者］最大の自慢は、**狭鼻下目**［尾長猿、手長猿、チンパンジー、ゴリラ、オランウータン他、人間が属す］という彼らの父親譲りの名称を明らかにしたことで、彼らが〈**尾骨 Coccyx**〉の権威の主張に基づいて説明しようと試みている事実は、彼らの**仙骨 os sacrum** に、もし彼らが十分に長い尻尾を持ちさえすれば、その傑出した発見を自慢して喜び、そして絶えず振ることになる、退化した尾を付け加えることであった。これらは、尻尾のないアダムに対するキリスト教徒達の態度と同じく、彼らの祖先である猿に忠実に残っているだろう。とはいえ、シークレット・ドクトリンは、この点で神智学徒達や〈秘教科学〉の研究者達を正しくあらしめている。

　もし我々が〈第3人種〉の〈第2〉亜人種をしっかりした骨格を持つ**実在し**

た人種の最初の典型と見なすならば、その時、「原始人達の進化が起こったのは ……… 南アジアでもなく ……… レムリアでもなく」── アフリカで、東か西かどうかは問題ではない ── とするヘッケル氏の推測は、全くそうでないとしても、十分正しい。それにも関わらず、（ピタル達の体から）〈第１人種〉の進化が、北極に於いて七つにはっきりと分かれた（その当時の）〈陸地〉だけの地域で起こったということも同様に間違いないことで ── 同じように〈第３人種〉の最後の変容も起こったが、そこは、数頁前に、ベーリング海峡を含み、その当時には〈中央〉アジアの乾燥した大地で、その時代の気候は〈北極〉地方でさえも亜熱帯で、そして生まれたばかりの肉体を持つ人間の原始的な欲望に最も適していた、と丁度記述したばかりのそれら北部地域で始まった。かの地域は、しかしながら、人間の出現以来、交互に極寒と熱帯を一度以上繰り返してきた。註解書は、〈第３人種〉がその進化のほぼ中間点にしか過ぎないと我々に告げているが、その時 ──

「その〈車輪〉の軸が傾いた。〈太陽〉と〈月〉はもはや《滲出生による誕生》をする者等の地域の頭上に輝くことはなかったし、人々は雪、氷、凍てつく寒気を知って、そして人間、植物、動物は成長を妨げられた。滅びなかった者等は〈体格と知性の面で成長途上の幼児達(註9)として生き残った〉。これは人種の三度目の不活動期 *pralaya* であった。(註10)

これらはまた、我々の天体が諸人種と**歩調を合わせて**進行する七度の定期的で**全体的な**変化に従っていることを、意味している。というのもシークレット・ドクトリンは、この〈環〉の期間に七度の地球上の**不活動期プララヤ**があり、その内三度は地軸の傾斜による変化によって引き起こされたに違いないと、教えている。それは、その定められた時に作用し、科学が考察しているように全く盲目的ではないが、〈カルマ〉の法に厳格に従い調和する、一つの**法則**である。〈秘教科学大系〉に於いて、この不変の法則は「偉大な〈調停者〉」として言及されている。科学は気候的な変遷を発生させる原因と常にこれらの変遷を伴う地軸傾斜角の変化に対する無知を告白しているのみならず、地軸的変化をはっきりと確認しているとは思われない。そしてそれら対する説明が出来ないので、科学は、知性を持つ〈カルマ〉の手や法則だけがそのような突然の変化とそれらの結果を合理的に説明でき

(註9)　他地域の彼等の巨大な〈同胞〉と比較しての、「〈成長途上〉の幼児達」である。同様に現在の我々もそうである。
(註10)　レムリア人への言及である。

ることを認めるよりも、むしろ地軸的現象をまとめて否定する準備をしている。また科学は多彩で多少なりとも空想的な説明によってそれらを説明しようと試みてきたが、その一つは、想像上のもので、ある彗星と我が地球の突発的な衝突（ド・ブッシェフォーン Bouchepornの仮説）であり、あらゆる地質学的な変革の原因としている。しかし、我々は、《フォーハット》［電気的な実在］が如何なる彗星よりも［変革の原因として］相応しく、加えて、人間を啓明する宇宙的な知性を持っていることから、我々の秘教的な説明を堅持することを選択している。

このように、〈ヴァイヴァスヴァタ・マヌの人類〉がこの〈地球〉に現れて以来、既に四度もの前述した地軸の乱れが起こったが、その時、古い諸大陸は —— 最初のものを除いて —— 大洋によって呑み込まれ、別の諸大地が出現し、巨大な数々の山脈が以前には何もなかったところに隆起した。〈地球〉の地表面は各時代毎に完全に変えられたが、**生存に最も適した諸国家と諸人種は適切な援助によって安全であったし、不適切なもの —— 落伍者達 —— は地上から取り去られる事によって始末された。**そのような清算と地形変化は、人が思うように、日没から日の出迄の短い間に起こったのではなく、新しい宮社が万端整うまでには数千年を要している。

〈諸亜人種〉は同じ浄化の過程に従っているし、枝人種（民〈族〉）もまた同様である。天文学と数学に精通した者［秘教学徒］に〈過去〉の黄昏と影に回想的な一瞥を投げかけさせよ。彼が知る諸々の国民及び国家の歴史について観察させ、書き留めさせよ、そして天文学的な周期 —— 特に、我々の太陽年の25,868年と等しい〈恒星〉年、に関して知られていることをそれら個々の興亡と照合させよ。(註11)観察者がたとえ極めて微弱な直観を受け

(註11) 別の周期、即ち当然**周期の中に周期**が存在し —— これが、まさに、人種的な出来事における年代算出で、そのような難しさを作り出しているものの一つである。黄道面の一周は25,868年で完了する。そして我々の地球に関して、春分点は一年に50分と10秒あと戻りすることが計算されている。が、この周期の中に別の周期が存在する。語られていることは、「［天体の楕円軌道の］長軸端がその周期と重なるために一年で11分と24秒、前に進むので」（『ブリタニカ百科事典』の〈天文学〉に関する説明を参照のこと）、「この周期は115,302年で一周期を完了することになるだろう。春分点と長軸端の概算はこれらの運動の合計で、61分34秒となり、そのため春分点は長軸端と関連し21,128年で同じ位置に戻る」のである。我々は『ベールをとったイシス』、第I巻で他の周期との関連の中でこの周期について既に述べてきた。それぞれの周期がその時代の人種に一つの著しい影響を与えている。

取るとしても、その時彼は、諸国家の安寧と災難がこの恒星年周期の始まりと終わりとに如何に密接に結びついているかを、見いだすであろう。本物の秘教科学者でない者は、そのような遙か遠く離れた時代について信頼に足るべきことを何も持っていないという不利な立場にある。彼は、厳密な〈科学〉を通じてさえ、凡そ1万年前に起こった事について何も判らないけれども、彼が知ることになる ── 今後のおよそ1万6千年にわたる現代国家個々の運命に関する知識、或いは ── もし彼がその言葉を好むならば ── 見解に安堵するかも知れない。我々の意味はとても明確である。赤道が〈黄道帯〉の星座を通って巡っているように、恒星年毎に天の赤道は天の極から、一回転毎に春分点から4度後退している。さて、天文学者なら誰でも知っているように、現在、回帰線は赤道から僅か23度と1度の半分以下の割合［正確には23度27分］である。したがって、〈恒星〉年が終わる前にはまだ進むべき2.5度が残っていることになり、それは一般的な人間に、そして**特に我々文明化した人種におよそ1万6千年の猶予を与える**ことになる。(註12)

〈第3人種〉（レムリア人）を襲った〈大洪水〉の後に ──

「**人間は体格が相当小さくなり、そして彼らの寿命は短くなった。神の神聖さから堕落して、彼らは動物的人種と交わり、巨人族やピグミー族（成長を阻害された〈北極地域〉の人種）との間で雑婚した。…… 多くの者は〈天上〉の更に ── 〈神の法に触れる〉知識を手に入れて、そして自ら望んで《左り手の道》に従った**」。(〈註解書〉33)

このように、破滅に近づきつつあるのは今度は彼らアトランティス人達であった。この第4の破壊が終えるまでにどれ程の地質学的時代が経過したことか？誰が語り得よう。……… しかし、我々は次のように伝えられている ──

───────

(44)　彼ら（アトランティス人）は、高さ9ヤティス（27フィート［1フィートは30.48cmで約8m24cm］）の巨大な彫像を建造した ── それは彼らの体の大きさである(a)。**月の炎達は彼らの父祖達（レムリア人）の土地を破壊した。洪水は《第4》（人種）を脅かした**(b)。

─────────────────────────

(註12)　このスタンザの章末、「時代と周期の期間について」を参照のこと。

(a) 間違いなく水没した大陸の一部であるイースター島で発見された巨大な石像のほとんどが ── そして語り得ぬ古い時代に水没した地域であるゴビ砂漠の外縁部に認められる彫像も同じく ── 全て20から30フィートの大きさであることに気づくことも十分価値がある。クック船長によってイースター島で見つけられた石像は、ほぼ全てが高さ27フィート、肩幅8フィートの寸法であった。(この〈スタンザ〉の末尾にある、「岩石群、巨人達実在の数々の証拠」[本書446頁以降]を**参照**) 書き手は、その石像の一部が現在展示してある大英博物館の高官達によって公式発表されたように、「これらの石像はそんなに古いものではない」と現代の考古学者達が今では断定していることもよく知っている。しかし、これは取るに足らない現代科学のいわゆる憶測的な断定の一つである。

我々は、人間の体格が着実に小さくなっていったのは ── その一つの過程は彼らの**肉欲的な《堕落》**の後に既に始まっていたが ── 地下の火による「レムリア」の破壊の後であり、そして数百万年後、ついに彼らは6から7フィートになり、今では6フィートより5フィート近くまで(より昔のアジア人種のように)小さくなっている、と伝えられている。ピカリング Pickering が提示したように、マレイ Malay 人種(〈第4根本人種〉の亜人種の一つ)には彫像のまれに見る多様性が存在し、ポリネシアン種族の仲間達(タヒチ人、サモア人、そしてトンガ人などの島民達)は、**生き残った人類よりもより高い上背**であるが、インド人種族とインド-中国諸国の住民達は、明確に一般的な平均値以下である。これについての説明は容易である。ポリネシアン種族は生き延びた亜人種の中でまさに黎明期の者達に属し、他はまさに最近の、そして過渡的な人種である。タスマニア人達が現在完全に絶滅し、オーストラリア原住民が急速に死に絶えつつあると同じように、他の古い諸種族もまた、やがて後に続くだろう。

(b) さて、これらの記録がどの様に保全されてきたのか?と問われるかも知れない。〈黄道帯〉の知識でさえもが、今の親切で博学な〈東洋学者達〉によってヒンドゥに由来することは否定され、彼らは、ギリシャ人が黄道帯をインドの国に持ち込む以前には、アーリヤ系ヒンドゥ人達がそれについて何も知らなかったと**結論づけている**。この言われなき名誉毀損はベイリーによって十二分に反駁され、そしてそれ以上のことは、はっきりとし**た諸々の事実に基づく証拠**によって、更なる論駁など全く必要としないほ

どである。一方エジプト人達は、彼らの〈黄道帯〉(**デノン Denon の『エジプトへの旅』、第 2 巻を参照**)について、3.5 恒星年以上 ── 或いは凡そ 8 万 7 千年の年月 ── ヒンドゥの計算ではその年数をほぼ 33 恒星年、或いは 85 万年、に亘るとする記録からなる反論出来ない数々の証拠を持っている。エジプトの神官達は、ヘロドトスに〈地球〉の〈極〉と〈黄道帯〉の〈極〉が、かつては完全に一致していたと断言した。しかし、『スフィンクスの謎 *Sphinxiad*』の著者によって短評されたように、インドの緯度で、「これら**貧しく無知な**ヒンドゥ人達は、(アジアでの最後の局地的な)〈**大洪水**〉、或いは〈**恐怖**〉の〈**時代**〉以来、2 万 5 千年の十倍もの期間にわたって天文学の知識を記録してきた」。そして彼らは、アーリヤ人の歴史的な記憶に残る最初の〈大洪水〉の時代からの観察記録を所有し ── その洪水は、85 万年前にアトランティスの残りの諸地域を水没させた。以前に起こった数々の洪水は、勿論、歴史的事実というより伝説的である。

　レムリアの沈没と変遷は北極圏(ノルウェー)の近くで始まり、〈第 3 人種〉はランカ島でその歴史を閉じた、と云うよりむしろランカ島でアトランティス人達と一緒になった。現在セイロン[今のスリランカ]として知られる小さな島影は古代ランカ島の北部高地であり、一方レムリア時代に、その名称を持っていた巨大な島は、数頁前に記述した超巨大大陸であった。ある《大師》が仰るように(『秘教的仏教』の 65 頁を参照) ──「地質学者達は、彼らによって探査され、深度を計測された諸大陸の下の ……… 底知れぬ深海に、或いはむしろ測定不能の深さの海洋床に、地質学的にこれまで探索されたことのない別の、そして遙か古代の諸大陸が隠され、そしてそれらがいつの日か彼らの理論を完全に覆すかも知れないことを、どうして記憶にとどめておく必要はないのかね？　我々の現在の大陸が、レムリアやアトランティスのように、既に幾度も水没し、同じ所に再出現し、数々の人類と文明の新しい集団を育んだ時代があったこと、そして来たるべき地殻の激変に於いて、最初の地質学的な大隆起の際に、各〈環〉の始まりから終わりを通して発生する一連の定期的な地殻の激変の中で、既に変動を検証済みの我々の諸大陸は沈み、レムリアとアトランティスは再び浮上して来るだろうということを、何故認めないのだろうか？」である。

　元の大陸と全く同一の大陸でないのは、当然である。

　だが、此処で解説が必要である。北部「レムリア」についての必要条件に関して如何なる混同も生じる必然性はない。かの巨大な大陸の北大西洋への進展は、失われたアトランティスの存在場所に関して非常に広汎に保持

されてきた幾つかの見解を如何なる点に於いてもひっくり返すことにならないし、そして一方は他方を傍証している。〈第3根本人種〉の揺籃の地として用意されたレムリアが、太平洋とインド洋の広大な地域を取り囲んでいただけでなく、馬蹄の地形でマダガスカルを通り越し、(その時には地形形成の過程でほんの小さな部分であった)「南アフリカ」に廻り込み、大西洋を通り抜けてノルウェーにまで広がっていた、と記述されるに違いない。膨大な**イングランドの清い水**は、**ウィールデンの森 Wealden**[南イングランドのもと森林地]と呼ばれる所に貯えられ ── **そこをあらゆる地質学者がかつての大河の河口と見なしているが ── 第二紀の北部レムリアから流れ出る主要な河川による堆積地層である**。この河がかつて実在したことは科学的事実の一つ ── その信奉者達は、彼らの資料が要求する第二紀の北部レムリアを是認することの必要性を認めるのだろうか?

ベルソルド・シーマン Berthold Seeman 教授は前述の巨大な大陸の実在を是認するだけでなく、**オーストラリアとヨーロッパをかつて一つの大陸の一部であった**と見なした ── これは既に公式発表された「馬蹄形」学説全体を傍証している。大西洋海盆に〈**浮上した尾根**〉が、高さ9千フィートで、[大ブリテン、アイルランド、マン島等からなる]イギリス諸島の近くの地点から南へ向かって2、3千マイル程続き、最初は南アメリカに向かって斜めに延び、その後、トリスタン・ダ・クンア Tristan d'Acunha[da Cunha][南アフリカの喜望峰と南米の間にある英国領の火山島群]諸島に向かって南へと続く**アフリカ海岸へ向かう〈南東〉の線**に沿って進むために**ほぼ直角に向きを変えている**という事実以上に、我々の立場からの注目すべき証言を与えることは出来ない。この尾根はアトランティス大陸の名残で、そのより先を辿ることが出来るならば、インド洋でかつての大陸と結びついた水面下の馬蹄地形の実在を確認するだろう。(**ドネリー Donnelly 氏の『アトランティス、大洪水以前の世界』、47頁にある、『挑戦者』号と『イルカ』号の海底調査による翻案図と比較のこと**)

　レムリアに由来するアトランティスの一部は一般的にアトランティスとして知られているものの地質学的な基盤であった。後者は、実際、〈第4人種〉の特殊な要件に応じるために隆起した一塊の全く新しい土地というよりも、むしろレムリアに由来する大西洋上へ伸びた陸地部分の変遷地勢と見なされるべきである。〈人種の進化〉の場合とまさに同じように、陸塊の移動と再移動の場合も同様で、新しい秩序が終わり、別の秩序が始まる所には厳密で確固たる線を引くことは出来ない。自然の数々の過程に於け

る連続性は決して途絶えない。前述のように〈第4人種〉アトランティス人は、大まかに言えば、現在の中部大西洋にあたる地点の辺りに活動の中心を置いていた〈第3人種の人々〉である北方レムリア人の一つの中核から発展した。彼らの大陸は、時間の通常の経過を経て隆起させられ、**そしてついにはアトランティス人として知られる偉大な〈人種〉の本当の故郷となっ**た多数の島々や半島の集合によって形成された。この完成が一度達成された後には、高い地位の「秘教科学」の権威者によって明言されたように、「レムリアは、ヨーロッパとアメリカとを間違えることがないように、もはやアトランティス〈大陸〉と混同されるべきではない」と続けている。(『秘教的仏教』、58頁)

上述のことは、正統〈科学〉から全く信用されないその筋に由来し、勿論、多少なりとも巧妙な創作として科学に見なされるだろう。ドネリーの秀逸な作品でさえ、既に言及したが、その陳述が厳密な科学的証明の枠内に全て限定されているにも関わらず、脇に押しやられている。しかし我々は未来に向けて記している。この方面での諸発見は、〈諸々の科学〉が ── 地質学、人類学、そして歴史学を含めて ── 言及し得ぬ遙か以前の時代に生きていた大洪水以前の諸民族に困惑させられている、と主張するアジアの哲学者達の申し立てを擁護している。未来の発見物が、H・A・タイン Taine やルナン Renan のような鋭い精神による現在の観察結果の訂正を正当化するだろう。タインは、エジプト人、インドのアーリヤ人、カルディヤ人、中国人、そしてアッシリア人等のような以前に述べた古い諸国家の文明が「**数えきれぬ世紀**」の期間に先行している文明の結果であることを示し(註13)、そしてルナンが指摘する事実は、「始まりからエジプトが、成熟し、年月を経た、そして全く神話上や英雄譚的な時代を持たぬように見え、まるでその国家は青年時代を決して知ることがなかったかのようである。その文明は揺籃期を全く持たず、その技術は古い時代のものではなく、〈古い君主制 Monarchy〉によるその文明は未熟さと共に始まったのではなく、既に成熟していた」ことである(註14)。これについて R・オーウェン Owen 教授は、「エジプトがメネス Menes 王[紀元前3200年頃のエジプト初代の王]の時代**以前に**文明化され、そして統治された一つの共同体社会であったことが記録されている」と付け加え、ウィンチェル Winchell は

(註13)　『英文学の歴史』、23頁。
(註14)　『アトランティス』、等の132頁に引用されている。

(『先史アダム』、120頁)、「メネス王の新時代に、エジプト人は既に文明化し、厖大な数の国民となっていた。マネトー Manetho［『エジプト史』を著した、紀元前 250 年頃のエジプトのヘリオポリスの神官］は、最初の王マネスの息子アトティス Athotis が、メンフィスの宮殿を建造し、医師であって、**解剖学の書物を残したと我々に伝えている**」と既述している。

　もし我々が、エジプトの神官達が凡そ 12,000 年前から彼の時代までの日付を記録して著された歴史書である『**エウテルペー *Euterpe***(142.)［ゼウスとムネーモシュネー（記憶）との間に生まれた 9 人の芸術・科学を司るムーサ女神の 1 人で、抒情詩を司る。ちなみに残りの 8 人は、カリオペーが叙事詩、クレイオーは歴史、メルポメネーは悲劇、テルプシコラーは合唱隊の抒情詩と踊りを、エラトーは恋愛詩を、ポリヒュムニアーは讃歌を、ウーラニアーは天文を、タレイアは喜劇である］』の中に記録されているヘロドトスの陳述を信ずるべきならば、これは全く自然なことである。だが、レムリア人の時代から経過した数百万年と比較された 1 万 2 千年、或いは 12 万年でさえ何か意味があるのか？　レムリア人は、しかしながら、その途方もない古さにもかかわらず、証拠もなく残されてきたのではない。レムリア人達の成長、発展、社会的及び政治的活動の完全な記録が隠された年代記に保持されてきた。残念なことに、それらを読める者はほとんどいないし、読める者でも、その象徴的表現についての七つの鍵全てに知悉しない限り、その言葉を理解することは依然として不可能だろう。というのも、〈秘教科学の教典〉の理解は七つの科学の理解に基づいていて、それらの科学は顕教的な原典に対して秘密の記録からなる七種の異なる形式の表現に気づいている。このように、我々は、七つの全く異なった〈概念〉の階層に於ける、思考様式について取り上げねばならない。個々の原典は以下の観点の一つに言及し、それから翻訳されるべきである。——

1. 想念の〈実在する〉階層、
2. 〈観念論的〉階層、
3. 純粋に〈神的〉、或いは〈霊的〉階層。

　他の階層は、平均的な意識、特に唯物論者達の精神が、普通の言葉による表現で象徴されることもあるそれらの存在を認めるには、遙かに超越し過ぎている。古代の宗教的な諸原典のいずれにも純粋に**神話的**な要素は全くないが、翻訳過程の際に明らかにされ、密接に結びつけられるべき元々諸原典に記された思考様式は存在する。というのも、それは、象徴的（古代の思考様式）、象徴記号的（とても古いけれどもより近年の思考様式の一つ）、比喩的（寓話的）、象形文字的のみならず、また**略符記号的**

logogrammical で ── 個々の文字が、中国の漢字に見られる如く、完全な言葉を表現するように、あらゆる中で最も難解な方法でもあるから。今述べたように、ほぼあらゆる正式な名称は、ヴェーダ、『死者の書』、或いは聖書(のかなりの部分)を問わず、そのような略符記号から組み立てられている。秘教科学の宗教的な略符記号の謎についての秘伝を受けていない者は、彼がそれを構成する個々の文字の意味を習得し終える以前には、あらゆる古代の断篇に見られる名前の意味することを、誰一人として知っていると請け合うことは出来ない。単に神を冒瀆するだけの思索者が、いわば**伝統的な**象徴表現に如何に深く精通しているとしても ── 即ち〈太陽〉神話と性崇拝の古いしきたりから決して逃れられないかの象徴的表現の中で ── ベールの背後にある謎を洞察することを期待するためには、どうしたらよいのだろうか。空文の鞘や殻を取り扱い、自身を不毛な言語的象徴の万華鏡的な変遷に捧げる者が、突飛な現代の神話学者達を凌駕することは決して期待できない。

　そのようなものに、ヴァイヴァスヴァタ、キセトラス、デュカリオン、ノア等々があり ── 全ての名前は、全体的と部分的、天文学的と地質学的な世界-大洪水の頭文字で ── もし人がそれらを十分に読むことだけしか出来ないとしても、全ての名前が出来事を誘引した原因と結果の記録をその名前の中に備えている。全ての前述の大洪水は自然界に起こった出来事に基づいており、そして、それゆえに、それらが星辰的、地質学的、或いは同じく単に寓話的であろうとなかろうと、他の、そしてより高い階層の存在についての教訓的な出来事の**歴史上の記録**として存在している。我々が信認しているこの事は、寓話的な〈スタンザ〉によって必要とされた長い解説の中で今、十二分に解説されてきた。

　身長 9 ヤティス *yatis*[約 8.1m、1 ヤティスは約 90cm]、或いは 27 フィートの人種について語ることは、「〈ジャックと豆の木 Jack the Giant-Killer〉」以上により科学的な人物を主張する著作の中で、ちょっと尋常ではない手順である。「あなたの語ることの証拠はどこに有るのか？」と書き手は訊かれるであろう。〈歴史〉と伝承の中に、がその答えである。古い時代に於ける巨人族についての伝承は世界の至るところにあり、それらは口述伝承と記された言い伝えに存在している。インドにはダーナヴァ達とダイティヤ達、セイロン[現在のスリランカ]にはラークシャサ達、ギリシャにはティターン族、エジプトには巨人族の勇者達、カルディアにはイズデュバル達 Izdubars(ニムロド達)、そしてユダヤ人には名高い巨人族、アナク達(旧約

聖書『民数記』、13 章 33 節)と共にモアブの地のエミン達 *Emims* が伝わっていた。モーセは、長さ 9 キュビット[腕尺、通常中指の先端から肘までで 43 〜 53 センチ](15 フィート 4 インチ[1 インチは 2.54 センチ])、幅 4 キュビットのオグ王(旧約聖書『申命記 Deuteronomy』、3 章 11 節)Og[の寝台]に言及し、そして巨人ゴリアテは、「6 キュビットと 1 スパン[親指と小指とを伸ばした長さで約 9 インチで 23 センチ]の身長」(10 フィート 7 インチ)であった。「啓示された聖書」とヘロドトス、ディオドロス・シクルス、ホメロス、プリニウス[A. D.23 〜 79、古代ローマの学者で『博物誌』の著者]、プルターク[古代ギリシャの哲学者、伝記作家]、フィロストレイタス、等々によって提供された明白な事実との唯一の相違は次のこと、即ち異教徒達が、語り得ぬほど以前の時代に滅んだ**巨人達の骨格**や彼らの一部が**個人的に目撃した**遺跡だけに言及する一方で、聖書の解釈者達は、モーセの時代に幾つかの国々には前述のような巨人達が居住していたことを地質学と考古学が信ずるべきだと臆面も無く要求しているが、巨人達の前ではユダヤ人達はイナゴやバッタなどの虫けらの様であったし、彼らはヨシュアやダビデの時代にも依然として生きていた。不適切にもユダヤ特有の年代学が邪魔をしている。聖書の解釈者達の見解だけでなく巨人達も放棄されるべきである。(ただ、第 III 部、〈**補遺**〉、章末を参照のこと)

　水没した諸大陸とそこに居住していた巨大な人間達の、静かに佇む目撃者達[石像遺跡]に関して言えば、今ではほんの僅かしか存在しない。考古学は、「彼らが何者であるか」は思いも及ばず、この地球上に幾部族かのそのような巨人達がいた、と主張しているが ── それはその謎を解くための真摯な意図を持つ発言では決してない。既に言及したイースター島の彫像以外に、バーミアン Bamian の近くに直立し無傷のままの巨大な像は、一体いつの時代に属するのか？　考古学はそれらを(通常)キリストの第 1 世紀に比定し、他の様々な見解でも犯したように、ここでも誤りを犯している。ほんの少しの描写が読者にイースター群島とバーミアンの諸像の正体が何であるかを指摘するだろう。我々はそれらが伝統的な〈科学〉にどの様に知られているかを最初に調べよう。ロバート・ブラウンによる『世界の国々』の 4 巻 43 頁に次のように記してある ──

　　「ティーピ Teapi、ラパ-ヌイ Rapa-nui[大きな島という意味]、もしくはイースターと呼ばれる島は南アメリカ海岸からほぼ 2,000 マイル離れた孤立した場所である。………　長さは凡そ 12 マイル、幅 4 マイルである ………　そしてその中央、1,050 フィートの高さに活動が途絶えた火口がある。島は火口だらけだが、火口は非常に長い間活動を停止してき

たので、それらに関する如何なる伝承も残っていない。………

「…… しかし、今では島を訪れる人々の主な呼び物となっているその巨大な石像（44頁等）をいったい誰が造ったのか、**誰も知らない**」。── と評論家は言っている。「現在の住民達（僅かなポリネシアの野蛮人達）がやって来た時にはそれらは此処に存在していたということがよりありそうなことである。………　制作者の技量は**高い水準で**………それらを造った種族は南アメリカのペルーや他の地域の原住民で、度々訪れていた者達であったと信じられている。……… クック船長の上陸時でさえ、石像の幾つかは、高さ27フィート、肩幅8フィートの寸法のものが、倒れて横たわっていたが、一方で依然として直立している他の像はより巨大に思われた。後者の一つは非常に高く聳え立ち、その影は太陽の熱い日差しから30人もの集団の人々を護る日陰に十分であった。これらの巨大な石像が建つ土台は、平均して長さが30から40フィート、幅が12から16フィートであった。……… 全ての彫像は、**ペルーのパチャカマク Pachacamac**[人頭魚身の創造神]寺院の、**或いはティアーフアヌコ Tia-Huanuco**[ボリビアのティワナク遺跡で一枚岩の太陽の門で有名]**の**遺跡の石壁に非常に良く似たキュクロプス式石積み様式で、切り出された石から建造されていた」（第3巻、310、311頁）。

「〈あらゆる石像が、それらの周囲に組み立てられた足場によって、少しづつ造り上げられたと信ずるべき理由は何もない〉」── と非常に暗示的にも定期刊行誌に付け加えているが ── 石像それ自身と同じ大きさの巨人等によって造られたのでもない限り、**どの様にして**それらが他の方法で造り得るのかの説明も無しにである。其れ等の巨大な石像の最も良い状態のものの一つは、現在、大英博物館にある。ロノロラカ Ronororaka の石像は ── ただ一つのみが現在直立していて ── 数にして、四つあるが、三つは土中に埋もれ、そして一つは眠る人の頭のようにその頭を仰向けにして横たわっている。彼らのタイプは、全員が長頭であるけれども、それぞれ異なっていて、鼻、口、そして顎が大きくその形状で違っているように、それ等は明確に彼らの肖像を意味し、更に頭飾りは ── 後頭部を覆うため、それに取り付けられた平帽の一種で ── 彼らの起源が石器時代の未開人ではなかったことを示している。まさに問われる疑問は ──「誰がそれ等を造ったのか？」── だが、地質学がその島を沈んだ大陸の一部だと気づいてはいるけれども、考古学だけでなく地質学も答えうる可能性は全くない。

だが、バーミアンの更に巨大な石像を、世界中で最も高く巨大なものを、彫ったのはいったい誰なのか、というのもバルトルディ Bartholdi 制作の（現在ニューヨークにある）「自由の女神像」でさえ、その最も巨大な五つの像と比較した時には、**こびとである**。その場所を訪れたバーンズと幾人かの博学なイエズス会士は、とある山について「**あらゆるところが膨大な小部屋で蜂の巣状になっていて**」、同じ岩壁に二つの非常に大きな巨人の彫り物が在る、と語っている。彼らは現代の**苗族ミャオツエ** Miaotse（『書経 Shoo-King』からの引用した以前の箇所を参照）で、「大地を混乱させた」[巨人族蚩尤の子孫と云われる]苗族ミャオツエの目撃者の最後の生き残りに言及しているが、イエズス会士達は正しく、これらの最も巨大な石像をブッダ達になぞらえている〈考古学者達〉は誤っている。というのも、我々の時代に次から次へと発見されたそれ等無数のあらゆる廃墟や、ロッキー山脈に沿い、そしてそれを越えて北アメリカを横断する巨大な廃墟のそれ等無数のあらゆる街路は、本当に実在した昔の〈巨人〉、キュクロプスの労作である。「大量の巨大な人骨」が「アメリカのミソルテ Misorte の近く」で発見されたが、ある名高い現代の旅行家は、猛烈な大洪水が生じた時に、アメリカに襲来したそれ等の巨人達が上陸した地点であるとして、その地方の伝承が指摘しているまさに正確にその場所である、と我々に告げている。(『草原 De La Vega』[スペイン語でデラヴェーガ、草原、牧草地の意]、9 巻 9 章参照) (註15)

　中央アジアの伝承もバーミアンの石像について同じことを物語っている。彼らは何者なのか？　そして、それらの周辺で起こる大災害にびくともせず、チムール Timoor の遊牧民族とナディル-シャ Nadir-Shah のヴァンダル Vandal 兵の大群のような人の手さえもはね除けながら、数えきれぬ程の時代の間それらが立ち続けてきた場所とはいったいどういう所なのか？バーミアンは、カブール[アフガニスタンの首都]とバルクの中間、中央アジアの小さな貧しい半ば廃墟と化した街で、幾つかが海抜 8,500 フィートを越えるパロパミシアン Paropamisian（ヒンドゥークシ）山系の巨大な山、コビババ Kobhibaba の麓に位置する。古い時代のバーミアンは、8 世紀にジンギス汗によって最後の石ころまで荒らされ、破壊された古代都市ドゥジョルジョル Djooljool の一部であった。谷全体が巨大な岩石で囲まれ、それらの岩石の一部は自然の、そして一部は人の手による洞窟や洞穴で溢

(註15)　ド・ミルヴィルの『精霊についての霊物学 Pneumatologie des Esprits』、第 3 巻 55 頁もまた参照のこと。

れ、かつてはその中で**ヴィハーラ** viharas［修行用の僧院］を設けていた仏教の修行僧達が生活している。**そのようなヴィハーラ**は、今日のインドやジェララバド渓谷の石窟寺院で数多く目にすることができる。著名な中国の求法巡礼僧、玄奘三蔵 Hiouen-Thsang がそれらについて語り、7世紀にバーミアンを訪れた時、それらを実際に見たように、仏陀とみなされている五体の桁外れに巨大な石像が、今の19世紀に発見され、或いはより正確に言えば**再発見された**のはこれら幾つかの都市の入口に於いてである。

　これらより大きな像は地球上には存在しないと言う主張がなされる時、その事実は、それらを調査し、計測をしたあらゆる旅行家達の実際の証拠に基づいて容易に立証される。その結果、最大のものは173フィート［52m強］、言い方を変えれば、今ニューヨークにある「自由の女神」より **70** フィート高いが、後者に関しては僅か 105 フィート、即ち 34 メートルの高さしかない。有名なロドス Rhodes のコロッソス Colossus［ロドス港に建てられたといわれる約36メートルもの太陽神アポロの青銅像］それ自体は、その股の間をその当時の最大級の船が容易に通過でき、120 から 130 フィートの高さであった。二番目の像は一番目のものと同じように岩に彫り刻まれていて、120フィートしかない（既に話した「自由の女神」より 15 フィート高い）。(註16) 三番目の像は、僅か 60 フィート［18m］の高さで ── その他の二つは更に小さく、最後のものは今の我々人種の平均的な身長より少し大きいだけに過ぎない。巨像の一番目にして最大のものはある種の**トーガ** Toga［古代ローマのゆったりとした貫頭衣風な上着］を優雅に纏った人物を表現しているし、M・ド・ナディラク de Nadeylac は、肖像の一般的な表現、即ち頭部の輪郭、優美な襞を持つ上掛け用の衣、そして特に大きく垂れ下がった垂珠［耳］は、議論の余地なく仏陀の再現を意図していたと考察している（本ページ脚註16を参照）。しかしその事は何も明らかにしていない。現存する仏陀の肖像画の大半が三昧の姿で表現され、大きく垂れ下がっている垂珠を持つという事実にも関わらず、これは最近の改変であり、後から加えられた部分的な変更である。初期の概念は秘教的な寓話に起因している。不自然に大きな耳は叡智の知悉者を象徴し、そして**全て**

（註16）　一番目と二番目の像には、バルトルディの〈女神像〉と共通して、足下の岩に掘られた螺旋階段によって像の頭部へと通じる入口がある。著名なフランスの考古学者及び人類学者であるマルクス・ド・ナディラクは彼の著作の中で、最初の二つ以上に巨大な人間の彫刻像は昔も今の時代にも存在しなかったと正しく記している。

を知り且つ聞きわける〈彼〉の能力の暗示を意味し、万物に対する彼の慈悲深い愛と思いやりは何一つとして細大漏らすことはない。「哀れみ深き〈主〉、我らが〈大師〉は、まことに弱き小さきものの苦痛の叫びを耳にし、渓谷や山を越えて、その救いへと急ぐ」── と、一つの〈スタンザ〉は伝えている。ゴータマ・ブッダはアーリヤ系インド人で、前述の大きな垂珠に類似するものは、コーチシナCochin［ベトナム南部］のように、人為的にそれらを曲解しているビルマBurmese［ミャンマー］とシャムSiamese［タイ］のモンゴル人の中でのみ認められる。苗族ミアオツェ Miaotse の蜂の巣状の洞穴を〈僧院〉や小部屋に変えた仏教僧達は、凡そ西暦1世紀頃に中央アジアにやって来た。それゆえ、玄奘三蔵は、巨大な像について伝えながら、「その像に薄く塗られた黄金の装飾の輝きが」、その当時、「人の目を眩ませた」と語っているが、そのような金箔に関して、そこにほんの僅かな痕跡も今の時代には残っていない。屹立する岩に彫刻された像自身とは対照的にその非常に優美な襞を持つ上掛け用の衣は石膏で造られ、石像を覆うように形造られている。タルボトTalbotは、最も注意深い調査をした人物で、この優美な襞を持つ上掛け用の衣がかなり最近の一時代に属するものであることを明らかにした。像の本体自身は、それゆえ仏教よりも遥かに早い時期のものであると比定されるべきである。その場合、その像は誰の姿を彫刻しているのか？と問われることだろう。

　書き留められた記録に裏付けられている伝承が、再度その問いに答え、その謎を解き明かしている。仏教徒の〈阿羅漢達〉と〈苦行者達〉は、五体の像と今は粉々に砕けて塵となった更に多くのものを見つけ、そのうちの三体が彼らの居住予定地となる入口の巨大な壁龕に存在することから、石膏でその像を上塗りし、古い像を覆って、〈如来尊ロード・タタガータ Lord Tathagata［そのように行った人、完全な人格者］〉を表現するために造られた新しい像を手本として形造った。壁龕の内壁は今日まで極彩色の人間の肖像で埋め尽くされているし、神聖な仏陀の像は各々の教団で再現されている。これらのフレスコ画と装飾は ── ビザンチン様式の画法の一つを連想させるが ── 幾つかの他の小さな像や岩に彫られた装飾のように、すべて苦行僧達の信仰に起因するものである。だが、五つの像は〈第4人種〉の〈イニシエイト達〉による手彫りに属するもので、彼らは自身の住む大陸の水没後、指定の避難場所と中央アジア山脈の頂きに避難した。更に、五つの像は人種の緩やかな進化に関する秘教的な教えの不滅の記録の一つである。

最大のものは人類の〈第1人種〉を描写するために作られ、未来の世代へ教育のために、堅固で永遠なる石に彼らの空気のような体を記念碑として伝えるが、その記憶は他の方法では〈アトランティス人を襲った大洪水〉を決して生き延びることはなかったであろう。二番目のものは ── 120フィートの高さで ── 滲出による誕生 sweat-born を表わし、そして、三番目のものは ── 60フィートを示し ── 堕落し、その結果、最初の**肉体を持つ人種**の始まりとなり、父母によって生まれる人種という不朽の名声を与えられるが、その最後の末裔がイースター島で発見された〈像〉に象徴される人種で、彼らは、火山の火によってほぼ破壊されてしまった後にレムリアが水没したその時代には、僅か20から25フィートの身長にしか過ぎなかった。〈第4人種〉は、我々現在の〈第5人種〉との比較では巨大ではあるが、更に小さくなり、そしてその人種の流れは後者の第5人種で最終的に最も小さくなった。(「巨人達の目撃者としての、一つ目の巨人キュクロプスの遺跡群と巨大な岩石群」に関する次章を参照のこと)

　これらは、その時代の太古の「〈巨人達〉」、即ち聖書に記されたノアの大洪水の前と後の**ギボリム** *Gibborim* である。彼らは3、4千年前と言うよりむしろ百万年前に生き、そして栄えていた。ヨシュア時代の**アナク達** *Anakim* は、彼ら巨人達と比較すればヨシュアの軍勢と同じく「イナゴ」のようであったし、実際にイスラエルの人々がヨシュアを古代人の1人で、始新世に、或いはとにかく中新世の時代に起源を持つとの主張を止め、彼らの千年単位の年代記を百万年単位に変えない限り、前述ように古代イスラエル人による一つの空想物語となる。

　先史時代に附随するあらゆることに関して、読者はモンテーニュ Montaigne [フランスの随筆家・モラリスト、1533-1592] の賢明なる言葉を心にとめるべきである。偉大なフランスの哲学者は語る ──

　　「……… 先史時代のそれらを誤りとして軽蔑し非難することは酔っ払いの言いがかりのようなもので、我々に可能性や真実の姿を全く懐かせないように思わせるし、粗暴な連中以上により多くの能力が自身にあると確信している者等が持つごくありふれた誤解である。

　　「……… しかし、常識に私が学んだ事は、あることを誤りで不可能だと断固として非難することは、〈神〉の意志の範囲と限界、そして神の袖に結びつく我々によく知られた〈母なる自然〉の力を持つことの優位性が自らに当然あると思い込むことで、そして我々の許容しうる尺度と我々の能力の範囲内にそれらを矮小化すること以上に愚かな行為は世に存在

しない、ということである。

　「もし、我々の常識が到達し得ないそれらのものを怪物や奇跡と呼ぶならば、そういうものが我々の視界に怪物や奇跡として毎日どれ程出現しているのだろうか？　何が混乱させるのか、そして我々の手をすり抜けた多くのものに関する知識へといかに目隠し状態で導かれるのか、を通して考察して見るならば、まさしく我々からすれば、それらの奇妙さを受け取るのは〈科学〉よりむしろ風習であることに気づくだろうし、それらのものが、仮に我々にとって新たな出現であったとしても、我々はそれらを他のものより大量且つ頻繁には起こりそうになく、信頼に値しないとやんわりと思うべきである(『随想録』、26章)。

　偏見のない学徒は、**我々の歴史と数々の記録を否定する前に、これら信じがたい初期の人種によって残された痕跡を求めて、古代及び現代文学の中に四散している世界の諸伝承と同様に、現代の〈歴史〉をも探索すべきである。**懐疑的な者達の中に、大英博物館内でさえも四散し、埋もれた状態で発見される確かな証拠の価値に気づく者はまれである。読者は次章で扱われる主題にもう一度目を通すことを求められている ——

巨人達の目撃者としての、
　一つ目の巨人キュクロプスの遺跡群と巨大な巌石群

　ド・ミルヴィルはその桁外れな著作 ——『科学学術院での記念講演 *Mémoires addressées à l'Académie des Sciences*』—— の中で悪魔の実在を立証する課題を成し遂げ、あらゆる古代及び現代の偶像中にその居場所を説明しながら ——〈異教的〉且つ聖書的な —— **奇跡に満ちた諸々の時代に数々の石が歩き、語り、神託を下し、そして歌うことさえもあったという「歴史的な証拠」**を数百頁にわたって蒐集してきた。それらは最後には、「イスラエル人」のあとについてきた「〈キリストの石〉」、或いは〈キリストの岩〉、「霊の〈岩〉」(コリント人への第1の手紙、第10章、4節)は、「**木星ジュピターの瑠璃**[ラピス]となり」、「石の姿のまま」彼の父である土星サターンに呑み込まれた。(註17) 多くのことがこの主題について語られる(註18)だろうが、単に〈悪魔崇拝〉の様々な偶像であることを立証する目的で、我々

は聖書の隠喩に関する明らかな誤用と具現化についての議論を止めることはないだろう。だが、我々の云う様々な石に対して、いわゆる［アリストテレスがリュケイオンの園を逍遥しながら門弟に哲学を説いた事に由来する］逍遥学派の哲学や天性の心霊能力を全く主張することなしに、(a)そのように巨大な岩石を移動させうる巨人達がそこに居なかったならば、例えばストーンヘンジ、カルナック（英国）、そして他のいわゆるキュクロプス的な巨石建造物がそこには決して存在することは出来なかったこと、そして、(b)仮にも〈**魔術**〉のようなものが全く存在しないとするならば、**預言**し、そして**語りかける**石に関する非常に多くの目撃証言が全く有り得ないことを示すために、我々は、順番として、あらゆる利用できる証拠を手元に蒐集することになるだろう。

我々は『**アシャイカ** *Achaica*』［『ギリシア案内記』と呼ばれる旅行記でその第七巻アカイア地方記］(81頁)の中で、パウサニアス Pausanias が、その著作の前書きにて、ギリシャ人を「岩石崇拝を理由に」、全くの**大馬鹿者**だと見なしていたと告白しているのを見つける。しかし、アルカディア［古代ギリシャの桃源郷伝説で有名な高原］に行ってみて、彼は、「わたし自身の考え方を変えた」と付け加えている。それゆえ、岩石、或いは石の偶像と彫像等の崇拝、それと同じ —— よく似たことをローマカトリック教徒達がまさに行っているのに、彼らが愚かにも非難している〈異教徒達〉の罪 —— を犯すことなく、現代のパウサニアス達から「愚か者」と呼ばれることもなく、人々は非常に多くの偉大な哲学者達や聖人達が崇拝してきたものに対する信仰を許されるだろう。

もし読者が〈マギ術〉や心霊能力の見地から火打ち石や玉石の多様な特質を研究しようとするならば、〈**碑文協会** *Academie des Inscriptions*〉の第6巻（論文集、518頁以降）を参照のこと。オルフェウス作の〈石〉についての詩の一つに、これらの石は割れて**オーファイト** *ophites*［蛇］と**シデライト** *siderites*［恒星、星辰］、即ち「蛇石［輝緑石］」と「星石」になるとある。「その『〈オーファイト〉』は毛むくじゃらで、固く、重く、黒くて**話す能力を持ち**、

(註17) 『生きていて話をする石 *Pierres Animees et parlantes*』、283頁。『石に関する神学 *Theologie de la Pierre*』、270頁。

(註18) サターン Saturn は**クロノス** ——「〈時間〉」である。彼が呑み込んだ**ジュピターの瑠璃石**はいつか一つの預言となって吐き出されるかも知れない。「ペテロ（**ケファ** Cephas［岩石］、**瑠璃石** lapis）はその上にローマ教会が建立された岩である」と我々は確信している。だが**クロノスがジュピターの瑠璃石**と更に多くの人物を呑み込んだように、いつか「それを**呑み込むことは**」確実であろう。

人がその石を棄てようとすると、**子供の泣き声と似た音を発声する**。ヘラノス Helanos がトロイの遺跡や彼の父なる土地を預言したのはこの石を用いてのことである。………」等と。(『小さな 隼 ファルコン Falconnet』[オルフェウスの詩集])

サンコニアトン Sanchoniathon とフィロ・ビブロス Fhilo Byblos は、これらの**ベティル** betyles[詩の各節]に言及する中で、それらを「〈**生きている石**〉」と呼んでいる。フィオテウス Photius は、ダマシウス Damascius、アスクレパデス Asclepiades、イシドラス Isidorus、そして医師エウセビウス Eusebius 等が彼以前に主張していたことを繰り返している。後者(エウセビウス)は、彼の**蛇石**を決して肌身離さず、それを胸に入れて持ち運び、その石から、**低いボーボーという笛の音に似た小さな声で伝えられた預言**を受け取っていた。(註19) アルノビウス Arnobius (〈異教徒〉出身で、**教会の光の１人となり**、キリスト教徒達が指導者と公言する聖人)は、旅の途上で、そのような石の一つと出会うと、必ず問いかけたし、「それは時々**はっきりとした明瞭な小声で答えている**」と、告白している。キリスト教徒と〈異教徒〉の蛇石の相違は、どこに有るのか？と我々は問う。

ウェストミンスター寺院の有名な石は、**リアファル** liafail[アイルランド語で、「運命の石」を意味し、ケルト神話のダーナ神族に登場するエリンの四秘宝、剣、槍、大釜、石の一つで戴冠石、フォール聖石とも呼ばれていた] ──「話す石」── と呼ばれ、選ばれるべき王を任命する場合にのみその声を上げた。キャンベリー Cambry は(『ケルト族の重要な遺跡 Monuments Celtiques』で)その石が以下の碑文をいまだに有していた時にそれを見たと語っている ── (註20)

(註19) 勿論、それは洞窟の出入り口で地震の後、エリヤ Elijah[旧約聖書の預言者で、その名の意味は『ヤハウェイは神なり』]が聴いた「小さな声」と全く同じものである。(列王紀 上、19 章 12 節)

(註20) ロッキング、或いはローガン Logan・ストーン[触れると動く石、ゆるぎ石]は多様な呼名を持っている。ケルト人達は、**クラチャーブレス** clacha-brath、即ち「〈運命の神〉、或いは裁きの石」、**占い石** divining-stone、或いは「艱難の石」、そして託宣の石、等の呼び名を持っていたし、フェニキア人の動きまわる、或いは生き物のように動く石、アイルランド人の音をたてて鳴る石、等がある。ブルターニュにはヒュールゴート Huelgoat に「ピエーレ・ブランラントス[不安定な石]pierres branlantes」という名の石が存在する。それらは、〈旧〉及び〈新世界〉、即ちグレートブリテン諸島、フランス、スペイン、イタリー、ロシア、ドイツ等々、同じく北アメリカにも認められる。(ハドソンの『北アメリカからの書簡』、**第 2 巻、440 頁を参照**。)プリニウスはアジアに於

「偽りの預言ではなく、スコットランド人があらゆる場所に置いたのは、彼らの瑠璃石で、その場所を統治するためにである
　　"Ni fallat fatum, Scoti quocumque locatum
　　Invenient lapidem, regnasse tenentur ibidem."」

最後に、スーダス Suidas は、動く能力を与えられたそれらの石の中から一目で生命のない石を識別できたというヘラクレイトス［紀元前6世紀から5世紀のギリシャ人哲学者］という人について語っているし、プリニウス Pliny［古代ローマの学者で『博物誌』の著者］は「手を近づけると逃げ出す」石について言及している。（バートランド神父による『宗教辞典』の**ヘラクレイトスと詩節ベティレスに関する項目記事を参照。**）

ド・ミルヴィルは ―― 聖書を正当化しようと努める者だが ―― 何故ストーンヘンジの巨石が古い時代に**コール-ガウア** chior-gaur（〈コル Cor〉から、「踊る」、そこから**舞踏病** chorea、そしてガウアから〈巨人〉となる）、即ち巨人達の舞踏と呼ばれていたのか？とごく当然の疑問を呈している。その後、彼は返答を受け取るために教会朗読司を聖ジルダス僧正に遣わしている。しかし、『巨人の痕跡に関する、コンテ州コーノアリスへの旅 Voyage dans le Comté de Cornouailles, sur les traces des géants』やストーンヘンジ(註21)、カルナック、そして西ホアドリイ Hoadley の遺跡に関する多様な作品の碩学な著者達は、この特異な主題についてとても素晴らしい、より確かな情報を与えてくれる。それらの地域では ―― 本当に岩石群だらけだが ―― 巨大な一枚岩モノリスが発見され、「或るものは500トンを越える重さである」（キャンベリー Cambry）。［英国］ソールズベリー平原で見られるこれらの「ロッキング・ストーン［ゆるぎ石］hinging stones」はドルイド教寺院の名残だと信じられている。だが、ドルイド教の司祭達 Druids は歴史上の人々で、キュクロプスでも巨人でもなかった。**巨人達でないとするならば**いったい誰が、**そのような**（特にカルナックと西ホアドリイに存在する巨石）**岩塊を屹立させ**、間違いなく星図を象徴す

ける幾つかの石について語っているし（『国家史』、第1巻、c. 96）、ロードス島に暮らしたアポロニウスは、ロッキング・ストーンに思念を集中し、意思の力によって離れた距離からそのような石を動かした太古の司祭達に疑いなく言及しながら、それらの石が「古墳の頂上に置かれたもので、**精神によって動かされるほど敏感である**」と言っている。（アッカーマン著 Ackerman's 『アーサー王伝説 Arth.』索引、34頁）
(註21)　他の幾冊かの中で、**フランス王立科学学院 F.R.A.S.の Th・A・ワイズ医師による『カレドニアの異教信仰の歴史』**等も参照。

るような対称的な配置に岩石を並べ、それらの岩石が大地に触れることは全く困難であるように思われるが、ほんの軽く指を触れると動くように据えられ、しかも、それらを移動させようと試みる20人もの人々の労力でも動かないような、驚くべき均衡の上にそれらを配置し**得るのか**。

我々は、これらの石のほとんどが最後に残ったアトランティスの遺物であると主張している。我々は、あらゆる地質学者達がそれらを自然に由来するものである、と主張しているとの反論を受けるに違いない。「風化する」、即ち、天候の影響のもとで次々と一かけらづつその構成物を失いつつある時の岩がこの形状を呈し、奇抜な形状を呈する西イングランドにある「岩山群」もまたこの状況で造られたものであり、最後に、すべての科学者達が「諸々のゆるぎ石を風雨など純粋に自然の作用に由来すると考察するように、その岩石層が崩落したことが原因である」──とりわけ「我々は、今日我々の周りで進行する岩石-変化のこの過程を認める」という反論などのように、我々の公式見解は当然否定されるだろう。この件について調べてみよう。

だが、〈地質学〉が述べざるを得ないことを読むことで、これら巨大な岩塊が今それらが置いてある国々でしばしば産出してさえいないことを、即ちそれらと地質学的に同種なものがそれらの地域では見つけられない地層に属し、そして遥か海を越えてのみ発見されることが頻繁であることを、聞き知るだろう。ウィリアム・トゥーク氏は(フランス語訳、『タタール人の埋葬』、**公文書集** *Arch.* **第7巻2227番**で)、南ロシアやシベリアに散在する花崗岩の巨大な岩塊について説明しながら、それらが現在安置されている所には岩石も山脈もないと、そしてそれらは、「遥か遠く離れた所から途方もない労力で」、運ばれて来たに違いないと、読者に伝えている。シャルトン Charton は(『古代と現代の旅』、第1巻230頁で)、有名な英国の地質学者の分析に従えば、「アイルランドに由来する」というそのような岩石の一実例を語っているが、その地質学者はそれが外国起源、「**恐らくアフリカ原産**」であることを認めている。

アイルランドの伝承が環状列石群の起源を、**アフリカからそれらを運んだ1人の**〈**魔法使い**〉によると伝えるように、これは不思議な**符合**である。ド・ミルヴィルはその魔法使いに「1人の呪われた**ハム族人** *Hamite*(註22)」を

(註22)　ハム[ノアの次男]は、セム[長子]やヤフェト[三男]と同様に、もはやティターン、或いは〈巨人〉ではなかった。彼等は、ファベルが指摘しているように、全員が箱船時代のティターンでないし、また神話上の人物でもない。

450

見ている。我々は、かの魔法使いに暗闇のアトランティス人を、或いは恐らくブリテン島の誕生まで生き延びた初期のレムリア人さえもを ── そして個々の如何なる場合に於いても《巨人達》を、認めている。(註23)

「人間は」、と浅はかにもキャンベリー Cambry は、「それについて何もしていない……… というのも**人間の力や産業技術はこの種の如何なるものをも企てることが出来なかったから。唯一自然のみがそのすべてを成し遂げてきたし(!!)、そして〈科学〉がいつの日かそれを立証するだろう**」と語っている。(88 頁)それにも関わらず、それを成し遂げたのは、強大な力ではあるが、ある種の人間であり、そして神や悪魔によるのでも、「自然」単独によるものでもない。

「科学」は、人間の精神と〈霊〉さえもが単に**盲目的な諸力**の産物に過ぎないと説明しようとしてきたように、その仕事を請負うに十分過ぎる能力がある。それはある快晴の朝に突然現われ、そして自然のみがストーンヘンジの巨石群を整列させ、数学的な正確さでそれらの位置を描き、それらにデンデラ Dendera 星座と黄道十二宮の形状を賦与し、アフリカとアジアからイングランドとアイルランドに百万ポンドを優に越える諸々の石を飛翔させて運んで来たことを立証しようとするかも知れない！

キャンベリーが後に撤回したことは正しい。「長い間信じて来た」と彼は語り、「**自然だけがそれらの不可思議を創り出すことが出来たと ……… だが撤回する** ……… 偶然がそのように驚嘆すべき配列を**作り出すことは出来ない** ……… そして前述の諸石を均衡を保って配置した者等は、コンカルノー Concarneau［フランス西部フィニスティール県の南部の港町］の近郊、ヒュールゴートの池に動く岩塊を建造した者等と同一である。………」と続ける。ジョン・ワトソン医師は、『古代ケルト族』の 99 頁をキャンベリーによって引用されているが、ゴルカー Golcar（〈魔法使い〉）［を意味するヨークシャー州東部の町］の裾野に据えられた**動く岩**、或いは〈ゆるぎ-石〉について述べる時、「均衡を保たれたそれらの岩塊の思いがけない動きはケルト人達にそれらを神々と同一視させた」と語っている。………

『ストーンヘンジ』(フリンダーズ・ピートリー Flinders Petrie［英国のエジ

(註23) ディオドロス・シクルスは、「イシスの時代にはすべての人間が巨大な身長の者等であったが、ギリシャ時代の〈巨人達〉から小さくなったと強く主張している。「さらに、エジプト人達はイシスの時代に複数の体を持つある種の生物が存在したと彼等の神話で語っている。*Οι δ'εν Αγύπτψ μυθολογουσι καγα την Ίσιδος ηλικίαν γεγονέναι τινας πολυσ-ωμάτους.*」

プト学者で工芸品保存方法の草分け的人物]著)の中では、「それが異なる岩石、即ち赤い砂岩、或いは、その地域で『曇り空』と呼ばれる『大砂岩』[特にイングランド中南部に見られる]石で造られている。しかし、一部の石は、特に天文学上の目的で捧げられたと云われるものは、離れた所から、恐らくアイルランド北部から運ばれてきた」と述べられている。

　終わりに際し、この主題についての著作で1850年に発行された『考古学の見解』(473頁)に於ける、ある〈科学〉者の考察は、引用する価値がある。揺れ動く石に関する論文に云う ──

　「すべての石は、一つの岩塊を動かすのに最も強力な機械を用いる程の重量である。要するに、岩塊が地球上の至るところに散らばって存在し、大衆は、その石の前では**岩の素材**という言葉の説明さえ出来ず、それらを見て想像力が困惑させられ、そしてその岩自体の巨大さに相応しい名称が付けられてきた。**遁走石 routers** と時には呼ばれたこれらの**巨大な揺れ動く石が** ── まるで一つの点の上にそれらの一方の側が直立して置かれていたことはさておいて、それらの釣り合いは全く完璧であるため、微かに触れてもそれらを動かすのに十分で …… 最も実用的な静力学の知識を裏切ることになる。往復的な反復の動きが、表面、水平面、凸面、そして凹面と順に起こり …… これらのすべての事がそれらの石をキュクロプスの史跡と同類のものだとして、『草原 de La Vega』で、『それ等に関しては、人間というよりもデーモン達の仕業と思われる』と繰り返していることは、妥当だと言える」と。(註24)

　というのも、かつて我々は我々自身の友人且つ敵対者であるローマカト

(註24)　「それは困難だ」とクルーザーは著し、「有名なダクティレス Dactyles [指を意味する]と良く似た、ティリンズ Tiryns [ギリシャのペロポネソロ半島にあるミケーネ文明の遺跡]とミケーネ Mycenea [ギリシャの古代都市]の建造物に天上の力によって動かされていることを暗示させる惑星の諸力を感じないことは」と続けている。(『ペラスゴイ人 Pelasges [有史以前にギリシャと小アジア周辺に居住した種族]とキュクロプス』)今日まで〈科学〉はキュクロプスの問題について無知である。彼等はいわゆる「一つ目の巨人」の仕業と呼ばれるあらゆるものを建立したと推定されているし、その建造物は〈巨人達〉の幾つかの集団を必要とした、そして ── 彼等全員で合わせて僅か77人(クルーザーの考察によればおよそ百人程)であった。彼等は「〈建造者達〉」と呼ばれ、〈秘教科学体系〉は彼等を、ペラスゴイ人の一部に秘伝を授け、前述の様に本物の〈**石工達**[メーソン]〉の礎石を置いた〈**イニシエイター達**〉と呼んでいる。ヘロドトスはキュクロプスと「アッシリアのデーモンの息子」ペルセウス Perseus [メデューサを殺し、後にアンドロメダを海の怪獣から救ったギリシャ神話の英雄]を結び

リック教徒達と折り合い、そして数百万ポンドもの重さを持つ岩塊に施された静力学と均衡の前述の驚異が、今の世紀の平均的な人々よりも背は高いが、我々同様普通の人間である〈石器時代〉の**生存者達**、即ち洞窟で暮らす人々の仕業で有り得るかどうか？を訊ねている。ゆるぎ石に附随する多様な伝承に言及することは**我々の**目的とするところではない。それでも、何処か他の所に保管しようとあらゆる努力がなされたにもかかわらず、元の場所に帰ってきた、モナ島 Isle of Mona[英国ウェールズの北西端のアンジェルシー島の元の名前]にあるそのような石について語る**ギラルドス・カンブレンシス** *Giraldus Cambrensis* の英国の読者を思い出すことも同様によいであろう。ヘンリーⅡ世によってアイルランドが征服された時代に、ヒューゴ・セストレンシス伯爵という者が、それについて事の真相を自分で確かめたいと望んで、モナの石にそれより遙かに大きな石を縛り付けて、海に投げ込んだ。翌朝その石はいつもの場所にあった。…… ソールズベリーの学者ウィリアムは、1544年、教会の壁に石が現れるところを見たと証言することで、その事実を請け合っている。…… そして、これは、アルゴー号乗船員[ジェイソンと共に金色の羊の毛皮を求めた遠征隊]がキジクスの町 Cyzicum[キジクスはトルコのアナトリア(半島)のミシュア地方の古代都市]に残した石について、その石はキジクス人 Cyzicans がプリタニア Prytanea[町の広場]に安置したが、「そこから**度々逃げ出し、彼らにそれを連れ戻させている**」とプリニウスが語ったことの一つを思い出させる。(『国家史』、36章、592頁) …… ここに、あらゆる古代人によって「生きていて、動き、話し、そして自分で動きまわる」と記された厖大な石についての伝聞を手にすることになる。それらは、思うに、人々を逃げ出させる能力もまた有していて、それ以後、**遁走石** *router*s (敗走させること、総崩れにすること) と呼ばれたし、デ・ムソー des Mousseaux はそれらすべてが預言する石で、**気の狂った石**と呼ばれたことを指摘している。

びつけている。(I. *VI.* 54 頁) ロール・ロケット Raoul Rochette は、パラモニウスがキュクロプスで、彼に対し聖所が建立され、「ツロ[フェニキアの古代都市]人 Tyrian のヘラクレスであった」ことを発見した。とにかく、彼は謎の人物達と彫像で覆われたガディル Gadir[フェニキア人が築いたスペインのガンダル州の港湾都市]の聖なる円柱の建造者で、その当時ティアナ Tyana のアポロニウスがその謎の鍵を持つ唯一の人物であったし、そしてその彫像は「〈神々〉のような建造者にして設計者」であるヴィスワカルマ Viswakarma のための寺院の巨大遺跡、エローラ Ellora の石窟群[インドのムンバイの東にあるアウランガーバード郊外の世界的に有名な石窟群寺院]に今でも認められるだろう。

(彼の『神と神々 Dieu et les Dieux』、587頁を参照)「ゆるぎ石は〈科学〉に容認されている。それは何故、揺れ動いたのか、そしてそのように動くように作られた理由は何か? 人は、この動きが預言のもう一つの方法で、まさにこの理由から『真実の石』と呼ばれたことを理解することに盲目であってはならない」。(ミルヴィル著、『呪物神崇拝 Fétichisme』) (註25)

(註25) リチャードソンとバース Barth 諸氏は、彼等がアジア、サーカシア[黒海沿岸]地方、エトルリア[イタリア中西部]、北部ヨーロッパ全域で見た三石塔[2本の石柱に1本の横石を渡した先史時代遺跡]と直立する数々の石と同じものをサハラ砂漠で見つけて驚いたと伝えている。リヴェット-カルナック氏は、アラハバードの理学士 B.C.S.[Bachelar of Chemical Science]で有名な〈考古学者〉だが、イングランド、スコットランド及び他の〈西部〉地方にある諸々の石や岩の上にあるカップ型の標し──「((蛇達)の町を意味する)ナグプール Nagpur 近郊の〈古墳群〉を取り囲む玄武岩の〈玉石〉にある印」と「驚くべき類似性を呈している」もの──に関するJ・シンプソン卿による記述を見つけて同様の驚きを表現している。その著名な研究家は、この「もう一つの、そして非常に風変わりな追加証拠の大半に ...... 初期の時代にヨーロッパ中に押し寄せた遊牧民種族の枝部族が、インドにも侵入した」と認めていた。レムリア、アトランティスとその巨人達、〈第5根本人種〉の草創期の人種等は、一般論としてこれらの電磁気的石 betyles、石器時代の石、「魔法」の石すべてを手にしていたと我々は述べている。J・シンプソン卿によって見つけられたそのカップ型の標しと、リヴェット-カルナック氏によって発見された「表面に幾つもの孔があけられた」岩と「その多様で異なる孔の大きさが直径6インチから1.5インチで、深さが1から1.5インチ程で .... 通常、カップの数や大きさや組合せの多様な順番を垂直な線で表現しながら配置された」記念碑は ── 単に最も古い人種による刻印された〈記録〉である。『インドのクマーウーン Kumaon 地方等の岩の表面に記された太古の刻印についての考古学的記録』の中で、前述の標しからなる絵画を注意深く調査する者ならば誰でもその中に刻印と記録の最も原始的な様式を認めるだろうし、電信の打電に関するモールス信号にアメリカの発明家によって採用されたある種の様式で、リヴェット-カルナック氏が、「砂岩の上に彫られた」刻印を記述したように、それは長短[ー と - の記号]の筆跡の組み合わせからなるアガム式打電法を我々に思い起こさせる。スウェーデン、ノルウェイ、そしてスカンジナヴィアはそのような書きとめられた記録、即ちカップ型の標しと長短の筆跡に続くルーン文字[古代北欧で使われた文字]であふれている。ヨハンネス・マグヌスの二折フォリオ判の本 Johannes Magnus' Infolio の中に、誰でもルーン文字で覆われた大きな石をそれぞれの腕に吊り下げた下級神、巨人スタルカテラス Starchaterus (スタルカド Starcad は、コルスツァルスグラニの住民で、マギ術師)の肖像を認めるし、スタルカドは、スカンジナビアの伝説によれば、アイルランドに行き南船北馬、東奔西走して素晴らしい偉業の数々を成し遂げた(『神都アスガルドと神々』参照)、とある。

これこそが、後の時代と全く同じであることを裏付ける、〈過ぎ去りし〉先史時代の**歴史的事実である**。竜石 Dracontia は、月と蛇に捧げられた、より古い諸国家に伝わる更に古代の〈王朝〉の〈岩石〉で、その動き、或いは**揺れ方**は秘伝を受けた司祭達には完全に明らかな暗号であり、司祭達だけがこの古代の暗号を**読み解く**鍵を持っていた。ヴォルミウス Vormius とオラウス・マグヌス Olaüs Magnus は、「その声が太古の巨人達の強大な力で聳え立てられた厖大な岩石群を通して伝えた」神託の順に従って、スカンジナビアの王達が選ばれた、と指摘している。「インドとペルシャでは」とプレニウスは語り、「マギ［古代ペルシャのゾロアスター教の神官］が彼らの君主を選出する際に相談をしなければならなかったのは、まさに彼女（ペルシャのオイッツォエ Oitzoé 石）である」と伝えているし（『国家史』、87、54 章）、そして彼は、小アジアのハルプサ Harpasa の石に勝り、「1 本の指でその岩を動かせるが、一方で体全体による負荷ではそれが動かない」という仕組みで置かれた、ある岩について（38 章 50 節 2 項に）記述している。それなら何故、アイルランド及びヨークシャー州ブリンハムのゆるぎ石は、同様に**占い**や神託の伝達に使われていたとすべきではないのか？それらの中で最も巨大なものは明らかにアトランティス人の遺物であり、ブリンハムの岩のようにその天頂部に幾つかの回転する石を持つより小さなものは、より古い石器時代の石 lithoi の模倣である。中世の僧正達は手元に置くことが出来たあらゆる〈竜石〉の素描図を破棄しなかったし、〈科学〉はこれらに関して更に多くを知ることになるだろう。(註26) 実のところ、長い先史時代とあらゆる時代の期間中、それらが預言と〈**魔術**〉という同一の目的で世界的に用いられたことを我々は知っている。E・ビオ Biot は、フランス学士院の会員で、彼の著作『古代フランス』第 9 巻に於いて**チャタン・ペランバ** Chatam peramba（［インドの］マラバル地方の〈死〉の〈平原〉、或いは古代の埋葬地）がカルナックの古い墓所群の ――「目立つ中央の墓」と同一であると指摘する小論文を公表した。……「数々の骨がそれら（墓所群）の中で発見されている」と彼は語り、「そしてヒルウェル Hillwell 氏は、これらの幾つかは非常に巨大で、（マラバル地方）土着の人々がその墓所群をラークシャサ（巨人達）の住まいと呼んでいると我々に語っている」。複数の環状列石群は、「インドにあるすべてのそのような遺跡群と同様に、**パンチャ・パンダヴァ** Panch Pandava（パンダヴァ族の 5 人の息子）の仕業

(註26)　シャルトン Charton は、デ・ミルヴィルによって引用された『古代と現代の旅人』の〈著者〉。

と考えられ、インドにとても多く」、バサリッディ王 Rajah Vasariddi の指示で発掘された時、「とてつもなく巨大な人骨が埋まっているのが発見された」。(T・A・ワイズ、『カレドニアに於ける偶像崇拝の歴史』、36頁中より)。

あらためて、ド・ミルヴィルは、結論としては正しくないにしても、一般論としては正しい。〈竜石〉がほとんど「大規模な自然の地質学的激変」(シャルトン Charlton 説)の証拠であり、そして、「**自然の〈仕業〉である**」(キャンベリー説)と長い間思い込まれてきた説が、今では論破されているように、彼の論評もまさに同様である。「**あり得ないそのような説が主張される前に、我々は〈科学〉に再考するように忠告する ……… そして、とりわけ、太古の伝説の中でティターンと〈巨人〉を区別しないことを**、というのも彼らの建造物はすぐそこ、我々の眼下に在り、そしてそれらのゆるぎ石群は、最終的に人が〈古代人〉全体に認められていた驚異を信じる**ことでシャルトン Charenton のような人物に全員がなるわけではないことを**、彼らが明瞭に理解し実感するのを助けるべく、世の終わりまで礎石の上で揺れ続けることだろう」。(『呪物神崇拝 Fétichisme』、288頁)

不毛の荒れ野に〈秘教科学者達〉とローマカトリック教徒達、両方の声が湧き起こるけれども、それはまさに我々が何度も繰り返すことの出来ぬ主題である。それにも関わらず、古代と中世の神学がいわゆる〈黙示録〉のその翻訳に於いて矛盾していたと同じように、〈科学〉が最も控えめに語るとしても、その現代の思索に於いて矛盾していることを誰もが見逃すことは出来ない。科学は、何と人間が猿に似た類人猿の子孫であるだろうと仮定し ── その変化には数百万年を要するとし ── しかも人類の年齢を10万年より古いとすることを恐れている！ 科学は、種の緩やかな変化、自然淘汰、そして最も低次の形体から高次のものへの進化、即ち軟体動物から魚へ、爬虫類から鳥と哺乳類へ、を説いている。だが、その考えは、生理学的に、より高度な哺乳類、そして動物に過ぎない人間のそのような外形的な姿の変化を拒否している。しかし、仮にも[かつての南イングランドの森林地帯]ウェールデン Wealden の怪物イグアノドンが今日の小さなイグアナの祖先であったかも知れないとするならば、何故シークレット・ドクトリンの伝える怪物的な人間が現代の人間 ──〈動物〉と〈天使〉を結ぶ架け橋、になり得ないのか？ 人間をあらゆる霊的で不死なる〈真我〉とすることを拒み、彼を自動機械と見なし、そして同時に、〈自然〉の大系に於いて**一つの異なった属として彼を序列づける**、この「学説」以上に非科学

的なものは何処に存在するのか？〈秘教科学 Occult Sciences〉は、現在の厳密な〈科学〉よりも科学的には劣っているかも知れないが、同時にその教えに於いてはより論理的且つ一貫している。物理的力、そして原子の自然な親和力は、植物を動物に変容させる諸要素として十分かも知れないが、生物を１人の**十分な意識を有する人間**と呼ぶためには、たとえ人間が、有り得ないが、〈四手獣〉目の二つの「貧相ないとこ達」の間から分岐した支脈に過ぎないにしても、ある程度の物質的な集合とその環境との単なる相互作用以上のものを必要とする。〈秘教科学〉は、地球上に(実在する)生命が、「〈科学的〉な自然史に於ける論理的な自明の原理の一つである」ことをヘッケルと共に認めるが、**内的外的**にも、見えざる主観的な〈霊的-生命〉——〈自然〉に於ける永遠の、そして一つの〈原理〉——の〈霊的〉な内なる進化のようなものの拒絶は、もし可能としても、〈宇宙〉とその中の万物が、如何なる**外部**の助けもなしに、物質に由来する盲目的な力によって徐々に造られてきたと述べる以上に不合理であると補っている。

たとえば１人の〈秘教科学者〉が、大聖堂の最初のグランド・オルガンが元々以下のように出現した、と主張すると仮定してみよう。まず最初に、**有機的な**〈**タンパク質**〉と呼ばれる物質的状態の産出物を結果として生み出すある大系的な物質〈空間〉に、発展的で緩やかな機能分化の過程が存在した。次に、附随する諸力の影響のもとで、それらの諸状態が不安定な均衡の状態に放り込まれて、それらは緩やかに、そして粛々と進化し、曲線を描き磨かれた木材、真鍮の針と釘、パイプ気管とその下部をなす革と象牙、からなる新しい組み合わせを生じる。その後に、それのあらゆる部品が一つの調和的で対称的な機械に組み込まれて、オルガンは突然モーツァルトの〈**鎮魂曲レクイエム**〉を外に鳴り響かせた。これにベートベンのソナタ等が**際限なく** ad infinitum 続いて、その鍵盤はそれらを演奏し、そして風はそれ自身が受け継いできた力と空想でパイプに吹き込んでいる。………そのような一つの学説に対し、〈科学〉は何というのだろうか？　だが、唯物論の**召使い達**が、〈世界〉はその数百万もの生物で形成されていて、人間はその霊的な王冠である、と我々に伝えるのは賢明にも正確である。

種の緩やかな変化の主題について書いている時に、ヘーバート・スペンサー Herbert Spencer 氏の本当の内的な思考がどのようなものであろうとも、その中で彼が語ることは我々の説に合致している。「進化という用語の中で解説されてきたことは、生物のあらゆる種が、**先行する生物種に生じる**感知できぬ程の僅かな継続する変化による作用で起こる変異の産物とみな

されていることである」。(『生理学に関するエッセー』、〈論旨〉、144 頁) そうならば、議論の便宜上、人間の内部に肉体の構造以上に長く続き、独立して生き永らえるものは**何もない**と仮定するとしても、この場合に、歴史上の人間が、何故、先行して存在する有史以前のある種の人間に生じた変異の結果であってはならないのか？　しかし、これはそうではない！　というのも、「様々な有機物質が、研究室で、我々が文字どうり**人工的な進化**と呼んでもよい方法で生み出されている」(『生物学の原理』の補遺、**482 頁**) と我々が伝えられる時、我々は著名な英国の哲学者に、科学者達が「諸要素を分離したものから複雑に組み合わされたものを作り出そう」と絶えず試みてきたそれ以前に、〈錬金術師達〉と偉大なアデプト達がより多くの、そして本当に厖大な試みを行ってきた、と返答している。パラケルススの〈こびとホムンクルス達〉 Homunculi は〈錬金術〉に於いては一つの事実であり、〈科学〉に於いてもまさにあり得そうなものの一つになるだろうし、やがて、シェリー女史の著作『フランケンシュタイン』は一つの予言書として見なされるべきだろう。しかし、その〈先駆者達〉が信用されて彼が実際に試さない限り、言い換えれば、たとえ人が自身の肉体を去り、そして「空の形体」の中に化身するとしても、科学者及び〈錬金術師〉の誰一人として、〈怪物〉フランケンシュタイン」のような者に動物本能以上のものをこれまでに賦与しようとした者はいないだろう。しかしこれでさえ自然の人間ではなく、**人工的**であろう、何故なら、我々の「〈祖先達〉」が、永遠なる進化の過程で、人間となる前に**神々**になる必要性があったからである。

　上述の主題からの逸脱は、少なくとも、この書を読むかも知れない来たるべき世紀のごく少数の思索する人々に先んずる弁明の試みである。しかもこの書はまた、何故今日に於ける最高の、そして多くの霊的な人間達がもはや〈科学〉だけでなく神学にさえにも満足できないのか、そしてその二つのどちらもがそれぞれの無謬性に於いて**盲目的な教義**を呈示する以上に何も優れたものが無く、何故その両者の教条的な主張に対する「心霊的な狂信」を彼らが好むのか、の理由を説明している。**世界の伝承**は、実際人生に於ける遙かに安全な導き手である。そして世界の伝承は、原初の人間が幾つもの時代にわたって、彼の〈創造者達〉と最初の〈指導者達〉── エロヒム神 ── と〈世界〉の「〈エデンの園〉」、或いは「〈黄昏〉」の中で、一緒に生きていることを描写している。我々はスタンザ XII で〈神のような指導者達〉について論じるつもりだ。

45. 最初の大洪水が襲った。それらは七つの巨大な島を呑み込んだ。(*a*)

46. 聖なるものは総て救われ、穢れたものは滅びた。地球の汗から生まれた巨大な動物たちの多くも彼らと共に滅びた。(*b*)

(*a*) この主題 ── この〈環〉に於いて我々の地球上に発生した四度目の大洪水 ── は、続く最後のスタンザの各章で十分取り上げられるので、ここで更に何かを語ることは単なる重複になるだろう。七つの巨大な島大陸(ドゥウィーパ Dwipas)はアトランティス大陸に属していた。公にされない教えは、その「〈大洪水〉」が〈第4〉、即ち巨人〈人種〉を襲ったのは、彼らの邪悪さのためや、或いは「罪で黒く」なったという理由ではなく、単にそのようにあらゆる大陸が ──〈太陽〉の下での他の万物と同様に ── 誕生し、生き、老いて、そして死んでいく運命であるということを指摘している。これは〈第5人種〉の揺籃期の時代に起こったことである。

(*b*) そのように巨人達は滅亡した ── マギ術師達や魔法使い達、加えて幻想的な大衆の伝承も一緒に、しかし「あらゆる聖なるものは救われ」、そして「滅ぼされたのは穢れたもの」だけであった。この事は、けれども、〈カルマ〉や自然の法則に関して、彼らが持つ「第三の目」を揮う能力を失わなかった「聖なる」人々の予知にその多くを負っていた。次の人種(我々〈第5人類〉)について語りながら、註解書は以下のように述べている ──

「一握りの〈神に選ばれし〉者等、その天上界の指導者達は、かの〈聖なる島〉 ──『そこから最後の〈救い主〉がやって来るであろう所』── に居住するために既に去ってしまって、彼らだけが、今では人類の半分が他者の殲滅者となる〔現在人類が行っている〔戦争の〕ように ── H・P・B〕ことから人類を防いでいる。それ(人類)は分かれてしまった。その3分の2は、より低い〈諸王朝〉、地球の物質的な〈霊達〉によって支配されたが、彼らは容易に使える体を所有していたし、残りの3分の1は依然として誠実で、初期の〈第5人種〉── 神の〈化身達〉、に合流した。〈両極〉が(四度にわたって〔ポールシフトで〕)移動した時に、この極移動は、守護された人々や、〈第4人種〉から分かれた人々には何ら影響を与えなかった。レムリア人の様に ── 罪深いアトランティス人だけが滅び、そして『もはやその姿を見ることは無かった』。………」と。

───────

スタンザ XII
第5人種とその天界の指導者達

---

(47) 最初の2人種の生き残りの者達が永劫に滅び去る。〈第5人種〉の〈祖先達〉と一緒に〈大洪水〉から救い出された多様なアトランティス人種の幾つもの集団。

(48) 今現在の〈人種〉、〈第5人種〉の起源。最初の天の〈諸王朝〉。

(49) 今では聖書の寓話的な年代記に釘付けにされている〈歴史〉上に於ける黎明期の微かな光と奴隷の如くそれに追随している「世界」の〈歴史〉。── 人類の最初の指導者達と文明創始者達の特徴。

---

47. ごく少数(の人間達)が生き残った。或る者は黄色、或る者は褐色または黒色、そして或る者は赤色のままで。(初期の〈神の血統〉を受け継ぐ)月色の肌の者達は永劫に去ってしまった(a)………。

48. 〈第5人種〉は(生き残った)〈神の血筋〉から生み出された。それは〈その人種の最初の天の王達〉によって統治された。

49. 再び降臨して、〈第5〉(〈人種〉)と共に平和をもたらし、彼らに教え、そして指導した「〈蛇達〉」(b)………。

(a) この偈文(47)は〈第5人種〉に関係している。そこから始まるのは歴史ではなく、生き生きとして絶えず繰り返される伝承である。歴史 ── 或いは歴史と呼ばれるもの ── は、ほんの「数千年」の、我々第5亜人種の空想的な起源より先には遡れない。それは、「或る者は黄色、或る者は褐色と黒色、そして或る者は赤色のままであった」という文章に言及されている〈第5根本人種〉のこの第1亜人種について更に細かくしたものである。「月色」(即ち〈第1〉及び〈第2人種〉)の者は永劫に去った ── まさしく如何なる痕跡も残すことなしに、そしてそれは〈第3〉のレムリア人種を襲い、その尾で瞬く間にすべての国々を流し去った、かの「〈巨大な竜〉」に

喩えられる〈三度目〉の「〈大洪水〉」と同じく遙か昔のことである。そしてこの〈文〉の本当の意味が《註解書》で語られている、

　「《巨大な竜》は、《叡智》の『〈蛇達〉』を除いて、その巣穴が今では三角形の石の下にある〈蛇達〉に敬意を払っている」と、即ち「それは世界の至るところに置かれた〈ピラミッド〉のことだ」と。

　(b) この文は、〈註解書〉の何処か別のところで既に述べられていること以上に、はっきりと我々に伝えている、即ち、三つの〈人種〉(〈第3〉、〈第4〉、そして〈第5〉)の〈アデプト達〉、或いは「〈賢〉」者達が、地下の居住地に、実際にはピラミッドの地下ではないとしても、通常はある種ピラミッド的な構造物の地下に、住んでいたと。というのも、前述の「ピラミッド」は、世界の至るところにあり、決してファラオ[大きな家を意味する古代エジプト王の称号]の土地の独占ではなかったが、けれども南北アメリカの地下や地上、原生林の地下やその中、同様に平原や渓谷等に散在するものが発見されるまで、それらはもっぱらエジプト固有のものだと思われていた。たとえ本物の幾何図形的に精緻なピラミッドがもはやヨーロッパ地域には見られないとしても、多数の**新石器時代**の初期と推測される洞窟、多数の巨大な三角形でピラミッド状及び円錐状をしたモルビアン Morbihan [フランス西部の州]とブルターニュ地方に普通に見られるメンヒル[有史以前の垂直に建立した巨石建造物]、多数のデンマークの古墳、そして同じくヌラギ nuraghe [先史時代の巨大な搭状石造物]を必ず備えているサルジニア[イタリア半島西方の島]の「巨大な墳墓」、等はピラミッドの非常に広汎な、より粗雑な模造である。これらのほとんどが、新しく誕生した大陸とヨーロッパ諸群島の黎明期の開拓者達によるもので、それらの人種は ── 「或る者は黄色、或る者は褐色と黒色、或る者は赤色」で ── プラトンの云うアトランティス島を除き、最後まで残っていたアトランティスの[島]大陸と島々の水没後(85万年前)に、そして偉大なアーリヤ人種の出現前まで生き残っていた者達で、一方残りのピラミッドは〈東〉から来た初期の移住者によって建造された。ニューオリンズのミシシッピ川両岸からドウラー Dowler 医師によって発見された骨格に対して、彼が比定した更に 57,000 年も遡る人類の古さを決して認めない者等は、勿論これらの事実を拒絶するだろう。だが、彼らはいつか自身が間違っていたことに気づくことであろう。我々が蔑むことは、議論の余地のないその古さではなく、自らをプロセレノイ προσεληνοι [月が誕生する前から生きていたという伝説を持つ

アルカディア人のこと］── 月よりも古い者 ── と自称したアルカディア住民と太陽が天に現れる前から存在していたと主張するアテネの人々の愚かな自己賛美である。それだけでなく、また我々は、巨人の祖先を持っていたとする世界的な確信を一笑に付すことなど出来るのか。マンモスやマストドン mastodon［第三紀中期のゾウに似た長鼻類の大型哺乳動物］の数々の骨を、そしてある場合には巨大な山椒魚サラマンダー salamander の骨を、人骨と誤認してきた事実は、あらゆる哺乳動物の中で、人間が、あらゆる他の動物の体格と同じく、巨大な**洪積世人** homo diluvii から現在のような5から6フィートの生物へと矮小化してきた、と科学が認めようとしない唯一の生物であるという難題を解決するものではない。

だが、「〈叡智〉の〈蛇達〉」は自身の記録をよい状態で保存してきたし、そして人間の進化の歴史は、地下の様々な壁面にその痕跡が確かめ**られる**ように、天界でも辿られている。人間性と**星々**は、**知性的存在**［天使］達が星を支配すると云う理由から、堅く結びつけられている。

現代の象徴学者達はこれを嘲笑し、そしてそれを「空想」と呼ぶだろうが、しかし「〈大洪水 Deluge〉が、〈様々なピラミッド〉だけでなく数々の星座に関する〈西洋〉の人々の諸伝説を〈絶えず〉構成して来たことは異論のないことである」と著述しているのはスタニーランド・ウェイク氏である（『大ピラミッド』）。「〈太古の竜 Old Doragon〉」が「大〈洪水 Flood〉」と同一であると語るのはプロクター氏であり（『知識』、**第1巻**、243頁）、「我々は過去に於いて竜座が天球の極、或いは首領であったことを認識している。星座の神殿の中で ……… 竜座は最も高位且つ中心的な星座であったのだろう ……… それが如何に数々の星座と密接に関係するかは異例な程であるし ……… （聖書の）〈ノアの大洪水 The Flood〉に関して記録された様々な出来事を伴う精確な［星座］上昇の順序と範囲に対応している」と続けている。

この**特殊性**に対する理由はこの書物の中で既に明らかにされてきた。しかし、それは、ただ〈第5人種〉の諸亜人種が持つ記憶や伝承の中でごちゃ混ぜにされた**幾つかの**〈大洪水〉が起こった事を示すだけである。最初の大「〈洪水〉」は天文学的且つ宇宙的であったが、一方他の幾つかは**地球上での**ことであった。それでもこれらは、我々の非常に博学な友人ジェラルド・マッセー氏 ── 今のところ〈**自称**〉-イニシエイトに過ぎないが、大英博物館の謎に関する真の〈**イニシエイト**〉── が、**アトランティス**の沈没と〈大洪水〉が無知な人々による数々の人格神化した空想に過ぎず、そしてアトランティスが**天文学的な寓話**以上のものではなかった、と断言し、主張

することの反論とはならない。それにも関わらず、大いなる〈黄道帯十二宮〉の寓話は歴史的な数々の出来事に基づいており、一方[の寓話]が他のもの[歴史的出来事]に干渉することは困難で、そして〈秘教科学体系〉のあらゆる学徒が、かの天文学的且つ黄道帯十二宮的な寓話が意味することを知っているのは、また当然である。スミスはアッシリアの石版に刻印されたニムロドの〈叙事詩〉の中でその本当の意味を示している。その「**十二の詩篇**」が、「1年に12ヶ月を巡る〈太陽〉の1年を周期とする運行について詩い、それぞれの石版が一つの特別な月に対応し、そして「〈黄道〉十二宮」に於ける動物の姿について明確な関連性を含んでいる」ことに言及して、例えば、第11詩篇は、「嵐と雨の神リモン Rimmon に捧げられ、〈黄道〉の11番目の宮 ── 水瓶座、或いは〈人魚 Waterman〉と一致して」いる(『19世紀』、1882年、236頁)。しかし、この事でさえも、前述の〈黄道帯的〉なもの、或いはノアの〈大洪水〉に寓話化され象徴化された**先史**-天文学的な〈宇宙**大洪水**〉に基づく古い記録以前のものである。だが、これはアトランティスを全く取り上げていない。〈諸々のピラミッド〉は、〈巨大な竜〉(星座の竜座)、「〈叡智〉の〈竜達〉」、或いは〈第3〉と〈第4人種〉の偉大な〈イニシエイト達〉に対する認識と大アトランティスを襲った大〈洪水〉にまつわる天の暗示とみなされるナイル川の〈数々の氾濫〉に対する認識とを密接に結びつけている。〈世界の歴史〉に於ける天文学的な記録は、それにも関わらず、〈第4根本人種〉の〈第3亜人種〉、或いはアトランティス人から始まったと云われている。それはいつの時代のことであったのか？ 〈秘教科学〉の資料は、たとえエジプトに於ける〈黄道帯〉の計算に関して正式な公的機関の言う時代以降だとしても、**三度極が逆転していた**ことを示している。

　ここで我々はこの陳述に再度立ち返って見よう。〈黄道十二宮〉によって ── 唯物主義者達に彼らの偏った数々の理論と意見をその上に掲げる口実を提供している一つの現実はあるが ── 示されるような前述の象徴は、深遠過ぎる意味を有しているし、それらが人類に与える影響は重要すぎて二言三言で切り上げることは悩むところである。その一方で、我々は、最後の大洪水の後に我々〈第5人種〉に「再度降臨し」、導き、**指導した**と云い伝えられる最初の天の〈王達〉について述べている(偈文48)他の陳述の意味も考察すべきである！ 我々は次の章で歴史的にこの最後の主張を考察するつもりだが、「〈蛇達〉」の問題についてもう少し説明して終わらねばならない。

　〈太古〉の幾つかのスタンザについての概括的な註解はここらで終わりに

すべきである。更なる解説には、これらの主題を取り上げた、古代、中世、そして現代の数々の作品に含まれている諸々の証拠が求められる。すべてのそのような証拠は、読者の注目を歴史的な数々の証拠が持つ宝物に向けさせるために、今、蒐集され、より正しい序列に照合され、そして結びつけられるべきである。そして不気味な象徴の多様な意味 —— 教会の伝統的な見解で「人間の誘惑者[サタン]」として非常によく言及され、そして暗示するもの —— が決して強く主張され過ぎることが出来ないように、重複の危険を冒してでも、この際あらゆる役立つ証拠によって徹底的に検討し尽くすことはより賢明と思われる。ティターン達とカベイリ達は、我々の神学者達や少数の敬虔な象徴学者達によって、**悪魔 devil** と呼ばれる奇怪な人物と堅く結びつくものとして例外なく申し立てられてきたが、それと反対のあらゆる証拠はこれまで例外なく同じ様に拒絶され無視され続け、それゆえ秘教科学者はこの誹謗中傷の共謀を打ち破るのに役立つかも知れないものは、如何なるものでも無視してはならない。これら最後の3偈文に含まれる主題を幾つかの複数のグループに分けて、そして紙面の余白が許す限り、注意深く十二分にこの最後の章で吟味することを提案する。更に幾つかの詳細が、非常に激しく論争された〈秘教科学〉と〈秘教的な教え〉の数々の教義について —— それらの大半は〈第Ⅱ部〉の〈象徴学〉で提示される予定ではあるが —— 今述べたような方法によって古代の一般的な証拠に追加されることだろう。

異なった象徴のもとでの蛇達と竜達

　カルディアでは〈竜〉という呼称は、発音に則して記されたのではなく、〈東洋学者達〉によれば、**恐らく「鱗に覆われた者」**を意味する二つの頭文字の図案化によって表現されていた。「この描写は」とG・スミスはまさしく適切にも、「勿論、驚くべき竜、蛇だけでなく魚にも当てはまるだろう」と論評しているし、更に我々は以下のことを付け加える、「それは、一つの事例として、サンスクリット語で何とも表現しようのない両生類の動物、一般には〈ワニ〉と呼ばれるが、実際には何か別のものを意味する〈黄道帯〉第十宮[山羊座]のマカラ[摩羯]*Makara* に当てはまる。(第Ⅱ部、「象徴的7の謎 *The Mysteries of Hebdomad*」を参照)これは、更に〈アッシリア学者達〉

が、古代カルディアに於ける「〈竜〉」の実態について、そこからヘブライ人達が**彼らの象徴体系**を手に入れ、「〈鱗に覆われた〉者」から一つの生き物と悪の権化の力を創り出したキリスト教徒達に、それをほんのすぐ後に奪われたこと関して、とにかく確かなことを何も知っていないことを事実上認めることになる。

　「翼を持ち鱗に覆われた」〈竜達〉の一つの実物像が大英博物館で見られるかも知れない。同じ典拠に則して〈堕落〉の情景を再現するならば、また1本の木の両側に座る2人の人物があり、彼らの手を「リンゴ」に伸ばす一方で、〈木〉の後ろにいるのは〈竜-蛇〉である。秘教的には、その2人の人物はイニシエイションの用意が整った2人の「カルディア人」で、〈蛇〉は「〈伝授者 Initiator〉」を象徴し、その一方で3人を呪う嫉妬深い神々は顕教的な神を冒瀆する聖職者である。そこには、秘教科学者なら誰でも認めるように、文字通り「〈聖書的な〉出来事」以上のものは何も無い。

　「〈偉大な竜〉は、ただ、『〈叡智〉の〈蛇達〉』だけを尊敬している」とスタンザは伝え、その事が2人の人物と〈蛇〉に関する我々の説明の精確さを立証している。

　〈第5人種〉に「**再び降臨し ……… 教え、そして指導した〈蛇達〉**」。分別ある人が、今の時代に真の蛇達が結果として意味することのいったい何を信じることが出来るのか？　そのため、そのお粗末な推察は、科学者達にとって今では、古代に於ける多様で聖なる〈竜達〉と〈蛇達〉について論述した人々が、迷信深く盲信しやすい人々であっただけでなく、彼らより無知な者等を騙すことに熱中していた、というとんでもない自明の公理となっている。だがホメロス［紀元前8世紀のギリシャの叙事詩人でイーリアスとオデュッセイの作者といわれる］以来このかた、その用語は神を穢す者から秘匿されたあるものに用いられた。

　「げに恐ろしきは、自らを顕現する時の神々なり」──これらの**神々**を人々は〈竜達〉と呼ぶ。そしてアリアヌス Ælianus は、これら〈蛇崇拝者 Ophidean〉の象徴について彼の著作、『自然界の動物 *De Naturâ Animalium*』の中で取り上げながら、彼がこの最も古代の数々の象徴に関する本質をよく理解していたことを示す確かな論評を行っている。このように、彼は前述のホメロスの詩文に関して最も適切な説明をしている ──「何故なら、〈竜〉は、一方では神聖であり且つ崇拝されたが、（他者が？）知らぬままでいることが都合のよいある種の神性をより多く自身の内部に秘めているから」だと（第11書、17章）。

この〈竜〉は七重の意味を持ち、至高の天上と最も低い地上の意味を伝えるだろう。前者は、「〈自=生する Selfborn〉」もの、ロゴス（ヒンドゥの**アジャ神** *Aja*）と同一である。彼は〈三位一体〉の第2人格神、〈息子〉で、ナアセニアン Naasenian［キリスト教の異端宗派の一つで自らグノーシス派を名乗り、イエスの復活を疑った十二使徒の1人トーマスの福音書を信奉した］、或いは〈蛇-崇拝者達〉と呼ばれたキリスト教グノーシス派の人々と共に存在した。彼の象徴は竜座であった。(註1) その七つの「星」は**ヨハネの黙示録**で、手に「〈アルファー α〉と〈オメガ ω〉」を握りしめたあの七つの星である。その最も地上的な意味で、「〈竜〉」という言葉は〈**賢明**〉な人々を呼ぶのに使われた。

　古代の宗教的な象徴のこの部分は非常に深遠で謎に満ちているし、神を穢す者等には依然として不可解なままであろう。現代に於いて、竜と云う言葉は、キリスト教徒の耳に強い不快感を与えるために、あらゆる文明とは関係なく、最も大切に育んできたキリスト教の数々の教義と、それを正当化するために、今ではミルトンの詩的空想［『失楽園』］を啓示された教義として〈教会〉に根づかせてきた彼のペンと天賦の才を必要とする主題とに、対する直接的な公然たる非難の一つと見なされることは避け難い。

　〈天〉に於ける〈竜〉とその想像上の征服者にまつわる寓話は、聖ヨハネと彼の**黙示録**が本当に始まりであったのか？　声高々に我々は答える ── 〈いや違う〉と。彼の云う「〈竜〉」は、ネプチューン［古代ローマの海神］や、アトランティス人魔術師の象徴である。

　上述の否定を説明するために、読者はその幾つかの側面から〈蛇〉と〈竜〉の象徴体系を吟味することを求められている。

───────

星と宇宙の象形文字

　あらゆる天文学者 ── 更に〈秘教科学者達〉と〈占星術師達〉 ── は、造形的に、アストラル光、天の川、そしてまた〈恒星〉年 the Sidereal year、

（註1）『ベールをとったキリスト教の三位一体』の中でH・リツレイ Lizeray によって描写されたように ── 不変の〈父〉（〈天の極〉、一つの不動〈点〉）と流転する物質の間に置かれて、〈竜〉は彼の呼称の出どころである〈天の極〉から受け取ったものを物質に伝えている ── が〈**彼の言葉**〉である。

或いは〈太陽〉年 the Tropical year[1年のことで365日5時間48分46秒]の周期と同様に北回帰線 the tropic of Cancer[夏至線、北緯23度27分]と南回帰線 the tropic of Capricorn[冬至線、南緯23度27分]に向かう太陽の軌道が、アデプト達の寓話的で神話的な言い回しの中で常に「〈蛇達〉」と呼ばれていたことを知っている。

　これは、形而上学的にと同じく宇宙的にもである。ポセイドンは「〈竜〉」の1人であり、「冒瀆のネプチューン神と呼ばれたコッツアル Chozzar」(〈グノーシス派の占星術師〉)で、〈善〉にして〈完全な蛇〉、その象徴が〈天球〉に於いては竜座であるナアセニ派 Naaseni[霊的な竜や蛇を、補完的な力或いは知性の象徴と見なして崇拝するグノーシス主義の一派]の〈救世主〉である。

　だが、人はこの象徴の様々な特徴の関係を識別するべきである。例えば、ゾロアスター教の〈秘教体系〉はシークレット・ドクトリンのそれと同一であるし、そして一つの事例として、我々がヴェンディダードで〈蛇〉に対して発せられた苦言を、蛇の咬み傷がアエリヤーナ–ヴァエゴ Airyana Vaêgô[地球内部の中心にあるというアーリア人揺籃の地]の美しく永遠なる春を変化させて冬に変え、精神的、そして心霊的な喪失と同時に病気と死を生みだしている、と読む時に、秘教科学者の誰もが暗に仄めかされた〈蛇〉が北極であり、また天の極でもあることを知る。(註2) 後者はそれが地球の中心を貫く角度に応じて季節を生じさせている。二つの軸は**最早平行ではなく**、そのために、豊かな水のダイティヤ Dâitya 河によってアエリヤーナ・ヴァエゴの常春は消え失せてしまったし、「アーリヤ人の〈マギ術師〉はサグディアニ Sagdiani[結果としてこの地名はアーリヤ人のマギ術師を意味することになる]に移民しなければならなかった」——と顕教的な物語は伝えている。しかし、秘教的な教えは、極が赤道を越えて移動し、〈第3人種〉から受け継いだ〈第4人種〉の「至福の大地」がその時、荒廃と艱難の地になっていたと公式に明言している。このことだけでも、ゾロアスター教の〈諸聖典〉の大変な古さを示す疑いのない証拠の一つだとするのは当然である。大洪水後の世代である〈新-アーリヤ人達〉は、〈**大洪水**〉**前に**は彼らの祖先が、その山頂で生命と**食べ物**をかつては分かち合っていた穢れ無き「ヤジャタ達 Yazathas」(〈元素霊達〉の中の天体〈霊達〉)と相まみえ、言葉を交わしていたその諸々の山を、当然のことだが、全く見つけること

(註2)　エジプト人によって鷹の頭部を有する〈蛇〉の像の中に象徴化された。

が出来なかった。エクステイン Eckstein によって示されたように(『考古学誌』、第 8 年度版、1885)、「ヴェンディダードは、中央アジアの大気の大変化、即ちカラ-コラム山脈の周辺での強烈な火山噴火と山脈全体におよぶ崩壊、を指摘しているように思える」。

エジプト人は、エウセビウスによれば、彼らが一度は(驚いたことに)真実を書いたことがあり、一つの大きな火の輪に、その直径を横切って配置してある鷹の頭を持つ 1 匹の蛇を表現することによって、〈宇宙〉を象徴していた。「この点で我々は、天のそのような状態、即ち 2 万 5 千年(余り)にわたって〈黄道帯〉全体が太陽の強い紅炎で赤く染まり、そして極地域に対して**黄道帯各宮が垂直であったに違いない**時、に必然的に起きるあらゆる火に関する出来事に立ち会ってきた黄道平面内に地球の極を有している」。(**マッキー Mackey の『スフィンクスの謎 Sphinxiad』を参照**。)

メール山[須弥山] ── 神々の居住地 ── は、既に説明したように、北極に置かれ、一方**パーターラ** Pâtâla は、地下の冥府で、南極にあると想像されていた。秘教哲学に於いてそれぞれの象徴が**七つの鍵**を持っているため、地理的に**メール山**と**パーターラ**は一つの意味を持ち、地域を象徴する一方で、天文学的に別の意味を持ち、そして「二つの極」を意味しているが、その意味は最終的に**顕教的な**宗派主義でしばしば描写されたそれらの実在に ── 即ち、「〈[神々の]山〉」と「〈[地獄の]穴〉」、或いは〈天国〉と〈地獄〉に結びついている。もし我々が今ここで天文学的及び地理的な意味にのみ注目するならば、古代人達が現代の天文学者達の誰よりも詳しく〈北極〉と〈南極〉地域の地形と自然に精通していたことが明らかになるだろうし、彼らは一方を「〈山〉」、そして他方を「〈穴〉」と命名することに対する数々の理由と更に合理的な理由を持っていた。丁度その半分を引用した著者が説明しているように、**ヘリオン** Helion と**アケロン** Acheron[ギリシャ神話で、渡し守カロンの船で死者の魂が渡る黄泉の国の三途の川]はほぼ同じことを意味していたし、「**ヘリ-オンは南中する太陽で**」(ヘリオス Helios、ヘリ-オン Heli-on は「最も高い即ち南中」の意)、「そして**アケロンは極の上方 32 度且つその下方 32 度にあり、緯度 32 度にある北の水平線に接する**、と前述のように想像されている寓話的な川でもある」。途方もなく巨大な凹みは、我々の視覚から永久に隠され、南にある極を取り囲んでいる故に《**穴**》と呼ばれ、一方で、天に 1 本の明確な周行路が水平線上に常に出現していることを〈北にある〉極に向かって観察する ── 彼らはそれを〈山〉と呼んだ。メール山が〈神々〉の高き神殿であるあるように、これらは周期的に**上昇し**、そして**下降する**と言われ、それによって(天文学的には)〈黄道

帯〉の神々が地球の元の〈北極〉から天の〈南極〉を通過することを意味していた」。「その当時には」と、かの好奇心をそそる著作『スフィンクスの謎』と『黙示録を解くウラニア Urania［ギリシア神話の文芸の女神ムーサ達の１人で「天上の女」を意味する］の鍵』の著者は補なって、──「正午に黄道は子午線と平行し、〈黄道帯〉の一部は〈北極〉から北側の地平線に沈んでいただろうと、即ち〈蛇〉の八番目のとぐろを(8 恒星年、或いは 20 万太陽年以上をかけて) 横切っているが、それは、地球から昇って極、即ちジュピター Jove の王冠へと至る想像上の**八段**を持つ**梯子**に見えるであろう。この梯子を昇って、その後、〈神々〉、即ち〈黄道〉十二宮は上昇し下降していた」。(『ヤコブの梯子と天使達』) …… この梯子の側に〈黄道帯〉が形成されてから 40 万年以上が経過している」と語っている。……

たとえ秘教科学の反論に全てがさらされるわけではないとしても、これは一つの独創的な説明である。しかも、より科学的で、そして特に神学的な性質を帯びるより多くのものより、一層真実に近いものである。まさに言われるように、キリスト教の三位一体はその始まりから純粋に天文学的であったし、それはルティリウス Rutilius をして ── それをエウヘメロス説［神話の神々は卓越した業績を成し遂げた太古の王や英雄達の神格化から生じたという紀元前 300 年頃のギリシャ人哲学者・神学者エウヘメロスの説］に基づいて解釈した人々について ──「**台無しにした始まりはユダヤ民族であった** Judæa gens, radix stultorum」、と言わしめた。

しかし神を穢す者、そしてとりわけキリスト教の狂信的な信奉者達は、常に彼らの**空文化した**諸々の文章に科学的な実証を探求する際に、それが何であるか ── 即ち一つの宇宙的な暗喩の代わりに、天上の極に創世記の真の〈蛇〉、〈サタン〉、人類の〈敵〉などを見いだすことに固執するだろう。**神々が地球を見捨てるように言われた時**、それは神々、守護者達と指導者達だけを意味するのではなく、**より下位の神々** ──〈黄道帯〉諸宮の摂政達をも含んでいる。けれども、前者は、実際に存在するエンティティ達が人類の初期の発展期に於いて人類を誕生させ、養育し、導いたように、あらゆる〈聖典〉、ヒンドゥ教の〈神の福音 Gospels〉と同じくゾロアスター教徒の聖典の中にも登場する。オルマツド或いは〈叡智〉の〈主〉アフラーマツダは、アムシャスペンド方(或いは**アメシャ-スペンタ** Amesha-Spenta ──「〈不死の慈悲深き方々〉」) (註3)、即ち〈言葉の神 Word〉、ではあるけれど、

(註3) W・ガイガー Geiger によって『至福に満ちた不滅の方々』としても翻訳されたが、最初の方がより正確である。

また〈ロゴス〉と拝火教に於けるその至高なる六つの神格相を統合している。これら「〈不死の慈悲深き方々〉」は、**ツァムヤド・ヤシュト** Zamyad yasht [ゾロアスター教の現存する聖典の一つで、「豊穣の大地崇拝」を意味し、一般的にヤシュトはアフラ・マツダに使える神イゼド Ized を称える書物] **に**、「輝く御方で、優れた瞳を持ち、偉大で奉仕に満ち溢れ ……… 不滅にして清浄 ……… 7 人全員の精神や話し方が似ておられ、7 人全員が同じように行動なされ ……… アフラ-マツダによる**被造物の創造主達にして破壊者達**、それらの造物主達にして監督者達、それらの守護者達にして支配者達である ………アムシャ-スペンタ方」として述べられている。

これらの数行は、アムシャスペンド達、我がディヤーニ-チョーハン達、或いは「〈智慧〉の〈蛇達〉」の二重、更に三重もの特質を暗示するだけである。彼らはオルマツド(アフラ-マツダ)と同一で、しかもそれから分離したものである。彼らは、またキリスト教徒達の〈星々〉の〈天使達〉── ゾロアスター教徒達の**スター - ヤザタ達** Star-yazatas [天体霊] ── 或いは繰り返しになるが、あらゆる宗教の(太陽を含む)七つの惑星である。(註4)その尊称 ── 優れた瞳を持つ輝く者 ── がその事を立証している。これは物質的、そして恒星的なレベルに関してである。霊的なレベルに関して言えば、彼らはアフラ-マツダの神の諸勢力であるが、アストラル、或いは精神的なレベルに関して繰り返せば、彼らは「〈建造者達〉」、「〈監視者達〉」、**ピタル** Pitar(天父達)、そして人類の最初の〈教導者達〉である。

死すべき人間が十分霊的に成長した暁には、彼らに古代の〈叡智〉の正確な理解を**敢えてさせること**など最早不要となるだろう。その時人々は、その名前が我々の時代の人々に伝わってきていた偉大な〈世界〉-再建者がこれまで決して存在しなかったこと、彼が、(a)《ロゴス》の直接的な流出の一つではなかったこと(たとえ我々に知られる如何なる名称のもとだとしても)、即ち「七重性を持つ神の〈霊〉」の、「7 人」の内の 1 人による**必要不可欠な化身**ではなかったこと、そして、(b)彼が過ぎ去りし〈周期〉を通じて、以前には出現しなかったこと、を**知る**だろう。彼らは、その時歴史や年代学に於いて、ある種の謎が生まれる原因や理由、例えば、何故ダビスタン Dabistan [17 世紀中頃、カシミール出身のマッサン・ファニによって著さ

(註4) これらの「7」は、八つのもの、後の御利益的な宗教の〈八つで一組になる Ogdoad〉もの、七番目のもの、或いは最早普遍的な〈霊〉や〈統合体〉ではなく、一つの人格神的な数字、或いは追加された構成単位である最も高い本質となった。

れ、12 の異なる宗教を扱っている書物]の中で、12 人、そして 14 人に増やされたと認められるゾロアスターに対し確実な時代を割り当てることが彼らに出来ないのか、何故リシ達とマヌ達が彼らの人数と個性に関してそんなにも混同されるのか、何故クリシュナと仏陀が自身を**転生者**、即ちクリシュナは聖仙ナーラーヤナと同一で、ゴータマは連続する前世の誕生を伝えているとして語るのか、そして何故クリシュナが、特別な「**まさに至高のブラフマー**」で、しかも**アムシャムシャヴァターラ**［至高の微小な化身］*Amsámsávatâra* ── 〈地上〉の〈至高〉のごく「微小な部分」と呼ばれているのか、に気づくであろう。最後に、何故オシリス［エジプトの死者を裁く冥界の王］が偉大な〈神〉であると同時に、トト-ヘルメスとして再び出現する「〈この世〉の王子」であるのか、そして何故ナザレのイエス（ヘブライ語ではヨシュア）が、カバラ的に、他の著名な人物と同様に、ヌン Nun［聖書のヨシュア記第 1 章によればヌンはモーセの従者でヨシュアはその息子。またエジプトではヌーヌー神で、世界創造の元となる原始大海の混沌状態を象徴する神］の〈息子〉ヨシュアと認められているのか。秘教の教えは以下のように語ることによってそれを説明している、即ちこれらの各々が（多くの他のものと同様に）《**ロゴス**》の七つの力の一つとして地上に最初に出現して、1 人の〈神〉、（神の御使い）「〈天使〉」としての特性を明確にしたが、その後物質と交わって、先行する 2 人種を指導した後、彼らは「〈第 5 人種〉を教導した」偉大な賢人達や指導者達として順に再び出現して、〈天の王朝〉の期間中統治し、そして避けられない危機的な数々の時代には、善良な人類及びその救済のために様々な状況の下に生まれ変わることで最終的には自らを犠牲とし、自身の最後の化身まで、彼らは、**事実** *de facto* 〈自然〉の〈至高なる一者〉であるけれども、実際地上にては「ごく少数の者」に化身していた。

　これこそ〈神統系譜学〉による隠喩である。即ち、《**七つ**》の中のそれぞれの〈力〉（かつては個々別々であったもの）が、その管轄する生物の諸要素の一つを受け持ち、その生物を全般にわって統治し(註5)、それゆえ秘教的な手法によって解釈しない限りは、普通、解きほぐせないほどの大混乱に至る個々の象徴の多様な意味を持っているようにである。

　〈西洋のカバリスト〉── 一般に〈東洋の秘教科学者〉の対立者 ── は

（註5）　これらの諸要素は ── 宇宙、地球、鉱物、植物、動物、水生生物、そして最後に人類 ── それらの肉体的、霊的、心霊的な様々な面である。

471

証拠を求めないのか？　彼にエリファス・レビの『魔術の歴史』、53 頁を紐解き、そしてゾハルの『カバラにまつわる象徴の概要』を注意深く推考してもらおう。彼は、掲載された版画に、1 人の**白人男性**がまっすぐに立ち、1 人の**黒人女性**が逆さまに立つ、即ち彼女の頭の所に男性が立ち、彼女の両足は男性の両腕を伸ばした姿勢の下を通り抜け、彼の両肩の背後に突きだしている一方で、彼らの両手が彼らの両側で、ある角度をもってつながれているのに、気づくだろう。エリファス・レビはそれを〈神〉と〈自然の摂理〉、或いは〈神〉、「〈自然の摂理〉及び〈物質〉」の中に逆転して映し出される「光」と闇だとしている。カバラ的及び象徴的に見れば彼は正しいが、象徴的な宇宙発生論に進むだけである。更にカバリスト等が手にしている象徴以上のものを見いだすこともなかったし、白と黒の石に彫られた 2 人の人物は ── 伝承によれば、そして歴史的にも ── 大昔から、個人的に彼らを見たカンビュセス王 Cambyses［キュロス大王の後継者で B.C.529 から 522 まで在位］の時代以降ずっとエジプトの寺院に存在してきた。従って、その象徴は、ほぼ 2,500 年前から存在してきたことになる。これについては、最も少なく見積もっても、〈大王〉キュロス［ペルシャ帝国の建設者で B.C.529 没］の息子の 1 人であった、前述のペルシャ国王が紀元前 529 年に父を継承した時からである。これらの人物は**両極を擬人化**した 2 人の**カベイリ神**であった。ヘロドトスは（『**タレイア** *Thalia*』［ギリシャ神話のミューズ Muse 神の 1 人で、喜劇的な牧歌の女神］、77 番で）、カンビュセス王がカベイリ神の寺院を訪れた際に、面前に直立する 1 人の男と逆立ちする 1 人の女性がいると思わされたことに気づいて、こらえきれずにゲラゲラ笑い出したことを後世に伝えている。それらは両極であったが、その象徴は、マッキー Mackey (註 6) が気づいたように、「元々の地球の北極を通り〈天〉の南極に至ること」を後世に伝えることを意図していた。しかし、彼らは、地軸の大きな傾きの結果、そのたび毎に影響として〈海洋〉の移動、極地方の水没、そしてそれに伴って起こる赤道地方に於ける新大陸の**隆起**とその**逆の水没** *vice versâ* を引き起こした両極の**逆転**もまた表現している。

（註 6）　マッキーは、エジプト人が〈極〉に関して天使達を象徴する多様な方法を持っていたことを付け加えている。ペリーの『レヴァント地方［シリア、レバノン、イスラエル等の東地中海沿岸諸国］の景観』でも、「琴座に地球の南極を象徴する 1 人の人物が存在する」し、その中では両極が鷹の両翼を上に載せた 2 本の**まっすぐな棒**のように見え、それらの棒はまた、それぞれの端の一つに、鷹の頭部を持つ蛇としても、しばしば表現された。

これらのカベイリ神達は「〈大洪水〉」の神々である。

　この事は、1人の、そして同じ神々に与えられた多数の名称や尊称、更に神々の様々な分類の中で絶望的に思えるような混乱を解決する鍵を手に入れるのに役立つかも知れない。ファベルは既に今[19]世紀初頭に、コリュバント達[フィリギアの大地の女神キュベルに使える神々で狂楽乱舞を好む]Corybantes、クレス達[クレタ島で赤子のゼウスに仕えた半神半人の一群]Curetes、ディオスクロイ[ゼウスとレダの間に生まれた双子の兄弟カストールとポルックスのこと]Dioscuri、アナクト達[詩人ホメロスなどによって神々に対し使われた言葉で、王や首長の意味]Anactes、ディー・マグニ[大神方を意味し、ラテン神殿の十二神に関係する]Dii Magni、アイデイ・ダクチル[手の指を意味し、ギリシャ神話では銅と鉄を加工し、音楽とリズムを伝えた金細工職人を象徴する]Idei Dactyli、ラール神群[ローマ宗教で一門や社会の守護神]Lares、ペナーテース[ローマ神話の家庭の守護神]Penates、マーネイズ[ローマ宗教で神として祭られた祖先の霊]Manes(註7)、ティターン神族 Titans、そしてアレティア[古代ギリシャの真理の擬人化]Aletæが、《カベイリ》と同一であることを示していた。更に我々は、カベイリが〈第3〉及び〈第4人種〉の〈選ばれた人々〉に化身したマヌ達、リシ達、そして我々のディヤーニ・チョーハン達であることを提示してきた。そのように、〈神学〉に於いてカベイリ-ティターン神群が7人の偉大な神々であった一方で、宇宙的及び天文学的にはティターン神群はアトランティスと呼ばれたが、その理由は、恐らくファベルが語るように、彼らが、(a) **アト-アル-アス** A t-al-as、即ち「天の〈太陽〉」と、そして(b)**ティト** tit、即ち

(註7)　ファベルとカンバーランド僧正は、彼等全ての神々を、前者の作家ファベルが抱いていたように、「〈知性の箱船 The Noetic Ark〉、そして他でもない〈族長〉(ノア)と彼の家族」に対する後世の異教徒による擬人化とするだろう(!) **彼の『カベイリ』、1巻136を参照すると**、その理由として、「その出来事を記念して〈大洪水〉の後に、敬虔なノアの家族Noachidæは宗教儀礼を創始したが、それは後に彼等の**不信心な**子孫達、即ちデーモン達、或いは半神的な勇者神達によって堕落したものとなって、そしてついには恥知らずな猥褻さが宗教という名称と外観を強奪した」こと(第1巻10頁)が語られている。さて、この事は、古代だけでなく我々現代の人々の論理思考能力の上に実際に置かれている[頭を冷静にする]消火器である。主張を逆にして、「ノアとその家族」に続く部分の言葉を説明すると、前述の族長と家族の意味することは、サモトラケ人の**サターン** Saturn、**或いはクロノス-サディ、そして彼の息子達**にまつわる一つの密儀を単にユダヤの様式に変えたものに過ぎず、その後に我々は〈**アーメン** A men〉[キリスト教風に「しかり」]と唱えるのがよいだろう。

「大洪水」、と結びつけられていたからである。しかし、これは、真実だとしても、顕教的な異話にしか過ぎない。秘教的には、彼らの象徴の意味は使われている呼称や称号に基づいている。7人の謎に満ち、厳かにして偉大な神々 ── **ディオスクロイ**(註8)、即ち神秘的な性質の闇に囲まれた神々 ── は、鉱物による治療の達人 adeput-healer と共にイデ神達 *Idei*(或いはイデの指 Idæic finger)となっている。(今では「幽霊達」を意味する)**ラール神群** Lares という名称の実際の語源的由来は、エトルリア語の「**ラールス** *lars*」、即ち「導き手」、「指導者」に求められるべきである。サンコニアトン Sanchoniathon は**アレタイ** *Aletæ* という言葉を火の崇拝者達として翻訳したし、タボール Tabor はそれが**アル-オリット** *Al-Orit*、即ち「火の神」に由来していたと信じている。両者とも正しく、両方の場合とも〈太陽〉(最高〈神〉)への言及であるように、太陽に向かって惑星の神々は(天文学的及び寓話的に)「引力で引き寄せられ」、彼らは太陽を崇拝する。**ラール神群**については、彼らが本当は〈太陽の神々〉で、ファベルの語源解説では、「**ラール** *lar*」が太陽神「**エル-アル** *El-Ar*」の短縮形だと説明しているけれども、全く正しくない。彼らは、「**ラール神群**」、即ち人々の導き手達、指導者達である。**アレタイ**については、彼らは七つの惑星であった ── 天文学的に、そして**ラール神群**については、同じく、七つの惑星の摂政達で、我々の守護者達、そして統治者達であった ── 神秘主義的に。顕教の或いは陽根の崇拝の対象として、また同様に宇宙的にも、彼らはカベイリであったし、その特質は彼らが個別に祭られた寺院とその寺院の神官達の名称によってこれら二つの地位の中に認められる。彼らは、それにも関わらず、ディヤーニ・チョーハン達の〈七つの〉創造的で教導的な軍勢に全員が属している。サバ人達[アラビア南西部の古代王国サバ Saba の住民]Sabeans は、インド人達が彼らのリシ達を崇拝したように、「〈七つ〉の惑星の摂政達」を崇めて、セツと彼の息子ヘルメス(エノク Enoch、或いは**エノス** *Enos*)を惑星神群の中で最高神として祀っていた。セツとエノスはサバ人達からの借用であって、その後ユダヤ人によって(顕教的に)形を変えられたが、その事実は**創世記**に於いてさえ、いまだにその事についての痕跡をたどることが出来る(註9)。セツは〈惑星〉天使群が化身したそれら〈第3人種〉初期の人々の「創

(註8) デュオスクロイは、後にギリシャ人達に、カストゥールとポルックスだけに限定された。だが、レムリア時代に於いて、**デュオスクロイ**、即ち「〈卵生の者〉」は、第3人種の〈選ばれた7人〉に化身した〈7人〉のディヤーニ・チョーハン(アグニッシュワッタ Agnishwatta-クマーラ)であった。

始者」であり ―― 彼自身がディヤーニ・チョーハンの1人で**教育的な神々**に属していて、そしてエノス(アノク Hanoch、或いはエノク)、或いはヘルメスは**彼の息子**だと云われた ―― 何故なら、それはあらゆる初期の〈予見者達〉の一般的な尊称であったから(『エノイキオン Enoichion』[狭き道を歩む者を意味し、霊的な目の覚醒した予見者のこと])。そこから崇拝が始まった。アラビアの作家ソユティ Soyuti は、初期の記録がサバの宗教の創始者として、セツ Seth、或いは**セト Set** に言及し、それゆえ、惑星体系を具現化するピラミッド群がセツと**イデリ達 Idris**(ヘルメス、或いはエノク)の墓所として見なされていたし(**ヴァイス Vyse** の『1837年、エジプトのギゼーで行った現地調査書 Operations』、第2巻358頁)、ピラミッドをめざしてサバ人達が巡礼を続け、そして〈北〉(メール山、カフ Kaph 山、オリュンポス山、等々)**に向かって日に七度の祈りを詠唱した**(パルグレイヴ Palgrave[19世紀英国の批評家・詩人・詞華集編者]の第2巻、264頁参照)と語っている。アブド・ラッティーフ Abd Allatif は、サバ人達とその書物について興味津々なことを語っている。200年後に書き記したエディン・アハムド・ベン・ヤフヤ Eddin Ahmed Ben Yahya もまた同様のこと語っている。後者が、「各々のピラミッドが**一つの星**(むしろ一つの星の**摂政**)に捧げられた」と主張する一方で、アブド・ラッティーフは、「一つのピラミッドがアガトデーモンの、そして残りはヘルメスの墓であったことを、彼がサバ人の書物で読んだことがあったと」我々に請け合っている。(**ヴァイスの第2巻342頁**)「アガトデーモンこそセツその者であって、更に、数人の作家達によれば、ヘルメスは彼の息子であった」とスターニランド・ウェイク氏は『大ピラミッド』の中の57頁で付け加えている。

　既に述べたように、サモトラケ島と最古のエジプトの諸寺院では、彼らが偉大な〈宇宙の神々〉(七つの、そして49の〈聖なる火〉)である一方で、ギリシャの神殿に於いては、彼らの諸々の儀式はほとんど陽根崇拝に、それゆえ異教徒には、猥褻なものになった。ギリシャの場合には、彼らは3人と4人、或いは7人 ―― 男性及び女性の諸本質 ――(**クルックス・アンサータ**[アンク十字])であって、この分割は、幾人かの古代ギリシャ・

(註9)　アレキサンドリアのクレメンス[2〜3世紀に活躍した古代ギリシャの神学者・著述家]は出エジプト記の25章**以降の天文学的な意味に気づいていた。**モーセの教えに従って、彼は七つの惑星が地球上の諸物の発生を促進すると語っている。聖なるテトラグラマトン[IHVHの神聖四文字]の二つの縁に立つ2人のケルビムは大熊座アーサァ Ursa Major とこぐま座 Ursa Minor を象徴する。

ローマの作家達が彼らを3人だけだと思い、一方他の者等は4人の名前をあげたことの理由を示している。そしてこれらは ── カベイリ ── 即ち、アキエロス Axieros（女性的面は［大地の生産を司る女神］デメテル Demeter）、アキオ-ケルサ Axio Kersa（［冥界の王ハデスの妃］ペルセポネ Persephone）(註10)、アキオ-ケルソス（プルトン［冥府の神ハデスの御名］、或いはハデス）、そしてカドモス Kadmos、或いはカドミロス Kadmilos（ヘルメスで ── ヘロドトス（第2巻51）によって言及された卑猥なヘルメスではなくて、サモトラケ人の密儀中にのみ説明された「聖なる伝説を持つヘルメス」である）となる。この同一性は、〈古典評釈者〉アポロン（Rh. I. 217）によれば、ムナシアズ Mnaseas の軽率さが原因で、名前だけでは多くを解き明かせないように、全く無意味である。その他にもまだ、彼らの手法では正しいが、2人のカベイリだけが存在したと主張する者等がさらに存在する。これらは、秘教的には、2人のディオスクロイ、即ちカストゥールとポルックスで、顕教的にはジュピター［ローマ神話の主神］とバッコス Bacchus［酒神］である。測地学的には、地球の両極を人格神化した2人は、地球と天の極で ── 天文学的には、また肉体的、そして霊的人間でもある。セメレ Semele とジュピターの物語、そしてバッコス、即ちビマテール Bimater の誕生は、それに附随するあらゆる状況と共に、その寓話を理解するために秘教的に読まれることだけが肝要である。火、水、土などによって出来事の中で演じられる各部分は、様々な異話に於いて、どのようにして「神々の父」と「陽気なワインの〈神バッコス〉」が、地球の二つの〈極〉

（註10） それは興味を喚起する考えで ── さらに恐らく真実からそれほどかけ離れてはいない考えだが ── ノリッジ［イングランド東部ノーフォーク州の州都］の叩き上げの〈達人〉、マッキー Mackey の著書『神話の天文学』に見られる彼の考察である。アキエロス及びアキオケルサと呼ばれたカベイリのそれら呼称が、(a)**カブ** *Kab* 或いは *Cab*、即ち定規からと、**ウリム** *Urim*、即ち天から、従ってカベイリはこのように「天の定規」を意味すること、そして、(b) **繁殖の原理**を仄めかす彼等の異称が性に関係すること、に由来すると語っている。というのも、「性という言葉は正式には**アイクス** *aix* によると理解されていたからだが、それは今では置き換えられて …… セックス sex になっている」。そして彼はその言葉の「**気音**」について『ロンディヌス百科事典』を参照している。さて、もし我々がアキエロス Axieros を気息音［語頭の子音や母音の前の h 音のように摩擦を伴う音］で音を出すならば、それは**サキエロス** *Saxieros* となるだろうし、もう一つの極では**サキオケルサ** *Saxiokersa* になるだろう。二つの極はこのように自然の別の諸力を発生する装置となるだろうし ── 両極は［諸力の］**始祖達** *parents*、それゆえ最強の力を持つ神々になるだろう。

を象徴する人格神に創作されたかを示すことになるだろう。土、鉱物、磁気、電気、そして火の要素は、全て、洪水による悲劇的事件の宇宙的且つ天文学的人物に対する非常に多くの暗示と言及である。天文学的に極は、実際「天の物差し」（前の記述を参照）であるし、示されるようにカベイリ・ディオスクロイで、カベイリ-ティターンでもあり、ディオドロス Diodorus は彼を**火の発明者**(註11)と鉄の鋳造技術者と見なしている。その上、パウサニアスは元々カベイリ神がプロメテウスであったことを示している。(I. ix. 751 頁)

　しかし、またティターン-カベイリ神群が、天文学的には季節の創出者且つ調整者であり、宇宙的には厖大な〈火山のような激しいエネルギー〉、金属や陸地の諸々の働き全般にわたって統轄する神々であるという事実は、彼ら本来の神的な特質によって、この世界に光をもたらし、人類に知性と理性を与えたプロメテウスに象徴される慈悲深き〈存在達〉であることの妨げにはならない。彼らはあらゆる神統記 ―― 特にヒンドゥ神統記 ―― で、寓話の求めるところに応じて、3、7、或いは 49 人となる特に優れた神聖な神の火である。彼らが、インドでは**アグニ-プットラ** *Aguni-putra*（〈火〉の〈息子達〉）であり、ギリシャや他の所では多様な名前の下で火の守護神ジャーニウス達 genii であるように、彼らのまさに名前がそれを証明している。ウェルケル Welcker、モーリー Maury、そして今ではデカルメ Decharme 等が、その名をギリシャ語の「燃えること」であるカイオ Καίω に由来する「火を使う権能者」を意味するカビリオン Kabiriom であると示している。セム族の**カベイリ達** *Kabirim* は、ギリシャ語のメガロ・デュナト[賛美名]μεγαλοι δυνατοι に対応する、「権能者、万能なる者、そして偉大なる者」等で、後の美称的な渾名である。彼らは世界的に崇拝されているが、彼らの起源は時の闇の中に失われている。だが、フリュギア[小アジアの古代国家]Fhrygia、フェニキア[シリア・レバノン・イスラエル地域にあった古代国家]Phænicia、トローアド[小アジア北東部の古代都市トロイとその周辺地域]Troad、トラキア[バルカン半島東部の古代地域で現在はギリシャとトルコに分かれている]Thrace、エジプト、レムノス島[エーゲ海北東部のギリシャ領の島]Lemnos、そしてシシリー島 Sicily のどこで

(註11)　「ゲブラ guebra」という言葉は、カベイリ、ガビリ *gabiri* に由来し、ペルシャの古代拝火教徒達、或いはパルシー教徒達 Parsis を意味する。カベイリはガビリとなり、その後ペルシャのゾロアスター教徒の一つの称号として残った。（ハイド *Hyde* の『ペルシャの宗教について』、29 章を参照）

あろうと、それらの宗派は常に火と関連していて、彼らの寺院は大部分が火山的な立地にいつも建立されたし、顕教的な崇拝に於いて彼らは〈地下に住むChthonian〉神々に帰属していた。そのために、キリスト教徒は地獄の神々を彼らから創作した。

　カシアス・ハルモーネ Cassius Hermone が彼らを名付けているように、彼らは本当に「偉大で慈悲深く、そして力ある〈神々〉」である（『偉大なサターン』, I., iii., c. 4, 376 頁）。テーベ［多数の遺跡で有名な上エジプトの古代都市］では、コーラ［ギリシャ神話のペルセフォーネのことで処女性の象徴］Koré とデメテル［ギリシャ神話の大地の豊饒を司る女神］Demeter、即ちカベイリ神達は聖所を持ち（パウサニウス Pausan. IX.22;5）、そしてメンフィス［エジプトのナイル川下流の古代都市］では、カベイリ神はあまりに神聖なため、神官を除き、何人（なんびと）もその聖なる結界に入ることを許されぬ寺院を有していた（ヘロドトス I. ii., c. 37）。しかし、我々は同時に、カベイリ神という称号が一般的なものの一つで、カベイリ神（人間と同様に**権能を有する**神々）が両方の性を具有していて、また同様に地上的、天上的、そして宇宙的であるという事実の視点を、或いは星辰的、そして地上的な諸力を持つ〈支配者達〉としての彼らのその後の能力について、（今考察されているように）純粋に地質学的な現象がそれらの支配者達の人格に象徴された一方で、彼らがまた諸々の時代の始まりに於いて人類の支配者達でもあったことも、見失ってはならない。「天の〈諸王朝〉の〈王達〉として化身した時、彼らは最初の［啓蒙的］衝撃を諸文明に与え、あらゆる工芸と科学の創造と完成に向けて彼らが人間に賦与した精神を指導した。既述のようにカベイリ神は、人間の恩人として出現したと云われ、恩人として諸国家の記憶の中で幾時代にもわたって生き続けた。彼ら ── カベイリ神、或いはティターン神群 ── によるものとして、文字（［サンスクリット語を含むヒンドゥ語や他の諸言語を書き表す］デバナガリ文字、或いはアルファベット、そして神々の言語）、法律、そして立法機関、建築法、いわゆる魔法の様々な儀式に関しての、そして薬草の処方等の考案を挙げている。ヘルメス、オルフェウス、カドモス、アスクレピウス等のあらゆる半神達と英雄達は、彼らを通じて人間に科学の啓示がなされ、彼らの名前をブリアント Bryant、ファベル、カンバーランド僧正、そして他の非常に多くのキリスト教徒の作家達は ── 明白な真実に熱狂して ── ノアと呼ばれた１人の、そして唯一の原型に基づく異教徒による数々の模倣に過ぎないと無理矢理後世に認めさせようとするだろうが ── それら全てはごく普

通の名前である。

　トウモロコシや小麦の生産によって、農業の大いなる恩恵を示したと信じられているのはカベイリ神である。かつての転生でカベイリ神Kabiriaとして生きた**イシス-オシリス**がエジプトで行なったことは、[農業の神]ケレスがシシリー島で行なったと云われていることで、彼ら全ては一つの範疇に属している。

　〈蛇達〉が絶えず叡智と思慮分別の紋章であったことは、叡智の神トート、ヘルメス他と同一であるマーキュリーの杖カヂューシアス[2匹の蛇が巻きつき、上部に双翼、頭頂に金の球を有しているヘルメスの杖]によって繰り返し示されてきている。杖に絡みついた2匹の蛇は、女神達を誘惑する目的の為に蛇に変身したジュピターと他の神々の陽根の象徴である ―― だがこれは神を冒瀆する象徴学者のいかがわしい空想に過ぎない。蛇は絶えず熟達者アデプトの、そしてその不死性と神の知識に関する彼の諸能力の象徴となってきた。マーキュリーが、その威厳のある心霊能力でカヂューシアスの杖を用いて死者の魂を黄泉のハデス王に取り次ぎ導いて、そしてその杖で死者の命を甦らすことさえもしていることは、虚飾の少ないまさに透けて見える寓話である。それは、〈秘密の叡智〉が持つ二重の力、即ち黒と白の魔術を描写しているし、同じく死後の〈魂〉を導くこの擬人化された〈叡智〉と、そして死んだ命を呼び戻すその力をである ―― もし人がその意味を遍く考察するならば非常に深遠な隠喩となる。古代のあらゆる人々はこの象徴に畏敬の念を懐いていたが、ただキリスト教徒だけが、モーセの青銅の〈蛇〉を、そして、「汝、蛇のように**賢**く、そして鳩のように無邪気であれ」というイエスの言葉による偉大な叡智を暗示した認識と〈蛇〉の賢明さを忘れることを選んだ。我々第5人種の最も古い国家の一つである中国人は、既述のように、〈第5人類〉初期の諸人種を統治した「〈蛇達〉」、或いは〈イニシエイト達〉の衰退した後継者である〈皇帝達〉の紋章をそれから造った。〈皇帝〉の玉座は「〈龍の座〉」で、〈威厳〉を示す衣装は〈龍〉そのものが刺繍されている。中国の最も古い書物の中の金言は、更に率直に、〈龍〉が1人の人間で、**神**ではあるが、〈実在する〉と語っている。他の龍等の筆頭である〈黄龍〉に言及しながら、王逸[おういつ]*Twan-ying-t'u*は「黄龍の叡智と美徳は 慮 り難い ……… 彼は孤高を保ち、群れず、群衆の中で生活しない(彼は苦行者である)。彼は天上を越えて荒野をあてもなく彷徨する。彼は、天意(カルマ)を成し遂げながら往来し、適切な時節に、もし完全なる者が居れば現れるし、居なければ(見えざる状態に)留まって

いる」と語る。……… そして汪紱[おうふつ]Kon-fu-tyu は楼蘭 Lü-lan[を歌った漢詩]で、「〈龍〉は〈叡智〉の純粋な水を飲み、〈生命〉の澄んだ水に戯れる」と詠っている。

我々の神なる指導者達

　さて、アトランティスとフィレギア Phlegyan 島には大洪水に関して残された僅かな記録さえもない。中国もまた自身の伝承と、万里ヶ島 Ma-li-ga-si-ma と呼ぶ一つの島、或いは大陸にまつわる物語をもっているが、ケンペル Kæmpfer とファベルはそれを、彼ら独特の幾つかの謎に満ちた発音上の理由から、「モウリゴ島 Maurigosima」と綴っている。ケンペルは、彼の著書『日本』(〈補遺〉、13頁)の中で、その伝承を以下に伝えている。その島は、住人である巨人達の悪業のせいで、大洋の底に沈み、そして島の扒竜ペイロン Peiru-un 王は、中国版のノアで、二体の偶像を通じた神の警告により自身の家族だけと逃れている。中国に居住したのは敬虔な王子と彼の子孫達である。中国の諸伝承は、他のいずれの国家よりも神の王朝の〈王達〉について多くを語っている。

　同時に、そこには古い断片的な文章ではなく、丁度今この本で伝えられているように、人間の多様な形態、そして同じく多様な属性の ── 霊的、精神的、知的、そして肉体的 ── 進化に於ける詳細な描写がある。これらの主張の幾つかは、ここで考察されるべきである。

　我々の諸人種は ── 全ては既に示しているが ── どんな名前で呼ばれようとも天人種に由来していた。我々が、インドのリシ、或いはピトリ達を、中国の女媧チー-ナン Chim-nang と伏羲チャン-ギ T chan-gy ── 等の「神人」と下級神達を、アッカディアのディンギル[神]Dingir とムッリル Mul-lil ── 造物神と「幽霊界の〈神々〉」を、エジプトのイシス-オシリスとトートを、ヘブライのエロヒム、或いはまた、マンコ・カパク Manco Capac とそのペルー人の子孫 ── その物語は何処とも異なっているものを、如何に論じようともである。それぞれの国民は、7人または10人のリシ-マヌ方、そして造物主プラジャーパティ方、即ち7人または10人のキイ Ki-y を持つか、或いは、10人または7人のアムシャスペンド Amshaspends(内6人は顕教的)方(註12)、10人または7人のカルディアのアネドット Anedots、10人または7人のセフィロト、等々を持つかのいず

れかである。1人残らず、〈秘教的教え〉の中の根源的なディヤーニ-チョーハン達に、或いは(第Ⅰ巻の)幾つかのスタンザの中の「〈建設者達〉」に、由来する。マヌ、トート-ヘルメス、オアンネス-ダゴン Dagon、そしてエドリス Edoris -エノクから降ってプラトンとパナドーレス Panadores まで、全員が我々に、七つの神の〈王朝〉、レムリアとアトランティスに於ける〈地球〉の七つの地域、そして天上の住まい(註13)から降臨し、〈天文学〉や〈建築技術〉、そして今の我々に伝わっているそれ以外のあらゆる科学を人間に指導しながら、〈地上〉を統治する7人の原初的で二重性を持つ神々、について述べている。これらの〈存在〉は、最初、「神々」と〈造物主達〉として顕現し、その後彼らは黎明期の人間に変わり、終には「神の〈王達〉、そして〈統治者達〉」として出現している。しかし、この事実は次第に忘れられていった。ボーシュウェイジュ Bosuage が示しているように、エジプト人自身は、「彼らが人間の姿をした〈王子達〉となったにも関わらず」、神々として崇拝し続けてきたイシス-オシリス以降にのみ自国で科学が隆盛を極めたと告白している。そして、オシリス-イシス(天界の両性具有者)について補っている ──「この〈王子〉(イシス-オシリス)はエジプトに諸都市を建造し、ナイル川の氾濫を治め、更に農業、葡萄の加工法、音楽、天文学、そして幾何学を考案したと云われている」と。

　アブル-フェーダ Abul-Feda が、自著『反イスラムの歴史』(フレイシャー *Fleisher* 訳、16頁)で、サバ語[アラビア南西部の古代王国サバ Saba の言語]はセツとエドリス(エノク)によって創案されたと語る時 ── 彼は「サバ語」に天文学という意味を持たせようとしている。『メレルワ・ナヒル *Melelwa Nohil*』(ニックの書評カタログ *in Nic. Cat.*写本 47)の中で、ヘルメスはアガトデーモンの弟子と呼ばれている。そして他の記述(『ギゼーのピラミッド』についてのヴァイス全集第2巻の 364頁、ウリの書評カタログ *Uri's Cat.*写本 785 を参照)では、アガトデーモンは〈**エジプトの王**〉の1人として言及されている。セレパス・ジェラルディヌス Celepas Geraldinus はヘノク Henoch に関する興味深い伝承を伝えている。彼はヘノクを「天上の巨人」と呼んでいる。『ナイル川の多様な名称に関する書物』

(註12)　アムシャスペンド方は6人である ── 彼等の筆頭にしてロゴス神であるオルマツドを除いたならばではあるが。しかし、シークレット・ドクトリンに於いて彼は第7番目の、そして最高の神であり、それはまさにフィタ Phtah がカベイリの中の第7番目のカベイリであると同じことである。
(註13)　プラーナ伝承では、ヴィシュヌ、或いはブラフマーが居住するメール山の白い島大陸シュウェタ・ドゥウィーパと同一である。

の中で、同じく著者(歴史家アハンムド-ベン-ユソウ・エリティファス Ahmed-Ben-Yusouf Eltiphas)は、セム系アラブ人の間では、セツ(後にエジプトのティフォン、セトになる)が7人の天使達(或いは聖書の〈父祖達 Patriarchs〉)中の1人であって、その後彼は1人の人間、そしてアダムの息子となり、更にその後には預言と天文学的な科学という天与の贈り物をヤルド Jared に語り聞かせ、ヤルドはそれを自身の息子のエノクに手渡したと云う確信を我々に述べている。だが、エノク(イドリス Idris)は、「30冊もの書物の著者で、元々はサバ人であり」(即ち、〈神の万軍 Host〉の一つ」、サバ王国に帰属していて)、「草創期に於ける崇拝の儀式や式典の規律を定めて、〈東〉の地に向かい、そこで140都市を建設したが、その中でもエデッサ Edessa [メソポタミア北西部の古代都市で現在のウルファ Urfa にあたる]は最も重要度の低い都市で、その後、エジプトに帰還し、そこの〈王〉となった」。既に述べたように彼はヘルメスと同一人物である。だが、5人のヘルメスが ── 或いはむしろ出現したのは1人で ── 幾人かのマヌ達やリシ達が顕れた時のように ── 幾つかの異なる人物として現れたのである。バーハミ-イ-カティ Burham-i-Kati [バーハミ教団の公文書]の中で、ヘルメスは、水星、或いは仏陀の名前の一つ「ホーミグ Hormig」として記述されているし、水曜日はヘルメスとトートの両方を聖別する日であった。〈東洋〉の伝承の中でのヘルメスは、フィニアタ Phineata で崇拝され、アルゴスの死後はエジプトに逃れて、トス Thoth の名の下にエジプトを文明化したと語られた。しかし、これらの如何なる人物の下であろうとも、彼は、あらゆる科学を**潜在的な力**から**実用的な力**に変化させたと、即ちエジプトとギリシャにマギ術を教えた最初の者であったと、常に信じられているが、それは**大ギリシャ Magna Græcia 時代以前**の、そしてギリシャ人がヘレン人 Hellenes [アレクサンダー大王以前の古代ギリシャ人の呼称]でさえなかった時代のことである。

　死すべき人間等の統治に先行し、半神半人達、〈英雄達〉、そして最後に人間達の王朝へと引き継がれた神々の驚くべき王朝について我々に伝えているのは ──「〈歴史〉の父」── ヘロドトスだけでなく、彼を支持する一連の古典文学者の全員もで、ディオドロス Diodorus [紀元前1世紀後半のギリシャの歴史家]、エラトステネス Eratosthenes [紀元前2から3世紀頃にアレキサンドリアで活躍したギリシャの数学者・哲学者]、プラトン、マネトー Manetho [紀元前250年頃のエジプトヘリオポリスの神官でエジプト史を記した]等々は同じ事を繰り返し、伝えられた順番を決して変えてはいない。

「それは、実際には」、クリューザーが描写したように ──
「叡智を下位の天体へと天下らせる光の神々が住み給う天上の星々からだ」と。「古代司祭等（〈導師達〉と〈大師達〉）の冠位制度の中で、万物は、神々、守護神達 genii、祖霊（魂達）、全世界、と例外無しに、〈空間〉と定められた期間の中で一緒に発展させられている。ピラミッドは〈霊達〉のこの荘厳な階位の象徴として考察されることだろう。………」。(註14)

　天の〈諸王〉に関する太古の年代記を、誠実さをもって正確に首尾一貫させるよりも、無視することにより、真実を隠蔽するために(主に、ルナン Renan [19世紀フランスの言語学者・宗教史家]のようなフランスの学会員等)現代の歴史家達によってなされた更なる暗躍が存在した。しかし、M・ルナンは、紀元前260年頃に意にそぐわない事実を受け入れていたエラトステネス[天文と数学で著名なギリシャ人学者]と比しても、更に多くの事実を拒否することは決して出来なかったし、しかも、後者はその事実を認めざるを得ない自らに気づいていた。これについて、その偉大な天文学者は2,000年後に彼の同業者に、よりひどい侮辱をもって処遇されている。マネトーは彼らによって、「ヘリオポリスの他のほら吹きな神官達の中に生まれ育った迷信深い神官の1人とされた」(フレーレ Freret の著作より)。「それらの歴史家達と神官達の全ては」、と悪魔学者ド・ミルヴィルはまさに記述し、「**人間の王達と人間の物語を繰り返す時には非常に正直だが、彼らがまさに自身の神々の物語に戻るや否や突然、極端に疑い深くなる**」と続ける。……… しかし、天才シャンポリオン[ロゼッタ石に刻まれた象形文字を初めて解読した19世紀フランスのエジプト学者]のお蔭で、現在ではエジプトの神官達(中でもマネトー)とプトレマイオスに対する良き信用を回復させることになったアビュドス Abydos [エジプト中部、テーベ付近にあった神殿や墳墓がある古代都市]の対照歴史年表が存在する。トリノ Turin のパピルスの中でとりわけ注目すべきものは、エジプト学者、ド・ルージュの数々の言葉で ──

　「……… シャンポリオンは、驚きをもって、彼自身の目の前に現れた真実全体に気づいた。……… それは、遙か遠い昔の神話時代、或いは〈**神々と英雄達の統治**〉を含む数々の王朝に関する一覧表を記した遺物であった。……… この興味深いパピルスのまさに冒頭で我々は、ラムセス王の時代のような遙か昔に早くも遡り、その時代の神話と英雄にま

(註14)　[クリューザーの著書]4章の「エジプト」について、441頁。

つわる伝承が、彼らについてマネトーが我々に伝えおよぶことと全く一致しているという確信に至るべきだし、彼らの中にエジプトの〈諸王〉、セブ、オシリス、ホルス、トート－ヘルメスの神々、そして女神マーとして、幾世紀もの長き期間、これら個々の神が統治の任に就いていた姿を認めることになる」。(『キリスト教文献学の年代記 Ann. de Philologie Chrétienne』、32巻、442頁)

マネトーによる対照歴史年表は、エウセビウス Eusebius［ギリシア正教の教父の一人であり、314年前後からカエサレア・マリティマの司教に就任した歴史家にして聖書注釈家］の不正な意図によってそれらが損なわれた事実はさておいて、マネトーに優ることは決してなかった。天上の〈諸王〉と〈諸王朝〉に関する年代記は、人類の時代と同様に、絶えず神官達の手中に握られて、神を冒瀆する民衆から秘密にされてきた。

アフリカは、大陸としては、言及されるようにヨーロッパ大陸が現われる以前に出現していたが、レムリアや初期のアトランティスさえよりも後のことだと云うことである。現在のエジプトと幾つかの砂漠地域全体が遙か昔には海でおおわれていたことは、最初にヘロドトス、ストラボン Strabo［紀元前後のギリシャの歴史家・地理学者］、プリニウス Pliny［古代ローマの学者で『博物誌』の著者］、そしてギリシャ人全体を通じて、その後には地質学を通じて、知られていた。アビシニア［エチオピアの旧称］は、遙か昔、一つの島であったし、その〈三角州〉は彼らの神々と共に北東からやって来た開拓移民等によって占領された最初の土地であった。

それはいつの時代のことか？　その問題について歴史は沈黙している。幸運にも我々は、最も古いエジプトのとある寺院の丸天井に、その事実を記録して描かれた平面天球図、［ナイル川中部の都市］デンデラ Dendera の〈黄道十二宮図〉を持っている。この〈黄道十二宮図〉は、**獅子座**と天秤座の間の3人の謎の**乙女達**と共に、これらの諸宮の謎を解き明かしたオイディプス Œdipus［スフィンクスの謎解きで著名］を再認識させて来たし、ヘロドトスに、(a)〈地球〉と〈黄道面〉の両極は明白に一致していたと、そして、(b) 彼らの〈黄道帯〉に関する最初の記録が開始されて以降でさえ、〈イニシエイト達〉が教えたように、〈両極〉が三回、〈黄道〉平面内にあった［地球の極移動が起きたことを意味する］と、伝えたエジプトの神官達の正しさを裏付けている。

ベイリーは、**天人種**にまつわる既に述べたあらゆる伝承の**同一性**に対する驚きを表現するには、言語能力に関して十分な語彙を持ってはいなかっ

た。「結局のところ何を意味するのか？」、と彼は興奮気味に、「インドの**デーヴァ達**[光輝く神々]やペルシャの**ペリ達**[精霊]*Peris*によるあらゆるそれらの統治とは？ ……… 或いは、中国の諸伝説に残るそれらの者達による統治と諸王朝もで、その〈天皇Tien-hoang〉、或いは〈天の王達〉は、〈**地皇***Ti-hoang*〉即ち〈大地の王達〉、そして〈**人皇***Gin-hoang*〉即ち人間の〈王達〉とは全く別のものであるし、ギリシャ人とエジプト人によって、彼らの〈**神々**〉、**半神達、人間達**の王朝を一つひとつ列挙する際に創られた別の伝承と完全に一致する分け方である」、と語っている。(註15)

「さて、」とパナドラス Panadoras は始め、「**世界を支配する7人の神々による統治が行われた**のは、前述の時代(メネス王の治世[紀元前3200年頃の初代エジプト王])以前のことである。人類の支援者方が〈地上〉に**降臨**し、人間に〈黄道面〉の十二宮によって太陽と月の運行を計算することを教えたのはその期間の間であった」と語っている。

実際の歴史時代以前にほぼ500年近くも経ているとして、ヘロドトスは、エジプトの神官達によって、彼らの人間の王達と最初の**人間**の〈**王**〉メネス以前に君臨した**別の者から**(女性の介在無しで)**生まれた人間である**〈**ピロミの大神官** Pontiffs-*piromis*〉(寺院の大預言者方、或いはマハーチョーハン方)の彫像を見せられた。彼は語る、これらの彫像は、木造で、数にして**345体、それぞれに名前、歴史、そして年代記を持つ**桁外れの巨大な像であったと。そして彼らは、ヘロドトス(註16)(最も歴史に忠実な歴史家達以外からまさにこの件で、今では嘘つき呼ばわりされている〈歴史の父〉)に対し、如何なる歴史家も、人類に先立つ**三種の諸王朝**の歴史 ── 〈**神々の諸王朝**〉、神の御使いによる諸王朝、そして〈勇者達〉、或いは巨人達の諸王朝(註17)について探求し学ぶことをしない限りは、これらの超人的な〈王達〉の物語をこれまで理解したこと無く、書きとめるなど出来るはずがない、と確信させた。これら「三種類の王朝」は三〈人種〉のことである。

(註15) 『古代からの天文学史』。
(註16) 多数の証拠を求めるなら、ド・ミルヴィルの『学術協会論文集』、第3巻等もまた参照せよ。
(註17) もし、人が注意深く読むならば、『ヴィシュヌ・プラーナ』第2巻、3章、4章以降で、同じこと関する多くの確実な事実を認めるだろう。神々、下級神達、人間達の統治は、数々の〈王達〉によって支配された、七つの〈島〉、七つの海、七つの山、等々の記述にすべて一つひとつ列挙されている。それぞれの王は、7亜人種へのさりげない言及である7人の息子のいることが変わる

〈秘教的〉な教えの言語に噛み砕いて云えば、これら三種類の王朝は、またデーヴァ達、キンプルシャ達 Kimpurushas、そしてダーナヴァ達 Danavas とダイティヤ達 ── 他には神々、惑星霊方、そして巨人達、或いはティターン族、等の王朝でもある。「幸いなるかな！　バーラタ‐ヴァルシャ Bharata-Varsha に、たとえ神々の身分からとしても、人間として生まれたる者等は！」と化身した神々自身等が〈第3根本人種〉の期間中、声高らかに語っている。バーラタはインドであるが、この場合には、その地が**比類なき** par excellence 積極的（霊的）な修練の地、即ちイニシエイションと神の知識の地で、そこはその当時の選ばれた土地を象徴し、ジャンブー‐ドゥウィーパ［地球］の幾つかの地域の中で最良の地と見なされていた。

クリューザーに直観の偉大な力を誰が認めずに居ることが出来ようか、特に彼の生きた時代にはほとんど知られていなかったアーリヤ人のヒンドゥ哲学に全く不案内である彼が以下のように著す時には ──

「我々現代のヨーロッパ人は、〈太陽〉、〈月〉等の〈星霊〉の話しを聞く時、驚きを感じる。だが、我々が再び繰り返して云うことは、古代の人々**の自然で健全な感覚と公正な判断**は、天体力学と物理学に於ける我々の**全く物質的な考え**とは完全に異質なもので ……… 恒星や諸惑星に我々が認めるもの、即ち単純に光の量、或いはただ引力または反作用の法則に従って、星間を周回運動する不透明な諸天体、だけしか認めることは出来なかったが、彼らは、自然のあらゆる王国に同じものを見たように、霊によって**息を吹き込まれ、生きている**諸天体をそれらに認めた。……**霊に関するこの教えは、とても良く自然と調和し合致する**ため、そこに肉慾的、道徳的、そして政治的な面が全て一緒に混ぜ合わされた壮大で独自性の強い概念が生じ、そして形成された ……………』。(『エジプト』450 から 455 頁まで)

ことなく語られている。一つの実例を述べてみよう。**クシャ・ドゥウィーパ** Kusa dwipa［七つの島の一つ］の〈王〉には（以下の名前の）7人の息子達がいて ……… 「彼等に因んで島の七つの部分（ヴァルシャ Varsha）は呼ばれた。そこには、〈天上〉の聖霊群（ガンダルヴァ達、ヤクシャ達、キンプルシャ達、等）、そして神々と同様にダイティヤ達、そしてダーナヴァ達と一緒に人間も居住している」。(第4章) 一つ例外が存在するのは、最初のスワヤンブーヴァ・マヌの息子であるプリヤヴラタ Priyavrata 王の場合で ── 彼には10人の息子がいた。次の3人 ── メダ Medha、アグニバーフ Agunibâhu、プットラ Putra ── を除き苦行者となり、自身の住むべき地域を拒んだ。前述のプリヤヴラタ王は地上を再び**七**つの大陸に分割した。

人間に自身の起源と宇宙に於ける万物の創生について ── 〈天上〉と〈地上〉の世界と、その間を結びつける生きた輪である人間の創生に関する一つの正しい結論を形成させるために、彼を導くことが出来るものは前述のような一つの概念だけである。そのような一つの精神的な結びつきやその臨在の感覚を持たずに、如何なる科学も絶えず発展することは出来ないし、〈知識〉の領域は物理的な物質のみの分析に限られるに違いない。

　〈秘教科学者達〉は「霊」の存在を信じているが、その理由は彼らが霊達によって自身の周囲全体を取り囲まれていると**感じる**(そして一部の者は見る)からである。(註18) 唯物主義者達はそうではない。彼らはこの地上で、まさしく、昆虫、そして魚類と同様の世界に生きているし、一部の人間達は、無数のそれ等固有の**種属**に囲まれて、それらを見たり、更に感じたりすることも無しに生きているのである。(註19)

　プラトンは、天の〈諸王朝〉の期間について言及した古典作家達の中で最

(註18)　一般論として、**現在、内的**な人間のまさにその性質が肉体的な性質と同様に見えなくなっているため、人間は〈海洋〉における**ナメクジウオ** *Amphioxus* と同様の境遇でこの地上に放置されている。ナメクジウオに気づいている魚群や数百万もの他の魚類や生き物に取り囲まれているが、ナメクジウオ種属は ── 他の綱[生物学の分類用語の一つ]が持つ脳だけでなく感覚器官もなく ── 周囲のそれらが見えない。ダーウィンの進化論において、これらの「鰓脚類小孔動物 Branchiostoma」が、我等の〈唯物論者達〉の直接的な祖先でないのかどうかは、誰も知るはずがない。

(註19)　〈秘教科学者達〉は、**神々または悪魔達を崇拝している**と非難され続けてきたが、我々はこのことを否定する。膨大な聖霊群からなる万軍 ── の中で、それらは**人間**であったし、人間になろうとする者等でもあったが ── 人類と比較しても計り知れないほど優れ、〈地上〉の最高の〈聖人〉以上に高尚且つ高潔で、例外なく如何なる人間よりも賢明な者達である。そして同様にまた、現在の我々以上に良くない者、その一部は最下級の野蛮人と比較しても遙かに悪くより劣っているような者、等も存在している。我々の地上に最も喜んで交流することを命令するのは後者の階級で、彼等は透視力を持つ人々が彼等を認識し感じるように、我々を認識し感じうる存在達である。我々個々の住居や認識しうる階層のすぐ近くで、彼等が我々の幸福や不幸な出来事に絶えず干渉する用意をしているために、不幸にもそのような親密な交流に加担している。敏感なヒステリー症状、神経及び精神障害の人を除いて、誰も「〈霊達〉」を見たり、時として会話をすることも無いのはどうしてですか？　と尋ねられたならば、我々は幾つかの質問によってそれに返答する。我々の問いは、「貴方は幻覚の性質をご存じですか？　そしてその精神的な過程を明らかにすることが出来ますか？　全てのそのような心象が単に肉体的な幻覚に原因があるとどうして言

初の賢人で、アトランティスと呼ぶ広大な大陸上にそれら王朝を位置づけている。ベイリーは同様のことを信じる最初でも最後の者でもなく、キルヒャー神父によってこの学説に関しては先んじられ、先鞭をつけられていた。この博学なイエズス会修道士は、『エジプトのオイディプス Œdipus』(第1巻、70頁)の中で以下のように述べている ——

「正直に告白すると、長い間私は全てこれら(諸王朝とアトランティス)を全くの作り話(**純粋に与太話** meras nugas)として見なしていたが、〈東洋〉の言語でその当時についてより詳しく指導された時、私は全てこれらの諸伝説が、結局のところ、多くの事実の展開を説明しただけのものに違いないと判断するに至った。………」と。

ド・ルージェモン Rougemont が指摘しているように、テオポンプス[ギリシャの歴史家で B.C.4 世紀頃の人]Theopompus は、彼の著書『メロプス Meropis [ギリシャ神話のクリメネの夫で太陽戦車の暴走で著名なパエトーンの義父]』で、フリュギア[小アジアの古代国家]と小アジアの神官達に、サイス Sais [ナイル川のデルタ地帯にあった下エジプトの古代首都]の神官達がソロンにアトランティスの歴史と運命をもたらした時のように、正確に語らせた。テオポンプスによれば、「それは計り知れぬ大きさを持つ比類無き大陸で、**二種類の人種**(註20) —— テオポンプスが二つの都市によって象徴的に示した、好戦的で武闘的な人種と敬虔で思索的な人種、が住む

えるのでしょうか？ 心と神経の諸病が(いわゆる)我々の**正常な**感覚の上にベールを引いている間、貴方の科学的な認識力に対して通常は閉ざされている扉を引き開けることによって、同時に健全な人には知り得ない眺望を現すことは**ない**(？)し、或いは一つの心-霊能力が純粋に肉体的な感覚だけの喪失、或いは一時的な萎縮にただちに取って代わることは**ない**と、何が貴方にそのように確信させるのでしょうか？ それは、霊媒現象と幻視と —— あなた方が呼んでいるように、幻覚を生み出す病気、或いは神経流の過剰によるのである。だが、〈科学〉は霊媒現象についてさえ**いったい何を知っているのか？**」である。現代のシャルコー[フランスの神経病理学者。1823 - 1893]Charcots 派の精神科医達がより心霊的な見地から彼等の患者達の**譫妄状態**[意識の混濁や狂乱状態]に真摯に注意を向けるならば、〈科学〉、特に生理学は今以上により有益なものになるかも知れないし、真実はこの知識領域において事実のより広大な分野を含んでいる。

(註20) これらは初期アーリヤ人種と〈第4根本人種〉の集団であった —— 前者は敬虔且つ瞑想(**ヨーガ**-観照)的で、後者は —— 魔法使いからなる好戦的な人種で、彼等自身の押さえられない衝動ですぐに衰退していった。

二つの国が存在していた(註21)。敬虔な「都市」には**継続的に神々が訪れ**、好戦的な「都市」には、鉄には**無傷**で、石と木によってのみ**致命的な傷を負**いやすい多様な人間達が居住していた」。(註22) ド・ルージェモンはこれをテオポンプス(『太古の人々』、第3巻、157頁)の全くの作り話として扱い、サイス王朝時代の神官達による主張の中に於ける一つの偽証(**欺瞞**)とさえ見ている。これについては、〈悪魔学研究者達〉によって不合理であると公然と非難されている。その一人ド・ミルヴィルの言葉によれば ──「信念と古代全体に対する信頼の産物に基づいた一つの**欺瞞**、一つの(アトラス)山脈全体にその名前をいまだに与えたとする**憶測**で、アトランティスは、注目すべき正確さで(カディス Cadiz [大西洋に面したスペインの港湾都市]から僅かな距離に、そしてカルペトス Calpetus [スペイン南部の半島ジブラルタルの全域を占める、古代名でカルペとも呼ぶ岩山]からまっすぐの位置にその幾つかの陸地を比定することによって)地勢学的な地域を具体的に特定され、コロンブスの2000年も前にかのアトランティスを越えて位置する**巨大な大洋を横切る大地**として預言され、それが「到達する地」と伝えられるのは ──「神に祝福されし者ではなく、幸運な[エウダイモニア]ευδαιμόνια良き霊達の**島々**(我らが『幸運の島』)にである ── このような憶測は決して世界的な妄想 chimera にはなり得ない」と。(『「アトランティス」に関する要約 A word on "Atlantis"』、29頁)

「妄想 chimera」、或いは実在のどちらであろうとも、世界全体の神官達が一つの、そして同じ情報源、即ち85,000年前くらいに消滅した第3の巨大な大陸についての世界的な伝承から、それを入手したことは確かである。(註23) 一つの大陸に二つの異なる人種が居住して、肉体的、そして特に道徳的に異なり、両者とも古代の叡智と自然の秘密に深く精通し、彼らの二重の進化に於ける方向とその過程の期間中、その闘争の中で互いに敵意を懐いていた。もしそれが作り話の一つに過ぎないならば、同じような中

(註21) レムリア-アトランティス[大陸]の〈南〉と〈北の地域〉。二つの大陸にあるヒュペルボレリアンと〈常夏〉の大地。(〈歴史〉に於けるレムリアとアトランティスの〈項目〉を参照)
(註22) これは〈秘教科学〉であり、磁力要素には引きつけられるが、ある秘教科学の工程によって、風に対する水のように磁力を透過させないように造られ、他のものには反発する鉄の特性に言及している。
(註23) 第1の大陸、或いは島、そしてお望みならば、「〈北極〉の冠」は決して消滅したことがないだけでなく、〈第7人種〉の終わりまで消滅することはないだろう。

国のその主題についての伝承はどこから来たのか？　彼ら中国人は、遙かな昔、太陽の向こう側に存在する**聖なる島**（『周書 *Tcheou*』）を、そして更にその向こう側に**不死の人間達**の大地が位置していたことを、記してきたではないか？**（ド・ルージェモンの前掲書参照）**彼らは、それら**不死の人間の残存者達 ── **その**聖なる**島が罪で黒く汚れ、そして消滅した時に生き残った者等 ── が、ゴビ大砂漠に避難所を見つけて、そこでは彼らが誰にも見えず、万軍の〈霊達〉によって外部の接触から護られた状態でいまだに居住している、と今ではもう信じてはいないのだろうか？

　「もし人が諸伝承に耳を傾けるべきならば」、とまさに不信心者ボウレンジャー Boulanger は書き記す、（『**神々の統治**』、**序章**）……「後者は、〈諸王〉や英雄達と下級神達の統治以前に位置づけられ、そして更に初期の、そしてその彼方へ、彼らは神々の驚くべき統治と黄金時代のあらゆる寓話を位置づけることとなる。………　非常に興味深い数々の年代記がほぼ全ての現代の歴史家達によって否認されて来なければならなかったことに、誰もが驚きを感じる。更に、それらが伝える諸々の概念は、かつて広く一般に認められ、全ての人々に畏敬されていたが、それらをいまだに、日々の暮らしの指針として畏敬している者はほとんどいない。そのような考察には、より時間をかけての判断が必要であると思えるのだが。………　我々は、古代人達からこれらの伝承を受け継いだが、**それらの伝承を現在では理解出来ないために、最早認めていない**けれども、古代人達は、それらの中に初期の諸々の時代に対するより強い親近感によって与えられた信仰を求める契機を持っていたに違いないし、そして彼らと我々を隔てる時間的な経過が我々を拒んでいる。………　プラトンが〈**法律論 *Laws***〉の第4書で、最初の都市建設の遙か前に、サターンは地上に**ある種の統治機構を創設し**、その下では人間がとても幸福であった、と述べている。それが黄金時代であるとして彼は言及しているし、また神々のそのような統治については古代の寓話でとても有名であると。………　さて、彼がその幸福な時代について懐いていた見解と彼が政治論の一つでこの**寓話を紹介せねばならなかっ**た動機は何であったのか、を見てみよう。プラトンによれば、王族、及びその起源と権力についての明確で精緻な見解を手に入れるために、人は歴史と伝承の最初の根本に立ち返るべきである。彼が云うところによれば、幾つもの大変化が古い時代に、**天でも地でも起こり**、そして万物の現在の状態はその結果（〈**カルマ**〉）の一つである。我々の諸伝承は、〈太陽〉の運行軌道に生じた多くの驚くべき出来事と数々の変化、サターンの統治、そ

して人類の記憶に散りばめられたままになっている千にもおよぶ他の出来事について我々に告げているが、誰もがそれらの大変革を造りだした〈悪 EVIL〉だけでなく、その変化を直接的に支えた悪について、何も聞いたことがない。しかも ……… その〈悪〉は、王族と権力の起源について論じることを可能にするために、人が議論すべき主題である。………」と。

そのような悪を、プラトンは支配者達と被支配者の本質的な同一性、或いは同質性 consubstantiality に見ていたと思われる、何故なら彼は、人間が都市を建設する遙か以前の黄金時代に於いて、何も必要なかったために、地上には幸福を除き何もなかった、と語っているからである。なにゆえに？何故ならサターンは、人間の気まぐれと虚栄心を通じて瞬く間に世界を満たしてしまう正義というもの無しには、人間が人間を統治することは出来ないと知り、あらゆる人間に仲間達を越える力を持つことを許さなかった。これを実行するために、神は、我々自身が自分の羊の群れに関して用いるのと同じ方法を利用した。我々は1匹の雄牛、或いは1匹の雄羊を雄牛、或いは雄羊の集団の上に置くことはしないが、彼らに指導者、即ちシェパード犬を、**言い換えれば、彼ら自身とは全く異なる種で優れた性質を持つ存在を**、遣わしている。それがまさにサターンの行ったことだった。彼は、人類を愛し、統治するために彼らの上に少なくとも人間ではない〈王〉、或いは王子 ──「人間のそれらよりずっと優れた〈霊達〉と天の一特質である守護神達(ダイモン達δαιμονες)」、を任命した。

そのように守護神達の上に君臨し、人間の最初のシェパード犬、そして指導者となった者は神、即ち〈ロゴス方〉(〈万軍〉の統率者)である。(註24) 世界がそのように統治されることを終えて、神々が退いた時、「どう猛な獣達が人間の一部を荒らした」。「彼ら固有の財産と産業を放棄したが、発明家達がその後彼らの間に継続的に現れて、火、小麦、ワインを発見し、そして大衆の感謝は彼らを神格化した ………」(『法律 De Legibus』 I, iv.; 批評と政治について in Crit. and in Politic)。

そして人類は、摩擦から熾る火が自然の最初の神秘であったように、人間に開示された最初の、そして主要な物質的財産に、最も相応しかった。
「果物と穀物は、その当時の〈地球〉には知られておらず、彼らの統治す

(註24) 『シークレット・ドクトリン』は、プラトンが語ることを説明し詳述しているが、その理由は、それらの「発明家達」が人間に ── 或る者は意図的に、或る者は〈カルマ〉によって強制的に ── 化身させられた神々とその御使い達(デーヴァ達とリシ達)だからである。

る者等の恩恵のために、『〈智慧〉の〈主方〉』によってもたらされた ── それも他の諸々のローカ（諸天球）から ………」と〈註解書〉は伝える。さて、「人間の黎明期の創案・発明（？）は、これまで人類がなしえた最も素晴らしいものである。……… **火の初めての利用**、そして火を熾すことの出来る技術の発見、動物の家畜化、そして、中でも野生の草から、**初めて改良された多様な穀物類による生産工程（？）** ── これら全ては、**その後には比肩しうるものが無いほど、創意性と重要性に満ちた発見**である。それらは全く歴史に知られていない ── 全ては〈輝かしい暁〉の光にかき消されてしまった。(『一なる自然 Unity of Nature』、アーガイル Argyll 著)

　これらは現代の誇り高き人々によって疑われ否定されるだろう。しかし、もし**地球の人々に知られざる**穀物と果実など存在しないと強く主張されるならば、その時には我々は**小麦が野生種の状態でこれまで見つかったことがないこと、即ちこの地球上の産物ではないこと**を読者に思い出させても良いだろう。全て他の穀物は野草の多様な種の中にその原種の痕跡を発見されてきたが、小麦はこれまでその起源をたどる植物学者の努力をはねのけてきた。そしてこれに関係して、小麦がエジプトのミイラとさえ一緒に置かれていたり、その当時の棺の中で数千年後に見つけられた等、エジプトの神官達にとって小麦が如何に神聖なものとされたかを記憶に留めておこう。思い起せば ──「ホルス神の僕達はアアンロー Aanroo の平原で小麦の落ち穂拾いをし ……… **小麦は 7 キュビット**[中指の先端から肘までの腕尺の長さで、1 キュビットが 43 〜 53cm]**の高さになる**」。(『死者の書』、99 章 33 節と 156 章 4 節) (註25) 読者は第 I 巻スタンザ VII、3 節を参照のこと、その中でこの節がその意味とは異なる説明をされ、そしてまた『死者

(註25)　これは天の小麦によって象徴される人間の諸本質に関しての秘教的な分類に対する一つの直接的な言及である。パピルスの第 3〈記録官〉を記した伝説（『死者の書』の第 60 章）に云う、「これは**高さ 7 キュビットの**（肉体を離れた人間達である）祖霊**マネス Manes の国である**」と ── 即ち、彼等の本質全てに関して七重性を依然として保持している、と正しく翻訳され、そして想像されていた者等で、マネスが離れる前には、その肉体でさえ**アストラル的**に死者の国カーマ−ローカ、或いは黄泉の国ハデスを象徴し ………「そして、一つの**完全な状態にあるミイラ達のために高さ 3 キュビットの小麦があり**」（即ち、既に肉体と分離した者等であり、彼等の三つの高級な本質は天国にあって）、「その落ち穂拾いを許された者等である」。この領域（〈天国〉）は「神々の再誕なされる土地」と呼ばれ、シュー神 Scheo [熱と乾燥をもたらす太陽光]、テフヌト神 Tefnant [慈雨と涼風の神]、そしてセブ神 Seb [シューとテフヌトの息子]

の書』の 59 章 4 節、5 節に於いてもである。

「わらわは、これら全域の〈女王〉である」と宣うのはエジプトのイシス女神で、「わらわは、小麦とトウモロコシの秘密を人間達に啓示した最初の者であった。……… わらわは、犬の星座に昇る星 she である ……… （天狼星 Dog-star）……… 歓喜あれ、おお、エジプトよ！ 汝、わらわが育む国よ」と続けている。(第 1 巻 14 章) (註 26)

シリウスは**天狼星**と呼ばれた。それは他の仏陀方以前に、人類の偉大な指導者と呼ばれたマーキュリー、或いは仏陀の星であった。

中国の易経 Y-King の書では、農業の発見を「天の守護神方による人間への指導」のお陰であるとしている。

「災いあれ、災いあれ、何も知らず、何も観ず、さらに理解する意思もない人間達に。……… 世界が、最も神聖な場所に於いてさえ、群れをなす多士多彩な、そして見えざる生き物達で如何に満ち溢れているかに、人々が気づかなくなって以来、彼ら全ての者が盲目 blind (註 27) である」(ゾハル、**第 1 部**、*col.* 177.)

「〈智慧の息子達〉」は存在して**きたし、実際に存在している**。ヒンドゥの**ブラフマープットラ達とマナスプットラ達**(ブラフマーの〈息子達〉と〈思考から生まれた〉息子達)から降ってユダヤの旧約聖書の**ベン-アレイム**[アレイムの息子]に至るまで、幾世紀もの信仰と**世界的な伝承**は前述の明白な証言に従うべき理由を強く示している。歴史的な幾つもの周期を通じて決して変わることのない世界的な証言を前にして、いわゆる**自尊的な評論、**

等によって居住されることで示されている。その「高さ 7 キュビットの祖霊マネスのための領域」(未だに不完全なミイラ達のための領域)と、そして「**一つの完全な状態**」で、「高さ 3 キュビットの小麦の落ち穂を拾い集める」者等のための領域については可能な限り明瞭になっている。エジプト人達は、いつの事かは忘れてしまっているが、彼等にトウモロコシと小麦をもたらしたアデプト方によってシス-ヒマラヤ地域[ヒマラヤの南側]で今でも教えられているものと同じ秘教哲学を保持している。

(註 26) オシリス神とメネス神を同一視しようとするエジプト学者達がいるが、それは全くの誤りである。ブンゼンはメネス神が紀元前 5867 年の古さだと比定しているが、そのためにキリスト教徒から公然と非難されている。しかし「イシス-オシリス神」は、既に述べた寺院の天井にデンデラの〈黄道十二宮〉が描かれる前に、即ち 7 万 5 千年以上も前のエジプトを統治した。

(註 27) 原文では、「コルク栓をされた corked up」、或いは「歪められた screwed up」である

或いは（通常、批評家達個々人の様々な嗜好に基づく）「主観的な証拠」に、いったい何の価値があるというのか？　創世記の第6章を秘教的に読めば、それは、シークレット・ドクトリンの陳述を、ほんの僅かにその形式を変えただけで、そしてゾハルとさえ相反する一つの異なった結論の描写を、繰り返している。「その当時、地上には巨人達がいて、そして**またその時代の後に** *also after that*、『〈神〉の〈息子達〉』（**アレイムの息子**）が「人間の娘達のところにやって来て、彼女等に子供達を産ませた時代に、同じ者等が昔の**偉大な人間達**、名高い人々になった」（或いは巨人達に）。(註28)

この文章、「そしてまたその時代の後に and also after that」は、それが、「〈**以前**〉、即ち〈第3人種〉の罪無き息子達以前の地上には巨人達が存在し、そして〈神〉の別の息子達で、性質のより劣る者等が、（神がその息子**マナスプットラ**達が地上に住もうと思わなかった事を御覧になられた時、ダックシャが行っていたように）地上で性的な関係を持ち始めた**またその時代の後に** *also after that*」と説明された時代を意味しない限り、いったいいつの時代を表わしているのか？　そしてその後、この創世記6章4節と5節の間に長い断絶の期間が訪れる。というのも、確かに、「人間の悪徳が広がっていたのを神が御覧になられた」のは、「力強き人間達」の悪徳の中でも、或いはそれを通じてでもなかったし　………　ニムロドが「〈主〉の御前の力強き狩人」の地位にあった名高い人々の中でもなく、ましてやバベルの塔の建造者達でもない理由は、これらが大洪水後のことだからで、**巨大な雌達から四つ足の怪物達** *monstra quædam de genere giganteo* を産みだした巨人達や、より発達の遅れた人間の人種に起源を持ち、現在ではごく少数の不幸にも絶滅しかけている種族と巨大な類人猿達によって地上に産み落とされた怪物達の子孫の中に、御覧になられたのである。

そして、もし我々が、プロテスタント、或いはローマカトリック教徒に関係なく、神学者達によって非難されるならば、我々は彼らに彼ら特有の文献を参照させることだけをすべきである。上述の引用文は、科学者達と聖書研究家達のみだけでなく、また司祭達にも絶えず一つの相矛盾する事柄であった。というのも、尊師ペローネ Peronne 神父が次のように説明している　──「彼ら（アレイムの息子 B'en-aleim）が善の天使達であるとしたならば、そのような場合に彼らはどうして堕落することが出来るのか？或いは彼らが悪（の天使達）であったならば、その場合に彼らを**アレイムの息**

（註28）　創世記6章4節。

子、「〈神〉の息子達」とどうして呼ぶことが出来るのか？」と。(『神学についての講演 Prælectiones theol.』、2章)この聖書上の難題 ── フルモン Fourmont によって率直に告白されたように(註29)、「その本当の意味を著者の誰一人としてこれまで理解したことがない」── は、西洋人にはゾハル、東洋人には**ジャーンの書** *Book of Dzyan* を通じ、〈秘教科学〉の教えによって説明しうるのみである。前者が伝えることを我々は見てきたが、ゾハルが我々に告げていることは次のこと、即ち**アレイムの息子はマラキム** *Malachim*(善の〈御使い達〉)と**イシム** *Ischin*(「下級の天使達」)に共通する一つの呼称であった、である(ラビ僧パルハ *Parcha*)。

我々は、悪魔学者達の便宜のために、彼らの云うサタン、「敵対者 the adversary」が**ヨブ記** *Job* 記では〈神〉の息子達、或いは自身の父を訪ねているアレイムの息子の中に含められている、ことを補足しても良い」。([ヨブ記]1章)しかし、これについては後述する。

さて、ゾハルは、**イシム、麗しきアレイムの息子には罪はなかったが、彼ら自身は死すべき人間達と交わった、何故ならそうするために地上に遣わされたから**、と伝えている(『ルツ記 *Ruth*』と『スカダッシュ *Schadash*』二折フォリオ判63、*col.* 3;アムステルダム編集版)。同じ書物の他の処でも、これら**アレイムの息子**が「座天使[天使の第3階級]Thrones」の第10番目の官位に属していると描写している(『ゾハル』、第3部; *col.* 113。だが、第1巻、184も参照のこと)。それはまた、イシム、「男性-霊達」、**ヴィリ・スピリチュアル** *viri spirituales*[ラテン語で男性霊達を意味する]が、今では人々がもはや彼らを見ることは出来ないけれども、マギ術師たちが彼らの科学に基づいて、こびとではなくて「人間よりも(**劣っている**という意味で)**より小さな人間**」である**ホムンクルス** *homunculi* を創造する際に手助けをすると、説明している。両方の事例とも、その時イシムが持っていた形態に、即ちガス状でエーテル的状態に、基づいて彼らを描写している。彼らの首長は**アザゼル** *Azazel*[堕天使の1人]である。

しかしアザゼルは、〈教会〉の教義ではサタンと結びつけられるだろうが、全くそのような類^{たぐい}のものではない。アザゼルは、他でも説明されたように、**謎**の一つで、それは、マイモニデス *Maimonides*[スペイン生まれのユダヤ人スコラ哲学者、律法学者でユダヤ教の主要な神学者。1135-1204]の著作、『迷える者の道案内モレーネボキム *More Nevochim*』(26章、8頁)

(註29)『古代の人々の起源についての批評に対する考察 *Reflections critiques sur l'origine des anciens peuples.*』

により強い印象を受けている。「アザゼルにまつわる物語には理解しがたい謎がある」。そのため、ヴァチカンのランシー Lanci のような図書館員や当然のこととして知り、次のように語る者等がいる —— 我々は以前に彼について引用したが ——「この理解しがたい神の御名 (*nome divino e venerable*[ラテン語])は、聖書学者達のペンを通して**魔王、荒野、山、そして雄山羊**となった」(『聖典 *Sagra Scrittura* [イタリア語]』)と。それ故、スペンサーが提唱するように、その名前が**アジャル***Ajal*（分離したもの）と**エル** *El*（神）で、このために「〈神〉から分かれた者」《**魔王**》に由来するとは愚かなことに思える。ゾハルでアザゼルは、スペンサーがそれについて懐いたように、「エホバの名ばかりの敵対者」と云うよりもむしろ〈生贄的〉な犠牲者である (*II.*, pp.14,29)。

　様々な狂信的作家達によって、「〈神の軍勢 Host〉」に費やされている悪意のある空想や作り話の総ては、全く異常である。アザゼルと彼の「神の軍勢」は単純にヘブライ人の「プロメテウス」であり、同様の見地から検証されるべきである。ゾハルは、**イシム**が砂漠の中の山頂に鎖で繋がれたと、寓話的に描写しているが、その記述は化身の周期の期間中、地上に束縛される存在として、それらの「霊達」を単純にそれとなく仄めかしている。アザゼル（或いはアザジエル Azaziel）は、エノク書では、アルモン Armon 山の頂きアルディス Ardis に降臨し、互いに忠誠を誓うことによって仲間と団結して「造反する」天使群の首長達の１人である。アザジエルは、人間達に剣、ナイフ、盾の作り方や**人の背後に隠れているものを見**させるために鏡(?)を造ること（即ち「**魔法の鏡**」）を教えたと云われている。アマザラク Amazarak はあらゆる魔術師達と占い師達にその基礎について教え、アメルス Amers はマギ術の解説を教え、バルカヤル Barkayal は占星術、アキビール Akibeel は予兆と象徴記号の意味を、タミアル Tamial は天文学を、そしてアサラデル Asaradel は月の運行を教えた。「これらの７人は〈第４〉人類の最初の指導者達であった」（即ち〈第４人種〉の）。しかし、何故、寓話はその空文が表現する全てに意図があるとして、常に解釈されなければならないのか？

　それは、神の叡智**ヌース** *nous* とその地上的な投影**プシュケ** *Psuche*、或いは〈霊〉と〈魂〉、〈天上〉と〈地上〉、に於ける大いなる闘争の象徴的な描写である。〈天上〉にては —— 神なる《モナド》が、化身のためにより低い界層に降臨し、そうして土から成る動物を１人の**不死なる神**に変容するために、それ自身、天上から自発的に流浪の旅へと出て来たからである。というのも、エリファス・レビが我々に伝えるように、「天使達が人間になる

ことを熱望するからで、その訳は、完全な人間、現人神 man-god は天使達さえよりも上位にあるからである」。〈地上〉にては ── 〈霊〉が降臨するや否や、物質の渦巻く奔流に巻き込まれるからである。

　奇妙な言い方だが、〈秘教科学〉の教えはその性格的な特徴が逆転し、この場合には物質を象徴しているキリスト教の人間の姿をした大天使及び人間のようなヒンドゥ教の〈神〉に認められ、そして〈竜〉、或いは〈蛇〉、〈霊〉にもである。秘教科学の象徴体系は謎を解く鍵を備えてはいるが、神学的な信条論は今更ながらそれを封印したままである。というのも前者が聖書の中の、そしてこれまで理解不能のままであった新約聖書の中の言い習わしの多くを説明するのに対し、一方後者は、サタンとその反乱の教義のために、その見せかけの普遍性、即ち絶対的に完全な神の神格と性質を矮小化してきたし、地上に最強の悪と呪いを創り出してきた ── 人格的な〈悪魔〉の信仰によって。この謎は現代に復活したその形而上学的な象徴体系を解く鍵によって開示されているし、一方神学上の解釈による象徴体系は、神々と大天使達が、空文、或いは教条的な宗教の象徴と、そしてありのままで空想の飾りを取り払った〈霊〉の純粋な実相に敵対する者としての立場にいると描写している。

　この件に関しては『ベールをとったイシス』に多くの手がかりが述べられているし、この謎に対する更に多くの論及がこれらの巻を通じてあちこちに散在して認められるかも知れない。結論としてその要点を明確にしてみると、あらゆる教条的な宗教 ── とりわけキリスト教 ── の聖職者がサタン、即ち〈神〉の敵対者として指摘しているものは、実際には至高の神なる〈霊〉──（〈この世〉於ける隠された〈叡智〉）── で、そして教条的または教会の諸宗教を含め、あらゆる世俗的で、儚い幻影に対しその性質上相容れない性格のものである。このように、〈ラテン教会〉[儀式に典礼用ラテン語を使用するローマカトリック教会の異名]は、狭量で頑迷で、そして教会の奴隷となることを選ばないあらゆる者には残酷な仕打ちを為し、自らキリストの花嫁を、そして同時に「汝は私の背後にサタンを見ている」と〈大師イエス〉の叱責がまさに申し渡されていた[十二使徒の１人]ペテロの信託を受けた者を自称し、更にクリスチャンを自称する一方で、キリストが公に否認した古い「〈モーセの律法〉」と〈新しい神の定め〉を逆説的に置き換えている〈プロテスタント教会〉も同様で、これら両者の〈諸々の教会〉は、秘教的な（何故なら**神の**）〈叡智〉を持つ〈竜〉を否認し中傷する時、神の〈真実〉と闘っているのである。グノーシス派の太陽クイノ

フィス Solar Chnouphis ── アガトデーモン ── クリストスを、或いは神智学的な〈永遠〉の〈蛇〉、また創世記の〈蛇〉を、破門する時にはいつでも ── 彼らは、パリサイ人がイエスに対し、「おまえが悪魔であることを我々がよく知らないとでも言うのか？」とヤジを飛ばし彼を罵らせたものと同様の腹黒い狂信的な〈精神 Spirit〉によって衝き動かされている。

　アーリヤ思想についての**非常に優れた秘教科学の書物リグ-ヴェーダ**のインドラ(風の神ヴァーユ)にまつわる物語を読み、その後それとプラーナ伝承の同様の物語 ── それの顕教的な異話で、意図的に本当の〈叡智〉の宗教を改竄したもの、とを比較してみよう。リグ-ヴェーダではインドラは〈神々〉の中で最高の、そして最も偉大な神であり、彼の飲み物〈ソーマ〉はその高い霊性の寓意である。プラーナ伝承でインドラは、世俗的に生きる放蕩者、そして常習的な〈ソーマ〉ジュースの泥酔漢となっている。彼はあらゆる「神々の敵対者達」 ── ダイティヤ達、ナーガ達(〈蛇達〉)、アスラ達、あらゆる〈**蛇**-神達〉、そして〈宇宙の蛇〉ヴィリットリ Viritri、の征服者である。インドラはヒンドゥ万神殿の聖ミカエル ── **好戦的な**〈軍勢〉の首長、である。聖書に目を向けると、我々は、サタンが「〈神々〉の〈息子達〉」の1人で(ヨブ記1章6節)、顕教的な解釈ではその極悪非道、邪悪さという意味で〈悪魔 Devil〉や〈竜〉となっているのを目にする。しかしカバラ(『数の書』)では、サムエルがサタンで、〈竜〉の殺戮者、聖ミカエルと同一であることが示されている。これはどういうことなのか？　それは、**同一人物である**ミカエルとサムエルのツァレム Tselem (肖像)がそっくりの姿であると云われることによる。両者は、教えの通り、**ルアーク** *Ruach*(〈霊〉)、**ネシャマー** *Neschamah*(〈魂〉)、そして**ネフェシュ** *Nephesch*(生命)に由来する。『カルディアの数の書』では、サムエルは封印された(秘密にされた)〈叡智〉で、そしてミカエルはより高尚で**現世的な**〈叡智〉であり、両者は同じ源から流出しているが、〈地上〉では〈**大霊** *Mahat*〉(理性的な分別)、或いは〈**マナス**〉(〈理性〉の座)となる**宇宙魂** *mundane soul* から流出後に別れる。彼らは分離する、何故なら片方(ミカエル)がネシャマーによって**影響を受ける**のに、もう一方(サムエル)は**影響を受けない**ままだから。この見解は、独立する〈霊〉を毛嫌いし、外形による(従って教義による)影響を受けず、たちどころに(あらゆる中で最も賢明で霊性的な霊)サムエル-サタン ── 人間の姿をした〈神〉なる敵対者で好色な肉体を持つ人間、即ち〈**悪魔**〉！を創った〈教会〉の教条的な精神によって故意に曲解された。

───

サタン神話の起源

　さて、この〈教父的〉な空想の創作物をさらに深く推し量り、そしてその原型を〈異教徒達〉に探索してみよう。新しい**サタン**神話の起源を辿ることは容易である。〈竜〉と〈太陽〉の伝承は、文明地域と半未開地域の両方を合わせた、世界のあらゆる場所に木霊している。それは異教徒の間で秘伝についての囁きを喚起させ、かつての世界的な太陽信仰の宗教を通じて世界中に流布した。世界の四つに分かれた部分に〈太陽〉と〈竜〉を聖別する諸寺院による影響が及んだ時代が存在したが、その宗派は今では中国と仏教国で大部分が保持されているし、「ベル[古代バビロニア人及びアッシリア人の大地の神]Bel と〈竜〉は一貫して一緒に組み合わされ、そして〈蛇神〉教 Ophite religion の司祭は変わることなく彼の〈神〉の御名を自称している（『考古学』、第25巻、220頁、ロンドン）。過去の宗教の中に我々が西洋の宗教の起源を探すべきはエジプトの地に、である。〈蛇神崇拝者達オフィス Ophites〉[蛇を内在するキリスト、叡智の象徴とする初期のグノーシス主義の一宗派]は彼らの儀式をヘルメス・トリスメギストスから取り入れたし、そして太陽崇拝的な礼拝式はインドからファラオの土地にその〈太陽神方〉と共に渡って来た。ストーンヘンジの神々の中に、我々はデルフォイ Delphi [アポロ神の神託所があったギリシャの古代都市]とバビロンの神々を、そして後者の神々にはヴェーダの国々のデーヴァ神群を、認めている。ベルと〈竜〉、アポロとピュトン Python [デルフォイの預言の霧が湧き出る大地の割れ目を護る聖なる大蛇]、クリシュナとカリヤ Kaliya、オシリスとティフォン等は多くの呼称の下に全て同一神である —— その最も新しいものとしてはミカエルと〈赤い竜〉、そして[悪竜退治で有名な]聖ジョージと彼の〈竜〉がある。ミカエルが、現世的な目的を求める「神の如き者」、或いは神と「〈瓜二つ〉」の者で、好戦的な天使エロヒムの1人であるように、彼はその結果、単にエホバの変化した者の一人に過ぎない。たとえ「〈天上〉の〈戦い〉」の寓話を最初に生じさせたものが、〈宇宙〉、或いは天文学的な出来事であったとしても、その地上の起源は〈イニシエイション〉の寺院、及び古代の聖堂地下室に探し求められるべきである。以下はその数々の証拠である ——

　我々は、(a)司祭達が彼らが仕える神々の御名を自称し、(b)「〈竜達〉」が古代を通じ、至る所で〈不死性〉と〈叡智〉、秘密の〈知識〉、そして〈永遠性〉

の象徴として保持され、(c)エジプト、バビロン、そしてインドの秘儀司祭達が、一般的に自身を「〈竜〉の〈息子達〉」、及び「〈蛇達〉」と自称していることを確認しているなど、このようにシークレット・ドクトリンの教えはそれらによって裏付けられている。

　エジプトとカルディアには夥しい数の地下墓所カタコンベがあって、その幾つかはまさに途方もない広さであった。その中で最も有名なものは、テーベとメンフィスの地下にある聖堂地下室であった。前者のテーベはナイル川西岸に始まり、リビア砂漠に向かって拡大して、そして〈蛇〉の地下墓所、或いは通路として知られていた。キュクロス・アナグケス kuklos anagkes、即ち「〈不可避の周期〉」、より一般的には「必然の輪」として知られる神聖な密儀が執り行われ、肉体的な死後、それぞれの魂に、そしてそれがアメンティ Amenthian 界で裁かれた時に、容赦ない罪の宣告が課されたのはそこであった。

　ド・ブールブール de Bourbourg［近年に於いてこの翻訳が誤りであることが立証されたが、ユカタン司教カルデロンが記した『ユカタン事物記』をマドリードの王立歴史学会の図書室で見つけ、その中のマヤ文字とスペイン語のアルファベット対照表を使い、トロノア絵文字をキチェ語で解読し、ムーと呼ばれた王国が大災害で水没した伝説はアトランティス伝説と類似性があると、1863 年に発表したフランスの聖職者］の本で、メキシコの下級神、**ヴォタン** *Votan*［イカルと二神で一体とされ、ヴォタンは昼、光明、湿潤、大地、雨、イカルは夜、闇、乾燥、風と結びつき、世界を成り立たせ、山中にいる死者の記憶を護るとされる神］は、自身の探険旅行譚を物語る中で、地下に広がり、諸々の天国の 麓(すそ) で終わる地下通路のことを、加えてこの通路が蛇の穴の一つ、「un agujero de colubra［スペイン語で「蛇の穴」］」で、そして彼自身が「蛇達の息子」、或いは蛇であったことから、それに入ることを彼は許された、と述べている。(『不死鳥の死 Die Phoinizier』、70 頁)

　この事は、実際、とても暗示的だが、その理由は、彼の**蛇の穴**の描写が前述のように古代エジプト人の聖堂地下室についてのものだからである。さらにエジプトの秘儀司祭達は、バビロンと同様、一般的に密儀の間中、自身を「〈蛇〉-神の〈息子達〉」、或いは「〈竜〉の〈息子達〉」と自称していた。

　「アッシリアの司祭は常に自身の神の御名を自らにつけていた」と語るのはムーヴァーズ Movers である。ケルト-ブリタニア地域のドルイド教の［学者・預言者・魔術師・裁判官・詩人でもある］司祭達もまた彼ら自身を蛇達

と呼んだ。「吾は〈蛇〉なり、吾はドルイド僧なり」と彼らは大声を張り上げた。エジプトのカルナックは[フランスの]ブルターニュのカルナックと双子の兄弟で、後者のカルナックは蛇の山を意味する。〈竜崇拝〉はかつて地球上に広がっていて、これらの諸寺院は、それが太陽の象徴で、次に太陽が至高神 ── アブラハムがエルヨーン神 El Elion であると気づいていたフェニキアのエロン Elon、或いはエルヨーンの象徴、であったことを唯一の理由として〈竜〉を聖別していた。(註30)蛇達の異名に加えて、彼らは「建設者達」、「建築家達」と呼ばれた、何故なら、彼らの寺院や記念碑に見られる偉大な壮観さは、今では粉々に崩れたそれらの残骸でさえもが、「我々現代の技師の数学的な計算を仰天させる」ようなものであったから、と語るのはタリアセン Taliesin である。(註31)

　ド・ブールブールは、**ヴォタン、ケツァル‐コアトル** *Quetzo-Cohuatl* と云う呼称の首長等、或いはメキシコ人の〈蛇〉神がハムやカナン Canaan[ノアの息子ハムの子孫]の子孫達であると暗に言及している。「我はヒビ人 Hivim[イスラエル人に征服されたカナン地域の先住古代人]なり」と彼らは名のる。「ヒビ人であり、私は偉大な〈竜〉(蛇)族の者である。本来の私は蛇である、何故なら私はヒビ人だから」。(『カルタス Cartas[スペイン語で書簡を意味する]』、51頁、『ベールをとったイシス』[老松克博訳　竜王文庫 2015刊]、第1巻 科学 下、505頁以降参照。)

　さらに、〈天上〉の〈戦い〉は、その意味の一つとして、大師の位への候補者を待ち構える、彼自身と彼の(マギ術によって)具現化した人間の[人格的]情欲との間で、**内的**啓明されし人間が、情欲を殺戮するか、それに跪くかの瀬戸際での恐るべき闘争を意味し、そしてそれに言及していることが、示されている。前者の場合、彼は幸運にもあらゆる誘惑に打ち勝ったため、〈竜の殺戮者〉となり、そして彼自身が〈蛇〉の〈息子〉の1人、1匹の〈蛇〉で、古い皮を脱ぎ捨てて一つの**新しい**肉体に生まれ、〈叡智〉の〈息子〉となり、〈永遠〉に〈不死〉となる。(第Ⅱ部サタン〈神話〉を参照)

　セツ Seth[アダムの三男]は、有名なイスラエルの父祖だが、またトート、タト Tat、セツ Seth、セト Set、そしてサタンとも呼ばれたヘルメス、〈叡智〉の〈息子〉等のユダヤ的なこじつけの一例に過ぎない。彼は、またティ

(註30)　サンコニアトンの『エウセビウス』、序章 Pr.、福音 Ev.、36。創世記 14 章参照。
(註31)　『ロンドン骨董協会』、第25巻、220頁。

フォン ―― アポーフィス Apophis[太陽神ラーによって夜明けごとに殺されるエジプト神話の暗黒を支配する蛇神]や、ホルスによって殺戮される蛇と同一の神になるが、それはティフォンが、またセトと呼ばれたことによる。彼は、アングラ・マンユ Angra Mainyu がアフラマツダの黒い影であるように、単に彼の兄弟オシリスの**暗黒面**に過ぎない。地上では、これらの寓話は大師の位とイニシエイションへの試練と結びついていた。天文学上では、それ等は、〈日〉食と〈月〉食、及び今日インドやセイロンに於いて誰もが学ぶことが出来、幾千年もの間変わらずに残されてきた寓話的な数々の物語や伝承にまつわる神話的な説明への言及であった。

ラーフ Rahu[強奪者]は、神話体系でダイティヤ ―― 即ち巨人、〈半神 Demi-god〉で、彼の肉体の下肢は〈竜〉や〈蛇〉の尾となっている。大洋の撹拌中に神々が**アムリタ** *amrita* ―― 〈不死〉の水 ―― を調合した時、彼はその一部を盗んで飲み、不死となった。〈太陽〉と〈月〉は、彼の盗みを見咎めて、星の天球図に〈竜〉の頭を象徴する彼の体の上部と〈竜〉の尾を象徴する体の下肢(ケツ Ketu[漢字なら尻？])、即ち上昇交点[竜の頭ドラゴンヘッド]と下降交点[竜の尾ドラゴンテイル]の二つを、配置したヴィシュヌ神に彼のことを訴え出た。それ以来、ラーフは時折〈太陽〉と〈月〉を呑み込むことによって彼らにその恨みを晴らしている。だが、この物語は別の象徴的な意味を持ち、以後、〈竜〉の頭である**ラーフ**は、〈太陽〉(ヴィカルッタナ *Vikârttana*[真っ二つに分ける者])のイニシエイションの密儀で、秘伝候補者と〈竜〉が至高なる戦いを交える時、重要な役割を演じた。

リシ達の住む諸々の洞窟は、ティアレシアス[ギリシャ神話の盲目の予言者]Tiresias とギリシャの予見者達の住まいで、**ナーガ達** ―― 地下の岩穴に住むヒンドゥの〈蛇の王達〉、にならって造られた。千の頭を持ち、ヴィシュヌ神がその上で憩う〈蛇〉セーシャからピュトンに至るまで、**竜蛇の託宣**は全て神話の隠された意味を指摘している。我々はインドの初期プラーナ伝承群で言及されたその事実を見つける。スラサー Surasa[ダックシャの愛娘でカッシャパの妻の一人]の子供達は、「有能な〈竜達〉」であると。ヴァーユ・プラーナでは(ヴィシュヌ・プラーナ伝承の)スラサーをダナヤ達Danayas、或いは**ダーナヴァ達***Danavas* ―― 賢者カッシャパよればダヌ[人間]Danu の子孫達、と置き換え ―― そしてそれらのダーナヴァ達は神々と戦争をした巨人族(ティターン族)であるとして、彼らが〈智慧〉の「〈竜達〉」及び「〈蛇達〉」と同一であることがこのように描写されている。

それぞれの国の〈太陽神方〉を単に比較することによって、誰でもそれ等の寓意物語が互いに全く一致することを認めるだろうし、その上、寓話的

な象徴がより秘伝的occultであればあるほど、益々他の体系の太陽神に対応する象徴と一致している。そのように、表現が互いに大きく異なる三つの体系 —— 初期アーリヤ、古代ギリシャ、そして現代キリスト教体系の中から無作為に幾つかの〈太陽神方〉と竜達を抽出するならば、これらがお互いに模倣であることが判明するだろう。

　ヒンドゥから火の神アグニ、天空のインドラ神、そしてカールティケーヤ Karttikeya、ギリシャからアポロ、そして「〈太陽〉の〈天使〉」で、グノーシス派の人々に「救い主」と呼ばれたイーオン達の中で第1の者である**ミカエル**を取り上げて —— 順に進めて見よう。

　(1) アグニ —— 火の神 —— はリグ・ベーダでヴァイシュワーナラ Vaiswanara と呼ばれている。現在のヴァイシュヴァナラ Vaisvanara はダーナヴァ —— 巨人デーモンの1人で(註32)、彼の娘達プローマ Puloma とカーラカ Kalaka は、カッシャパ(註33)との間で膨大な数のダーナヴァ達(3千万人)の母となり、**空中に浮かぶ**「**黄金都市**」**ヒランヤプラ** *Hiranyapura* に住む。それ故インドラは曲がりなりにもカッシャパの息子としてこれら2人の義理の息子となり、それ故カッシャパはこの意味で火の神アグニ、或いは〈太陽〉(カッシャパ-アディティア Aditya)と全く同一である。これと同じ仲間に属するのは、軍神スカンダ Skanda、或いはカールティケーヤ(〈戦争〉の神で、天文学的には六面の顔を持つ惑星である火星)、そしてターラカ Taraka を滅ぼすためにアグニに生まれた穢れなき青年(註34)クマーラで、またカッシャパとその息子ヒランヤークシャとの血縁で孫息子(註35)

(註32)　彼はこのように呼称され、**ヴァーユ・プラーナ**のダーナヴァ達の名簿一覧表に入れられているし、バガヴァット[至福者]・プラーナの〈解説者〉は彼をダヌ[人間]の息子と呼ぶが、その名はまた「〈人間〉の〈霊〉」をも意味する。

(註33)　カッシャパはブラフマーの〈息子〉と呼ばれ、そして創造の仕事の多くの部分が彼によるとされる〈自ら誕生する〉者である。彼は七聖仙リシの1人で、**顕教的には**、マリーチの息子、ブラフマーの息子だが、その一方でアタルヴァ[呪句]-ヴェーダは伝える、〈自ら誕生する〉カッシャパは〈時間 Time〉から生じた」と、そして**秘教的には** —— 〈時間〉と〈空間〉は〈一なる〉**不可知の**〈神〉の形体である。**アディティヤ**、インドラがカッシャパの息子の1人であるのと同じく、我々の創始者ヴァイヴァスヴァタもまたそうである。本文に与えられた事例として、彼はカッシャパ-アディティヤ、〈太陽〉、そして〈太陽-神〉で、**彼からあらゆる**「〈宇宙的な〉」デーモン達、〈竜達〉(ナーガ達)、〈蛇 Serpent〉、或いは〈蛇神達 Snake-gods〉、そして巨人族のダーナヴァ達、等は生まれている。上述の寓話の意味は純粋に天文学的、そして宇宙的だが、あらゆる神々の正体を明らかにするのに役立つだろう。

となるダーヴァナ・デーモンのターラカは、（ターラカの）ヨーギとしての禁欲生活が尋常ではなく、そのような敵対者の力に恐れをなす神々に畏敬の念を起こさせている。(註36)一方、〈天空〉の光り輝く神インドラは、ヴィリットラ Vritra（或いはアヒ Ahi）、〈蛇〉-デーモンを殺し —— その功績のためヴィリットラ-汗[ハーンはトルコ族王の尊称]han、「ヴィリットラの殺戮者」と呼ばれ、またブラフマーに反乱する他の神々対して、**デーヴァ**天軍（〈天使群〉、或いは神々）を指揮し、そのために**ジシュヌ** *Jishnu*、「〈天軍〉の指導者」の称号で呼ばれている。カールティケーヤも同じ称号を持つことが認められる。ターラカ、ダーナヴァを殺すことから、彼はターラカ-ジット Jit、即ち「ターラカの征服者」(註37)「クマラ・グハ *Guhu*」、即ち「神秘的な〈無垢の青年〉」、「シッダ-セーナ」 —— 即ち「シッダ達の指導者」、そしてシャクティッダラ Saktidhara —— 即ち〈槍の鞘〉となる。

(2) さて、ギリシャの太陽神アポロを取り上げ、彼に捧げられた神話物

(註34) あらゆるそのような物語は**顕教的な**原典と異なっている。マハーバーラタでは、カールティケーヤは、「六面の顔を持つ火星」で、ルドラ、或いはシヴァの息子であり、火に投げ入れられたシヴァの種子から**母親なしに**〈自ら誕生する〉者である。だが、カールティケーヤは一般的に**アグニブー** *Agnibhu*、「火から生まれた者」と呼ばれている。

(註35) ヒランヤークシャは、パーターラの**第5**地域の支配者、王で、〈蛇神〉の1人である。

(註36) **エロヒム**神もまた、アダムに対して〈善〉と〈悪〉の知識を与えることを恐れたし、それ故に、エデンの園から彼を追放する、或いは彼を**霊的に**殺害する、として描写されている。

(註37) 伝えられる物語は、（またカラバナ Karabhana とも呼ばれた）ターラカが、彼の人並み外れた〈ヨーガ-能力〉により、ヨーガ-ヴィッディヤ[知識] Vidya に関するあらゆる神の知識と彼に陰謀を企てる神々の隠された能力を手に入れた、というものである。ここに、我々は〈大天使達〉からなる「忠実な」〈万軍〉、或いは（未来の）**堕**〉天使達に対して陰謀を企てる下級の神々を見て取るし、エノクは「天界で行われた**秘密の事柄**」全てを世界に開示した大罪で彼等天使達を非難している。**神の密儀を覗き見て**、それ等を人間に教えたと云われた〈仲間〉の者等を〈主なる神〉に告発したのは、ミカエル、ガブリエル、ラファエル、スルガル、そしてウリエルで、これによって彼等自身がある種の罰を免れたことを意味する。ミカエルは〈竜〉との戦いに任命され、同じくカールティケーヤも、しかも同じ境遇である。両者とも、「〈天の万軍〉の指導者」、〈無垢な者〉、「〈聖人達〉の導き手」、〈槍の鞘〉（シャクティダラ Saktidhara）、等々である。カールティケーヤは、間違いなくインドラがカールティケーヤの原型であるのと同様に、ミカエルと聖ジョージの起源である。

語を比較することによって、彼が、インドラ、カールティケーヤ、そしてカッシャパーアディティア、及び〈神〉の「ような」、そして「〈神〉と同一」である（エホバの〈天使〉の姿として）「太陽天使」ミカエルの両方と合致しないのかどうかを見てみよう。後者の一神教的な目論見による巧妙な解釈は、それ等が疑問の余地なく〈教会〉の幾つかの教義の中ではあるけれども、高く掲げられたが、恐らく人間の威厳と能力の悪用以外は、何も明らかにしていない。

　アポロは**ヘリオス**（〈太陽〉）、黄金の翼を備えた聖杯（太陽）から立ち上がるホイボス-アポロ（生命と〈世界〉の光(註38)）で、それ故とりわけ抜きんでた *par excellence* 太陽神である。誕生すると同時に、彼は、自分の誕生の前に母を襲ったピュトン(註39)、〈悪魔の竜デーモンドラゴン〉を殺すために自分の弓を求め、そして厳かに彼らを滅ぼす神命を下されている ── **神聖且つ賢明過ぎるデーモン**、ターラカを殺す目的で生まれたカールティケーヤのように。アポロは**アステリア** *Asteria* ──「黄金の星の島」、「空中に浮かぶ大地」で、ヒンドゥの黄金の**ヒランヤプラ**、と呼ばれる星の島の一つに生まれているし、「彼は、清純なる者、アグノスἁγνός、アグヌス神 *Agnus Dei*（ケニーリ医師が考察するように、インドのアグニ）と呼ばれ、初期の神話に於いては、「いかなる官能的な愛から」も遠ざかっている（『神の書』、88 頁）。彼は、それ故、カールティケーヤのように、そしてインドラがその初期の人生と伝記でそうであったように、**クマーラ**の１人である。ピュトン、さらに「赤い〈竜〉」は、ピュトンがアポロの母親を襲ったように、子供を産んだ女を襲おうとする〈黙示録の龍〉と闘っている（ヨハネの黙示録 12 章を参照）ミカエルをアポロに結びつけている。いったい誰がその同一性を見落とし得ようか？　ギリシャの学問とホメロスの寓話物語の真髄を理解することを自負するW・E・グラッドストーン閣下が、**イーリアス**[トロイ戦争の叙事詩]と**オデュッセイ**[トロイの木馬で有名なオデュセウスがトロイ戦争後に帰郷する際の冒険叙事詩]に関する**秘教的な**意味

（註38）　物質的な**肉体**の世界の「生命と光」は、諸々の感覚の喜びで ── 魂の喜びではない。アポロは、**人間**の神、即ち感情的で、華麗さを愛し、そして光と音楽を伴う芝居がかった〈教会〉の典礼主義的な神より、遙かに優れている。
（註39）　ヨハネの黙示録、12 章を参照すれば、そこに我々はアポロの母親が既述の赤い龍、ピュトンによって苦しめられたこと見つけるが、ピュトンは、また**ポリピュリオン** *Porphirion*[ギリシャ神話の巨人の一人で、頭は人間で体は大蛇。神々に戦いを挑みゼウスとヘラクレスに退治された]、緋色、或いは赤い色のティターンでもある。

を実際にうすうす感じることがこれまであったならば、聖ヨハネの『黙示録』、そしてモーセの五書[旧約聖書の冒頭からの創世記、出エジプト記、レビ記、民数記、申命記のこと]についてさえも、今以上により深く理解していたであろうに。というのも、聖書への道は、ヘルメス、ベル、そしてホメロスへと通じているからで、それはこれらへの道がヒンドゥとカルディアの宗教的な象徴と通じているのと同様である。

　バビロニアの物語は、その起源がアーリヤ人の寓話物語にあるけれども、この古代の伝承の繰り返しは、聖ヨハネの黙示録12章に認められるし、微塵の疑いもなくバビロニアの諸伝説から来ている。故ジョージ・スミス氏によって解読された断篇(『カルディアの創世記物語』、304頁参照)は、ヨハネの黙示録アポカリプス Apocalypse 12章の源泉を開示するに十分である。以下は著名な〈アッシリア学者〉によって述べられたそのままである。

　「我々の ……… 断篇はアダムと呼ばれた人間の創造に言及していて、聖書の(人間の)ように、彼は完璧に造られている ……… だが、その後に〈深淵〉の竜、ティアマト Tiamat[アッカドの女神、アプセの妻、そして神々の母]の獣、〈混沌〉たる〈聖霊〉と結集して、そして彼を呪う神々に叛き、頭上にあらゆる悪徳と〈人間性〉の混乱を呼び下ろしている」。(註40)

　「この後に竜と悪徳の諸勢力との間で、或いは一方を混沌、そして他方を神々とする戦いが続くことになる」。

　「その神々は彼らのために鋳造された武具を持ち(註41)、そしてメロダクMerodach(黙示録の大天使ミカエル)は竜達に対峙する天の万軍を統率することを引き受けている。霊について記述するその戦いは、勿論、〈善〉なる本質の勝利に終わっている。………」。(註42)

(註40)　不完全に創造したことを理由に、自身の創造力による(と推定される)御業の産物を**呪う**「神」は、たとえベル、或いはエホバと呼ばれようとも、一なる無窮の究極的な叡智では有り得ない。

(註41)　インドの寓話物語、神々とソーマ(〈植物〉の〈王〉である月)を頭領とするアスラ群との戦い**ターラカマーヤ** *Tarakamaya* の中で、ヴァルカン Vulcan[火と鍛冶の神](トゥバル-カイン Tubal-Kain)のように、彼等にその武具を鍛造するのは神々の中の工匠ヴィシュワーカルマ Viswa-Karma である。

(註42)　我々は、黙示録(12章)の「子を孕んだ女」が大いなる母アイメ Aime、或いは「その名前がエホバと呼ばれる」第3セフィロトのビナーであると別のところでも語ってきたし、そして女の産んだ子供(〈世界〉)を貪り喰らおうとする「〈竜〉」は、究極的な〈叡智〉の〈竜〉であり ── かの〈叡智〉は、〈宇宙〉の不可分性と〈究極的〉な《全体》から生じたその中にあらゆるものを認識し、その中に

〈深淵〉の諸勢力と神々とのこの戦いは、その最後の、そして地上への描写として、〈第5人種〉黎明期のアーリヤ人アデプト方とアトランティスの〈魔法使い達〉、〈深淵〉のデーモン達、海洋に囲まれ〈大洪水〉で滅亡した〈島民達〉との間の戦いにもまた言及している。(『ベールをとったイシス』、[老松克博訳　竜王文庫 2015 年刊]、第 1 巻　科学　下の最終 15 章 768 頁、「アトランティスとその民族」を参照)
　竜達の象徴と「〈天〉に於ける〈戦い〉」は、既に述べたように、一つ以上の意味を持ち、宗教的、天文学的、そして地質学的出来事が一つのありふれた寓話物語に含まれている。だが、〈宇宙論的な〉意味をもまた持っている。インドでは、〈竜〉の物語は、インドラと**ヴィリットラ**の数々の闘争という物語の形式の一つに繰り返されている。諸々のヴェーダでは、このアヒ-ヴィリットラ Ahi-Vritra は〈旱魃〉のデーモン、恐ろしい熱〈風〉として語られている。インドラは彼と常に戦っていると描写され、そして彼の雷電と稲妻の助けで神は〈地上〉に雨を激しく降らすことによってアヒ-ヴィリットラを打ち負かし、そしてその後に彼を殺害している。それ故インドラは、ミカエルが〈征服者〉、「〈竜〉の〈殺害者〉」と呼ばれるように、**ヴィリットラ-ハーン**[汗(ハン)]*Vritra-Han*、即ち「ヴィリットラの殺害者」と呼ばれている。これらの〈敵対者達〉は、両者ともに、この意味では、後に地球の奈落に投げ込まれた「〈太古の竜〉」となる。

　人がヴェンディダード[ゾロアスター教の聖典集アヴェスタの一部、悪魔払いの定式呪句の書]を読む時、ゼンド-アヴェスタのアムシャスペンド達は、彼らの上に聖ミカエルのような 1 人の統率者を戴く〈万軍〉の一つで、〈天〉の軍勢と同一であるように見える。それゆえ 19 ファルガルド Fargard [ヴェンディダードの章]、2 節 13(42) で、ツァラトストラは、アフラ・マヅダに「地球の七つの**カルシュヴァル** *Karshvares*(註43)[地球連鎖の 7 天体]

大いなる〈幻影〉、**マハーマーヤ**、それ故、悲惨と苦しみの原因にすぎないことを洞察する。

(註 43)　「〈地球〉の〈7 天体カルシュヴァル〉」は —— 我々の惑星連鎖の七つの天体、七つの世界で —— リグ-ヴェーダでもまた触れられ —— 他の処でも詳細に言及されている。六つの天界**ラジャムシ** *rájamsi* (世界)は、**プリティヴィー** *prithivi* —— 地球、或いは「これ this」(idám[未顕現の「それ that」に相対する顕現世界こと])の上の世界に、(三つの異なった物質界、アストラル界、メンタル界の各階層に二つづつ存在する合わせて六つの天体で)**相対して存在する**それ that と向かい合っている。(リグ-ヴェーダ、*I.*, 34; *III.*, 56; *VII.*, 10411, *and V.*, 60, 6. 参照。年代記についての章も参照のこと。)

を支配するアメシャ・スペンタ Amesha Spenta[至高神である善神アフラマズダの側近を務める6人、或いは7人の天使]を召喚する」ように告げられているし、カルシュヴァルは、それ等七つの祈願呪文の中で、その意味が物質的な地球の上の世界、或いは単純に恒星的な世界に適用出来るかどうかに従って、我々の惑星連鎖をなす七つの天球、七つの惑星、七つの天国、等に等しく言及している。同じ[19]章ファルガルド(2節と3節)で、アングラ・マンユ Angra Mainyu[アーリマンで、善と光明の神スペンタ・マンユと戦う悪と暗黒の邪神]と彼の〈軍勢〉に対する祈りで、ツァラトストラはこれらの世界で、「吾は7人の輝く**スラヴァ Sravah** とその息子達、そしてその羊の群れに祈願する」と彼らに訴えている。(ヴェンディダード・サーダ Vendid. Sâdâh、42節)その「スラヴァ」は ── 〈東洋学者達〉が「意味不明の言葉」の一つとして匙を投げた言葉で ── アムシャスペンド方と同じことを意味するが、それは彼らの最高の秘教科学的な意味に於いてである。「スラヴァ」は現象的なアムシャスペンド方、魂達、或いはそれ等の**顕現した**〈諸勢力〉の霊達、それ自体であるし、そして「彼らの息子と彼らの羊の群れ」は、惑星天使群や彼らの恒星的な星団や諸々の星座と関係している。「アムシャスペンド」は地球上の結びつきと出来事にのみ用いられる顕教的な用語である。ツァラトストラは、アフラ・マツダに常に「御身は、**物質**世界の作り手」と呼びかけている。オルマツド Ormazd は我々地球(スペンタ・アルマイティ Spenta Armaiti[7人のアムシャスペンタの御一方])の父祖で、そして彼女スペンタ・アルマイティは、聖霊を象徴し神秘に満ちた魔法の杖カレスマ Caresma がその枝から作られたと云う(秘教科学と霊的な知識と叡智の)〈木〉の製作者「アフラ・マツダの美しい娘」(19章ファルガルド2節)として、化身した際には、言及されている。しかし光明〈神〉の隠された御名は寺院の外では決して唱えられることはなかった。

　サムエル、或いはサタンは、創世記の誘惑する〈蛇〉、そして反乱を起こした初期の天使群の1人で、その名を「〈赤い竜〉」という。彼は〈死〉の〈天使〉で、タルムード Talmud[ユダヤの律法と註解集大成本]は、「〈死〉の〈天使〉とサタンは同一で」、そしてミカエルによって殺され、同じく〈竜の殺戮者〉である聖ジョージによって再度殺されている、と伝えているが、この物語の異話と見るべきである。サムエルは、砂漠の熱風**シムーム Simoom**、また更にヴィリットラとして、ヴェーダの早魃のデーモンと同一で、「**シムーン Simoon** はアタブートス Atabutos[南東から吹く熱風]と呼ばれている」、或いは ── **ディアボロス Diabolos**[偽りの告発者と呼ばれ、普通デーモン達の頭領を意味する]、悪魔デヴィルと。

ティフォン、或いは〈竜〉アポーフィス Aphophis ──『死者の書』の中の〈告発者〉── は、彼の敵対者の頭を槍で突き刺すホルス[エジプトの太陽神]によって打ち負かされているし、ティフォンは全てを破壊する砂漠の風、万物を混乱に陥れる手に負えない自然力でもある。**セト Set** については ── 彼は夜の闇で、昼の光、そして太陽でもあるオシリスの殺害者でもある。考古学は、エジプトの記念碑に見つけられたミカエルや聖ジョージのように、胴鎧を身に着け槍を手にするアヌビス Anubis の彫像から、ホルスがアヌビスと同一であると説明する。(註44)アヌビスは、また蛇の頭と尾を持つ竜を殺害するとして描写されている。(レノール Lenoir の『メス Metz [フランス北東部モッシェル県の県庁所在地]地方の竜』を参照)

　宇宙発生論的には、更に、〈殺戮者達〉によって征服された全ての〈竜〉と〈蛇〉は、元々、〈混沌〉の中で荒れ狂う混乱した本質であり、〈太陽神方〉或いは**創造的な**諸勢力によって秩序をもたらされている。『死者の書』の中で、それ等の本質は「〈反乱〉する〈息子達〉」と呼ばれている。(『エジプトの万神殿』、20、23頁もまた参照のこと)「そんな夜の闇の中で、圧制者、オシリスの殺害者、他には**惑わす**〈蛇〉とも呼ばれた者は(54節) ……… 〈天空 Air〉に〈反乱〉の〈息子達〉を呼び寄せ、彼らが〈天国〉の〈東〉に着いた時、更に〈天国〉に、そして〈世界〉全体に戦いが起こる」(49節、『死者の書』、17章)。

　スカンジナビアの**エッダ Eddas** [古代北欧のゲルマン神話及び英雄伝説の歌謡集からなる古エッダと、そして13世紀のアイスランドの詩人スノリ・ストルソンによる詩学入門書エッダである散文エッダ]で、ヒリムトゥース Hrimthurses (森の巨人族)とアーセ神族 Ases [オーディン、トール、チェール等の神々が属するヴァンル神族と並ぶ二大神族の一つ]の戦い、更にヨートン神族 Jotuns、即ち〈蛇〉と〈竜〉と「〈闇〉」から現れた「狼」、とアサトール Asathor [北欧神話の最高神オーディンとその娘にして妻であるヨルズの怪力無双を誇った最初の息子]の戦い ── は、同じ神話の繰り返しである。その「邪悪な〈霊達〉」(註45)は、単純な〈混沌〉の象徴に始まり、この地球の最も文明化し博学な人種達の中で最終的に市民権を得るまで ── 主張されているように**その創造以来** ── そしてキリスト教によって一つの教義

(註44)『死者の書』、17章62節によれば、盲目のアヌビスに溶け込んだのはホルスである。

(註45) これらの「邪悪な〈霊達〉」は、サタン或いは〈偉大な竜〉と決して同一だと言うことは出来ない。彼等は、無知 ── 即ち〈宇宙的〉、そして人間的な情欲 ── 或いは〈混沌〉から創出され、或いは産み出された〈元素霊達〉である。

となる時まで、大衆の迷信によって神話史実説[エウヘロメス説]に基づいて解釈されることとなった。それについてはジョージ・スミスが、「邪悪な諸本質(〈霊達〉)は〈混沌〉の象徴であり」(エジプトと同様に、カルディアとアッシリアにも我々は認めている)……「この変更に抗議し、ベルの長兄である〈月〉の上で、彼らの陣営に〈太陽〉、ビーナス[金星]、そして大気の神ブル Vul を引き入れて戦争を起こした」と主張しているようにである。(『アッシリアの発掘遺物』、403 頁)この物語は、月、即ちソーマと神々 ── 大気の神ブルであるインドラとの間で起こったヒンドゥの「〈天界〉の〈戦い〉」にまつわる異話の一つに過ぎないし、それが明らかに、〈密儀〉で教えられたように、初期の神学に組み込まれ、神学から引き出された〈宇宙発生的〉な、そして天文学的な寓話物語の両方を兼ね備えていることを示している。

　グノーシス派の宗教的な教えの中にこそ、〈竜〉、〈蛇〉、〈山羊 the Goat〉、そして今では〈悪〉と呼ばれるこれら全ての象徴の持つ本当の意味が最も良く認められ、**彼らの教えの中で《アイン-ソフ》に対するユダヤ的な〈身代わりとなる〉秘教的な性質を暴露したのが彼らである**ことから、その本当の意味について、ラビ達がそれを封印する一方で、キリスト教徒はごく少数の者を除いて、何も知らなかった。確かに、仮にも蛇が〈悪〉人の象徴の一つであったとしたならば、ナザレのイエスは彼の十二使徒に彼ら自身が蛇のように**賢く**あれとは助言出来なかったであろうし、彼だけでなく、博学なエジプト・グノーシス派の「〈聖蛇〉の〈同胞団〉the Brotherhood of the Serpent」の人々であるオフィス派 Ophites[蛇信奉者]もまた、彼らの儀式に於いて、《**叡智**》の象徴、神の〈**知性**〉(そして完全な悪ではなく、完全な善の一つの形態)として生きている蛇を崇拝したり、爬虫類とサタンを非常に密接に結びつけることなど行わなかったであろう。事実、一般的な蛇崇拝者 ophidian としてさえ、それは絶えず二重の象徴であり続けてきたし、そして〈竜〉として、それはその偉大な〈叡智〉の中に顕現した〈神〉の象徴以外には決して有り得なかった。**飛ぶ姿の竜座**、初期の画家による飛翔する〈竜〉は、実在し絶滅した大洪水以前の動物の誇張された絵画かも知れないが、〈秘教科学〉の教えを信頼する者等は、古い時代には飛翔する〈竜〉、或いは翼竜プテロダクティルの王としてそのような生物が存在したし、そしてそれが、モーセの熾天使セラフィ Seraph[最高位の天使]と彼の高貴な〈青銅の蛇〉(註46)に対する原型として扱われたそれ等巨大な有翼トカゲであると信じている。ユダヤ人達は彼ら自身の**偶像**として青銅の蛇を崇拝し

ていたが、ヒゼキア王［紀元前 7-8 世紀のユダヤ王］Hezekiah によって成し遂げられた宗教再興の後には、改革を行って、あらゆる他国の偉大な、或いは〈より神格の高い神〉のそれら象徴 —— 悪魔デヴィル、そして彼ら特有の簒奪者［蛇、サタン］—— を「〈一なる神〉」と、呼んでいた。(註47)

　サタン Sa'tan という命名は、ヘブル語の**サタン sàtàn** については、「敵対者」(敵意を持つ、人を迫害することを意味するシャターナ shatana という語からの由来)で、最初の、そして最も無慈悲で、「**あらゆる他の神々の敵対者**」—— 即ちエホバに当然のことながら相応しいが、叡智と思いやりの言葉だけを語り、そして教義に於いてさえも、最も悪い「人間の敵対者」である〈蛇〉に対するものではない。この教義は、**創世記第 3 章**の記述そのものに基づいていて、それが矛盾しているのと同様に合理性と公平さを欠いている。というのも、男性の元々の、そして後の普遍的な誘惑者 —— 女性を創造した最初の者は一体誰なのか？　確かに〈蛇〉ではなく、「〈主なる神〉」御自身で ——「男が 1 人でいることは良くない」と —— 宣い、女を創り、「男のもとに遣わした」(18-22 節)。それに続いて起こった不快で些細な出来事が「原罪」として見なされて**いた**し、いまだに見なされているならば、必然的にそれは〈造物主〉が持つ神の予見力が実際は弱々しい光であることをさらけ出している。「男と女」の二人よりも、「独り」のままでいる方が、(第 1 章の)最初のアダムにとって遙かに良いことであっただろうに。あらゆる厄介者、「**神の密偵者**」、そして〈蛇〉—— **アザゼル Azaœel**［昔ユダヤで贖罪の日に全国民の罪を負わせて放たれたヤギ］の原型に過ぎない者、「イスラエルの（〈神〉の)罪を贖う生贄の羊」、彼らの〈大師〉や〈造

(註46)　民数記 21 章 8-9 節を参照のこと。神は、モーセに青銅の〈蛇〉「サラフィ」を造り、**火の蛇**に咬まれた人々を癒す**それを仰ぎ見る**ように命じている。後者火の蛇はセラピム Seraphim で、彼等のそれぞれはイザヤ書 (6 章 2 節) が描写するように「**六つの翼を持ち**」、彼等は、エホバと自身から 6 人の息子或いは自らにそっくりな者を産み出すあらゆる他の造物主デミウルゴ ——〈創造主〉と合計で 7 人を、象徴する。前述のように、〈青銅の蛇〉は、「火の蛇達」の首長エホバ**である**。しかも、列王紀の下 18 章で、ヒゼキア王は、彼の先祖ダビデのように、「主の目に正しきことを行って」——「モーセが造った青銅の蛇を粉々に砕き ……… そしてそれをネフシュタン Nehushtan と呼んだ」、或いは真鍮の破片と。

(註47)　そしてサタンはイスラエルに敵対して立ち上がり、ダビデをしてイスラエルの民を数えさせた(歴代誌、上 21 章 1 節)。「主エホバの怒りはイスラエルに対し燃えさかり」、そしてダビデに「行って、イスラエルの民を数えよ」と命じていた(サムエル記、下 24 章 1 節)。二つは従って同じものである。

物主〉の大失敗に対する罰を償うべき哀れな綬鶏トゥラゴス*Tragos*[キジ科に属する鳥で雄は頭部及び喉に肉垂を持つ]、それ等の本当の原因をもたらしたのは、明らかに、「〈主なる神〉」である。これは、勿論、**創世記**に於いて人類黎明期の劇的事件を空文の意味のままで受け入れる者等だけに向けて語られている。それ等を秘教的に読み取る者等は、空想じみた考察と仮説を割り引かないし、そこに含まれる象徴体系の読み方を**彼らは知っており、読み誤る事がない**。

　その抽象的な意味に於いて、エホバという御名の不可解で多様な意味に今のところ触れる必要は無いが、その一つは〈神〉と関係なく**誤って**エホバという名で呼ばれたことである。それが、ラビ達によって意図的に造られた日よけ、及び彼らによって何重にも手厚く護られた秘密の一つとなったのは、キリスト教徒達がラビ達独特の財産であったこの〈神の御名〉を彼らから奪い取った後のことである。(註48) だが、次の陳述がなされている。**創世記**の最初の4章で、「〈神〉」、「〈主なる神〉」、そして単に「〈主〉」など様々に呼ばれた登場人物は、1人の同じ人物ではないし、確かにそれは**エホバ**ではない。カバラでセフィロトと呼ばれたエロヒムの三つの異なる階位、或いは集団が存在し、エホバは第4章にのみ顕れて、その最初の節でカインと名付けられ、そして最後には**人間**――男と女、即ちヤーヴェ *Jah-veh* に変化した。(註49) 〈蛇〉は、なおさらのことサタンではなく、輝く〈天使〉、光輝と栄光を身に纏うエロヒムの1人で、もし禁断の果実を食べるならば、「**汝等はきっと不死となるだろう**」と女に約束して、その約束を守り、そして男をその**清廉潔白な性質**に於いて不死とした。彼は密儀のイアオ *Iao*、即ち人間達を創造なされた〈男女両性を具有〉する創造主方の首長である。第3章は、「〈骨の無い〉」神々の姿に造られた〈天使的な人間〉の知覚を閉じ

（註48）　最も学究肌的な作家達の多くは、エホバ *J'hovah* の名が持つ多様な意味を（マソラ Masorah[7?-10世紀にかけて活躍した聖書学者（マソラ学者）達による旧約聖書ヘブライ語校訂本で、発音及び文法に関して旧約聖書注解の権威ある手引きとして伝統的に受け入れられてきた。]学者の指摘の有る無しで）完全に選り分けして、彼等の多方面にわたる作品で示してきた。そのような作品の中で最良のものは、『寸法の起源、ヘブライのエジプト的な神秘』である。
（註49）　前述の作品［寸法の起源］（233頁、〈補遺〉）において、創世記第4章26節は、「この時人々は自身を**エホバ** *Jehovah* と呼び始めた」と正確に翻訳されているが、恐らく、前述の言葉エホバが**ヤ** *Jah*（**男**）ホヴァ *Hovah*（女）と記されるべきであるように、その時代から明らかに人種に於いて男性と女性が分離し始めたことを示すための正確な説明に欠けていた。

た無知のベールを取り除いて、人間の真の天性に対する彼の意識を目ざますことを(秘教的に)含み、そして〈不死〉の授与者の1人であることを考慮して、「〈啓蒙者〉」としての輝く〈天使〉(ルシファー)を描写しているが、一方で生殖と物質への実際の〈堕落〉は第4章に見いだされることとなる。そこでは、エホバーカインは、**二重の性質を持つ**人間アダムの男性的な面で、彼自身をエヴァから分離して、彼女が産んだ「アベル[秘教的に長男カインは男性を、次男アベルは女性となる]」により**初めての自然な女性**を創造し、(註50)そしてその**〈乙女[アベル]〉を血**に染めている。さてカインは、元々のヘブライ語の原典で、(創世記4章)1節の正確な解釈をする権威筋によれば、エホバと同一であると示めされ、そしてラビ達は、「キン Kin(カイン)が、〈邪悪〉な者で、サムウエル即ちアダムを引き継いだ悪魔デヴィルとイヴとの〈息子〉であった」と説き、さらにタルムードは、「邪悪な〈霊〉サタンと〈死〉の天使サムエルは同一で」──(バッバ・バットラ[個人の財産に対する不法行為と傷害の分類で、タルムードの中の三つの論法の第3のもので]*Babba Battra*, 16a) ── エホバ(**人類**、或いは「ヤ－ホヴァ」)とサタン(従って誘惑する〈蛇〉)が、あらゆる細部に於いて一致し、同一のものであることは容易に理解されると補っている。**人間意外に、悪魔デヴィルを生み出しうる、如何なる〈悪魔〉も〈悪〉も存在し得ない**。悪は人間の内部に必要なもので、そして顕現した宇宙を支える者達の1人である。夜が〈日中〉を、そして〈死〉が〈生命〉を生み出すために必要なものであるように、悪は発展と進化のために必要なものである ── **そのような[悪を持つ]人間は永遠に生きるかも知れない**。

サタンは形而上的には単に自然に於ける万物の**反対極、或いは対立極**を象徴する。(註51)彼は、「悪魔」、寓話的には「殺人者」、そして**万物の偉大な〈敵〉**である、何故なら全世界に於いて二つの面 ── 同じメダルで裏面を持たないものは存在しない。だがそういうことなら、光、善、美などは、デヴィルと同じように大いに礼儀正しきサタンと呼ばれるかも知れず、そ

(註50)　同じ作品[寸法の起源]の補遺7の素晴らしき解説の頁を参照のこと。
(註51)　作品『悪魔学』では、サタンは〈地獄 Hell〉の反抗勢力の指導者で、その独裁的魔王がベルゼブブ Beelzebubu であった。彼は、デーモンの第5区分、或いは階級(これについて中世の悪魔学によれば9階級である)に所属し、そして魔女と魔法使いの頭領である。だが、原本で、バホメット Baphomet、頭部が山羊のサタン、アザジエルと同一の者、イスラエルの生贄の羊、の本当の意味を確かめること。自然は《パン *PAN*》神[ギリシャ神話の森、野原、牧羊の神で、下肢は山羊、上半身は人間で、時に山羊の角や耳を持つ者]である。

の後、彼らは闇、悪、醜さの**敵**となる。そして今では、ある草創期キリスト教諸宗派の数々の哲学及び**根本教義**は ── 異端と呼ばれ、幾多の時代で禁忌と見なされたが ── より理解が深まるだろう。彼らがその教義を秘密にして以来、我々は、《**サタン崇拝者**》の宗派が貶められ、そしていつの日にか弁明をする望みも全く無く破門されるに、如何にして至ったかを理解するだろう。同じ原理で、《**カイン信奉者**》と同じく《**イスカリオテ人**》(十二使徒のユダ Judas)が如何に誹謗されたのか、その二心ある十二使徒の真の人物像は〈人間性〉を裁く法廷の前には決して正しく示されていない。

　直接的な結果として、グノーシス派の諸々の教義もまた明確になる。これら諸宗派のそれぞれは1人の〈イニシエイト〉によって創始されたが、一方ではそれらの教義はあらゆる民族の象徴体系の正しい知識に基づいていた。前述のように、何故、イルダ-バオス Ilda-Baoth が、彼らの大半にモーセの神として畏敬され、そして**最高**〈神〉の地位を強奪することに彼の力を誤用した、高慢で、野心的で、そして穢れた霊として見なされたのかが、理解出来るようになるが、けれども彼は**自身の同胞のエロヒム**以上に善ではなく、幾つかの面では遙かに悪であったし、また後者のエロヒムは、彼らが現象世界を創造するために最初の〈宇宙的〉な原物質の調整者となって以来、彼らの集団の中にのみ全面的に顕現した神を表わしている。それゆえ、エホバはグノーシス主義者によって〈蛇〉、サタン、或いは《**悪エヴィル**》の〈創造主〉で、そして〈蛇の形態オフィオモルフォス Ophiomorphos〉を持つ者、と呼ばれた。(ベールをとったイシス、第2巻184頁[英語原書の頁数]を参照)。彼らは、「イウルボ Iurbo とアドニがイルダ-バオスの放射物の一つであるイアオ-エホバ Jao-Jehovah の呼称」であったと教えた(ナザレの写本 Codex Nazaræos)。(第II部、「堕天使」参照)これは、律法学者ラビ達が ──「カインはサマエル、或いはサタンによって生み出された」と述べることで、よりぶ厚いベールに包んで表現したことを、結局彼らグノーシス派の言葉で言い換えたも同然であった。

　堕〈天使達〉は、**堕落した人間達の** ── 寓話的で、そして**それ等の人間達自身の** ── 秘教的な、原型としてあらゆる太古の体系に於いて形成された。そのように創造の誉れ高いエロヒムは、「ベン-エロヒム」、即ち〈神〉の息子達となり、その中の一人がサタンである ── セム族の伝承では、天界に於けるスラエータオナ Thraetaona と〈蛇〉の殲滅者アジ-ダハーカ Azhi-dahaka の戦いは、バーノウフ Burnouf によれば、地にては敬虔な人々と〈悪〉の勢力、「イラン人とインドのアーリヤ人バラモン僧」との戦い、で終わりとなる。そして**アスラ**と神々の争いは〈大戦争〉── マハーバーラ

タで、繰り返されている。全ての中で最も新しい宗教、キリスト教に於いて、全ての〈戦士達〉、神々とデーモン達、敵対者達は、その両陣営の中で、単に化身した《悪エヴィル》を創世記の〈蛇〉と結びつけ、そしてそのようなその新しい教義の意味を立証するために、今では〈竜達〉や〈サタン達〉に姿を変えられている。(註52)

ノアはカベイリの一人であって、
　　　　それ故、彼は悪魔デーモンの一人であらねばならぬ。

それが、イシスであろうとケレス［農耕の女神］Ceres ── 即ち「女神のカベイリア Kabiria」 ── 或いはまた、人間達に農業を教えたカベイリ Kabiri であろうと全く問題ではないが、狂信者達が歴史と伝説に於けるあらゆる事実を独占し、1人の人間についての真実と歴史、そして伝説にまつわる彼らによる虚偽の考案を阻止することは重要である。ノアは、他の者等と共に一つの**神話**であるだけでなく、その伝説が、サモトラケ島［エーゲ海の島で農耕神カベイリ祭祀の中心地］で教えられたように、カベイリ崇拝者、或いはティターン的な伝承の上に創作された人物であり、彼は、そのため、ユダヤ教徒やキリスト教徒のどちらによっても彼らの占有であるとの主張は一切無い。ファベルがそのように多大な学究と調査を費やして説明しようと試みたように、仮にもノアがアトランティス人且つティターンであり、そして彼の家族がカベイリ、或いは敬虔なティターン等であるならば ── その時、聖書的な年代記は、それ自身の重さとそれと一致するあらゆる父祖達 ── 大洪水以前の人々と先史アトランティス人であるティターン達、によって崩壊する。現在では発見され明らかにされているように、**カイン**は**力**と**生殖**の、そして初めて（性的な）**血**を流した神マルスである。(註53) トバル–カイン［鍛冶・金属精錬及び加工の祖］Tubal-Cain はカ

(註52)　この第2巻の第II部、〈象徴体系〉についての、サタン神話に関するより詳しい記述を**参照**。
(註53)　同様に彼はまたヴァルカン Vulcan、或いはヴァル–カイン Vul-caine で、後期エジプトの最高神、そして最も偉大なカベイリ Kabir でもある。時の神はエジプトでは**クヌム** Chium、或いはサタン、或いはセツであったし、クヌムはカインと同一である。

ベイリ且つ「真鍮と鉄に関するあらゆる職人の師匠の１人」で、また ―― こちらの方がより意に添うならばだが ―― 彼はヘーパイストス［ギリシャの火・鍛冶・手工芸の神］、或いはヴァルカン［火山の神］と同一で、ヤバル Jabal［旧約聖書のラメクの息子で遊牧民の祖］は、カベイリ ――「牛を飼うような」農業の指導者に由来するし、ユバル Yubal［旧約聖書のラメクの次男で音楽家・楽器製作者の祖］は、「竪琴ハープを奏でる者等全ての祖」であり、［父ウラノスの王位を奪ったが、息子ゼウスにその王位から退位させられた］クロノスのために**竪琴**を、海神ポセイドンのために三叉の矛を制作したのは彼、或いは彼らである。(註54)

　謎に満ちたテルキネス Telchines［ロードス島に住む災いをもたらす怪物、魔法使い、職人の一群］についての来歴、或いは「寓話」は ―― 我々の秘教的な教えにまつわる太古の出来事それぞれの木霊で ―― **カイン**の系図の起源を解く鍵を我々に提供しているし(**創世記第3章**)、またそれ等は、ローマカトリック教会が、何故カインとハムの「呪われた血」を〈魔術〉と同一視するのか、そして何故それに〈大洪水〉の責任があるとするのか、の理由を与えている。テルキネスではないのか ―― 今、議論中だが ―― ロードス島の謎に満ちた鉄職人で、神々の彫像を鋳造した最初の者で、神々に武器を、人間に魔術を提供したのは？　そして、**カインの子孫達 Cainites** がエホバの指示で滅ぼされたように、ゼウスの命令による大洪水で滅亡させられたのは彼らではないのか？

　テルキネスは単に別の姿のカベイリとティターンである。彼らはまたアトランティス人でもある。「レムノス島やサモトラケ島と同じように」、とデカルメは語り、「ロードス島は、テルキネスの生まれた場所で、火山によって形成された島の一つである」と続けている。(『火の守護神 Genii of Fire』、271 頁) ロードス島が突然海から出現したのは、それに先立って大洋によって深淵に呑み込まれた後のことだと、伝承は語る。(カベイリの)サモトラケ島のように、それは人間の記憶の中で〈洪水〉伝説と結びつけられている。この主題については十分述べてきたけれども、それでも今のところ言い残しがあるかも知れない。

　だが、我々は、同じ、或いは別の人物で、ほとんどあらゆる異教徒の〈神〉を代表するユダヤ人、ノアについてもう二言三言付け加えよう。ホメ

(註54)　彼等を一つ目の巨人キュクロプスと比較しているストラボン Strabo ［紀元前後に活躍したギリシャの地理学者・歴史家］の著書を参照 ―― 14 章 653 頁以降。(『カリマコスのデロス島賛歌 Callim in Del』、31 スタティウスの祝婚歌『シルヴァエ』Stat. Silo. IV., 6, 47; etc.,etc.)

ロスの叙事詩作品集は、詩的で、全てが恒星的、宇宙的、そして数字的な象徴や記号である〈族長達〉に関するあらゆる最新の寓話を含んでいる。二つの系図 —— セツとカインの系図(註55) —— を分離しようとする試みと、無駄なようだが、彼らが**実在の、歴史上の**人間であることを示そうとする更なる試みは、〈過去〉の歴史へのより真剣な探求へと、そして絶えず想像上の**啓示**を崩壊させる諸々の発見へとただ導いてきただけであった。例えば、ノアとメルキゼデク[サレムの王・祭司]の同一性は立証され、更にメルキゼデク、或いは父祖サディク Sadic とクロノス-サタンの同一性もまた明らかにされている。

　前述のことは容易に説明されるかも知れないが、如何なるキリスト教作家によってもそれは否定されていない。ブライアント(『古代神話の分析』、**第2巻760頁を参照**)は、シディク Sydic、或いはサディクが父祖ノア(また同様にメルキゼデク)であって、そして彼が呼ばれたノアという名前、或いはサディクが、**創世記6章9節**で彼に与えられた人物像、「彼は、ツァディクצדיק、即ち〈**正しき**〉人、そして彼の時代の完き人であった。あらゆる科学と個々の有益な工芸は彼に由来し、そして彼の息子を通じて子孫へ伝えられた」、に相応しいという者等全員と同意見である。(**英国学士院会員のアブラハム・リー** Aburaham Rees, F.R.S. 編、『**新百科事典**』参照)

　さて、カベイリがシディク、或いはゼディク(メルキゼデク)の〈息子〉で

(註55)　これ以上に不細工で子供じみたことは有り得ない、と我々が強く主張するのは、カインとセツの系図を分けようとする、或いは異なる綴りの名前の下で幾つかの呼称の同一性を隠蔽しようとする、この実りなき試みに対してである。既述のように、カインは〈息子〉《エノク》をもうけているし、セツもまた同じく〈息子〉《エノク》をである(エノス Enos、カノク Ch'anoch、アナク Hanoch —— これ等のように、ヘブライ人の母音のない名前を人が好き勝手に変えて呼ぶことができる)。カインの系図でエノクは《イラデ IRAD》をもうけ、イラデは《メホヤエル MEHUJAEL》を、その後者は《メトサエル MEHUSAEL》を、そしてメトサエルはレメク Lamech を、となる。セツの系図で、エノクはカイナン Cainan とこの中の一人《ヤラデ JARAD》(又はイラデ)を生んだ《マハリール MAHALEEL》(メホヤエルの変形の一つ)をもうけ、ヤラデはメトセラ Methuselah(メトサエルから)を産み出す《エノク》(〈数字〉の3)を、そして最後にレメクでその家系図を閉じている。さて、これら全ては、まさにあらゆる他の異教徒の象徴的な信条と同じく、太陽年[1年は365.242日]と太陰年[1ヶ月が29.5日で1年は354日]、天文学的周期、そして生理学的(陽根的)な機能の(〈カバラ的な〉)象徴である。これについては多くの作家達によって明らかにされてきた。

517

あることを世界に知らしめたのはサンコニアトンである。十分に正しいものであるこの情報は、エウセビウス(『福音の準備 Preparatio Evangelica』)を通じて我々に伝わって来たもので、彼がマネトの〈対照歴史年表〉を論じたと同様に、サンコニアトンの作品を論じたことがより一層ありそうなことから、ある程度の疑念を持たれるかも知れない。だが、シディク、クロノス、或いはサターン Saturn とノア及びメルキゼデクの同一性がエウセビウス派の宗教的な仮説に基づいていると仮定してみよう。それを、そのままのノアの個性に添った**正しき人**として、そして彼に瓜二つと思われている、サレムの〈王〉で、「彼の特別な序列」に従って、高位神の祭司である謎に満ちたメルキゼデクとして(『ヘブライの民 Hebrews』、5 章 6 節と 7 章 1 節以降を参照)、受け入れて、そして最後に、彼ら全てが霊的、天文学的、心霊的、そして宇宙的であることを認めるならば、彼らが**律法学者的に**、そして《**カバリスト的に**》いったい何者になるのかを今から見ていこう。

化身達としてのアダム、カイン、マルス等について話しながら、『寸法の起源』の著者が彼の〈カバラに関する〉諸々の探求に於いて、我々のまさに秘教的な教えを公言していることに我々は気づく。以下のように彼は述べている ──

「さてマルスは、**誕生と死**、**生成と破壊**、**農耕**、**建物**、**彫刻**或いは石の加工、〈**建築技術**〉………要するに、すべての………〈**工芸**〉の神である。彼は**原初的な本質**で、崩壊して**生産のために二つの正反対の物**へと形を変えている。そのうえ天文学的にも(註56)、彼は日と年の開始場所、即ちその**勢力が増し出す場所**、**牡羊座**に、そして同様にその死に場所、**蠍座**に位置した。彼は**ビーナスの宮とサソリの宮**を持っていた。彼

(註56) マルスのイオリア Æolian [風の神イオラス Aeolus の末裔を名乗る古代イオリア人が居住した小アジア北西部地域]における名称は**アレウス** Ἄρευς であり、ギリシャの**アレス** Ἄρης は語源学的な意味以上の名前で、その言語学者達とインド学者達、ギリシャ語とサンスクリット語の学者達は、今日まで無駄骨を折ってきた。とても奇妙なことだがマックス・ミューラーは、**マルス**と**アレス**両方の名前をサンスクリット語に語源を持つ**マル** mar と結びつけ、それ等の由来が何処からきたのかを辿り、そしてそれ等から、**マルト神群**(暴風雨の神々)の名前が派生している、と語る。ウェルカー Welcker は一方でより正確な語源の説明を提示している。(『ギリシャの神話学 Griech. Götterlehre』、第 I 巻、415 頁を参照。)たとえそうだとしても、語根と言葉の語源探求だけでは、有益な推測に役立つことはあるだろうが、その秘教的な意味を完全に伝えることは決してないであろう。

は、**生まれては善**となり、**死しては**〈悪〉となった。彼は、**善**としては**光**であったし、**悪**としては**夜**であった。彼は、**善**としては**男**であったし、**悪**としては**女**であった。彼は、極めて主要な位置を占め、そして**カイン**、或いは**ヴァルカン**(註57)、或いは〈**父祖なる**〉**サディク** *Pater Sadic*、或いは**メルキゼデク**として、**黄道**の、**均衡**の、或いは**調和の線**の主であったし、それゆえに、〈**正しき人**〉であった。古代人達は、そこに七つの惑星、或いは第8の者から成長する偉大な神々が存在することを保持し、そして〈**父祖なる**〉**サディク**、即ち〈**正義**〉、〈**正しき人**〉は、**母なる大地**である第8の者の主であった、と。(『寸法の起源』、186-7頁)

この事は、彼らが地位を降格させられ、その個性が確立した後の、かれらの役割を十分明らかにする。

　ノアの時代の〈**大洪水**〉は、その空文と聖書年代記の時代に述べられているように、決して実際の出来事ではなかったと示されてきたが、敬虔な者だが非常に恣意的なカンバーランド僧正の憶説は、ノアの洪水をその土地の作り話に追いやるだけである。実際、「カベイリには二つの異なる種族」があり、第1の種族はハムとミズライム Mizraim からなり、カンバーランド僧正は彼らをマナセ族 Mnaseas のジュピター及びデュオニュソスであると想像しているし、第2の種族は、「セムの子供達で、ソコニストン Sochoniston のカベイリであるが、一方では彼らの父祖シディクは結果として〈聖書〉のセム Shem にあたる」、と伝えられても、公平な観察者なら誰にとってもむしろ空想であるように思える。(『カベイリ達』の補遺、『異教徒の起源 *Orig. gent.*』の補遺 *ap.*、364、376頁と357頁後半の記述)

　カベイリ達は、「有能な者達」であり、我々の原初のディヤーニ-チョーハン、有形及び無形のピトリ達、原初種族のあらゆる支配者達及び指導者達と全く同一で、天の〈王朝〉の〈神々〉と〈諸王〉として言及されている。

(註57)　同じ著者は次の様に描写している。「まさにヴァルカイン Vulcain の名前は読む際に現れるが、ヴェルカイン V'elcain、或いはヴァルカインが認められるのは(創世記4章5節の)最初の言葉に於いてであり、音調を低くした *u* [ユゥ]は *vau* [ヴォウ]の文字の発音となることに従っている。その直接的な文意から外れても、それは、『**そして神カイン**』、或いはヴァルカインと読むのかもしれない。もし、それにも関わらず、カイン-ヴァルカインの考えを立証するために何かが求められるならば、としてヒュアースト Fuerst は、「קין [カイン]、カインが、**槍の鉄製の穂先**、**金属細工職人**(鍛冶屋)、鋭利な鉄器と鍛冶技術の発明家」であると語っている(278頁)。

極地と水没した諸大陸にまつわる最古のペルシャの諸伝承

　伝説的な言い伝えを、諸々の事実を判別がつかない程にたとえ結果的に改竄させたとしても、その事実をねじ曲げることは出来ない。一方ではエジプトとギリシャの諸伝承、そして他方ではペルシャ ── 絶えず前者と戦っていた国家 ── との伝承間には、単なる偶然に起因すると認めるには登場人物と数字に多くの類似点があり過ぎる。これについてはベイリーBailly によって巧くみに立証されている。あらゆる利用可能な原典からこれらの伝承を検証し、より優れた〈マギ術師〉にまつわる伝承をいわゆるギリシャ人の「寓話」と比較するために、ちょっと中断して考察して見よう。

　それらの諸伝説は、実に多くの作り話が世界の〈歴史〉の中でその伝承に認められるように、今では大衆的な伝奇物語やペルシャの民間伝承の中へと変遷している。アーサー王と彼の〈円卓騎士団〉の物語もまたどう見ても空想譚であるが、それ等は幾つかの事実に基づいていて、イングランドの〈歴史〉に関連している。何故、イランの民間伝承がアトランティスの歴史及び先史時代の出来事の眼目であってはならないのか？　前述の民間伝承は次の様に語る ──

　アダムの創造の前に二つの人種が暮らし、そして地上で7千年間統治したデヴィ族 Devs と彼らが存在した期間の内、僅か2千年間だけ統治したペリ族 Peris（イゼド達 Izeds）とが交互に勃興した。デヴィ族は巨人で、強く、そして不道徳で、ペリ族は体格はより小さいが、より賢明でより温和であったと。

　此処に我々は、アトランティスの巨人族とアーリヤ人を、或いはラーマーヤナのラークシャサ達とバーラタ・ヴァルシャ Bharata Varsha の子供達を、或いはインド人を、即ち聖書の大洪水以前と以後の者を読み取っている。

　ジィアーナ Gyan（正確にはジニャナ Gnan、真の、或いは秘教科学の〈叡智〉と知識）は、またジィアン-ベン-ジィアン Gian-B en-Gian（或いは〈叡智〉、〈叡智〉の息子）とも呼ばれ、ペリ族の王であった。(註58) 彼はアキレウス[不死身だがアキレス腱が唯一弱点のギリシャ戦士で、トロイ戦争の勇者]の

（註58）　一部の人々はペリス Peris という言葉の語源をパルス Pars、ペルシャ、ペルシ *Pars* を産み出したパラス *Paras* に由来するとするが、それは同様に、〈第5人種〉のヒンドゥの父祖達 ──〈叡智の父祖達〉、或いは「〈意思〉と〈ヨガ〉」の〈息子達〉── で、〈第1人種〉の神なるピタル達 Pitars と同じく、ピタルと呼ばれたピタル Pitar、ピトリ達 Pitris に由来するのかも知れない。

盾と同じくらいに有名な盾を持ち、戦争で敵に対して使用する代わりに唯一、それをデヴィ族の**魔法使い**の黒魔術に対する防御としてのみ役立てた。ジィアン-ベン-ジィアンは、**イブリス** *Iblis*、即ち悪魔デヴィルがデオス Deos を打ち負かし、彼らを世界のもう一方の果てへと追いやることを〈神〉によって許された時代の2千年間にわたって君臨した。占星術の原理に基づいて造られ、魔力や魔法の呪文、そして邪悪なまじないの呪詛を打ち破る魔法の盾でさえ、〈運命〉(或いは〈カルマ〉)の執行人イブリスには役に立たなかった。(註59) 彼らは、カヌーム Khanoom と呼ばれた最後の首都で10人の王を数え、第10代目の王にヘブライのアダムその人であるカイムラート Kaimurath 王を即位させている。これらの王達は、ベロッソスによって提唱されたノアの大洪水以前に君臨した10人の王の時代に対応している。

それ等の伝説が現在見られるように歪曲されているとしても、それ等がカルディア人、エジプト人、ギリシャ人、そしてヘブライ人の伝承とさえも同一であることをいったい誰が見落とし得ようか。ヘブライ人は、排他的にアダム以前の諸国家について語ることを蔑みながら、しかも、カインを追い出し ── **地上に暮らす人間の僅か2人の内の1人を** ── ノドの地に向かわせ、そこで彼が結婚し、一つの都市を建設している(創世記4章)等によって、これらが明らかに正しいと推論されることを認めている。

さて、我々がペルシャの物語が伝える9千年と最後に残ったアトランティスが海に沈んで以来9千年を経ているとプラトンが断言したその期間を比較するならば、非常に奇妙な事実が明らかになる。ベイリーはそれに注目したが、解釈する際にそれをねじ曲げた。シークレット・ドクトリンはその数字をそれ等が持つ真の意味に復元するだろう。「まず第1に」、我々は、『論考 Critias』に、「ヘラクレスの柱[地中海西端、ジブラルタル海峡に屹立する柱状岩石の名称]の北側及びその向こう側に暮らす種族とそのこちら側の土地に住む者等との間で勃発した**種族間の戦争以来**、9千年が経過したということを人は思い出さねばならない」と読み取る。

『ティマイオス』でプラトンは同じ事を述べている。シークレット・ド

(註59) これらの伝承を求めて、ロシア、グルジア、アルメニアの『ペルシャ伝説全集』を、そしてペルシャの、即ちエルベロー Herbelot の**ペルシャの〈伝説〉**物語、『東洋の聖典 Bibliotheque Orientale』、298、387頁等を、そしてダンヴィーレ Danville の〈論文集 *Memoires*〉を、参照せよ。我々は、口誦伝承と同様に、ヨーロッパやアジアの言語による数百もの書物に四散している要約された物語を提示している。

クトリンは、後期のアトランティス人島民のほとんどが85万年から70万年前の期間に滅亡し、最初の巨大な「島」、或いは大陸が沈んだ時、アーリヤ人が20万年を経ていた、と明言していて、その数字の間に一致する可能性を認めるのは難しい。だが、実際には、合致する。プラトンは、〈イニシエイト〉で、〈聖所〉のベールに覆われた言葉を用いることを強いられたし、カルディアとペルシャの〈マギ術師〉は彼らの顕教的な様々な啓示を通じてそれを行なうことによって、ペルシャの諸伝説は後世に保持され、そして伝えられてきた。そのように人は、ヘブライ人が1週間を「7日」と、そしてそれぞれの日にちが360太陽年を表す時には「年からなる1週間」と呼び、そして「週」全体が実際には2,520年であることに気づく。彼らは〈安息Sabbatical〉週、〈安息〉年、等々を持ち、彼らの〈安息日〉は気付かれることもなく24時間、或いは2万4千年続いた ── 〈奥義者達Sods〉による彼らの秘密の計算法によればだが。我々は今の時代について一つの時代を1世紀と呼ぶ。プラトン当時の彼らは、イニシエイトの作家達で、とにかく1ミレニアムによって1千年ではなく10万年を意図したし、ヒンドゥ教徒達は、誰よりも自尊心が強く、彼らの年代記を決して封印しなかった。そのように9千年と云う時、〈イニシエイト達〉は90万年と読み取るだろうし、その期間に於ける時の間隔 ── 即ち、アーリヤ人種が最初に出現し、かつての大アトランティスからなる鮮新世時代の幾つかの部分が徐々に沈み始め(註60)、そして他の大陸が海面上に出現し始めた時から、プラトンの云う小さなアトランティス島の最終的な滅亡に至る時まで、アーリヤ人の諸人種は最初の巨人人種の子孫達と戦うことを決して止めなかった。この戦いは、カリ・ユガ時代に先行し、そしてインドの〈歴史〉上あまりにも有名なマハーバーラタの戦いで、その時代のほぼ終わりまで続いた。そのように様々な出来事と時代の混じり合いと10万年の1千年への短縮は、エジプトの神官達によってソロンに伝えられた話によれば、アトランティスの最後に残った部分の滅亡以降に経過した数多くの年数には何ら支障を与えていない。9千年は正確な数字を伝えていた。後者の出来事、アトランティスの滅亡は決して秘密にされたことはなく、ギリシャ人の記憶から消え去っただけであった。エジプト人達は、孤立したことから、それらの記録を完全な状態で保持していたが、その理由は、海と砂漠で周囲を取り囲まれて、今の時代以前におよそ数千年に亘り、彼らが他の諸国家に

(註60) 既に述べたように、**主要な**大陸は中新世時代に消滅した。

よって支配を受けずに残されたからである。

　もし我々が聖書の物語とその疑わしい年代記に踏み込まないようにするならば、歴史は、その時初めて、ヘロドトスを通じてエジプトとその偉大な密儀を垣間見せる。(註61)そして、ミネルヴァ Mineruva 女神[知恵・工芸・戦術の女神]の聖域、サイス Sais[下エジプトの古代首都]にある1人のイニシエイトの神秘的な霊廟について語る時に、ヘロドトス自身が如何にほとんど何も話すことが**出来なかったか**を告白している。彼は云う、そこには、「礼拝堂の背後に ……〈誰か〉の霊廟があるが、**その人物の名前を漏らすことは無礼なことだと私は考えている**。…… 境内には複数の大きな方形尖塔オベリスクが聳え立ち、**湖**のほとりに位置し、**円形に構築された**石壁で周りを囲まれていた。この湖で彼らは、彼らが〈密儀〉と呼ぶ、その墓の人物の冒険に満ちた生涯をたどる儀式を夜に執り行うが、これらの事について、一方で、それ等の地の詳細を正確に熟知しているけれども、**私は思慮分別ある沈黙を保持すべきである**」(2章170頁)と。

　一方で、古代人にとって、彼らの周期や計算法の奥義のように、適切な状態で保持され、そして神聖とされた秘密は、他には一切無いことがよく知られている。エジプト人から降ってユダヤ人に至るまで、時の正確な観測に附随することを、何であれ漏らすことは最大の罪として考えられていた。タンタロス Tantalus[ギリシャ神話のゼウスの息子]が地獄界に強制的に収監されたのは、〈神々〉の秘密を漏らした罪のためであったし、例えば神聖なシビュレー[巫女]Sibylline の本[巫師(ふし)の書とも呼ばれ、祭政に関するローマ時代の神託集]の保管者達はその書物から一言でも外に漏らせば死罪だと厳しく警告されていた。シガリオン[沈黙の女神]達 Sigalions(ハルポクラテス[ギリシャ化した幼少姿のホルス神]Harpocrates の像)はあらゆる寺院 ── 特にイシスとセラピスの寺院にあり ── それぞれの像は1本の指を唇に押しつけているし、その一方でヘブライ人は、〈ラビの〉密儀の加わるイニシエイションの後に、〈カバラ〉の秘密を漏らすことは、〈知識〉の〈木〉の果実を食べることと同じで、死の処罰に値すると教えた。

(註61)　ビード Bede[673?-735、英国初期の歴史を書いた英国の修道士]以降、〈教会〉のあらゆる年代学者達は、彼等の中で意見が食い違っていたし、お互いに対立してきた。「ヘブライ語の原文に基づく年代記は、特に〈ノアの大洪水〉以降の期間で、ひどく変えられてきた」── とウィストン Whiston は述べている(『旧約聖書』、20頁)。

それにも関わらず、何と我々ヨーロッパ人はユダヤ人の年代記を受け入れた！　以来、そのことが、絶えず我々の科学の概念と物事の期間に影響を及ぼし、色づけをしてきたとは、何と奇妙なことか？

　ペルシャの諸伝承は、その後、二つの国家、或いは人種に広がり、一部の者が考えるように、今では完全に途絶えたが、実のところそれ等は単に形を変えられただけである。それ等は絶えずカフ Kaf（[カフィール人が住むアフガニスタン北東部のヌーリスタンの旧称]カフィールスターン Kafaristan のことか？）山脈について語り、記述しているが、カフ山脈には巨人アルギーク Argeak によって建造された回廊があり、あらゆる彼らの体形に基づいた古代人の彫像が保存されている。そこの住民はそれ等を**シュリマン達** Sulimanns（賢者達 Solomons[ソロモン達]）、或いは〈東〉の賢き王達と呼び、そしてその名前を持つ22人の王達を数えている。(註62) 彼らの中の3人がそれぞれ1千年間づつ統治した。（エルベロー Herbelot 829頁）

　シャメク Siamek は、カイムラート Kaimurath（アダム）王の最愛の息子で、彼らの最初の王だが、巨人の兄弟に殺害されて死んだ。父は彼の茶毘に付した遺骨を納めた廟に、永遠に燃える火を捧げた。このことが──一部の〈東洋学者〉が考えるように、火を崇拝する起源となる。

　その後に、思慮深く賢明な**フスケンク** Huschenk が現れる。地中内部にデヴィ達、或いは巨人達によって封印されてきた金属と宝石を再発見し、他に真鍮製品の製造法、運河の開鑿（かいさく）、農業の改善振興を行ったのは彼の王朝であった。一般的に、またフスケンクは、『〈永遠の叡智〉』と呼ばれる書物を書き記し、ルツ Luz、バビロン、そしてイスファハン Ispahan[イラン中部の都市]の都市さえも造ったと信じられている、だがそれ等は後の時代に造られた。しかし現在のインドの首都デリーが六つの別のより古い都市の上に造られたように、これらの正しく命名された都市は相当に古い別の都市が置かれていた場所の上に建設されたのだろう。彼の歴史年代については、他の伝説から推し量ることが出来るだけである。

　同じ伝承で、その賢明な王子は、1匹のワニが牝のカバと**情を通じた**ことに起因して生まれた十二脚の馬に乗り、巨人族に対し戦いを挑んだと信じられている。この**十二脚動物** dodecaped は、「乾燥地」、或いは新大陸で

(註62)　それが理由で、ソロモン王は、その痕跡が聖書以外には何処にも発見されないし、彼の壮麗な宮殿と都市の描写はペルシャの物語のそれと緊密に繋がり合っているけれども、それ等は、異教の旅行者の誰にも、そしてヘロドトスにさえにも、知られることはなかった。

見られ、その不思議な動物を厳重な監視下におくために強い力と熟練が常に必要とされたが、フスケンクがそれに跨がるや否や、彼はあらゆる敵を打ち負かした。巨人族の誰一人としてその恐るべき力に対抗することが出来なかった。それにもかかわらず、この王の中の王は、**ダマヴェンド**［イラン北部の同国最高峰で富士山型の秀峰、標高5671m］*Damavend* の大山脈から巨人達によって彼に向けて投げつけられた一つの巨大な岩によって殺された。(註63)

タハムラート Tahmurath はペルシャの第3代の王で、イランの聖ジョージといわれるが、騎士聖ジョージは常に最も優れた〈竜〉を従え、そして〈竜〉を殺している。彼は、その当時カフ山脈に住み、時折ペリ族を襲ったデヴィ族の最大の敵である。ペルシャの民間伝承に基づくフランスの古い年代記は彼を巨人族の征服者、**デヴィ-ベンド** *Dev-bend*［デヴィの征服者］と呼ぶ。彼は、また、バビロン、ニネベ［古代アッシリアの首都］、ディアルベク Diarbek、等々を建設したと信じられている。彼の祖父フスケンクのように、タハムラート（タイムラツ Taimuraz）は、同じく駿馬を所有していたが、ただそれは、とても珍しくて俊敏な —— **シムルグ-アンク** *Simorgh-Anke* と呼ばれた1羽の鳥であった。その驚くべき鳥は、実際に、知性的で、数言語に通じ、そして非常に宗教的でさえあった。(『東洋全集』、**第2巻、119頁参照**) かのペルシャの不死鳥フェニックス Phœnix は何を告げているのか？ それはその古い時代について不満を呟いている、その理由は不死鳥がアダム（またはカイムラートの）時代以前の千差万別な幾つもの周期に生まれているからである。それは長き幾世紀にもわたる大変革を目撃している。それは、それぞれ7千年からなる十二周期の誕生と終わりを見てきたし、秘教的に掛け合わされたそれ等は、再び84[7×12]万年を我々に示すだろう。(註64)(『東洋全集』、**第2巻、119頁以降**) シムルグは、アダムの子孫達以前に起こった最後の大洪水に生まれていると、『シムルグと善良なカリフ Khalif の冒険譚 romance』は伝える！(デルベントの物語 *Tales of Dervent.*)

(註63) 『東洋の伝承』、454頁。**ベイリーの『アトランティスに関する手紙』もまた参照のこと。**
(註64) 律法学者ラビ達が、7度にわたって連続する地球の一新が起こり、そしてそれぞれが7千年続き、全体の期間が従って4万9千年になると教えていることを思い出すこと(**律法学者パルハ** Parcha の『時の輪 wheel』、**また**ケニーリ Kenealy の『神の書』、176頁を参照)。これは、ひどく混乱しているが、7〈環〉、7〈根本人種〉と亜人種など本物の秘教科学の数に言及している。

『数の書』は何を告げているのか？　秘教的に見れば、アダム・リシューン Rishoon は、太陰[月の]〈聖霊 lunar Spirit〉（或る意味ではエホバ、或いはピトリ達）と彼の3人の息子 —— カイン Ka-yin、ハベル Habel[アベル]、セツ Seth —— で、3人種を象徴するのは、既に解説した通りである。次にノア-キセトラスが（宇宙-地質学的な鍵として）表しているのは、性の分離した第3〈人種〉、そして彼の3人の息子、即ちその最後の3人種で、ハム族は、更に、〈親人種〉及び「〈精神を欠く〉」者の「**赤裸々な姿** nakedness」を明らかにする、即ち罪を犯したかの人種を象徴している。

タハムラートは翼を持つ愛馬（アーリマン Ahriman）に乗ってコー-カフ Koh-Kaf、或いは**カフ** *Kaph* 山を訪れている。彼はそこで巨人族に虐待を受けるペリ族を見つけ、アルジン Argen と巨人**デムルスク** *Demrusch* を滅ぼしている。その後、彼はデムルスクが囚人として監禁していた善良なペリ、メルジアナ Mergiana（註65）を自由にし、彼女を**乾いた**土地、即ち新大陸ヨーロッパに連れて行くことになる。（註66）彼の次に、**イシケカル** *Esikekar*、或いはペルセポリスを建設するギアムシット Giamschid が現れる。この王は700年間君臨し、非常に傲慢にも、自らを不死だと思い、神の儀礼を要求している。運命が彼を罰し、彼はヂュアルカルナイン *Dhulkarnayn* 即ち「2本の角を持つ者」という名で百年間世界を彷徨した。しかしこの特徴的な通称は、二つの蹄で「2本の角」を持つ紳士[悪魔]とは一切関係がない。「2本の角を持つ」者とは、〈西〉の果てから〈東〉の果てまで世界を征服してきたかの征服者達に対して、悪魔デヴィルの性質を充分には知ることのない未開の地アジアで与えらた通称である。

その後に簒奪者ゾハク Zohac が、続いてペルシャの英雄の1人**フェリダン** *Feridan* が現れ、彼はゾハクを打ち破り、ダマヴェンド山脈に彼を幽閉している。これらの後、新らしい王朝を樹立した**カイコバド** *Kaikobad* に至るまで、多くの別の者等が続いて現れている。

上述はペルシャの伝説的な歴史で、我々はそれを分析すべきである。まず初めに、**カフ**山脈とは何か？

たとえそれ等が、その地理上の位置では、コーカサス、或いは中央アジアの山脈のどちらかであるとしても、伝説が、デヴィ族、そしてパルシ族

（註65）　メルゲイン Mergain、或いはモルガナ Morgana は、アーサー王の妖精姉妹で、上述のように、〈東洋〉の血筋を引くことが示されている。
（註66）　我々が実際彼女を見いだす所は英国で、〈円卓〉の〈騎士団〉の物語にである。もし両者が伝説に取り込まれた同じ歴史上の出来事を象徴していないとするならば、名前と妖精達の一致は何処に由来するのか？

Parses、或いはファルシ族 Farses の遙か遠き祖先であるペリ族の地とするのは、これらの山脈の遙か彼方、北の地である。東洋の伝承は、一つの知られざる凍てつく薄暗き海と、そして闇黒の地域にも関わらず、地上に於ける生命の始まりから、**生命の泉が湧き出る**〈**幸福の島々**〉がある地に、絶えず言及している(エルベローの著作 593 頁、『アルメニアの物語』、35 頁)。しかし、伝説は更に、最初の**乾いた島**(大陸)の一部がそれ自身本体から分離して、その時以来、コー‐カフ山脈の彼方、「その世界を取り囲む環状の石」の中に留まってきたと主張する。もし人が、空を飛ぶ鳥のように、彼の前方、真〈北〉を目指して旅を続けるならば、7ヶ月間の旅は、「[生命の泉に案内するという]ソリマン Soliman の指輪」を持つ人を、生命の「**泉**」へと導くことになるだろう。それ故ペルシャから、経度 60 度に沿ってその西側を保持して**真北**へ旅をすることは、人をノヴァヤ・ゼムリャ Nova Zemblia [東経 60 上にある北極海の] 島に導くだろう、そしてコーカサスから北極圏限界線を越えて永遠の氷の地、経度 60 度から 45 度、或いはノヴァヤ・ゼムリャ島とスピッツベルゲン島の間に人を到着させることになるだろう。これは、勿論、人がフスケンクの十二脚の愛馬、或いはタハムラート(或いはタイムラツ)が飼育する翼を持つシムルグ鳥を手に入れ、それに乗って〈北極海〉を横切れるならばの話だが。(註67)

それにも関わらずペルシャとコーカサスの吟遊詩人達は、今日に至るまで、雪冠で覆われたカフ Kap、或いはコーカサスの峰々を越えた彼方に、**今も世界から隠された一つの巨大な大陸が存在する**と、また十二脚のワニの子孫とその足が意思の力で 12 の翼(註68)になる牝のカバの助けを受ける

(註67) 今日に至るまで、コーカサスの原住民達は、通常使う V(カフカス Kavkaz、或いはコーカサス)の代わりに常に P を用い、カフカス Kap-kaz として彼等の山脈を発音している。しかし彼等の吟遊詩人達 bards は、その道筋から決してはずれることなく北を保持して、カフを越えて「乾いた地」に快速馬が到達するには 7 ヶ月が必要であると吟唱する。

(註68) ベイリーは、彼がこの馬に 12 本のオール[船を漕ぐ櫂]を備えた船を見てとったと考察した。シークレット・ドクトリンは初期の〈第 3 人種〉が家屋を建築する以前に、船と艦隊を建造したと教えている。しかし、「馬」は、非常に最近の動物だけれども、それにも関わらず、より秘教科学的で根源的な意味を持っている。ワニとカバは、古代のエジプト人とメキシコ人の両方で、聖別され、そして神の象徴とされていた。海神ポセイドンは、ホメロスの中では、〈馬〉の〈神〉であり、農業の女神ケレスを喜ばせるため、自身をその馬の姿に変えている。アリオン Arion は、彼等の子孫だが、一つの周期を意味する前述の「馬」の一つの解釈である。

ことが出来る者等によって、或いは死ぬ前に、隠された大陸の覆いを取り去りそれを再び全ての者に見えるようにし、〈海洋〉のデヴィ族が前述の「乾いた島」の部分とその分離した部分(註69)との間に建設するであろう架け橋を利用して、そこの中に容易にたどり着ける、と約束したシムルグ-アンクのこころ良い返事を我慢強く待つことが出来る者等によって、そこに至れると主張するだろう。これは、勿論、第7人種、即ちマンヴァンタラ的な周期であるシムルグに関係している。

紀元6世紀に生きたコスマス・インディコペルウステス Cosmas Indicopleustes が、人間が最初は〈大洋〉の向こう側の一つの土地に誕生し、居住したと、そしてその証拠がインドでカルディア人の学者によって彼にもたらされたと、常に主張していたと思われることは非常に興味深い。(コスマス・インディコペルウステス〈全集〉、新しい教父 novâ Patrum, t. ii, 188頁、また、〈雑誌〉『大科学者達』の〈補遺〉、1707年版、20頁参照)彼は言う、「我々が住む大地は大洋に取り囲まれているが、その大洋の向こう側には、天空の城壁と縁を接する別の大地が存在し、人間が創造され、楽園に暮らしたと云うのはこの大地でのことである。〈大洪水〉の間、ノアは彼の後裔が現在住むその地へ箱船で運ばれた」。(前掲同書)フスケンクの十二脚の馬は**乾いた島**と呼ばれたかの大陸で発見された。(上述書、154頁)

コスマス・インディコペルウステスの「キリスト教の地形図」とその有益性はよく知られているが、この中で善良な神父は、現在では更に諸々の事実によって裏付けられた世界的な伝承を繰り返している。北極探険旅行家の誰もが、果てしない氷の境界線の彼方にある一つの大陸、或いは一つの「乾いた島」を訝っている。恐らく、今なら、〈註解書〉の一つに由来する、以下に続く文節の意味を明らかにして良いだろう。

「(人間)生命の最初の始まりに於いて、乾いた陸地だけが、天球の〈右〉の果て(註70)、それ(地球)の不動の場所(註71)にあった。地球全体は一つの

(註69) 分離した部分はノルウェーと〈北極圏限界線〉の近隣に位置する他の諸島であるに違いない。

(註70) 二つの極は我々地球の右と左の端 —— 右が〈北極〉で —— また地球の頭と足、と呼ばれた。あらゆる慈善(星辰的、そして宇宙的)行為は〈北極〉から、あらゆる致命的な影響は〈南極〉から来ている。それ等は**魔術の「右道」**と「**左道**」に強く結びつき、そしてその影響を受けている。

(註71) 人が極に近づけば近づくほど、回転がほとんど感じられなくなるし、本来の**極**では、毎日の回転がまったく無くなると。それ故、天球は「不動」であるとの描写になる。

広大な海洋で、海水は生温かかった ……… その地で人間はマンヴァンタラの間中、不滅不壊の七地域に誕生した。(註72)暗闇の中に永遠の春が存在していた。(しかし)今の人間にとっては暗闇だが、黎明期の人間には光であった。そこでは、神々が憩い、そしてフォーハット *Fohat*(註73)が以来ずっと君臨している ……… そうして賢明なる父祖達は語る、人間が彼の母親(地球)の頭で生まれ、左の果てである彼女の足下では身分の低い〈竜〉の口から吹き出る邪悪な風が発生した(産れた) ……… 第1と第2(人種)との間で永遠の中心地(陸地)は命の水によって分けられたと。(註74)

「それ[フォーハット]は彼女(母なる大地)の体の周囲を流れ、賦活する。その一つの果ては彼女の頭[北極]から流れ出し、彼女の足下(南極)で汚濁となる。それは(帰り道で)彼女の心臓[地球の中心]──その時(黎明期)にはいまだ誕生していなかった聖なるシャンバラの御足の下で脈動するもの、を清浄にする。何故なら、それは生き且つ呼吸するあらゆる生物の生命と健康を封印したままで、人間の居住地(地球)の赤道 the belt 地域に存在するからである。(註75)第1と第2(人種)の期間中、その赤道地域は大海洋に覆われていた。(しかし)偉大な母は波の下で産みの苦しみに喘いで、そして一つの新らしい陸地が我々の賢人達がかぶり物(〈極冠〉)と呼ぶ最初の陸地に付け加えられた。彼女は第3(人種)のためにより懸命に骨を折り、そして彼女の腹部と臍の部分が水上に現れた。それは、世界を取り巻いて

(註72) [頭に密着する]縁なし帽のように〈北極〉にかぶさる陸地や島が、我々の〈環〉のマンヴァンタラ全体を通じて広汎に存在する唯一の陸地であると〈秘教科学〉では確信を持って主張されている。中央部の諸々の大陸や大地は海の底から何度も順に出現するだろうが、この大地は決して変化しないだろう。

(註73) フォーハットのヴェーダ、或いはアヴェスタでの呼称はアパーム-ナパット *Apâm*[海の]*-Napât*[息子]であることを覚えておくこと。アヴェスタで、彼は火のヤジャタ達 *yazatas* と水のヤジャタ達の間に位置している。その言葉の意味は、「〈海〉の〈息子〉」であるが、これらの海は我々が知る液体ではなく、〈エーテル〉──空間の火の海、である。フォーハットは、その高次の面においては「〈エーテル〉の〈息子〉」、アーカーシャ、原初の〈7人〉の〈父母〉、そして〈音〉、或いは《ロゴス》の息子である。フォーハットは後者ロゴスの光である。〈第1巻〉を参照のこと。

(註74) この「海」は、此処では生きている肉体に譬えられた地球に生命を与える命の血液、或いは命の流れである。

(註75) 〈秘教科学〉の教えは、地球の幾つかの凹みと〈北極〉に命の泉があると主張する大衆伝承を裏付けている。それは、地球の血液、電磁気流で、全ての動脈を通って循環し、そして地球の「臍」に蓄えられると言われている。

延びる腹帯地帯、聖なるヒマヴァット *Himavat*［ヒマラヤ］であった。(註76)彼女は、沈みゆく太陽に向かって彼女の首(註77)から下方（南西方向）を壊して、多数の島々を形成したが、永遠の陸地（〈極冠〉）はバラバラにはされなかった。乾いた陸地は、世界の四方へ広がる静かな海洋の表面を覆っていた。全てこれらは（順に）消滅した。その後、邪悪な者達の居住地（アトランティス）が現れた。不滅の陸地は今では隠されたが、その訳は海洋が彼女の鼻息と〈竜〉の口からでる悪魔の風のもとで固まった（凍った）からである」、等々。

　これは北アジアが〈第2人種〉と同じような古さであることを描写している。人間生命のまさに始まりから、その**根本大陸**は、言わば既に存在していたことから、アジアが人間と同時期に起こっているとさえ言っても良いし、その世界の一部は、後の時代にそこから切り取られ、そして凍てつく海洋で分けられたに過ぎないアジアとして、今では知られている。

　従って、もしその教えが正しく理解されるならば、現れた最初の大陸は、一つながりの完全な地殻のように〈北極〉全体を覆い尽くし、極地探険旅行家の誰一人として辿り着けぬ**蜃気楼**のように見えるかの内海の向こう側に、

(註76)　〈秘教科学思想〉ではヒマラヤ山脈を「腹帯［はらおび］」として指摘し、水面下、或いは水面上に関わらず、それは地球を一周していると主張している。その臍は、太陽の没するところ或いはヒマラヤの北にある山、メール山の根元に横たわるヒマヴァットの西に位置するとして記述されている。メール山は、「臍、或いは地球の中心の**中にある**伝説の山」では**なく**、それ自身遙か北に存在するけれども、その根と土台は前述の臍の中にある。この事はそれを「［地球の］中心」にある「決して滅びることのない」土地に結びつけるし、その地においては「人間の月日で昼が6ヶ月、その夜がもう6ヶ月続く」。ヴィシュヌ・プラーナ伝承がその事を伝えるように、「メール山の〈北〉では、それ故、**他の地域**で昼の間中、常に夜となるが、その理由はメール山が全ての**ドウィーパ**と**ヴァルシャ** *Varshas*（島々と国々）の北に位置するから」とある。(第2巻、8章)メール山は、それ故、ウィルフォードが提唱するように**アトラス山脈**にも、ウィルソンが示そうと試みている「地球の中心にもまったく」存在しない、その理由は、「幾地域かの住民と、太陽の最初に現れるその4分の1の〈東〉地域に住む全ての人々との相対的な関係」に過ぎないからである。

(註77)　〈注解書〉でさえ〈東洋〉の隠喩を差し控えることはない。地球は女性の体、「母なる大地」の体に譬えられている。彼女の首から下方に向かってとは、内海から今では氷で越えられぬ障壁を越えて、を意味する。地球は、パラーシャラが言うように、「あらゆる生物とその品格を高尚にする母、そして乳母、あらゆる世界の**良き理解者**である」。

今日までそのままの姿で佇んでいることになる。

〈第2人種〉の期間、より多くの陸地が首から「頭[北極]」へと連続する部分として海の下から出現した。それには、両半球、メルカトール図法で描かれたおおよそスピッツベルゲン(註78)の最も北の部分の境界線、こちらのヨーロッパ側に於ける起点で、現在バフィン湾 Baffin's Bay[カナダの北極圏にあるバフィン島とグリーンランドの間にある]と周辺の諸島及び幾つかの岬が占めている地域に位置するアメリカ側、を含めても良いだろう。**向こう側**は、南方の緯度70度にまで至ることは無く、**こちら側**は——註解書が語る馬蹄形の大陸を形成し、その二つの両端の一つはやや南西に緯度50度を横切って広がるグリーンランドを含み、そしてもう一つはカムチャッカで、その二つの両端は現在北側の海岸線の縁である東西シベリアによって結びつけられていた。この地はばらばらに破壊されて消滅した。〈第3人種〉の早い時期に——レムリアは形成された(**上述を参照**)。次にそれが破壊された時、アトランティスが出現した。

ギリシャの伝承とプラーナ伝承に基づく
西洋の説明

既述のように、異教徒の歴史家に届いた同じように貧弱な資料に基づいて、スウェーデンの科学者ルドベック Rudbek が、スウェーデンがプラトンの云うアトランティスであったと、およそ2世紀前に実証しようと試み

(註78) というのも、〈スタンザ〉は、**緯度のない場所**(ニラクシャ niraksha)として註解書に翻訳された言葉によって、この地域を神々の住まう地と呼んでいる。ある古典評釈者が**スーリヤ・シッダンタ**[太陽の成就]*Sûrya Sidhanta* から引用して言うように——

「春分・秋分に位置する時に太陽はこの軌道(**シッダ** *Siddhâ*)上を進み、彼等は彼岸による影も両極での高度も持たない(**アクションナティ** *akshonnati*、42節)。これらから両方向には、空の中央に二つの極星(**ドゥルヴァターラ** *dhruvatara*)があるが、**緯度のない**(ニラクシャ *niraksha*)場所に位置する者等にとって、これら両者は水平線にその位置があることになる。このため、(この陸地の上では)水平線に位置する二つの極星には両極の高度はないが、余緯度(**ランバカ** *lumbaka*)の値は90度で、メール山も緯度(**アクシャ** *aksha*)の値は同じ数値である」。(43 と 44)

たことに出遭うのは自然な流れである。彼は、同じく、古代のウプサラ Upsala の概観に、ギリシャの賢人が伝える「アトランティス」の首都の位置と規模を見いだした、と考えていた。ベイリーが明らかにしたように、ルドベックは誤っていた、だがそれはベイリーも同様で、更に多くのことに関してであった。というのも、スウェーデンとノルウェイは、まさに東西シベリアとカムチャッカがアジア側でアトランティスに属していたのと同様に、古代レムリアの、そしてまたヨーロッパ側に於けるアトランティスの一部分と一区域を形成していた。只、繰り返しになるが、それはいつの時代のことか？ 我々は、〈秘教〉の教えに対し為す術を何も知らないとしても、**プラーナ伝承**を研究するだけで、そのことについての概略を見いだすことが出来る。

ウィルフォード大尉(今は大佐)が、グレートブリテン諸島を「〈白い島〉」、プラーナ伝承群の**アタラ**だとすることについて、彼の空想に満ちた学説を披露して以来、1世紀の4分の3が経過した。アタラが、地獄のローカ[地域]に属する七つの**ドゥウィーパ**[大陸]、或いは諸島の一つ、即ちパーターラ(対蹠地[地球で正反対側にある地点])の七地域の一つであるように、この説は全く馬鹿げている。更に、ウィルフォード(註79)が示しているように、プラーナ伝承群はそれを「第7地域帯、或いは第7気候帯」── むしろ、既述のように、北緯24度から28度の間に位置する第7気温地域に、位置づけている。イングランドが緯度50度と60度の間にある事実から見て、それは、当然ながら、北回帰線と同じ緯度には発見されていない。ウィルフォードはそれを**アタラ**、アトランティス、白い島として語っている。そして、定刊誌『アジア探訪』の第8号、280頁で、その敵対者は「〈白い悪魔デヴィル〉」、**恐怖のデーモン**と呼ばれている。その理由を彼は述べている、「彼ら(ヒンドゥとイスラム)の伝奇物語の中に、我々は、仏教徒達の云う第7界、或いは〈白い島〉に対応する世界の**第七界**に住まう**デーヴァ-セフェド Dev-Sefid**、或いは白い悪魔デヴィル、即ち**プラーナ伝承群のター**

(註79) ウィルフォードは多くの間違いを犯している。彼は、例えば、シュウェタ-ドウィーパ(白い島)、即ち「**トーヤンブッディ Toyambhudi の北部にある島**」をイングランドに比定し、その後に、それをアタラ Atala(地獄の一つ)、そしてアトランティスに比定しようと試みている。今では、前者は**顕教的には**ヴィシュヌの住まいであり、そしてアタラは地獄の一つである。彼はまたそれをユークセイン海、或いはイクシュ Icshu (〈黒〉)海にも位置づけ、その後、それを別の場所、アフリカとアトラス山脈に結びつけているように思える。

ラダイティヤ *Taradaitya* と戦うために、カイカウス Kai-caus が、『その麓に太陽が没する**アシュ-ブルジュ** *As-burj*』山に赴くのを見る」と。

さて此処に至って、〈東洋学者達〉はスフィンクスの謎かけにこれまで直面してきたし、今も直面しているが、その誤った解釈は、ヒンドゥ学者、同じくイニシエイトでない者等から見て、彼らの人柄によるものではないとしても、彼らの権威を絶えず貶めることだろう。というのも、プラーナ伝承群には —— ウィルフォードが彼の説明の根拠とした争いの詳細について —— 複数の意味も含まず、形而下と形而上の世界の両方に関連しない陳述は一つもないからである。たとえ古代インド人達が地球の表面を地理的に七つの地帯、気候、ドゥウィーパ[陸地]に、そして寓話的に七つの地獄と天国に分けたとしても、その七つの分類基準は両方の場合に於いて同じ地域に当てはまらない。それは北極、即ち「メール山」のある国で、そこは、第7本質(形而上では第4)に対応するように、秘教科学の算出法の〈第7〉区域であるが、その理由は、そこがアートマ、清浄な魂、〈霊性〉の領域を象徴しているからである。それゆえプシュカラ Pushkara は、ヴィシュヌ(そして他の)プラーナ伝承(第2巻4章)で**ケシーラ** *Kshira* 海洋とミルク(常に凍った白い地域)の〈海洋〉を取り囲む**第7地帯として**、或いはドゥウィーパとして描写されている。そしてプシュカラは、その二つの**ヴァルシャ**と共に、メール山の麓に直線的に広がっている。というのも、「メール山の南と北に位置する二つの国が**弓のような形である**」とも …… そして、「地球の表面の片側半分がメール山の南側で、残り半分はメール山の北側で、—— **その向こうがプシュカラの半分である**」とも言われている(『ヴィシュヌ・プラーナ』、『アジア探訪』、等)。地理的に、その時、プシュカラは南北アメリカで、そして**寓話的に**それは中央にメール山が聳え立つジャンブー-ドゥウィーパ(註80)の長く延びた部分であるが、その理由は、そこが、1万年生き、病気と過ちから解放された人間によって居住

(註80) プラーナ伝承の中のあらゆる名前は、その寓話的な形式に於いて地理的、そして形而上的な、少なくとも二つの面の下で検証されるべきで、例えば、**ニーラ**山 *Nila* はメール山の北側境界の一つである(青い)山を意味し、又オリッサにある山の区域に、そして同じく(西アフリカにある)他の山と全く異なる一つの山として地理的に見つけられていない。ジャンブー-ドゥウィーパはヴィシュヌの支配地で —— その世界はプラーナ伝承で地球に限られ、その領域はメール山**だけ**を含み、そしてまたもやそれはバーラタ-ヴァルシャ(インド)、その最良の地、そしてその最も公明**正大**な地を含むように別けられている、とパラーシャラは語る。プシュカラ、そして全て他も同様である。

された国であり、更にそれ等の人間達が「〈神々〉と同様の性格を持つ」ことから、そこには美徳も悪徳も、身分制度も法も存在しない。(『ヴィシュヌ・プラーナ』、第2巻4章)。ウィルフォードはアトラス山をメール山に比定したいと思い、そこにまたローカ—ローカ Loka-lokas [loka は世界、地域で、此処では顕幽の両世界] を位置づけている。ところでメール山は、言い伝えによれば、**スワル—ローカ Swar-loka**、即ちブラフマー、ヴィシュヌの住まい、そしてインドの数々の大衆宗教の神々が住むオリュンポス山で、地理的に「天体地球の中央を通り越し、一方の側へと伸びている」と記述している(『スーリヤ・シッダンタ Surya Siddhanta』、v. 5、ウィットニー翻訳)。その上側の場所には神々が住み、そして下側(或いは南極)はデーモン達(地獄の住人 hells)の住まいである。どのようにしたら、一体、メール山がアトラス山になり得るのか? それに加えて、デーモンであるターラダイティヤは、脚註に与えられた理由から、もし後者アトラス山が**シュウェタ—ドゥウィーパ**である「白い」〈島〉と同一であるとするならば、第7地帯に位置づけることが出来なくなる。(下記の脚註81、次頁の82を参照)

　ウィルフォードは、現代のバラモン達が「それら(島々や国々)を一緒くたに混同してきた」と批難している(『アジア探訪』、第3巻300頁)が、彼はそれらを更にゴチャ混ぜにした。彼は、ブラフマンダ[ブラフマの卵]及びヴァーユ・プラーナが古い大陸を七つのドゥウィーパに分けて、そこは広大な海洋によって周囲を取り囲まれていると伝え、その海洋の向こうにその地域とアタラ山(**前掲書参照**)が横たわるとし、それゆえ「最もありそうなことだが、ギリシャ人たちが、昔は発見されたがその後には見つけることが出来なくなっていることから、自然のいくつかの衝撃で崩壊したと考えて、アトランティスの国家を分割した」、と信じている。

　エジプトの神官、プラトン、そしてホメロスさえもがアタラ —— 〈南〉極に位置する地獄界、に基づいてアトランティスについての認識を全て打ち立ていたと信じるのは確かに無理があることから —— 我々は秘密の本で与えられたその陳述の方を選んで採用している。我々は七つの「大陸」を信じていて、その内の四つは既にその時代を全うし、第5は依然として存在し、そして残り二つは未来に出現することになる。我々は、それらの一つひとつが現代の言葉の意味からすると厳密には大陸ではないが、しかし個々の名前は、ジャンブーからプシュカラに至るまで(註81)、(i)一般論と

(註81) ジャンブー、プラクシャ Plaksha、シャールマリ Sarmali、クシャ Kusa、クラウンチャ Krauncha、シャーカ Sâka、そしてプシュカラ。

して、一つの〈根本人種〉の期間、地球全体の表面を覆う乾いた陸地に対して、そして、(ii)地質学的な(人種の)**プララヤ**[マンヴァンタラとマンヴァンタラの間の活動停止期間]の後に残存したもの —— 例えば、「ジャンブー」のようなものに対して、そして、(iii)未来の大激変の後で、新しい**世界の**「**大陸**」、半島、或いはドゥウィーパ[島大陸](註82)の —— 各大陸は、ある意味では、周囲を水で囲まれたより大きな、或いはより小さな地域で、その配置に加わることになるそれ等の場所に対して、与えられた地理的な名前に関連していると考えている。前述のように、これら分類学的命名法を「混同する」全てのことが異端者に示されたとしても、実際に、それの鍵を持つ者にとっては、何の混乱も存在しない。

前述のように、プラーナ伝承に云う「島々」の二つ —— 第6、第7「大陸」—— はいまだ出現していないけれども、地理的な地勢が過去の様相とは全く変化して異なる未来の乾いた陸地や新しい幾つかの大地の構成要素となる陸地が、それにも関わらず**存在したし且つ存在する**ことを**我々は知り**且つ確信している。それゆえ我々は、プラーナ伝承群に、シャーカ-ドゥウィーパが一つの大陸であり(或いは、あるだろうと)、そしてシャンカー-ドゥウィーパが、ヴァーユ・プラーナで描写されたように、バーラタ・ヴァルシャ[インド]の九地域(ヴァーユ・プラーナではもう六地域を加え十五地域)の一つ、「一つの小さな島」に過ぎないことを認めている。シャンカー-ドゥウィーパが「ヒンドゥの神々を崇拝したムレッチャ人 Mlechchhas(穢れた外国人)」に居住されたことから、そのため彼らはインドと結びつけられた。(註83)このことは、シャンカー-ドゥウィーパの〈王〉でクリシュナに殺されたシャンカースラ Sankasura について説明していて、かの〈王〉は「海の貝殻」のような宮殿に住み、「その臣民達もまた貝殻の中に住んでいた」とウィルフォードは語る。

「ナイル川(註84)の両岸でデーヴァタ達(天人、下級神)とダイティヤ達

(註82) シャーカやプシュカラのように、例えば、それは今では存在していないが、アメリカ、アフリカ、そしてゴビの地域を含む中央アジアの幾つかの部分として前述の陸地を構成している。**ウパドゥウィーパス**が「**根本**」の島々、或いは一般に乾いた陸地を意味することを覚えておこう。
(註83) 彼等は、その悪徳邪悪さから、デーモン達、**アスラ達**、巨人達、そして怪物達と呼ばれたし、そのため彼等の国はアタラ —— 同じ理由で一つの地獄、になぞらえられていた。
(註84) ナイル Nile 川でないのは、確かで、アトラス山系の**ニーラ** Nila 山の近くである。

（巨人達）との間に度々争いがあったが、しかし後者の種族は優勢でありながら、〈海洋〉に居住する彼らの〈王〉、シャンカースラは、度々夜襲をかけていた」。(『アジア探訪』、第 3 号 225 頁)

これら一連の戦いが勃発したのは、ナイル川の両岸ではなくて、西アフリカの海岸線、今モロッコが位置する南の海岸線である。それはサハラ砂漠全体が一つの海となり、次に〈三角洲〉のように肥沃な大陸となった時代で、さらにその後に、もう一度一時的に水没しただけで、それは他の荒れ果てた Schamo スチャモ、即ちゴビ砂漠と同じような砂漠の一つとなった。このことは前頁に引用したごとく、プラーナ的な伝承に描写されており、それは物語る、「人々は二つの戦禍の間存在した、というのも、シャンカースラ Sankhasura 王が大陸の片側クラウンチャ（或いはクラカチャ）を荒し尽くす一方で、クラウンチ Kraunch〈王〉はもう一方の地域を常に荒廃させていたからで、両方の軍隊は …… そのように、**最も肥沃な地域を荒涼とした砂漠に変えた**」と。

プラトンによって語り伝えられた、アトランティス最後の島だけでなく、最初に分離した巨大な大陸とその後七つの半島と（**ドゥウィーパ**と呼ばれた）島々へと、ヨーロッパに先立って別れた大陸は確かに存在する。それは南北太平洋の各部分と同じく南北大西洋の領域全体を覆い、インド洋（レムリアの遺物）にさえも島々があった。その主張はインドのプラーナ伝承、ギリシャの作家達、さらにアジア、ペルシャ、そしてイスラムの諸伝承によって裏付けられている。ウィルフォードは、インドとモスリムの伝説をひどく混同しているが、それにもかかわらず、明確にこれを描写している。(『アジア探訪』の第 8、10、そして 11 号を参照)そして彼の語る事実とプラーナからの引用は、アーリヤ系インド人と他の古代の諸国民が、今では大洪水**後**の時代に現れた最初の海洋民族であったと信じられているフェニキア人よりも早い時期の航海者達であった、と云う直接的で決定的な証拠を提示している。以下は[フランスの]アジア協会の**定期刊行誌**、第 3 号 325 頁以降で語られていることである ——

「それらの危機の中で、(デーヴァタ族とダイティヤ族の戦いを)生き延びたごく僅かな国民は、国中に響き渡る(明らかにウィルフォードには理解されなかった**魔術用語**)《**それ IT**》と云う言葉を用いながら、『我々を救うことができる彼を …… 我々の〈王〉にしよう』とバガヴァン[至高者] Bhagaban を推挙した」。

その後、猛烈な嵐が襲い、**カリ Kali** の海に不思議な波立ちが起こり、

「波間からそこに現れた …… 人物は、後に《それ》と呼ばれたが、大軍を前にして、アバヤン *abhayan* 即ち恐れることはないと告げている」。……そして敵を追い散らした。《それ》と呼ばれた〈王〉は」とウィルフォードは説明を続けて、「**バルバラデーシャ** *Barbaradesa*、ヒッサスタン Hissast'han、そしてアワスタン Awasthan、或いはアラビアを**貫き広がる**シャンカー－ドゥウィーパ中全体に平和と繁栄を復興したミルラ Mirira（ミルダ *Mirida*、恐らくルドラの変化身の一つでは？）の臣下の化身の１人である」、等としている。

確かに、もしインドのプラーナ伝承が、大西洋の西アフリカの向こうに位置する諸大陸と島々での戦いの記述を伝えていて、もしそれらの書き手達が**バルバラ人** *Barbaras* やアラブ人のような他の人々 ── 彼らはフェニキア人の航海時代にまったく**カーラ**［黒］・**パニ** *Kala pani*（黒潮の〈海洋〉）を航海すること、或いは渡航することを知らぬ者等 ── であるならば、それ故、彼らのプラーナ伝承はそれらフェニキア人の（紀元前3000から2000年に比定される）航海時代より古いことになるに違いない。とにかくこれらの伝承は、以下のようにより古いものに違いない(註85) ──

「前段の記述について」と書き記すのは１人のアデプトで、「インド人達はこの島について、**実在し**、そして強大な勢力だと語るし、それゆえ、それは**１万１千年以上も前に**存在していたに違いない」と。

だが、別の算出法と証拠は、アトランティスの最後に残った島 ── 或いは、むしろ二つのアメリカ(註86) ── 即ちプシュカラ Pushkara の二つ

─────────────────────────────

(註85) 二つの物語を、そして［マヌ法の注釈者］メダティティ Medhatithi とプリヤヴィルタ王を混同して、アトランティスとバーラタ、或いはインドの分割について、ウィルフォードは語る ──「分割はプリヤヴィルタによって行われ …… 彼には10人の息子があり、世界を分割することは彼の意図であった。同様に海神ネプチューンは自分の10人の息子の間でアトランティスを分け与えた。…… 彼らの１人は所有した …… アトランティスのはずれの地域を」── それは、「おそらく旧大陸である。…… このアトランティスは洪水で押し流された。…… そして**アトランティスによって、我々は大洪水以前の**〈**地球**〉**を理解すべきで**、西洋（同じく東洋）の神話学によれば地球上に10人の王子が生まれたが、玉座に着けたのは彼らの内７人だけである」と。（［アジア協会の**定期刊行誌**］3号、286頁）…… 一部の人々も七つのドゥウィーパの内六つは洪水で滅びたという意見である（［アジア協会の**定期刊行誌**］8号、367頁）。ウィルフォードは、それを「スペインを含んでいたガデス Gades」だとしたが、それはプラトンの云う島［アトランティス］であった ── より正確には。

のヴァルシャの隆起後、間もなく滅びた大陸の〈東部〉側残存地域について（かつてそこに居住していたことから）知り且つ記述したこれらインドのアーリヤ人達について遥かに古いことを提示するかも知れない。このことは、ウィルフォードを批評する、とあるアデプトによる天文学的な算出法に基づいて、更に、明らかにされるかも知れない。というのも、〈東洋学者達〉は、「その麓に太陽が没し」、デーヴァタ族とダイティヤ族（註87）の戦争が勃発した地、アシュブルジュ Ashburj 山に関連して公表したことを思い起こしながら、語っている ——

「我々は、その時、失われた島と残存するアシュブルジュ山の経緯度を考察するだろう。それは世界気候の第7段階、即ち第7気候帯（それは北緯24度から28度の間）にあった。…… この島は、〈海洋の神オケアヌス〉の娘で、〈西〉に横たわるとしばしば記述されたし、太陽がその山（名称は重要ではなく、アシュブルジュ、アトラス、テネリッフェ［現在のスペイン領カナリア諸島の一つ］Teneriffe、或いはナイル）の麓に沈み、そして『〈白い島〉』の白い〈悪魔デヴィル〉と戦っている、と描写されている」と。

さて、天文学的な見地からその陳述を考察し、そしてクリシュナが化身した〈太陽〉（ヴィシュヌ）、太陽〈神〉の一神格であること、及び彼がデヴァ-セフェド Dev-Sefid、即ち白い巨人 —— アトラス山の麓に住んでいた古代の住人達の**恐らく擬人化の一つ** —— を殺したと伝えられることを知るならば、事によったら、クリシュナは降り注ぐ〈太陽〉光の象徴の一つに過ぎないのではないのか？　それ等の住人達（アトランティスの子孫達 Atlantides）は、日々**運行する太陽**であるディオドロス Diodrus によって、我々が見てきたように、責め苦を受け、絶えずその影響と争っている。これは、勿論、天文学的な一つの解釈である。しかし、シャンカースラとシャンカー・ドゥウィーパ、そしてそれ等の歴史全てが、また地理的にも、民俗学的にもインドの衣装を纏ったプラトンの「アトランティス」に過ぎない

（註86）　「新」世界であるアメリカは —— **遥か**というほどでもないが、そのようにより古く、しかも「旧世界」のヨーロッパ以上の古さである。

（註87）　もしディヴ Div、或いはデーヴァ-セフェド（ターラダイティヤ）［白い巨人族］の住まいが**第7気候帯**にあったならば、それは彼がプシュカラ、インドの**パーターラ**（対蹠地［地球上で正反対に位置する場所］）、或いはアメリカの出身であったという理由による。後者のアメリカは、最終的に沈む以前には、いわゆるアトランティスの城壁と接していた。**パーターラ**と云う言葉は、対蹠地の国々と地獄界の両方を意味し、そのため名前と同様に概念と属性に於いて同義語となった。

ことが今ここに明らかとなるだろう。

　その時以来、プラーナ伝承の物語に、その島が**ずっと存在している**とまさに一言述べられてきたが、それゆえ、それ等の物語は、シャンカー・ドゥウィーパ、或いはアトランティスの都市ポセイドニスが消滅して以来経過した1万1千年以上の古さとなるに違いない。インド人が更に早い時期にその島を知り得たはずであったという可能性はほとんどないのか？　天文学的な実証にもう一度立ち返ってみるなら、もし人が、アデプトの言ったことに従って、「夏の熱帯『分至経線』が**プレアデス**を通過する丁度その時には、**コル-レオニス**［獅子の心臓と呼ばれる獅子座のα星レグルス］*cor-Leonis* が赤道上にあるだろうし、そして日没時に獅子座がセイロンの**天頂にある**丁度その時には、それゆえ**牡牛座が正午にアトランティス島の天頂にあるだろう**」、と想定するならば、天文学的な実証はこれをまったく判りやすいものとする。

　これは、おそらく、何故ラークシャサ達の後継者でランカ島の〈巨人〉、そしてシンハ *Singha*［古代インドやタイで認められる神秘的な獅子］、或いはレオの直系であるシンハリー人 *Singhalese*［セイロン人］がシャンカー・ドゥウィーパ、或いはポセイドニス（プラトンの云うアトランティス）と結びつくようになったのかを、説明する。ただ、マッキーの『スフィンクスの謎 *Sphinxiad*』によって示されたように、この出来事は、**天文学から見ればおよそ2万3千年前に起こったはずだ**し、その時には黄道面の傾きがむしろ27度以上であったはずで、その結果として牡牛座トーラスは「アトランティス」、或いは「シャンカー・ドゥウィーパ」の上を通過していたに違いない。以上によって、そうであったことが明確に示された。

　「**聖なる牛ナンディ** *Nandi* は、各〈劫期〉毎にブリシャバ *Rishabha*（牡牛座トーラス）**にまみえるためにバーラタ**［インド］*Bharata* **からシャンカー** *Sancha*［白い島のことで、ホラ貝を意味する］**へと引かれてきた**。しかし、〈白い島〉の人々（もともとシュウェタ・ドゥウィーパの系統を引く者達）が(註88)、邪悪な土地のダイティヤ（巨人）達と混じり合い、〈罪〉で黒くなり、

(註88)　アトランティスだけでなく、しかもシャンカー・ドゥウィーパも絶えず〈白い島〉と呼ばれていた。伝承が、〈白い島〉が人々の罪のために黒くなった」と伝える時、それは只、〈白い島〉、或いはシッダプラ *Siddhapura*、シュウェタ・ドゥウィーパの住人だけを意味し、彼等がアトランティスの〈第3〉及び〈第4〉人種に出現したのは、「後者を指導するためで、そして彼等は、化身してその肌が黒くなった」と ── 比喩的な話である。ヴィシュヌのあらゆる

その後ナンディは「〈白い島〉」(或いはシュウェタ・ドゥウィーパ)に永遠にとどまった。「第4世界(人種)の人々は《オーム AUM》を失った」── と〈註解書〉は語る。

　アシュブルジュ Asburj(或いはアズブルジュ Azburj)は、テネリッフェ[スペイン領カナリア諸島の一つ]の山の頂であるなしにかかわらず、「西アタラ」(或いは地獄)の沈没が始まったときには火山活動中で、救われた人々は彼らの子供達にその出来事を語り伝えた。プラトンのアトランティスは地下の深淵の水と天上の火、即ちその期間中巨大な山が火炎を噴出し続ける中で、滅亡した。「『火を吐く〈怪物〉』が、不運な島の破滅から唯一生き永らえただけであった」。

　ヒンドゥの作り話(アタラ Atala)を拝借し、それから別のもの(アトランティス)を創作していることで非難されたギリシャ人達は、地理的な概念と数字の7を彼らから手に入れた、とまた非難を受けることになるのか？(〈第Ⅱ部〉の自然の《**七重性**》についての数章を参照)

　「有名なアトランティスは最早存在しないが、かつて存在したことは全く疑う余地はない」、と語るのはプロクロス Proclus[ギリシャの哲学者、神学者]で、「なぜなら、エチオピア史の出来事を書き記したマルケルス Marcellus が、前述のそのように巨大な一つの島がかつて存在したと、語っているし、そしてこのことが外洋と関係する歴史を編纂する者らによって立証されているからである。というのも、プロセルパイン[冥界の王ハデスの妃ペルセポネ]に捧げられた大西洋に、**七つの島がこの時代に存在したと彼らが言及し**、これらの他に、非常に巨大な三つの島が捧げられたのは、冥界の王プルトー ...... 天界の王ジュピター ...... 海洋の王ネプチューン、にである。そしてこれに加え、最後の島(ポセイドニス[アトランティス最後の陸地と想像されている])の住民は、彼らの祖先によって伝えられたように大西洋の島の**とてつもなく厖大な記憶を保持していた**し、そして大西洋上にある全ての島々の幾時代にも渡るその統治の記憶もである。この**島**から、人々は他の大きな島々の向こうへ、そこはしっかりした大地から遠くはなく、近くに本当の海の有るところへ、と渡航しているかも知れない」と続けている。

〈化身〉は本来〈白い島〉の出身だと語られている。チベットの伝承によれば、〈白い島〉は他のドゥウィーパに共通する運命を免れ、火によっても水によっても破壊することが出来ない唯一の場所であるが、その理由は ── そこが「永遠不滅の土地」だからである。

「これら七つのドゥウィーパ(不正確にも島々とされた地)は、マルケルスによれば、有名なアトランティスの全体を構成していた」、と書いているのはウィルフォード自身で ……「このこと**はアトランティスが古い大陸である**ことを明らかに示している。…… アトランティスは激しい嵐の後に壊滅した(?)とあるが、これはプラーナ伝承の研究者にはよく知られていることで、彼らの一部は自然よるこの恐ろしい大激変の結果として、ドゥウィーパの内の六つが消滅した」と続けている ……(xi., 27)。

十分な数の証拠が、多くの無神論者を納得させるために今では提示されている。とは言っても、精密な科学に基づいた直接的な証拠もまた付け加えられている。書物は、けれども、彼らの尊敬する権威者達の目と耳を通して以外に、見たり聞いたりすることもない人々を対象とすることなく、書かれたのであろう。

ローマカトリックの古典評釈者達の教えによると、ミヅパMizpeth[サムエル記上、7章6節に記された、水を汲んで主に捧げた地]の土地にあるかのヘルモンHermon山[シリア南西部アンティレバノン山脈の最高峰で2809m]は ──「忌み嫌われるもの」、「破壊」を意味し ── アルモンArmon山と同じ山になる。この証拠の一つとして、ヨセフは、彼の時代に於いて依然としてその土地で日常的に大量に巨人達の骨が発見されていたと主張して、しばしば引用している。しかし、そこは、「〈主〉にこよなく愛された」預言者バラムBalaam[メソポタミアの預言者で、モアブのバラク王の依頼でイスラエルの民を呪いに出かけたが、乗ったロバの戒めで良き預言を告げた逸話]の土地で、そして数々の事実と人物達が既に話した評釈者達の頭の中でとても混同されたため、光の書ゾハルが、「蛇達」の意味すること、即ち賢者達、そして預言の密儀をバラムが学んだ学派のアデプト方であるとバラムに霊感によって伝えた「鳥達[吟遊詩人]birds」を説明する際に ── 折りに触れて度々、「サムエルが首領である〈凶暴〉な有翼竜」の住んでいたヘルモン山の描写が語られている(『ユダヤのサタン』)。

「彼らの1人の名前(アザゼルAzaz(y)el)をつけられたイスラエルの贖罪の山羊が遣わされたのは、〈砂漠〉のヘルモン山に鎖で繋がれたそれ等の不浄な霊達に対してである」と(スペンサー)。

我々はそうではないと宣言する。ゾハルにはヘブルのネハスキムNehhaschim[魔法、前兆の意]、或いは「〈蛇達の術〉」と呼ばれる実践的な魔術について追加の解説がある。それに云う(全集、第3部、col. 302)──「それは**ネハスキム**と呼ばれるが、その理由は、マギ術師達(実践的〈カバ

リスト達〉)が、無数の小さな星からなる光輝く領域として彼らが天に認識する**原初の蛇の光に取り囲まれて**術を行うからで」……それは、マルティニスト達 Martinists［18世紀のフランスでルイス・クラウドと聖マルティンが創立した神秘的且つ秘教的キリスト教の組織の信奉者］、エリファス・レビ、そして今ではあらゆる現代の〈秘教科学者達〉によって、単に**アストラル光**と呼ばれるものを意味するに過ぎない。(関連する〈文節〉を参照)

―――――

哲学的観点から見た「呪い」

　シークレット・ドクトリンの前述の教えは、世界の伝承で補足され、ブラーフマナ［祭儀書］とプラーナ伝承［神話・古譚］、ヤーター［ゾロアスター教の神を頌える祝詞］Yâthâs 他のゾロアスター教等の〈諸聖典〉、時代を降ってエジプト、ギリシャ、そしてローマ、更に最後にユダヤの〈聖なる〉記録が、全て同じ起源を持つということを、今ここに明示してきたに違いない。不注意な俗人を罠にかけるために捏造された無意味で裏付けのない物語など何処にもなく、全ては、多少なりとも空想的なベールの下に、先史時代の伝承と同じ分野で蒐集された大いなる真実を伝える意図を持つ寓話である。この2巻の書物シークレット・ドクトリンで、我々自身に先立つ4〈人種〉に関して、更なる、そしてより細かな詳細を展開するには紙幅が我々に許されていない。しかし、我々〈第5〉(アーリヤ人)人類の直系である大洪水以前の祖父達の精神的、霊的進化の歴史を学徒に提示する前に、そして同じ幹から生長したすべての他の支脈に関連することを説明する前に、さらに幾つかの事実を解明しなければならない。我々の〈秘教的な教え〉の教義が、ほとんどあらゆる場合に於いて、直接な証拠と同様に推察によるものによって裏付けられていることは、古典文学界全体を証拠として、そして最近の1人以上の哲学者や科学者の洞察的な解説に基づいて、示されてきた。かの「伝説的な」巨人達だけでなく、失われた諸大陸、更に先行する人種の進化は、まったく根拠のない物語ではない。この本の巻末にある〈補遺〉の中で、科学は、一度も反論出来ない自身に気づくことになるだろうし、彼らは、望ましいことだが、自然の神聖な数と通常の我々の数字に関するあらゆる懐疑的な論評を終_{しまい}には捨て去ることになるだろう。(**七重性**についての第2節を参照)

一方で、不十分なまま残されている仕事の一つが、あらゆる神学的な教義の中でとりわけ破壊的なもの —— 即ち、それのために人類がエデンの木影でアダムとイヴによる暗示的な不服従以来ずっと苦悩してきたと云われる〈呪い〉の始末をすることである。

　人間の中の創造的な能力は、神の叡智の賜で、罪の結果ではない。このことはエホバの矛盾した行為にハッキリ例証されていて、エホバは、まず最初に、想像した通りに罪を犯したことに対してアダムとイヴ(或いは人間)を**呪い**、そして次に、「産めよ、殖えよ、そして地に満ちよ」と伝えることで、彼の「選ばれし人々」を**祝福している**(創世記、9章、1節)。その呪いは〈第4人種〉が原因で人類の上にもたらされたのではない、何故ならより体格の巨大な〈大洪水以前の人々〉で比較的罪の少ない〈第3人種〉が同様に滅亡していたからで、それゆえ〈大洪水〉は決して罰ではなく、周期的且つ地質学的な法則の結果に過ぎなかった。精神を欠くあらゆる動物界で適切な季節に行われているように、**生理的な欲求に基づく生殖に対して彼らの上に《カルマ》の呪いの罰が下されたのではなく**、創造的力を悪用し、神の賜を冒瀆し、そして獣性的な人格の満足以外にいかなる目的もなく生命の本質を浪費する、ことに対してであった。これを理解した時、創世記の第3章は、〈第3諸人種〉を終わらせ、そして〈第4諸人種〉の幕開けを告げるアダムとイヴに言及していることが判るだろう。最初、妊娠はそれがあらゆる動物におけると同様に女性にとっても容易なことであった。自然は、女性が「苦しんで」彼女の幼子達を産むべきだとするつもりは決してなかった。その時代以降、それにも関わらず、〈第4人種〉の進化の期間中、その子孫 the seed と「〈蛇達の〉」子孫、即ち〈カルマ〉による子孫或いは結果と神の叡智との間で対立が起こった。というのも、女性、或いは官能的情欲の子孫は、神聖な出産の神秘を動物的な快楽に変えることによって、**叡智と知識の果実の種子である頭脳を傷つけ**、それゆえ、〈カルマ〉の法則は、〈第3人種〉の健全な動物の〈王〉から、人間が今の〈第5〉人種、即ち無能で堕落した存在となるまで、〈第4人種〉の人類全体の性質を(註89)、生理学

(註89)　文明国の人間に暗黙裡に認められたしきたりと比較する時、婚姻生活に於けるマヌ法典が、如何に賢明且つ包括的で、如何に先見の明があり、そして道徳的に恩恵を与えているかが判る。それらの法典が過去2千年の間無視されてきたとしても、それら先人の深慮を我々が称賛するのを妨げはしない。出家者バラモンは人生のある時まで、**グリハスタ** grihasta、家族の一員だが、息子をもうけた後に、彼は結婚生活を終わりにして、〈ヨーギ〉の身となった。

的に、道徳的に、肉体的に、そして精神的に徐々に変化させることによって、アトランティス人種の「踵を噛み砕いた」が、人間は今では、体質的且つ遺伝的な疾病や、あらゆる動物の中で最も意識的で知性的な獣性を持つ地上で最も裕福な相続人となった！(註90)

　このことは、〈カバラ的〉な秘教主義で触れられるほぼ唯一のことだが、生理学上の見地から見て、実際に〈呪い〉である。この視点から見たならば、呪いは、明白で、否定出来ない。知性の進化は、その過程で、肉体と協調して、祝福 ── 人間の**マナス**に自身固有の霊と本質の瑞々しい雫を注ぎ込む「〈叡智〉の〈主方〉」によって賦活された贈り物、となる代わりに確かに呪いとなった。天上のティターンは、その時、虚しさに悩み、或る者は人類に対する彼の恩恵を後悔し、そして『鎖で繋がれたプロメテウス』でアイスキュロスÆschyus[ギリシャの悲劇詩人・劇作家で525-456 B.C.]によってとても写述的に描写されたかの時代に憧れる気持ちを覚えるが、そこでは〈最初〉のティターン時代(かの霊妙な人間、敬虔なカンドゥとプロムローチャに続く時代)の終焉に際し、いまだに精神と(生理的に)感覚の無い初期の肉体的な人類が、次のように記述されている ──

　　「瞳で見れども、虚しくも彼らには観えず、
　　　耳で聴けども、彼らには聞こえず、ただ白昼夢の幻影のようだ、
　　　長い時を経てあらゆる生き物は手当たり次第に混血した」。

　我らが〈救い主〉、アグニッシュヴァタと別の神、「〈叡智〉の〈炎〉の〈息子達〉」(ギリシャ人によってプロメテウス(註91)として擬人化された神々)は、

彼のまさに婚姻生活は彼の気質どおりにバラモン占星術師によって整えられた。それゆえ、例えば、イスラム教徒、そして後にはヨーロッパ人の放蕩による致命的な影響が伝統的なアーリヤ人の身分制度にほとんど干渉しなかったパンジャブのような国々に、人は地上全体の中で最も均整のとれた人間を ── 体格及び肉体的な強靭さの比較に限るが ── 未だに認めることになるし、これに対して古代の有能な人々は、デカン地方、そして特にベンガル地方で世紀毎(そしてほぼ年毎)に、こびと化し弱体化する世代の人々によって、自身がとって代わられてゆくことに気付いていた。

(註90)　諸々の病気と過剰な人口は決して否定し得ない事実である。
(註91)　アンナ・スワンウィック夫人の書物『アエスキュロスの悲劇』の中で、『鎖で繋がれたプロメテウス』(第2巻146、147)について、そこでプロメテウスが実際に登場するのは、「境遇が ……… 極端に弱々しく悲惨だとして描写される人類の王者、そして恩人としてで。……… ゼウスは、語り伝えられるように、この弱く短命な人間等を滅ぼし、彼等の代わりに新人種を地上に

人間の心に蔓延する不正の中で、無視され、感謝されぬのは当然のことである。彼ら神々は、真実に対する我々の無知のため、パンドラの贈り物として間接的に呪われるかもしれないが、しかし、〈悪徳の輩〉であると聖職者の口上で公式に宣言され、公表された彼ら自身を認めることは、「敢えて独りで」── ゼウス神が人類全ての滅亡を「切に望んだ」時に ── 地獄に落ちることから「かの人間」を救おうとした〈プロメテウス Him〉に対する、或いは苦悩するティターンが、呻吟させられるように ──

「打ち倒されてハデスの闇の国に落ちゆくことから［人類を救う］。
このための恐るべき苦痛に私は身をねじ曲げる、
堪え難い刑罰に、見るも哀れな姿に、
人間達を哀れんだ私は！……」で、あまりに重すぎる〈因果〉である。
その合唱はまさに適切に唱っている ──
「計り知れぬ恩恵は、汝を人間に遣わされたことである ……」
プロメテウスは答える ──
「しかり、更に彼らに火を与えたのは私だ、
合　唱：今これら命短き生き物達は輝く瞳に炎を点しているのか？
プロメ：勿論、その炎により、多くの工芸を修得するだろう。……」と。
だが、工芸と共に受け取った火は最大の呪いへと変わり、動物的な要素、そしてそれが持つ**意識**は、定期的に出現する本能を長期にわたる獣性と肉欲性へと変えてきた。(註92) これが重苦しい葬礼の黒い棺衣のように人類の上を覆うものである。こうして自由意思というもの、即ち人類の闇の面を

育てることを提案した」と語られている。我々は、同様のことを行い、スタンザ（V以降）で自然と海の最初の産物を絶滅する〈主〉なる〈神〉を見る。………プロメテウスは、この計画を台無しにし、結果として、人類のためにゼウスの無慈悲な残忍さによる強烈で苦悶する痛みや苦悩を甘んじて受け入れている者として自身を**表現**している。我々は、前述のように、（人類の知性の、或いはマナスの高次の面の）限られた思索と自由意思の象徴ティターンを、**崇高な慈善家**として描写してきたし、一方ゼウスは、ヘラス［ギリシャの古名］の最高神で、残忍で頑固な暴君、特にギリシャ人の感性に嫌われる性格としてその姿を描かれている」。それに対する理由がさらに説明されている。「〈最高神〉」は、あらゆる古代の〈万神殿〉において ── ユダヤの神をも含め ── 光と影からなる二重の性格を持っていると。
(註92)　動物の世界では、それを導くための素直な本能を持ち、その**繁殖季節**があり、性は1年の残りの期間には発現しなくなる。それゆえ自由な動物は、生涯に一度だけ ── 即ち死ぬ前に、病気を知ることになる。

象徴するティターン的な感情、「湧き上がる傲慢さで、彼らが法典の戒律を破る時の、静まることなく、飽くことなき低い感情と欲望」、に対する責任が生じることになる。(註93)

プロメテウスは、プラトンの著作『プロタゴラス』によれば、「肉体的な健全さに貢献するかの叡智」を人間に与えようとしていたが、動物(〈欲望カーマ〉)的な**マナス**のより低い面は変わらないままに残り、「穢れなき精神、天の最初の贈り物」(アイスキュロス[の言葉])の代わりに、そこでは、永遠に満たされぬ欲望、「盲目の人間人種を束縛する夢の中のような精神の薄弱さ」(556頁)と対をなす後悔と失望に由来する尽きることなき貪欲さを、プロメテウスが天命を拝した解放者、ヘラクレスによって自由の身として解放されるその日まで、創り出していた。

さて、キリスト教徒達 ── 特にローマカトリック教徒達 ── は、この劇的な出来事をキリストの再臨と預言的に結びつけようと試みてきた。これ以上に大きな過ちを犯してはならない。本物の神智学徒は、神の叡智の追求者、そして〈**絶対的**〉な完全さ ── ゼウスでもエホバでもない知られざる〈神〉 ── の崇拝者で、そのような考えに異議を唱えるだろう。古い時代を指摘しながら、彼は、原罪など決して存在せず、只肉体的な知性の誤用 ── 即ち動物性によって導かれる心霊的な存在と、両者による霊的な光の消滅を明らかにするだろう。彼は告げるだろう、「行間を読むことの出来る汝等あらゆる者は、古い様々な演劇 ── インドとギリシャのものに見られる古代の叡智を研究すべし、そして正確に述べられたその一つを注意深く読むならば、誰でも2千400年前のアテネの劇場で、『鎖で繋がれたプロメテウス』を演じたことになる」と。その神話は、ヘシオドスやアイスキュロスに関係はないが、しかしブンゼンが言うように、「ギリシャ人自身よりも古い」、というのもそれが実際に人間の意識の曙に属することによる。〈**十字架にかけられた**〉ティターンは、集団的な〈ロゴス方〉、「〈天使の万軍〉」、そして「〈叡智〉の〈主方〉」、或いは〈人間〉に化身した〈天人〉、の擬人化された象徴である。さらに、「前方を見る者」、或いは未来を見る者を意味する彼の名前プロ Puro -メ me -テウス theus が、表しているように(註94) ── 彼が創案し人間に教えた幾つかの工芸について、心理的な洞察がほとんど無されなかった。というのも、彼がオケアノス

(註93)『鎖で繋がれたプロメテウス』の序、152頁。

Oceanos［巨人族の1人で水を象徴する神で、娘は海のニンフ］の娘達に次の様に不平を漏らしている ──

　　「予言に関する様々な様式を私は定めて、
　　そして夢の中で最初に正しく識別した、
　　事実に基づく未来像を ……… 人間達は導かれた
　　ある神秘的な工芸の技へと。………………
　　人間のあらゆる工芸の技はプロメテウスに由来した。………」と。

数頁の間、主題を離れ、一息ついて、そして伝承的な寓話の中で最も暗示的であるものとして、この最も古いものの奥に隠された意味が何であるのかを見てみよう。それが黎明期の諸人種に直接関係するように、これは実際には主題からの逸脱とはならないだろう。

アイスキュロスの(失われた三部作の)悲劇の主題は全ての教養ある読者達によく知られている。下級神は神々の秘密 ── **創造する火の奥義を神々**

（註94）　ギリシャ語のプロπρὸ、メテスμῆτιςに、「先見 forethought」は由来する。「クーン Kuhn 博士は」、上述の『アイスキュロスの悲劇』に関する幾冊かの書物で我々が告げられているように、「ティターンと云う名前が火を点すための道具、プラマンタ Pramantha というサンスクリット語に由来すると考察している。**マンド** mando 或いは**マンタ** manth の語源は、火を熾す回転運動を暗に意味し、そしてその言葉**マンターミ** manthami（火を点す過程を指し示すことに使われる）は、不意に取り去る、という第2の意味を獲得したし、このことから我々は窃盗を意味する、同じ語系列の**プラマタ** Pramatha という別の言葉を見つける」。これはとても巧妙だが、おそらく全てが正しいわけではないし、その上、かなり散文的な要素がそこにはある。疑いなく肉体の性質において、より高い形体は低いものから発達するかも知れないが、思いの世界ではそれは難しい。そして、**マンターミ** manthami という言葉がギリシャ語に伝わって、学ぶこと、即ち知識を盗用するという言葉**マンターノ** manthano になったと言われるように、予知、予見を意味する**プロメティア** Prometheia は何処からかを、我々は調べる内にそのサンスクリット語起源のものよりも、「火をもたらす者」に対してより詩的な起源を見いだすかも知れない。**スワスティカ**は、神聖な紋章で**聖なる**火を点すための道具だが、それをより巧く説明するかも知れない。「プロメテウス、火をもたらす者は、擬人化された**プラマンタ** Pramantha である」と著者は続け、「彼はアーリヤ人のマタリシュワン Matarisvan、神の1人 ……… ヴェーダの火の神、アグニと密接に結びつく人物にその原型を見いだせる。………」と語る。マティ Mati はサンスクリット語で「理解する」ことを意味し、〈マハト〉や**マナス**の類義語であり、その名前の起源について幾つかの物語があるに違いないし、例えば、**プロメティ** Promati はフォーハットの息子で、そして彼自身の逸話もまた持っている。

（エロヒム）から盗み取っている。この神をも恐れぬ所業のために、彼は〈**クロノス**〉(註95)によって打ち倒され、そしてゼウスに引き渡されているが、ゼウスは、人間が知性に関して盲目で、動物のようであることを望んだ人類の〈**父**〉にして創造者で、〈**人間**〉が「我々神々の１人のようになる」ことを認めない**人格神**の１人である。それゆえ、プロメテウスは、「火と光を恵む者」で、コーカサス山で鎖に繋がれ、責め苦を受ける刑を宣告される。しかし、〈**運命**〉（カルマ）の三女神達［クロト女神は人の誕生を、ラケシス女神は生涯を、アトロポス女神は死を司る神］の神意は、ティターンが語るように、ゼウスにさえも ──

「彼ゼウスでさえ予め定めれた運命を逃れ得ず。………」
── それらの災いは続き、ゼウスに１人の息子 ──
「しかり、父親よりも強くなる１人の息子」(787節)
……………………
「その子は、汝（イオ Io ［ゼウスの寵愛を受けたためヘラに嫉妬され、ゼウスはヘラの目を欺くためにイオを牝牛にした］）自身の子供の１人に違いない。………」(791節)

── が生まれるその日迄の定めである、との天意を告げている。この「〈**息子**〉」は、プロメテウス（苦悩する人類）を彼固有の宿業的な贈り物から救い出すだろう。彼の名は、「やがて来たる者 ……」である。

さらに、他のあらゆる寓話的な文章と同じく、ほとんどの意味が歪曲されているかも知れないこの数行の詩の典拠について、即ちプロメテウスが口にして、イナコス Inachos の娘でゼウスに悩まされたイオに伝えらた言葉 ── 一つの預言全体は、幾人かのカトリック教作家によって作り出されている。十字架にかけられたティターンは語る ──

「そして、凶兆は確信に変わり、お喋りな樫の樹によって
つぶさに、謎かけのない句の中で
ゼウスの誉れ高い配偶者として歓呼して迎えられた
……………… (853節)
……………… 汝を慰める
［ゼウスの］くつろいだ手に触れるだけで、
その後に、汝イオよ、**黒いエパフォス** Epaphos を産むに違いない、

(註95) クロノスは「時間」であり、そしてそのように寓話はとても暗示的である。(この小項目の終わりの頁を参照)

その名は彼の聖なる出自を物語る。…………」(870節)

これは幾人かの熱烈な支持者達 —— その中でもとりわけ、デ・ムソーとド・ミルヴィル —— によって、明確な預言として編纂された。イオは ——「神の母」で、「黒いエパフォス」は —— 即ちクリストだと我々は伝えられている。しかし、後者エパフォスは、比喩的なものを除き、人々が「〈父〉」ゼウスをエホバと見なすとしても、彼の父を玉座から追放しなかったし、キリスト教の〈救世主〉もまた彼の〈父〉をハデスの黄泉の国へと追い落とすことはしなかった。プロメテウスは930節で、やがてゼウスは謙虚になるだろうと、ゼウス自身に関連して語っている ——

「………… 彼が用意するそのような婚姻、

それは権力の玉座から無一文へと

彼を貶め、同様に全てを実現させるに違いない

彼の父クロノスの呪いの全てを …………(註96)

………… その後、彼に

彼の遥か高みの雷鳴の秘密を打ち明け、

炎と燃え立つ稲妻を両手で使わせよう、

これ等は彼を助けるのではなく、彼を敗北させる為に、

敗北は不名誉で、堪えられぬはずだ …………」(980節) と。

「〈黒い〉エパフォス」はサバ人の〈密儀〉に於いて、デュオニソス−サバティウス、即ちゼウスとデメテルの息子であり、密儀の期間中に、「神々の父」**はある〈蛇〉の姿を纏い**、デメテルとの間に[息子]デュオニソス、或いは太陽バッカス神方をもうけた。イオは月であり、同時に**新人種のエバ**[聖母]で、そして同じくデメテルである —— 今、議論中の場合には。プロメテウス神話は、実際には一つの預言であるが、それは、様々な国々、多様な諸民族の進化の過渡期に於いて、定期的に出現してきた周期的な〈救世主達〉の誰にも言及していない。それは、人類が、エーテルから固い物質的状態へ、霊的な創造から生理的な出産を経て、今では、その原初的状況に於ける第2の段階に向かって、**女性がいかなる男性とも交わることなく、**そして人の子孫が**孕まれることなくつくられた**周期とは反対側の弧上に至っている流れの中で、周期的な変容に関する密儀の結末を示している。

その状況は、世界がこの広汎な性の問題の下に横たわる諸々の事実を見つけ、実際に評価すべき時、プロメテウス神話に、そしてその世界全体に

(註96)　この呪いについての更なる解説は、現在の小項目の最終頁を参照。

立ち返らせるだろう。それは、「海や陸の上では決して輝くことのない光」のようなものだろうし、そして〈神智学協会〉を通じて人々にもたらされるべきものである。その光は**真の霊的な直感**に案内し、その糸口になるであろう。その時(かつてある神智学徒に宛てた手紙で書いたように)、「世界には**ブッダ達とキリスト達からなる人種が現れるだろう**、というのも世界は個々人が**ブッダのような子供達 —— 或いは悪魔デーモン達を生み出すための特別な能力をその内部に持っている**ことを見いだすことになるからである」。「そのような知識が現れる時、あらゆる教条的な宗教は、これ等のデーモン達と共に死に絶えるだろう」。

　もし我々が寓話の連続する展開や英雄達の個性について熟考するならば、神秘が謎でなくなるかもしれない。《**クロノス**》は、勿論その周期的な過程の「時」である。彼は自分の子供達を —— 顕教的な教義の**人格神**達も含めて、呑み込んでいる。彼はゼウスの代わりに彼の石の偶像を呑み込んだが、ゼウスの象徴は、成長し、人類がその肉体的及び知性的な —— 霊的ではない —— 完成に向かって螺旋的に下降するように、人間の空想の中でのみ発達してきた。それがその霊的な進化に於いて遙かに進歩した時には、クロノスはもはや欺(だま)されることはないだろう。石像の代わりに彼は擬人化された作り話そのものを呑み込むだろう。何故なら、擬人化されたロゴス、霊的及び肉体的な〈諸勢力〉の一団としてサバ人の密儀で表現された**叡智の蛇**は、やがて〈時〉(クロノス)の中に子孫 —— デュオニソス-バッコス、或いは「黒いエパフォス」、「全能なる者」—— を、クロノスを打ち倒すことになる種族を、産むことになるから。彼はいったい何処で生まれるのだろうか？　プロメテウスはイオに対する予言の中で、彼の素性と生まれる場所を辿っている。イオは繁殖を司る月の女神である —— 何故なら彼女はイシス、エバであり、偉大なる母(註97)であるから。プロメテウスは、

(註97)　このイオの放浪を辿る際に、「今知られている地図とは一切合致しない」(2巻、191頁)ことが、『鎖で繋がれたプロメテウス』の翻訳版の著者、及び翻訳者によって不満として主張されている。そこには不一致に対する適切な理由が有るのかも知れない。[「今知られている地図とは一切合致しない」ことの理由は一言で言えばイオが放浪の旅をした時代と現在の地勢の位置関係が全く異なっていることにある。陸続きの一つの大陸であったのが、『ノアの大洪水』に象徴される大激変で現在の大陸配置へと短期間に変化した]まず第1にそれは**人種の旅**とあちこちへの放浪であり、そこから「10番目」の者、いわゆる**カルキ・アヴァター**が現れ出ることとなる。これを彼は「**アルゴス**Argos生ま

表現可能な限り明白な言葉で（人種的な）放浪の道を辿っている。彼女は、ヨーロッパを立ち去り、アジア大陸へコーカサス山脈の最高峰を目指して向かわねばならず（737節）、ティターンが彼女に ──

　　「汝が、二つの大陸の境界である河を渡たると、
　　　焼け付くように熱い東洋を目の当たりにする」（810節）と。

告げている事から、彼女は「クミリヤのボスポラス海峡」を通った後、東方に旅をせねばならず、そして明白なことにヴォルガ Volga 川と現在のカスピ海のアストラハン Astrakhân を横切っている。この後、彼女は、「恐ろしい北からの突風」と遭遇し、そして「アリマスポイ人 Arimaspian［黒海とカスピ海との間にあったスキタイに住むと考えられた一つ目族］の集団」が（プラトンの云うスキタイの東側に）住む土地の反対側を渡ることになるだろう ──

　　「冥府の神プルトンの黄金が満ち溢れる流れ。………」（825節）を。

それはニューマン教授によってウラル地方、即ち、「この黄金の地域の住民達として知られた」、ヘロドトスの云うアリマスポイ人を意味してきたと正しく推測されている。

　そして此処、825から835節の間に、あらゆるヨーロッパの翻訳家達にとっての難題が現れることになる。語るのはティターンで ──

れの王族人種」と呼ぶ（888節）。しかし此処でのアルゴスはギリシャのアルゴスと何ら関係はない。それは**アルグ Arg** 或いは**アルカ arca** ── 月に象徴される女性の繁殖力 ── そして〈天界の女王〉を意味する密儀に使う船形をしたアルガ Argha に由来する。アウスタテウス Eustathius は、アルギア人の方言ではイオが月を象徴することを示し、一方秘教では、神のような〈雌雄同体者〉、或いは神秘に満ちた数字の10、例えばヘブライ語に於いて数字の10は完全数、或いはエホバであるとして、それを説明する。サンスクリット語で**アルギア Arghya** は献酒儀式の聖杯、女神達に供えられた花束や果実を入れる舟形、或いは小舟の形をした容れものである。**アルギアナータ Arghyanath** は、マハー-チョーハンの称号で、「献酒儀式の主」を意味し、そして**アルギア・ヴァルシャ** ──「献酒儀式の土地」── は、カイラス山の近くからスチャモ Schamo ［ゴビ］砂漠へと広がるかの地域の神秘的な名前であり ── その土地の中から**カルキ・アヴァター**の出現が信じられている。ゾロアスター教のアエリヤーナ-ヴァルセディヤ Airyana-Varsedya は、所在地としては、そこと一致している。それは現在では、アラル海、バルティスタン海と小チベットとの間に位置していたと云われているが、そこが**肉体を持つ人間の誕生**の地、イオが母、そして象徴となっている場所であったように、古い時代には、その領域は遙かに広大であった。

「これら(アリマスポイ人とグリュプス Grypes [グリフィンとも呼ばれ、鷲の頭、ライオンの胴体に翼を持つとされる伝説上の怪獣で、スキタイに住み、その土地の黄金を護ると信じられた神獣])には近づいてはならない。汝が次に辿り着くところは、
遙か周縁の地で、浅黒い人種の住むところ
太陽の泉の近く、エチオピア Æthiop「川」のあるところ。
その岸に沿って汝が行き着くところまで進むと
激しき急流あり、そこはビブリン Bybline の台地から
神聖なるネイロス[ナイル]川 Neilos の汚れなき流れを送り出しているところ ………」と。

そこにイオは彼女自身と息子達のための植民地を創設することを運命づけられていた。さて、我々はその詩節がどのように翻訳されているかを検証しなければならない。イオがエチオピア Ethiops 川に行き着くまで東方へ旅をするべきだと告げられるとき、それはエチオピア川がナイル川に合流するまで旅をすることで —— それ故に当惑する。「初期ギリシャの地理学的な諸説によれば」、我々は『鎖で繋がれたプロメテウス』に関係する版の著者によって以下のように知らされている ——

「この条件は、インダス川に十分当てはまることになる。アリアノス Arrian 著『アレクサンドロス東征記』(vi. i.) では、アレクサンダー大王がインダス川を船で下る準備をしている時(インダス川でワニを見ているが、ナイル川以外の川ではないし)、彼自身がインダス川の源流を発見したと思っていたと述べることで、まるでナイル川が、インドの数ヶ所を源流として起こり、そして多くが砂漠の荒れ地を通って流れ、そのためインダス川という名称を失い、次に …… 人々が住む土地を通って流れて、その地域のエチオピア人によって、そして後にはエジプト人によって、今ではナイルと呼ばれているかのようにである。ウェルギリウス Virgil [B.C.70 から 19 年を生きたローマ詩人]はジョージ IV 世の治世[19 世紀半ば]に全くの誤解を蔓延させている」(2 巻、197 頁)。

アレクサンダーとウェルギリウスの両方とも彼らの地理認識に於いてかなり思い違いをしていたが、プロメテウスの予言には、少なくともそのような罪深さは無かったし —— その秘教的な精神には、いささかの罪も無い。ある種族が象徴となり、そしてその歴史に附随する数々の出来事が寓話的に描写される時、その擬人化を辿る旅行記に地形的な正確さはまったくもって期待すべきではない。しかも、「エチオピア」川が確かにインダス

川になり、そしてまた**ナイル Nil**、或いは**ナイラ Nila**となることはよく起こることでもある。それは**カイラス Kailas** 山（天国）、神々の住まうところ —— 海抜約 22,000 フィート、に源流を発する川である。それがエチオピア川で —— 遙か以前、アレクサンダーの時代に、ギリシャ人によってそう呼ばれていた、何故ならその両岸が、アトック Attock［インダス川上流でイスラマバードの近郊］からシンドゥ Sind［パキスタン南東部のインダス川河口］にまで至り、東部エジプト人として通常言及される諸種族によって居住されていたことによる。インドとエジプトは二つの同族国家であり、そして東部エジプト人は —— 優れた建造者達で —— インドからやって来たと、『ベールをとったイシス』（1 巻 科学 下、730-32 頁［老松克博訳 竜王文庫 2015 刊］）で自画自賛だがかなり巧く立証していると思っている。

　それなら、何故、アレクサンダーは、そして博学なウェルギリウスさえもが、それが川の名称の一つとなって以降、インダス川について語る時、ナイル Nile、或いは**ネイロス Neilos** という言葉を使うことができなかったのか？　今日まで、インダス川はカラーバ Kala-Babh 周辺［パキスタンのインダス川上流でペシャーワル、イスラマバードの近郊］の地域では**ナイル nil**（青い）、そして**ナイラ Nilah**、「青い川」と呼ばれている。この地域の川の水は、前述のように濃い青色で、記憶も定かでない時代から川につけられた呼称は川岸に佇む同名で呼ばれた小さな都市へと案内した。その都市は今日でも存在する。明らかにアリアノス［2 世紀のローマで活躍したギリシャ人で政治家、歴史家］は —— アレクサンダーの時代よりもずっと後に書き留め、インダス川の古い名称について無知であったが —— ギリシャの征服者を無意識のうちに中傷していた。彼だけでなくより賢明である現代の歴史家達も、彼らが行っていることを判断すれば、同様である。というのも、彼らは、〈百科事典〉が彼らに全く用意されてない時に、彼らの古代の同業者が古い時代に絶えず行っていたことと同様に、単に上っ面だけの全く概略的な公式発言をすることをしばしば行っているからである。

　イオ、即ち「牛の角を持つ少女 maid」の人種は、その時期に彼女によってインダス川からナイル（インド（註98）から来た入植者達の母なる川に関する記憶でその名を授けられた）川に連れられて来たエチオピア人の単に最

（註 98）　アレキサンダーは、（行ったことのない）インドよりアトック Attock についてより詳しく知っていて、ナイル、そしてナイラと呼ばれたまさにその源流近くのインダス川について聞き漏らすことは有り得なかった。例え誤解だとしても、それはこのように容易に説明される。

初の開拓人種である。というのもプロメテウスはイオ(註99)に対して聖なるネイロス Neilos(神で、川ではない)とは断じて言ってはいない ──
　………「彼は、**三つの角がある**その土地へと向かい、汝が導くだろう」
── 即ち、彼女の息子達がエジプトを創設する定めとなっている〈三角州〉へと ── ………「入植地から遙か離れた地へ ………」(830節以降)。
　新人種(エジプト人)が始まるのはそこで、そして黒いエパフォスから数えて「第5世代目の家系」となる「女の種族」(873節)は ──
　　　「数にして50人はアルゴスに帰る」。
　その後に50人の乙女達の1人は愛を通じて堕落し、そして必ず以下のようになる ──
　　　「……… ある王族人種がアルゴスに誕生する、
　　　　……………………………………………
　　　だが、この子孫から畏れを知らぬ英雄達が出現し、
　　　弓で名高き彼は、これらの不運から私を解放するだろう」。
　この英雄が現れる時を、ティターンは洩らさない、その理由を彼は一言述べている ──
　　　「これを大まかに説明するためには冗長な話が必要だ」と。
だが、「アルゴス」はアルギィア・ヴァルシャ *Arghya Varsha*、古代の〈秘儀司祭達〉が神酒を捧げた土地で、〈人類〉の解放者が現れるところだが、そ

(註99)　イオが寓話でイシスや月と同一であることは、彼女が「牛の角を持つ者」であることで示されている。その寓話は疑うまでもなくインドからギリシャに伝わったもので、インドではヴァーチは ──「旋律を奏でる牛」(リグ-ヴェーダ)で、よこしまな情欲に衝き動かされ、そして彼女を鹿に変えた彼女の父親ブラフマーに追いかけられた時、「彼女から人類が生まれた」(バガヴァタ[至高者]・プラーナ[バガヴァタ派の聖典の一つ])と、アイタレーヤ・ブラーフマナの中で描写されている。そのため、イオはジュピターの情欲を受け入れることを拒み、「角をはやした」。牝牛は、あらゆる国で自然、イシス、ヴァーチ、ヴィーナス ── 豊穣多産を願う愛の母神、キューピッド等が持つ穏やかで豊かな生産力の象徴であったが、同時に、エジプト人達やインド人達により ── 雄牛として ── **ロゴス**の象徴になったことは、最古の諸寺院に於ける聖牛アピス及びヒンドゥの雄牛よって示される通りである。秘教哲学では、牝牛は創造的な自然の象徴で、そして〈雄牛〉(彼女の子牛)は、ケニリー氏が描写するように、自然を活気づける精神、或いは「〈聖霊〉」であった。それゆえ角の象徴となる。それらはまた、ユダヤ人達によっても聖別され、彼等は身の安全を保証した1人の罪人を縛り、シッティム材[アカシアの木]で作られた祭壇の角の近くに拘束していた。

の一つの地名はより最近の時代にその近隣の地名、インド —— 古代のアーリヤ-ヴァルタ Arya-Varta、となった。

サバの密儀の部分を構成するその主題は、数人の古代の作家達、例えばキケロ Cicero（『トゥスクル談義 in Tuscul. Quæst.』 I, ii. No. 20)、そしてアレキサンドリアのクレメンス（『ストロマティス Strom』、I. ii.、**喜歌劇** *oper.* 大冊 *tom.* I.467 頁 —— ポッター *Potter* 編集版）等によって知られている。後者の作家達は、アイスキュロスがアテネ人によって神の冒瀆罪で告発され、そして石つぶてで打たれて殺されるという罰を受けたと伝えられる事実に対して、サバの密儀[の漏洩]が本当の原因であるとした唯一の人達である。アイスキュロス自身がイニシエイションを受けたことがないため、彼はギリシャ悲劇三部作の公式の舞台で〈密儀〉を洩らすことによって、それ等を冒瀆していた(註100)と彼らは語っている。だが、たとえ彼がイニシエイションを受けていたとしても、同じ罪で訴迫を招いたことであろうし —— それが真相であったに違いないが、そうでなければ、彼にはソクラテスのようにイニシエイションの秘密及び聖なる寓意劇を啓示する**悪魔ダイモン** *daimon*[守護霊]を持っていたに違いない。いずれにしても、プロメテウスの予言を創作したのは「ギリシャ悲劇の父[アイスキュロス]」ではない、というのも彼はサバシア(註101)の〈**奥義儀式**〉の中で、司祭達によって明らかにされたものを演劇的な形式で繰り返しただけである。後者は、それにも関わらず、その起源が今日まで歴史に知られていない最も古い神聖な祭りの一つである。神話学者達はミトラス（幾つかの古い記念碑でサバシウスと呼ばれた太陽）を通じてそれをジュピター及びバッカスに結びつけている。しかしそれは決してギリシャ人の財産ではなく、記録も無い遙か昔の時代に起源を持っている。

演劇の翻訳家達は、前述のごとく「『鎖で繋がれたプロメテウス』の中で描かれたようなゼウスの性格と残っている幾つかの演劇の中で演じられる性格との相違」の罪で、アイスキュロスがどうして有罪となり得るのかと訝っている。(*A・スワンウィック夫人*)これは、アイスキュロスが、シェイ

(註100) ヘロドトスとパウサニアスは、訴迫の原因が、アエスキュロスがエジプト人の神学を採用して、ラトナではなく、ケレスの娘ダイアナを作ったことに起因すると憶測した。(『アエリアヌスの雑録史 Ælian Var. Hist.』、I., v. c. xviii、大冊 *tom.* I、433 頁 **グロノフ** *Gronov* **編集版を参照**) だがアエスキュロスは秘伝を受けていた。

(註101) サバシアは幾柱かの神々を記念して上演された密儀を伴う例大祭で、ミトラの密儀の変化したものである。人種の進化全体がその中で演じられた。

クスピアのように、時代の知性的な「スフィンクス[の謎]」であったし、そして時代の知性的な「スフィンクス」として絶えず生き残り続けるであろうという、まさに理由となる。ギリシャ思想の抽象的な神ゼウスとオリュンポス山のゼウスとの間に一つの深い溝が存在していた。後者のゼウスは密儀の中で、人間の肉体的な知性が持つ低次の面 —— 即ち**欲望カーマ**と堅く結びついた**マナス**と比して決して高次の面ではない本質を表現していたし、プロメテウスは —— その神の様相はブッディに融合し、そしてブッディを熱望する —— 天界の〈魂〉である。ゼウスは人間の魂で、それ以上のものではなかったが、自身の低い情欲の誘惑に身を任すとして描写される時にはいつでも —— その我欲、或いは《**私は有るという意識** I-AM-NESS》の中で復讐心に燃え、残酷で**嫉妬深い**〈神〉であった。それゆえにゼウスは、蛇として表現され —— 人間の知性的な誘惑者で —— それにも関わらず、周期的な進化の過程で「〈人間の救世主〉」、太陽バッカス、或いは「ディオニュソス[ギリシャ神話のぶどう酒と演劇と多産の神で別名バッカス]」、即ち**人間以上の子**等をもうけている。

　ディオニュソスは、オシリス、クリシュナ、そして仏陀(天界の賢人)、更に再臨する(10番目の)神の化身アヴァター、即ち苦悩する**クレストス** *Chréstos*(試練中の人類、或いはプロメテウス)を救済するであろう光輝に輝く〈霊的〉な**クリストス** *Christos* と同一である。これは、ゾロアスター教徒によって、そして今ではキリスト教の教えによって(偶然に過ぎないが)流布された〈バラモン的〉且つ〈仏教的〉な諸伝説が語るように、〈**カリ・ユガ時代**〉の終末に起こるだろう。人間が罪の無い女性から生まれるようになるのはカルキ-アヴァター、或いはソシオシュ Sosiosh の出現後のみである。その時、ヒンドゥの神ブラフマー、ゾロアスター教のアフラ-マツダ(オルマツダ)、ギリシャ-オリュンポスのドン・ファン Don Juan[色男]ゼウス、嫉妬深く、悔い改めさせ、無慈悲なイスラエルの民族〈神〉エホバ、そして人間の空想からなる世界の〈万神殿パンテノン〉の中の彼らに類似するあらゆる神々 —— は希薄な大気に消滅し、消え去るであろう。そしてこれらに伴い、大衆の伝説では彼らの「双子の兄弟」及び人間として、秘教哲学では —— 地上に於ける**神々特有の反影**として、絶えず描写されてきたそれ等あらゆる神々の暗黒面である彼らの影も消滅するだろう。アーリマン達とティフォン達、サムエル達とサタン達は、暗く邪悪なあらゆる情欲が征服される来たるべき日には全員が悪の玉座から追放されるであろう。

　自然には一つの永遠なる〈法則〉があり、それは常に正反対のものを調整

し、最終的な調和を生み出すことに貢献している。人類が偽りの神々から解放され、ついには自己を見いだすこと ── 即ち《**自己想起**[自在な存在]*SELF-REDEEMED*》は、肉体的、そして純粋に知性的なものに取って代わる霊的発達に関係するこの法則によるものである。

その究極的な啓示として、古い神話のプロメテウスは ── 彼の原型及び彼とは**正反対の**タイプがあらゆる古代の神学に見いだされ ── 個々の神話の中で、人間の肉体的生活の開始が原因であるまさに肉体的な悪徳の起源に位置している。《**クロノス**》は「〈時間の神〉」で、彼の第1の原理は、周期的な発達の期間中の進化過程で、継続的且つ調和的な諸段階の秩序が ── それに引き続いて起こるすべての結果とともに、異常な成長に対する厳しい罰のもとで、厳格に保持されることである。人間は ── より発達した動物であるかもしれないが ── 同時に ── 理知的に、霊的に、そして心霊的に ── この地上に存在する神人になるべきであること、そして一方では、肉体の構造がほとんどすべての巨大な哺乳類に比して貧弱且つ無力で、そして短命のままであると云うことは、自然の発展計画ではなかった。その対比は愚かしく且つ乱暴過ぎるし、霊魂の仮宿としての肉体はその内に住まう神にとって価値がなさ過ぎる。プロメテウスの贈り物は、そうして一つの〈呪い〉となった ── 彼の名前が的確にも示すように、かの名高い人物の中に化身した〈**天使** HOST〉によって**予知**と**予見**がなされてはいたが。(註102)その罪とその贖罪を全く同時に留めているのはこの肉体の中にである。というのも人類の一部に化身した〈天使〉は、カルマ、或いは**ネメシス**[因果応報の女神]によって肉体へと導かれたけれども、受動的な苦役と知性的な自己意識の痛みよりも自由意志を、そして拷問さえを

(註102)　上述の**プロメテス**προμῆτις、或いは**先見** *forethought* という語源に関連している脚註[本書547頁(註94)]を参照のこと。プロメテウスは、それについて劇の中で以下のように語って、告白している ──

　「おお！　聖なる〈エーテル〉よ、軽き翼の疾風よ………
　見よ、神々に由来する1人の神、私が、何を堪え忍んでいるかを
　………………………………………………………………………………
　そしてこれから、私が何を語るのかを？　はっきりと私は**予知した**
　起こるべき全てのことを………
　　　　………定められし運命に相応しくも、
　堪えることこそ私に最善である、何故なら、私はよく知り尽くしてる
　〈運命〉の過酷さには抗えぬことを………　　(105)

「運命」は此処では《**カルマ**》或いは**ネメシス**を意味する。

も ──「膨大な時が流れる間」の ── 空虚で、愚かで、本能的な獣性よりも、選ぶことを好んだ。そのような一つの化身を体験することは、時期尚早で自然の計画ではなかったが、天使群、即ち「プロメテウス」は、それによって少なくとも人類の一部を利するためにずっと自己犠牲を捧げた。(註103) しかし、人間を精神の闇から救いだす一方で、彼らは人間に自己意識の苦悩にまつわる責任を ── 彼の自由意志の結果として ── その上人間とその肉体が引き継いでいるあらゆる病気を、背負わせた。この苦悩をプロメテウスは自身に引き受け、以来〈天使〉は、彼らのために用意され、かの形成の期間中に依然として未完成のままであった霊魂の仮宿としての肉体とその後は調和するようになった。

　肉体と歩調を合わすことができない霊的な進化は、かつてその均質性が混じり合うことで中断し、天からの贈り物が、たとえ〈悪徳〉の唯一の起源ではないとしても、前述のように悪の主要な原因となった。(註104) ゼウスを(すべての人間が神人であった初期のサタンの「黄金」時代に)玉座から追放することを求め、そして比較の上では弱々しく無力な肉体を持つ人種を創造することを要求し、その後、創造に関して神々が持つ彼らの大権を奪い、それによって人間の水準を知性的にも霊的にも高めた罪人に、彼(ゼウス)の報復を加えるようにと、《クロノス》がゼウスに悪態をつく描写をする寓話は ── 高度に哲学的である。プロメテウスの場合、ゼウスは、感覚を欠き、いかなる精神も無い人間を創造した原初の先駆者、《ピタル

(註103)　人類は明らかに神が啓発する人間と生物としての劣った人間とに分かれている。［正確には教育・文化社会制度の整った地域とそうでない地域の違いであり、以下の考察に訳者は同意しかねる］アーリア人と他の文明諸国家、そして〈南の海の島民達〉のような既述の未開人との間における知性的な相違は外のいかなる土地においても説明がつかない。文化全体だけでなく、文明のまっただ中で訓練を受ける人々のいずれからも、ブッシュマン達、セイロン島のヴェダ人達、そして幾つかのアフリカの民族等のような人間の典型的民族を、アーリヤ人達、セム人達、そしていわゆるトゥラン語族達 Turanians［ウラル・アルタイ語族］等と匹敵する知的水準に育てることはとても出来そうにない。「聖なる煌めき」は彼等の中で失われ、そして地球上の**より劣った人種**に過ぎず、今では幸運にも ── ある方向に絶えず働く自然の賢明な調整のために ── 急速に滅びつつあるのは彼等である。実に人類は、「一つの血筋からなる」、**が同一の本質からなるのではない**。我々は、彼等未開人の内部で潜在する煌めきを我々自身の内に持ち、自然の中で人工的に植物を促成栽培する温室である。
(註104)　インドの形而上学に関する神智学的な見解は、〈悪〉の〈根源〉を、〈均質のもの〉から〈異種混成のもの〉へ、一から多への分化に位置づけている。

PITAR》」「〈父祖達〉」である〈天使〉を象徴しているし、一方、天のティターンは、生殖に「堕落した」〈霊的〉な創造者、**デーヴァ天使群**を意味している。前者ゼウスは、「プロメテウス」のような人々よりも、霊的にはより劣るが、肉体的にはより強靱で、そのため後者ティターンは征服されたと描写されている。「より低い〈天使〉は、その仕事をティターンが台無しにし、そのためにゼウスの計画を挫折させたが」、それ自身の活動する天体と界層はこの地上であり、それに対し、より優れた〈天使〉は〈天〉からの流浪者で、彼は物質の網の目に足を取られていた。彼ら(より劣った「〈天使〉」)は、〈宇宙〉全ての、そしてより低いティターン的な諸勢力の師匠達で、より高いティターンは知性と霊の火のみを手にしていた。オリュンポスの専制君主にして暴君で官能的なゼウスとプロメテウスが争うこの劇に、人々は現実に我々人間内部で日常的に演じられているものを目にするし、多くの中の一事例として、悲嘆、苦痛、そして後悔のハゲタカを産み出すために、より低い情欲はより高い野心を物質の岩に鎖で繋ぐことになる。個々のそのような場面で人々はもう一度目にすることになる ——

「1人の神は ……… 足枷の鎖で、苦悶に満ちて、
　ゼウスの敵は、万人に憎まれた。………」

1人の神は、その至高の慰安さえも奪われたプロメテウスで、自己犠牲に傷ついていた ——

「それ故、愛情あふれる彼は人間に心中を吐露出来なかった。……」。

天のティターンが愛他主義によって行動するのに対し、死すべき人間はあらゆる場合に〈自己中心主義〉及び〈利己主義〉で行動する。

現代のプロメテウスが、今エピ-メテウス Epi-metheus[プロメテウスの弟で「後で考える男」の意]、「出来事の起こった後にのみ見る者」となったのは、前者の世界的な人類愛が遥か以前に自己中心主義と自己-崇拝に変質したことによる。人間は太古の**自由な**ティターンに再び戻るだろうが、それは周期的進化が二つの自然界 —— 地上と天界との間で崩壊した調和を再建する前ではなく再建後で、彼は低級なティターン的諸勢力を受け入れず、人格は不死身となり、そして個性は不死となるが、それはあらゆる動物的な要素が彼の性質から取り除かれる前には起こらない。人間が、「**ゼウスが死すべき人間を創造していない** Zeus non fecit mortem」(『[レスボス島生まれの]女流詩人サッフォー Sap.』I.,13)ことを、しかも人間が自身で死すべき人間を創造したことを、理解する時、彼は〈堕落〉以前のプロメテウスに再び戻ることになるだろう。

プロメテウスの完全な象徴体系とギリシャに於けるこの諸神話の起源を求めて、読者はこの本の〈第II部〉の章、「プロメテウスへの第2の鍵」等を参照すること。今述べた第II部 —— 現在の部分の補足的なもの —— に於いて、それぞれ追加された情報は、最も反駁され、そして最も疑問視されているそれ等の教義を承知の上で与えられている。この本は非常に異端なために、神学と現代科学によく知られた基準と照合する時、これらの基準が未公認の典拠を度々侵害する傾向を示すどんな証拠でも、決して無視してはならない。

スタンザXIIの偈文に関する
註解書からの追補的な諸断篇

　これらの追補的な解説に用いられた〈写本〉は、「**トンシャクトチ・サンギー・ソンガ** Tongshaktchi Sangye Songa」、或いは、それ等が**秘教的**に呼ばれるときには、「**三十五仏陀方の説法**」録、と呼ばれる経典群に属している。これらの高名な方々は、それにもかかわらず、〈北方〉仏教では仏陀方と呼ばれたが、彼らがゴータマに説教を受けた倫理・道徳的な〈北部〉信者のためだけに限られた「釈迦牟尼に先立つ仏陀方」であったため、〈リシ方〉、或いは〈神の化身アヴァター方〉等と呼ぶ方が良いのかも知れない。これらの偉大な〈大聖方〉、或いは仏陀方は、世界の、そして万人の宝物であり、彼らは**歴史上の賢者方で** —— 少なくとも、既に述べた〈賢者方〉の組織を信じるあらゆる〈秘教科学者達〉に対し、その存在は〈同胞団〉の博学な賢者方よって示されてきた。彼らは、ある集団のおよそ97人ほどの仏陀方の中からと、別の53人の中から(註105)選ばれた、ほとんど想像上の高名な人物達で、最初に名付けられた天使群(註106)の実際の化身である。

(註105)　シャキャ・トゥッパ Thüb-pa と呼ばれたゴータマ・ブッダは、これらほとんどのブッダ方が人類を指導した**天の王朝**に属するように、最後の教団の **27番目の方**であられる。
(註106)　これらの「ブッダ」、或いは〈啓明を受けた〉方々は、ブッダであるゴータマの遥か以前の先輩方で、かつて生きていた人間達、そして「〈智慧〉の〈息子達〉」が化身した偉大なアデプト方と〈聖者方〉を象徴すると、我々は教えられたし、さらに彼らは、それゆえに、いわば〈天上の存在〉の中でより低い階級の救世主アヴァターであって —— その始めの方から11人だけがアトランティス人種に、24人は〈第5〉人種に属している。彼らはジャイナ教のティールタンカラ方 Tirtankaras[聖者、阿羅漢達]と同一である。

「椰子の葉」に記された最古の書き物を入れるこれらの「筐(はこ)」はまさに秘伝として守護された。それぞれの〈写本〉は、個々の「仏陀 ーラッ」が帰属する、かの亜人種の歴史を短く要約して、それに付け加えた。1冊の特別な〈写本〉は、その中から連続する小断篇の文章が抜粋され、そしてその後、より理解しやすい言語に翻訳されたが、アトランティス人種の主要な大陸を襲った〈大洪水〉と水没を目撃していた黎明期時代の〈第5人種〉の御一方の仏陀に帰属する石版からの写しであったと云われている。古代の記録から此処で取り上げられるその時代に関する多くのことは、全てではないにせよ、正しく認識されることになる日は、そんなに遠い先のことではない。そして、現代の象徴学者達は、ドイツとスカンジナビアの最高神、オーディンOdin、或いは神ウーデンWodenさえもがこれら35人の仏陀方の1人であることの確実な証拠を要求するだろうし、実際に最も初期の1人である、何故なら彼と彼の率(ひき)いる人種が属した大陸自体がまた最も初期の大陸の一つだからである。非常に初期の、実際に熱帯の気候であったことが判明していたその当時、今ではそこには永久に溶けることのない氷雪が広がっているが、人々は、ほぼ乾いた土地を通ってノルウェーから、アイスランドとグリーンランドを**経由して**、今はハドソン湾に周囲を囲まれた土地へと渡ることができた。(註107) ちょうど、アトランティス人の巨人達、「〈東〉から来た巨人族」の息子達の隆盛時代と同じように、巡礼者は、我々の時代にサハラ砂漠と命名されている所から、今ではメキシコ湾とカリブ海の海床にぐっすりと深い眠りについている土地へと旅をすることが可能であっ

(註107)　この事は、アメリカ合衆国の人工的な盛土遺構とノルウェーの古墳との類似性に対する説明となるかも知れない。ノルウェーの船乗りがおよそ千年程前にアメリカを**発見していた**、とアメリカ人考古学者達に提起させるのはこの同一性のためである(ホルンボエHolmboeの『ノルウェーの仏教を辿るTraces de Bouddhisme en Norvége』、23頁参照)。ある中国人作家がニューマンNeumannに対し自身の記述によって提示したように、アメリカが、「信仰深い人々と激しい嵐が聖なる教えを運んだ先の遥か遠い地である」ことは疑う余地がない。だが、ストックホルムのホルンボエ教授だけでなくアメリカの考古学者達も同じくその盛土遺構、或いは古墳の正確な年代を推定していなかった。ノルウェー人達が、長い間忘れられていた彼らの祖先が大規模な水没で消滅したと信じていた陸地を、再発見したかも知れないという事実は、肉体的な人間及び〈第5人種〉の揺藍の地について**シークレット・ドクトリン**が、いわゆる〈新世界〉の時代や〈仏教〉の〈聖典〉以前の時代への途上で認めてきた他の事実と、矛盾しない。

た。人間の記憶の及ばぬ決して記されたことはないが、宗教的に一つの世代から次の世代に、人種から人種へと伝えられた数々の出来事は、「大脳という書物」の中で、数え切れぬ永き時を経て、そして記されたあらゆる文字や記録の内容以上に真実と正確さをもって、恒常的に伝承することで保持されてきたのかも知れない。「我々の魂の一部であるそれは恒久である」、と語るのはサッカレイ Thackeray だが、我々の生命の夜明けに起こったこと以上に、我々の魂により密接となることができたものは何か？　それらの生物は数え切れぬが、これら無数の存在を通じて我々に生命を吹き込む魂や霊と同じものであるし、そして、**肉体の大脳が持つ**「書物とその容量」は、一つの地上生活の範囲内で様々な出来事を忘れるかも知れないけれども、大量に集められた記憶が我々内部の神なる魂を放棄することは決して出来ない。その囁きは穏やか過ぎて、その言葉の響きは我々の肉体感覚によって認識される界層から遥か離れ過ぎているかも知れない、しかも、それらの**起こった**出来事の映像は、**やがて起こる**出来事の映像と全く同じように、その知覚力内にあり、そして絶えずその心の目の前に存在している。

　それは、記された〈歴史〉よりも伝承を重んじる人々に語りかける、恐らく、この魂の声であり、下記に語られることは全て真実で、そして先史的な諸々の事実に言及している。

　　これが記されたものの一節である ——
　「《《光》の《王達》は怒って立ち去った。人々の罪で闇黒とかした大地はひどい苦痛に震える。蒼穹の座は依然として空席のまま。《褐色》《赤色》或いはいまだに《黒色》（人種）の中のいったい誰が、《至福》の座、知識、或いは慈悲の《座》に座ることが出来るのか！　誰が力の花、黄金の茎と青い花の植物を引き受けるのか？〉」

　「〈光〉の〈王達〉」はあらゆる古い記録で天界の〈王朝〉の〈君主達〉に対してつけられた尊称である。「蒼穹」の座は、ある文章で「天体」の玉座と翻訳されている。「力の花」は今では〈蓮〉だが、その当時それが何であったかを、誰が語り得ようか？

　その書き手は、亡き預言者エレミア Jeremiah のように、人々の運命を嘆き悲しむことから始めている。彼ら自身の「蒼穹」（天球）の王達を失ってしまい、そして「**輝くデーヴァ色の彼ら**」、即ち月のような顔色、そして「光輝（黄金）の顔を持つ彼ら」は、「楽園の地、鉱物と炎の地へと去ってしまわれた」と、或いは —— 象徴体系のきまりに従えば ——「大海が、取り払

われ、大地によって呑み込まれ、跡形もなく消失していった」所から北と東に横たわる土地にである。賢明な人種は、「叡智の竜によって招喚された嵐を呼ぶ黒龍」に気づいて ── そして、「この上なく〈素晴らしい土地〉の輝く〈守護者達〉に導かれて避難していた」── 恐らく偉大な古代のアデプト達で、インド人達が彼らのマヌ達、そしてリシ達として言及する者等である。彼らの1人がヴァイヴァスヴァタ・マヌであった。

「黄色の肌合いを持つ」彼らは、〈民族学〉が現在ウラルアルタイ語族、モンゴル人、中国人、そしてほかの古代民族に分類する者等の祖先達であり、彼らの避難先の土地は中央アジアより他にはなかった。その地で全く新しい人種が生まれ、その地で彼らは民族が分裂するとき迄、生き、そして死んだ。しかしこの「分裂」は、現代科学によってそれに対して比定された地域で起こっていなかったのみならず、マックス・ミューラー氏や他の〈**アーリヤ主義者達**〉によっても、その途上でアーリヤ人が枝分かれし、分離したことは示されていない。その時代以後、100万年の3分の2近くが経過した。後期アトランティス時代の黄色顔の巨人達は、世界の一地域へのこの強制的な幽閉を通して、同一の血筋で、そして70万年近くもの間、ほとんど異質で多様化した人種の型への枝分かれに必要な新しい注入や混血も全くなく、有り余る時を持ちえた。同じことがアフリカでもみられ、黒人からほぼ白人まで、大男達からこびとの諸人種まで、より顕著な変化の型が存在するところは何処にもなく、これは強制的な孤立化という理由のみによるものである。アフリカ人達は数十万年の間、決して彼らの大陸に取り残されていた訳ではない。仮にも明日ヨーロッパ大陸が消滅し、他の陸地が代わりに再出現したとするならば、そしてアフリカの部族が別かれて地球上に四散したとするならば、それ以後およそ10万年に渡り、文明国家の大半を形成するようになる者は彼らである。そしてそれらは、新しい海を渡る何ら手段も無く、ある一つの島に生き残り、相対的に未開の状態に再び戻ることになった者等で、現在の高度に文明化した国々に住む人々の子孫と云うことになる。人類が**優れた人種**と**劣った人種**に分かれていることに対して提示されたそのような理由は、地に落ち、詭弁に満ちている。

前述のことは古代の記録に記された数々の陳述と与えられた諸々の事実である。それらを現代の幾つかの進化論、**負の自然淘汰説**（英国学士院会員 G・J・ローマン著、『生理学的選択』参照）と照合および比較するならば、

（註108） 第 III 部の最初の頁、〈**科学とシークレット・ドクトリンの対比**〉を**参照**。

これらの陳述は極めて合理的且つ論理的であると思える。(註108) 既述のように、アーリヤ人達が**黄色**アダム族の子孫である一方で、巨人で高度な文明のアトランティス系−アーリヤ人種、セム族 ── そして彼らと一緒であるユダヤ人 ── は、赤色アダム族の子孫で、したがってド・カトルファージュとモーセの**創世記**の書き手達は両者とも正しい。というのも、モーセの〈第1の書〉[モーセの五書は旧約聖書の創世記、出エジプト記、レビ記、民数記、申命記]、創世記5章が我々の〈古代の聖典〉に認められた系譜と比較可能であったならば、アダムからノア迄の期間は、そこでは、勿論異なる幾つかの名前で個々の〈族長〉の年月が幾つかの期間に変えられ、全体が象徴的且つ寓話的に描写されていることに気づかされるだろう。考察中の〈写本〉に於いて、アトランティス人諸国家の偉大な知識と文明に対する言及は多く、しかも度々で、それ等の幾つかの政治形態や彼らの工芸と科学の特徴を描写している。〈第3根本人種〉のレムリア系−アトランティス人が、「彼らの高度な文明及び神々と共に」溺れ死んだと(『密教』、65頁)既に語られているのに、同じことがアトランティス人について更に多く語られるのは当然である！

　初期アーリヤ人が、「驚くべき事物に関する一連」の知識、即ちマハーバーラタの中で触れられているパンドヴァ族へのマヤースル Mayâsur [マハーバーラタに登場するアスラ]の贈り物、サバ Sabha [祈りや政治的な集りの会]とマーヤサバ Mayasabha、を手に入れたのは、〈第4人種〉からである。彼らが航空学、即ち**ヴィワン**[ヴィマーナ]・**ヴィディヤ** Viwân Vidya (「航空機の飛行に関する知識」)、そして更に、気象観測と気象学の膨大な技術を学んだのも彼らからである。アーリヤ人達が、宝石とその他の石の隠れた効能、化学というよりむしろ錬金術、鉱物学や地質学や物理学、そして天文学等の最も価値ある科学を継承したのも、また彼らからである。

　「出エジプト記は ── 少なくともその細部に関して ── 旧約聖書に語られているが、実際の出来事であるのか？　或いは、モーセ自身の物語や多くの他のもののように、それが単にアトランティス人について語られた数々の伝承の模倣版に過ぎないのではないか？」と云う疑問を幾度も書き手は自身に投げかけてきた。というのも、いったい誰が、アトランティス人について語られた物語を聞く際に、その基本的な構成に多くの類似性を認め損ねるであろうか？　頑迷なファラオに対する「〈神〉」の怒り、「選ばれた」人々に対する神の命令、立ち去る前にエジプト人の「銀の宝石と金の宝石」を奪うこと(出エジプト記、6章)、そして最後にエジプト人と彼らの

王ファラオを紅海で溺れさせた(14章)、等に。というのも此処に〈註解書〉から初期の物語の断篇を引用している ──

………「そして、『目も眩む〈御面〉の偉大な〈王〉』、〈黄色の顔〉を持つ全ての者等の大王は、〈黒い〉顔の者等の罪を見て悲しんだ。

「王は、中に敬虔な人々を乗せた彼の航空機(ヴィワン Viwân)を全ての同胞の首長達(他の諸国家及び諸部族の長)に遣わして、伝えている、『備えよ。汝等良き法に従う人々よ、立ち上がれ、そして(いまだ)乾いている内に大地を渡れ』と。

『嵐の〈主方〉が近づかれる。彼らの戦車がその地に接近する。一夜と二日のみ〈暗黒の顔〉の〈主達〉(〈魔術師達〉)はこの苦しみの地の上に生き永らえることだろう。彼女[大地]は罪に滅び、そして彼らは彼女と一緒に水没せねばならない。低い位の〈炎〉の〈主達〉(精霊グノーム達と火の〈元素霊達〉)は彼らの魔術アグニヤーストラ Agneyâstra (魔術によって動く火の兵器)を準備する。だが、〈暗黒の瞳〉(「邪悪な目」)の〈主方〉は彼ら(〈元素霊達〉)よりも強く、彼らは強き者等の僕である。彼らはアシュタル Ashtar (知識 Vidya、最高の魔術的な知識)に(註109)熟達している。行くがよい、そして汝等の力(即ち、それらの〈魔術師達〉に対抗するための魔術力)を揮え。〈眩い御面〉の全ての主(〈白魔術〉のアデプト)方の手に〈暗黒の顔〉を持つ全ての主達の航空機を引き渡す(或いは所有する)ようにさせ、(〈魔術師達〉の)誰一人として、航空機によって、洪水から逃れ、〈四柱〉の神(カルマの神々)の杖を避け、彼の邪悪な者(支持者達、或いは人々)を救い出すことのないようにすべし』。

『願わくは、あらゆる黄色の御面の主が自ら(メスメライズで?)あらゆる暗黒の顔の主に深い眠りを贈られますように。願わくは、たとえ彼ら(〈魔術師達〉)でさえ苦しみと傷つくことを免れますように。願わくは、〈太陽神方〉に忠実な全ての人々が月の神々の支配下にあるすべての人々を捕縛(無力に)しますように、誰一人として運命の罰を受けことから逃れる

(註109) 書いたのは非常に高名で聖なる〈ヨーギ〉の1人、故ブラフマチャーリ・バワ Brahmachari Bawa で、「高等魔術アシュタル・ヴィディヤと既述のほかの科学に関する優れた叢書は、異なる時代に各時代の言葉で編纂された。だが、サンスクリット語の数々の原本は我々の国を大洪水の一部が襲った時に失なわれた」。………(1880年、『神智学徒 Theosophist』6月号、「アーリヤ人が知っていた何か」を参照)アグニヤーストラの理解のために、ウィルソン著、『ヒンドゥ演劇作品 the Hindu Theatre の事例』、第1巻、297頁を参照。

ことのないように。

『そして、願わくは、黄色の御面の全ての者が、かれらの命の水（血液）を黒い顔の僕で言葉を話す動物達に与えて［滅ぼし］、彼らの主を目覚めさせることのないように。(註110)

『その時が忍び寄り、闇夜が待ち構えている、等々。

....

『彼らの運命を成就させよ。我々は偉大な〈四柱〉の［カルマ］神の僕である。(註111) 願わくは、光の〈王達〉が再臨されますように。

「偉大な〈王〉は眩い〈御面〉をうつむかせ、悲しみの色をみせた。……

「〈王達〉が一同に会した時、海洋は既に移動していた。……

「（しかし）国民等は今はもう乾いた大地を渡り終えていた。彼らは海の地点を越えていた。彼らの〈王達〉は、国民を航空機ヴィワン［ヴィマーナ］にたどり着かせ、そして彼らを乗せて〈火〉と〈金属〉（東と北）の大地に導いた。

....

更に、別の節で、語られている ——

「……… 幾つもの星（流れ星）が黒い〈顔〉を持つ者等の各地に降り注いだが、彼らは眠っていた。

「言葉を話す獣（魔術師の番犬達）は沈黙したまま。

「下位の主達は支配者達を待っていたが、彼らの師達は、眠っていたために、やって来なかった。

「大水が湧き起こって、地球の一つの端から別の端まで低地を覆った。高い大地は残り、地球のその裏側（対蹠地）は乾いたまま残った。そこに避

(註110) 一部は驚くべきことに、人工的に造られた獣で、どこかしらフランケンシュタインの創造に類似し、彼の主人に危険が迫る度に伝え、そして警告を発した。主人は「黒魔術師」で、機械的な動物は、物語によればエレメンタル霊の一種、ドジン *djin* によって情報を知らされた。清浄な人間の血だけが彼を滅ぼすことができた。第Ⅱ部、27章、「天文学、科学、そしてマギ術に現れる7」を参照。

(註111) 四柱の〈カルマ〉神方で、スタンザでは〈4人〉のマハラジャ方と呼ばれた。

難した人々、即ち黄色の顔と誠実な瞳を持つ者（正直で心優しい人々）等が居住した。

「〈暗黒の顔〉の〈主方〉が目覚めて、増水する洪水から逃れるために航空機ヴィワンのことを思い出した時、彼らはそれらの航空機が失われていることに気がついた。

その後、詩の一節は「〈暗黒の顔〉」を持つより高い能力の魔術師達の幾人かを描写する ── 彼は他の者より早く目覚め ──「航空機を奪い」去った者等、そしてしんがりを護衛する者等を追いかけているが、その理由を ──「導かれて行った国民達は天の川銀河の幾多の星と同じようにごった返していた」とサンスクリット語だけで記されたより新しい〈註解書〉の一つは物語っている。

「1匹の竜蛇がゆっくりとそのとぐろを巻いた体をほどくように、人間の〈息子達〉も同じように、〈叡智〉の〈息子達〉に導かれて、家畜の柵を開け、周囲に拡がりながら、清い水が流れる小川のように展開した。…… 彼らの中で偽りの心を持つ多くの者はその途上で滅びた。だが大半の者は救われた」。

だが、「頭と胸がその水面の遥か上に抜きん出る」追っ手の巨人達は、逆巻く怒涛に呑み込まれて最後を遂げるまで、「太陰暦の3ヶ月間」彼らを追いかけたが、彼らの足下を泥が埋め、地を汚した者等を大地が呑み込み、最後に残った人間を滅ぼした。

この話は、それに基づいて出エジプト記に類似する物語が数十万年も後に創作された際、その本来の原話のように十分聞こえる。モーセの伝記は、彼の誕生譚、幼少時代、そしてファラオの王女によるナイル川からの救出など、今ではサルゴンSargon王［メソポタミア最初の統一国家を樹立し、「戦いの王」と呼ばれたアッカド王朝の開祖で、在位がB.C.2350頃〜B.C.2295頃の王］にまつわるカルディア人の物語からの転用であることが示されている。もしそうならば、大英博物館所蔵のアッシリア石板はそれの優れた証拠となるはずだが、どうしてユダヤ人達が、エジプト人の宝物、ファラオとその軍隊の死、そしてその他諸々の逸話を奪いとっていることの証拠とならないのか？　ルタとダイティヤの巨人マギ術師達は、「〈暗黒の顔〉を持つ主方」で、後々の物語の中で、エジプトのマギ術師、そして〈第5人種〉の黄色い顔の国民達、ヤコブの貞節な息子、「選ばれた人々」となったのかも知れない。………　もう一つ公式に為されるべき発表は、幾つかの〈天の王朝〉が存在してきたことで ── 各〈根本人種〉に於いてその〈第3

人種〉が始まるまで続き、連続するそれぞれがその〈人間性〉に従い且つ相応しいものであった、と云うことである。エジプト人やカルディア人の記録で言及された最後の〈7王朝〉は、通常アーリヤ人王朝と呼ばれたけれども、〈民族学〉が別の名前を付けている諸人種と絶えず大規模に混じりあうため、完全なアーリヤ人ではなく、〈第5人種〉に属している。我々が古代エジプト人の存在を信じるのと同じく、西洋全体が信じているアトランティス人の存在を、〈西洋の科学者達〉の大半が、これ以前にも、ホメロスの実在から降って伝書鳩の実在［本書191、479頁参照］まで、多くの真実を否定してきたように、彼らアトランティス人についての記述を更に先に進めることは、自由裁量で使える限られたこの書の紙幅数から見て、困難であろう。アトランティス人の文明はエジプト人よりも偉大であった。エジプト人は、アトランティス人の衰退した子孫達、プラトンの云うアトランティス国家で、その国に最初のピラミッドを建造したのは、ヘロドトスがエジプト人達を呼ぶように、「〈東洋〉のエチオピア人達」の到来以前のことであることは確かである。このことは、ピラミッドについて、「そこには、また地下通路と曲がりくねった避難所があり、伝えられるように、人々は古代密儀に熟達し、それを使って洪水の襲来を予言し、あらゆる彼らの神聖な儀式の記録が失なわれてはならないと、異なる地に建造したものだ」、と語るアムミアヌス・マルセリヌス Ammianus Marcellinus の陳述から巧く推論されるだろう。

「洪水の襲来を預言した」人々は、定期的にナイル川に起こる洪水以外は、全くなにも知らなかったエジプト人達ではなかった。いったい彼らは何者なのか？　アトランティス人の最後の生き残りだと我々は主張する。それらの人種は〈科学〉によって暗に疑われ、さらに著名な地質学者 Ch・ゴールド氏の考察が語ることによれば、「我々は自然という巨大な博物館の全てを見学しつくしてきたと思うことが出来るのか？　我々は、実際これまで自然の控えの間を越えてその深奥の間へと進入したことがあるのか？　人類の記録された歴史は、数千年ほどになるが、人間の知性的存在としての発展過程全体を含んでいるのか？　或いは、我々は、数十万年以上に渡り、そしてカルディアと中国の年代記に記されて来た永き神話時代の中に、伝承によって手渡しされ、プラトンの伝説的な（？）アトランティスのように、水中に沈んでしまったのかも知れない別の場所から、或いはあらゆる文明と共に彼らを滅ぼした幾つかの大規模な災害の起った場所から、存続している陸地へと逃れてきた数名の生存者達によって運ばれてきた、先史人類

の微かな追憶を持っているのか？」(『神話上の怪物達』、19 頁)である。
　この後、人は、ゴールド氏のペンで書かれる数年も前に、以下の文を記した〈大師〉の言葉に、より多くの信頼を置くこととなる。即ち ── 「〈第 4 人種〉は最も高度な文明期を持っていた。ギリシャ、ローマ、そしてエジプト文明さえも〈第 3 人種〉と共に始まったその文明と比肩しうるものは何もない」と ── それは性の分離後のことである。
　だが、もしもこの文明と工芸及び科学の成熟が〈第 3〉と〈第 4 人種〉に関して否定されるならば、エジプトやインドのような古代の偉大な文明の中に、キリスト教時代の開始から我々の現代文明に至るまで以来ずっと、はなはだしい無知と野蛮な慣習からなる暗黒の時代が広がっていたことを、誰も否定できないだろうし、この期間の間にこれら諸伝承の記憶が失われてしまった。『ベールをとったイシス』で語られたように、「冒険好きなジェノバ市民の舳先が西の大洋を突き進んでいたそれ以前の時代には、フェニキア人の大型船が地球を一周し、今では沈黙し見捨てられた地域に文明を広げていたことを、何故我々は忘れなければならないのか？　考古学者のいったい誰が、エジプトのピラミッド、カルナック、そして砂地のナイル川両岸に今では忘れ去られ、崩れかけている数千もの廃墟を計画したと同じ技量で、カンボジアの記念碑的なナコン寺院 Nagkon-Wat は建造されていない、と敢えて主張するのだろうか？　また、ロード・ダファリン Lord Dufferin によってブリティッシュ・コロンビア[カナダ西岸の州]で近年発見された、人けの無いインディアン部落のオリベスクと扉の象形文字と文書を、或いは、中央アメリカのパレンケ Palenque とウクマル Uxmal の廃墟の象形文字を、なにゆえに調査しないのか？　博物館に我々が大切に保管する遺物 ── 長きに渡り『失われた工芸品』の最後の形見 ── は、古代文明の存在を支持して声を張り上げているではないか？　そしてそれ等は、繰り返しになるが、滅び去った諸国家や諸大陸が、それ等に加えて工芸や科学をも葬り去ったことを証明するわけではないが、とある中世の僧院の回廊でかつて加熱されていた最初の坩堝だけでなく、とある現代の化学者によって破壊された最後の坩堝も再興してはこなかったし、しないだろう ── 少なくとも、今[19]世紀中には」、である。
　そして、その時に提言されたと同じ疑問が今問い質される、即ち、「いったいどの様にしたら、我々の時代に到達した最も進歩的な見解が、アルプス山脈の狭き山路を登るような知識の朧気なる道のりに於いて、初期の探求者達がたどり着き、独占した高みを示すために残した記念碑的な数々の

証拠をただ我々に垣間見せることしか出来ないなどと、いうことが起こりうるのか？」、と再び問われることだろう。

「仮にも、現代の巨匠達が昔の人々よりも随分と進歩しているとするならば、何故彼らは大洪水後の祖父達の失われた工芸技術を我々の前に復元し得ないのか？　何故彼らは、ルクソールの色あせない色彩 ―― ツロの紫、即ちその場所の壁面を飾り、それらが使われた最初の日と同じように鮮やかな、明るい朱色と眩い青を、今の時代に産み出せないのか？　ピラミッドや古代水路のセメント凝固剤、その鞘の中で壊れることなく螺旋回転が可能なダマスカスの剣、古い廃墟の塵や古代大聖堂の窓に差し込む光線の中から発見されたステンドグラスの豪華で比類なき色彩と、そして本当に柔軟性のあるガラスの秘密などは、どうなっているのか？　そして、仮にも化学が中世初頭時代の幾つかの工芸品さえもほとんど復元することができないとするならば、何故、ほぼ間違いなく数千年前には完璧に知られていた業績を自慢するのか？　考古学と文献学が発展すればするほど、より一層、我々の自尊心を傷つけるものの発表が日々行われ、より一層、輝かしい証拠を、おそらく遙か遠い昔との時間的な隔たりのせいで、迷信の泥沼の奥底にもがき苦しむ無知な者と今まで見なされてきた人々のために、まさに提供することになる」。

他の工芸や科学の中に、古代人達は ―― 常に、アトランティス伝来の家宝の一つとして ――〈黄道十二宮〉の知識を含む、天文学と象徴体系に関するものを持っていた。

すでに説明したように、全て古代人は、当然のこととして、人類とその人種がすべて親密に諸惑星と、そして〈黄道帯〉の宮と結びついていると信じていた。全世界の〈歴史〉は後者に記録されている。エジプトの太古の寺院にあるデンデラ〈黄道十二宮図〉Dendera Zodiac によってこのことが立証されたが、〈アラビア風〉のもの、ある**スーフィー主義者** *Sufi* [イスラムの汎神論神秘主義者]の正式なものを除き、書き手[H・P・ブラヴァツキー]は、我々地球の過去だけでなく**未来**に関するこれら驚くべき記録の正確な写しを決して目の当たりにしたことはなかった。それでも、本来の記録が存在することは、まったく議論の必要も無い。

ヨーロパ人達が本物のインドの〈黄道十二宮図〉にまったく慣れ親しんでおらず、また彼らが（ベントレー Bentley のものを目撃して）偶然知ることになる黄道十二宮図を理解していないため、それに関する陳述を照合するためには、デノン Denon の書物（『エジプトの旅』、第 2 巻）に注目するよ

う読者に助言するし、その中で、**もし理解したならばだが**、二つの有名なエジプトの〈黄道十二宮図〉を見つけ、調べることが可能である。それらについての個人的な見解となるが、書き手には、他の研究者達が ── 二つのものを細心の注意深さで調べ、研究してきた ── それ等について語ることを最早頼りにすべき必要性はない。ヘロドトスに対してエジプトの〈神官達〉によって主張されたように、ヘロドトスは地球の〈極〉と〈黄道の極〉は元々一致していたと伝えられたが、その事はマッキーによって発見され実証された。(註112)というのも彼は、二つの〈極〉が双方の位置で〈十二宮図〉に描かれていて、「そしてそれは、直角の角度で〈極〉(極軸)を示し、『それらがその位置にあったのは最後ではなく、**最初の時であった**』 ── その〈十二宮図〉が筆写された後の」、ということを立証する指標であるとする。「磨羯宮は」、と彼は続け、「〈北極〉を象徴し、巨蟹宮は、そのほぼ中央で、〈南極〉によって分割されるが、そのことは〈太陽〉が巨蟹宮にあるとき、元々彼らの季節は冬であったという確証の一つである、しかし極がその位置にあった**最初の時**を祝う記念碑の存在を主に特徴づけるのは獅子宮と処女宮である」、とする。(第II部、『十二宮図の謎』の章を参照)

大まかに概算されたものだが、大ピラミッドは紀元前3,350年に建造された(プロクター氏の『知識』、第Ⅰ巻、242、400頁を参照)とエジプト学者達によって信じられているし、メネス Menes 王とその〈王朝〉は、(ピラミッドを建造したと思われている)〈第4王朝〉が出現する以前に、750年続いていた(スターニランド・ウェイク著、『大ピラミッド』)。前述のように紀元前4,100年がメネス王に対し比定された年代である。さてJ・ガードナー・ウィルキンソン卿 Gardner Wilkinson の提言、「**あらゆる事実は、エジプト人達がメネス王の時代以前に、そして恐らく彼らがナイル渓谷に入植する以前に**、文明の工芸に関して多大な進歩を既に成し遂げていたという**結論に導く**」(ローリンソン Rawlinson 著『ヘロドトス』、第2巻、345頁)は、この仮説を崩すものとして、示唆に富んでいる。それは**先史的**時代の優れた文明、そして更に優れた古代文明を指摘している。スケソーホル *Schesoo-Hor*(『ホルスの僕』)はエジプトに定住した人々であったし、そしてM・G・マスペロ Maspero が明言しているように、「エジプトの主要な都市を創設し、ほとんどの重要な聖地を創建した …… 栄誉が帰属す

(註112) ある分野で独力で達人となったノルウェー人で、今19世紀の四半世紀を生きた1人の風変わりで直観的な象徴主義者且つ天文学者による著作『古代人の解説による神話的天文学』。

る」のは、この**先史的な**人種である。これは大ピラミッド時代**以前**のことで、その時エジプトは大洋からほとんど隆起してはいなかった。けれども、「彼らはエジプト人に特有な書くための象形文字の書法を持ち、文明に関して考えうる発展を既に遂げていたに違いない」。レノールマン Lenormant 曰く、それは、「大いなる先史時代の聖地からなる地域、聖職者の統治する中心地で、そこが文明の起源に於いて最も重要な役割を演じた」と。この人々に対して比定された時代はいつなのか？　我々は、紀元前 4 千年、遡っても 5 千年と聞いている（マスペロ）。今では 25,868 年周期（〈恒星〉年）を用いて、大ピラミッド建造のおおよその年を確定することができると主張されている。「長く狭い下方に向かう通路がピラミッド建造者達の時代の北極星へ一直線に向かっていたと推測する中で、天文学者達は指摘してきた ……… 竜座のアルファー星が、その当時の北極星で、紀元前 2170 年と同様に、おおよそ紀元前 3350 年には推測されるその位置にあったことを」（スターニランド・ウェイクに引用されたプロクターの説）。しかし我々はまた、「この竜座のアルファー星とアルシオン星のこの相対的な位置は特殊な事例の一つで …… 1 恒星年全体の中で再び起こることはない」とも伝えられている（前掲書）。これは、デンデラ〈十二宮図〉が 3 恒星年の経過を示すことから、大ピラミッドが 7 万 8 千年前に建造されていたに違いないし、また、ともかくこの可能性が少なくとも紀元前 3,350 年という、より最近の年代と同じく直ちに受け入れる価値がある、と説明している。

　さて、遥か遠い北部インドのとある寺院の〈十二宮図〉については、デンデラ〈十二宮図〉と同じく、各宮に関して同じ特長が見いだされる。ヒンドゥの象徴と諸星座を良く知る人々は、年代記的な時代の基準が正確であるかどうかに関わらず、エジプト人の記述を通じて発見することができるだろう。現代エジプトのコプト教徒とギリシャのアデプト方によって保持され、マッキー Mackey によって少し異なった風に解説されたように、デンデラ〈十二宮図〉に関して述べれば、〈獅子〉は〈**海蛇座ヒドラ**〉の上に立ち、その尾はほぼ真っ直ぐに垂れ下がり、下方への角度 40 度、或いは 50 度を示していて、この位置がこれらの諸星座の**元々の**配置だと認められる。「だが多くの場所に我々は〈獅子〉（**シンハ** Simha）を見るし」、とマッキーは付け加え、「その尾を背中の上に巻き上げ、そして〈蛇〉の頭で終わり、それによって〈獅子宮〉が『**逆転した**』ことを示し、そのことが、実際に、〈極〉が逆転した時［地球の北極、南極がポールシフトで入れ替わること］、〈十二宮図〉全体、そしてあらゆる他の〈星座〉に起こった真相に違いない」とする。

またデノン Denon によって伝えられた〈環帯状の十二宮図〉について述べる中で、彼曰く ── そこでは、「〈獅子〉が〈蛇〉の**上に**立ち、その尾は下方に曲がりくねった形をなしているが、そのことから二地点間で 60、**或いは 70 万年**が経過したはずでは**あるけれども**、それにも関わらず、彼らは〈獅子座〉と〈海蛇座〉との間で如何なる相違もなく作ったし、一方で〈**乙女座**〉はその二つの間で非常に異なった風に描かれている、ことが見て取れる。**環帯状の**〈十二宮図〉では、〈**処女宮**〉は彼女の子どもを見守っている、しかしそれは、極が最初に〈黄道〉面内にあった時、その様な概念を持っていなかったように思える。というのも、**この**〈十二宮図〉に、デノンによって伝えられたように、我々は〈獅子宮〉と〈天秤宮〉の間に三人の〈**処女達**〉を認めるし、**その最後のものが手にしているのは** 1 本の麦の穂である。この〈十二宮図〉の中で〈獅子座〉の後半部分と〈**乙女座**〉**の始まり**に於いて、それぞれの宮から〈**10 分角 Decan**〉[十二宮の一つの宮を 10 度づつ三分割した内の一つ]を欠落させる破れが、図にあることは大いに悔やまれる」と。

　それにも関わらず、その意味は明白だ、というのもその三つの〈十二宮図〉が異なる三つの時代に属していること、言い換えると、〈第 5 根本人種〉の第 4〈亜人種〉に於ける最後の三民族に帰属し、それぞれの民族がおおよそ 2 万 5 千年から 3 万年生きていたに違いない。これらの最初の者(アーリア系‐アジア人達)は、中新世時代の終わりに向かって、およそ 85 万年前に滅亡した(ルタとダイティヤの島‐大陸)「巨人族のアトランティス人(註113)」市民への最後の審判を目撃した。(註114) 第 4 亜人種はアトランティ

(註 113)　「アトランティス人」という用語で、読者にそれらの人々を一つの人種のみ、或いは同じく一国民のみと見なす感違いをさせてはならない。それは誰かが語ったように〈アジア的〉である。多種多様なアトランティス人達は幾つかの**人間の特質**を象徴し、膨大な数の人種と国民のほぼ全ては、実際今の「ヨーロッパ人」以上に多彩で、当時の世界に存在する五つの地域に対し、区別無く与えられたのがこの名称で、そこでは、植民地化の進行に際し、恐らく、少なくとも 2、3 百年以上かかっているというのが真相だろう。そこには、褐色、赤色、黄色、白色、そして黒色のアトランティス人達で、巨人達と(今でも、一部のアフリカの部族が比較対象となるような)こびと達が存在していた。
(註 114)　『秘教的仏教』、64 頁で師は語る、「始新世 Eocene 時代において、第 4 人種の人々の大周期における創草期でさえ、(レムリア系 Lemuro) アトランティス人は既にその(文明の)最高地点に到達していたし、そしてその巨大大陸は今の大陸のほとんど全ての父祖なる大陸だが、水没の最初の兆候を示していた ………」と。そして 70 頁で、アトランティスが中新世 Miocene 時代の期間に全体としては消滅したことが描写されている。諸大陸、諸人種、諸国民、

ス人最後の生き残り ―― アトランティス最後の島に住むアーリア系‐アトランティス人 Aryo-Atlanteans が、おおよそ1万1千年前に壊滅するのを目撃した。これを理解するために、読者は〈第5根本人種〉 ―― 一般的に、正確とは言い難いけれども、アーリヤ人種と呼ばれた人種系図の図解と、そしてそれについて補足された解説に、ざっと目を通すことが求められる。

　読者は、そのことがこの本では、〈根本人種〉の分類と〈人間性〉の進化について語られ、そしてシネット氏の『秘教的仏教』では簡潔明瞭に述べられていることを適宜、思いだすように。

　1. 各マンヴァンタラには七つの《環》があり、今は〈第4環〉で、我々は現在、〈第5根本人種〉である。

　2. 各〈根本人種〉は7亜人種を持つ。

　3. 各亜人種は、今度は、〈支族 Branch〉、或いは「〈一族 Family〉」人種と呼ばれる七つの支脈人種を持つ。

　4. 小さな部族、枝部族、子孫に付けられた族名は数えきれず、カルマ的な行為に基づいて付けられている。この項目で添付された「人種系統樹図」を吟味するならば、その意味を理解するだろう。次頁挿絵は、純粋に図解的で、そして〈人類〉の分類に関して異なる時代で使われて来ていた用語間に存在する混乱のさなかで、その主題についての簡単な把握を得る際に、読者の便宜を図るだけのものである。此処では、また数字で ―― だが、比較を目的とするため、おおまかな範囲内に限られた ―― 他の区分から一つの区分を限定的に区別することが可能である時間の継続期間を通じて、表現することが試みられている。もしも、正確な年代を確定しようとするあらゆる努力がほとんど為されなかったならば、それは絶望的な混乱へと至るだけだろう、というのも、幾つかの〈人種〉、〈亜人種〉、等々、その最小分岐人種に至るまで、それ等を分けることがほとんど不可能な程までに、互いに重なり合い、もつれ合っている状態だからである。

　人間の〈人種〉は1本の木に喩えられてきたし、この絵は図解の一つとして立派に役立っている。

そして諸周期がそれぞれどのように重なりあっているかを示すためには、人はレムリア人について考察することを除外すべきで、レムリアの陸地の最後は第三紀時代の始まる前、およそ70万年前に(同書の65頁参照)滅亡し、そして「アトランティス」の最後は僅か1万1千年前にで、そのように両者は ―― 一方はアトランティス人の時代、他方はアーリヤ人の時代に重なりあっている。

木の主要な幹は〈根本人種〉に喩えられるかも知れない(図中 A)。

そのより大きな大枝は、数にして 7 つの多様な幾つかの〈亜人種〉に(図中 B¹、B² 等)。

これらの大枝のそれぞれに七つの〈支族〉、或いは〈一族〉がある(図中 C)。

こうすれば、サボテンはより優れた図解になり、その厚くて柔らかい「葉」は鋭い棘に覆われているために、それぞれの棘は人類の国民や部族になぞらえられるだろう。

さて、我々〈第 5 人種〉は、既にその存在が──独自の *sui generis*、そしてその親家系からまったく自由な人種として──おおよそ 100 万年も経て来ているし、それ故に先行する 4 〈亜人種〉のそれぞれが概算で 21 万年づつ生きてきたことになり、従って各〈種族 Family Race〉が平均しておよそ 3 万年程存在している、と推論されねばならない。それ故、その上に諸国民、或いは数えきれぬほどの棘は、それぞれ 3、4 千年間の繁栄する「絶頂期」で入れ替わってゆくけれども、ヨーロッパ〈種族〉にはまだたっぷりと続いていく時が数万年は優にあることになる。一つの「種族」の存続期間と一〈恒星〉年との対照概算期間に注目する事は何かしら興味深いものがある。

前述の知識と間違いなく正しい区分は、これらの〈科学〉が弟子達に教えられる場、そして 1 人の導師によって他者へと伝達された場である〈密儀〉の眼目を形作った。ヨーロッパの天文学者達がエジプトの〈十二宮図〉の創案の時代を(全く恣意的に)紀元前 2000 年、或いは 2400 年(プロクター氏の意見)に割り当てていることを、誰もが気づいているし、そしてこの創案はその時代について大ピラミッド建造の時期と一致していると主張している。この意見は、〈秘教科学者〉や〈東洋〉の天文学者にとって、全くばかげたことに見えるに違いない。**カリ・ユガ**の時代は紀元前 3012 年の 2 月 17 日から 18 日にかけて始まったと云われている。現在インド人は、カリ・ユガ時代の 20,400 年前には、彼らの〈十二宮図〉の原図は春分点──そこ

では同時に〈太陽〉と〈月〉の会合[天球の十二宮の一つの宮で二つ以上の天体が近接すること]が起こる地点 ── と一致していたし、そしてベイリーは、その時代について長期に渡る慎重な計算によって、たとえ空想だとしても、彼らがカリ・ユガの幕開けを制定し始めたその時期が、**非常に現実的である**ことを明らかにしている。その「時代は今の時代から3,102年前である」、と彼は書いている。(**第Ⅰ巻、第Ⅲ部、『1人の学会員によって擁護されたヒンドゥの天文学』を参照。**)暗黒[カリ・ユガ]の〈時代〉の開始後、丁度2週間目で月食が現れている ── それは同じ星座の〈麦の穂〉を持つ〈乙女座〉とシーター星(θ)との間の地点で発生した。それ等の最も秘教的な〈周期〉の一つは、〈乙女座〉とプレアデスのある種の会合とそれぞれの配置に基づいている ──(『クリッティカ *Krittika* [弟子が坐わる敷物。また、星座プレアデスの六つ星を象徴する6人妖精ニンフでも有る]』)。それゆえ、エジプト人達が彼らの〈十二宮図〉を南インドとスリランカ(註115)から携えて来たように、その秘教的意味は明らかに同じであった。3人の〈処女達〉、或いは異なる三地点の〈乙女座〉は、両方とも〈第3根本人種〉を教え導いた最初の三つの「天上界、或いは天文学的な〈王朝〉」の記録を意味し、そしてアトランティス人を彼らの運命に委ねた後、救われた人類に彼らの誕生した地 ── 即ち、恒星的な〈諸天上界〉の密儀を知らせるために、〈第5人種〉の第3〈亜人種〉の期間に再び戻って来た(むしろ、再降臨した、が相応しい)。人間の諸人種と純粋に人間の王達に先行する3〈王朝〉(〈神々〉、〈マヌ達〉 ──〈第3〉、或いは〈第4人種〉の下級惑星神、そして〈第5人種〉の〈英雄達〉」)の同じ象徴的な記録は、エジプトの〈迷宮〉に見られる階層性と通路の配置に認められた。〈両極〉の三回の逆転[ポールシフト]は勿論〈十二宮図〉の様相を変化させたため、新しいものがそれぞれの時代に製作されねばならなかった。マッキー著『スフィンクスの謎 *Sphinxiad*』で、大胆な著者の考察はノルウェーの保守派の人々をぞっとさせたに違いないが、彼は以下のように、まったく空想的に語っている ──

「しかし、結局、それら記念碑的遺物(〈迷宮〉、ピラミッド、そして〈十二宮図〉)によって記録された最長の期間は(実際にはそうではないが)**5百万年を超えることはないし**(註116)、それは(秘教的な)中国とインドの両者

(註115) セイロン島のこと。
(註116) アーリヤ人バラモン僧達の祖先等は〈黄道帯〉の計算法と〈十二宮図〉をクリヤシャクティの力によって生まれた者、「〈ヨガ〉の〈息子達〉」、等から手に入れたし、エジプト人達はルタ島のアトランティス人達からであった。

によって我々に与えられた記録の欠落となっていて、後者のインド国民は7、或いは8百万年の間(註117)、時についての知識を記録していた。私はそれを陶磁製の護符に見つけたことがある。………」と。

現在のインド人達がいまだに保持しているように、エジプトの神官達はアトランティス人アスラ-マヤの〈十二宮図〉を保持していた。『秘教的仏教』で述べられたように、エジプト人達は、数千年前にはギリシャ人達や「ローマ人達」と同じく、「アトランティス系-アーリヤ人達の生き残り」、即ち前者エジプト人は更に古い、或いはルタ島のアトランティス人の残存者で、その突然の滅亡譚はエジプト人の〈イニシエイト達〉によってソロンに物語られた最後のアトランティス名を持つ者、ルタ島の最後の人種の末裔達である。より古いエジプトに於ける**人類**の〈王朝〉は、メネス王と共に始まり、彼らの血管にはアトランティス人の血が最早流れていなかったけれども、アトランティス人のあらゆる**知識**を保持していた。それにも関わらず、彼らはあらゆる〈古代〉の諸々の記録も保存してきた。これら全ては[この書の]かなり前の箇所で説明してきた。(註118) 更にギリシャ人達の〈十二宮図〉がかなり後のものであるということは、まさにエジプト人の〈十二宮図〉が7万5千年と8万年との間の古さであることの理由となる。ヴォルニーVolneyは彼の著作『帝国の遺跡』(360頁)で、古くても16,984年に過ぎないし、現在に至るまで17,082年であると正確に指摘していた。(註119)

(註117) 前者は、それゆえ、7、8百万年の間の時を記録してきたとしてよいが、エジプト人には**できなかった**。
(註118) この疑問は十分に取り扱われ、同様に十分に質疑応答されている。『神智学の5年間』を参照。(「シネット著、『秘教的仏教』」、325-46頁の記事)。
(註119) ヴォルニーは、〈白羊宮〉が紀元前1447年にその15度にあったように、それは「〈天秤宮〉」の第1度が紀元前15194年より以降には春分点と一致することは出来なかったことに結果としてなると語り、その年に、このことをヴォルニーが書いた年代、即ちキリスト以降の1,790年を加えるならば、〈十二宮図〉の(ギリシャ、或いはむしろ古代ギリシャのHellenic)起源以来、経過してきた16,984年が現れる。

結 び

　更に何かを語る紙幅が我々には許されてないし、『シークレット・ドクトリン』第II巻のこの第I部を終えねばならない。〈註解書〉からまさに伝えられた49のスタンザと幾つかの断篇はこれらの巻で公開できる全てである。これらは、幾つかの更に古い記録 ── 最高の〈イニシエイト方〉を除き誰もそれに対し近づき得ないもの ── と共にその論評、用語解説、そして説明に関する図書全体が〈人類〉の創世記の概要を形成している。

　我々が、前述のように地質学、人類学、そして同じく民族学について秘教的な古代の正しい見解を示しながら、幾つかの寓話の隠された意味を説明するために、これまで引用し骨を折ってきたのは〈註解書〉に基づいてである。我々は続く〈[第II巻の第II]部〉に於いても、黎明期の諸人種とその〈創造主方〉、他の世界からきた天の人達との更に密接な形而上的関係を、秘教的な〈天文学〉と〈象徴体系〉で一致する最も重要な論証と共に提供された陳述を併記しながら、立証すべく努力するだろう。

　この作品の〈第III巻〉(ほぼ準備の出来ている前述の巻と第IV巻)では、年代順に古代と現代の人々に知られた偉大なアデプト達方の全員の概歴と、〈密儀〉の鳥瞰的視点と、その誕生、成長、衰退、そして最終的な ── ヨーロッパでの死とが、また同様に与えられるだろう。これを書くための余地がこの本の中では見いだせなかった。〈第IV巻〉は〈秘教科学〉の教えにほぼ完全に捧げられることになるだろう。

　〈第4人種〉を〈第5人種〉 ── 後者の歴史的な(註120)、或いは伝説的でさえある始まり ── から、空間と時間で区別する時代の継続期間は、我々に、そして〈神智学徒〉にとってさえも、途方もなく膨大過ぎて、彼らのより詳細な叙述を提示することは出来ない。大洪水後の ── 最も恐ろしい大洪水による、ある種の周期的な新時代として記された ── 時代の自然な推移の間に、膨大な人種や国民が生まれ、そしてあらゆる人々が彼らに

(註120)　ここで、「歴史的」という言葉が使われているが、その理由は、歴史家達が現代と確かな出来事を隔てる時代をまったく不条理にも少なく見積もってきたけれども、それにも関わらず、かつてそれらは知られ、受け入れられていたし、歴史の一部だからである。従ってトロイ戦争は歴史的な出来事の一つであり、そして少なくとも紀元前1千年程度の年代がそれに対して比定されているけれども、だが実際は紀元前5000年から6000年頃である。

関するごく僅かな価値ある論及を提示するための手がかりさえまったく遺すことなく滅びさった。たとえ〈叡智〉の〈大師方〉が、今の人種のその曙の段階から今の時代に至る一貫し、そして完全な歴史を手にして居られようと居られまいと、またたとえ大師方が、人間が完成した肉体的な存在となり、そしてそれによって動物の王、地球の支配者となって以来の、途切れることのない人間の記録を所有して居られようと居られまいと —— それについては書き手[H・P・ブラヴァツキー]が論評すべきことではない。ほぼ間違いなく彼らは持っているし、そしてその事は我々が持つ個人的な確信である。だがもしそうならば、この知識は**最高の**〈イニシエイト方〉のためだけのもので、彼らは自身の生徒達に彼らの持つ秘密を打ち明けることはない。書き手は、それゆえ、彼女[H・P・B]自身に教えられたことだけを伝えることが出来るだけで、それ以上は出来ない。

　しかし、この事でさえ世俗的な読者にとっては、可能性のある現実としてよりも、むしろ異様で空想的な夢物語に見えるだろう。

　前述の事は、当然のことに過ぎないし、当然であるように、数年来に渡って、これらの紙幅の拙筆な書き手である彼女自身に生じた印象であった。ヨーロッパに生まれ育ち、代わり映えせぬ文明国と思われている地で、彼女は極度の困難の中、既述の知識を身につけた。しかし、長い目でみれば、素直で先入観のないあらゆる精神にとって、反論の余地がなく、打ち消し難い1人の確かな人物にまつわる数々の証拠が存在している。彼女への数年間に渡るそのような人物による支援を受けて、そして今彼女は、我々の地球とその人類諸人種が、外でもなく、このように誕生し、成長し、発展してきたことに全幅の信頼を寄せている。

　しかし、これは書き手の個人的な見解であり、彼女の正統性について、あらゆる新学説が外の方法で立証されるまでの暫定的な学説であるとする人々の目には、他のどんな「学説」よりもより重要性があると認められる可能性はない。それゆえに我々〈秘教科学者〉は、次のような疑問、「書き手が体系全体を創作したのではないとどうして判るのか？　そして、もし**彼女**の創作でないとするならば、スタンザで与えられたような、これまで述べられてきた内容全体が、古代人の空想の産物でないとどうして語り得るのか？　彼らはどのようにして、遥か遠い昔の、そして信じられないほど太古の記録を保持することができたのか？」、等に対する充分な準備をしている。

　この世界の歴史が、世界の形成以来から、その終わりに至るまで、「星

に記されている」、即ち〈十二宮図〉と〈世界の象徴体系〉に記録されていて、それらを解く鍵は〈イニシエイト方〉の管理下にある、という返答では懐疑的な人々を納得させるのは困難だろう。エジプトの〈十二宮図〉の古さはかなり疑問視されていて、そしてインドとの直接の関係は否定されている。「貴方の結論はたいていが卓抜なものであるが、貴方の前提はいつも疑わしい」、と書き手は1人の世俗的な友人からかつて言われたことがある。これに対して、その返答は、それが少なくとも科学的な演繹法に基づいて得られた要点の一つである、ということであった。というのも、純粋に物質的な科学の領域に由来する幾つかの問題を除いて、〈科学〉者達の前提条件と結論の両方とも、それ等がいつも誤りだらけであるのと同じく仮説であるから。そしてもしも彼らが神を冒瀆する人々と見えないならば、その理由は、単に、前述の神を冒瀆する者は、彼が自分の科学的な観察結果を信頼するとして採用しながら、前提条件と結論の両方が通常同じ彼の脳の想像物で、如何に博学であろうとも、誤りを犯さないわけではなく、科学的な理論と解説の変更、そして再変更の繰返しによって日々示されているという自明の理に、まったく気づいていない、ことによる。

　それがどのようなものであろうと、諸寺院の数々の記録は、〈神聖な科学〉と知識ヴィディヤー Vidya を手にするアデプト方によって解読されたように、東洋の表意文字的な諸記録と同様に、〈十二宮図的〉且つ伝承的だが、半世紀にわたる考古学的な発見と、そしてアッシリアの石版、くさび形文字の諸断片、及びエジプトの象形文字等の問題の多い解読によって、現在編纂され、訂正され、拡充されているいわゆるヨーロッパ人諸国家の古代歴史と比較して、疑わしいところがまったくない。同様に我々の資料は、同じ解読に加えてヨーロッパにはほとんど知られていないまったく膨大な数量の〈秘密〉の書物に ── そのうえ〈イニシエイト方〉によってあらゆる言語で同様に記録された象徴大系の完全な知識にも、基づいている。これらの記録の幾つかは遙か太古のものである。あらゆる考古学者と古生物学者は、記録にない時代から思索を象徴的に表現することを目的にしてきたある種の半ば野蛮な部族の表意文字的な創作に熟知している。これは出来事や考えを記録する最も初期の形式である。この知識が人間の人種の中でどれ位の古さであるかは、〈旧石器〉時代の手斧に認められた明らかに表意文字である幾つかの刻印から推論されるかもしれない。アメリカの赤色インディアンの諸部族は、僅か数年前に、彼らに四つの小さな湖の所有権を保証することを合衆国大統領に直訴し、かなりの話題となったが、そ

の要望書は、明らかに鳥獣12匹を描いた織物の切れ端の僅かな面に書かれていた。(ラボック Lubbock［英国の銀行家・著述家・自然科学者・政治家で1834-1894］を参照)アメリカの未開人達は前述のように異なる様式の書き物を大量に持っているが、今の〈科学者達〉の誰一人としていまだに熟知していないし、依然として幾つかの〈共同体〉に保全され、〈秘教科学〉で**センザール語** *Senzar* と名付けられた、初期の象形文字的な暗号についても知ってさえいない。さらに、前述の文字の書式を —— 例えば〈赤色〉インディアンの表意文字、そして中国の漢字さえも ——「人類の初期の人種が彼らの漠然とした考えを表現するための試行錯誤」と見なし断定してきた全ての者等は、文字がアトランティス人による創案で、フェニキア人によるのではまったくないという我々の発言を決定的に問題視するだろう。実際に、文字が数十万年前から人類に知られていたというような主張は、文字がその当時の、そしてインドのパーニニにも、またホメロスの時代のギリシャにも、知られていなかったと公言してきた言語学者達の前では、一般的には不同意を、もしそうでなければ沈黙による軽蔑を受けるだろう。あらゆる否定と嘲笑にも関わらず、〈秘教科学者達〉は、ベーコンから今現在の〈英国学士院〉に至るまで、我々には〈科学〉によってなされた最も馬鹿げた誤謬に充ちた時代が長過ぎて、むしろ我々の〈教師方〉を拒むよりも、現代科学の数々の仮説に対して我々の信頼をおくことが出来ないというこの単純な理由から、前述の主張を擁護するだろう。書法は、今の科学者達が言っていることだが、パーニニ Panini には知られておらず、そしてこの賢人は、それにも係わらず、3,996規則を含む文法を組み立て、それはこれまで作られたあらゆる文法の中で最も完全なものである！　パーニニは、最も進歩的な人々によれば、おおよそ紀元前2、3世紀を生きたと認められているし、そしてイランと中央アジア(言語学者達と歴史学者達が我々にパーニニ、そしてバラモンの同じ祖先達がインドにやって来たとして示している場所)の岩は、2、3千年の古さの**碑文で覆われている**(幾人かの大胆な考古学者によれば、12,000年である)。

　書法は、グロート Grote に従えば、ヘシオドス及びホメロスの時代には、**知られざる技法** *Ars incognita* であり、僅か紀元前770年頃までギリシャにも知られていなかったし、書法を**創案**し、最も早いとしても、紀元前1500

(註121)　サンコニアトンがフェニキア文字を —— **より古い**フェニキア諸都市の公共保管所にある年代記や〈公〉文書から —— 即ち紀元前1250年頃の宗教に関する完全な記録から、編纂し、記したことは、歴史上の事実である。

年まで遡って知っていたと云われるフェニキア人達は(註121)、ギリシャ人の中で暮らし、そしていつでも彼らを圧倒していた。これら全ての科学的で矛盾した結論が、それにも関わらず、消え失せたのは、シュリーマンが、(a) その実在が長い間作り話として見なされていた古代トロイ遺跡を発見し、そして、(b) その遺跡で、考古学者達や頭ごなしに否定するサンスクリット学者達に**知られざる文字**の碑文を持つ土器瓶を発掘した時にである。今、誰がトロイ、或いはこれら〈古代〉の碑文を否定するだろうか？　ヴィルコフ Virchow 教授が証言しているように ――「私は自身が二つの前述の発見の目撃者で、一緒に出土品を収集する手伝いをした。中傷者達は以来長く沈黙したままで、彼らは発見者を詐欺師として責めたことを恥じることもなかった」。(註122) 同じく誠実な女性達は、誠実な男性達以上にまた容赦されないものである。ドュ・シャイユ Du Chaillu、ゴードン-カミング、Gordon-Cumming、メリアン Merian 婦人(註123)、ブルース Bruce、そして他の一群の女性達は嘘つきとの非難を受けた。

　メリアン夫人は ――〈序章〉でこの情報を伝えた『神話上の怪物達』の著者について語っているが ―― およそ2百年も前の食鳥蜘蛛の記述に関して故意に嘘を述べたとして非難された。しかし、今日では信頼に足る観察者達が南アメリカ、インド、そして他の処に於いてその記述を確認している。オーデュボン［米国の鳥類学者・画家 1785-1851］Audubon は黄色の睡蓮をでっち上げたと植物学者達から非難されたが、それは彼がニンフィア・ルティア Nymphaea Lutea［妖精のようなルティア］の名の下に彼の著書、『南の鳥類』の中に描いたもので、数年間の汚名を着せられていた後、ついには 1876 年にフロリダで長く失われていた花の発見によって確かめられた（月刊『大衆の科学 Popular Science』、1877 年 4 月 No.60）。そしてオーデュボンが、この事と彼が提唱したホリエタス・ワシントン Holiaetus Washingtonii 鳥［ワシントン地域で確認されていた聖なる鳥で、米国の国

（註122）　ヴィルコフ教授によるシュリーマン著の『イリアス Ilios』［トロイの古代名］に対する補遺 I、マレー Murray 版、1880 年刊。
（註123）　ゴス Gosse は後者について、「彼女は、周到な異説提唱者で、まったく信用されず、論拠の希薄な博物史 natural history の作り手、科学における偽り事の捏造者と見なされている」と書いている。（『博物学物語』、227 頁）
（註124）　コベール Cover 医師は、「ワシントンのかの名高い鳥は神話であって、誤ったのはオーデュボンだけでなく、他の人もで、一部の人々が主張することをためらわないように、それについて**彼は嘘をついた**」、と書いている。

章に用いられている白頭鷲］(註124)のためほら吹きと呼ばれたように、同じくヴィクトル・ユーゴが嘲笑されたのは ……… 蛸についての仰天するような言葉による描写と助けられることなく蛸の餌食となった1人の人間についての記述のためにである。「そんな馬鹿げたことはあり得ないとして嘲笑されたが、数年の内に［英国］ニューファンドランド海岸で長さ30フィートに達する触手を持ち、水面下に適当な大きさの小舟を引き摺り込める甲イカが発見され、しかも［巨大な］蛸やイカの生態は過去数世紀に渡り描かれてきた ……… 日本の絵師達［葛飾北斎他］によって」。(『神話上の怪物達』、11頁、序章)

　そして、もしもトロイが否定され、一つの神話と見なされ、またヘルクラネウム Herculaneum［古代ローマの町で、ポンペイと共に西暦79年8月24日に始まったヴェスヴィオ火山の噴火で滅亡したイタリアのカンパーニャ州に位置する遺跡］とポンペイの存在が架空の話だと宣言され、そしてマルコ・ポーロの見聞旅行が、ドイツのホラ吹き男爵ミュンヒハウゼン Baron Münchausen の物語と同様に矛盾に満ちた作り話だと嘲笑され、囃し立てられるならば、『ベールを取ったイシス』、『シークレット・ドクトリン』の書き手は更に酷い処遇を受けるに相応しいのでは？　上述に引用した本の著者チャールズ・ゴールド氏は、再現性のない点が多すぎるマクミラン氏の人生そのものである著書(1860年版)から数行を彼の最高傑作に引用して、「ある博物学者が、いまだ道なき地上のそのような地点を訪ねるだけでなく、幸運にも、とても奇妙な植物、或いは動物を発見すると、彼は直ちに戯れ事を創案した罪で遺責を受けることになる。………その生物が既成概念を侵害することが明らかになるや否や、超越的な a priori 呼称を持つ偉大な(誤った？)指導〈霊〉が、必要に応じて pro re natâ 哲学者達に自身の全知を授け、そのような生物はあり得ないし、直ちにいたづらの咎めを受けると囁くことになる。天文界の住人達自身も戯れの咎めを受けてきた。ルヴェリエ Reverrier とアダムス Adams が計算によって惑星の存在を予測した時、計算されたその惑星は本当の惑星ではなく、知られざるうちに、そして不適切にも惑星本体の近くに入りこんだ別のものであると幾つかの部門で冷静にも主張された。戯れを訝る性分は戯れを好む以上に強い。ギリシャとローマの古典的な書き物が、修道士達によってしでかされた一つの壮大な虚構であった、と最初に公にしたのは一体誰であったのか？

　その公表者は、その中でメイトランド Maitland 医師が呼ぶように今が暗黒の時代まさにそのものだと思うだろう」と記す。(13頁)

それが本来の姿である。『シークレット・ドクトリン』を一つの「虚構」だとする不信心者は、誰も我々の発言に対し信じることを強要されたり、求められることはない。これら我々の発言は、この作品でさえ印刷に回される前に、既に一部の非常に賢明なアメリカの記者達によって公表されてきた。(註125)

　人があらゆることに知悉し、彼自身の魂を信じるようにさえなる前に、誰もが諸々の〈秘教科学〉や古い教えを信じるべきことは、結局のところ不要ではないのか。これ迄偉大な真理は**演繹的** *a priori* な考察を決して受け入れたことはなく、一つの事実として主張することを肯定する発見がなされるような場合を除き、通常、それが可能性の高い真実の一つとして人間の意識に微かな光を射し込み始めるまで、1、2世紀かかってきた。今日の数々の真実は昨日の諸々の虚偽と誤謬であり、そして**その逆も同様** *vice versâ* である。20世紀になってからのみ、全部ではないとしても、この作品の幾つかの記述の部分が正しいと立証されることになるだろう。

　それ故、たとえジョン・エヴァンズ卿が、石器時代に書くことが知られていなかったと実際に主張したとしても、我々の陳述に反する如何なる事実も存在しない。というのも、それは〈第5〉アーリア人種の時代の期間には知られていなかったかもしれないが、アトランティス人の最も高度な文明の栄えた時代、〈第4〉の彼らには完全に知られていた。それを説明するための諸国家と諸人種の興亡に関する幾つかの周期が、そこに存在する。

（註125）　1888年7月に戻って見るならば、その時この作品の〈手書き原稿〉は私の書斎机にいまだ置かれてはなかったし、**シークレット・ドクトリン**は世にまったく知られていなかったが、それは既に私の頭脳の中の書籍として、そしてそれ以上のものではないが、公然と非難をされる状態であった。以下は社交辞令だが、その中で(アメリカの新聞)『夕刊速報 *Evening Telegraph*』は、1888年6月30日付け発行のもので、未発刊のこの本に言及して、「**7月の素晴らしい書籍の中で読み物なら**ブラヴァツキー夫人の〈神智学〉に関する新刊本である。……（！）それが《シークレット・ドクトリン》だ。……　だが、彼女がバラモンの無知に舞い戻る可能性があるという理由から　……（！？）……　**彼女が語る全てが真実であるという証拠は何も無い**」と。そして、私の本が出版されて、書評家がそれを読んでいたという誤った考えに基づいて下されたかつての偏見に満ちた判断は、それが真相では無かったし、真相であるはずも無く、実際に発行されている今では、批評家は自身の最初の発言を、それが正しかろうがそうでなかろうが、裏付けるべきだが、恐らく前よりもより厳しい批評文によって、そうすることを避けるであろう。

もし、信じやすい人々を欺き続けている数々の偽造文書の捏造に関して目の前に今様々な状況があり、そして我々の作品がジャコリオ Jacolliot の『インドの〈聖典〉』(ついでだが、その中には、正統であると世に認められた〈東洋学者達〉の作品に見いだされる以上に、その誤りの中により多くの真実が存在する)と同類とされることについて語るならば —— その非難と比較検証は我々をまったく狼狽させることもない。我々は好機を待っている。前世紀の有名な『エゾール・ヴェーダ Ezour-Veda』[18世紀に出版されたフランス語版のヴェーダ]は、ヴォルテール Voltaire によって「〈東洋〉から〈西洋〉への最も手に負えぬ贈り物」と、そしてマックス・ミューラーによって「およそ読むことが出来る本で最も馬鹿げたもの」と酷評されたが、その中に事実と真実が全く存在しないわけではない。専門家達による**演繹的な**数々の否定が、その後の確証的な事実によって弁明へと変わっていく時の状況は、その後の発見物によって完全に汚名を晴らし、博学な反対者達を大いに落胆させることが確実なほんの一部の書物だけに起こることである。『エゾール・ヴェーダ』は、ウィリアム・ジョーンズ卿の偉業『アンチェトリの回廊 Anquetli de Perron』とサンスクリット語とその文学に関する他者のものとを比較する際のとても些細な論争点あった。前述の数々の事実はマックス・ミューラー教授自身によって記録されているし、彼はこれに関連づけてデュガルド・スチュワート商会 Dugald Stewart and Co. の失敗について話しながら、「もしもサンスクリット語に関しての諸々の事実が本当ならば、デュガルド・スチュワートは、あまりに賢明過ぎて、それ等から導かれる諸々の結論が必然的なことであることを理解しなかった。彼は、それゆえサンスクリット語のような言語の実在を完全に否定したし、サンスクリット語が、ギリシャ語とラテン語の形式を元に、それらの大捏造者達と嘘つき達、即ちバラモン僧達によって組み立てられたことを、そしてサンスクリット文学全体が或る意味、欺瞞であることを、立証するために彼の有名な随筆を書いた」(『言語の科学』、168頁)と述べている。書き手は、これらのバラモン達、そして現代の〈デュガルド・スチュワート達〉の意見によれば**歴史上の**「嘘つき達」となる他の者達との親交を結ぶことを真に喜び、そして誇りに感じている。彼女は、長く生きて、そして多様で個人的な体験を充分積んだため、人間の性質についてほんの些細なことまで良く知っている。「貴方が疑うときは、それを慎みなさい」、と賢者ゾロアスターは語っているが、彼の思慮深い格言は、日々の生活と体験によるあらゆる場面で裏付けられることが明らかとなる。しかも、バ

プテスマの聖ヨハネの様に、ありし〈時代〉のこの賢者は、同じく非常に貴重な実践的〈叡智〉のほんの一部を提供したより現代的な哲学者の 1 人、ベーコンと連れだって、無人の荒れ野で説教していることが知られている。「観照に於いて」、と彼は語り（〈知識〉のあらゆる探求状態である、と我々は付け加えるが）、「もし人が確信を持って始めるならば、彼は疑問の中で終わるに違いない、だが、**もし人が疑問を持って始めることに甘んじるならば、彼は確信の中で終わるに違いない**」と続けている。

〈イギリス哲学〉の父ベーコンからイングランドの懐疑主義の後継者達に対するこの忠告の一節をもって我々は議論を終えるべきだが、我ら神智学の読者には〈秘教科学〉の情報に関する最後の一節が伝えられることになる。

一般的な進化、歴史的出来事、人類、そして〈自然〉に於ける他のあらゆることが周期的に進展していること示すために十分語られて来た。我々は 7 〈人種〉について話してきて、そのうちの 5 人種は彼らのこの世的な経歴をほぼ成就し、そして各〈根本人種〉が、その亜人種と数えきれぬほどの分岐民族及び部族を持ち、それに先行し、そしてそれに続く人種とは全く異なっていると主張してきた。この事は、〈人類学〉と〈民族学〉の疑問点に関して一定の経験則を根拠に、異議を唱えられるだろう。人間は ── 肌の色と体型、そして恐らく風貌の特徴の相違と頭蓋骨の容量を除き ── あらゆる気候の下で、そして世界の各地で絶えず同一であった、と〈博物学者達〉は言うし、勿論体格さえもである。この事は、人間が猿と同じく知られざる祖先の子孫であると強く主張する一方で、数えきれぬ体格や形態の変化無しにはその最初の進化から二足動物に至ることが論理的に不可能であるという当然の主張となる。両方の提案を主張する非常に論理的な人々はそれ等の矛盾する見解を喜んで受け入れている。「現象的な自然の目に見える営みの注視」から、数々の神話の一般的な由来を疑い ……… それを、「神々と神の御使い達の、巨人達とこびと達の、竜達と怪物達のあらゆる記述からなるこれら驚異的な物語が、作り話であると信じるより、変質したものだと信じる方が無難である」と考える者達だけに再度我々は伝える。それは、今現在の人類が持つ記憶と概念と同様に、シークレット・ドクトリンが教える既述の肉体的な特徴に於ける「変化」に過ぎない。それは、僅か数世紀に渡る体験と厳密な観測に基づく現代〈科学〉の純粋に思索的な仮説に、〈聖なる地〉に存在する不滅の伝承と記録を突きつけ、そして遡り難い数千年の期間を覆う闇の中で張り巡らされてきた蜘蛛の巣のような理論を織り混ぜたものを払い落とし、更にそれをヨーロッパ人達が自身

の「〈歴史〉」と呼んでいる中で、〈古代科学〉は我々に伝える、今こそ〈人類〉の記憶に関する私の話に〈耳を傾けよ〉、と。

　人間の〈人種〉は別のものから生まれ、成長し、発展し、年老いて、そして滅びる。その亜人種達と諸々の国家は同じ規則に従う。仮にも全てを否定するあなた方の現代科学といわゆる哲学が、人間の系統が詳細に定義された多様な人間の型と人種から構成されていることを争わないのは、その事実を否定し得ず、英国人、アフリカの黒人、そして日本人、或いは中国人との間に外観の違いが全くないと誰も言えないことが唯一の理由だからである。反対に、**混血した人間の人種**、即ち完全に新人種のための種子が今の時代に於いて、どのような形であれ、形成されるということは、ほとんどの博物学者達によって公式に否定されている。しかし、この最後のことはド・カトルファージュ氏と一部の人達によって正当な理由に基づいて強く主張されている。

　それにも関わらず、我々の広汎な提案は受け入れられないだろう。人間を構成するものは如何なるものであれ、長い先史時代の〈過去〉を経てきて、彼にとって(現在のようにある種の多様性を除いて)未来に如何なる変化も起こらないと語られることになるだろう。従って我々の云う〈第6〉、〈第7根本人種〉は空想ということなる。

　これに対する再度の答えは、どのようにして**あなた方は知るのか**？である。あなた方の経験は、僅か数千年に限られ、そして人類の時代全体の中で一つの時期より少ない期間に限定され、そして我々〈第5人種〉の実在する諸大陸と島々の現在の地形に制限されている。どうなるのか、或いはどうならないのか、をあなた方はどのようにして語り得るのか？　一方で、前述のことは数々の〈秘密の書〉とそれ等の全く曖昧なところのない陳述とからなる予言である。

　アトランティス〈人種〉の開始以来、数百万年が経過してきたけれども、我々は、いまだにアーリヤ人的な要素と混同されているアトランティス人の最後が11,000年前であることを確認している。このことは、性格や風貌の外観ではより古い人種がその特質を失い、そしてより若い人種の新しい容貌を纏うけれども、一つの人種が途方もない長さでそれに続く人種の上に重複することを示している。これは混血によるあらゆる人種形成に於いて立証されている。さて、〈秘教科学〉の哲学は、今でさえ、そして我々のまさに瞳の下で、新らしい〈人種〉と〈諸人種〉が形作られるために準備されつつあると、そして変化が起こり、そして既に静かに始まっているのはア

メリカであると、教えている。

　300年前には純血なアングロ–サクソンであることは困難で、合衆国のアメリカ人達は既にそれぞれが分れて国を形成していたし、そして多様な国民による盛んな交流と異人種雑婚に起因して、精神的だけでなく、肉体的にも**特殊な** *sui generis* ほぼ一つの人種となっていた。「混じりあった人種のそれぞれが、均一化し、そして安定したとき、肉体の異種交配に於いて、一つの原人種の役割を果たすことが可能であった」、とド・カトルファージ氏は語っている。「人類は、その現在の状況を見ると、確かにその大部分を、**今では確定できなくなった多くの人種の継続的な交配によって**前述のように形成されてきた」。(『人間の種』、274頁)

　前述のように、一つの国民がバラバラになり、そして今存在している他の人種全てから完全に隔離される前に、アメリカ人達は僅か3世紀の間に、**一時的に** *pro tem*、「原人種」となっていた。彼らは、要するに、〈第6〉亜人種の胚種で、そして数百年もすれば、現在のヨーロッパ人、或いは第5亜人種に続き、すべてに新しい人格的特質を備えた次の人種の確固たる先駆者達となるだろう。このおよそ2万5千年後に彼らは第7亜人種の準備を開始するだろうが、それは地殻激変の結果 ── それ等一連の激変の最初は、いつの日かヨーロッパを破壊するに違いないし、更にその後、アーリヤ人種全体に(そしてその出来事は南北アメリカ大陸に影響を与えることになるが)、更に今の大陸や島々の境界と直接的に結びついたほとんどの陸地もまた同じ結果となること ── によって、〈第6根本人種〉が今の〈環〉の舞台に出現することになる時迄にである。これは何時のことになるのか？　偉大な〈叡智〉の〈大師方〉を除き、偶然にしても、誰がその事を知り得るのか、そして大師方は彼らの上に聳え立つ雪を戴く秀麗な峰のようにその問題について御沈黙を守られる。我々の知る全ては、それがひっそりと現れるだろうということであり、実際とてもひそやかなため、数百万年の永き間、その先駆者達 ── 風変わりな男性、女性へと成長する風変わりな子ども達 ── は、異常な**自然の造化の戯れ** *lusus naturae*、肉体的にも精神的にも異質で奇異な者達と見なされることだろう。やがて、彼らは増え、人口が時代毎に増大するので、いつの日か彼ら自身が多数派を占めていることを自覚することだろう。その時、例外的な混血と見なされ始めるのは現在の人々で、彼らが今度は文明化した土地で死に絶えるまで、島々 ── 今日の山の峰々 ── に小さな集団としてのみ生き残り、そこで彼らは、ひっそりと暮らし、退化し、そしてついには、アズテック人達

Aztecs が滅んできた様に、[インドの]ニーラギリ丘陵 Nilghiri Hills の狩猟犬ニャム-ニャム Nyam-Nyam とこびと族のムーラ・クールンバ Moola Koorumba 人種が滅びつつある様に、恐らく今から数百万年かけて死に絶えるであろう。これらの全ての者等はかつての強大な人種の生き残りで、ちょうど〈第6人種の人間〉の記憶から我々が消え去るのと同様に、それ等が存在したという記憶は現代の人々の追憶から完全に消滅している。〈第5人種〉は、ちょうど〈第4人種〉がアーリヤ人と重なり、そして〈第3人種〉がアトランティス人と重なり合っていたように、その新しい後継者との比較上ゆっくりと変化しながら、身長、一般的な体格、そして精神性を更に変えながら、数十万年の間、〈第6人種〉と重なり合うことになるだろう。

　〈第6番目〉の偉大な〈人種〉へのこの準備過程は第6と第7亜人種全体を通じて継続するに違いない(既掲の〈第5人種〉の〈系統樹図〉表[本書575頁]を参照のこと)。だが〈第5大陸〉の**最後の**生存者達は、**新**〈**人種**〉の誕生後、暫く経るまで滅びないであろうし、その時には別の**新しき居住地、第6大陸**が新しき異邦人を受け入れるために、この地球表面の**新しき海洋上**に出現していることだろう。また其処に、大災害を免れるに十分な幸運の下にあるあらゆる人々が移民し住み着くことだろう。いつの日に、このことがやって来るのかを —— ちょと前に話したように —— 書き手が知る由もない。ただ、人間が突然子供から自然な成人に変化することが無いように、自然が突然の飛躍と開始によっては最早進展せず、最終的な激変は津波と火山の火の両方による多くのより小規模な水没と破壊によって進行するだろう。その歓喜の脈動は、今のアメリカ地域に住む人種のこころを高揚させるだろうが、〈第6人種〉が始まる時には、実際、最早ヨーロッパ人達が存在しないのと同様に、最早アメリカ人達は存在しないだろう、というのも彼らは今に**新しい人種の一つ、そして多くの新興国民**になるだろうから。引き続き、〈第5人種〉は滅びず、暫くの間生き残るだろうが、新〈人種〉と、来るべき数十万年もの期間、重なり合いながら、それらと一緒に変わって行くことで —— その新しい継承者より緩やかに —— 精神、一般的な体格、そして身長に関して絶えず完成へと変容して行くことになるだろう。人類が、レムリア人やアトランティス人の場合のように、再び巨大な体へと成長することはないが、その理由は、〈第4〉人種の進化がアトランティス人をその肉体的な発達の中で物質性のまさに奈落の底へと落としめた一方で、現在の〈人種〉はその上昇弧にあり、そして〈第6〉は物質、同じく肉体の束縛から逃れて速やかに成長するからである。

　前述のように、それが〈新しい〉世界の人類 —— 人々がまた忘れてしまっ

た事実で、我々〈旧〉人類より遥かに優れた人類 —— の住む**パーターラ**（アメリカがインドで呼ばれているように、〈対蹠地〉、或いは〈死者の国〉）で、彼らの使命とカルマは、来るべき、偉大で、今我々が知るどの人種よりも栄光に満ちた〈人種〉のために種を蒔くことである。〈物質〉の〈周期〉は〈霊性〉と十分発達した精神の〈周期〉に引き継がれるだろう。併行する歴史と諸人種の法則に照らして、未来の人類の大半は栄光に満ちるアデプト方からなるだろう。人類は周期的な〈運命〉の子供で、その〈一団〉の一つでさえも、それの無意識的な使命を免れたり、自然と協調するそれの働きの束縛から逃れることはできない。そのようにして人類は、人種から人種へとその定められた周期の巡礼を為し遂げる。気候は、別の抜け落ちる一つの亜人種の後を追って太陽年ごとに変化し始めるだろうし、既に変化し始めて、その上昇弧に於いて別のより高く発達した人種を生み出すだけであるが、一方では他の好まれざる一連の集団 —— 自然の造化の失敗作 —— は一部の個々人のように後に痕跡を残すことさえもなく、人類の系図から消え失せるだろう。

それらは、《**カルマの法則**》の支配のもとで〈自然〉の辿る過程、即ち、常在し、絶えず適切な〈自然〉の過程である。というのも、ごく少数の〈秘教科学者達〉にのみ知られる〈賢者〉の言葉に云う ——「《《現在》》は《過去》の《子供》であるし、《未来》、それは現在から生まれた子である。けれども、おお、今この瞬間にも！ 汝は知らぬのか、汝には両親が居らず、また汝は子供をもつこともないと、そして汝自身のみを絶えず生み出しつつあることを？ 汝が、『われは過ぎ去った時、過去という子供の子孫である』とさえ言い出し始める前に、汝は既に過去そのものになってしまった。汝が最後の一言を口に出す前に、見よ！ 汝は最早《過去》ではなく、まことにかの《未来》である。そのように《過去》、《現在》、《未来》は、永遠に生き続ける三位一体 ——《絶対》の《大幻影》で《ある》》」と。

（シークレット・ドクトリン第II巻　第1部　『人類発生論』完）

参考文献

H・P・ブラヴァツキー著　田中恵美子・ジェフ　クラーク　共訳
　　──『シークレット・ドクトリンの第Ⅰ巻　宇宙発生論　上』
　（竜王文庫　1989年10月刊）
H・P・ブラヴァツキー著　老松克博　訳
　　──『ベールをとったイシス　第Ⅰ巻　科学　上』
　（竜王文庫　2010年12月刊）
H・P・ブラヴァツキー著　老松克博　訳
　　──『ベールをとったイシス　第Ⅰ巻　科学　下』
　（竜王文庫　2015年7月刊）
長尾雅人責任編集者　長尾雅人・服部正明・宇野惇・松尾義海・
　　　　　　　　　　大地原豊・桜部建・工藤成樹　分担訳
　　──『バラモン経典　原始仏典』（中央公論社　1983年9月刊）
大久保博　訳
　　──『ギリシャ・ローマ神話』（角川書店　1981年5月刊）
高馬三良　訳
　　──『山海経』（平凡社　2014年5月刊）
辻直四郎　訳
　　──『リグ・ベーダ讃歌』（岩波書店　1975年7月刊）
谷口幸男　訳
　　──『エッダ ── 古代北欧歌謡集』（新潮社　1978年5月刊）
A・E・パウエル編著　仲里誠桔　訳
　　── 神智学大要シリーズ　『1 エーテル体』『2 アストラル体』、
　　　　『3 メンタル体』『4 コーザル体』『5 太陽系』（たま出版）
マンリー・P・ホール著　大沼忠弘・山田耕士・吉村正和　訳
　　──『象徴学体系Ⅰ　古代の密儀』『象徴学体系Ⅱ　秘密の博物誌』
　　　　『象徴学体系Ⅲ　カバラと薔薇十字団』『象徴学体系Ⅳ　錬金術』
　（人文書院　1980年11月─1981年10月刊）
河合良訓　監修　原島広至　文・イラスト
　　──『脳単』（エヌ・ティー・エス　2007年4月刊）
日本聖書協会
　　──『聖書』（新約1954年、旧約1955年改訂版）
　……… 他多数

訳者　あとがき

　第二代竜王文庫社長で綜合ヨガ竜王会第二代会長、神智学協会ニッポン・ロッジ初代会長でも有られた故田中恵美子女史（平成七年四月十一日逝去）が『**シークレット・ドクトリンの第Ⅰ巻　宇宙発生論**』上を上梓為されたのが平成元年、1989年10月30日でした。

　その数年前から**シークレット・ドクトリン**が発行されると噂に聞いて居りましたので、大阪の梅田に出る度に書店を覗き、発行されてないか確認するのが慣習になっていました。待つこと2年、漸く出版された**シークレット・ドクトリン**を読んだ時の印象は、「何これ？」の一言につきました。神智学的な素養が無いため、読んでも理解できなかったことを覚えています。あれからもう既に28年が経過しております。その時には自分が翻訳する立場になるとは、夢にも思いませんでしたが、田中恵美子会長が竜王会の全国大会の講演の中で、度々『**シークレット・ドクトリン**』の残りも訳出したいと仰られてたことを思い出します。

　田中恵美子会長のご尽力が、『**シークレット・ドクトリンの第Ⅰ巻　宇宙発生論**』上の「訳者はしがき」に偲ばれると思い、その全文を以下に引用致しました。──

訳者はしがき

　『シークレット・ドクトリン』を訳したいというのは私の長年の夢でした。同書は1888年10月に初版が発行されましたのでちょうど100年目の1988年の10月までに、その一部でも翻訳、出版したいという思いがつのりました。これまで部分的に拾い読みをし、必要と思うところは抜粋して訳してはおりましたが、1987年の夏、意を決して本格的に翻訳を開始しました。これは畏友、ジェフ・クラーク氏の励ましと協力のおかげで、それがなかったら、ぐずぐずと思い悩むだけでしたでしょう。しかし、私達はこの翻訳だけに専念するわけにはいきませんでしたので、原典一巻の序論及びプロエム、"宇宙発生論"のスタンザと註釈等を訳了するまでに、ほとんど1年かかりました。校正の段階になりましたが、11月にはいっても初校が終らず、せめて1988年いっぱいには出版の運びにしたいと焦りはじめましたが、年を越し、春を迎えてしまいました。

本書は『シークレット・ドクトリン』の最新版である、ジルコフ版からの訳出です。ジルコフ版は1978年に、神智学協会出版部から出版されたもので、同年、インド、アディヤールの神智学出版部が版権をもっています。ジルコフは先年故人となりましたが、H・P・ブラヴァツキーの縁続きで、彼女の諸著作の深い研究家です。ジルコフ版には彼による『シークレット・ドクトリン』出版までの沿革が、彼自身の序文（Historical Introduction）として120頁余りにわたって冒頭に掲げられています。この部分は私達の仲間の一人である松田佳子姉が翻訳奉仕をして下さいました。

　又、巻末に二種類の補遺が付してあります。第一はジルコフによる「註」で、本文中（編註）と示されているものです。第二は訳者による「カバラについて」の紹介文です。本文中にカバラのことが度々出て来ますので、読者は先ず、これをお読みになることをおすすめします。最後に「ブラヴァツキー・ロッジの議事録」を付しました。『シークレット・ドクトリン』が出版されてから、ロンドンの神智学協会のブラヴァツキー・ロッジの集会で、ブラヴァツキー夫人は度々、一巻の各スタンザについて解説をしました。これはその時の質疑応答をまとめたものです。本文と合わせてお読みいただくと、一層、理解を深めることができると思います。

　『シークレット・ドクトリン』は、ブラヴァツキー夫人が文字通り生命をかけて書き上げた大作で、神智学の最も信頼すべき基本的書物です。この大作についての理解を深めるには、彼女自身が本書「はしがき」の中で言っていることに、注目する必要があると思います。先ず、この本に示されているすべては、いわゆる「啓示によったものではないし、著者は自分自身を世界の歴史の中で、今はじめて公けにされた神秘的伝承の啓示者であると主張もしない」と彼女は言明しています。彼女が世界に与えた遺産とも言うべき本書は、彼女自身の個人的な教えや思想ではありません。「偉大なアジアの宗教や象徴のヴェールにかくされて、これまで気づかれないままに散在していた何千巻にも及ぶものから得たもの」であります。17才（1849年）から1873年にニューヨークに落ちつくまでの24年間の彼女の旅から旅への生活は、これらの資料を集めるための旅路でもありました。そして、今回の彼女の仕事は、「最古の教えを集めて調和のとれた一貫した全体としてまとめることである」と書いています。

　更にこの著作の目的として、彼女が述べているところを熟読すると、『シークレット・ドクトリン』はまさに、今、私達にとって必読の書であることが御理解いただけると思います。彼女はその目的として、「万物の

存在は偶発的なものではなく、必然の結果であると証明すること、宇宙体系においての人間の正しい位置を明らかにすること、さらに、あらゆる宗教の基礎である太古の真理を忘却から救い、その基本的統一性を発見すること、最後に、これまで近代科学が取りあげなかった大自然の側面を示すことである」としています。実際に本書は、地球及び地球上の人類の顕現のはじめから、順次、秩序正しい進化を経て、現在の地球及び人類に至るまでの一大ドキュメントを古聖の智慧から引き出し、更に地球及び人類の進化の絶頂を示唆しています。HPBが言っている通り、進化の全体系の中で、人間がどんな位置にあるのか理解を得ることが本書の底を流れる主要テーマであると思います。

　しかし、HPBは、本書に書かれていることを盲目的に信じよとは申しませんでした。彼女は私達人間が知らねばならぬ智慧の無限の宝庫の戸口を開く鍵を与えてくれたのです。その鍵で戸口を開き、膨大な智慧を含む宝庫へと足を踏み入れるのは私達自身です。その宝庫にはあらゆる分野の未来へのすばらしい示唆もたくさん含まれています。その示唆の一つ一つに注意深く目をとめ、その奥にひそむ真理をしっかりと把握し、それを敷衍するようにと、彼女は二十世紀の読者に期待をかけていました。しかし、二十世紀も間もなく終わりを告げようとしています。今後、私達は、この古くてしかも限りなく新しい本書を通し、文字通り、「心をつくし、精神をつくし、思いをつくして」、彼女の期待に応えたいものと思います。

　『シークレット・ドクトリン』の原典の一巻は第1部『宇宙発生論』スタンザとその註釈、第2部「シンボリズム」、第3部「補遺」となっています。又、二巻は第1部『人間発生論』スタンザと註釈、第2部「世界の宗教とシンボリズム」、第3部「補遺」となっています。訳者はライフワークとして残りを訳出したいと考えております。一層の御声援と御協力をお願い致します。

　最後に、本書出版にあたりまして、御協力下さった方々に厚く御礼申しあげます。こうした方々の無償の御奉仕、御協力なしにはこの訳書は実現しなかったと思います。また、仏教学者の泰斗中村元先生から推薦のお言葉をいただきました。ここに深く御礼申しあげます。

1989年3月
田中　恵美子

と記されて居られます。

シークレット・ドクトリンの第II巻を翻訳することになった経緯は、既に第I巻『宇宙発生論』の残りの部分が翻訳済みで、他社より出版されるとの噂を聞き、無謀にもそれでは手つかずの第II巻の先ず『人類発生論』の翻訳を竜王文庫でと、相成った次第である。8年前の2009年に原書を購入して翻訳が始まったのである。前年の2月半ばには、体温が40度前後で幾日も下がらず、二週間以上に渡る断食を強いられた。大きな事故や大病、猛烈な努力は、自らの進む道を内的な存在が変えようとする際に肉体現象として起こすことをこれまでも何度となく経験しているため、特に苦痛や焦りなどは全くなく、ただ、病という自分に臥して、病という自分に生き、病という自分を通じて未来を覗き見て、過ごした一ヶ月間であった。病が癒えてから本格的に始めた翻訳も2013年7月13日には終えたが、それから優に4年以上もの歳月が校正に掛かったことになる。稚拙な訳ながら、これなら何とか読者の方に読んでいただけるかなと思える程度に仕上がった事を確認して、上梓した次第です。

　翻訳には、英語とヨーロッパの言語、ヘブライ語、サンスクリット語、ラテン語、ギリシャ語、英語表記の中国語などを訳さねばならず、多くの方に御世話になりました。

　ヘブライ語は京都在住のイスラエル人の**ミリアム・ソフィー・ストーラー** Miriam Sophie Stollar さんに、サンスクリット語・ヴェーダー用語は1990年代前半にインドのアーユルベーダー大学の大学院長を務められ、現在大阪在住の**ハリ・シャンカラ・シャルマ**さんと**大川藤真**さんに、英語表記の中国語は**小森真一**さんに、校正をお手伝い頂きました。

　多数の拙訳、誤訳については、後生の秘教科学者方にその校正をお願いし、この書が読者に末永く珍重されることを願って、一時、訳筆を書棚へ静かに片づけたいところですが、第2部『世界の宗教にまつわる古代の象徴』と第3部『補遺』が「早くしろ！」と、その訳出を待ち続けており、その翻訳へとまた歩みだします。

2017年11月7日　　　忠　源

訳者　忠源　略歴

　二十世紀半ば、新潟県の滝之高地(たけんこうち)に生まれる。
　2017 年 11 月　シークレット・ドクトリン第Ⅱ巻・第 1 部の翻訳本
　　　　『人類発生論』を上梓。

表紙絵
　　制作者　柳瀬　次郎
　　2017 年 11 月制作
　　題『智慧の息子』

裏表紙絵
　　制作者　笹木　香奈
　　2017 年 11 月制作
　　題『天つ戦さ』

Copyright 1978 by Theosophical Publishing House.
All rights reserved.
This book is published by arrangement with the Theosophical Publishing House, 306 West Geneva Road, Wheaton, IL, 60187, U.S.A.. No part of this work may be reproduced without written permission from the Theosophical Publishing House except for quotations embodied in critical articles or reviews.

シークレット・ドクトリン 第2巻 第1部
人類発生論

平成29年11月22日 初版発行

著者 H・P・ブラヴァツキー
訳者 忠源
発行人 原 忠
発行所 ㈱竜王文庫
〒665-0866
兵庫県宝塚市星の荘24-26
電話&Fax 0797-86-0405
印刷所 ㈲双葉堂

（許可なく転載を禁ずる）

ISBN978-4-89741-620-5 C0014 ¥5500E